suhrkamp taschenbuch 2102

Winnetou kennt jeder: er ist der Indianer schlechthin, die reinste Personifizierung von Edelmenschlichkeit und Wild-West-Romantik, ein unerreichbares Vorbild in seinen Tugenden, Leitfigur abenteuerlicher Jugendträume und Erinnerungssymbol desillusionierter Erwachsener – ein Mythos. Keine andere Gestalt der deutschen Literatur ist so populär wie der edle Apache. Seinen Schöpfer hat Winnetou berühmt gemacht; Karl May gilt als meistgelesener Autor deutscher Sprache, der Roman *Winnetou I* als sein meistgekauftes Buch. Dies alles wirft in seiner beeindruckenden Dimension Fragen nach den Gründen und Hintergründen des Phänomens auf. Winnetou, eine trivialmythische Gestalt, das Idol unreifer Lektürehungriger oder ganz einfach ein Geniestreich Karl Mays?

Die Forschung konnte an Winnetou nicht vorbeisehen, im Gegenteil: über kaum ein anderes May-Thema ist so viel geschrieben worden wie über ihn, der sich dabei als Schlüsselfigur nicht nur für das Verständnis Karl Mays, sondern der Abenteuerliteratur überhaupt erwiesen hat. Erstmals werden in diesem Materialienband die unterschiedlichen methodischen und interpretatorischen Ansätze zusammenfassend dokumentiert. Neben repräsentativen Arbeiten der älteren und jüngeren May-Forschung stehen innovative Neubeiträge, die die weitere Beschäftigung mit dem Thema beleben werden.

Karl Mays
›Winnetou‹
Studien zu einem Mythos

*Herausgegeben von Dieter Sudhoff
und Hartmut Vollmer*

suhrkamp taschenbuch
materialien

Suhrkamp

suhrkamp taschenbuch 2102
Erste Auflage 1989
© Suhrkamp Verlag Frankfurt am Main 1989
Suhrkamp Taschenbuch Verlag
Alle Rechte vorbehalten, insbesondere
das des öffentlichen Vortrags
sowie der Übertragung durch Rundfunk und Fernsehen,
auch einzelner Teile.
Satz: IBV Satz- und Datentechnik GmbH, Berlin
Druck: Nomos Verlagsgesellschaft, Baden-Baden
Printed in Germany
Umschlag nach Entwürfen von
Willy Fleckhaus und Rolf Staudt

1 2 3 4 5 6 - 94 93 92 91 90 89

Inhalt

Dieter Sudhoff / Hartmut Vollmer
Einleitung 11

I. Der Name

Werner Poppe
›Winnetou‹. Ein Name und seine Quellen 33

II. Die Romane: Typus und Form

Joseph Höck
Zum Aufbau des Romans »Winnetou« 43

Joseph Höck
Stufen auf den Mount Winnetou 53

Heinz Stolte
Der Volksschriftsteller Karl May 68

Helmut Schmiedt
»Einer der besten deutschen Erzähler…«? Karl Mays
»Winnetou«-Roman unter dem Aspekt der Form 83

III. Der edle Wilde: Literatur und Realität

Eckehard Koch
»Winnetou war geboren 1840 und wurde erschossen
am 2. 9. 1874.« Zum historischen Hintergrund der
Winnetou-Gestalt 105

Manfred Durzak
Winnetou und Tecumseh. Literarische Ikone und
historisches Bild 148

IV. Die Genese eines Ideals

Franz Kandolf
Der werdende Winnetou 179

Horst Wolf Müller
Winnetou. Vom Skalpjäger zum roten Heiland 196

Peter Uwe Hohendahl
Von der Rothaut zum Edelmenschen. Karl Mays
Amerikaromane 214

V. Winnetou IV

Christoph F. Lorenz
Auf der Suche nach dem verlorenen Ich. Namens-, Orts-
und Persönlichkeitsmythen in Karl Mays »Winnetou IV« . . 241

Ulrich Schmid
Winnetous fliegende Feder. Abbreviaturen zum
›Testament des Apachen‹ 266

VI. Das Erbe der Aufklärung

Claus Roxin
»Winnetou« im Widerstreit von Ideologie und
Ideologiekritik 283

Martin Lowsky
Roß und Reiter nennen. Karl Mays
›conte philosophique‹ von Winnetous Tod 306

VII. Psychologische Annäherungen

Arno Schmidt
Sitara und der Weg dorthin 329

Dieter Ohlmeier
Karl May: Psychoanalytische Bemerkungen über kollektive
Phantasietätigkeit 341

Wolfram Ellwanger / Bernhard Kosciuszko
Winnetou – eine Mutterimago 366

Walther Ilmer
Befremdlicher Winnetou. Die Lichtgestalt im Schatten
ihres Autors 380

VIII. Didaktische Aspekte

Joachim Biermann
Der rote Schulmeister. Die literaturpädagogische Bedeutung
der Winnetou-Gestalt in Karl Mays Jugenderzählungen . . . 401

IX. Die Popularität:
Winnetou auf der Bühne und im Film

Hansotto Hatzig
Winnetou macht sich selbständig.
Beispiele der Interpretation durch Schauspieler:
Hans Otto – Will Quadflieg – Pierre Brice 423

Peter Krauskopf
»Pferde, Action, Explosionen«. Winnetou auf der Bühne . 430

Michael Petzel
Ein Mythos wird besichtigt.
Winnetou und der deutsche Film 447

X. Winnetou in der DDR

Regina Hartmann
Karl May: »Winnetou«, Band I. Zum Phänomen der
zeitgenössischen und aktuellen Massenwirksamkeit 467

Bibliographie 487

Autorenverzeichnis 501

Dieter Sudhoff / Hartmut Vollmer
Einleitung

> »Unter allen meinen Personificationen
> ist mir Winnetou die liebste.«
>
> *Karl May*[1]

I

›Winnetou kennt jeder‹, lautete apodiktisch der Titel einer 1980 ausgestrahlten Rundfunksendung über den sächsischen Dichter Karl May – eine Feststellung, die sich mit gutem Grund aufdrängt: Keine andere Gestalt der deutschen Literatur ist so populär wie der edle Apachenhäuptling. Winnetou ist, jedenfalls im deutschen Sprachraum, der Indianer schlechthin, die Inkarnation von Edelmenschlichkeit und Wild-West-Romantik, ein unerreichbares Vorbild in seinen Tugenden, Leitfigur abenteuerlicher Jugendträume und Erinnerungssymbol desillusionierter Erwachsener: ein Mythos. Seinen Schöpfer hat Winnetou berühmt gemacht; Karl May gilt als meistgelesener Autor deutscher Sprache, der Roman *Winnetou I* als sein meistgekauftes Buch.

Winnetou ist aber auch zu einem Kommerzartikel geworden, zum massenanziehenden Film- und Bühnenhelden und gar zum Werbemittel für Spiel- und Gebrauchswaren.

Dies alles wirft in seiner beeindruckenden Dimension Fragen nach den Gründen und Hintergründen des Phänomens auf. Winnetou, eine trivialmythische Gestalt, die Leserscharen in eskapistische Traumgefilde der amerikanischen Urwälder und Prärien entführt, das Idol unreifer Lektürehungriger, oder ganz einfach ein Geniestreich Karl Mays?

Gewiß: real ist dieser ›rote Gentleman‹ mit seinen übermenschlichen Attributen nicht, auch wenn May dies vor der Jahrhundertwende immer wieder glauben machen wollte und sogar die genauen biographischen Daten lieferte: »Geboren 1840, erschossen den 2ten Sept. 1874.«[2] – »Er kam gleich einem Halbgotte dahergesaust. Stolz und aufrecht, wie angewachsen, saß er auf dem fliegenden Rappen, den beschlagenen Kolben der Silberbüchse auf das Knie gestemmt. Sein edles Gesicht mit den gebräunten, fast römischen Zügen strahlte [...].«³ – So ›schwebt‹ Winnetou, engelsgleich, zwischen Himmel und Erde, durch die amerikanische Abenteuerwelt Karl Mays, als eine lebende Legende, die – von den Guten – mit Bewunderung, Hochachtung und Sehnsucht, oder – von den Bösen – mit Furcht, Haß und Neid an fernen Lagerfeuern erzählt wird. Die Geschichten spinnen ein Leben, das nicht von dieser Welt ist, Winnetou ist als »Halbgott« zum Mythos erhoben. Seine Auftritte sind Szenarien des Außergewöhnlichen. Wo andere im Angesicht der großen Abenteuer in wahre Suaden verfallen, braucht der Edelindianer nur wenige Worte, reichen ihm Gesten und Blicke, um das ›Gesetz‹ des abenteuerlichen Geschehens zu verkünden. Seine Erscheinung und sein Handeln verklären ihn mit Glorie; die Aura des Außerordentlichen, die ihn umgibt, birgt seine bis heute ungebrochene Faszination. Winnetou, der charismatische, über den Tod hinaus unsterbliche Held, leitet den gebannten Leser aus der engen, leidigen Alltagsrealität in eine ferne, mythengleiche exotische Welt, die um so bezaubernder wirkt, je mythenferner und rationaler sich die Gegenwart offenbart. Winnetou ist dort beheimatet, wo Ideale zählen und Superiorität besitzen (Humanität, Brüderlichkeit, Aufrichtigkeit, Klugheit, Tapferkeit), die in menschlichen Extremsituationen zu erreichen und zu demonstrieren sind.

Ein Blick auf Mays Werk zeigt, daß die Winnetou-Figur freilich entscheidende Wandlungen erfahren hat. So ist der frühe Winnetou aus der 1875/76 erschienenen Erzählung *Old Firehand* noch weit entfernt vom edelsinnigen Charakter der späteren Reiseerzählungen; hier begegnet uns vielmehr ein angejahrter zigarrerauchender, kampfesfreudiger und skalpierlustiger ›Wilder‹ – Züge, die er in den Jugenderzählungen *Der Sohn des Bärenjägers* (1887), *Der Geist des Llano estakado* (1888), *Der Schatz im Silbersee* (1890/91) und dann in der berühmten *Winnetou*-Trilogie (1893) verloren hat. Wie May im Alter, in seiner Selbstbiographie *Mein Leben und Streben*, vorgab, sei der »Gedanke« ›Winnetou‹ während seiner Zwickauer Haftzeit (1865-68) »geboren«: »Wohlverstanden, nur der Gedanke, nicht aber er selbst, den ich erst später fand.«[4] Literarisch gestaltete sich dieser Winnetou-Gedanke zum erstenmal in der Figur des Siouxindianers Inn-nu-woh (*Inn-nu-woh, der Indianerhäuptling*, 1875)[5]; kurz darauf trat Winnetou, der Apache, in der genannten Erzählung *Old Firehand* erstmals auf.[6]

Bei der Konzipierung seiner *Winnetou*-Trilogie griff May – neben den ebenfalls zuvor in Zeitschriften veröffentlichten Arbeiten *Deadly Dust* (1880), *Der Scout* (1888/89) und »*Ave Maria*« (1890, = *Im »wilden Westen« Nordamerika's*, 1883) – auf diese Erzählung zurück. Geplant war zunächst ein zweibändiges Werk, das die bereits erschienenen Texte zusammenführen sollte: »Dieser Winnetou ist eine so prächtige Gestalt und hat eine solche Sympathie gefunden, daß ich für dieses Werk am liebsten den Titel möchte ›Winnetou‹, ›Der rothe Gentleman‹ oder so ähnlich«, schrieb Karl May im März 1892 an seinen Verleger Fehsenfeld.[7] Den Plan eines zweibändigen *Winnetou*-Romans ließ er im Oktober jedoch wieder fallen: »Was Winnetou betrifft, so bin ich zu der Ueberzeugung gekommen, daß wir 3 Bände machen müssen. Diese vornehme Gestalt mit ihren außerordentlichen Erlebnissen ist nicht kürzer zu zeichnen. Geben wir nur das, was bisher von ihm erschienen ist, so kaufen die Leser des ›Hausschatzes‹[8] nicht, weil sie es schon kennen. Darum muß ich einen ersten Band <u>vollständig neu</u> schreiben, was unbedingt ziehen wird; Band II & III werden [...] durch neue Kapitel [...] vervollständigt. Dann bildet das Ganze ein auch künstlerisch gut abgerundetes und von A. bis Z. hochspannendes Lebensbild des ›berühmtesten Indianers‹ und zugleich eine Tragödie des Unterganges seiner Nation. Von diesem Werke verspreche ich mir viel.«[9]

Die Kompilation erwies sich allerdings weit problematischer als gedacht, wie schon kurz darauf ein weiterer Brief an Fehsenfeld belegt: »Am Liebsten schriebe ich alle 3 Bände neu. Es müßte ein ethnographisch-novellistisches Meisterstück werden, nach welchem 100000 Hände griffen, noch ganz anders als Lederstrumpf und Waldläufer, viel gediegener, wahrer, edler, eine große, verkannte, hingemordete, untergehende Nation als Einzelperson Winnetou geschildert. Es würde ein Denkmal der rothen Rasse sein und sollte eigentlich in einem Kiosk der Ausstellung zu Chicago verkauft werden. Das, was bis jetzt über Winnetou erschienen ist, könnte später in irgendeinem Gewande erscheinen. Es ist wirklich nicht leicht, diese zusammenhangslosen Einzelerzählungen, welche grad nur für den Hausschatz berechnet waren, so zusammenzufassen, daß sie als ein einziger Guß und Fluß erscheinen. Doch Allah will es, und so wird es gehen!«[10]

Aufgrund der kompositorischen Schwierigkeiten, eines Augenleidens und einer tiefen persönlich-familiären Krise vollzog sich der Entstehungsprozeß der Trilogie nur schleppend, nachdem May im Januar 1893 Fehsenfeld den Anfang von *Winnetou I* gesandt hatte. Von einer »hochgradig gesteigerte(n) Nervosität« spricht May in einem Brief an Fehsenfeld vom September 1893 und er äußert gar Selbstmordgedanken: »Ich bin in Folge häuslicher Zerwürfnisse jetzt immer so niedergeschlagen, daß ich wie oft nach der Wand über meinem Schreibtische sehe, wo der geladene Revolver hängt.« – »Winnetou's Manuscript wird Mittwoch (20. 9.) fertig!« heißt es im selben Brief.[11] Tatsächlich lagen die *Winnetou*-Bände wenige Wochen später vor.

Die brutale, zivilisationsferne Winnetou-Figur der frühen Erzählungen hatte May dem idealisierten, reinen Indianer-Bild, das der erste Band der Trilogie zeichnet, nun angeglichen. Bei aller mühsamen Bearbeitung können die Bände *Winnetou II/III* stilistische und inhaltliche Brüche aber nicht verbergen und fallen im Vergleich zu dem gänzlich neu geschriebenen ersten Band qualitativ in vielerlei Hinsicht ab. Hans Wollschläger befindet gar, daß die aus den alten Geschichten »zusammengeleimten« Bände II und III »den Roman als Ganzes so ziemlich verderben«, wenn auch der erste Band »hervorragend« gelungen sei.[12] Daß die Trilogie dennoch zu Mays berühmtestem Werk wurde, ist der Leitfigur Winnetou zu verdanken. In den beiden Trilogien *Old Surehand* (1894-96) und *Satan und Ischariot* (1897) und im Roman »*Weihnacht!*« (1897) fand sie ihre weitere literarische Ausformung. Der Idealisierungsprozeß Winnetous, über den ›roten Gentleman‹ der *Winnetou*-Trilogie hin zum ›roten Heiland‹, als der er in Mays spätem Roman *Winnetou IV* (1910) verehrt wird, ist ein Paradigma für die literarische Entwicklung seines Autors, vom Produzenten ›wilder‹ Trivialerzählungen zum Dichter des artifiziellen, symbolisch-allegorischen Alterswerks, in dem sich Winnetous Apotheose vollendet: »[...] er war der erste Indianer, in dem die Seele seiner Rasse aus dem Todesschlaf erwachte. In ihm wurde sie neu geboren. Darum war er nur Seele und wollte nur Seele sein! [...] Er riet zum Frieden, und wohin er nur kam, da brachte und gab er nur Frieden. Er war der Engel der Seinen! Er war der Engel eines jeden Menschen, der ihm begegnete, ob Freund, ob Feind, ganz gleich!«[13]

So wird Winnetou zur Präfiguration menschheitlicher Kommunion: »Die ganze rote Rasse soll sich zu einem einigen Winnetou gestalten, der hoch über allem, was niedrig ist, auf den lichten Höhen des Lebens steht.«[14]

Winnetous Christwerdung, sein Leben und seine Taten für Humanität und Frieden, schließlich sein glorioser Tod, der, begleitet von den Klängen des *Ave Maria,* einer Himmelfahrt gleichkommt, hatten den Apachenhäuptling schon in den Reiseerzählungen vor der Jahrhundertwende ›geheiligt‹ und damit die Voraussetzung geschaffen für seine zur Höhe (zum ›Mount Winnetou‹) gewiesene Symbolbedeutung, die im Spätwerk zu verschiedenen Formen eines ›Winnetou-Kultes‹ führt.

Winnetou IV wurde Karl Mays letzter Roman; als der Dichter 1912 starb, blieb sein ›eigentliches Werk‹, mit dem er die eigenen, ihm nur zu bewußten Grenzen überschreiten wollte, ungeschrieben. Zu diesem Vermächtnis sollte nicht nur ein Fortsetzungs- und Abschlußband der nunmehrigen *Winnetou*-Tetralogie, *Winnetous Testament,* gehören, May trug sich auch mit dem ehrgeizigen Plan, eine zehnbändige Serie mit dem Titel *Im fernen Westen. Reiseerzählungen von Winnetou, dem Häuptling der Apachen. Herausgegeben von Karl May* vorzulegen (auch: *Fern im Westen. Erzählungen aus Urwald und Prairie, von Winnetou, dem Häuptling der Apatschen. Herausgegeben von Karl May*), eingeführt durch ebenfalls von ihm ›herausgegebene‹ Aufzeichnungen Klekih-petras: *Das Ideal der freien Indianer, von Klekih-petra, Winnetous Erzieher. Herausgegeben von Karl May.*[15] Mit diesen Büchern, so schrieb er im Dezember 1908 an Fehsenfeld, wollte er »der Humanität und Nächstenliebe ein Reich erobern«, »dessen Grenzen« er selbst »noch nicht zu erschauen« vermochte.[16] – Es blieb ihm versagt, überliefert sind nur ein paar Zettelnotizen (»Mein Winnetou soll Euch nur Großes sagen.«[17]), aber bemerkenswert ist der Rang, den Winnetou – nachdem er ihn nach der Jahrhundertwende einige Jahre vernachlässigt hatte – zuletzt in Mays Vorstellungswelt einnahm: nicht mehr nur romantisches Ideal, sondern ›roter Heiland‹, und der Autor Karl May nicht mehr sein Schöpfer, sondern nur noch sein Medium, sein Prophet. Die »liebste Personification« war dem Dichter selbst zum Mythos geworden; als solchen hätte er ihn wohl auch dann nicht mehr beschreiben können, wenn er länger gelebt hätte.

Es hat nicht an Versuchen gefehlt, am enormen Erfolg Winnetous zu partizipieren; vor allem nach Mays Tod versuchten sich Autoren immer wieder erfolglos an epigonalen Neuschöpfungen. Nichts davon ist beachtenswert, im Gegensatz zu der unmittelbaren Wirkung, die Winnetous charismatische Erscheinung auch auf namhafte Literaten wie Robert Müller ausübte. »Wie die Heilandsgestalt eines neuen Menschen« erscheine der Apachenhäuptling, betonte der expressionistische Dichter: »Der Indianer Winnetou, der die Vorzüge einer sinnlichen mit denen einer vernünftigen Kultur verbindet, wäre wert, allen denen, die nach dem neuen Nervenmenschen suchen, als Prototyp vorgeführt zu werden. – Die Schaffung dieses Typs entspricht einer tiefen visionären Gemütskraft, einer Sehnsucht nach Reinlichkeit [...].«[18] – Und Berthold Viertel stellte dezidiert fest: »Ein Nichtdichter konnte nie die Freundschaft zwischen Winnetou und Old Shatterhand schildern, nie die Person des Winnetou erfinden, nie das Vorwort zum *Winnetou*, dieses wirklich schöne Klagelied vom Untergang der indianischen Rasse, schreiben.«[19]

Carl Zuckmayer gar gab seiner Tochter in Verehrung für Karl May den Namen ›Winnetou‹, eine skurrile Chiffre für die emotionelle Bindung doch sehr ernstzunehmender Intellektueller. Zuckmayer dachte auch daran, ein Winnetou-Drama zu schreiben. Tatsächlich eine Adaption versuchte Günter Eich, in seinem Hörspiel *Fährten in die Prärie* (1936). Von der Wirkung über die nationalen Grenzen hinaus zeugt Romain Garys Roman *Éducation européenne* (1945), in dem sich der Besitz eines *Winnetou*-Buches als Lebensrettung während des polnischen Widerstands gegen die Nazi-Herrschaft erweist.

Und immer wieder taucht Winnetou als Spielrolle, als Identifikationsfigur Jugendlicher in der Literatur auf: das bekannteste und zugleich schönste Beispiel ist Leonhard Franks Roman *Die Räuberbande* (1914), wo die Namen ›Winnetou‹ und ›Oldshatterhand‹ als Siglen antibürgerlicher Ausbruchssehnsüchte fungieren. Solange dieser (nicht nur) jugendliche Impetus besteht, wird auch Winnetou leben.

II

Die Karl-May-Forschung kann an Winnetou nicht vorbeisehen, im Gegenteil: will sie der ungebrochenen Wirkungskraft Mays auf den Grund gehen, hat sie gerade seine berühmteste Gestalt näher zu betrachten. In der Tat ist über kaum ein anderes May-Thema so viel geschrieben worden wie über Winnetou und die *Winnetou*-Romane, freilich weniger in monographischen Abhandlungen als im Rahmen übergreifender Arbeiten, wo sie dann ihre Schlüsselbedeutung nicht nur für das Verständnis Karl Mays, sondern der Abenteuerliteratur überhaupt und bisweilen noch darüber hinaus erwiesen. Kaum ein anderes Thema, weder die annähernd so berühmte Orient-Reihe *Giölgeda padis̆hanün* noch das hochliterarische Alterswerk mit den Großromanen *Im Reiche des silbernen Löwen III/IV* und *Ardistan und Dschinnistan,* ist daher auch so geeignet, als Paradigma für die Entwicklung, Vielfalt und Gegensätzlichkeit der – inzwischen längst in den Kanon seriöser Wissenschaften integrierten – Karl-May-Forschung zu dienen.

Der vorliegende Materialienband über *Karl Mays ›Winnetou‹* unternimmt es erstmals in der langen Rezeptionsgeschichte, die unterschiedlichen methodischen und interpretatorischen Ansätze zusammenfassend zu dokumentieren; sie reichen von ethnographischen, historischen, geistesgeschichtlichen, soziologischen Studien über biographisch-psychologische, formal-ästhetische, literaturdidaktische Analysen bis zu Untersuchungen der Popularisierung durch Bühne und Film. Neben repräsentativen Arbeiten der älteren und jüngeren May-Forschung stehen innovative Neubeiträge, die den weiteren Diskurs beleben werden.

Auf eine rein chronologische Reihung der Beiträge wurde verzichtet zugunsten einer thematischen Gruppierung, die nicht nur den möglichen Pluralismus der Erkenntniskategorien augenfällig macht, sondern auch ähnlich orientierte Arbeiten so aneinanderrückt, daß sich bemerkenswerte Korrespondenzen und historische oder methodische Vergleichspunkte ergeben. Auch so wird deutlich, daß sich die Winnetou-Forschung, wie die May-Forschung insgesamt, sehr ungleichgewichtig entwickelt hat und erst gegen Ende der sechziger Jahre ein Stadium nicht mehr nur vereinzelt profunder Wissenschaftlichkeit erreichte.

Zu Lebzeiten Karl Mays und noch lange danach fand eine seriöse und konstruktive Forschung nicht statt, nimmt man Adolf Droops Buch *Karl May. Eine Analyse seiner Reise-Erzählungen* (Cöln-Weiden 1909) aus, das jedoch gerade für unser Thema kaum ergiebig ist. Nicht einmal Zeitungsessays und die ohnehin wenigen Rezensionen sind es wert, hier auch nur als Illustration des zeitgenössischen Presseechos dokumentiert zu werden; »farbensatt und lebensvoll« sei Mays neuestes Werk, »wenn auch in ästhetischer Hinsicht nicht unanfechtbar«, heißt es da etwa beim Erscheinen von *Winnetou I,* und der Roman wird »Freunden einer spannenden Lektüre« empfohlen.[20] Die Gründe für diese Rezeptionsmisere liegen einerseits im Spektakel, das May selbst um seine Person inszenierte, indem er die Identität mit seinem omnipotenten Ich-Helden postulierte, und in den späten Enthüllungen seiner Vergangenheit als Zuchthäusler und Kolportageautor; sie sind andererseits im Dünkel einer Germanistik zu sehen, die sich als Sachverwalter einer hehren deutschen Klassik verstand und weder bereit noch fähig war, einen Erfolgsschriftsteller wie Karl May mit seinen unübersehbaren stilistischen Schwächen auch nur wahrzunehmen, geschweige denn näherer Betrachtung zu würdigen.

So blieb es denn enthusiasmierten Laien vorbehalten, die dem 1913 in Radebeul gegründeten Karl-May-Verlag nahestanden, nach dem Ersten Weltkrieg eine May-Forschung aufzubauen; ihr wichtigstes Forum waren die ›Karl-May-Jahrbücher‹, die von 1918 bis 1933 erschienen. Die meisten Beiträge dieser heute überaus seltenen Bände, in denen Winnetou naturgemäß ein immer wiederkehrendes Thema war, hatten unterhaltenden oder apologetischen Charakter und sind daher ohne weiteren Belang; Arno Schmidt konstatierte barsch: »die Nullität der meisten Sächelchen ist schlechthin unwahrscheinlich«.[21] Immerhin findet sich im Schatten solcher »Nullität« doch auch eine Reihe bemerkenswerter Arbeiten, die innovativ genug waren, die weitere Forschung auf den Weg zu bringen, und die noch heute, bei wesentlich gewachsenem Erkenntnisstand, eine grundsätzliche Relevanz behalten haben. Dazu gehören in jedem Fall die hier wieder vorgelegten beiden Aufsätze Joseph Höcks (1926, 1929), der sich als erster mit der Tektonik der *Winnetou*-Tetralogie befaßte, und Franz Kandolfs großer Essay über den *Werdenden Winnetou* (1921), der als Gesamtdarstellung der einzelnen Winnetou-Erzählungen immer noch beinahe einzig dasteht. Die Mängel dieser Arbeiten sind freilich nicht zu übersehen und typisch für die Leichtgläubigkeit und wissenschaftliche Unbedenklichkeit der frühen Forschung: Arglos werden Mystifikationen Mays wie seine imaginären Reisen übernommen, auf einen wissenschaftlichen Apparat glaubte man verzichten zu können, und die May-Zitate sind kaum einmal authentisch, sondern folgen den bearbeiteten Leseausgaben des Radebeuler Verlags. Da im Detail zudem manches von der späteren Forschung überholt worden ist, kann man begreiflich finden, daß Roland Schmid es unternahm, Kandolfs Aufsatz mit ergänzenden Untersuchungen des Verfassers zu kompilieren und einer rigorosen Überarbeitung und Neuanordnung zu unterziehen.[22] Historizität und Authentizität eines Textes gehen auf diese Weise allerdings verloren; im vorliegenden Band, der wenigstens in Ansätzen auch die historische Entwicklung der Winnetou-Forschung aufzeigen will, wurde auf solche Eingriffe seitens der Herausgeber daher grundsätzlich verzichtet.

Von den ersten beiden Bänden nach dem Weltkrieg abgesehen, waren die ›Karl-May-Jahrbücher‹ politisch und ideologisch relativ ungebunden; als dies ab 1933 nicht mehr gewährleistet war, stellten sie konsequent ihr Erscheinen ein. Nicht zuletzt aus verkaufspolitischen Motiven betonte der Karl-May-Verlag aber den ›volkstümlichen‹ Charakter Mays und versuchte, ihn als ›Volksschriftsteller‹ zu etablieren, in dem die kollektive Volksdichtung fortlebe. Dieses noch immer nicht ganz ausgestorbene Klischee kam den neuromantisch-völkischen Tendenzen in der Germanistik der zwanziger Jahre entgegen und war daher dem Ansehen des Dichters dienlich, trug aber auch wesentlich dazu bei, daß er im faschistischen Deutschland der dreißiger Jahre gefördert und für Durchhalteparolen mißbraucht wurde. Hitlers infantile May-Begeisterung war freilich die Voraussetzung für diese Popularität im Dritten Reich, die May später lange diskreditierte – von Winnetou soll der ›Führer‹ gesagt haben, »er sei geradezu das Musterbeispiel eines Kompanieführers«.[23]

Der Volksschriftsteller Karl May. Beitrag zur literarischen Volkskunde (Radebeul bei Dresden 1936) hieß die Jenaer Dissertation von Heinz Stolte, mit der die universitäre May-Forschung offiziell begann. Wenngleich sie in ihrer volkskundlichen Ausrichtung heute problematisch erscheint (und wie die Radebeuler ›Karl-May-Jahrbücher‹ nach bearbeiteten Texten zitiert), ist sie in vielen ihrer Thesen doch noch immer fundierter als so manche Dissertation unserer Tage. Von dieser Aktualität zeugt ein unveränderter Nachdruck (Bamberg ²1979), vor allem aber die kontinuierliche Fortwirkung in der Sekundärliteratur. Orientiert an André Jolles, konfrontiert Stolte Mays Reiseerzählungen mit den ›Einfachen Formen‹ wie Märchen und Sage und definiert sie als ›Heroische Legenden‹, als Mischung von Heldensage und Heiligenlegende. Als Beispiel dient ihm »die volkstümlichste und bekannteste Gestaltung Mays, die ›Winnetou-Legende‹«, unter der er »die Gesamtheit der drei Bände des Romans *Winnetou* und des einbändigen *Winnetous Erben*« versteht: »Diese Erzählungsgruppe beginnt als Heldensage und endet als Legende.«[24] Nicht nur, weil Stoltes Beweisführung noch immer bemerkenswert ist, wird sie hier erneut vorgestellt: er führt sie durch ein genaues Abschreiten der Fabel, und dies wird manchem dienlich sein, dem die Handlungsfolge nicht in allen Momenten gegenwärtig ist.

Die weiterwachsende Popularität Karl Mays provozierte nach dem Zweiten Weltkrieg die Wiener Dissertationen von Emanuel Kainz (*Das Problem der Massenwirkung Karl Mays*, Wien 1949) und Viktor Böhm (*Karl May und das Geheimnis seines Erfolges. Ein Beitrag zur Leserpsychologie*, Wien 1955, Gütersloh ²1979), die in ihrer literatursoziologischen Ausrichtung der May-Forschung aber ebensowenig zum Durchbruch verhelfen konnten wie Stoltes volkskundliche Monographie. Hierzu kam es erst in den sechziger Jahren, ausgerechnet zu einer Zeit, als die Kommerzialisierung durch die ›Winnetou‹-Filme May endgültig auf das falsche Image des nicht ernstzunehmenden trivialen Jugendbuchautors festzulegen schien.

Vor allem drei Faktoren waren es, die zu einem Rezeptionswandel in den Fachwissenschaften und über sie hinaus führten: die ›Entdeckung‹ des Spätwerks (zu dem auch *Winnetou IV* gehört) durch die Schriftstellerkollegen Arno Schmidt und Hans Wollschläger, die allgemeine Hinwendung der akademischen Germanistik zur Trivialliteraturforschung und schließlich die Gründung der Karl-May-Gesellschaft (1969), die sich anfangs vorwiegend der biographischen und psychologischen Untersuchung widmete, sich aber bald einem breiten methodischen Spektrum öffnete. Die Heterogenität dieser Faktoren, die sich bis heute etwa in der sehr unterschiedlichen Wertung der einzelnen Schaffensphasen Mays spiegelt, wurde zur wichtigsten Voraussetzung einer komplexen, konstanten und kontrastiven Auseinandersetzung mit Leben und Werk Karl Mays.

Während Hans Wollschläger in seiner bahnbrechenden und noch immer unübertroffenen Biographie (*Karl May in Selbstzeugnissen und Bilddokumenten*, Reinbek bei Hamburg 1965; Neufassung: *Karl May. Grundriß eines gebrochenen Lebens*, Zürich 1976) wie in seinen späteren, psychoanalytischen Arbeiten nur marginal das Winnetou-Thema berührte, schrieb sein ›Lehrer‹ Arno Schmidt, der May zuvor zum »letzten Großmystiker« der deutschen Literatur erhoben hatte, bereits 1959 einen – im wesentlichen textkritischen – Aufsatz über *Winnetou IV*[25] und gab dem

Thema ›Winnetou‹ auch in seinem denkbar umstrittenen Buch *Sitara und der Weg dorthin. Eine Studie über Wesen, Werk & Wirkung Karl May's* (Karlsruhe 1963) breiten Raum. In ihm unternimmt es Schmidt, seine an Freud und Joyce geschulte ›Etym-Theorie‹ zu exemplifizieren, die er selber später in seinem Großwerk *Zettels Traum* (1970) bewußt praktizierte; provokant wirkte weniger seine psychoanalytische Methode an sich als die – biographisch unhaltbare – These, May sei ein latenter Homosexueller gewesen. Die attraktive, auffällig androgyne Erscheinung des Apachen[26] und seine intime Freundschaft mit dem Ich-Helden Old Shatterhand mußten Winnetou für Schmidt zu einem Paradebeispiel machen. Kann man seiner Hauptthese auch nicht folgen und ist auch sein – im Grunde poetisches – Verfahren zweifelhaft, so bietet Schmidts *Studie*, ganz abgesehen von ihrer literarischen Qualität, doch eine Fülle anregender Einzeldeutungen. Vor allem markiert sie den Beginn der biographisch-psychologischen und psychoanalytischen Exegese, die sich in den Arbeiten von Hans Wollschläger und Wolf-Dieter Bach fortsetzte und trotz aller Widerstände inzwischen zu einer der wichtigsten Richtungen innerhalb der May-Forschung geworden ist. Beispiele dafür, wie erkenntnisträchtig die psychologische Methode gerade im Fall des Egozentrikers Karl May sein kann, sind im vorliegenden Band der leserorientierte, von Mays Vita absehende und in seiner psychoanalytischen Radikalität gewiß noch immer provozierende Aufsatz Dieter Ohlmeiers *über kollektive Phantasietätigkeit* (1978) und die biographischen Interpretationen der Winnetou-Gestalt durch Walther Ilmer und Wolfram Ellwanger/Bernhard Kosciuszko, die sich in ihrer Gegensätzlichkeit nicht aufheben, sondern komplementär ergänzen.

Die von Schmidt und Wollschläger lancierte Aufwertung des symbolisch-allegorischen Spätwerks, das sich auszeichnet durch eine polyphone Struktur, tiefe Gedanklichkeit und einen gehobenen Stilwillen, hat dazu geführt, daß Mays lange vernachlässigter Roman *Winnetou IV,* der sich dem Verständnis eher erschließt als *Im Reiche des silbernen Löwen III/IV* und *Ardistan und Dschinnistan,* heute eines seiner besterforschten Werke überhaupt ist, zu dem nicht nur eine Reihe wichtiger Aufsätze vorliegt, sondern sogar eine eigene Monographie.[27] Wie virulent die Forschung gleichwohl auch hier noch ist (und es angesichts der Komplexität von *Winnetou IV* notwendig bleiben wird), zeigen die neuen Abhandlungen von Christoph F. Lorenz über die mythischen Strukturen des Romans und von Ulrich Schmid über Mays Neudeutung des indianischen Schicksals, die im Schriftgewinn Winnetous und im ›Testament des Apachen‹ aufscheint. Lorenz gibt darüber hinaus eine Einführung in die bisherige Forschung zu *Winnetou IV*.

Die psychologisch-biographischen Analysen und die Interpretationen zu Mays Spätwerk haben über den Einzelfall hinaus weitreichende anthropologische und geistesgeschichtliche Perspektiven eröffnet. Der Ende der sechziger Jahre aufblühenden Trivialliteraturforschung diente Karl May demgegenüber zu Anfang bevorzugt als Modellfall allgemeiner literatursoziologischer Phänomene, wozu ihn beinahe idealtypische Kolportageromane wie *Waldröschen* und seine gesellschaftliche Relevanz als Autor eines Massenpublikums prädestinierten. Dies ungeleugnet, hat sich die herausgehobene Stellung, die Mays Abenteuerwerk auch unter sozialgeschichtlichen und ideologiekritischen Aspekten zukommt, nicht zuletzt dadurch erwiesen, daß inzwischen wohl die massenkommunikationsorientierten Tendenzen in der akademischen Literaturwissenschaft wieder abgeflaut sind, nicht aber das Interesse an Karl May, das eher noch gewachsen ist.

Wesentliche Impulse bezog die soziologische May-Forschung aus der Kolportagetheorie Ernst Blochs, der den antizivilisatorischen, revolutionär-utopischen Impetus der Mayschen ›Tagträume‹ betonte (und einen Aufsatz *Die Silberbüchse Winnetous* schrieb), doch fehlt es auf der anderen Seite nicht an Studien, in denen die affirmativen und regressiven Elemente der Reiseerzählungen hervorgehoben werden – ein Antagonismus, der sich in der Ambivalenz des Werkes selbst auflöst, wie vor allem Helmut Schmiedt dargelegt hat.[28]

Neben den Kolportageromanen sind es Mays Amerikaromane, unter diesen besonders *Winnetou I*, die zum bevorzugten Studienobjekt der soziologischen Forschung wurden: zum einen erklärt sich diese Präferenz durch ihre außerordentliche Popularität, zum anderen dadurch, daß sie in zivilisationsferneren Räumen handeln als die Orientromane und also dringlicher die Frage stellen, inwieweit sie zeitgenössischen und noch gängigen Gesellschaftsnormen entsprechen oder Gegenentwürfe darstellen.

Zu den beachtlichen Arbeiten soziologischer Richtung gehört gewiß der hier wieder vorgelegte Aufsatz von Peter Uwe Hohendahl (1975), der – freilich auf problematischer Textbasis – Mays

Wildwest-Welt als Reflex auf die Sozialprobleme der wilhelminischen Zeit deutet; beachtlich auch deshalb, weil Hohendahl nicht nur Mays ambivalente Haltung im Blick hat, sondern ebenso die Entwicklung hin zu *Winnetou IV,* wo May »eine herrschaftsfreie Welt [...] in einem neugeschaffenen Mythos vor Augen gestellt« habe. Das differenzierte Bild, das Hohendahl so entwickelt, hebt sich wohltuend ab von der eindimensionalen Ideologiekritik mancher anderer Exegeten.[29]

Ideologisch heftig diskutiert ist in *Winnetou I* die Klekih-petra-Episode, aus der man Mays Haltung zur Revolution ableiten kann. Ausgelöst wurde dieser Diskurs durch einen Aufsatz Klaus Lindemanns (1974), in dem er May als Gegner von Vernunft und Aufklärung denunzierte.[30] Claus Roxin antwortete darauf mit einer Replik in den ›Mitteilungen der Karl-May-Gesellschaft‹ (1976)[31]; sie bildet den Ausgangspunkt seines neuen Essays, in dem er nun aber weit über die Lindemann-Kontroverse hinaus die gesamte Ideologie des *Winnetou*-Romans und zugleich die der Kritiker und Bearbeiter abhandelt. – Wie sehr Karl May bei allen romantischen Zügen seines Werkes gerade in der Tradition der Aufklärung steht, beleuchtet Martin Lowsky in seinem ins Geistesgeschichtliche ausgreifenden Aufsatz über den ›*conte philosophique*‹ *von Winnetous Tod.*

Zu den gängigen Stereotypen in der soziologischen, ethnographisch-geschichtlichen oder auch populärwissenschaftlichen Literatur gehört es, May abzuwerten, indem man seine exotische Phantasiewelt an der amerikanischen Realität des letzten Jahrhunderts mißt – so als sei es ernstlich die vorrangige Aufgabe von Abenteuerromanen, ein ethnologisch und historisch getreues Abbild der Wirklichkeit zu liefern. May selbst hat solche Vorwürfe allerdings provoziert, wenn er kühn behauptete, nur ›Selbsterlebtes‹ zu berichten, und seine fiktiven Reiseerinnerungen, nicht zuletzt mit didaktischen Intentionen, ausgiebig mit zeitgenössischem Quellenmaterial fundierte. Entsprechende Forschungen jüngerer Zeit haben ergeben, daß die meisten ›Fehler‹ Mays auf diese Quellen zurückgehen, bei denen es sich neben Nachschlagewerken und Fachbüchern vor allem um halbfiktive Reisebeschreibungen handelte. Der Frage, wie sich Fiktion und Wirklichkeit in Mays Amerikaromanen zueinander verhalten und auf welche historischen oder auch literarischen Vorbilder May bei seiner Konzeption des edlen Apachen Winnetou zurückgriff, gehen die kontradiktorischen Beiträge von Eckehard Koch und Manfred Durzak nach. Werner Poppes einleitende Untersuchung (1972) widmet sich der etymologischen Herkunft des Namens ›Winnetou‹; wie heftig umstritten und letztlich wohl nie ganz zu klären dieses an sich eher marginale Problem ist, zeigt sich daran, daß Poppe seinen Aufsatz für den Neudruck einschneidend modifizierte und seine ursprüngliche These, es handle sich um einen Phantasienamen, revidierte.

Ein auffälliges Desiderat in der May-Forschung, kennzeichnend für die formal-ästhetische Geringschätzung, die Mays Œuvre zum Teil selbst bei seinen Anhängern erfährt, sind Studien zu Erzähltechnik und Stil. Immerhin gehören die *Winnetou*-Romane auch in dieser Hinsicht zu den besser erforschten Werken, und die hier wieder vorgelegten Arbeiten von Höck oder Stolte konnten bereits wichtige Akzente setzen. Helmut Schmiedts Aufsatz über *Winnetou I* unter dem *Aspekt der Form* (1986) betrat daher auch kein wirkliches Neuland, steht in seiner monographischen Konzentration aber doch bisher einzig da und vermochte zumindest für *Winnetou I* den Beweis zu führen, daß Ernst Blochs Wort vom potentiell »besten deutschen Erzähler« nicht ganz ohne Berechtigung ist; inwieweit sich diese Rehabilitation noch auf andere Reiseerzählungen übertragen läßt (die formalen Qualitäten des Spätwerks sind weitgehend anerkannt), werden weitere Form-Untersuchungen zu erweisen haben.

Daß Karl May sich auch mit seinem ›Winnetou‹ nicht auf den trivialen Jugendschriftsteller reduzieren läßt, als der er in den Feuilletons so gerne gesehen wird, machen die meisten Beiträge des vorliegenden Bandes unabweisbar; andererseits hat May jedoch ausdrücklich Romane für die Jugend geschrieben, bevorzugt über Winnetou (*Die Helden des Westens*, *Der Schatz im Silbersee*, *Der Oelprinz*, *Der schwarze Mustang*), und werden die *Winnetou*-Romane wie die übrigen ›klassischen‹ Reiseerzählungen vornehmlich von Jugendlichen gelesen – eine Altersverschiebung, die sich freilich in unserem multimedialen Zeitalter allmählich wieder umzukehren scheint. In dieser Rezeptionssituation sind auch solche Arbeiten wünschenswert, die sich ohne den Anspruch innovativer Wissenschaftlichkeit unmittelbar an ein jugendliches Publikum wenden, wie dies Horst Müller in seinem Buch *Helden zum Rapport* (Düsseldorf 1970) getan hat, in dem er neben Winnetou noch die heroischen Gestalten Herakles, Siegfried, Johanna und James Bond behandelt. Trotz der notwendigen Verkürzungen und Vereinfachungen, und obwohl ihm nur bearbeitete Texte vorlagen (die von Jugendlichen auch fast ausschließlich gelesen werden), ist Müller ein schönes und ansprechendes Porträt des ›roten Gentleman‹ gelungen, in Art der frühen Untersuchungen von Höck, Kandolf oder Stolte. Daß Müller sich nicht auf eine wissenschaftliche Methodik festlegt, ist im Blick auf sein Zielpublikum ein Vorteil, und bemerkenswert ist vor allem die Ausführlichkeit, mit der er bei der Darstellung der Genese Winnetous gerade auf *Winnetou IV* eingeht, also den Roman, der sich jugendlichem Verständnis meist entzieht.

Der gescheiterte Lehrer Karl May, der dann zum »Lehrer seiner Leser« wurde, hat seine Jugenderzählungen mit besonderer Liebe und Sorgfalt geschrieben und eben in ihnen auch das Bild geformt, das nicht nur Jugendliche heute von Winnetou haben. Mit welchen literaturdidaktischen Absichten May dies unternahm, untersucht Joachim Biermann in seinem Beitrag, der Forschungsintentionen von Heinz Stolte aufgreift.[32] – Dabei sei angemerkt, daß es natürlich auch nicht an Anregungen fehlt, *Winnetou* im Deutschunterricht der Schulen zu behandeln.[33]

Es gehört zum Erfolgsphänomen ›Winnetou‹, daß der Apache sich ›selbständig‹ machte und viele Kinder und Jugendliche seine Erlebnisse heute eher aus Film- und Fernsehadaptionen und durch Freilichtinszenierungen kennen als aus der Buchlektüre, mit der diese meist nur noch wenig zu tun haben. So bedauerlich man das finden mag, so notwendig ist es doch, in einem Sammelband zu Winnetou auch diese Entwicklung darzustellen, die wesentlich zur Mythosbildung beitrug. May selbst dachte bekanntlich zeitweise daran, ein Drama (oder sogar eine Oper) über den »hochragenden Häuptling der Apatschen« zu schreiben.[34] Hansotto Hatzig würdigt in seinem Aufsatz (1970), den er für den Neudruck modifizierte und erweiterte, vor allem den frühen Winnetou-Darsteller Hans Otto, mit Seitenblicken auf Will Quadflieg und Pierre Brice, der die populäre Vorstellung vom Erscheinungsbild des attraktiven Apachen wie kein zweiter geprägt hat. Peter Krauskopf zeichnet in seinem Beitrag die Geschichte des Bühnen-Winnetou nach, Michael Petzel analysiert die filmischen Visualisierungen und die Darstellung durch Pierre Brice.

Eine der erfreulicheren Entwicklungen in der jüngeren May-Rezeption ist die Anfang der achtziger Jahre begonnene Renaissance des Sachsen in seiner Heimat, nachdem er über Jahrzehnte für ideologisch suspekt galt und in der DDR tabuisiert war. Inzwischen gehört dort auch Winnetou zum ›fortschrittlichen kulturellen Erbe‹; wie selbstverständlich wurde die Wiederveröffentlichung von May-Romanen mit der *Winnetou*-Trilogie (Berlin: Verlag Neues Leben, 1982/83) eingeleitet und mit weiteren Bänden um den Apachen (*Der Sohn des Bärenjägers, Der Geist des Llano Estacado, Der Ölprinz, Old Surehand I-III*) fortgesetzt. Und einer der ersten Aufsätze der sich allmählich konstituierenden May-Philologie in der DDR galt dem *Phänomen der zeitgenössischen und aktuellen Massenwirksamkeit* Karl Mays am Beispiel von *Winnetou I* (1987). Regina Hartmanns Beitrag markiert einen verspäteten Rezeptionsbeginn, läßt aber für die Zukunft noch viel aus der DDR erwarten, was der bisherigen Forschung neue und eigene Impulse geben wird.

Mehrere der in diesem Materialienband nachgedruckten Arbeiten jüngerer Zeit sind Publikationen der Karl-May-Gesellschaft, überwiegend den ›Jahrbüchern‹, entnommen; die meisten Neubeiträger sind aktive Mitglieder dieser literarischen Vereinigung. Dieses dominante Verhältnis gegenüber der externen, vor allem universitären Forschung ist nicht intendiert, aber unvermeidlich, denn es spiegelt nur die tatsächliche Präferenzstellung der Karl-May-Gesellschaft in der May-Philologie der letzten beiden Jahrzehnte, die sie dem Engagement ihrer Mitglieder und mehr noch der Offenheit gegenüber allen diskutierbaren Forschungsansätzen verdankt. Abzusehen und dringlich zu wünschen ist aber, daß die May-Forschung auch außerhalb der Karl-May-Gesellschaft mehr als bisher forciert wird. Eine wichtige Voraussetzung dafür wird die von Hermann Wiedenroth und Hans Wollschläger herausgegebene Historisch-kritische Ausgabe der Werke Karl Mays (Nördlingen 1987ff.) liefern; die *Winnetou*-Romane werden in ihr voraussichtlich 1990 erscheinen.

Paderborn, im Mai 1988

Anmerkungen

1 Karl May, Brief an Prinzessin Wiltrud v. 18. 4. 1909. Abgedr. in: JbKMG 1983, S. 115.
2 Antwort Karl Mays auf einem Brief Baron von Laßbergs, 1897. Abgedr. in: JbKMG 1983, S. 77.
3 XX, S. 254f.
4 Karl May, *Mein Leben und Streben*, Freiburg i. Br. 1910 (Reprint: Hildesheim, New York 1975), S. 136.
5 Vgl. ebd., S. 185.
6 Falls der 1878 erschienene ›Criminalroman‹ *Auf der See gefangen* tatsächlich vor *Old Firehand* entstanden sein sollte, wie Werner Poppe vermutet (s. seinen Beitrag in diesem Band), so ist dieser Text die erste Winnetou-Erzählung.
7 Brief v. 12. 3. 1892. Abgedr. im Nachwort zur Reprint-Ausgabe v. *Winnetou I*, Bamberg 1982, o. S.
8 Dort waren *Deadly Dust* und *Der Scout* zuerst erschienen.
9 Brief v. 10. 10. 1892 (wie Anm. 7).
10 Brief v. 16. 10. 1892 (wie Anm. 7).
11 Brief v. 17. 9. 1893, Archiv KMV.
12 Hans Wollschläger, *Karl May. Grundriß eines gebrochenen Lebens*, Zürich 1976, S. 78.
13 XXXIII, S. 285f.
14 Ebd., S. 516.
15 Eine ähnliche Serie, ›erzählt‹ von Kara Ben Halef, sollte die orientalischen Reiseerzählungen krönen. Vgl. zu diesen Projekten Einführung und Anhang im KMG-Reprint *Winnetou Band IV. Reiseerzählung von Karl May*, hg. v. Dieter Sudhoff, Hamburg, Gelsenkirchen 1984.
16 Brief v. 20. 12. 1908, ebd., S. 291.
17 Ebd., S. 302.
18 Robert Müller, *Das Drama Karl Mays*, in: JbKMG 1970, S. 102f.
19 Berthold Viertel, *Für Karl May*, in: JbKMG 1971, S. 228.
20 Neue Würzburger Zeitung, 22. 6. 1893.
21 Arno Schmidt, *Sitara und der Weg dorthin. Eine Studie über Wesen, Werk & Wirkung Karl May's*, Karlsruhe 1963, S. 14.
22 Franz Kandolf, *Der werdende Winnetou*, im Anhang zur Reprint-Ausgabe v. *Old Surehand III*, Bamberg 1983, S. A9-A63.
23 Albert Speer, *Spandauer Tagebücher*, Frankfurt a. M. 1975, S. 523.
24 Heinz Stolte, *Der Volksschriftsteller Karl May. Beitrag zur literarischen Volkskunde*, Radebeul bei Dresden 1936, S. 83.
25 Arno Schmidt, *Winnetous Erben. Karl May und die Frage der Texte*, in: Die andere Zeitung, 8. u. 15. 7. 1959.
26 Vgl. Johanna Bossinade, *Das zweite Geschlecht des Roten. Zur Insze-*

nierung von Androgynität in der ›Winnetou‹-Trilogie Karl Mays, in: JbKMG 1986, S. 241-267.
27 Dieter Sudhoff, *Karl Mays »Winnetou IV«. Studien zur Thematik und Struktur,* Ubstadt 1981.
28 Helmut Schmiedt, *Karl May. Studien zu Leben, Werk und Wirkung eines Erfolgsschriftstellers,* Frankfurt a. M. ²1987.
29 Vgl. Hartmut Lutz, *»Indianer« und »Native Americans«. Zur sozial- und literarhistorischen Vermittlung eines Stereotyps,* Hildesheim, Zürich, New York 1985, S. 320-356.
30 Klaus Lindemann, *Verdrängte Revolutionen? Eichendorffs »Schloß Dürande« und Karl Mays Klekih-petra-Episode im »Winnetou«-Roman,* in: Aurora. Jahrbuch der Eichendorff-Gesellschaft 34 (1974), S. 24-38.
31 Claus Roxin, *Vernunft und Aufklärung bei Karl May. Zur Deutung der Klekih-petra-Episode im »Winnetou«,* in: MKMG 28 (1976), S. 25-30.
32 Vgl. Heinz Stolte, *Ein Literaturpädagoge. Untersuchungen zur didaktischen Struktur in Karl Mays Jugendbuch ›Die Sklavenkarawane‹,* in: JbKMG 1972/73, S. 171-194; JbKMG 1974, S. 172-194; JbKMG 1975, S. 99-126.
33 Vgl. etwa Walter Seifert, *Rätsel und Kriminalschema. Karl Mays ›Winnetou‹ als Unterrichtsgegenstand (7./8. Jahrgangsstufe),* in: Der Deutschunterricht 34/2 (1982), S. 53-62.
34 Karl May, *Freuden und Leiden eines Vielgelesenen,* in: Deutscher Hausschatz 23 (1896/97), S. 21.

Abkürzungen

Römische Ziffern beziehen sich auf die im Verlag von Friedrich Ernst Fehsenfeld, Freiburg i. Br., seit 1892 erschienene Reihe ›Karl May's gesammelte Reiseerzählungen‹ (bis 1896 ›Reiseromane‹); Reprint: Bamberg 1982-84:

   I   Durch Wüste und Harem, 1892
  II   Durchs wilde Kurdistan, 1892
 III   Von Bagdad nach Stambul, 1892
  IV   In den Schluchten des Balkan, 1892
   V   Durch das Land der Skipetaren, 1892
  VI   Der Schut, 1892
 VII   Winnetou I, 1893
VIII   Winnetou II, 1893
  IX   Winnetou III, 1893
   X   Orangen und Datteln, 1894
  XI   Am Stillen Ocean, 1894

XII	Am Rio de la Plata, 1894
XIII	In den Cordilleren, 1894
XIV	Old Surehand I, 1894
XV	Old Surehand II, 1895
XVI	Im Lande des Mahdi I, 1896
XVII	Im Lande des Mahdi II, 1896
XVIII	Im Lande des Mahdi III, 1896
XIX	Old Surehand III, 1896
XX	Satan und Ischariot I, 1897
XXI	Satan und Ischariot II, 1897
XXII	Satan und Ischariot III, 1897
XXIII	Auf fremden Pfaden, 1897
XXIV	»Weihnacht!«, 1897
XXV	Am Jenseits, 1899
XXVI	Im Reiche des silbernen Löwen I, 1898
XXVII	Im Reiche des silbernen Löwen II, 1898
XXVIII	Im Reiche des silbernen Löwen III, 1902
XXIX	Im Reiche des silbernen Löwen IV, 1903
XXX	Und Friede auf Erden!, 1904
XXXI	Ardistan und Dschinnistan I, 1909
XXXII	Ardistan und Dschinnistan II, 1909
XXXIII	Winnetou IV, 1910

*

KMV	Karl-May-Verlag, Radebeul bzw. Bamberg
KMJb	Karl-May-Jahrbuch, hg. v. Rudolf Beissel u. Fritz Barthel, 1918-19: Breslau; hg. v. Euchar Albrecht Schmid u.a., 1920-1933: Radebeul bei Dresden; hg. v. Thomas Ostwald u.a., 1978-79: Bamberg, Braunschweig
KMG	Karl-May-Gesellschaft e. V., Hamburg
MKMG	Mitteilungen der Karl-May-Gesellschaft, Hamburg 1969 ff.
SoKMG	Sonderheft der Karl-May-Gesellschaft, Hamburg 1972 ff.
JbKMG	Jahrbuch der Karl-May-Gesellschaft, hg. v. Claus Roxin, Hamburg 1970-73; hg. v. Claus Roxin u. Heinz Stolte, Hamburg 1974; hg. v. Claus Roxin, Heinz Stolte u. Hans Wollschläger, Hamburg 1975-81; Husum 1982 ff.
KMW	Karl Mays Werke, Historisch-kritische Ausgabe für die Karl-May-Gedächtnis-Stiftung, hg. v. Hermann Wiedenroth u. Hans Wollschläger, Nördlingen 1987 ff.
*	Fußnote der Herausgeber

I
Der Name

Werner Poppe
›Winnetou‹. Ein Name und seine Quellen

Adalbert Stütz hat die Theorie aufgestellt, daß May den Namen seines Helden nicht der Apachen-Sprache entnommen, sondern dem Digger-Wort ›vintu‹ nachgebildet habe.[1] Dieses Wort sei ihm in den Verzeichnissen des Werkes von Gatschet[2] begegnet. Denn, so lautete die Begründung, da ›vintu‹ im Digger ›der Indianer‹ bedeute und May in Winnetou die Idealgestalt des Indianers schlechthin habe verkörpern wollen, »konnte er seinem Hauptvertreter der indianischen Rasse gar keinen glücklicher gewählten Namen geben als denjenigen, der die Bedeutung ›der Indianer‹ einschloß.«[3] Später ist diese Deutung von Plischke[4] ebenso übernommen worden wie von Pinnow[5], und beide weisen auch auf Lokotsch[6] hin.

Es ist verständlich, daß die Stützsche Ansicht allgemein überzeugte, zumal sie dem ›symbolischen‹ Charakter, den May im Alter auch seinen frühen Erzählungen zusprach, so einleuchtend gerecht wurde. Zweifel wecken könnte allerdings der Umstand, daß er diese Deutung, die mit seinen späten Absichten so günstig übereinstimmte, selbst nie vorgetragen hat, wie er auch die Erklärung ›Brennendes Wasser‹ nur einmal in mündlichem Gespräch geäußert hat.[7] Er gab diese Erklärung aus Verlegenheit. Das Wort ›brennen‹ heißt in der Sprache der Apachen nicht ›winne‹, sondern nach Buschmann[8] ›tondli‹, entsprechend damaliger Schreibweise.

Stütz ging von zwei grundlegenden Voraussetzungen aus. Zum ersten müßte May den im Alter formulierten Plan, in Winnetou die Idealgestalt des Indianers zu verkörpern, bereits bei der Niederschrift des *Old Firehand* gehabt haben; und zweitens müßte ihm das Wort ›vintu‹ schon bei dieser Erzählung bekannt gewesen sein. Beide Voraussetzungen sind nicht gegeben.

Stütz irrte, als er *Old Firehand* als erste Winnetou-Erzählung ansah. Der Name wurde vielmehr zuerst in *Auf der See gefangen* genannt. Zwar wurde diese Erzählung erst Anfang 1878 in der Zeitschrift ›Frohe Stunden‹ (2. Jg., S. 321 ff.) veröffentlicht, sie ist jedoch vor *Old Firehand* (1875/76) verfaßt worden. Sie kennzeichnet sich wegen ihrer Mängel als die Arbeit eines Anfängers. May bezeichnet sie als Kriminalroman, denn am Anfang geschieht ein Mord in Deutschland. Dann aber trägt er die Verfolgungsjagd nach Nordamerika. Von der Weite des Raumes hatte er keine Ahnung. Die Handlung wimmelt von Zufällen, um sie in Fluß zu halten.

In dieser Erzählung wird der Apache in zwei längeren Absätzen näher vorgestellt. Er hat seinen Stamm wieder zu Ansehen gebracht und ist weithin bekannt und geachtet. Winnetou hat auch den Osten der Staaten besucht und ist in Washington gewesen. Demgegenüber beschränkt sich der Ich-Erzähler in *Old Firehand* darauf, auf eine frühere Bekanntschaft mit dem Häuptling hinzuweisen.

Die Freundschaft Winnetous mit dem Trapper Fire-gun wird zu der mit Old Firehand umgewandelt. Der Überfall der Oglallas auf eine Eisenbahnlinie wechselt fast wörtlich von *Auf der See gefangen* in die Erzählung *Old Firehand* über. Der Brand des Öltals in New Venango stammt aus der früheren Erzählung *Der Oelprinz* (1877), ebenfalls in den ›Frohen Stunden‹ veröffentlicht. Es gibt schließlich noch eine dritte Doublette. Wer kennt nicht die Geschichte mit Sam Hawkens' Perücke. In *Auf der See gefangen* ist sie bereits enthalten. Dort ist es Dick Hammerdull, der den Verlust seiner Haare beklagt. Auch er mußte für den Kauf der Perücke schöne Biberfelle hergeben, und zwar geschah das in der Stadt ›Dekamah‹, die bei Hawkens dann richtig ›Tekama‹, die Stadt in Nebraska, genannt wird. Die richtige Bezeichnung des Ortes wird unzweifelhaft in der jüngeren Erzählung genannt. In beiden Erzählungen wird der Ur-Winnetou gezeichnet, »der sich aber in mehr als einer Hinsicht von der späteren Heldengestalt scharf abhebt«[9]: er ist eindeutig ein Wilder und weist keinen der späteren Idealzüge auf. Auch in den folgenden Erzählungen um Winnetou, nämlich *Deadly Dust* (1880), *Im »wilden Westen« Nordamerika's* (1883) und *Der Scout* (1888/89), hat May eine wesentlich andere Zeichnung nicht gegeben; vielleicht bestanden damals nicht einmal Pläne zu weiteren Winnetou-Erzählungen. Bis zu der idealisierten Gestalt des Indianers von *Winnetou I* (1893) war noch ein weiter Weg. Stütz hat bei seinen Überlegungen diesen Weg übersprungen und seine Deutung ganz auf die spätere Gestalt des Winnetou gegründet.

In seiner Selbstbiographie führt May aus, daß er sich schon in der Strafanstalt Osterstein fest umrissene Gedanken über seine spätere schriftstellerische Tätigkeit gemacht habe, und »da wurde auch der Gedanke ›Winnetou‹ geboren«.[10] Bei dieser Mitteilung ist jedoch die Zeit zu berücksichtigen, in der sie geschrieben wurde, und eine Erinnerungstäuschung ist nicht unwahrscheinlich.[11] Die tatsächliche Entwicklung der Dinge war jedenfalls eine andere. Als May 1875 durch die Arbeit für Münchmeyer leidliche materielle Sicherheit fand, konnte er gewiß noch nicht überblicken, ob er einmal einen großen schriftstellerischen Erfolg haben und einen bestimmten Plan würde durchführen können. Die ersten Erzählungen sprechen nicht für eine Absicht, die Gestalt des Apachen-Häuptlings in einer Reihe von Reiseerzählungen weiter zu entwikkeln, sondern weisen eher darauf hin, daß es sich um lose Episoden ohne einen Gesamtplan gehandelt hat.

An anderer Stelle der Selbstbiographie heißt es: »Ich bestimmte das ›Deutsche Familienblatt‹ für die Indianer und die ›Feierstunden‹ für den Orient. Im ersteren Blatte begann ich sofort mit ›Winnetou‹, nannte ihn aber einem andern Indianerdialekt gemäß einstweilen noch In-nu-woh.«[12] Hiernach will May die beiden Worte als echte indianische Namen verstanden wissen. Es fällt jedoch auf, daß er weder für ›Winnetou‹ noch für ›Inn-nu-woh‹ die indianische Bedeutung angibt, was er sonst bei Verwendung indianischer Worte stets getan hat. Ferner spricht er merkwürdigerweise von »einem andern Indianerdialekt«, statt ›Dakota-Dialekt‹ zu sagen, denn in seiner Erzählung stellt er Inn-nu-woh ja als Sioux-Häuptling vor. Tatsächlich ist der Name aber als Dakota-Wort nirgends nachzuweisen. Schließlich aber kann auch die in Mays Erklärung liegende Behauptung, Inn-nu-woh und Winnetou seien im Grunde identisch, nicht zutreffen. *Inn-nu-woh* erschien in Heft 1, *Old Firehand* begann in Heft 7 des ›Deutschen Familienblattes‹ (1875/76). Ein Grund, die gerade erst eingeführte Gestalt so rasch wieder zu verändern, ist nicht zu sehen; vielmehr muß man zu dem Schluß kommen, daß Inn-nu-woh in Mays Vorstellung damals noch nichts mit Winnetou zu tun hatte.

Das Werk Gatschets ist im Jahre 1876 erschienen, es konnte daher zu den Erzählungen *Auf der See gefangen* und *Old Firehand* gar nicht benutzt werden. Nun weist Gatschet darauf hin, daß er die Wörterliste der Digger-Sprache von O. Loew erhalten habe, der sie im Jahre 1874 anlegte.[13] Da Gatschet in seinem Literaturverzeichnis die in ›Petermanns Mitteilungen‹ enthaltene Beschreibung der Expedition von O. Loew und Lieutenant Wheeler nach

Neu Mexiko und Arizona zitiert[14], hätte man möglicherweise auch Loews Wörterliste dort finden können. Das Suchen war jedoch vergeblich, denn die zitierte Stelle betraf nicht die Expedition zu den Digger-Indianern. Vielleicht ließe sich einwenden, May habe das Wort in irgendeinem anderen Werk gefunden. Dieser Einwand ist jedoch kaum berechtigt. Gatschet hat selbstverständlich für seine Abhandlung die gesamte damalige Literatur, insbesondere auch die amerikanische, berücksichtigt. Bis dahin war für das Digger lediglich ein Verzeichnis von 22 Worten bekannt, das aber die Bezeichnung ›vintu‹ nicht enthielt. Auch das umfassende Werk von Bancroft gibt nur ein kurzes Wörterverzeichnis dieser von ihm ›Wintoon‹ genannten Sprache, doch auch darin fehlt das Wort, obwohl der Stammesname von ihm abgeleitet zu sein scheint.[15] Bancroft hat ebenfalls die gesamte damals erreichbare Literatur verarbeitet.

Mehr als diese Wissenschaftler hätte auch May nicht ermitteln können; man muß im Gegenteil zu der Erkenntnis kommen, daß er sich um diese Zeit überhaupt noch nicht näher mit indianischen Sprachen befaßt hatte. Stellt man einen Vergleich an zwischen den Amerika-Erzählungen und den im Orient spielenden, so ergibt sich, daß nur die letzteren eine Beschäftigung mit den betreffenden Sprachen erkennen lassen. Schon in den *Geographischen Predigten* zeigt sich, daß May gewisse arabische Begriffe geläufig waren[16], während man seine Kenntnisse der indianischen Zusammenhänge oberflächlich nennen muß. Er spricht da zum Beispiel vom Jagdgebiet der »Apachen, Navajoes und Athabaskah's«[17], hält letztere mithin für einen Stamm im Westen der USA, während die Wissenschaft schon damals darunter die große athabaskische Sprachfamilie verstand. Daß es sich dabei nicht um ein bloßes Versehen handelte, beweisen die Erzählungen *Old Firehand*, wo der Oglalla-Häuptling als Athabaska bezeichnet wird[18], und *Die Both Shatters*, wo es heißt, Winnetou sei von einem »Stämmlein Athabaskas« überfallen worden.[19] Ein anderes Ergebnis bringt die Durchsicht der ersten Amerika-Erzählungen. Die auftretenden Indianer tragen bis zu *Deadly Dust* (1880) Phantasienamen; Sprachproben fehlen ganz. Den Gatschet hat May später, nämlich erst 1882 in dem Kolportageroman *Waldröschen*, verwendet. Hier werden außer Namen auch indianische Sprachproben, wenn auch nur spärlich, wiedergegeben.[20]

Zusammenfassend muß gesagt werden, daß May weder einen

Anlaß noch die Möglichkeit hatte, den Namen für seinen Helden aus dem Digger-Wort ›vintu‹ zu bilden.

Damit ergibt sich erneut die Frage, ob May den Namen nicht nach dem bei Catlin erwähnten Blackfeet-Häuptling ›Wun-nestou‹ gebildet hat.[21] Catlin[22] machte seine Reise in den Jahren 1832-34. Zu dieser Zeit hatte die Regierung eine ›ewige Indianergrenze‹ festgelegt, die von Fort Snelling am Mississippi über Fort Leavenworth am Missouri nach Fort Gibson in der Nähe des Arkansas führte. Catlin folgte dieser Linie und besuchte von ihr aus verschiedene Indianerstämme. In Fort Gibson hielt er sich längere Zeit auf und besuchte auch die Comanchen, die damals bis zum Arkansas ausschwärmten.[23]

In den frühen Erzählungen Mays gibt es Beeinflussungen durch Catlin. In *Ein Self-man* (1878)[24] war der Erzähler am oberen Arkansas auf Biberfang gewesen, begegnete bei seinem Rückmarsch Abraham Lincoln und fuhr auf dessen Floß den Fluß hinunter. So kamen beide nach Fort Gibson, fanden es aber als von Comanchen überfallen vor. May folgte bei der Schilderung der Angabe Catlins, daß das Fort »am Arkansas« lag. Tatsächlich befanden sich die Anlagen jedoch an einem linken Nebenfluß, dem Neosho oder Grand River, in den der Erzähler hätte hineinfahren müssen. Übrigens ist das Fort nie von Comanchen überfallen worden.

Auch die weitere Bemerkung, daß die Stämme der Comanchen, Choctaws, Seminolen und Creeks sich in den Haaren lagen und bis aufs Messer bekämpften, entstammt dem Catlin. Dieser hatte erwähnt, daß die letztgenannten Stämme aus ihren ursprünglichen Wohnsitzen im Osten zwangsweise in die Gegend von Fort Gibson umgesiedelt worden seien.[25]

Auch in der Erzählung *Auf der See gefangen* erscheint Fort Gibson als Ausgangspunkt für den Weg in den ›Wilden Westen‹.

May übersah jedoch bei beiden Erzählungen, daß die Ereignisse etwa 40 Jahre nach der Reise Catlins spielen. Die Indianergrenze war unter dem Ansturm weißer Siedler und Goldsucher viel weiter nach Westen gedrängt worden, Fort Gibson war längst nicht mehr Grenzfort.

Daß der Dichter schon in frühen Jahren das Werk Catlins kennenlernen konnte, kann nicht zweifelhaft sein. Die erste Ausgabe in deutscher Übersetzung war bereits 1848 erschienen. May konnte sie möglicherweise schon in der Haftanstalt Zwickau aus der Beamtenbücherei entleihen.[26] Auch als er später in Naußlitz bei Dresden wohnte, konnte er das Werk in der Dresdner Staatsbibliothek einsehen und sich Notizen machen.

Nahm May bei flüchtiger Lektüre an, Catlin sei ein eingewanderter Franzose, und sprach er deswegen den Namen ›Wun-nes-tou‹ französisch aus, so ergab sich für ihn die Aussprache ›Wün-nä-tu‹, die er klanglich schöner zu ›Winnetou‹ umwandeln konnte. Ich halte diese Lösung für sehr wahrscheinlich.[27] An einen Phantasienamen glaube ich nicht.

Ganz abwegig ist die Auffassung, May habe den Namen des Dorfes ›Winnetoon‹ in Knox County, Nebraska, zum Vorbild genommen. Der Dichter konnte zur Zeit der Abfassung der genannten Erzählungen diesen Ort auf keiner Karte der USA finden. Es steht vielmehr fest, daß der Name des Ortes erst zwischen 1891 und 1893 in Gebrauch kam. Ich habe darüber an anderer Stelle berichtet.[28]

Anmerkungen

1 Adalbert Stütz, *Die Bedeutung des Wortes »Winnetou«*, in: KMJb 1922, S. 255 ff.
2 Albert S. Gatschet, *Zwölf Sprachen aus dem Südwesten Nordamerikas*, Weimar 1876, S. 99.
3 Stütz, a.a.O., S. 262.
4 Hans Plischke, *Winnetou*, in: Jugendliteratur, 1961, H. 10, S. 451 ff.; vgl. auch MKMG 4 (1970), S. 10 f.
5 Heinz-Jürgen Pinnow, in: Kalumet, 1964, S. 100.
6 Karl Lokotsch, *Etymologisches Wörterbuch der Amerikanischen (Indianischen) Wörter*, Heidelberg 1926, S. 64.
7 Stütz, a.a.O., S. 256; Plischke, a.a.O.
8 J. C. E. Buschmann, *Das Apache als eine athabaskische Sprache erwiesen*, Berlin 1860.
9 Franz Kandolf, *Der werdende Winnetou*, in: KMJb 1921, S. 339 ff.
10 Karl May, *Mein Leben und Streben*, Freiburg 1910, S. 136.
11 Vgl. Bd. 34 »Ich«, 27. Aufl., S. 316 f.
12 Karl May, *Mein Leben und Streben*, S. 185.
13 Gatschet, a.a.O., S. 76.
14 Ebd., S. 6.
15 H. H. Bancroft, *The Native Races of the Pacific States of North America*, London 1875, III, S. 641.

16 *Schacht und Hütte*, Olms-Reprint, Hildesheim 1979, S. 230.
17 Ebd., S. 158.
18 Karl May, *Humoresken und Erzählungen*, Dresden 1902, S. 33, 167.
19 *»Für alle Welt!«*, KMG-Reprint, Hamburg, Gelsenkirchen 1977, S. 49.
20 Karl May, *Das Waldröschen*, Olms-Reprint, Hildesheim 1969, I, S. 377, 378, 397, 442 u. a.
21 Stütz, a.a.O., S. 261; Plischke, a.a.O., S. 5; Pinnow, a.a.O.
22 George Catlin, *Die Indianer Nordamerikas*, Sommerfeldausgabe Berlin 1924, S. 24.
23 Ebd., S. 198 ff.
24 Frohe Stunden, II, S. 398 ff.
25 Catlin, a.a.O., S. 213 oben.
26 Karl May, *Mein Leben und Streben*, Olms-Reprint, Hildesheim 1975, S. 131, und Anmerkung 124 (Hainer Paul).
27 Anderer Meinung Roland Schmid, in: KMJb 1979, S. 108.
28 Werner Poppe, *Das Dörfchen »Winnetoon« und die »Rose vom Quicourt«*, in: KMJb 1978, S. 172 ff.

II
Die Romane:
Typus und Form

Joseph Höck
Zum Aufbau des Romans »Winnetou«

Zur Befolgung dessen, was J. Schröder in seinem *Aufruf** von der May-Forschung verlangt, gehört auch die Untersuchung der Werke Karl Mays nach Zusammenhang und Aufbau. Obgleich ihnen neidvolle Mißgunst gelegentlich die Zensur »zusammenhanglose Flickschusterei« gegeben hat, lassen sich doch bei tieferem Schürfen auch sehr befriedigende Ergebnisse finden. Es ist durchaus berechtigt, unter dieses Thema auch den Roman *Winnetou* zu setzen; dieser ist, wenn auch nicht das beste, so doch das bekannteste Werk Karl Mays und seine Teile reichen in die erste Zeit seines literarischen Schaffens hinein. Franz Kandolf hat im Karl-May-Jahrbuch 1921 (*Der werdende Winnetou*), ergänzt im Karl-May-Jahrbuch 1925 (*Winnetous Tod*), dargestellt, auf welche Weise sich die Vielgestaltigkeit des Romans entwickelte: daß nämlich Karl May die einzelnen Teile zu ganz verschiedenen Zeiten und mit großen Abständen als in sich abgeschlossene Erzählungen und Novellen für Zeitschriften schrieb und sie später – etwas flüchtig und ohne durchgreifende Ueberfeilung – zu den drei Bänden zusammenschweißte. Aber gerade dieser Bestand aus oft fast entgegengesetzten Teilen ist eine schwere Krankheit *Winnetous* und macht eine Behandlung sehr mühsam. Dies entschuldigt aber anderseits wieder allerlei Schwächen und Fehler der Arbeit. Daß auch mancher gute Gedanke der Feder entronnen ist, und sich mancher vielleicht bessere Stoff hätte zusammentragen lassen, sei zugestanden. Diese Mängel mögen durch die weitere Forschung behoben werden.

Zur verständnisvolleren Wertung sollen zunächst einige *Schwierigkeiten* aufgedeckt werden, die sich der Betrachtung entgegenstellen. Schon der allgemeine Grundsatz Mays: Darstellung nach dem Leben! Das Leben hält sich nicht an künstlerische Gesetze und Schranken, hemmt in seiner tatsächlichen praktischen Verwendung ein Zergliedern und Ordnen ungemein. Damit verbindet sich die Sorglosigkeit, mit der May arbeitete, und der Vorsatz, mit dieser oder jener Erzählung einen Jahrgang ›Hausschatz‹ ausfüllen zu müssen usw. Dies zwang oft zum willkürlichen Erfinden und

* Johannes Schröder, *Karl May. Ein Aufruf*, Berlin 1922.

Verschieben einzelner Teile. Für Winnetou im Besondern sind es die einzelnen Novellen, die früher zusammenhanglos und zu verschiednen Zeiten verfaßt und dann schlecht und recht verbunden wurden. Dabei blieben manche Widersprüche und zeitliche Unstimmigkeiten bestehen und lassen eine Forschung nach Aufbau und Zusammenhang als fast müßig erscheinen.

Um aber die Mühe doch einigermaßen zu rechtfertigen und wenigstens Teilerfolge zu sichern, sei noch kurz der Weg nach einem *einheitlichen Grundsatz* beschritten, der den Roman stützt und gemäß dem die Ausführung vorgeht. Man verfällt dabei nicht selten auf ›Santer-Handlungen‹ als brauchbares durchgehendes Bindeglied. Vielleicht ließe sich ein Zusammenhang der einzelnen Santer-Vorgänge herstellen, und die dazwischenliegenden Novellen wären dann wenigstens irgendwie Einleitung, Auswirkung, Erklärung, oder nähere Ausführungen von Gedanken, Leitsätzen und Begebenheiten dieser Santer-Vorgänge? Dem folgt aber ein entschiedenes Nein! Einerseits gibt, abgesehen vom ersten Band, Santer nur den Stoff, um noch die letzten 100 Seiten des zweiten Bandes auszufüllen, und im dritten Band ist zu Lebzeiten Winnetous von ihm überhaupt nicht mehr die Rede. Anderseits stehen die einzelnen Erzählungen zum Santer-Motiv in gar keiner Beziehung. So ist dieser Gedanke für die Forschung fruchtlos.

Mehr zu billigen und wohl einzig verwendbar ist die Ansicht vom ›biographischen Roman‹. *»Winnetou« ist eine Lebensbeschreibung in Romanform. Des Helden Auftritt und sein Ende sind genau geschildert, während aus der Zwischenzeit nur einzelne Ereignisse herausgegriffen sind, die einen besonderen Fortschritt im Entwicklungsgang des Helden bedeuten.* Ob nun aber hier diese Zwischenglieder wirklich – und nur – einen Fortschritt bei Winnetou aufdecken, sei vorläufig offen gelassen. Jedenfalls wäre ein Plan nach dem ›werdenden Winnetou‹ einwandfrei, wenn die Durchführung im Roman sich streng und immer daran gehalten hätte. Tatsächlich nun ist Winnetou zuerst ein ziemlich edler Indianer, scheut sich aber später nicht, mit dem Skalpmesser ganz unbedenklich zu hantieren, ja empfindet dabei noch ein wahres Wonnegefühl usw. Trotzdem aber soll dieser Grundgedanke beibehalten werden.[1] Dabei muß sich jedoch nicht der schulmäßige Leitfaden:

---

[1] Von Winnetous Kindheit braucht nicht die Rede zu sein, denn »die ersten Kinderjahre gehören eigentlich nicht in den Roman, weil sie die freie Entwicklung des Helden nicht offenbaren«. (B. Gietmann, *Poetik*, Herder in Freiburg.)

Aufstieg – Höhepunkt – Abstieg – Moment der letzten Spannung – Katastrophe ergeben. Das wäre nur möglich, wenn *Winnetou* ein Werk aus einem Guß wäre.

Diesen allgemeinen Richtlinien zufolge soll nun einzelnes näher betrachtet werden. Der *erste Band* zeigt einen für sich abgeschlossenen Aufbau, er ist ein Werk für sich. Ueberhaupt enthält dieser Teil sehr viel Keimartiges und Erstmaliges und gehört zum Anziehendsten, was Karl May geschrieben hat. – Der Band beginnt mit der weiteren und engeren Vorhandlung zum Ganzen. *Ein Greenhorn* enthält die *weitere Vorhandlung:* die ›Prüfung‹ zum Uebertritt aus der Zivilisation des Ostens in die Wildnis des Westens. (Schießen, Bändigung des Pferdes, Prüfung in der Kanzlei.) Dazwischen lernen wir den urwüchsigen Sam Hawkens, seine Sinnesart und Denkweise, seine Ausrüstung und Begleitung kennen. Damit ist ein erwartungsvoller Stimmungsgehalt geschaffen, und wir betreten den wilden Westen. *Klekih-petra* bringt die *engere Vorhandlung* und gibt zunächst eine Einführung in das Leben der Savanne durch Sam Hawkens. Der junge deutsche Surveyor setzt seine Theorie trefflich ins Praktische um, bewährt sich in den gefahrvollen Forderungen der neuen Lage und sichert sich so seinen neuen Namen Old Shatterhand. Nebenher läuft der steigende Gegensatz zwischen May und seinen Mitarbeitern gegenüber den sogenannten ›Westmännern‹. Dies weist auf eine kommende Auseinandersetzung hin, die, je weiter hinausgeschoben, desto blutiger zu werden droht. Durch sein tadelloses Benehmen und seine allseitige Umsicht verdient sich May das Recht auf Sieg im späteren Kampf, während die andern unterliegen müssen. Das Erscheinen Mr. Whites bereitet vor auf den Zusammenstoß mit den Roten. Die Spannung steigt: man entdeckt die Spur der Redmen. Die dreifache Jagd (Büffel, Mustang, Grizzly), die gegenseitig gut begründet ist, macht uns noch bekannt mit den Tieren des Landes, die Lebensbedingungen für den Indianer sind. Die Lage ist geschaffen, der Rote mag sich zeigen! Gerade als der Gegensatz zwischen May und den übrigen den Höhepunkt erreicht hat, erscheint Klekih-petra mit Winnetou und Intschu-tschuna. *(Erstes erregendes Moment.)* Klekih-petras Vermächtnis und Tod bietet den Schlüssel für das spätere Treuebündnis zwischen Winnetou und Old Shatterhand und enthüllt bereits einen bedeutsamen tragischen Blick in die Zukunft: »Als Erbe eines Indianerhäuptlings wird er (Winnetou) untergehen, wie seine ganze Rasse untergeht!« Old Shatterhand wird

Klekih-petras Erbe und Winnetous Schützer. *(Zweites erregendes Moment.)* – Dieses ganze Kapitel ist ein trauervoller, doch markiger Vorspruch voller Gegensätze. Klekih-petra, ein Weißer, wird von den Roten wohlwollend aufgenommen und erhält Bedingung und Ziel eines neuen Lebens. Winnetou dagegen und sein Vater werden von den Weißen als Feinde behandelt. (Symbolisierung der Geschichte.) *Winnetou in Fesseln* schildert die Wirkungen des Vorausgehenden. Die Westmänner und Surveyors fordern den Haß der Apatschen heraus und so werden die Kiowas zu Hilfe gerufen. Rote gegen Rote wegen des von den Weißen verursachten Bruderzwists! Old Shatterhand dagegen wahrt und mehrt sich das Anrecht auf Sieg seiner Vorstellungen und befreit Winnetou, der ihn noch verkennt. Die eigentliche Winnetou-Handlung hat begonnen und steigt auf zwei großen Stufen zur Höhe: *Zweimal um das Leben gekämpft.* Alle werden ausgelöscht, nur das ehrliche Wollen und durchdachte Können besteht und schließt mit Winnetou und dem ganzen Stamm dauernde Freundschaft und Blutsbruderschaft. *(Erster Höhepunkt.)* Dem Ausbau dieser Freundschaft stellen sich aber noch manche Schwierigkeiten entgegen: Winnetou ist anfänglich der Feindesliebe gar nicht recht zugänglich. Auch liebt er das Christentum nicht: wegen Rattler, der sich dazu bekennt. *(Spannungsmomente.)* Das Strafverfahren an Rattler schildert den noch rohen Naturzustand der Indianer. Doch die Bemühungen Old Shatterhands, dem durch Feindesliebe und Fürbitte entgegenzuwirken, und zugleich seine öffentliche Bestimmung zum Nachfolger Klekih-petras geben Hoffnung, daß eine Aenderung im Denk- und Gemütsleben der Roten eintreten werde. Damit wird auch der schreckliche Eindruck der Marterszene abgeschwächt. Die Erlaubnis Winnetous, am Grab seines Lehrers ein Kreuz aufzurichten, fördert dies und ist der Anfang zu seinem Endwort: »Ich bin ein Christ!« – Im weitern Verlauf scheint die Darstellung im oberflächlichen Leser den Eindruck zu erwecken, als ob ›nichts los sei‹ Aber gerade von hier bis zur Todesfahrt in die Mugworthills spannt sich die Handlung gleich einem sanften Bogen, von dessen Höhe Nscho-tschis keusche Liebe zu Old Shatterhand leuchtet. Es ist farbenechte Seelenmalerei an den einzelnen Charakteren. Winnetou und Old Shatterhand verwachsen seelisch immer inniger, obgleich manche Zwischenfälle hätten dagegenwirken können. (Old Shatterhand sei des Reichtums wegen gekommen – Intschu-tschuna beleidigt Old Shatterhand, indem er ihn anspeit und ruft: »Trachtet nicht darnach, mich zu bekehren!« – Medizinmann.) Im Gegensatz zur Liebe Nschotschis steht Sam Hawkens mit seiner Kliuna-ai; ob aber mit richtiger Wirkung an diesem Platz? Der Vorfall mit dem Medizinmann und das unsichere Verhalten der roten Begleitmannschaft bereiten auf die Tat am Nugget-tsil vor. Auch das Zurückkehren an den Ort, wo Klekih-petra ermordet wurde und das Neuaufleben der Erinnerung an ihn schaffen eine düstere Stimmung. Und so fallen die zwei edlen Vertreter der roten Rasse unter dem Mordblei Santers. *(Zweiter Höhepunkt.)*

So ist das Spätere begründet und die Handlung fällt rasch. *Sams Befreiung* schildert nur eine Reihe von Geschehnissen, die für Santer günstig sind und ihn der Rache Winnetous entführen. Am Schluß weist Winnetou Old Shatterhand nach Süden an den Red River. Darin liegt einigermaßen ein Hinweis auf den vorläufigen Schauplatz der Handlung im nächsten Band.

Dies der Inhalt des ersten Bandes. Er ist planmäßig angeordnet und klar und verläuft in einer gewissen Gleichmäßigkeit, in deren Mitte die Waldszene steht, wo Nscho-tschi ihrem Bruder die Liebe zu Old Shatterhand gesteht. Doch sehr schwach und zerbrechlich ist die Brücke hinüber zum nächsten Teil. Santers Verfolgung scheint die Lebensaufgabe Winnetous zu sein, was aber später fast ganz widerlegt wird. Doch könnte man vielleicht sagen: in diesem Rachedurst zeigt sich Winnetou auf selbstherrlicher, niedriger Stufe. Nun aber steigt er höher und tritt uns als der tatbereite Helfer in fremder Not entgegen! Allein vieles schwächt diese Behauptung wiederum ab und so bleibt bestehen:

Der *zweite Band* und die erste Hälfte des dritten Bandes bieten uns Ausschnitte aus Winnetous Leben, die ein besondres charakteristisches Licht auf ihn werfen sollen. Dazu nur einige Gedanken. Zunächst wird der Hinweis auf den Süden als fernerem Handlungsort vielfach wieder entkräftet durch die etwas weitschweifige Ueberleitung zur ›Scoutnovelle‹. Weiterhin erscheinen im Verlauf der Ereignisse manche Bemerkungen, die nach dem früheren mindestens sonderbar anmuten. Sätze wie: »Ich hatte von Old Death schon oft gehört, dessen Name an allen Lagerfeuern des Westens erklungen war.« – »Ich hatte Tiere, die auf den Mann dressiert waren, in Händen gehabt«, treffen den Leser ziemlich unerwartet. Dazu noch das mehr oder weniger ungeschickte Benehmen Old Shatterhands als Detektiv, was einem Westmann, der soeben seine Feuerprobe mit Auszeichnung bestanden hat, schon gar nicht zuzutrauen ist. Die Einführung Winnetous mutet im Vergleich zum Vorausgehenden ziemlich kühl und kurz an. Auch die »langen Ritte« des Apatschen lassen sich wohl schwer in die Zwischenzeit hineinpressen. Trotz alledem aber stellt die Wiedersehens- und Begrüßungsszene eine leidlich gute Verbindung her. – *Die Kukluxer*[2] schlagen dem weitern Zusammenhang eine gewaltige Bresche, und es mag daher diese ›Novelle in der Novelle‹ übergangen werden. Aufmerksam gemacht sei noch auf den großen Zufall beim Auffinden des Gambusino, der im Flußbett eingegraben wurde und das wenig glücklich geschilderte Zusammenfinden mit Fred Harton und seinen Gefährten. Ungeachtet dieser Mängel dient die ›Scoutnovelle‹ doch zur Weiterentwicklung des Winnetoubildes: er ist zur Milde geneigt, wenn sich die Gegner demgemäß verhalten, andernfalls aber erwacht in ihm der wilde, gewaltige Kriegshäuptling der Apatschen. – Die *Old Firehand*-Erzählung paßt auf den ersten Blick noch weniger in den Zusammenhang. Winnetous Härte ist größer denn je, und auch Old Shatterhand tötet seine Feinde mit einem gewissen Gleichmut, scheint seinen Jagdhieb verlernt zu haben und arbeitet dafür mit Schlachtbeil und Bowiemesser umso gründlicher. Auch haben sich gar manche Zeitwidrigkeiten erhalten: in der Ribanna-Idylle ist Winnetou als Knabe auf der Suche nach dem heiligen Pfeifenton, während er bald darauf wieder als Apatschenhäuptling erscheint. Sam Hawkens erzählt von seiner Perücke, was Old Shatterhand anscheinend ganz neu ist; und doch ist ihm dies aus dem ersten Band bekannt usw. Zu allem Ueberfluß erscheint am Schluß noch in den Soldaten ein *deus ex machina*, dessen spätere Begründung nicht recht stichhaltig ist. Allein daneben findet sich doch auch wieder manch Brauchbares für einen weitern Zusammenhang. Es wird Winnetous Jugendliebe zu Ribanna aufgedeckt, und so eine Lücke in seinem Lebensbild ausgefüllt *(Höhepunkt des zweiten Bandes)*. Darin findet sich eine merkwürdige Gleichmäßigkeit zum ersten Band. Dort ist Nscho-tschis Liebe zu Old Shatterhand der Ausgangspunkt für die Katastrophe, hier bedingt Ribannas Liebe zu Old Firehand ihren Untergang. Dazu noch bedeutet, im großen Gesichtswinkel besehen, das Finnetey-Motiv das Santer-Motiv im Kleinen. Eigentümlich fügt sich auch Winnetous Wort: »Seine

---

[2] Siehe meinen Beitrag im Karl-May-Jahrbuch 1924.

(Winnetous) Hand wird nimmermehr berühren das Haupt eines Weibes und nie wird die Stimme eines Sohnes dringen an sein Ohr!«

Dies Motiv der Entsagung läutert den erstarkenden Charakter des Apatschen um ein Bedeutendes und bringt zugleich ein Stück schwerer Tragik: der angesehene Häuptling der Apatschen will freiwillig kinderlos sterben! Zeigt sich also in der ›Scoutnovelle‹ Winnetou als der Häuptling, so enthüllt sich uns hier vor allem in sinnig-zarter Form sein reiches, großes Innenleben: Winnetou als innerlicher Mensch! – In der Pedlar-Novelle wird Winnetous Charakter folgerichtig zum ersten Band aufgezeigt. Zugleich spielt wieder das Santer-Motiv herein. Sam Hawkens neuerlicher dummer Streich ist ein Seitenstück zu seinem eigensinnigen Vorgehen am Schluß des ersten Bandes.

Es folgt nun der *dritte Band,* und damit reißt die Verbindung vollständig entzwei! Hätte May nicht auch hier für einen wenigstens einigermaßen glaubhaften Uebergang sorgen können? Er hat es nicht getan, und hat damit seinem *Winnetou* eine nicht zu heilende Wunde geschlagen. Es entwickelt sich eine ganz neue Handlung auf fremdem Schauplatz. Old Firehand, Sam Hawkens sind und bleiben vergessen, und an ihre Stelle tritt Sans-ear, von dem May »schon oft gehört« haben will. Dazu noch andre Unstimmigkeiten: warum wird mit Winnetou neuerdings die Friedenspfeife geraucht wie mit einem, dem man mißtraut? Zudem ist der Apatsche wieder auf der Suche nach dem heiligen Pfeifenton, obwohl er dies schon früher besorgt hatte. Dazu noch seine Grausamkeit und Hinterlist, weswegen es beinahe zwischen ihm und Old Shatterhand zu einem unliebsamen Gegensatz gekommen wäre. Ja, der berühmte Winnetou handelt sogar töricht und ist schuld an der gefahrvollen Lage, so daß er selber gesteht: »Winnetou hat zweimal gehandelt wie ein Knabe, der keine Gedanken hat.« Auch das wiederholte Motiv des Bahnüberfalls fällt unliebsam auf. Dagegen herrscht doch wieder etwas mehr Menschlichkeit, und es heißt von Winnetou: »Er trinkt nie Feuerwasser.« Sein Charakter scheint also doch wieder etwas gehoben. Vielleicht könnte man diesen Teil mit ›Winnetou als Freund in der Not‹ überschreiben. Sonst aber fühlt man diese Erzählung wie einen Fremdkörper im *Winnetou,* den man halt mitschleppen muß.

Diesen einzelnen mehr oder weniger geglückten Ereignissen aus Winnetous Leben folgt nun die Beschreibung seiner Seelenläuterung und seines Todes. *Die Railtroublers* und die folgenden Kapitel kommen an Wärme und idealer Höhe dem ersten Band wieder ziemlich nahe. – Die Entwicklungslinie der Handlung wird kräftig aufwärts gebogen und erreicht in der Katastrophe *Am Hancockberg* ihr Ziel, um dann jäh zu fallen. Bereits der Hinweis auf die zu betretende, bisher unbekannte und höchst gefahrvolle Gegend ist der erste Vorposten des ergreifenden Endes. Von da an umgibt die ganze Schilderung ein düsteres Vorleuchten der Tragik. Winnetou vergräbt seine Beute (Waffen und Medizinsäcke) und löst sich hierdurch vom nichtigen Erdentand. Damit will er in bereits erwartender Todesahnung sternenwärts schauen. In *Helldorf-Settlement* ist die letzte große Station von Winnetous Erdenfahrt, dort nahen sich ihm die letzten Prüfungen seiner Seele. Er kommt in das heitere, sonnenvolle deutsche Dörfchen, und an deutschem Wesen soll seine Seele genesen. Es ertönt das ›Ave Maria‹ und es fallen die letzten Bande, die ihn noch ans Diesseits ketten: er offenbart die Fundorte der Edelsteine, was ein Indianer auch beim schärfsten Martern nie getan hätte. Er flüchtet sich hinaus ins verdämmernde Abendrot am See, und mit den Worten: »Dieser See ist wie mein Herz« wird Winnetou reif zum Abschied von hienieden. Jetzt ist er zu rein und gut, um nochmals ins Chaos der Kämpfe und wilden Fahrten zurückzukehren. Und so folgt der große *Doppelhöhepunkt des ganzen Werkes:* Winnetous Bekenntnis und Tod im Dienst der Nächstenliebe. Doch nicht allzu schnell! Vorerst die Frucht seiner Seelenläuterung: »Winnetou hat geschworen, von jetzt an nie mehr den Skalp eines Weißen zu nehmen!« und steigernd wiederum: »Winnetou wird keinen Skalp mehr nehmen – –!« Schließlich will Winnetou noch das Glöckchen bei der Wiederkehr als Sieger an den Rio Pecos tragen, und damit seinem ganzen Stamm bringen, was ihm geworden ist: das Christentum. Der Ernst verdichtet sich: die »Prärie des Bluts« wird durchschritten, in der »nur ein fester Mann bestehen wird«. Winnetou ist bereit, selbst für die Mörder seines Volkes Fürbitte anzunehmen, und so erreicht die Handlung den Gipfel: Winnetou stirbt als Christ! Damit verbindet sich ein Hinweis auf den Tod Klekih-petras und Nscho-tschis, womit der Kreislauf des großen Geschehens geschlossen wird. – Im Anschluß daran sei die Frage beantwortet: mußte Karl May seinen *Winnetou* bis zum Tod des Helden fortführen? Ja! Denn der Entwicklungsroman hat die Aufgabe, den Helden nicht gerade bis zu seinem Ende, aber doch bis zum

Endpunkt seiner geistigen Entwicklung zu schildern. Nun aber enthüllt sich erst mit dem Tod Winnetous innerster Edelkern, und so ist Karl Mays Verfahren gerechtfertigt.

Das Testament des Apatschen ist ein Nachwort in dumpf-düsteren Trauertönen, ein wehevoller Abgesang der Dichtung. Alle bekannten, teuren Orte sehen wir wieder in bedeutsamer Verbindung. Das Testament mit seinen Worten: »Stiftung und Schenkung – Armut – Christ – Austeilen – keine Rache« bestätigt die Ansicht, daß Winnetou auf seine Rache an Santer ganz verzichtet habe. So endet das Hohelied vom roten Mann mit Verzeihung und Liebe, was manche grausame Taten in früherer Zeit vergessen läßt. Die zwei letzten Absätze eröffnen weite Ausblicke und leiten im Verein mit dem *Nachwort** über zu *Winnetous Erben*.

Zum bessern Erfassen dieser Ausführungen sei im folgenden ein übersichtlicher Auszug gegeben:

                A. Einführung Winnetous (1. Band).

  I. Ansteigende Handlung:
    1. Vorhandlung: ›Prüfung‹ (Kap. 1)
    2.   „   Bewährung   } Kap. 2
    3. Vorspruch und erregende Momente
    4. Steigerungsstufe:
      a) Kampf mit den Kiowas,
      b) „   „ Winnetou und   } Kap. 3-4
          den Apatschen
 II. Erster Höhepunkt: Freundschaftsbund
III. Zwischenhandlung mit Nscho-tschis
    Liebeserklärung
IV. Zweiter Höhepunkt: Katastrophe am   } Kap. 5
    Nugget-tsil
 V. Fallende Handlung (Kap. 6)

---

* Ab 8. Auflage (41.–45. Tsd.), 1904.

B. Abschnitte aus Winnetous Leben (2. Band, sowie
3. Band, erste Hälfte).

I. Winnetou als Häuptling (2. Band, Kap. 1-4)
II.   „   „ Mensch (Höhepunkt, Kap. 5-6)
III.   „   „ Rächer (Kap. 7)
IV.   „   „ Freund in der Not (3. Band, Kap. 1-4)

C. Ausgang (3. Band, zweite Hälfte).

I. Winnetous Läuterung und Tod:
   1. Los vom Erdengut! (3. Band, Kap. 5)
   2. »Näher zu dir, mein Gott!« (Kap. 6)
   3. Doppel-Höhepunkt: am Ziel (Kap. 7)
II. Ausklang und Ueberleitung zu *Winnetous Erben* (Kap. 8 und Nachwort).

Diese Darlegung zu *Winnetous* Aufbau kann freilich den Vorwurf des Mehrhineinlegens als Herausholens nicht ganz abschütteln. Aber doch sind damit gewisse Gesichtspunkte und Gedanken geboten, an die nach aufmerksamer Lektüre anzuknüpfen wäre. Und so sei diese Arbeit ein Versuch zur Anregung.

Joseph Höck
Stufen auf den Mount Winnetou

Karl May kann nur im Licht seines Gesamtwerks richtig verstanden werden. Mit seinen einzelnen Bänden und Erzählungen wollte er Bausteine brechen und behauen, die er später zum Gesamtgebäude zusammenzuordnen gedachte. Dies gilt besonders auch von jenem Werk, mit dem er eine seiner schönsten Gestalten, den Winnetou, entwerfen, zeichnen, abtönen und vollenden wollte. Freilich klaffen in der Entwicklung dieser Gestalt mancherlei unliebsame Gegensätze, zumal dort, wo May seine drei Bände *Winnetou* abschließt und dann auf einmal in schwindelndem Schwung emporführen will zum Mount Winnetou. Sucht man in *Winnetous Erben* nach einem Aufbau, so muß man sich unbedingt auf eine breite Grundlage stellen. Nur im Zusammenhang mit den drei vorausgehenden Winnetou-Bänden, ja auch mit allen andern, worin Winnetou auftritt, kann das Werk *Winnetous Erben* richtig verstanden und ertragfähig untersucht werden.

Wohl bleibt dem unbefangenen Leser trotzdem Mays Nachwort, das er an den Schluß des dritten Bandes gestückelt hat, unverständlich, denn nur sehr dürftig sind die schwachen Anklänge in den vorausgehenden Bänden, die auf eine kommende Symbolik aufmerksam machen. Selbst die Wortreste des zerfetzten Winnetou-Testaments vermögen nicht in die richtige Spur einzuleiten. Auch alles andre, was man hier vielleicht zusammenfinden könnte, genügt keineswegs, und es ist überhaupt die Frage, ob den drei ersten Winnetou-Bänden irgendein sinnbildlicher Gehalt innewohnt, belanglos und müßig, wenn man darunter versteht die Symbolik von *Winnetous Erben*. Wohl aber muß hier betont werden: die drei Bände *Winnetou* im Verein mit allen anderen Winnetou-Erzählungen sind das weitausgedehnte Gelände, das in verschiedenen Tälern und Ebenen, Wäldern und Schluchten emporführt bis zur Hochebene, die Winnetou einnimmt mit seinem Endbekenntnis: »Ich bin ein Christ!« Und aus dieser Hochebene ragt nun, allerdings unerwartet und steil, der Mount Winnetou in die Sonne.

Welches sind die Stufen, die auf den Mount Winnetou führen?

Nur an der Hand von *Winnetous Erben* wird die folgende Skizze in allem verständlich sein.

Karl May will in seinem Buch nicht rein äußerlich zu nehmende Ereignisse schildern, sondern Menschheitsfragen lösen. Und demgemäß zeigt das Werk – *sit venia verbo!* – gewissermaßen einen scholastischen Aufbau: zuerst wird der Fragestandpunkt, hier eine Vereinigung vieler Fragen, zur Erörterung gestellt, erklärt und dann beantwortet. Und so geht May auch im Verlauf des späteren Geschehens immer wieder vor. Am Anfang geschieht dies in einem weitausholenden Teil, der überschrieben ist: *Vorzeichen*. Damit betritt die Handlung eine langgestreckte, große *Vorstufe*, man kann sie vielleicht nennen: das Heranrücken an den Mount Winnetou, das erstmalige Auftauchen dieses Berges. Die aus den drei vorhergehenden Winnetou-Büchern gewonnenen Gedanken und Vorstellungen werden allmählich ins Licht des Sinnbildlichen getaucht.

In frühlingshafter Stimmung beginnt die Fahrt. In der Frühe »eines schönen, warmen, *hoffnungsreichen* Frühlingstages«. Der Ausdruck hoffnungsreich ist hier mit Bedacht gewählt. Hoffnungsreich steht Winnetous Sache und wird sie immer stehen, mag auch manches geeignet sein, hoffnungsarm zu stimmen! Alles wird zum guten Ende kommen! Und in diesem Licht schlägt nun der Dichter die Fragepunkte an, die trotz ihrer Verschiedenartigkeit verwandt sind. Einmal das drohende Aussterben der roten Rasse und ihr gewaltsames Verdrängtwerden durch die Kaukasier und Chinesen. Dann wie und warum ist das so? Die rote Rasse liegt in einem seelischen Schlaf und nicht im körperlichen Tod. Es wird also im folgenden jedenfalls irgendwie zu zeigen sein, wie der Indianer aus diesem Schlaf zu erwecken sei. Er muß zum Edelmenschen werden, indem ihm ein wahrer Edelmensch zum Vorbild gegeben wird. »Die Hauptaufgabe des Menschengeschlechts ist nicht die Entwicklung der völkischen Sonderheit, sondern die Vereinigung aller zur Bildung des Reiches der Edelmenschen.« Und nun kommt May zur Ankündigung der Hauptsache. Die Apatschen und das ganze rote Volk wollen ihrem ersten Edelmenschen Winnetou ein Denkmal setzen, indem sie einem der schon von Natur aus auffälligen Berge den Namen dieses Häuptlings geben und darauf ein Riesenstandbild errichten. Doch da die Roten in ihrem seelischen Schlaf liegen, irren sie, und ihr Unternehmen verkennt durchaus das wahrhaft Edelmenschliche an Winnetou. Sie erwekken Winnetou damit nicht zum immerwährenden geistigen Leben, sondern töten seine Seele. Da kann Old Shatterhand nicht zusehen, zumal drohende Vorzeichen einen schweren Kampf verkünden. »Ein großer letzter Kampf« soll stattfinden am Mount Winnetou, er wird furchtbar werden, der feindselige Wortlaut der Briefe versichert dies! Die schlafende indianische Seele will nach den alten Gesetzen der Feindschaft und Blutfehde über die Bleichgesichter zu Gericht sitzen und über die Zukunft der roten Männer entscheiden. Man faßt die Frage ganz falsch auf und will sie mit unwirksamen, ja irreleitenden Mitteln lösen. Doch ein Lichtblick ist noch vorhanden: unter viel Haß und Verkennung lebt auch noch etwas Liebe, auch Pida ladet Old Shatterhand an den Mount Winnetou, er, »dessen Seele die deinige grüßt!« Doch diese Liebe wäre zu klein und zu schwach, und so gesellt sich zu Old Shatterhand die große alles bezwingende, überwindende und schützende Liebe in der Gestalt des Herzle. May handelt ganz richtig, wenn er einen eignen Abschnitt verwendet, um das Herzle mit seiner großen liebevollen Seele zu kennzeichnen, sie wird ihm jedenfalls eine sehr willkommene Kampfgehilfin sein! Daß das Herzle das Recht hat, auch an den Mount Winnetou zu eilen, wird begründet, indem auch »Häuptlingsfrauen und alle außerdem berühmten roten Frauen erscheinen werden«. Dazu kommt noch eine eigene Einladung von Kolma Puschi an Old Shatterhands Gemahlin. Mit Haß wird auch viel Liebe und wahre Einsicht sich verbinden. Nicht bloß Feinde, auch Freunde ziehen an den Berg der Entscheidung, und es besteht also die beste Hoffnung, daß »durch wirkliche und unerreichbare Meisterstücke Winnetous Gedächtnis gefeiert wird!«

In Verbindung mit diesen Einführungen werden wir auch schon hinreichend unterrichtet über die handelnden Personen, ihre Anschauungen und Mittel. Das Komitee und seine Helfershelfer und Auftraggeber stellen sich in bezeichnender Kürze vor. Die Meister und ihre Kunstwerke dürften wohl kaum die Billigung Old Shatterhands finden. Doch nicht nur das! Immer deutlicher stellt sich auch die ganze übrige Gesamtlage als sehr bedenklich, gefährlich und rätselhaft dar. Die Andeutung Tatellah-Satahs: »Die heilige Stille und Ruhe des Berges soll vernichtet werden« und »Es gilt Winnetou zu retten, man will ihn erwürgen und totschlagen« sind noch bedenklicher und lassen das Kommende mehr ahnen als sicher wissen. Kolma Puschi und ihre Freunde wollen am Mount

Winnetou »Großes und Schönes« beraten. Das Was und Wie ist aber vielfach noch ein Rätsel und läßt verschiedene Vermutungen und Deutungen zu. Jedenfalls werden Old Surehand und sein Bruder eine bedeutende Rolle spielen. Sein Losungswort ist zwar: »Von nun an gilt es gerecht zu sein!« Allein wir merken schon, daß er sein Gerechtsein unrichtig auffaßt und mit ungeeigneten Mitteln zu Werke geht. Für alle diese auftauchenden Fragen, Ungewißheiten und Ahnungen schafft May einen bedeutungsvollen Untergrund, wenn er in längerer Ausführung die rechte Bedeutung des Wortes Medizin festlegt, es als Hauptbegriff und Tatsache der indianischen Kultur hinstellt und im Zusammenhang damit auch kurz das geschichtliche Verhältnis der Indianer zu den Weißen darstellt. Diese Medizin wird wahrscheinlich im Verlauf des weiteren eine wichtige, wenn nicht entscheidende Aufgabe zu leisten haben. Mit dem Hinweis auf Marah Durimeh und Abu Kital umgrenzt der Dichter schon den Kampf am Winnetou-Berg, und durch die starke Betonung der ersteren, der Königin der Liebe, stellt er es in begründete Aussicht, daß die Liebe siegen wird.

Nachdem nun der Ort einer sehr wichtigen Hauptentscheidung angegeben ist, der Nugget-tsil, beginnt sich die *Handlung langsam anzuspinnen*. Hariman Enters erscheint bei Old Shatterhand. Sein Auftreten ist recht zufällig, obwohl sich May gerade kurz vorher gegen jeden Zufall erklärt hat. Die ungünstigen Nachrichten der Briefe treten jetzt schon in greifbarerer Form auf: Winnetou soll verkauft und vernichtet, Winnetous Seele soll durch eine geistlose Geschäftsmache und grausame Ausnützung des Unverstands der Roten getötet werden. Damit ist auch schon die Handlung bei den ersten Anfängen angekommen (erregendes Moment der *Vorhandlung*). Die Reise beginnt »hochinteressant zu werden, ehe wir den ersten Schritt tun!« Old Shatterhand und nur dieser will und kann Winnetou retten, die Brüder Enters und ihre Genossen sind die Gegenspieler. Soweit es gelingt, dieses Brüderpaar zu bekehren, soweit wird auch der volle Endsieg über die breite Masse gesichert sein!

Nach der Teufelskanzel bringt zunächst den *zweiten Teil der Vorstufe*. Vorangestellt ist ein gewaltiges Stimmungsbild: die beiden Enters voll trotzigen Machtwillens, Winnetou und damit die rote Rasse dem Untergang zu weihen gegenüber dem Niagarafall, dem überwältigenden Sinnbild des geschichtlichen Werdegangs und seelischen Reichtums des Indianervolkes; gleich dem schimmernden Regenbogen über den tosenden Wassern leuchtet aus dem Strudel die Wahrheit: »Nicht Untergang, sondern Aufstieg!« Winnetous Feinde und falsche Verehrer werden nicht aufkommen, ja, gewiß nicht, denn beide Brüder werden uneinig und stellen sich in einen immer schärferen Gegensatz! Und die Roten selber (vertreten durch Athabaska und Algongka), obwohl sie nur noch gleichen »verschwindenden Jahren, zu Ende gehenden Tagen und sterbenden Völkern« »voll stiller, aber leuchtender Elegie in den Augen«, werden sich doch langsam ihrer Werte bewußt werden und beginnen, ihre Häupter zu erheben nach dem wahren Vorbild und werden sich von seelenmörderischen Bleichgesichtern kein Idol aufdrängen lassen! Das beweisen auch rote Edelgestalten, wie Sagoyewatha, an dessen Grab Old Shatterhand in Buffalo steht. Dort dämmert auch den Indianern die Wahrheit auf: »Kein Mensch, kein Volk, keine Rasse darf Knabe bleiben« und: »Mann werden heißt nicht, König werden, sondern Person werden!« Und zum guten Entstehen und Bewußtwerden und Ausnützen dieser Geistesmächte wird verhelfen die Einsicht, die Güte und Liebe, wovon die Blumen am Grab des Edelindianers ein reines Sinnbild sind. Old Shatterhand und das Herzle entfernen sich und überlassen die beiden Indianer ihrem stillen Nachdenken. Ja, Zeit braucht der rote Mann, um zur Besinnung zu kommen, und »in der Stille kommt dem Geist rechte Geistesoffenbarung!« (F. W. Weber.) Die ausführliche Deutung des Niagarafalles bringt den Roten in sanfter Bescheidenheit und gütiger Klarheit die Geistesüberlegenheit des Weißen zum Ausdruck und das verletzt nicht. Solche stille Bruderhilfe braucht er, und solche wahre Nächstenliebe stellt den Endsieg am Berg Winnetous in bestärkter Festigkeit in Aussicht. Um Mitternacht, wo ein neuer Morgen zu tagen beginnt, geschieht der Aufbruch hin zum Mount Winnetou, neues Leben wird auch den Roten zu tagen beginnen!

Alle diese Ereignisse und Gedankengänge bilden zusammen die Vorhandlung, deren weitere Entwicklung und Ausführung jetzt folgt. Das gegenseitige Verhältnis der Brüder Enters spitzt sich immer mehr zu. Hariman ist schon, freilich mehr unbewußt und ungewollt, für Old Shatterhand und die gute Sache eingenommen, fortwährend besiegt durch die Liebe, Sebulon wird zunächst noch immer feindseliger. Old Shatterhand gibt ihnen zu verstehen, wenn sie nicht die Güte und Liebe über sich siegen lassen, dann wird auch Unnachgiebigkeit, harte Entschlossenheit gegen sie stehen. Er ist nicht geneigt, auch nur im geringsten ihren Absichten Vorschub zu leisten, er stellt sich auf eigene Füße und braucht keine fremde Führung an den Schauplatz der wichtigen Ereignisse. Sobald nun die zwei ungleichen Brüder erfahren, daß Old Shatterhand um die eigentliche Hauptsache schon weiß, kommt die Handlung in Fluß, Für und Wider stoßen hart aufeinander, und zwar immer schärfer, je näher man dem Mount Winnetou kommt. Old Shatterhand braucht aber keine Sorgen zu haben, denn das Scherzstückchen mit dem alten Pappermann zeigt, daß er noch der nämliche unbesiegbare Westmann ist. Das gleiche beweist auch sein Verfahren mit den ›Künstlern‹ und den Pferden, deren Zügel er noch gleich fest in der Hand hat.

Dann geht es höher hinauf an den Vorbergen des Mount Winnetou zum *Ohr des Manitu*. Mit Old Shatterhand ist die Kraft und Treue der alten Ehrlichkeit (Pappermann), mit ihm ist auch die stolze Kraft der Jungen (Junger Adler). Die Landschaft gestaltet sich immer schöner, heilige Stimmung und Anbetung geht durch die Seele aller; wie ein Eisen vom Magnet, so sind alle vom geheimnisvollen, rätselhaften Mount Winnetou angezogen, es geht schweren, tief ernsten Dingen entgegen!

Nun führt *die erste große Stufe* empor, die wiederum in zwei kleinere Unterstufen zerfällt. Die erste Unterstufe besteht in der Erzählung Pappermanns am Kanubisee. Sie stellt die kommende Handlung in einen bedeutungsvollen Gedankengehalt hinein voll geschichtlicher Erinnerungen und Anklänge auf das unbrüderliche Verhältnis zwischen dem roten Mann und seinem weißen treulosen Bruder. Old Shatterhand, Pappermann und die anderen Vertreter der weißen Rasse werden sich jetzt unmittelbar und ganz wie an einem Schulbeispiel des großen Unrechts bewußt, das den Roten widerfuhr, und sie läutern und reinigen sich immer mehr in ihren Anschauungen. Wer am Mount Winnetou erfolgreich helfen will, muß selber ganz edel und rein sein! Sie werden an diesem Lehrbeispiel, das Pappermann erzählt hat, auf einmal ganz klar sehend und erkennend: »Alle diese Gebräuche (Ereignisse) haben einen tiefer liegenden Grund und eine eigene Bedeutung.« Pappermanns Erzählung, geschehen in der Morgendämmerung, ist sinnbildlich vorbereitend auf das Kommende. Die Ereignisse am Kanubisee, geschehen bei Sonnenaufgang, sind einerseits die Erfüllung für das unmittelbar durch die Erzählung Vorausgehende, und andrerseits auch eine gleichsam schon vorausgenommene Erfüllung der Ereignisse am Mount Winnetou selber. Und das bildet die zweite Unterstufe der ersten großen Hauptstufe. Aschtas gleichnamige Tochter schaut nicht mehr in die aufgehende Sonne, sondern auf die Stelle, wo Old Shatterhand erscheinen soll. Das heißt: man wartet am Mount Winnetou schon sehnsüchtig auf die Ankunft des alten berühmten Bleichgesichts, nur mit seiner Hilfe wird es gelingen, die Wirrnisse zu lösen. Die rote Rasse ist bereit für den Werdegang zum Edelmenschen, der Name Winnetou hat alle wahrhaft Guten gereinigt im Clan Winnetou. Tatellah-Satah, der Hiawatha redivivus, hat das bewirkt. Die Roten haben auch mit der eigenen Rettungstat schon begonnen, von der zunächst das Genauere noch verborgen ist. (Flug des Jungen Adlers am Mount Winnetou.) Damit verbindet sich wieder ein Hinweis auf die Schwierigkeit der späteren Stufen auf den Winnetou-Berg. Old Shatterhand soll ausgelöscht werden, so wollen es die alten Häuptlinge! Dieser Abschnitt am Kanubisee ist wichtig, denn »auch für mich hatte das Zusammentreffen mit dieser jungen schönen Indianerin eine große Bedeutung, und zwar nicht bloß eine rein äußerliche. Ich hatte von hier aus in die Zukunft, in die Ferne zu folgern und zu schließen«. Und der Junge Adler sagt bedeutungsvoll zu Aschta: »Von dem Ort, wo wir uns wieder finden, soll ein großer Segen ausgehen!« Wenn auch die Roten zerspalten sind, der Clan Winnetou, voll Schutzengelliebe und Schützlingstreue, und die ihm zugrunde gelegte und durch ihn ausgelöste Edelkraft der Roten wird siegen. Das war schon angedeutet in der Vorhandlung, doch jetzt ist es das volle, sichere Ergebnis der ersten Stufe, und wir treten voll Zuversicht an *die zweite große Stufe heran.*

Doch rein praktisch genommen gibt es noch mancherlei Hindernisse zu beseitigen. Gar vieles muß noch das Tal des Purgatorio durchwandern und sich läutern. Es ist schon fast dunkel geworden, und wohin Old Shatterhand kommt, ist es dunkel wie ein Rätsel. Wie wird der Feind im einzelnen vorgehen? Das »Ohr des Manitu« mit seiner geheimnisvollen Eigenart wird das verkünden. Die Lage wird gefährlicher, die beiden Enters werden bald kommen, doch gewähren Henrystutzen und Bärentöter die nötige Sicherheit. Aber bald schon löst sich das Rätselhafte der Lage. Aus der Beratung wird klar, worum es sich eigentlich handelt: Old Surehand und Apanatschka wollen den Vorschlag eines Gold- und Steindenkmals für Winnetou wirklich ausführen. Das erfährt nun Old Shatterhand. Die Indianer hinwiederum erfahren mit voller

Sicherheit die Ankunft Old Shatterhands, und die beiden Enters sind gedungen, ihn auf die Seite zu schaffen. Beide Gegenseiten sind somit unmittelbar aneinandergerückt, es handelt sich nicht mehr um Dunkles und Rätselhaftes, sondern um volle Klarheit und Eindeutigkeit. Und der Junge Adler versichert wiederum: dies wird geschehen durch einen Sieg der Liebe, der erstgeborenen Tochter des großen guten Manitu!

Und nun kommt *die dritte Stufe*. Sie ist zugleich ein gewisser Höhepunkt in der Handlung und wesentlich ausschlaggebend für deren weitere Entwicklung: das Auffinden des Winnetou-Testaments am Nugget-tsil! Schon das bloße Nennen dieses Namens läßt uns Bedeutungsvolles ahnen, denn hier sind Dinge geschehen, die in Winnetous Leben eine große Aenderung hineinbrachten und die auch für Old Shatterhand Bedeutungsvolles bringen werden. Wir erwarten daher mit Recht, daß sich hier jetzt etwas besonderes ereignen werde, zumal manches Vorausgehende schon darauf hingedeutet hat. Vielleicht wird sich hier etwas zutragen, was eigentlich erst den Schlußstein setzen wird im Leben des großen Apatschenhäuptlings. Hier erahnt das Herzle Winnetous wahres tiefergelegenes Testament. Ihr Wesen gleicht ja in so manchen Stükken dem des Apatschen und seiner Schwester. Ihr Gefühl, das dem Gefühl dieser zwei Edelindianer so verwandt ist, verdichtet sich daher zur Hellsichtigkeit und ihre liebevolle Güte drückt hier Old Shatterhand mit Winnetous Testament die rechte Waffe in die Hand, die in allem einen vollen Sieg erringen wird. Die Wirkkraft des Testamentes zeigt sich augenblicklich an den Brüdern Enters. In ungemein dramatischer Schilderung ist das gekennzeichnet. Freilich möchte Sebulon widerstehen, in schrecklicher Weise ist sein Goldhunger erregt, und das läßt die tieferen, edleren Werte des Testamentes um so leuchtender erkennen. Allein auch er vermag der Güte Winnetous (den guten Augen des Herzle) nicht zu widerstehen. Und wie hier im kleinen wird auch später im großen die Güte und Liebe Sieger bleiben! Beide Enters werden Mitglieder des Clans Winnetou, ja, leiten ihm erst volles tatkräftiges Leben zu. Doch warum hier eine zweite, noch klarere Deutung des Niagarafalls? Der »rettende Gedanke«, der eben aus dem Strudel aufsteigen soll, ist das Schutzengelgesetz des Winnetou-Clans. Hier am Nugget-tsil, wo jeder Fußbreit Boden an Winnetou erinnert, feiert dieses Gesetz, dessen Urheber doch Winnetou war, eine erste feierliche Auferstehung! Auch die verschiedenen Fragen und gegensätzlichen Meinungen, die bezüglich des Winnetou-Denkmals noch bestehen, werden sich im Licht des soeben entwickelten Gedankens klären, obgleich das Denkmal diesem überhaupt nicht gerecht wird. Es besteht jetzt nur noch ein gelinder Zweifel: kann sich die gute Sache wohl sicher auch auf Sebulon Enters verlassen?

Jene, die das eigentliche Recht haben, in der Denkmalsfrage ein entscheidendes Wort zu sprechen, sind sich nun einig. Doch was ist's mit dem eigentlichen Komitee, das vorläufig noch, ob berufen oder nicht, Herr der Lage ist? Darauf gibt *die vierte Stufe* die Antwort. Antonius Paper und seine Genossen werden genauer vorgeführt. Freilich wollen sie Old Shatterhand ausweichen, denn sie sind sich ihrer scheinbar gerechten Sache doch nicht so ganz sicher. Damit trägt die rechte Auffassung über Sinn und Bedeutung des Denkmals den ersten, wenn auch kleinen Sieg davon über das aufdringliche, nach rein materiellen, seelenlosen Gesichtspunkten eingestellte Ansinnen dieses Komitees. Die gerechte Sache erhält einen starken Bundesgenossen an Wakon, dem Edelindianer, und an den Frauen. Der Junge Adler handelt im Namen aller rechtlich denkenden roten Männer, wenn er dem Komitee und seinen Plänen die Absage erteilt. Die alten, in ihren Vorurteilen erstarrten Indianer werden freilich nicht so leicht zu gewinnen sein. »Das Haus des Todes« ist ein treffliches Sinnbild ihres Zustands. Wie im Traum Old Shatterhand die Indianerscharen matt und kraftlos vorüberziehen sieht, so ist der Großteil der roten Rasse, der von den alten Häuptlingen beherrscht wird, lahm an jeglicher Tatkraft, wesenlosen Schatten gleich! Doch die erste Lesung aus Winnetous Testament ist wie das erste Anzeichen der aufgehenden Lebenssonne, die neue Kraft bringen und die Feinde zu Freunden machen wird. Der heimliche Besitz der alten Medizinen sichert schon jetzt und neuerdings den vollen Endsieg. Eigentlich ist alles schon entschieden, nur noch genauere Einzelumstände werden zu schildern sein.

Und nun steigt die Handlung auf einer großen *fünften Stufe* empor auf den Gipfel des Mount Winnetou. Zuerst noch ein kleiner vorbereitender Abschnitt. Aufwärts geht's am Klekih-Toli, dem weißen Fluß, der vom Winnetou-Berg herabrieselt. Freilich hat das Komitee verboten, daß auch Bleichgesichter sich am großen Kampmeeting beteiligen, man weiß eben schon um die Hindernisse, die von den Weißen (Old Shatterhand besonders) gemacht würden. Die Roten, die sich am Entscheidungsberg versammelt haben, spüren ja bereits, wenn auch unbewußt, den großen Einfluß aus der Ferne, der sie der rechten Auffassung von Winnetous Leben und Streben immer zugänglicher macht. Ein äußeres sinnbildliches Zeichen dafür ist das langsame und zielbewußte Aufheben aller Komantschenposten am Weg dorthin. Diese gehören gerade zu jenem Stamm, der den Bestrebungen Winnetous am feindseligsten und nachhaltigsten Widerstand geleistet hat. Doch sie werden besiegt, und damit beginnt sich auch der volle Endsieg immer deutlicher und wahrscheinlicher zu zeigen. Es wird nur »eine Handvoll Erfahrung brauchen« und alle Roten werden für die gute Sache gewonnen sein. Denn sie haben ja »gute Herzen«, die freilich erst auf das Rechte hingewiesen werden müssen. Vorläufig aber werden freilich die Weißen noch gezwungen, das Feld zu räumen, um so sicherer aber werden sie am Entscheidungsorte den Sieg davontragen.

So beginnt jetzt die große Hauptstufe: der Mount Winnetou ist in Sicht, er steigt immer höher empor, je näher man ihm kommt, er überragt schließlich alle Höhen. Die bisherigen Ereignisse, die mehr nur Andeutungen und stimmungsvolle Erwartung darstellten, gewinnen nun bald einen festeren, greifbareren Inhalt. Was bisher nur Form war, wird jetzt zum Inhalt; das will die genaue Beschreibung des Berges zum Bewußtsein bringen.

1. Teil dieser großen fünften Stufe: Die beiden Professoren Bell und Summer, deren besseres Wissen gepaart mit selbstherrlichem Eigendünkel nicht wenig beitrug zur vollen Verkennung des Winnetouvorbilds, werden von Athabaska und Algongka moralisch geschlagen, ihre wahren Absichten werden entlarvt und bloßgestellt, sie haben alles vorbereitet und wollen alles durchführen, »wie man eine Eisenbahn oder Oelgesellschaft gründet«. Algongka zieht das Ergebnis aus dem bisherigen Geschehen und entwirft damit zugleich einen genaueren Plan für die baldige Hauptentscheidung; in der Unterstadt sind die Verfechter des geistlosen, liebeleeren, antikulturellen Denkmalgedankens, in der Oberstadt die echten Winnetou-Freunde, und hoch über beiden Parteien wohnt der grollende Tatellah-Satah, die zutiefst beleidigte, gekränkte und verkannte indianische Volksseele. Nur »Winnetous« und Weiße haben bei ihm Zutritt, von ihnen erhofft er eine Rettung Winnetous. Jetzt wartet er nur noch auf Old Shatterhand, dann soll das große Endspiel einsetzen. Old Shatterhand ist schon da und hat bereits im geheimen den Kampf begonnen, ja, schon entschieden; viele gute Anzeichen verheißen ihm den Sieg. Ungewiß ist nur noch, wie sich dieser Sieg jetzt nach außenhin auswirken und genauer gestalten wird!

2. Teil: Der Junge Adler bringt an Tatellah-Satah die Botschaft von Old Shatterhands Ankunft. Jener steigt hernieder, die »Winnetous« in der Oberstadt rufen: »Wir sind erlöst, wir sind erlöst! – Wir sind so froh!« Old Shatterhands Ankunft setzt einen gewissen Schlußstein auf das Vergangene und wirkt erregend auf das Kommende, gewisse noch schlummernde Kräfte werden damit ausgelöst! Auch findet sich schon die Andeutung, welches Kampfmittel Old Shatterhand gebrauchen wird: »Old Shatterhand ist kein Greis, denn seine *Menschenliebe* ist gleich jung, ewig jung!« bemerkt Tatellah-Satah. Es schließt sich der Kreis um die siegverheißende Dreiheit: Tatellah-Satah (»die Sehnsucht der roten Völker, nach Osten schauend, Erlösung erwartend«); Old Shatterhand (»der anbrechende Tag, der über Land und Meere wandert, um die Zukunft zu bringen«) und Max Pappermann (die Verkörperung der auf das Praktische gestellten Treue der weißen Rasse).

3. Teil: Besichtigung des Kampfschauplatzes. Das »Ohr des Teufels« und der geheimnisvolle Schleierfall. Dieser fließt aus dem Geheimnis- oder Medizinsee, dem Sinnbild der im Indianervolk verborgenen guten Werte. Das Komitee will ihn verstopfen, indem es mit dem schon begonnenen Winnetou-Standbild, diesem formlosen Menschenwerk ohne Geist und Seele, den Schleierfall, dieses formvolle und formschöne Wunderwerk der von Gott geleiteten Natur verdecken und verdunkeln will. Das aber soll und muß verhindert werden! Old Shatterhand schließt mit Tatellah-Satah den Treuebund: »Hier Auge und Ohr, hier Hand und Herz! Ich bin dein!« Erster Anführer und Kämpfer soll er sein, denn Tatellah-Satah gibt zur Antwort: »Du bist dein eigner Herr und alles was ich habe, ist dein!« Und Old Shatterhand, der Lieblingsbruder Winnetous, leistet den Treueschwur: »Eher werden diese Quadern selber in der Erde verschwinden, auf die man sie gründet, als daß man meinen Winnetou mit Lampions und Feuerwerk beschimpft! Doch, versuchen wir es zunächst mit der Liebe!« Also die Liebe wird und muß um jeden Preis das erste und vornehmste Kampfmittel sein, wenn auch die Gewalt, freilich im niedersten Maße, zur Anwendung wird kommen müssen!

4. Teil: Versuche mit der Liebe. Sie dringt immer siegreicher vor und macht die Gewalt immer entbehrlicher. Zunächst der Widerhall des Schwures Old Shatterhands und die ersten eigentlichen unmittelbaren Vorbereitungen zur Entscheidung. Das Herzle, die Verkörperung der Liebe, sagt voraus: »Es ist mir, als ob ich ein unerbittliches Schicksal nahen hörte, das uns zu Hilfe kommt!« Also, die Liebe allein wird doch nicht genügen. Der Junge Adler bekräftigt das. Wie er mit dem alten Adler gekämpft hat, wird es auch jetzt zum Kampf kommen zwischen jung und alt, Liebe und Haß. Warum aber soll sich hier die Liebe als unzulänglich erweisen? May gibt die Antwort, indem er sich an dieser wichtigen Stelle verbreitet über die ungenügenden geistigen Grundlagen der roten Rasse. Ihr Schicksal wird erdgerichtet sein, »wenn ihr nicht im letzten Augenblick noch fliegen lernt!« In dieser Hinsicht erwarten wir vom Jungen Adler eine sinnbildliche, machtvolle, überwältigende Tat. Hier hat May ein ungemein dramatisches Bild geschaffen: während Tatellah-Satah auf dem Berg den eigentlichen Gehalt des Lebens Winnetous schildert und ihn eingliedert in die gegenwärtige Lage, während Winnetous Geist und Liebe so wunderbar beschrieben werden, treffen unten die alten Häuptlinge ein, in deren Herzen der Haß brütet und die mit Haß die Liebe Winnetous töten wollen. Dem gibt Tatellah-Satah eine beredte Erklärung mit dem Wort: »Das rote Volk soll mündig werden, soll fliegen lernen! Da aber eilt die Torheit und der Unverstand herbei, dem Kind vorzulügen, daß es ein Mann, ein Held, ein Riese sei, und diese Lüge in Erz und Marmor zu verewigen!« Old Shatterhand raucht mit Tatellah-Satah die Friedenspfeife, Winnetous Liebe wird über einen großen Teil der roten Rasse siegen!

5. Teil: Damit sollen die *Kämpfe* (7. Kapitel) beginnen! Vorerst wird die Seelenverfassung jener beschrieben, die nun hauptsächlich in Frage kommen (Apanatschka, Old Shatterhand, Tatellah-Satah). Und schon zeigt sich die Liebe siegreich: das freundliche, herablassende, verstehende, auf Eigenheiten eingehende und rücksichtsvolle Benehmen gewinnt Athabaska und Algongka, deren Ansichten schon vorher rein, aber doch nicht in allen Einzelheiten völlig zu billigen waren. Zum mindesten werden sie jetzt ganz geklärt. Auch die alten Häuptlinge, die sich nicht zu den Feinden geschlagen hatten, aber doch noch zu blind waren, um den ungetrübten Hochgedanken der wahren Winnetou-Verehrung zu erfassen, werden erwärmt durch die Erinnerung an die Lebenstaten Winnetous. Bei Young Apanatschka und Young Surehand ist es noch nicht klar ersichtlich, welchem Lager sie endgültig beitreten werden. Sie sind die zwei Künstler, die vorgeschobenen Werkzeuge des Komitees. Doch man ahnt bereits, daß auch sie den Siegesgewalten der Liebe nicht werden widerstehen können. Nur der Haß der alten, kalten Häuptlinge und der irregeführte Unverstand ihrer Krieger muß noch überwunden werden, dann wird das Winnetou-Bild erst die rechte Beseelung erhalten! Dabei wird der Junge Adler viel zu tun haben, wie der wiederholte Hinweis auf seine Fliegerkunst andeutet. Wie die große Höhle schließlich auf der Höhe endigt in der Passiflorenkapelle, so auch wird die Kreuzesliebe über allem siegend schweben. Auch Tatellah-Satah weist hin auf das Kreuz und den Frieden, den dadurch Old Shatterhand bringen wird. Durch seine Rede werden auch die Häuptlinge der Apatschen, die Winnetous Leben und Streben und Erfolge nicht ganz richtig erfaßt hatten, mehr und mehr gewonnen; wieder ein Sieg durch die Liebe! Apanatschka und Old Surehand zeigen sich noch unschlüssig, ja, es scheint fast, als ob sie durch diese Liebe noch mehr abgedrängt würden! Aber auch in Tatellah-Satah wird noch manches niedergerungen, was an seiner Winnetou-Auffassung nicht ganz echt und edel war. Hauptsächlich handelt es sich nur mehr um die zwei Künstler. Sind diese gewonnen, so kann das ganze Komitee mit seinen alten verstockten Häuptlingen nicht mehr viel verschlechtern. Aber sie müssen noch sehr fein behandelt werden. Sie werden von Kolma Puschi, die sich jetzt auch zum wahren Winnetou-Bild durchgeläutert hat, zum Essen eingeladen, mit dem eine Lesung aus dem Testament des Apatschen verbunden werden soll.

6. Teil: Die Zwischenschilderung des herdbegeisterten Herzles und ihrer Kochkünste bietet eine willkommene Abwechslung und spannt die Erwartungen auf die unmittelbar fällige Entscheidung noch mehr. Neuen Spannungsgehalt bietet auch das Erscheinen der beiden Enters, die wohl schon früher gewonnen wurden, was aber in den Auswirkungen doch noch nicht ganz ersichtlich ist. Sie geben zu bedenken, daß es mit dem Komitee, besonders mit Paper nicht so leicht gehen wird, aber die Hauptsache würde ja ein voller geistiger Sieg über Old Surehand, Apanatschka und ihre Söhne sein! Das Mahl mit seiner Gemütlichkeit und feinen Liebenswürdigkeit bringt diese schon zu großen Teilen auf die rechte Seite. Den vollen Sieg der Liebe erreicht die Lesung aus Winnetous Testament. Damit wäre eigentlich die Entwicklung abgeschlossen. Nur mit den arg erdwärts gerichteten Menschen, dem Komitee und den alten Häuptlingen muß noch gekämpft werden.

7. Teil: Der Sieg. Der Kampf wird angesagt. Die Feinde haben Meuchler gedungen, doch die Bekehrung der beiden Enters ist mit einem solchen Auftrag unvereinbar, sie verraten ihre geheime Sendung. Das löst freilich einige Gewalttaten aus (Verzahnung des Liebessiegs mit dem Gewaltsieg). Die beiden Künstler werden durch eine wiederholte Lesung aus dem Testament ganz gewonnen, aber sie können für den Augenblick nach außen nicht völlig ihrer geänderten Gesinnung entsprechend leben und handeln. Sie bauen zunächst am Standbild noch weiter (Verzahnung). Auch Pida, dem sonst der Edelwinnetou schon längst zum Lieblingsgedanken geworden ist, muß trotzdem die Ansage zum Gewaltkampf bringen, er fürchtet für Old Shatterhands Leben (Verzahnung). Alle diese Kämpfe und Siege der Liebe sind mehr im Verborgnen geschehen. Die große Masse und die Unbelehrten werden immer begeisterter für das höher wachsende Denkmal. Aber es droht schon das Gericht: das Standbild beginnt sich zu neigen!

8. Teil: Der Sieg über die alten Häuptlinge, freilich noch sehr äußerlich. Ihre innere Gesinnung wird dadurch eher noch verbitterter. Auch den Arbeitern ringt sich das Geständnis ihres unversöhnlichen Hasses aus der Brust, Old Shatterhand steht in großer Gefahr. Man sieht immer deutlicher, es wird doch irgendwie ein offnes Gewaltmittel eintreten müssen, eine Art Strafgericht, um alle ohne Ausnahme für den rechten Gedanken und Plan zu gewinnen! Die Liebe schreitet aber nichtsdestoweniger im geheimen ihren Siegeslauf weiter. Die beiden Künstler sind ganz und gar gewonnen, nur kleben sie noch allzu hartnäckig am Plan der Beleuchtung. Um dies zu verhindern, bereitet das Herzle eine andere Beleuchtung vor, was aber erst nach einer Gewalttatsache, die den Schleierfall wieder befreit, möglich sein wird. Diese ist schon in den Bereich der Möglichkeit, ja, Wahrscheinlichkeit gerückt, die Steine bröckeln immer unheimlicher von der Decke der Höhle. Die Liebe siegt immer weiter und begeistert zu großen Heldentaten: die beiden Enters wollen sterben, um das Unrecht ihres Vaters gutzumachen. Die Frauen der Sioux und Komantschen treten auf die Seite der Liebe. Die Erzählung von den Königsgräbern läßt uns die gewaltsame Umwälzung, die ja jeden Augenblick eintreten kann, als etwas mehr Nebensächliches auffassen und bringt das noch Eintretende zu größerer Bedeutung.

9. Teil: a) Gewaltsieg: der Nigger wird erschossen, die beiden Enters sterben den Sühnetod, die Häuptlinge, das Komitee und ihr Anhang werden gefangen. Das Standbild bricht in sich zusammen.

b) Liebessieg: die beiden Künstler und ihre Väter sind bereit, ihre Kräfte dem wahren Winnetou zu weihen. Der Junge Adler holt vom Berg der Medizinen den Schlüssel zu den Königsgräbern, der roten Rasse ist der Aufstieg auf die Höhen der Menschheit freigegeben. Die Verschütteten werden befreit und begnadigt. Die Edelbilder erscheinen auf dem Schleierfall und wirken durchseelend und rechte Gedanken und Werte bringend. Die Gefangnen werden freigelassen, die alten Häuptlinge, besonders Tangua, beugen sich der Liebe. Indianer und Bleichgesichter versöhnen sich und beseitigen damit das Unrecht einer großen Vergangenheit. Alle werden ein Herz und eine Seele im Clan Winnetou! – – –

Einige Schlußgedanken seien noch angefügt. Es ist schwer, den gewaltigen Inhalt des Buches *Winnetous Erben* in rechte Ordnung zu bringen. May hat in diesem Band mehrere Fragen verbunden und zu lösen versucht, aber nicht eindeutig klar gesagt, was eigentlich das Hauptziel seines Werks sein soll. Er wollte abrechnen mit vielen seiner Leser, die seine Lieblingsgestalt falsch verstanden, er wollte darlegen, wie die weiße Rasse das Jahrhunderte alte Unrecht an der roten Rasse wieder gutmachen sollte, wie die rote Rasse zum Bewußtsein ihrer Edelwerte zu bringen und ihre Kräfte zum Segen des ganzen Volkes anzulegen wären. Diese und andre Absichten in richtiger und klarer Ausführung zu verbinden, ist schwer, und May hat selber anscheinend das Gefühl einer gewissen Unzulänglichkeit seiner Arbeit gefühlt, und er ließ zu den Worten des Deckelbildes »*In hoc signo vinces*« ein Ausrufzeichen, aber auch ein Fragezeichen setzen. Immerhin aber hat der Dichter seinem Werk ein unverkennbar gutes Gedankengefüge zugrunde gelegt. Zu bedauern ist nur, daß May uns im unklaren läßt, wie er sich das angedeutete Werk *Winnetous Testament* gedacht hat. (Vgl. allerdings hierzu Frau K. Mays Mitteilungen im Jahrbuch 1920, S. 89.)

Heinz Stolte
Der Volksschriftsteller Karl May
[Auszug]

Winnetou I. Wie eng sich in diesem Band die Erzählung Mays mit der alten, eigentlichen Heldensage berührt, wie May hier aus innerster geistiger Verwandtschaft heraus in den uralten Bahnen der Volkssage geht, wird deutlich, wenn man die Eingangsmotive mit denen der Siegfriedsage vergleicht. Siegfried verläßt die Burg seines Vaters und zieht in die Fremde. Das ergibt, in die Sprache Karl Mays übertragen: ein junger Mann verläßt Europa, um in Amerika sein Glück zu versuchen. Siegfried kommt zu einem Schmied und erhält dort sein Schwert, mit dem er seine späteren Heldentaten verrichtet. Das bedeutet: Der junge Auswanderer lernt den Büchsenmacher Henry kennen und läßt sich von ihm seine Waffe, den Bärentöter, schenken. Siegfried wird von dem Schmied in den Wald geschickt. Das Entsprechende: durch Vermittlung des alten Henry erhält der junge Mann Anstellung bei einer Eisenbahngesellschaft und geht in ihrem Auftrag zu Vermessungsarbeiten nach dem Wilden Westen. Siegfried erweist sich als Held, indem er die schwierigste aller Taten, *die* Heldentat verrichtet; er tötet den Drachen. Auch der junge Auswanderer beweist, daß er ein ›Westmann‹ ist; er schießt den wilden Büffel, er fängt den wilden Mustang, er erlegt den Grauen Bären mit dem bloßen Messer. (Man beachte die formelhafte Dreizahl.) Und wie nun Siegfried seinen Beinamen erhält, indem er im Drachenblut badet und fortan der ›Gehörnte‹ heißt, erwirbt auch der junge Westmann seinen Kriegsnamen. Er betäubt seinen Feind mit einem einzigen Faustschlag und wird dafür seitdem ›Old Shatterhand‹ genannt.

Der Vermessungstrupp, dem Old Shatterhand als Landmesser angehört, besteht aus Ingenieuren, die sich vorzugsweise durch Faulheit auszeichnen, und aus einer Gesellschaft von Westmännern, die jenen zum Schutz beigegeben wurden, aber alles andere als zuverlässig sind. Unter diesen sind nur Sam Hawkens, Dick Stone und Will Parker liebenswürdige Gestalten, während beispielsweise Rattler die Bosheit und Treulosigkeit in Person ist. Das

Arbeitsfeld dieses Trupps liegt im Jagdgebiet der Apatschen, und bei einer Begegnung mit dem Häuptling Intschu tschuna, dessen Sohn Winnetou und dem weißen Lehrmeister der Apatschen Klekih-petra, einem ausgewanderten Deutschen, wird den Landmessern die weitere Arbeit in diesem Gebiet verboten. Bei dieser Begegnung wird Klekih-petra von Rattler, dem Trunkenbold, erschossen, und die Gesellschaft schützt sich nun vor dem zu erwartenden Rachefeldzug der Apatschen, indem sie sich in den Schutz der Kiowas stellt, die, ein den Apatschen feindlicher Stamm, die zur Rache herbeieilenden Indianer mitsamt ihren Anführern gefangennehmen. Intschu tschuna und Winnetou aber werden von Old Shatterhand, der sie ihrer stolzen Art wegen liebt, heimlich befreit, ohne daß sie selber wissen, wer ihr Befreier ist. Sie führen nun ihrerseits wieder eine Abteilung ihrer Krieger heran, die in einem überraschenden Überfall die Kiowas und den Vermessungstrupp nun gefangennehmen und nach ihrem Heimatdorf fortführen. Bei diesem Überfall ist Old Shatterhand von Winnetou lebensgefährlich verletzt worden, liegt nun wochenlang als Gefangener krank bei den Apatschen, wird aber unter der Pflege Nschotschis, der Schwester Winnetous, wieder gesund und soll nun mit seinen ebenfalls gefangenen Gefährten am Marterpfahl sterben, während die Kiowas nach erfüllten Friedensbedingungen in ihre Heimat entlassen werden sollen. Es gelingt Old Shatterhand aber, durch eine beispiellos kühne und verwegene Tat das Leben der Weißen, Rattler ausgenommen, zu retten, und indem er sich als den Befreier des Häuptlings und seines Sohnes zu erkennen gibt, erringt er die Freundschaft Winnetous und wird sein Blutsbruder. Der Häuptling der Kiowas aber, Tangua mit Namen, der ihn bei den Apatschen verleumdet hat, wird von ihm in einem Kugelduell in beide Knie geschossen und gelähmt. Von nun an hat er die Rache Tanguas zu fürchten. Vorläufig aber erlebt er eine glückliche Zeit bei den Apatschen, wird der gelehrige Schüler Winnetous und erwirbt die Liebe Nscho-tschis. Da er sich aber, was das letzte betrifft, äußerst zurückhaltend zeigt, beschließt die Indianerin, nach den Städten des Ostens zu reisen und dort die Kultur der Weißen kennenzulernen, zu werden »wie eine weiße Squaw«, um dadurch die Liebe ihres Helden zu erringen. Die beiden Häuptlinge und Nscho-tschi, die sich für diese Reise mit den nötigen Zahlungsmitteln versehen müssen, besuchen den Nugget Tsil, um dort Gold zu holen, werden aber dabei von Santer, einem Verbrecher, über-

fallen. Der alte Häuptling und seine Tochter werden getötet, Winnetou aber von Old Shatterhand gerettet. Der Mörder entkommt. Unter dem Eindruck dieses Geschehens will Winnetou den furchtbaren Schwur tun, jeden Weißen, den er trifft, zu töten, doch Old Shatterhand, vom christlichen Ethos durchdrungen, bestimmt ihn, davon abzustehen. (*Winnetou I*, 498)*: »Er stand stolz und hoch aufgerichtet vor mir, ein Mann, der sich trotz seiner Jugend als ein König all der Seinen fühlte. Ja, er war der Mann dazu, das auszuführen, was er wollte. Ihm, ihm wäre es gewiß gelungen, die Krieger aller roten Nationen um sich zu versammeln und mit den Weißen einen Riesenkampf zu beginnen, einen Verzweiflungskampf, dessen Ende zwar kein zweifelhaftes sein konnte, der aber den Wilden Westen mit Hunderttausenden von Opfern bedecken mußte. Jetzt, in diesem Augenblick, entschied es sich, ob der Tomahawk des Todes in dieser erbitterten Weise wüten sollte oder nicht! Ich nahm ihn bei der Hand und sagte: ›...Bei dieser unserer Liebe bitte ich dich, sprich den Schwur, welchen du tun willst, nicht jetzt aus, sondern erst dann, wenn sich die Steine des Grabes über der edelsten Tochter der Apatschen geschlossen haben.‹«
Während nun Winnetou das Begräbnis vorbereitet, macht sich Old Shatterhand mit den weißen Jägern und einigen Indianern auf den Weg, um die Spur des flüchtigen Santer zu verfolgen. Dieser hat sich zu den Kiowas gewandt und ist von deren Häuptling Tangua in Schutz genommen worden. Old Shatterhand belauscht die feindlichen Indianer und erfährt, daß man Winnetou nach dem Begräbnis überfallen will. Leider gerät bei diesem heimlichen Besuch des feindlichen Lagers der gute Sam Hawkens in die Hände der Roten, und so kehrt Old Shatterhand ohne ihn nach dem Nugget Tsil zurück. Als dort die Beisetzung beendet ist, spricht Winnetou mit seinem weißen Bruder wieder von seinem großen Racheplan. (*Winnetou I*, 551): »Ich habe die vergangene Nacht dort bei den Toten zugebracht und im Kampfe mit mir selbst gelegen. Die Rache gab mir einen großen, kühnen Gedanken ein. Ich wollte die Krieger aller roten Nationen zusammenrufen und mit ihnen gegen die Bleichgesichter ziehen. Ich wäre besiegt worden. Aber in dem Kampfe gegen mich selbst heut in der Nacht bin ich Sieger geblieben.« Er hat sich überwunden und damit den ersten Schritt vom Triebmenschen zum Edelmenschen getan. Winnetou und Old

---

* Textgrundlage der May-Zitate bildet die bearbeitete Radebeuler Ausgabe.

Shatterhand, von Stone und Parker begleitet, begeben sich nun heimlich in die Nähe des feindlichen Dorfes, und auf abenteuerliche Weise befreien sie den immer noch gefangenen Sam Hawkens. Der Mörder Santer aber entkommt ihnen.

In diesem ersten Teil der ›Winnetou-Legende‹ gestalten sich die Grundlagen, auf denen die spätere Handlung immer wieder aufbaut, entwickeln sich die einzelnen Personen zu den Formen, in denen sie von nun an weiterleben. Es handelt sich um einen Entwicklungsroman, Entwicklung hier freilich nicht so sehr im Sinne des Psychologischen, Seelischen, sondern mehr im Sinne des Stofflichen, Handlungsmäßigen, wie dies der unterschichtlichen Geisteshaltung entspricht. Old Shatterhand wandelt sich zwar vom kleinen Hauslehrer zum großen, berühmten Westmann, aber dies ist nur ein äußerlicher Vorgang. Die innere Form dazu bringt er von Anfang an mit. Einzig in Winnetou vollzieht sich ein bedeutsamer innerer Wandel, aber auch dieser ist nur andeutungsweise, skizzenhaft gezeichnet. Im ganzen aber ist dieser erste Teil der Trilogie von einer wohltuenden Einheitlichkeit und Geradlinigkeit.

Winnetou II. Auf diese verhältnismäßig schlicht gehaltene Erzählung folgt der zweite Teil mit seiner um so krauseren, verworreneren Handlung, derb-realistisch in einzelnen Teilen, verstiegen-romantisch in anderen. Örtlich, zeitlich und stofflich fällt dieser Teil des Romans auseinander. Hier kümmert sich der naive Erzähler nicht um die Erfordernisse des Wahrscheinlichen, nicht um natürliche oder psychologische Notwendigkeiten, am allerwenigsten um künstlerische Gesetze, sondern setzt sich über all dies hinweg mit einer unbändigen Lust am Fabulieren, einem Zwang der Phantasie.

Nachdem Old Shatterhand mit den Ergebnissen seiner Vermessungsarbeiten nach St. Louis zurückgekehrt ist, seinen Lohn empfangen, ihn bald darauf aber bei einem Schiffsunglück wieder verloren hat, landet er schließlich in New York und wird von einem Detektivunternehmen angestellt. Man überträgt ihm die Lösung einer schwierigen Aufgabe. Der Sohn eines deutschen Bankinhabers, William Ohlert mit Namen, der sich für einen großen Dichter hält und ein Drama schreiben will, das von einem Wahnsinnigen handelt, ist durch die unentwegte Beschäftigung mit diesem Gegenstand selber fast wahnsinnig geworden. Ein gewandter Betrüger, Gibson, nutzt diesen Zustand des Kranken für seine

Zwecke aus, indem er ihn, zum Schein auf seine Wahnvorstellungen eingehend, mit sich entführt und nun auf seiner Flucht den Namen des berühmten Bankmannes zu allerhand Betrügereien mißbraucht. Old Shatterhand folgt den Flüchtigen bis nach New Orleans, wo er durch Zufall mit Old Death, einem alten, berühmten Westmann, bekannt wird, der ihm bereitwillig seine Hilfe anbietet und mit ihm zuerst bis nach La Grange, einer kleinen Stadt am Colorado, fährt. Hier retten sie die Bewohner vor einem Überfall des (geschichtlichen!) Ku-Klux-Klan, einer Geheimbande politischer Umstürzler. Dies ist eine Darstellung, die von Mark Twain stammen könnte. Die beiden Westmänner erfahren von Señor Cortesio, einem Vertrauensmann des mexikanischen Präsidenten Juarez, daß die von ihnen Verfolgten nach Mexiko gegangen sind, erhalten von ihm Freipässe und reiten der Grenze zu, von noch zwei Deutschen und einem Neger begleitet. Unterwegs erfahren sie, daß die Komantschen das Kriegsbeil gegen die Apatschen ausgegraben haben und, von den Franzosen gleichzeitig zu politischen Zwecken ausgenutzt, über die mexikanische Grenze ziehen. Die Reisenden stoßen mit diesen Indianern auf der Besitzung des Señor Atanasio zusammen. Die Farm wird von den Roten überfallen, weil sie in ihr einen verwundeten Apatschen, der von Winnetou hierhergebracht wurde, vermuten, aber es gelingt Old Shatterhand, ihn zu retten. Er erfährt, daß Gibson und William Ohlert sich den Komantschen angeschlossen haben, und er begibt sich mit seinen Begleitern ebenfalls zu den Indianern. Old Death ist mit deren Anführer befreundet, und sie werden daher im Lager, wo sich die Gesuchten befinden, freundlich aufgenommen. Aber die Lage ist verworren, und sie verwirrt sich endgültig, als dieses Lager plötzlich von Winnetou und seinen Apatschen überfallen wird. Die Gegensätze verwischen und verschieben sich: die Gruppe um Old Shatterhand und die um Gibson stehen sich feindlich gegenüber, eingeschlossen von den Komantschen, die ihnen beiden unfreundlich gesinnt sind, ihrerseits aber wieder von den Apatschen eingeschlossen und bedrängt werden. Es entwickeln sich Szenen von wilder Buntheit, ein Hin und Her des Kampfes, bis schließlich Winnetou und Old Shatterhand sich wiederfinden, die Komantschen alle getötet werden, weil sie sich nicht ergeben, während Gibson entkommt. Dem Verfasser ist mit der Gestaltung dieser wilden und verwickelten Geschehnisse ein erzählerisches Glanzstück gelungen. In der Begleitung Winnetous, der sich von seinen Kriegern trennt, reist die Gesellschaft weiter, in die Mapimi-Wüste hinein. Hier gelingt es den Reisenden, den Plan einer Räuberbande, zu der auch Gibson gehört, zunichte zu machen. Ein Silberbergwerk sollte überfallen werden, doch wird der Streich von Old Shatterhand und seinen Begleitern vereitelt. Bei den Zusammenstößen wird Old Death getötet, in derselben Stunde, als er im Begriff ist, seinen lange gesuchten Bruder, den er einst aus Leichtsinnigkeit zum Bettler gemacht hat, wiederzusehen. So sühnt er die Schuld seines Lebens. Auch Gibson findet seinen Untergang, und der von ihm entführte Ohlert wird durch einen Kolbenhieb an den Kopf ganz plötzlich wieder zu klarer Besinnung gebracht.

Die Handlung springt nun über in eine andere, viel später liegende Zeit und in eine wesentlich andere Örtlichkeit. Old Shatterhand, der inzwischen von seinem alten Freund Henry mit dem soeben erfundenen fünfundzwanzigschüssigen Henrystutzen beschenkt worden ist, reitet von Fort Scott aus nach Norden, um in der Gravelprärie mit seinem Freund Winnetou zusammenzutreffen, der dort den berühmten Westmann Old Firehand besucht. In der Nähe von New Venango, einer Ölniederlassung, trifft er auf Harry, den Sohn Old Firehands, und Emery Forster, den Ölprinzen, bei dem der junge Mann sich aufhält. Old Shatterhand wird von Forster in beleidigender Weise behandelt und seines Pferdes beraubt. Um es sich wieder zu holen, schleicht er sich zu der Wohnung Forsters, wo er erfährt, daß der Ölprinz das geförderte Petroleum den Fluß hinablaufen läßt, um höhere Preise erzielen zu können. Es ist die hochmütige, Gott und das Schicksal herausfordernde Haltung etwa wie im alten sagenhaften Vineta. Auch hier berührt sich Karl May mit der Sage: wie in Vineta das Getreide ins Meer geschüttet wird, wofür aber das Strafgericht über die Stadt hereinbricht, so wird hier das Erdöl vergeudet, die Menschlichkeit mit Füßen getreten, und die Strafe Gottes läßt denn auch nicht auf sich warten. Ein Bohrturm entzündet sich, das ganze Tal wird von einem Feuermeer vernichtet, und nur Old Shatterhand gelingt es, sich und den Knaben Harry aus dem allgemeinen Verderben zu retten. Der junge Mann aber lohnt seine Tat mit Undank und verläßt ihn, weil er nicht weiß, daß er es mit Old Shatterhand zu tun hat, und dieser auch in dem Jungen nicht den Sohn Old Firehands vermuten kann. Weiterreitend, trifft er nun mit Winnetou zusammen, und auf ihrer gemeinsamen Fahrt kommen sie gerade zur rechten Zeit, um einen Überfall auf einen Eisenbahnzug zu verhüten, den Tim Finnetey, genannt Parannoh, der weiße Häuptling der Atabaskah, auszuführen beabsichtigt; und da sich in dem angehaltenen Zug auch Old Firehand befindet, dem derselbe Häuptling einst seine Frau ermordet hat, kommt es zu einem erbitterten Kampf, wobei Tim Finnetey überwältigt, skalpiert und als tot zurückgelassen wird. Old Shatterhand, Old Firehand und Winnetou reiten darauf nach der ›Festung‹, einem von felsigem Gelände befestigten Platz, wo eine größere Gesellschaft von weißen Jägern – darunter Sam Hawkens, Dick Stone und Will Parker – sich unter der Führung von Old Firehand zusammengeschlossen hat. Hier findet sich auch der junge Harry wieder, der nun natürlich seinen Undank wiedergutzumachen hat. Tim Finnetey, der Totgeglaubte, taucht mit seinen Indianern bald auf, wird gefangengenommen, wieder befreit, nimmt selber die Jäger gefangen, welche sich nun ihrerseits wieder befreien, aber verfolgt werden, bis dieses Hin und Her durch das Eingreifen einer Abteilung Soldaten beendet wird. Im ganzen liegt über diesen Kampfhandlungen etwas von dem bunt-düsteren Glanz des zweiten Teils des Nibelungenliedes, doch ohne dessen tragische Vollendung. Selbst Old Firehand, der, ein echter alter germanischer Held vom Schlage der Hagen, Walter und Dietrich, im Kampfe fällt, wird gegen alles Erwarten wieder lebendig. Später reitet Old Shatterhand mit Winnetou fort, um einen reisenden Pedlar aufzusuchen, der die Felle der Jäger ankaufen soll. Dabei stellt sich heraus, daß dieser Händler kein anderer ist als Santer, der Mörder, dem es nun gelingt, Old Shatterhand und Winnetou in seine Gewalt zu bekommen, der sie dann aber wieder freilassen muß, worauf er selber beinahe von ihnen gefaßt wird, aber wegen einer Dummheit des guten Sam Hawkens abermals entkommt.

Dieser zweite Teil der Winnetou-Erzählung fördert die Handlung in keiner Weise, obgleich die einzelnen Abschnitte selber vor Handlung und Erlebnisfülle bersten. Im Gegenteil scheint es, als sei hier ein Rückschritt hinter den ersten Teil gemacht worden, denn Winnetou, der doch bereits am Grabe seiner Verwandten »sich selbst besiegte«, zeigt sich auf eine bei ihm ungewöhnliche Weise wild. Hier macht sich die Zusammenstellung des Romans aus einzelnen, bereits sehr früh entstandenen Abenteuernovellen bemerkbar, denn dieser Winnetou wirkt befremdend, uneinheitlich, und auch eine Liebesgeschichte, die hier um seine Person gesponnen wird, freilich als sehr lange zurückliegend, wirkt unglaubwürdig. Vom künstlerischen Standpunkt aus, der freilich nicht angelegt werden soll, in jeder Weise verfehlt, ist dieser Band vom Volkskundlichen her dafür um so aufschlußreicher. Die naive Phantasie reiht hier Abenteuer an Abenteuer, Geschehnis an Geschehnis, und läßt sich durch einen Gestaltungsplan nicht davon abhalten, immer wieder den Rahmen zu durchbrechen, weil es ihr viel mehr auf die bunte, ungewöhnliche Einzelheit als auf den Gesamtplan ankommt.

Winnetou III. Der dritte Teil beginnt mit einer Wiederholung des bereits im zweiten Band gebrachten Motivs vom Bahnüberfall. Old Shatterhand reitet in Begleitung von Sans-ear, der seinen Namen daher hat, daß ihm seine Ohren einst von Indianern abgeschnitten worden sind, an die große Westbahn. Hier entdecken sie, daß von den Ogellallahs ein Überfall geplant ist, und warnen den herankommenden Zug. Sie können die Indianer und die mit ihnen verbündeten weißen Räuber überwinden. Dabei erkennt Sans-ear (siehe Old Firehand) in dem einen der Weißen Fred Morgan, den Mörder seiner Frau, und als er entflieht, wird er von den beiden Jägern weiterverfolgt. Sie haben sein Pferd erbeutet, in dessen Satteltaschen Old Shatterhand eine Menge Brillanten und einen Brief findet, der von dem Sohn des Mörders stammt und worin ein Zusammentreffen der beiden am Rio Pecos verabredet wird. Die zwei Jäger, die nun auch dorthin wollen, fallen in der Wüste des Llano Estacado einer List der sogenannten Stakemen zum Opfer, die die Reisenden durch falsche Wegzeichen ins Verderben locken, um sie, wenn sie von Hunger und Durst ermattet sind, zu überfallen. Old Shatterhand aber rettet sich und seinen Begleiter vom Tode des Verdurstens, indem er ein riesiges Kaktusfeld anzündet und dadurch ein Gewitter herbeizieht. Dadurch hilft er auch einer ganzen Gesellschaft von anderen Reisenden, die von den Stakemen irregeführt worden sind, aus schlimmster Not. Unter diesen Reisenden erkennt Old Shatterhand einen alten Bekannten, den Goldschmied Marshall wieder, dessen Vater vor nicht langer Zeit ermordet wurde. Dabei stellt sich heraus, daß der Mörder der bereits von den Jägern verfolgte Fred Morgan ist, und daß die erbeuteten Juwelen dem jungen Marshall gehören. Nachdem die Westmänner vorher noch die Stakemen bestraft haben, indem sie deren Raublager verbrennen, ziehen sie weiter nach dem Head Peak, dem von den beiden Morgan verabredeten Treffpunkt, wo von den Stakemen noch große Schätze verborgen liegen. Es gelingt ihnen auch, nachdem sie vorher noch mit Winnetou zusammentreffen und dieser sich ihnen angeschlossen hat, die Gesuchten zu fangen, aber als man gerade über sie zu Gericht sitzt, geschieht ein plötzlicher Überfall der Komantschen, und alle, außer Old Shatterhand und dem Neger Bob, werden gefangengenommen. Old Shatterhand aber, dem der Häuptlingssohn Ma-ram in die Hände gerät, begibt sich mit diesem zusammen mitten in das Lager der Feinde, und seiner beispiellosen Unerschrockenheit gelingt die Befreiung der Freunde. Die Gesellschaft zieht nun weiter nach Kalifornien, wohin die entflohenen Morgans sich gewandt haben, und wo gleichzeitig der junge Marshall seinen verschollenen Bruder suchen will. Von San Franzisko aus begeben sie sich in das Goldgebiet. Nachdem sie mancherlei Abenteuer und Fährnisse glücklich überstanden haben, findet Marshall seinen Bruder – jedoch tot. Die Mörder aber, die beiden Morgans und ihre Spießgesellen, werden von der gerechten Strafe ereilt.

Nachdem diese Handlung so zu Ende geführt ist, nimmt die Erzählung einen neuen Faden auf. Wieder dient als Anknüpfung der nun schon geläufige Bahnüberfall. Old Shatterhand sitzt in der Eisenbahn, um von Omaha-City aus nach dem Westen zu fahren. Dabei lernt er den dicken Fred Walker, einen Westmann, kennen. Unterwegs muß der Zug halten, da ein entgleister und ausgeraubter Zug auf der Strecke liegt. Old Shatterhand untersucht die Spuren der Räuber und findet heraus, daß es sich um eine Bande von Indianern und Weißen handelt, und daß der Anführer ein berüchtigter Verbrecher namens Samuel Haller ist. Beide Westmänner verlassen den Zug, um den Spuren zu folgen. Dabei begegnet ihnen Winnetou, der sich ihnen anschließt. Sie beschleichen das Lager und erkunden, daß die Räuber einen neuen Streich planen. Während man von der nächsten Station, Echo-Cannon, einen starken Trupp Bewaffneter gegen sie ausschickt, diese Station also von Verteidigern entblößt ist, wollen sie selber den Ort überfallen und ausrauben. Old Shatterhand und Walker beschließen, ihnen zuvorzukommen. Sie benachrichtigen die ausrückende Abteilung der Eisenbahner und begeben sich selber nach Echo-Cannon. Nunmehr wandelt sich die Erzählung fühlbar ins Legendenhafte. Unterwegs kommen die Reiter nach Helldorf-Settlement. Hier begegnet ihnen das ›Heilige‹. (*Winnetou III*, 413 f.): »Am Fuße der

Höhe lagen fünf große Blockhäuser mit Nebenhütten, unseren deutschen Bauernhöfen ähnlich, und ganz oben auf der höchsten Spitze stand ein kleines Kapellchen, über welches sich ein mächtiges Kreuz mit dem aus Holz geschnitzten Bilde des Erlösers erhob. Neben diesem Kapellchen bemerkten wir mehrere Personen, welche uns aber nicht zu sehen schienen. Sie blickten gegen Westen, wo der Sonnenball sich immer tiefer senkte, und als er das Wasser des Flüßchens, welches er mit den herrlichsten Tinten färbte, erreicht zu haben schien, erklang von oben herab der Klang eines silbernen Glöckchens... Als der letzte Schlag des Glöckleins verklungen war, ertönte ein vierstimmiger Gesang vom Berge herab...

> Es will das Licht des Tages scheiden;
> Nun bricht die stille Nacht herein.
> Ach könnte doch des Herzens Leiden
> So wie der Tag vergangen sein!
> Ich leg mein Flehen dir zu Füßen,
> O trag's empor zu Gottes Thron,
> Und laß, Madonna, laß dich grüßen
> Mit des Gebetes frommem Ton:
> ›*Ave ave, Maria*...‹«

Winnetou, der Indianer, wird von diesem kleinen Zwischenspiel, das in der Tat den kriegerisch-rauhen Grundton der Erzählung mit dem ganz ungewohnten und daher doppelt wirksamen Zauber des Rührenden durchbricht, in tiefster Seele ergriffen. Übrigens ist natürlich wieder Old Shatterhand selber der Dichter des Liedes, das ohne sein Wissen den Weg zu dieser entlegenen deutschen Ansiedlung gefunden hat. Nachdem sie in dem freundlichen Dorfe übernachtet haben, reiten sie weiter nach Echo-Cannon, warnen die Belegschaft, ziehen Verstärkung heran, und der Angriff der feindlichen Ogellallah-Indianer bricht zusammen. Die weißen Räuber werden schwerverwundet gefangengenommen. Dabei kommt es jedoch heraus, daß die Verbrecher auch einen Anschlag gegen Helldorf-Settlement geplant haben. Als Winnetou, Walker, Old Shatterhand und einige Arbeiter nach dem Dorf kommen, finden sie nur noch rauchende Trümmer. Man folgt den Gegnern zum Berg Hankok, wo sie ihre Gefangenen zu Tode martern wollen. Hier, am Vorabend entscheidender Ereignisse, überkommen Winnetou die dunklen Ahnungen seines nahen Todes. (*Winnetou III*,

462): »Er stand am Rande des Waldes, an einen Baum gelehnt, und blickte starren Auges gen Westen in die über dem Horizont liegenden Wolkengebilde, deren vorher goldumsäumte Ränder im letzten Erblassen begriffen waren... Da hob er die Hand und deutete gegen Westen: ›Dort flammt das Feuer und die Glut des Lebens; nun ists vorbei und wird finster. Gehe hin! Kannst du die Schatten verjagen, die dort niedersinken?... Ich gehe heut dahin, wo der Sohn des guten Manitou uns vorausgegangen ist, um uns die Wohnungen im Hause seines Vaters zu bereiten, und wohin mir mein Bruder Old Shatterhand einst nachfolgen wird. Dort werden wir uns wiedersehen, und es wird keinen Unterschied mehr geben zwischen den weißen und den roten Kindern des Vaters, der beide mit derselben unendlichen Liebe umfängt. Es wird dann ewiger Friede sein; es wird kein Morden mehr geben, kein Erwürgen von Menschen, welche gut waren und den Weißen friedlich und vertrauend entgegenkamen, aber dafür ausgerottet wurden. Dann wird der gute Manitou die Waagschalen in seiner Hand halten, um die Taten der Weißen und der Roten abzuwägen und das Blut, welches unschuldig geflossen ist. Winnetou aber wird dabeistehen und für die Mörder seiner Nation, seiner Brüder, um Gnade und Erbarmen bitten.‹« Bei der nun folgenden Befreiung der gefangenen deutschen Ansiedler und dem Kampf mit den Ogellallah-Indianern wird Winnetou tödlich verwundet. Er stirbt in den Armen seines Blutsbruders Old Shatterhand und unter den Klängen des Ave-Maria: »Schar-Lih, ich glaube an den Heiland. Winnetou ist ein Christ. Lebe wohl!«

Dem überlebenden Old Shatterhand bleibt nun die Aufgabe, das Testament des toten Apatschen zu vollstrecken. Zu diesem Zweck begibt er sich nach dem Nugget Tsil, wo bei den Gräbern der Toten nach Winnetous Angabe das Testament zu finden sein wird. Dort trifft er mit dem alten Feinde Santer zusammen, der ihn mit Hilfe der Kiowas gefangennimmt, ihm das Testament, das einen genauen Lageplan für das Versteck eines riesigen Schatzes an Edelmetallen enthält, abnimmt und selber auf die Suche nach dem Golde geht. Old Shatterhand kann sich aber durch den Beistand der jungen Indianerin Kakho-Oto (Dunkles Haar) befreien. Er verfolgt den Mörder Santer von neuem, kann aber nicht verhindern, daß der Verbrecher infolge eines Unglücksfalls mit dem Golde und dem Testament zusammen vernichtet wird.

Winnetous Erben. Es liegt im Wesen einer Legende, daß sie mit dem Tode des ›Heiligen‹ durchaus noch nicht abgeschlossen ist. Im Gegenteil: seine Wirkung kann nun erst beginnen. Der zeitliche Mensch ist nun erst zur ewigen Gestalt geworden, zum Symbol, zur Reliquie. Aus inneren Gründen fordert daher diese Winnetou-Erzählung ihre Fortsetzung. Der Roman *Winnetous Erben* spielt etwa dreißig Jahre später als die soeben skizzierten Ereignisse und ist auch von May nach langer Pause erst geschaffen worden. Er ist von wesentlich anderem Gehalt als seine Vorgänger. Er ist leuchtender, tiefer, glanzvoller. Er trägt etwas von der Schwermut und Schönheit später Zeiten, aber auch vom aufgehenden Licht einer ideal gedachten Zukunft. Er bedeutet im Rahmen dieser Legende die ›Heiligsprechung‹, die kultische Erhöhung, die letzte, strahlende Verklärung.

Die Wiedergabe des Inhalts soll hier bewußt vom Standpunkt des naiven Lesers aus erfolgen, unter absichtlicher Außerachtlassung der Fülle symbolischer Deutungen – (vgl. *Ich*, 522)* –, die oftmals mehr gedacht als gestaltet, mehr gewollt als ausgeführt sind und daher in diesem Werk nur zuweilen als eine plötzliche Vertiefung, Durchschau zu einem ideenhaften Hintergrund, als jenes erwähnte ›Durchleuchten‹ fühlbar werden.

Old Shatterhand, nun nicht der Westmann, sondern der Schriftsteller, erhält in seiner Wohnung in Radebeul rätselhafte Einladungen aus dem ehemals Wilden Westen. Am Mount Winnetou ist eine große Versammlung aller indianischen Stämme angesetzt worden, zu der man auch ihn, den berühmten Westmann einlädt. Alte Freunde und alte Feinde fordern ihn zum Kommen auf. Selbst Tatellah-Satah, der geheimnisvolle Bewahrer der großen Medizin, schickt ein Schreiben, in dem er um Beistand bittet, denn es gälte, Winnetou zu retten. Man will dem toten Häuptling ein Denkmal bauen und sein Andenken dabei verkitschen. So entschließt sich der nun fast Siebzigjährige zu einer neuen Fahrt nach den Jagdgründen, zumal ihn auch noch eine andere, recht geheimnisvolle Ursache dazu zwingt. Er hat nämlich den Besuch eines Amerikaners namens Enters, den er aber bald als einen Sohn seines ehemaligen Feindes Santer erkennt, erhalten, der ihm den Vorschlag gemacht hat, er wolle ihm die drei Bände seines *Winnetou* angeblich für die Übersetzung ins Englische abkaufen, in Wirklichkeit

---

* Euchar Albrecht Schmid, *Gestalt und Idee.*

aber, um das Werk, dessen Bekanntwerden in Amerika den Namen Santer entehren würde, verschwinden zu lassen. Old Shatterhand verabredet, mit Enters und seinem Bruder im Clifton-House am Niagara zusammenzutreffen, und fährt in der Begleitung seiner Frau nach Amerika. Der einstmals ›wilde‹ Westen ist nun sehr zahm geworden, denn man zählt das Jahr 1908. Im Hotel lernt das Ehepaar zwei Indianerhäuptlinge kennen, die sich mit philologischen Studien beschäftigen. Hier hat der alte Westmann Old Shatterhand auch die Zusammenkunft mit den beiden Enters. Hariman, der Jüngere, möchte die Schuld ihres verbrecherischen Vaters sühnen, um sich dadurch von dem über ihnen schwebenden Fluch, einem rätselvollen, krankhaften Zwang zum Selbstmord, zu erlösen, während Sebulon, der Ältere, den einstigen Feind seines Vaters vielmehr an seine alten Feinde, die zugleich einen Überfall auf die am Mount Winnetou versammelten Stämme planen, ausliefern will. Old Shatterhand aber erfährt und durchschaut diese Pläne, doch will er den beiden Brüdern wohl den Nugget Tsil, wo die Apatschengräber liegen, und die Stelle, wo ihr Vater gestorben ist, zeigen, und er verabredet ein Zusammentreffen in Trinidad, im Hotel zum »Wilden Westen«. Dort angekommen, erkennt Old Shatterhand in dem Wirt den alten Trapper Pappermann, einst berühmt und bekannt an allen Lagerfeuern. Hier kann Old Shatterhand eine Bande von Pferdedieben unschädlich machen, eine Geschichte, die von kraftvoller, volksmäßiger Komik erfüllt ist. Pappermann – in der neuerlichen Bearbeitung von *E. A. Schmid*[*] übertragen in die altbekannte Zweiheit Dick Hammerdull und Pitt Holbers – beschließt, mit Old Shatterhand zusammen von neuem in die finstern und blutigen Jagdgründe zu ziehen. Dieser hinterläßt den Brüdern Enters eine schriftliche Nachricht und begibt sich in Begleitung seiner Frau, des neugewonnenen Freundes und des »Jungen Adlers«, eines Indianers vom Stamme der Apatschen Winnetous, nach der Teufelskanzel, wo die uralten Häuptlinge der Sioux und Utahs ihren Kriegszug gegen die übrigen Indianer beraten. Es liegt etwas vom Wesen des unsterblichen Don Quichotte über diesem Beginnen, lauter ›Ritter von der traurigen Gestalt‹ sind es, die nun, im Zeitalter der Technik, noch einmal das Kriegsbeil ausgraben wollen. In ihnen verkörpert sich die alte, zu Grabe gehende Zeit, die noch einen letzten Totentanz versucht, das Neue, unwiderstehlich Vorwärtsschreitende aufzuhalten. Dieses Neue stellt sich in zwei verschiede-

---

[*] Radebeul bei Dresden 1935, 89. Tsd.

nen Formen dar: einmal als die aufstrebende Kraft der jungen indianischen Nation, als der sittliche und politische Wille der Jugend in dem Clan Winnetou, einer Vereinigung von Indianern aller Stämme, die sich eine Art *imitatio* des unsterblichen Winnetou zum Ziel gesetzt hat und deren Mitglieder die Verpflichtung haben, einer der Schutzengel des anderen zu sein; das andere Mal als das Bestreben zur geistlosen Amerikanisierung in dem ›Comitee‹, das zur Errichtung eines riesigen Winnetou-Denkmals eingesetzt worden ist, und vor dem Old Shatterhand seinen Winnetou retten soll. Ihm gelingt es nun, den Kriegsplan der alten Häuptlinge zu erlauschen. Er begibt sich darauf mit seinen Begleitern nach dem Nugget Tsil, trifft dabei aber unterwegs auf die Brüder Enters, die mit seinen Feinden verbündet sind und den Auftrag haben, Old Shatterhand in deren Hände zu spielen. Sie werden aber selbst von ihm innerlich umgestimmt und beschließen, dem Clan Winnetou beizutreten, wobei sie nun Old Shatterhand und seine Frau unter ihren ganz besonderen Schutz nehmen. Am Nugget Tsil gräbt Old Shatterhand noch einmal nach und findet ein zweites Testament Winnetous, das nun aber nicht den Lageplan irgendwelcher Goldschätze, sondern die geistige und sittliche Hinterlassenschaft des Apatschen enthält. Jetzt, lange nach seinem Tode, beginnt der ›Heilige‹ seine eigentliche Wirkung, wird er auch erst in den Tiefen seiner Edelmenschlichkeit erkannt. Selbst Old Shatterhand sieht zu seiner Beschämung, daß er »tiefer graben« muß, als er es bisher getan hat, um auf das eigentliche Wesen Winnetous zu stoßen. Seine Frau Klara sagt zu ihm (S. 223): »Winnetou war abgeklärter und größer als du ahntest, lieber Mann. Er war nur wenig älter als du, aber ruhiger und in sich reifer. Wir müssen doppelt nachgraben, erst hier, an der Gruft seines Vaters, und dann ebenso in deiner Erinnerung. Dabei werden wir gewiß keinen *deadly dust* (Gold) finden, wohl aber Perlen und Edelsteine, die aus tiefen seelischen Bonanzen stammen.« Er findet nun die Schriften Winnetous, die ›heiligen Schriften‹. Winnetou hat seine Reliquien, seine *imitatio* im Clan Winnetou, jetzt werden noch Wunder zu geschehen haben. Am Mount Winnetou findet Old Shatterhand Tausende von Indianern verschiedenster Stämme versammelt. Er wird von Tatellah-Satah willkommen geheißen, der dort als der Bewahrer der großen Medizin in einem Schlosse wohnt und von hier aus die Geschicke seines Volkes zu leiten versucht. Young Surehand und Young Apanatschka bauen an einer riesigen Statue Winnetous, aber diese trifft nicht die Seele des Helden, sondern stellt nur einen vergeistigten Tramp dar. Während nun so an einem steinernen Winnetou gearbeitet wird, baut Old Shatterhand seinen geistigen Winnetou in den Herzen der Menschen auf, indem er die Schriften des toten Häuptlings vorliest, und die jungen Künstler selbst müssen erkennen, daß ihr eigenes Werk verfehlt ist. Währenddessen bereitet sich der Überfall der feindlichen Indianer vor. Tausende von Kriegern sind im Anmarsch, und gerade in dem Augenblick, als sie sich alle in einer großen Tropfsteinhöhle befinden, die sie mitten in das Lager der Winnetou-Anhänger führen würde, geschieht das Wunder. Das Standbild, das man genau über der Höhle errichtet hat, versinkt, da der Untergrund die schwere Last nicht trägt, schließt die indianischen Gegner in der Erde ein, und so wird der echte, geistige Winnetou gerettet. Das Alte, Überholte und das Allzuneue brechen zusammen. Mit vieler Mühe werden die eingeschlossenen Krieger befreit, die nun für die gerechte Sache des erwachten indianischen Volkes gewonnen werden. Alte Feindschaften sind vergessen, überlebt, eine große, glänzende Zukunft für die Reste dieser Stämme bricht an. Der »Junge Adler« fliegt, ein Sinnbild der neuen Zeit, mit einem Segelflugzeug dreimal um den »Berg der Medizinen«, wie die alte Sage es einst verheißen hat, und bringt seinen roten Brüdern wieder, was ihnen geraubt worden ist. Winnetou hat gesiegt. (S. 548)*: »So endete das Ringen um das steinerne Bildnis für Winnetou, den edelsten Vertreter der roten Rasse. Höhere Gewalt machte nichtiges Menschenwerk zuschanden. Höhere Gewalt war es auch, die an die Herzen irrender Menschen rührte, daß sie sich besserer Einsicht erschlossen. Denn die große Vergangenheit eines Volkes lebt nicht einzig fort in Denkmälern von Erz und Stein, sondern im Geist und im Streben später Enkel, die sich des Erbes der Väter würdig zeigen, indem sie es werten, festhalten und fortschreitend ausbauen zum Segen für sich und die ganze Menschheit.«

Mit diesen Worten schließt dieses schönste aller Bücher Karl Mays. Es erhält seine ganz eigenartige Schönheit aus jener Zusammenschau von Sterbendem und Neuwerdendem, Wirklichkeit und Wunschbild, Natur und Märchen, Don Quichotterie und glaubensfreudiger Romantik, örtlicher Bestimmtheit und traumhafter Ferne, Gegenwart und Zeitlosigkeit, alles aber unlöslich miteinander verwoben.

---

* Das Zitat stammt nicht von Karl May, sondern wurde von E. A. Schmid interpoliert.

Helmut Schmiedt
»Einer der besten deutschen Erzähler...«?
Karl Mays »Winnetou«-Roman unter dem Aspekt der Form

»Karl May ist einer der besten deutschen Erzähler, und er wäre vielleicht der beste schlechthin, wäre er kein armer, verwirrter Prolet gewesen.«[1] Diese Worte von Ernst Bloch sind den Verehrern des Schriftstellers Karl May natürlich seit jeher als ausgesprochen golden erschienen. Wer es heute unternimmt, sie zu stützen, darf sich auf eine Vielzahl von Studien berufen, die Mays Schriften ein beträchtliches Gewicht unter geistesgeschichtlichen, psychologischen, soziologischen, ideologiekritischen, pädagogischen und anderen Perspektiven zuerkennen. Eindringlicher und gründlicher, als Bloch seinerzeit vermuten konnte, ist die Mehrschichtigkeit, der Facettenreichtum der Erzählungen und Romane Mays mittlerweile analysiert worden.

Diese Feststellung gilt ganz überwiegend freilich nur im Blick auf deren inhaltlichen Aspekt: Die genannten Betrachtungsweisen haben es ja durchweg mit den Erzählstoffen und -motiven zu tun, sozusagen mit der materiellen Seite der Mayschen Phantasieprodukte, ihrer Herkunft und Entstehung sowie ihrer Wirkung. Was demgegenüber das Element der Form betrifft, so herrschen hier nach wie vor beträchtliche Defizite: Zwar wissen wir heute vieles über das, *was* May erzählt, aber *wie* er das tut, welcher formalen, tektonischen Mittel er sich bedient und wie er sie einsetzt – das ist längst noch nicht in gleich intensivem Maße untersucht worden, obwohl doch nicht zuletzt bei diesem Thema über die ästhetische und künstlerische Qualität literarischer Werke entschieden wird. Natürlich wäre der Eindruck falsch, wir hätten es hier mit einer vollständigen Terra incognita zu tun, mit einem von der Forschung ganz und gar übersehenen Bereich: Tatsächlich finden sich schon in den alten Karl-May-Jahrbüchern Abhandlungen über *Karl Mays Schreibart* (Max Finke, 1924), seine *Mittel der Darstellung* (Max Finke, 1927) und seine *Kunst der Erzählung* (Max Fischer, 1921); später hat dann Volker Klotz' Studie *Durch die Wüste und so weiter* (1962)[2] ähnliche Akzente gesetzt; auch in neuerer Zeit erscheinen gelegentlich Arbeiten, die wesentlich der literarischen Form gelten[3], und die meisten größeren Untersuchungen und Überblicksdarstellungen zu May gehen – implizit oder explizit – zwangsläufig auf sie ein. Generell wird man dennoch sagen müssen, daß das formale Moment relativ wenig beachtet wurde und daß es nötig ist, da Abhilfe zu schaffen. Spötter könnten freilich meinen, das Defizit erkläre sich daraus, daß bei May in dieser Hinsicht einfach nicht viel zu holen sei und Blochs spektakuläres Wort mithin teilweise ins Leere stoße; die folgende Untersuchung wird das an einem Beispiel prüfen.

Ihr Gegenstand ist Mays dreibändiger *Winnetou*-Roman; den vierten Band, der heute unter dem Titel *Winnetous Erben* bekannt ist, schließe ich aus, weil er erst Jahrzehnte später und mit weitreichend veränderten literarischen Ambitionen geschrieben wurde. Der *Winnetou* nimmt in den Wildwest-Geschichten des Autors insofern eine besondere Stellung ein, als er es zu großen Teilen gewissermaßen mit den Eckdaten zu tun hat, in die May seinen nordamerikanischen Kosmos einfügt: Wir erfahren, wie aus dem gerade erst in die USA eingereisten Jüngling der hochberühmte Westmann Old Shatterhand wird, nehmen teil an seinen ersten und – mit kleinen Einschränkungen – letzten Abenteuern, und wir werden informiert über die wesentlichen Ereignisse in der Karriere und Familiengeschichte Winnetous, der zweiten Zentralgestalt der Mayschen Amerikaromane, schließlich auch über das Ende des Mannes, der im ersten Band Winnetous Vater und Schwester ermordet hat. Dazwischen finden sich Episoden, die mit diesen Zusammenhängen wenig zu tun haben und die ›normale‹ Seite im abenteuerlichen Leben unserer Helden repräsentieren; eine davon, die Old-Firehand-Geschichte des zweiten Bandes, stützt sich allerdings auf die sehr persönliche Betroffenheit Winnetous, die aus einer alten Liebesaffäre herrührt, und sie wird insofern doch wieder mit jenem Rahmengeschehen verklammert. Während in Romanen wie *Der Schatz im Silbersee* und *Old Surehand* nur mittlere Abschnitte aus dem Kontinuum der Abenteuer Shatterhands und seines Blutsbruders berichtet werden, geht es also im *Winnetou* vor allem – wenn auch nicht ausschließlich – um die äußeren Voraussetzungen und Grenzen all dieser Erlebnisse. Das Werk verdient deshalb besondere Aufmerksamkeit, und man muß sich um so intensiver auf seine Details einlassen.

Eine erste, eher oberflächliche Lektüre bestätigt jene Schwächen, die man dem Roman seit langem nachsagt. Als er 1893 unter dem Titel *Winnetou, der Rote Gentleman* erstmals erschien, hatte May bekanntlich nur den ersten Band und kleine Teile des zweiten und dritten neu geschrieben. Für den Rest verwandte er ältere Erzählungen mit einem z. T. noch stark abweichenden Bild des Wilden Westens, und da er diese Texte nur sehr flüchtig überarbeitete, entstand ein in manchem wenig überzeugendes Konglomerat, in dem etwa die Titelfigur außerordentlich uneinheitlich erscheint. Ferner ließen sich manche Vorbehalte gegen Mays Sprache bestätigen; eine Detailanalyse würde da wohl ebenfalls zwischen den neu geschriebenen und den älteren Partien sorgfältig differenzieren müssen.

Daß der Roman trotzdem nicht völlig inkohärent wirkt, liegt im wesentlichen eben an seiner zentralen Funktion im Gesamt des Mayschen Wildwest-Kosmos. Ich will dieses Element unter formalem Aspekt zunächst genauer untersuchen im Hinblick auf die Laufbahn Old Shatterhands, der ja – in seiner Doppelrolle als Held und Ich-Erzähler – die im Vergleich zu Winnetou noch deutlich auffälligere Figur ist. Bernd Steinbrink hat die Karriere des Helden unter dem Begriff der Initiation zu erfassen versucht, eines Vorgangs, der in zahlreichen Abenteuerromanen des 19. Jahrhunderts zu beobachten, im *Winnetou* aber besonders klar ausgeprägt sei: »Der Held des Abenteuerromans im Anschluß an Cooper entflieht der Gesellschaft in die Wildnis einer Traumwelt, in der ihm die Probleme der Realität in anderer Weise als Initiationsprüfungen wiederbegegnen. Indem er hier seine unbefriedigende Wirklichkeit korrigiert, die Gefahren und Leiden noch einmal in traumhaft veränderter Weise erlebt und zu einem besseren Ausgang führt, konstituiert er eine neue Persönlichkeit. Ein Initiationsprozeß vollzieht sich, der am deutlichsten – im Werk Karl Mays – in Old Shatterhands Weg vom ›Greenhorn‹ zum ›Westmann‹ ausgedrückt ist, aber auch in den Prüfungen, denen der erfahrene Abenteurer sich immer wieder unterziehen muß.«[4] Man mag an dem Terminus Initiation in diesem Zusammenhang Kritik üben[5], an der Sache selbst kann kein Zweifel bestehen: die Laufbahn zum Helden und die Bestätigung dieser Rolle vollzieht sich über eine Vielzahl von Prüfungen; in ihnen weist der Betreffende überzeugend nach, daß er klug und stark genug ist, allen Widrigkeiten zu trotzen und alle Gefahren zu meistern, daß er dauerhaft mehr zu leisten vermag, als man ihm im Blick auf seine Vergangenheit zutraute. Wenn der werdende Westmann Old Shatterhand im ersten Band mit feindlichen Indianern ebenso erfolgreich umgeht wie mit wilden Tieren, wenn er seine Kraft ebenso eindringlich und unerwartet unter Beweis stellt wie seine Fähigkeiten in der Kunst des Anschleichens, wenn er schließlich dieses Leistungsniveau im weiteren Verlauf der Ereignisse teils hält, teils noch steigert und dabei seine Begleiter immer wieder überrascht, dann haben wir es in der Tat mit der intensiven »Konstitution einer neuen Persönlichkeit [zu tun], die die Beschränkungen der alten durchbricht.«[6]

In formaler Hinsicht ist an diesem Initiationsprozeß vor allem die Wiederholungsstruktur von Belang. Jedem aufmerksamen May-Leser ist ersichtlich, daß die Stärke des Autors nicht im Erfinden ständig neuer, grundlegend unterschiedlicher Ereignisse liegt; vielmehr kehren ein paar zentrale Motive – vom Belauschen der Feinde bis zum permanenten Wechsel von Flucht und Verfolgung, Gefangennahme und Befreiung – immer wieder. Seinen Reiz gewinnt das Verfahren aus der einfallsreichen Variation des Bekannten: Zwar wird ständig wiederholt, aber die Wiederholung vollzieht sich unter im einzelnen stets veränderten Umständen, und in dieser Spannung zwischen einer Bestätigung des Bekannten und dessen Modifizierung und Neugestaltung entwickelt sich überhaupt erst der literarische Kosmos Karl Mays. Der Forschung sind diese Konstellationen natürlich längst aufgefallen, und Harald Fricke hat darin jene »Central-Heizung des Ganzen«[7] entdeckt, die Arno Schmidt an ganz anderer Stelle suchte. Auch die Initiation ist also diesem fundamentalen Formprinzip der Wiederholung unterworfen; um Mays Umgang damit genauer durchschauen zu können, werde ich jetzt prüfen, welche Richtung die dabei erkennbaren Variationen nehmen.

Die ersten Initiationsleistungen bietet der künftige Held auf Anregung Mr. Henrys, seines väterlichen Freundes: Er liefert zunächst eine Probe seiner exzellenten Schießkünste und zähmt den wilden Rotschimmel eines Pferdehändlers. Henry will bei diesen Unternehmungen feststellen, ob sein Zögling sich für das Leben im Wilden Westen eignet. Es handelt sich also um Prüfungen, die einem sehr begrenzten, allein auf den nachmaligen Old Shatterhand bezogenen Zweck dienen, und entsprechend beschränkt ist der Rahmen, in dem sie ablaufen: Im ersten Fall schaut nur Henry zu, im zweiten tun dies Henry, der Pferdehändler und zwei Knechte; ferner ist zu beachten, daß es sich jeweils um wenig spektakuläre Ereignisse handelt, die eher an Schützenfest und Zirkus erinnern als an die blutigen, lebensgefährlichen Auseinandersetzungen, in die der Protagonist wenig später hineingezogen wird. In jeder Hinsicht größere Dimensionen besitzt dann schon jene Tat, mit der unser Held den ersten ernsthaften Konflikt beendet: Er schlägt dem Schurken Rattler die Faust derart heftig an die Schläfe, daß der zusammenbricht und ein Zuschauer spontan auf den Namen Shatterhand verfällt. Bei dem Streit geht es um Kontroversen innerhalb der Gruppe von Bahnvermessern, der das Ich inzwischen angehört, und sie alle sind Zeuge der famosen Tat: Diese Bewährungsprobe hat also schon mit einer ganzen Reihe von Personen zu tun, sie vollzieht sich vor einem erheblich größeren Publikum und ist eben auch durchaus ernsterer Natur; das bisherige ›Greenhorn‹ verläßt nun den kleinen, privaten Bereich. Seine Emanzipation setzt sich fort bei den ersten Jagden auf wilde Büffel und Pferde, die Shatterhand gemeinsam mit seinem Lehrmeister Sam Hawkens unternimmt: Zwar sind dabei nur diese beiden anwesend, aber jeweils übertrumpft der junge Westmann den alten ganz beträchtlich, einmal muß er ihm sogar das Leben retten, und so wertet diese indirekte Konfrontation zwischen Schüler und Lehrer, die eindeutig zugunsten des Schülers ausfällt, Shatterhand auf neuem Wege weiter auf.

Die nächste Stufe wird erreicht, als Shatterhand – nun wieder ins Lager der Bahnvermesser zurückgekehrt – bei einer ähnlichen Unternehmung öffentlich und im allgemeinen Interesse handelt: Ein gefährlicher Bär ist in das Lager eingedrungen, die meisten Anwesenden flüchten, Shatterhand aber erlegt das Untier; hier wird das Motiv der Gefährdung des Menschen durch ein wildes Tier aufgegriffen, aber auf eine größere Gruppe bezogen, die auch Zeuge der heroischen Tat ist. Einige Zeit später – ich nenne jetzt nicht mehr alle einschlägigen Szenen – schließt der Zweikampf mit dem riesigen Kiowa-Krieger Blitzmesser den ersten Teil der Initiationsprüfungen ab: Old Shatterhand tritt zum tödlichen Messerduell an, um sich und seiner Partei, zu der inzwischen auch zahlreiche gefangene Apachen gehören, das Leben zu retten; das Publikum ist so vielköpfig wie nie zuvor, Weiße und Indianer sehen dem Spektakel zu. Wir können mit einem ersten Fazit feststellen, daß die Bewährungsproben konsequent an Gewicht gewonnen, sich also nicht einfach nur vermehrt haben: Die Taten des Ichs werden immer heroischer, sie finden ständig mehr Zuschauer, und ihre Folgen wiegen immer schwerer, da es um ständig ernstere Probleme geht und die Zahl der Betroffenen wächst.

An dieser Stelle – sie ist schon nach der Hälfte des ersten Bandes erreicht – wäre bei einem weniger einfallsreichen Erzähler als May zu befürchten, daß er sich fortan doch in purer Repetition mit allenfalls geringen Veränderungen erschöpft: Größere Triumphe als der gegen Blitzmesser errungene scheinen kaum vorstellbar, Shatterhand steht nunmehr in allem Glanz da, eine substantielle Weiterentwicklung der Initiationsakte bezüglich ihres Ausmaßes, ihrer Ergebnisse und der Zahl der Zuschauer ist nicht zu erwarten. May findet jedoch eine Lösung, die weitere Innovationen ermöglicht und in inhaltlicher Hinsicht die Genialität Shatterhands abermals auf das eindringlichste demonstriert.

Exemplarisch ist da bereits das Duell mit Intschu tschuna, Winnetous Vater, bei dem man wiederum auf Leben und Tod kämpft. Im Duell mit Blitzmesser war eine höchst dramatische Zuspitzung nicht zu vermeiden: Vor diesem Kampf gab es kein Entrinnen, der junge Held mußte sich voll konzentrieren und alle List und Stärke aufwenden, um zu bestehen. Das Duell mit Intschu tschuna indessen gestaltet er anders; gleich in mehrfacher Hinsicht inszeniert er es als Spiel: in bezug auf die Voraussetzungen, in bezug auf seine eigene Rolle und in bezug auf den Verlauf des Kampfes selbst. Zu den Voraussetzungen: allen Anwesenden ist unbekannt, daß es Shatterhand war, der seinerzeit den Apachenhäuptling und seinen Sohn aus der Gefangenschaft befreite; er trägt eine Locke, die er bei dieser Gelegenheit von Winnetous Kopf abgeschnitten hat, in der Tasche, könnte sie als Beweis für seine gegenüber den Apachen freundschaftliche Gesinnung ohne weiteres vorzeigen, um sich damit den Kampf zu ersparen – er zeigt sie aber erst danach. Zu seiner Rolle: Shatterhand gibt sich vor Beginn des Kampfes als wasserscheuer Feigling aus, eine Finte, die den Gegner in Sicherheit wiegen soll und den späteren Triumph um so grandioser wirken läßt; der Satz »Im nächsten Augenblicke aber hatte die Verstellung ein Ende«[8] benennt pointiert die Verwendung, der die Initiationsthematik an dieser Stelle unterliegt. Was schließlich den Verlauf des Kampfes betrifft, so sorgt der Held, nachdem er ihn eigentlich schon gewonnen hat, durch die Preisgabe seines Vorteils freiwillig für eine Zuspitzung, die ihn wiederum in Lebensgefahr bringt – er weiß, daß er auch jetzt bestehen wird.

Was geschieht hier? Alle bisherigen Bewährungsproben, vom

Kampf mit dem Rotschimmel bis zu jenem mit Blitzmesser, hat Shatterhand ganz ernst nehmen müssen, es ging buchstäblich ums Ganze; der Autor inszenierte Initiationsakte für seinen Helden, um ihn als solchen zu etablieren. Nun aber hat sich Shatterhands Position so weit gefestigt, daß er diese Aufgabe in eigener Verantwortung übernehmen kann: Er inszeniert sich die Initiationsszenen fortan selbst, steht so weit über den Dingen, daß er auf entsprechende Anlässe mit effektvollen, genau kalkulierten Einrichtungen reagieren kann. Für den avancierten Old Shatterhand handelt es sich nicht mehr um gefahrvoll-notwendige Prüfungen, sondern um Spielmaterial, mit dem er nach Belieben manipulieren kann; das Abenteuer gewinnt dadurch, wie Hans-Otto Hügel in anderem Zusammenhang dargelegt hat[9], auch die Qualitäten einer Show.

Selbst damit ist der Gipfel noch nicht erreicht. Es gibt eine weitere Steigerungsmöglichkeit: Sie hängt ab vom Ruf und Bekanntheitsgrad des Helden. Die im ersten *Winnetou*- Band geschilderten Taten tragen ihm in der Folge ein breites öffentliches Echo ein, das weit über den Kreis persönlicher Bekanntschaften hinausreicht. Wann immer das Genie künftig als Old Shatterhand auftritt, spielt es eine wichtige Rolle, daß jedermann von ihm gehört hat und seine Fähigkeiten – je nach dem Stand der eigenen Tugend – bewundert oder fürchtet. Initiationsszenen gedeihen unter diesen Umständen am besten, wenn Shatterhand sich verleugnet und ein Pseudonym wählt. In den Bänden II und III gibt er sich vor anderen Westmännern wiederholt als das Greenhorn aus, das er längst nicht mehr ist, und verschafft sich dadurch die Gelegenheit, Initiationsakte unterschiedlicher Beschaffenheit zu simulieren: sei es, daß er den berühmten Scout Old Death tagelang als scheinbar blutiger Anfänger begleitet, der jedoch das ABC des Wilden Westens überraschend schnell lernt, sei es, daß er einen gewiß nicht inkompetenten Gefährten durch sensationell präzises Spurenlesen verwirrt. Mit der Tarnkappe[10] verschafft sich der Held ständig neu die Möglichkeit, durch das Bestehen vermeintlicher Initiationsprüfungen seine wirklichen Qualitäten nachzuweisen; aus dieser Doppelbödigkeit resultiert der Rang der späteren Taten. Indem Shatterhand scheinbar immer wieder vom Punkt Null ausgeht und dabei ungeheuer weit gelangt, bestätigt er um so eindringlicher, wo er tatsächlich steht. Daß er bei anderen Gelegenheiten ohne solche Verstellungen reüssiert, versteht sich von selbst.

Die doppelbödige Inszenierung heroischer Taten ist adäquat auch im Hinblick auf einen Sachverhalt, der bisher nicht zur Sprache kam: Auch schon die ersten, ›echten‹ Initiationsprüfungen – von der Schießprobe vor Mr. Henry bis zum Kampf mit Blitzmesser – erscheinen merkwürdig zwiespältig. Schaut man sich diese Szenen nämlich genauer an, so ergibt sich häufig ein erstaunlicher Befund: Der werdende Westmann kann eigentlich immer schon das, von dem man annehmen möchte, daß er es erst lernen muß. Die Schießprüfung besteht er so glänzend, weil er daheim »schon viel und gut geschossen [hat]«[11]; den Rotschimmel, den bisher niemand gezähmt hat, zähmt das Greenhorn, das über einschlägige Erfahrungen mit einem »halb wilden, ungarischen Pußtenhengst«[12] verfügt; beim ersten Faustschlag ist bereits eine schier unglaubliche Kraft und Treffsicherheit am Werke; bei der ersten Begegnung mit wilden Tieren übertrifft das Greenhorn seinen Lehrmeister so weit, daß der sich schämen muß; im ersten Duell auf Leben und Tod agiert Shatterhand so kaltblütig und souverän, als sei's für ihn bereits Routine. Ähnliches gilt für manch andere Initiationsszene des Romans: Old Shatterhand beweist mit seiner raschen Karriere vom Greenhorn zum omnipotenten Westmann weniger, daß er schnell zu lernen imstande ist, als daß er – sei es aufgrund früherer Erfahrungen, sei es ob angeborener Begabung – von vornherein über die erforderlichen Fähigkeiten verfügt und sie im geeigneten Moment anzuwenden weiß. Die Initiation betrifft in diesem Fall nicht einen wirklichen, radikalen Entwicklungsprozeß, sondern das unter veränderten äußeren Bedingungen vollzogene Sichtbar-Werden von etwas, das im wesentlichen schon da ist. Ganz entfernt mag man hier an die Gedanken Platons in *Phaidon* denken, nach denen das Lernen nichts anderes als ein Wieder-Erinnern, eine Rückbesinnung auf Gegebenes, aber Verschüttetes ist[13]; auch unser Held ›lernt‹ ja nur, indem er Fähigkeiten anwendet, die er zum großen Teil insgeheim schon besitzt.

›Echt‹ sind die ersten Initiationsszenen zweifellos – aber eben auch zwiespältig. Für unsere Überlegungen ist nun entscheidend, daß die späteren – inszenierten, gespielten, simulierten – Initiationsszenen diese Zwiespältigkeit aufgreifen und expressis verbis formulieren. Der auffällige Kontrast, der Shatterhands Auftreten bis etwa zur Blitzmesser-Szene auszeichnet: ein von sich selbst und anderen als Greenhorn, als blutiger Anfänger apostrophierter junger Mann, der aber stets viel mehr leistet, als von einem Greenhorn zu erwarten ist – dieser Kontrast also wird später von Old Shatterhand bewußt reproduziert, gleichsam auf den Begriff gebracht: Der Held setzt im Versteckspiel um seinen Namen gezielt jenen Widerspruch zwischen prätendierter Inkompetenz und faktisch vorhandener Leistungsstärke ein, aus dem sich zuvor sein Ansehen erst entwickelt, sein berühmter Name ergeben hat. In ihrer Struktur gleichen sich die ersten und die späteren Initiationsszenen; aber während sich der Heroismus Shatterhands zunächst wesentlich darin zeigt, daß das mutmaßliche und das latent vorhandene Können weit auseinanderklaffen, bestätigt und steigert er sich späterhin dadurch, daß Shatterhand diese Paradoxie ausdrücklich zum Gegenstand seines Auftretens macht, daß sie also nicht mehr dieses Auftreten ganz unmittelbar prägt: Die scheinhafte Komponente der Initiationsszenen wird auf eine neue Ebene übertragen. Man kann es auch so formulieren: der Held emanzipiert sich vom Autor; was dieser zunächst zur Kennzeichnung der Figur einsetzt, setzt die Figur dann im Umgang mit anderen ein.

Ich bin ausgegangen von der These, die Entwicklung des Helden sei zu verstehen als ein Initiationsprozeß, der durch stetige Wiederholungen intensiviert und beglaubigt wird. Die genauere Durchleuchtung dieser Wiederholungen hat nun unversehens zu Einsichten über das geführt, was das Werk – soweit es sich mit dem Rückgriff auf die Karriere seines obersten Helden bestimmen läßt – im Innersten zusammenhält: Die Wiederholungen erscheinen nicht als additive Reihung und auch nicht als mehr oder weniger beliebiges Miteinander aus Repetition und Variation, das mal in diese, mal in jene Richtung führte. Wir haben es vielmehr mit konsequent und systematisch ausgearbeiteten Veränderungen zu tun, mit einer gleich in mehrfacher Hinsicht nach bestimmten Regeln gestalteten Fortentwicklung, in die überdies noch die fundamentale Widersprüchlichkeit des anfänglichen ›Greenhorns‹ als konstitutives Element eingezeichnet ist. Am Anfang steht der scheinbar harmlose Hauslehrer in St. Louis, am Ende der geradezu mythische Held: Der Weg vom einen zum anderen führt über eine Vielzahl von Wiederholungen, von denen nahezu eine jede dem bisherigen Bild nach festen Prinzipien etwas Neues hinzufügt.

Während das Initiationsmotiv schon durch die Extensität seines Vorkommens ein gewisses kompositorisches Gewicht erhält, gibt es auch einige Stoffelemente des Romans, die jeweils nur wenige Male auftauchen und in diesem quantitativ begrenzteren Rahmen für den Zusammenhalt der verschiedenen Teile sorgen. Im ersten Band erleichtert der bei den Apachen gefangene Held seine Lage durch einen kleinen Flirt mit Winnetous Schwester, im dritten halten ihn die Kiowas fest, und wiederum hilft ihm der freundliche Umgang mit einem Mädchen weiter; die Verwandten der beiden Indianerinnen spielen jeweils mit dem Gedanken, eine Ehe in die Wege zu leiten, stoßen damit aber bei Shatterhand nicht auf Wohlwollen. Sowohl in Band I als auch in Band II verbünden sich die Westmannsgruppen vorübergehend mit Indianerstämmen, die den Apachen feindlich gesonnen sind, obwohl die Westmänner es eigentlich eher mit Winnetous Leuten halten. Klekih-petra im ersten und Old Death im zweiten Band leiden an ihrer Vergangenheit, kämpfen mit Schuldgefühlen und versuchen, durch ihr gegenwärtiges Tun einiges wiedergutzumachen; beide sterben an einer Kugel, die eigentlich nicht ihnen gilt. Old Death sucht zudem ganz konkret nach seinem Bruder, dem er vor Jahren schweren Schaden zugefügt hat; ein ähnliches Bemühen kehrt bei anderen Figuren wieder, aber in zweifacher Verschiebung: In Band II suchen Winnetou und Old Firehand einen Mann, der ihnen Böses angetan hat, in Band III tut Sans-ear desgleichen; und jetzt geht es um die umgekehrte Form der Wiedergutmachung, um Rache und Strafe. Im übrigen strukturiert die Jagd nach einem anderen Schurken, Santer, den gesamten Roman. Im ersten Band wird die Trasse einer Eisenbahnlinie vermessen, später werden mehrfach – an anderen Stellen – Züge überfallen.

Das Beispiel der Eisenbahn deutet an, daß wir es auch in diesen Fällen nicht mit schlichter Repetition oder zufälliger Veränderung zu tun haben, sondern mit systematischer Entwicklung: Es entspricht ja der Chronologie der Karriere Old Shatterhands, wenn bei seinem ersten Auftreten im Wilden Westen die im Motiv Eisenbahn exemplarisch sichtbare Zivilisation noch erheblich weniger weit fortgeschritten ist als bei seinem um viele Jahre späteren; daher eben zunächst die Vermessung einer Bahnlinie, während dann der funktionierende Schienenverkehr den Ausgangspunkt bildet. Ich will den Sinn solcher Doppelungen noch an einem anderen Beispiel erläutern, das teilweise schon erwähnt wurde: an der Beziehung zwischen Old Shatterhand und Nscho-tschi; zu der gibt es nicht nur im dritten Band, sondern auch schon in der unmittelbaren zeitlichen Nachbarschaft des ersten ein Pendant: Kaum hat sich nämlich herausgestellt, daß Nscho-tschi Shatterhand liebt, da erlebt auch Sam Hawkens den Beginn einer solchen Liaison, in diesem Fall heißt die Dame Kliuna-ai.

Der Text legt es deutlich darauf an, die Verbindungslinien erkennbar zu machen: In beiden Fällen spielen Kleidungsstücke, die die Frauen für die Männer anfertigen, eine wichtige Rolle; eine Seite nach der Feststellung »Sam als Ehemann war einfach undenkbar«[14] betont der Erzähler/Held, daß sein »Lebensplan eine Verheiratung [...] aus[schloß]«[15]; als Intschu tschuna vor Old Shatterhand gezielt »die Rede auf Verbindungen zwischen Weißen und Indianerinnen«[16] bringt, knüpft er ausdrücklich an Sams Abenteuer an. Ferner bleibt beiden Liebesbeziehungen die Erfüllung versagt.

Diese Formulierung stellt im Falle Nscho-tschis natürlich einen geradezu zynischen Euphemismus dar. Während das Ende von Sams Affäre ausgesprochen groteske Züge trägt – die versehentlich vom Kopf entfernte Perücke des Westmanns sorgt hier für klare Verhältnisse –, wird Winnetous Schwester gemeinsam mit ihrem Vater ermordet; als Hawkens und Kliuna-ai nichts mehr miteinander zu tun haben, ist niemand darüber traurig, auch Sam selbst nicht, wohingegen es sich im anderen Fall um eines der tragischsten Vorkommnisse in Mays Romanen überhaupt handelt. Gerade aus dieser Diskrepanz resultiert nun aber die Funktion der motivischen Parallelität. Die abenteuerliche Welt, in der man eine neue Persönlichkeit konstituieren kann und die überhaupt die Utopie eines besseren, freieren Lebens verheißt, ist nichts, zu dem sich auf Dauer vorrangig Tragik und intensives Leid assoziieren ließen. May muß zwar entsprechende Ereignisse gelegentlich schildern, um die Gefahren wildwestlicher Abenteuer drastisch vor Augen zu führen, muß dann aber auch wieder darüber hinwegkommen. Unter diesem Aspekt hat die komische Liebesgeschichte des Sam Hawkens die Aufgabe, das sich anbahnende traurige Geschehen um Nscho-tschi von vornherein zu relativieren: Wenn zu diesem eine eher spaßhafte Parallelhandlung gefügt wird, bleibt zwar die Ernsthaftigkeit des einen Ereignisstrangs erhalten, aber sie wird durch die Analogie abgefangen und gemildert, gleichsam abgefedert. Die Affekte des Lesers können sich bei dem Thema unglücklicher Liebe nicht ausschließlich auf die tragische Seite orientieren, andersartige Geschehnisse schaffen ein Gegengewicht. Zwar findet Nscho-tschis Ermordung erst lange nach dem Abschluß der zweiten Liaison statt, aber das ändert nichts an der Funktion dieser

Analogie: Strukturell und wohl auch in der Erinnerung mancher Leser stehen das eine und andere Ereignis wenigstens teilweise nebeneinander und relativieren einander; daß die Ehe mit Old Shatterhand nicht zustandekommen kann, hat sich im übrigen ja auch schon lange vorher aus den eben zitierten Reflexionen des Weißen ergeben. Abermals haben wir es mit der Wiederholung eines bestimmten stofflichen Teilelements zu tun; und abermals wird in und mit der Wiederholung eine Änderung sichtbar, deren konkrete Ausformung von Belang für das Gesamt des Werkes ist.

Bei allen bisher besprochenen Beispielen hatten wir es mit Stellen zu tun, die auf der gleichen Ebene des Romans angesiedelt sind: Es ging um die vermeintlich realen Erlebnisse und Abenteuer des Erzählers/Helden. Nun hat May seinem Roman außer einem Nachwort, das uns hier nicht zu interessieren braucht, auch noch ein Vorwort beigegeben, in dem er abstrahierend mitteilt, unter welchen Voraussetzungen und zu welchem Zweck er das Folgende geschrieben haben will. Wir müssen mithin im *Winnetou* zwei – wie der dubios klingende Fachbegriff lautet – Textsorten unterscheiden: die theoretisch orientierte Einleitung und den eigentlichen Erzähltext. Das Verhältnis zwischen beiden wird gleichfalls durch die Verfahren der Repetition und Veränderung bestimmt.

Mays sechsseitige Einleitung enthält im wesentlichen eine Klage über den unvermeidlichen Untergang der Indianer, Hinweise zu den näheren Umständen dieses Prozesses und schließlich die Erklärung, der Erzähler, ausgewiesen durch umfangreiche eigene Erfahrungen, wolle den Roten in der Gestalt ihres großen Vertreters Winnetou ein literarisches Denkmal setzen. Vieles von dem, was in diesem Zusammenhang – oft nur mit einer kurzen Bemerkung – angeführt wird, greift der Roman später auf.

Das »schleichende Gift des ›Feuerwassers‹«[17] sei, so heißt es in der Einleitung, eine der wichtigsten Ursachen für die indianische Katastrophe. Der Roman demonstriert dies mehrfach auf das anschaulichste: z. B. sind die kriegerischen Auseinandersetzungen zwischen den Kiowas und den Apachen von Weißen angezettelt worden, die den Kiowas »Waren und Brandy«[18] versprachen; eine in der Darstellung gründlicher ausgeführte und individuelle Variante zu diesem kollektiven Geschehen bildet – mit überdies ein wenig vertauschten Rollen – der Schuß, durch den der betrunkene Rattler Klekih-petra tötet. In diesen Fällen korrespondieren Einleitung und Romangeschehen weitgehend über eine wechselseitige

Bestätigung. So ist es aber nicht immer. In der Einleitung beklagt May die Ausrottung der wilden Mustang- und Büffelherden, mit der man den Indianern die Existenzgrundlage entziehe; es fügt sich etwas merkwürdig dazu, daß später auch Shatterhand dem Jagdfieber gegenüber diesen Tieren frönt, doch handelt es sich bei ihm natürlich nicht um die Beteiligung an einer massenhaften Tötung. Noch auffälliger ist es im Lichte des Folgenden, daß die Einleitung den skrupellosen Landraub an den Indianern attackiert: »Der Rote mußte weichen, Schritt um Schritt, immer weiter zurück. [...] Man ›kaufte‹ ihm das Land ab, bezahlte ihn aber entweder gar nicht oder mit wertlosen Tauschwaren, welche er nicht gebrauchen konnte.«[19] Das klingt wie eine für den Helden peinliche Zusammenfassung der Ereignisse zu Beginn des Romans: Auf nichts anderes als eine Vertreibung der Indianer zielt ja die Tätigkeit der Bahnvermesser, mit denen Old Shatterhand im Wilden Westen arbeitet, und von Bezahlung des Landes ist dabei nicht die Rede. Die ersten Kapitel bestätigen also Mays einleitende Diagnose über das Elend der Indianer, zeigen ihren Helden aber noch auf der ›falschen‹ Seite und führen damit zu einer Situation, in der er sich vor den Anklagen der Apachen »innerlich beschämt«[20] fühlt; die Konversion ins Lager der Indianer erscheint dann um so gewichtiger und bestätigt um so eindringlicher die Worte der Einleitung.

Der Roman schlägt also aus den abstrakten und generalisierenden Vorbemerkungen Kapital: Er übersetzt einige Gedanken aus dem Stadium propädeutischer Rhetorik in Handlung, er macht aus dem Räsonnement Aktionen. Das geschieht teilweise mittels schlichter Bestätigung und Illustration, wie beim Beispiel des Alkohols, teilweise aber auch auf kleineren und größeren Umwegen, bei denen sich die Einheitlichkeit des Urteils erst nach und nach erschließt. Das Prinzip der Wiederholung beherrscht auch hier das Feld, und wiederum handelt es sich nicht um Repetitionen im plansten Sinne.

Es ist jetzt möglich, ein umfangreicheres Fazit zu formulieren. Bekanntlich hat sich die Kritik an Mays Romanen gerade auf den exzessiven Gebrauch von Wiederholungen immer wieder berufen; Arno Schmidt hat gleich sämtliche Abenteuerromane vor dem Spätwerk auch unter diesem Aspekt verworfen: »wer [...] zwei kennt, kennt alle«.[21] Harald Frickes Ehrenrettung der Wiederholungsstruktur dagegen stützte sich ganz überwiegend auf die Radikalität ihres Auftretens und machte insofern lediglich aus der vermeintlichen Not des Erzählers eine Tugend: May biete nicht einfach Wiederholungen, sondern »Wiederholungen, Wiederholungen und nochmals Wiederholungen«.²² – In der Tat darf der Verweis auf das Mittel der Repetition an sich kein Anlaß sein, literarische Werke von vornherein gering zu achten. Wir kennen z. B. mit dem Minnesang des Mittelalters eine ganze Gattung, deren stoffliche Substanz sich ohne unzulässige Vergröberung in wenigen Sätzen umreißen ließe; die unbestrittene Qualität dieser Dichtungen resultiert aus ständig neuen Ergänzungen der Substanz, aus perspektivischen Verschiebungen, Akzentverlagerungen usw.

Nicht anders steht es mit dem *Winnetou*. Es gibt darin kaum ein Teilstück, das nicht derartige Korrespondenzen zu anderen Teilstücken aufwiese, handle es sich nun um einmalige oder vielfache Repetitionen. Was sich indessen zusätzlich ergibt, ist die progredierende Systematik: Es wird unter Verwendung des Wiederholungsprinzips jeweils ein einzelner, für das gesamte Werk in irgendeiner Hinsicht wichtiger Gesichtspunkt neu hinzugefügt und hervorgehoben oder gar ein umfangreicher Entwicklungsprozeß gestaltet, der den Gang des Romans zugleich bestimmt und spiegelt (zumindest, diese Einschränkung muß man machen, gilt das für einen beträchtlichen Teil der Wiederholungselemente). Man könnte, wenn man die vielen Wiederholungen entdeckt, zunächst befürchten, die einzelnen Stellen verlören unter solchen Umständen an Gewicht, sie würden von der Masse der Repetitionen erdrückt. Indessen verhält es sich genau umgekehrt: Durch die spezifischen Differenzen zu den korrespondierenden Stellen, durch den jeweils besonderen Ort ihres Auftretens gewinnen sie erst recht Konturen und grenzen sich von der Nachbarschaft ab. Mays Werk erhebt sich weit über jene kumulative Struktur, die man der Trivialliteratur gemeinhin nachsagt, über jene Aneinanderreihung einzelner Teile nach dem alleinigen Prinzip der Addition statt nach den Gesetzen der Verschränkung, Kohärenz und Integration. Sich dies noch einmal zu verdeutlichen, bedarf es nur eines kleinen Gedankenspiels: Könnten beispielsweise die Initiationsszenen des ersten und zweiten Bandes in umgekehrter Reihenfolge auftreten? Sie könnten es natürlich nicht, das Ergebnis wäre unsinnig, und so zeigt sich hinreichend deutlich die Präzision, mit der May die einzelnen Elemente aufeinander folgen läßt und miteinander verknüpft.

Die bisherigen Beispiele aus dem *Winnetou* waren nun aber allesamt großflächiger Art; sie bezogen sich auf Textstellen, die entweder sehr umfangreich sind oder mehr oder weniger weit auseinander liegen. Entsprechend der auch in Frickes Untersuchung bestätigten Erfahrung, daß sich die Eigenheiten solcher Makrostrukturen zumeist in den Mikrostrukturen des betreffenden Werkes wiederfinden lassen, befasse ich mich jetzt noch mit einem eng begrenzten Textauszug und frage, ob sich die Einsichten in das Gesamt dabei bestätigen lassen. Die gewählte Stelle, gewiß eine der bekanntesten des Romans, findet sich zu Beginn des ersten Kapitels im ersten Band: Es handelt sich um Mays Erläuterungen zum Wesen eines Greenhorns.[23]

Ein Greenhorn, so stellt der Erzähler zunächst fest, ist ein Mensch, der »neu und unerfahren im Lande ist und seine Fühlhörner behutsam ausstrecken muß, wenn er sich nicht der Gefahr aussetzen will, ausgelacht zu werden.« Der Definition folgt die nähere Erläuterung anhand von zahlreichen Beispielen, die sich über nahezu zwei Seiten erstrecken und allesamt nach demselben Schema gebaut sind. Ungefähr in der Mitte dieser Passage heißt es etwa: »Ein Greenhorn notiert sich achthundert Indianerausdrücke, und wenn er dem ersten Roten begegnet, so bemerkt er, daß er diese Notizen im letzten Couverte nach Hause geschickt und dafür den Brief aufgehoben hat. Ein Greenhorn kauft Schießpulver, und wenn er den ersten Schuß thun will, erkennt er, daß man ihm gemahlene Holzkohle gegeben hat«; usw. Der Absatz schließt mit der Versicherung, auch der Protagonist sei bei seiner Ankunft in Amerika ein solches Greenhorn gewesen.

Es werden hier also die unterschiedlichsten Situationen genannt, in denen sich das Greenhorn als solches erweist, und manch ein Leser mag das Ganze bei wohlwollender Betrachtung für ein amüsantes, der Ordnung jedoch gänzlich entbehrendes Gebilde halten. Doch der Schein trügt. Zunächst einmal wirken die angeführten Beispiele zunehmend absurder. Die erste Erläuterung bezieht sich auf einen männlichen Menschen, »welcher nicht von seinem Stuhle aufsteht, wenn eine Lady sich auf denselben setzen will«: das klingt noch durchaus moderat. Die vorhin zitierten Sätze über den vertauschten Brief und die für Pulver ausgegebene Holzkohle nähern sich dagegen schon bedenklich der Albernheit oder – freundlicher gesagt – dem Bereich des Grotesken, und der letzte Satz führt vollends in den – vielleicht nicht einmal höheren – Blödsinn: »Ein Greenhorn macht im wilden Westen ein so starkes Lagerfeuer, daß es baumhoch emporlodert, und wundert sich dann, wenn er von den Indianern entdeckt und erschossen worden ist, darüber, daß sie ihn haben finden können.« An der Steigerung der Absurdität kann also kein Zweifel bestehen – aber auch daran nicht, daß dies genau dem folgenden Hinweis entspricht, das Ich des Romans sei seinerzeit selbst ein solches Greenhorn gewesen: Wir haben ja in anderem Zusammenhang gesehen, daß sein Greenhorn-Charakter ausgesprochen widersprüchliche, absurde Züge trägt. Durch den zunehmenden Aberwitz seiner Exempel relativiert der Erzähler die Ernsthaftigkeit seiner Erläuterungen; adäquat erscheint dieses Verfahren, wenn man bedenkt, daß auch die anschließende Feststellung über den jungen Helden einer raschen Relativierung durch den Gang der Handlung ausgesetzt ist. Unter diesem Aspekt machen Aufbau und Abfolge der Greenhorn-Beispiele präzisere Aussagen als das, was der Erzähler danach über seinen Ich-Helden ausdrücklich formuliert.

Beachtenswert ist ferner der räumliche Bezug der Ausführungen. Der zitierte Satz über die Lady, zu deren Gunsten man aufzustehen habe, läßt keineswegs primär an Wildwestszenen denken, sondern an die Verhältnisse in den zivilisierten Territorien Europas und des Ostens der USA: May führt hier lediglich eine weitverbreitete Regel des guten Benehmens an. Wenn dann etwas später davon die Rede ist, »ein richtiger Yankee« würde einen rabiaten Kontrahenten einfach niederschießen, statt, wie das Greenhorn, den »Friedensrichter« zu bemühen, so gilt dieses Exempel schon den etwas rauheren, abenteuerlichen Randgebieten des Wilden Westens, nicht aber diesem selbst, denn dort gibt es – Mays Schilderungen zufolge – keine Friedensrichter. Ein späterer Satz spricht von den überflüssigen Gegenständen, die das Greenhorn »in die Prairie [schleppt]«, führt also endgültig über die Grenzen des zivilisierten Territoriums. Die Begegnung mit den Indianern, bei der das Greenhorn seine sprachlichen Defizite entdeckt, ist dann ohne Zweifel in der Wildnis anzusiedeln, und der zitierte letzte Satz über die tödliche Begegnung mit Roten spricht sogar explizit vom Lagerfeuer »im wilden Westen«. Mays Erläuterungen, was ein Greenhorn tue und lasse, vollziehen sich also im Rahmen einer räumlichen Veränderung: Sie führt aus den domestizierten, eher friedlichen Regionen in die nordamerikanische Wildnis.

Eben dies ist auch die Reisebewegung, auf der uns wenig später der werdende Old Shatterhand begegnet: Er kommt aus Deutschland, weilt zunächst als Hauslehrer in St. Louis – wo er gewiß des öfteren Gelegenheit hat, vor einer Lady aufzustehen – und zieht dann immer tiefer in den Wilden Westen. So wie sich in vielen Abenteuern des *Winnetou* das in Aktionen entlädt, was May in der Einleitung abstrahierend dargelegt hat, so kehrt im Reiseweg des vermeintlichen Greenhorns wieder, was May bei der Erläuterung des Begriffs Greenhorn anführt. Andersherum gesehen: in der Mikrostruktur der Greenhorn-Bestimmung auf der theoretischen Ebene deutet sich die Makrostruktur der intensiv an Raumwechsel gebundenen Karriere Old Shatterhands an.

Es gibt in diesem Absatz noch einige weitere beachtenswerte Besonderheiten. Kurz vor seinem Ende lesen wir: »Ein Greenhorn hat zehn Jahre lang Astronomie studiert, kann aber ebenso lang den gestirnten Himmel angucken, ohne zu wissen, wie viel Uhr es ist.« Hier scheint das Prinzip durchbrochen: Sternkundliches Wissen, so mag man denken, habe mit wildwestlichen Spezifika nichts zu tun, die Bemerkung gehöre eigentlich an den Anfang. Wer Mays Exotik aber genauer kennt, weiß, daß das ein Irrtum ist: Bei diversen nächtlichen Abenteuern bringt es dem Helden große Vorteile, daß er in den Sternen lesen und danach berechnen kann, wie spät es ist und in welche Richtung er sich bewegt. Das Exempel Astronomie fällt also nur scheinbar aus dem Rahmen; bei genauer Betrachtung verweist es sogar in besonders subtiler Weise auf bestimmte Aspekte des wildwestlichen Lebens. Dieses Beispiel und auch das von den schriftlich festgehaltenen Indianerausdrücken sowie einige andere signalisieren en passant einen weiteren Umstand: Zwischen der Bewährung in der Wildnis und den Kenntnissen und Fähigkeiten, die ein Mann wie Shatterhand in der Zivilisation erwirbt, besteht ein enger, kausaler Zusammenhang; hier wird auf die Verbindung zwischen Exotik und alter Heimat angespielt, die ein Fixpunkt in Mays Konstruktion abenteuerlicher Welten ist. Zu nennen wäre ferner der Betrug, mit welchem dem Greenhorn Holzkohle als Schießpulver verkauft wird: Daß Mays Romane zu großen Teilen von Verbrechen und ihren Folgen handeln, wird hier in karikaturistischer Form vorweggenommen. Zudem korrespondiert der Satz, indem er von unredlichen Manipulationen bei einem Verkauf redet, sehr präzise mit Bemerkungen in der Einleitung[24], und daß es ums Schießen geht, verweist voraus auf die erste Initiationsprüfung Old Shatterhands; indessen beziehen sich die entsprechenden Sätze der Einleitung auf betrogene Indianer, die

Schießprobe des Helden demonstriert statt der Arglosigkeit unerwartete Kompetenz, und so tauchen in diesen Verbindungen auch gleich wieder die Verfahren der perspektivischen Verzerrung und des Widerspruchs auf, die wir bereits kennen.

Aus alldem ergibt sich: May hat auch in der kurzen Passage über die Greenhorns ein außerordentlich dichtes Netz von Verbindungslinien geflochten. Vordergründig gesehen, handelt es sich nur um die mehrfache Wiederholung von Szenen, die beispielhaft das Verhalten solcher Neulinge zeigen; bei genauerer Analyse stellt sich indessen heraus, daß auch diese Wiederholungen im mikrostrukturellen Rahmen einen über die additive Reihung des Immergleichen weit hinausgreifenden Sinn haben, und zwar in mehr als einer Hinsicht. So findet sich im kleinen wieder, was sich vorher im großen beobachten ließ, und es zeigt sich abermals, daß der Schriftsteller Karl May auch unter formalem Aspekt sein Licht nicht unter den Scheffel zu stellen braucht.

Anmerkungen

1 Ernst Bloch, *Die Silberbüchse Winnetous*, in: *Karl May*, hg. v. Helmut Schmiedt, Frankfurt a. M. 1983, S. 28f.
2 Wieder abgedruckt ebd., S. 75-100.
3 Vgl. z. B. Harald Fricke, *Karl May und die literarische Romantik*, in: JbKMG 1981, S. 11-35, bes. S. 26ff. In etwas ausführlicherer Form finden sich die für meine Überlegungen relevanten Passagen bei H. F., *Wie trivial sind Wiederholungen? Probleme der Gattungszugehörigkeit von Karl Mays Reiseerzählungen*, in: *Erzählgattungen der Trivialliteratur*, hg. v. Zdenko Škreb und Uwe Baur, Innsbruck 1984, S. 125-48, bes. S. 136ff.
4 Bernd Steinbrink, *Abenteuerliteratur des 19. Jahrhunderts in Deutschland. Studien zu einer vernachlässigten Gattung*, Tübingen 1983, S. 18. Vgl. auch Gunter G. Sehm, *Der Erwählte. Die Erzählstrukturen in Karl Mays ›Winnetou‹-Trilogie*, in: JbKMG 1976, S. 9-28.
5 Vgl. z. B. Jürgen Jacobs, *Old Shatterhand als Ideal-Ich. Bernd Steinbrinks Studie über Abenteuerliteratur*, in: Frankfurter Allgemeine Zeitung v. 8. 4. 1983, S. 26.
6 Bernd Steinbrink, *Initiation und Freiheit. Karl May und die Tradition des Abenteuerromans*, in: *Karl May* [wie Anm. 1], S. 261f.
7 H. Fricke, *Wiederholungen* [wie Anm. 3], S. 140.

8 VII, S. 358.
9 Vgl. Hans-Otto Hügel, *Das inszenierte Abenteuer*, in: Marbacher Magazin 21/1982, S. 10-32, bes. S. 15 ff.
10 Vgl. dazu auch Manfred Karnicks Untersuchung zum »Heldentypus der verdeckten Überlegenheit bei Homer, Karl May und Schiller«, in: M. K., *Rollenspiel und Welttheater. Untersuchungen an Dramen Calderóns, Schillers, Strindbergs, Becketts und Brechts*, München 1980 (Zitat S. 25).
11 VII, S. 20.
12 Ebd., S. 23.
13 Ein ähnlicher Hinweis findet sich bei Arno Schmidt in bezug auf eine Passage in *Ardistan und Dschinnistan*, in: *Abu Kital. Vom neuen Großmystiker*, in: *Karl May* [wie Anm. 1], S. 46.
14 VII, S. 450.
15 Ebd., S. 451.
16 Ebd., S. 450.
17 Ebd., S. 3.
18 Ebd., S. 189.
19 Ebd., S. 3.
20 Ebd., S. 114.
21 A. Schmidt, *Abu Kital* [wie Anm. 13], S. 53.
22 H. Fricke, *Wiederholungen* [wie Anm. 3], S. 141.
23 VII, S. 7f.
24 VII, S. 4: »Und werden einem Stamme einmal hundert ›extra fette‹ Ochsen zugesprochen, so haben diese sich unterwegs in zwei oder drei alte, abgemagerte Kühe verwandelt, von welchen kaum ein Aasgeier einen Bissen herunterreißen kann.« Auch die vorhin zitierte Äußerung über den betrügerischen Landraub gehört hierher.

III
Der edle Wilde:
Literatur und Realität

Eckehard Koch
»Winnetou war geboren 1840 und wurde erschossen am 2. 9. 1874.«
Zum historischen Hintergrund der Winnetou-Gestalt

1.

»Er war noch herrlicher, als ich ihn beschreiben kann«[1], pries May seinen Helden in dem Brief, in dem er Winnetous Geburtsjahr und sogar seinen genauen Todestag angab. Er scheute sich auch nicht, anderen Lesern angebliche Haare seines Winnetou beizulegen und besondere Einzelheiten vom Leben und Sterben seines Blutsbruders zu verraten. In der Zeit, da May auf der Höhe seines Ruhmes als Schriftsteller stand, hat er keinen Zweifel daran gelassen, daß er und Old Shatterhand ein und dieselbe Person seien, daß Winnetou tatsächlich gelebt und als Häuptling der Apachen Abenteuer um Abenteuer und Heldentaten um Heldentaten vollbracht habe.

In etwas merkwürdigem Gegensatz dazu stehen Äußerungen Mays aus etwa derselben Zeit, in denen er schon früh auf den Symbolcharakter Winnetous aufmerksam machte. So schrieb er am 16. Oktober 1892 an seinen Verleger Fehsenfeld über seine Pläne, in Winnetou den ›roten Gentleman‹, den ›edlen Wilden‹ zu idealisieren und ihm mit seinen drei *Winnetou*-Bänden ein literarisches Denkmal zu setzen: »Es müsste ein ethnographisch-novellistisches Meisterstück werden, nach welchem hunderttausend Hände griffen, noch ganz anders als Lederstrumpf und Waldläufer, viel gediegener, wahrer, edler; eine grosse verkannte, hingemordete Nation als Einzelperson ›Winnetou‹ geschildert.«[2]

Also Winnetou nur als Symbol für die sterbende rote Rasse? Später, als May nicht mehr umhin konnte, zuzugeben, daß es sich bei seinen Reiseerzählungen doch nicht um die Schilderung ›wahrer‹ Begebnisse und Erlebnisse handelte, und daß mithin auch Winnetou eine Fiktion war und keine Persönlichkeit, die leibhaftig gelebt hatte, rückte er den Symbolcharakter der Winnetou-Gestalt immer stärker in den Vordergrund, bis er sie am Ende seiner Schriftstellerlaufbahn, in *Winnetou IV,* zum Symbol für Edelmenschentum, Christentum, vielleicht sogar für Christus selbst hochstilisierte.³ Aber dennoch legte er stets Wert auf die Feststellung, daß er reale indianische Vorbilder für die Formung seines Helden in den Reiseerzählungen benutzt habe. Euchar A. Schmid hat diese Behauptung Mays dokumentiert: »In Winnetou, seiner vollkommensten Schöpfung, hat er, wie er mir selbst einige Jahre vor seinem Tode bestätigte, den indianischen Volkscharakter idealisiert; May bemerkte damals ausdrücklich, er habe manchen Indianer kennengelernt, darunter einzelne edelgesinnte und hochgesittete Menschen, und deren Charaktereigenschaften habe er zum Idealbild des Winnetou verschmolzen.«⁴ Hierzu ist jedoch zweierlei zu bemerken. Zum einen gab es einen indianischen Volkscharakter nicht, sondern die Kulturgruppen der Indianer unterschieden sich zum Teil gewaltig voneinander. Allenfalls kann man den Prärie-Indianern oder den Südwest- oder den Südost-Indianern usw. jeweils eine einigermaßen gleichartige Lebensform und damit auch bestimmte Charaktereigenschaften zubilligen. Zweifellos hat May bei der Schaffung seines Winnetou vor allem die Prärie-Indianer vor Augen gehabt. Zum anderen hat May aber, wie inzwischen zweifelsfrei erwiesen ist, bis zum Erscheinen seiner Wildwest-Romane niemals Gelegenheit gehabt, einzelne und noch dazu hochgesittete Indianer so genau kennenzulernen, daß er aus ihnen eine Winnetou-Gestalt hätte schmieden können. Dennoch ist Mays Feststellung E. A. Schmid gegenüber nicht ganz abwegig. Es ist bekanntermaßen nicht weniger erwiesen, daß May über ein umfangreiches Wissen über die Schauplätze verfügte, an denen er seine Erzählungen spielen ließ. May besaß die beinahe unheimliche Fähigkeit, sich enormes Wissen anzueignen bzw. sich die Stellen zu merken, an denen er für bestimmte Details nachschlagen mußte, und die so erworbenen Kenntnisse bei Bedarf in seine phantasievollen und spannenden Abenteuer nahtlos einfließen zu lassen. Für viele Beispiele wurde dies mittlerweile aufgezeigt.⁵ May war in dieser Hinsicht eine herausragende Begabung, mit der man sich m. E. bislang in der May-Forschung noch zu wenig beschäftigt hat.

Mays Hinweis auf den Symbolcharakter Winnetous und seine Behauptung, er habe reale Vorbilder für den Apachen gehabt, müssen sich nicht widersprechen. Beides zusammen kann der Wahrheit am nächsten kommen. Ohne Kenntnis der realen Verhältnisse kann man auch kein Symbol für diese Verhältnisse schaffen. Und wenn Mays Behauptung zutrifft, dann müßte er die

Indianer, aus denen er sich möglicherweise Winnetou zusammenfügte, gar nicht persönlich gekannt haben, dann könnte er diesen Vorbildern auch in seinen Fachbüchern begegnet sein. Dies würde aber voraussetzen, daß es in der indianischen Geschichte tatsächlich Persönlichkeiten gegeben hat, die überhaupt als Vorbild in Frage gekommen wären.

Im folgenden wollen wir Mays eigener Feststellung folgen, er habe seinen Winnetou aus realen Gestalten der indianischen Geschichte herauskristallisiert. Die These, daß Winnetou als reine Phantasiegestalt geschaffen wurde, ist zwar nicht gänzlich auszuschließen, aber aufgrund von Mays eigenem Zeugnis und aufgrund der Kenntnisse über seine Arbeitsweise weniger wahrscheinlich. Aber wer, so lautet dann natürlich die entscheidende Frage, mag Winnetous historisches Urbild gewesen sein?

2.

»Hingegen hat sich der selige Karl May, als er den ›Winnetou‹ schrieb, ganz offensichtlich in der Wahl vergriffen, daß er ausgerechnet die Apache zu seinem Lieblingsstamm erkor. So edle Ritter, wie Karl May es uns erzählt, sind die rauhbeinigen Apache nun auch wieder nicht gewesen! Und einen derartigen Tugendbold wie den ›Winnetou‹ hat es zwischen dem Atlantik und dem Pazifik und von Alaska bis an den Golf von Mexiko zu keiner Zeit gegeben.«[6] So urteilte vor noch nicht einmal 25 Jahren ein Autor, dem man tiefere Kenntnisse der Geschichte der nordamerikanischen Indianer nicht absprechen kann. Aber wie schon früher festgestellt wurde[7], hat er von Mays Absichten offenbar nicht allzu viel gewußt, und auch seiner Feststellung, einen Indianerhäuptling vom Charakter eines Winnetou hätte es niemals wirklich gegeben, wurde mittlerweile widersprochen: »Die Wirklichkeit übertrumpft sogar noch die Dichtung: An die menschliche Grösse eines Tecumsehs zum Beispiel reicht selbst Winnetou nicht heran.«[8]

Einige »berühmte Indianer«, »die für den Winnetou des Jahres 1893 mögliche Modelle gaben«[9], hat Banach 1979 aufgeführt. Neben Tecumseh erwähnt er den Apachenhäuptling Cochise, auf den auch früher schon E. A. Schmid verwiesen hatte, den Mescalero-Häuptling Santana, den Cherokee Sequoiah, und im Anschluß an seine Aussage über die »möglichen Modelle« für Winnetou den Seminolen Osceola und den Nez Percé Joseph. Sequoiah (ca. 1770-1843), ein Halbblut, dessen Vater noch dazu ein Deutscher war, ging als genialer Erfinder der Cherokee-Silbenschrift in die Geschichte ein[10] – es war, abgesehen von Bilderschriften und ähnlichen Vorstufen von Schriften, die einzige nordamerikanische Indianerschrift, die auch von einem Indianer entwickelt wurde. Die kriegerischen Fähigkeiten und das Feldherrngeschick eines Osceola (ca. 1800-1838) oder Joseph (ca. 1840-1904) hätten zusammen mit Sequoiahs intellektuellen Gaben sicherlich einem Winnetou alle Ehre gemacht. Aber weder Osceola, der durch Verrat der Weißen ums Leben kam, noch Joseph waren Freunde der Weißen – jener führte den für die Weißen im Verhältnis wohl verlustreichsten Krieg, den je Indianer gegen Weiße austrugen, und dieser, im Herzen friedliebend, wurde von den Weißen zu einer strategischen Glanzleistung gezwungen, die jedoch im Kugelregen und Kanonenhagel der überlegenen amerikanischen Armee versiegte.

Man kann sich auch noch ein Dutzend anderer indianischer Häuptlinge, die in der Geschichte besonders hervortraten, heraussuchen und sie als mögliche Modelle für Winnetou ansehen. Mit dieser Form des Suchens nach Winnetous Urbild kann man allerdings die besten Eigenschaften von zwei oder drei beliebigen Häuptlingen nehmen und wird sie immer zu einer Art Winnetou kombinieren können. Wenn wir aber die Suche nach Winnetous historischem Vorbild wirklich ernst nehmen, dann sollten wir die Erkenntnis über Mays Arbeitsstil zugrunde legen, wonach er sein Wissen über die Verhältnisse für seine Romane umgesetzt, wonach er historische Ereignisse umgeschrieben oder Angaben aus benutzten Werken übernommen, manchmal sogar einfach unverblümt abgeschrieben hat.[11] Wir müssen aber noch ein paar Schritte darüber hinausgehen und die möglichen Modelle für Winnetou an gewissen Kriterien messen. Diese Kriterien müssen aber andererseits sehr streng sein; denn jede Geschichte von Völkern weist so viele Details und so viele bunte Lebensschicksale auf, daß, sucht man nur lange genug, es ein Zufall wäre, nicht irgendwann auf Parallelen im Leben zwischen literarischer Gestalt und möglichem Vorbild zu stoßen.

3.

Bei der Aufstellung dieser Kriterien ist zuvorderst zu berücksichtigen, daß die literarische Winnetou-Gestalt im Lauf der Zeit einer Wandlung unterlag. Für unsere Untersuchung müssen wir den Winnetou der frühen Erzählungen von dem der späteren Reisewerke aus den neunziger Jahren trennen. Wir können uns hier an Franz Kandolf halten, der den frühen und späten Winnetou sehr schön charakterisiert hat.[12]

Nicht nur Winnetou selbst, sondern auch seine verwandtschaftlichen Beziehungen ändern sich im Laufe der Werksgeschichte. In *Winnetou I* (1893) ist Winnetous Vater Intschu tschuna ein bedeutender Häuptling und wird durch Weiße ermordet, mit ihm Winnetous Schwester Nscho-tschi, die einen Weißen (nämlich Old Shatterhand) heiraten und sich dafür eine weiße Erziehung verschaffen möchte. Winnetous Lehrer Klekih-petra, ein Deutscher, ist schon vorher getötet worden. In der Erzählung *Der Scout* (1888/89) ist von einem weißen Gelehrten die Rede, der unter den Apachen lebt, die Schwester von Winnetous Vater heiratet, Lehrer seines Neffen Winnetou wird und eines natürlichen Todes stirbt. Noch früher, in der Erzählung *Die Both Shatters* (1881), wird eine Schwester Winnetous erwähnt, die den weißen Kentucky-Mann Parker heiratet und darum mit ihren Kindern von ihrem roten Verehrer, dem Yanktou-Häuptling Scha-tunga, ermordet wird. Und noch früher, in der Erzählung *Old Firehand* (1875/76), verzichtet Winnetou zugunsten Old Firehands auf die von ihm geliebte Assiniboin-Häuptlingstochter Ribanna; aber Ribanna wird schließlich von dem weißen Händler Tom Finnetey ermordet, den sie als Freier abgewiesen hat und der später als Parranoh Häuptling der Oglalas wird.[13]

Diese kurzen Ausführungen machen schon deutlich, daß die Suche nach historischen Urbildern Winnetous nicht einfach sein kann. Sicherlich können wir uns nicht auf den Winnetou des Jahres 1893 allein konzentrieren, sondern müssen auch den früheren betrachten. Die Suche erhält noch eine weitere Dimension dadurch, daß zumindest für den frühen Winnetou auch eine literarische Quelle existiert, auf die bereits Kandolf verwiesen hat. Bekanntlich hat May den Roman *Der Waldläufer* von Gabriel Ferry neu bearbeitet (1879). »Der kritische Vergleich dieser May-Bearbeitung mit der bei Reclam, Leipzig, 1897 veröffentlichten neuen deutschen *Waldläufer*-Ausgabe [...] förderte wichtige neue Erkenntnisse ans Tageslicht. [...] Gabriel Ferry war sicherlich eines der wichtigsten Vorbilder für Karl Mays Wildwest-Romantik. Eine der prächtigsten Gestalten des großen französischen Erzählers ist der junge Komantsche Rayon Brûlant, der in Wirklichkeit ein geborener Apatsche ist. Und dieser junge Krieger ist der Ur-Winnetou Karl Mays.«[14]

Vergleicht man allein die Beschreibung von Rayon Brûlant mit der des Ur-Winnetou[15], so zeigen sich verblüffende Übereinstimmungen.

Angesichts dieser unerwarteten Schwierigkeiten könnte man geneigt sein, die Suche nach Winnetous Urbildern als aussichtslos einzustellen. Hier soll aber dennoch der Versuch unternommen werden, da es indianische Persönlichkeiten gegeben hat, für die als Winnetous Vorbild, gemessen an den in der Charakterisierung der literarischen Winnetou-Gestalt begründeten Kriterien, eine ganze Reihe von Details spricht. Diese Kriterien für ein mögliches Vorbild des späteren Winnetou umfassen folgende Punkte (entsprechend, nur natürlich unterschiedlich, nämlich gemäß der Kandolfschen Charakterisierung, wären sie für den früheren Winnetou aufzustellen):

– Bedeutender Häuptling als Vater, der durch Weiße ums Leben kommt
– Schwester, die es zu den Weißen zieht
– Weißer Lehrer
– Weißer Blutsbruder
– Edle Gesinnung, Friedfertigkeit, Bildung, Freundschaft zu den Weißen, Tapferkeit, Berühmtheit, Ausstrahlungskraft
– Bedeutung einer weiblichen Gestalt im Leben
– Leben und Jagen auch fernab der eigenen Heimat
– Todesjahr 1874, Tod durch Indianer als Opfer für andere, Todesahnung
(– Existenz einer literarischen Quelle)

Der letzte Punkt ist in Klammern gesetzt, da das, was für den frühen Winnetou zutrifft, nicht unbedingt für den späteren gelten muß. Ein weiterer Punkt beträfe den Namen ›Winnetou‹, doch es ist sehr unwahrscheinlich, in der indianischen Geschichte eine Persönlichkeit zu finden, die den genannten Kriterien weitgehend entspricht und dann noch im Namen Anklänge an den Namen Winnetou aufweist (daß es so eine Gestalt doch gegeben hat, ist schon mehr als sonderbar!).

Im folgenden soll nun die indianische Geschichte gezielt anhand der genannten Kriterien geprüft werden.

4.

»Es ist nicht ausgeschlossen, daß Karl May bei der Gestaltung seines ›Winnetou‹ besonders von dem großen historischen Apatschenhäuptling Cochise angeregt wurde. Vergleiche zwischen Cochise und Winnetou förderten erstaunlich viele Übereinstimmungen zutage; selbst das Todesjahr Cochises – 1874 – ist das gleiche, das auch May mehrmals (in Briefen an Leser) als Todesjahr Winnetous angab.«[16] Ähnlich äußert sich Banach[17]: »Cochise [...] zählt mit zu den indianischen Grossen. Sein Schicksal [...] hatte sogar eine gewisse Aehnlichkeit mit dem Winnetous: Wie dieser mit Old Shatterhand, so schloss Cochise mit dem Westmann Tom Jeffords Blutsbrüderschaft. Und selbst sein Todesjahr stimmt mit dem Winnetous, wie Karl May es gelegentlich angab, zufällig überein: 1874.«

Wenn von Winnetous historischem Vorbild die Rede ist, wird im Prinzip nur auf Cochise verwiesen, und wie die Zitate zeigen, erfüllt er tatsächlich einige der Kriterien, die weiter oben aufgestellt wurden. Cochise war außerordentlich tapfer und verwegen; es gelang ihm, mit ein paar hundert Kriegern über ein Jahrzehnt lang der US-Armee standzuhalten. Daß er in dieser Zeit einem Weißen, nämlich Thomas J. Jeffords (1832-1914), seine Freundschaft schenkte und mit ihm Blutsbrüderschaft einging, gehört sicher zu den denk- und merkwürdigsten Ereignissen der Wildwest-Geschichte. 1872 schloß Cochise mit der Armee Frieden und hielt sich trotz vieler Demütigungen und Vertrags- und Vertrauensbrüche seitens der Weißen daran. Am 8. Juni 1874 starb er an einem Magenleiden. Er wurde also – im Gegensatz zu Winnetou – nicht von Indianern getötet und starb nicht, indem er sich für Weiße opferte; dennoch war sein Tod eine Folge der Sorgen und Nöte aufgrund der Lage seines Volkes.

Besonders bemerkenswert ist ein Vergleich zwischen dem Gespräch, das Jeffords und er kurz vor seinem Tode führten, mit der Unterhaltung zwischen Winnetou und Old Shatterhand kurz vor Winnetous Tod. Im Vorwort zu seinem historischen Cochise-Roman[18] bekennt Elliott Arnold: »So sind die wesentlichen Worte des letzten Gesprächs zwischen Jeffords und Cochise, in dem dieser sagt, daß er und Jeffords sich dereinst nach dem Tode wiedertreffen würden, fast genau wiedergegeben.«[19] Wenn auch seine Bewertung: »Dieses Gespräch über den Tod ist meiner Ansicht nach eines der bemerkenswertesten aller Zeiten«, übertrieben klingt, erstaunlich ist es sicherlich.[20]

Das Gespräch ist ähnlich, wenn auch kürzer, an anderer Stelle wiedergegeben[21], und auch bei Dee Brown[22] findet es sich in folgender Form:

»Glaubst du, daß du mich lebendig wiedersehen wirst?«
Mit der Offenheit eines Bruders erwiderte Jeffords: »Nein, das glaube ich nicht.«
»Ich glaube, ich werde morgen um zehn Uhr vormittag sterben. Glaubst du, wir werden uns wiedersehen?«
Jeffords schwieg einen Moment. »Ich weiß nicht. Was meinst du?«
»Ich bin mir nicht ganz klar darüber«, antwortete Cochise. »Aber ich glaube, ja – irgendwo dort oben.«

Hatzig, der auf diese Stelle aufmerksam macht, vertritt die Ansicht, daß diese Überlieferung »Cochise für May abermals als Winnetou-Vorbild Nr. 1 ausweist«.[23] Winnetou sagt in dem analogen, längeren Gespräch unter anderem[24]: »Ich gehe heut dahin, wo der Sohn des guten Manitou uns vorausgegangen ist, um uns die Wohnungen im Hause seines Vaters zu bereiten, und wohin mir mein Bruder Old Shatterhand einst nachfolgen wird. Dort werden wir uns wiedersehen [...]« Im Gegensatz zu Jeffords versucht Old Shatterhand, seinem Blutsbruder die Todesahnung auszureden. Dennoch ist dieses Gespräch zweifellos ein starkes Argument für die Bedeutung, die Cochise für die Gestaltung des Winnetou gehabt haben könnte.

Auch aus dem Umfeld Cochises sind noch einige Einzelheiten bekannt, die Mays Vertrautheit mit dem Schauplatz Arizona/Neumexiko nahelegen. Banach hat auf den Namen des Mescalero-Häuptlings Daxle Ylchi (Ende 18. Jahrhundert) aufmerksam gemacht, darauf, daß die Mescalero tatsächlich auch Pueblos bewohnten, und auf die Freundschaft zwischen dem Mescalero-Häuptling Santana (gest. 1876) und dem Sägemühlenbetreiber Dr. J. H. Blazer, schließlich noch auf die Verwandtschaft zwischen der Eigenbezeichnung der Tonto-Apachen ›Vinniettinen-ne‹ und dem Namen Winnetou.[25] Ohne auf die Diskussion um die Herkunft des Namens Winnetou hier eingehen zu wollen[26], sei doch der Vollständigkeit halber noch eine originelle These Roland Schmids erwähnt.[27] Er verweist auf den Apachenhäuptling Victorio oder Vittorio, der z. Zt. von Cochise und auch noch über dessen Tod hinaus ein hervorragender Apachenführer gewesen ist. May soll 1869 in Oberitalien geweilt haben, wo kurz vorher die beiden Gemeinden Serravalle und Céneda zu der Stadt Vittorio Veneto vereinigt worden waren. Veneto, eine Bezeichnung, die wie Winnetou klingt, mag in Verbindung mit dem Namen des Apachenhäuptlings Vittorio in May das klangvolle Winnetou erzeugt haben. Schließlich sei noch erwähnt, daß der in Baden gebürtige Chef-Scout in Arizona, Al Sieber (1844–1907), der beste Kenner der Apachen war, der jemals lebte, ein unvergleichlicher ›Westmann‹, Schütze, dabei von hohem Ehr- und Gerechtigkeitssinn, der sich stets auch für die Apachen einsetzte, wenn er Unrecht sah – der ›Mann aus Eisen‹, wie ihn die Apachen nannten, hätte von der Gestalt und den Fähigkeiten her Vorbild für Old Firehand, von seinen Kenntnissen über die Apachen, seinem Charakter und natürlich auch von seinen Westmannseigenschaften her Vorbild für Old Shatterhand sein können.[28]

Nun war speziell Cochise eine herausragende Gestalt, und Victorio war wie Winnetou eine männlich-schöne Erscheinung. Aber eines waren sie beide nicht, nämlich in dem Sinne edel, wie May es uns von Winnetou erzählt. Beide konnten außerordentlich grausam sein, schreckten vor Marterung der Feinde nicht zurück und verfolgten Amerikaner und Mexikaner mit glühendem, unversöhnlichem Haß. Ein ähnlicher Charakter war Cochises Sohn Nachise (gest. 1921), während sein anderer Sohn Taza (gest. 1876 in jungen Jahren), der ihm als Häuptling folgte, friedliebend war und damit eher an Winnetou gemahnt. So ähnelt Cochise viel eher dem Winnetou der frühen Erzählungen Mays; hierzu würde auch Victorio viel besser passen, falls man die These Schmids aufgreift, und Victorio fiel zudem 1880, also in der Zeit, in der nach Kandolf auch der frühe Winnetou ums Leben gekommen ist.

Daß über die Apachenkriege und somit auch über Häuptlinge wie Cochise und Victorio in der deutschen zeitgenössischen Presse berichtet wurde, ist anzunehmen. Insofern ist die Annahme nicht unbegründet, daß May sich von diesen Häuptlingen und dem Schauplatz sowie von der literarischen Gestalt Rayon Brûlants zur Gestaltung seines frühen Winnetou beeinflussen ließ und Züge daraus (z. B. das Gespräch vor Winnetous Tod) in spätere Werke mit anderem Akzent übernahm. Dann mag er sich vielleicht auch noch an Cochises Todesjahr erinnert haben. Für den späteren Winnetou war Cochise jedoch sicherlich kein Vorbild, die Gegensätze im Charakter sind viel zu groß. Die Gemeinsamkeiten mit dem frühen Winnetou als Zufall oder nachträglich konstruiert abzutun, halte ich indes angesichts des vorliegenden Materials nicht für angemessen. Es gibt allerdings ein paar Punkte, die man auch anders erklären könnte.

5.

Etliche frühe Abenteuer Mays wie *Old Firehand* oder die *Both Shatters* spielen in bzw. beziehen sich auf Gegenden, die von der Apacheria weit entfernt sind. Sie knüpfen auch an eine andere Tradition, an frühere Zeiten der Wildwest-Geschichte an: hier ist plötzlich von Kentucky-Männern die Rede, wie der alte Parker in den *Both Shatters* einer ist. Schauplatz sind die Jagdgründe der Dakota; Oglala oder Yanktous spielen eine Rolle, Assiniboin und Schwarzfüße tauchen auf, Stämme, wie sie z. B. der deutsche Forscher Prinz Maximilian zu Wied-Neuwied (1782-1867) Anfang der dreißiger Jahre zusammen mit dem Schweizer Maler Karl Bodmer (1809-1893) besucht und über die er auch geschrieben hatte, in einem Werk, aus dem May zumindest Namen hat entnehmen können.

Nun, in dieser Gegend lebten – Intschu tschuna, die Gute Sonne, und Winnetou; nur hießen sie Roter Donner und Wanata. Spricht man das Wort Wanata englisch aus, so klingt es fast wie Winnetou. Es ist erstaunlich, daß diese Ähnlichkeit bislang noch kein Kenner der indianischen Geschichte entdeckt hat.

Red Thunder[29] war Häuptling der Pabaksa-Abteilung der Yanktonai (!) und wurde auch unter dem Namen Shappa (Biber) bekannt. Wie weiße Zeitgenossen, die dem Treffen beiwohnten, berichteten, war er bei der großen Ratsversammlung, die im April 1808 in Prairie du Chien stattfand, der am prächtigsten gekleidete unter den anwesenden Häuptlingen. Noch berühmter als er aber wurde sein Sohn Wanata, der um 1795 zur Welt kam. Auch einen engen weißen Freund gab es in der Familie: Robert Dickson (ca. 1765-1823), ein Händler und Dolmetscher. Red Thunders Schwester To-to-win war von ihm so angetan, daß sie ihre roten Bewerber ausschlug und ihn heiratete (1797). Um 1805 war Dickson, wohl auch aufgrund dieser Verbindung, der mächtigste Händler in dem Gebiet.

Im Jahre 1812 brach der Zweite englisch-amerikanische Krieg aus, in dem viele Indianerstämme unter Führung des genialen Tecumseh auf britischer Seite kämpften. Dickson geriet zwischen die Fronten: Sowohl Amerikaner wie Engländer versuchten, ihn auf ihre Seite zu ziehen, damit er mit seinem Einfluß die Indianer davon abhielt, die jeweilige Gegenseite zu unterstützen. Aber er schlug sich auf die Seite der Briten und nahm mit englischen und indianischen Streitkräften Fort Mackinaw ein. Sein Einfluß auf die Indianer wuchs darob so an, daß sich gegen ihn Neid, Mißgunst und Mißtrauen seitens der Briten erhoben – sie sperrten ihn kurzerhand ein, und erst 1815, nach dem Krieg, wurde er entlassen. Später beteiligte er sich an den Versuchen, Siedlungen am Red River des Nordens anzulegen.

Red Thunder und sein erst siebzehnjähriger Sohn zogen 1812 gegen die Amerikaner unter Tecumsehs Führung ins Feld und schlugen sich tapfer in den Schlachten von Fort Meigs und Sandusky. Nach diesen Kämpfen erhielt Wanata erst seinen Namen, der so viel wie ›Angreifer‹ bedeutet, da er die Amerikaner mit großer Tapferkeit offen angriff. Wanata war einer der strahlenden indianischen Helden in diesem Krieg. Nach Friedensschluß folgte er einer Einladung nach England, und bis 1820 sympathisierte er mit den Briten, obwohl sich die Machtverhältnisse in seinen Jagdgründen grundlegend gewandelt hatten. Nachdem er vergeblich versucht hatte, das amerikanische Fort Snelling zu zerstören, trat er nun auf die Seite der Amerikaner, schloß mit ihnen 1825 einen Handelsvertrag und im selben Jahr auch Frieden mit den Chippewa, die 1823 unter tragischen Umständen seinen Vater getötet hatten. Bis zu seinem Tod 1848 war er einer der führenden Dakota-Häuptlinge, der sich um Frieden mit den Amerikanern und um Aussöhnung mit den Erbfeinden, den Chippewa, bemühte.

Diese knappe Skizze Wanatas zeigt eine Reihe von Ähnlichkeiten mit dem späten (sogar auch mit dem frühen) Winnetou entsprechend dem aufgeführten Kriterienkatalog. Ist es ein Zufall, oder hat May die Geschichte von Wanata gekannt? Wenn ja, warum hat er ihn dann nie als Ursprung für den Namen Winnetou, sein Leben nie als Vorbild für seinen Helden genannt? Wollte er die Quelle verschweigen, oder war sie ihm bereits ins Unterbewußte abgeglitten? Oder hat hier ganz einfach die bunte Vielfalt der Geschichte Parallelen zu Intschu tschuna und Winnetou hervorgezaubert, ohne daß May davon gewußt hat? Rätselhafter wird die Angelegenheit noch ob des Umstandes, daß es im Umfeld von Wanata noch zwei Häuptlinge mit ähnlichem Namen gab: Der Pottawatomi-Häuptling Winnemac hatte verschiedene Verträge mit den Weißen geschlossen und 1809 so viel Land verkauft, daß der allgewaltige Tecumseh schon mit bösen Drohungen aufwartete. Ob deswegen oder aus innerer Einsicht, sei dahingestellt; aber Winnemac schloß sich nun Tecumseh an, war einer der indianischen Führer in der Schlacht von Tippecanoe 1811 und fiel im November 1812. Sein Namensvetter Winamac, ebenfalls ein Pottawatomi-Häuptling, hatte sich zwar an der Schlacht von Tippecanoe beteiligt, aber danach neigte er zu den Amerikanern und versuchte, das schlimme Massaker zu verhindern, das die Indianer (teilweise von Winnemac angestiftet) in Fort Dearborn bei Chicago im August 1812 unter den Weißen anrichteten. Er besuchte später mehrmals Washington und starb 1821.

Der Gedanke ist bestechend, daß May aus ›Winnemac‹, vielleicht in Kombination mit ›Manitou‹, Winnetou gemacht haben mag – eine Ähnlichkeit der Namen, die erstaunlicherweise ebenfalls bislang noch niemandem aufgefallen ist. Aber ebenso kann May den Namen Winnebago – ein bedeutendes Sioux-Volk in Wisconsin, das ebenfalls gerade zu Beginn des 19. Jahrhunderts in den Blickpunkt rückte – benutzt haben. – Der Thesen über die Herkunft des Namens Winnetou ist jedenfalls kein Ende! Und darum sei hier auch noch ein Einschub gemacht, auch wenn er zeitlich nur teilweise paßt.

Banach[30] macht auf die Ähnlichkeit zwischen Nscho-tschi und Pocahontas (ca. 1595-1617) aufmerksam, der Tochter des mächtigen Häuptlings Powhatan (1550?-1618) aus den frühen Tagen der Kolonie Virginia, die einen weißen Tabakzüchter heiratete und ihm nach England folgte, wo sie starb. An Nscho-tschi fühlt man sich aber auch erinnert durch die Schoschonin Sacajawea (ca. 1784-1884), die den weißen Trapper Touissant Charbonneau (ca. 1759-ca.1840) heiratete und als Führerin der Lewis-Clark-Expedition 1804 bis 1806 berühmt wurde, zu deren Erfolg – es war eine der bedeutendsten in Amerika im 19. Jahrhundert – sie entscheidend beitrug. Ihr Sohn Jean Baptiste (1805-1866)[31] wurde später von dem deutschen Reisenden Herzog Paul von Württemberg

(1797-1860) mit nach Deutschland (!) genommen, wo er eine europäische Erziehung erhielt, kehrte aber später als Trapper wieder nach Amerika zurück.

Wesentlich weniger bekannt als Sacajawea, aber ebenfalls bedeutend war Sarah Winnemucca (ca. 1844-1891)[32], Tochter eines Paiute-Häuptlings namens Winnemucca. Nicht nur, daß ihr Name (eigentlich hieß sie Tocmetone) ebenfalls an Winnetou gemahnt, ihr Vater war auch noch ein Freund der Weißen, der ihnen vielfach von Nutzen war, und obendrein ging sie noch in eine Schule der Weißen, lernte ihre Sprache und genoß eine amerikanische Erziehung. Dann heiratete sie auch noch einen Weißen (1882), einen Leutnant Hopkins, der allerdings schon nach etwa vier Jahren starb. Ihr Leben verbrachte sie als Mittlerin zwischen Weiß und Rot, als Dolmetscherin und Friedensstifterin, als Lehrerin an der Indianerschule in Oregon (1876), als Führerin, Botin und Dolmetscherin General Oliver O. Howards (1830-1909) im Krieg gegen die Bannock, wo sie durch tapfere Taten glänzte (1878), als Anwältin für ihr Volk in Washington (1879/80), und als Schriftstellerin – der Erlös aus ihren aufrüttelnden Büchern kam ihren Schulen zugute. Sie erhielt den Beinamen ›Prinzessin‹ und war nicht nur hübsch und lieb, sondern intelligent, schnell und außerordentlich mutig.

In Klammern sei nur noch ergänzt: die Tochter des Omaha-Häuptlings Eshtamaza (ca. 1818-1888), Bright Eyes (Susette La Flesche, 1850-1902), erhielt ebenfalls eine weiße Erziehung, heiratete ebenfalls einen Weißen und machte als Anwältin ihres Volkes mit Vorträgen und Schriften – selbst in Europa – auf das Leid der Indianer aufmerksam.[32]

Aber nun genug des Exkurses. Alle diese Ähnlichkeiten und selbst Namensparallelen können ebenso Zufälligkeiten wie Quellen für Mays Gestaltung von Winnetou, Intschu tschuna und Nscho-tschi gewesen sein. Wer weiß es? Vielleicht hat May doch von all dem mehr Kenntnisse gehabt und benutzt, als wir uns heute träumen lassen?!

6.

Wenn May in Winnetou der roten Rasse ein Denkmal setzen, ihn auch als Symbol verstanden wissen wollte, dann kann der vorliegende Beitrag ohne einen Vergleich mit der bedeutendsten Persönlichkeit, die die amerikanische Urbevölkerung hervorgebracht hat, nicht vollständig sein. In Tecumseh, dem ›Springenden Berglöwen‹, dem ›Strahlenden Stern‹, haben sich wie in keinem anderen Indianer die besten Eigenschaften des roten Mannes verkörpert. Kann er bei der Gestaltung Winnetous durch May Pate gestanden haben? Auch er war ja groß in der Zeit, da Red Thunder, Wanata und wie sie alle hießen, bekannt geworden sind!

Tecumsehs Plan bestand darin, ein allindianisches Reich als Bollwerk gegen das Vordringen der weißen Rasse in Amerika zu schaffen; sein Ziel war sogar die Gründung eines indianischen Staates mit internationaler Anerkennung. Den Krieg sah er nur als letztes Mittel an; seine Strategie war überwiegend friedlicher und defensiver Natur. In der Tat gelang es ihm, etwa dreißig Stämme unter seiner Führung zu einigen, aber noch bevor sein Werk reifen, seine Pläne und Ziele verwirklicht werden konnten, wurde es von den Amerikanern in der von ihnen provozierten Schlacht von Tippecanoe zerschlagen, und Tecumseh selbst fiel im Zweiten englisch-amerikanischen Krieg, in dem er sich den Briten zur Verfügung gestellt hatte, in der Schlacht an der kanadischen Themse am 5. Oktober 1813, erst etwa 45 Jahre alt.

Vordergründig bestehen sehr viele erstaunliche Übereinstimmungen mit Winnetou. So hatte Tecumseh – man vergleiche mit dem Kriterienkatalog – einen bekannten Häuptling als Vater: Pucksinwa; er wurde 1774 in der Schlacht von Point Pleasant von den Weißen getötet. Eine von Tecumsehs Schwestern heiratete einen Weißen, nämlich den Obersten Caldwell aus Detroit – korrekt muß man sagen, daß jedenfalls sehr viel dafür spricht, daß Caldwells Frau eine Schwester des Häuptlings war. Beider Sohn erhielt eine gute weiße Erziehung und wurde später als Sauganash (das bedeutete ›Engländer‹) oder auch Billy Caldwell ein bekannter, beliebter und einflußreicher Pottawatomi-Häuptling. Er kämpfte Seite an Seite mit Tecumseh; 1836 zog er mit seinem Stamm nach Kansas, wo er etwa 61jährig 1841 starb.

Weiterhin besaß Tecumseh außerordentliche persönliche Tapferkeit und Kampfestüchtigkeit sowie auch ›Feldherrngeschick‹, und er war ein hervorragender Redner mit enormer Ausstrahlungskraft. Auch galt er als Mann von ernster Schönheit. Seine edle Gesinnung steht trotz der Kriegszüge, an denen er in jungen Jahren teilnahm, und trotz des Hasses, mit dem er auch in späteren Jahren manche gegnerischen Indianer verfolgte, außer jedem

Zweifel; er verbot Martern und Skalpieren von Feinden und hat mehrfach Gefangene, auch und gerade weiße, vor dem sicheren Tode gerettet, der ihnen durch rasende Indianer drohte, während weiße Offiziere unbeteiligt zusahen. Sein Wort galt diesseits wie jenseits der wandernden Grenze als unverbrüchlich. Er durchritt den halben Kontinent, lebte mal hier, mal da, und war unter den Indianerstämmen von den Wäldern und den Seen des Nordens und Ostens bis zu den Urwäldern des Südens und den Prärien des Westens berühmt wie vor oder nach ihm kein anderer Häuptling. Seine genialen geistigen Gaben ließen ihn auch zu einem Mann von Bildung und Weisheit, von politischer Weitsicht und philosophischer Gedankentiefe werden. Dabei blieb er auch in seinem persönlichen Auftreten und in seiner Kleidung stets bescheiden. Wenigstens einen weißen Freund hatte er, nämlich den britischen General Sir Isaac Brock (1769-1812), den Oberbefehlshaber der britischen Truppen in den Kämpfen an der kanadischen Grenze; als dieser in der Schlacht von Queenston fiel, ging mit ihm auch Tecumsehs letzte Hoffnung auf eine Realisierung seines Indianerreiches unter.

Tecumseh hatte eine Lieblingsschwester, Tecumapease, die durch ihre Charakterstärke, gepaart mit Warmherzigkeit und vorbildlichem Verhalten, auf die Frauen des Stammes einen großen Einfluß ausübte. Obwohl sie verheiratet war und auch Tecumseh selbst heiratete, bestand zwischen den Geschwistern eine innige Verbundenheit, die dazu führte, daß er ihr häufig die erste Jagdbeute und seine wertvollste Kriegsbeute überreichte. Tecumsehs Lehrmeister war allerdings kein Weißer, sondern sein älterer Bruder Cheeseekau, von dem er jedoch das Wesentliche über Leben und Trachten der Weißen, über die großen politischen Zusammenhänge erfuhr. Während dieser Bruder leider viel zu früh im Kampf gegen die Weißen fiel (1787), spielte sein anderer Bruder Tenskwatawa (1768?-1834?), der einäugige Prophet, eine im ganzen gesehen in Tecumsehs Leben eher tragische Rolle, auch wenn die anfänglichen Erfolge des Einigungswerkes ohne ihn nicht denkbar sind – er zerstörte den Traum in Tippecanoe.

Im Gegensatz zu Winnetou hinterließ Tecumseh einen Sohn. Dieser, Pugeshashenwa (geb. ca. 1796), hatte aber nicht einmal entfernt die großen Gaben des Vaters geerbt. Er trat in der Geschichte nur hervor als einer der Unterzeichner des sogenannten ›Sam-Houston-Vertrages‹ zwischen der Republik Texas und den Cherokee und verbündeten Stämmen 1836. Bedeutender war sein Sohn Wapameepto (›Strahlt Licht aus, wenn er geht‹), genannt Big Jim (1834-1900), der an alten Traditionen hing, die Erde als ›Mutter‹ verehrte und sich wie sein Großvater gegen allen Landverkauf wandte; er starb in Mexiko an den Blattern und hinterließ einen damals etwa 25jährigen Sohn namens Tonomo.

Tecumseh fand den Tod im Kampf. Wie Winnetou ahnte er, daß er fallen würde: »Brüder, Krieger, wir stehen vor einer Schlacht, aus der ich nicht zurückkehren werde. Mein Leichnam wird auf dem Felde bleiben.«[33] Sein größter weißer Gegenspieler, der amerikanische General William H. Harrison (1773-1841), bescheinigte ihm: »Gäbe es die Vereinigten Staaten nicht, so würde Tecumseh vielleicht als der Gründer eines Reiches in die Geschichte eingehen, das sich mit dem Glanz von Mexiko oder Peru messen könnte.«[34]

Schon früh wurde Tecumsehs Schicksal auch literarisch verarbeitet wie in Sealsfields Roman *Tokeah*. Der Häuptling war so berühmt, daß es für May nicht schwer gewesen sein dürfte, sich Kenntnisse über sein Leben zu verschaffen und sich davon inspirieren zu lassen. Wieviel davon tatsächlich die Gestaltung Winnetous beeinflußt haben mag, ist vermutlich nie mehr festzustellen.

Bei all den erstaunlichen Gemeinsamkeiten dürfen aber auch die gewichtigen Unterschiede nicht übersehen werden. Banach hat sie im Kern getroffen, wenn er – wie schon einmal zitiert – schreibt: »An die menschliche Grösse eines Tecumsehs zum Beispiel reicht selbst Winnetou nicht heran.«[35] Vor dem Werk eines Tecumseh verblassen die Taten eines Winnetou doch sehr, erscheint Winnetous Lebenswandel, der eines von Abenteuer zu Abenteuer ziehenden und dabei an Seite seines Blutsbruders tapfere und edle Taten vollbringenden, legendären und strahlenden Helden, doch ohne größeren Tiefgang: als Abenteuer eines Gralsritters im Vergleich mit dem integrierenden Einigungswerk des Königs Artus als Herren der Tafelrunde.

Am Nugget Tsil steht Winnetou nach der Ermordung seines Vaters und seiner Schwester am Scheideweg: »Er stand stolz und hoch aufgerichtet [...], ein Mann, der sich trotz seiner Jugend als König all der Seinen fühlte! Ja, er war der Mann dazu, das auszuführen, was er wollte. Ihm, ihm wäre es gewiß gelungen, die Krieger aller roten Nationen unter sich zu versammeln und mit den Weißen einen Riesenkampf zu beginnen, einen Verzweiflungskampf, dessen Ende zwar kein zweifelhaftes sein konnte, der aber den wilden Westen mit hunderttausenden von Opfern bedecken mußte.«[36] Unter Einfluß Old Shatterhands wählt Winnetou nicht den Weg Tecumsehs, nämlich – wenn wir die Aussage etwas anders interpretieren – den der Einigung aller Stämme und des Widerstandes gegen die Weißen, sondern den des Tatenvollbringers, der mit diesen Taten Humanität und Frieden im Wilden Westen verbreitet. »Dieser Jüngling«, sagte Klekih-petra über seinen Schüler, »ist groß angelegt. Wäre er der Sohn eines europäischen Herrschers, so würde er ein großer Feldherr und ein noch größerer Friedensfürst werden. Als Erbe eines Indianerhäuptlings aber wird er untergehen, wie seine ganze Rasse untergeht.«[37] So sehr diese Worte einerseits an die Erklärung Harrisons über Tecumseh gemahnen, so stark kommt andererseits darin auch der Unterschied zwischen Tecumseh und Winnetou zum Ausdruck.

7.

Die Charakterisierung Winnetous als strahlender, berühmter und edler Held, der im Gegensatz zu Tecumseh auf das ganz große Werk verzichtet, dessen Taten aber in summa ein bedeutendes Leben ergeben, führt zu dem Häuptling, der nach meinem Empfinden am ehesten als Winnetous historisches Vorbild in Frage kommt. Daß über diesen Häuptling in den üblichen Standardwerken, die bei uns über die Indianer kursieren, nichts zu lesen ist, zeugt nur davon, daß die meisten Autoren zu den ›großen Häuptlingen der Indianer‹ überwiegend die zählen, die in den Kriegen gegen die Weißen hervortraten.

»Dieser ist Intschu tschuna«, beginnt Klekih-petra bei der ersten Begegnung mit der Vorstellung seiner beiden Begleiter, »der große Häuptling der Mescaleros, welcher auch von allen übrigen Apachenstämmen als Häuptling anerkannt wird. Und hier steht sein Sohn Winnetou, welcher trotz seiner Jugend schon mehr kühne Thaten verrichtet hat, als sonst zehn alte Krieger in ihrem ganzen Leben ausgeführt haben. Sein Name wird einst genannt und gerühmt werden, so weit die Savannen und die Felsengebirge reichen.«[38]

Intschu tschuna hieß ›in Wirklichkeit‹ Lacheleshařo, Winnetou Petalesharo, und beide waren Pawnee-Häuptlinge. Das klingt natürlich auf den ersten Blick sehr unglaubwürdig. Im folgenden werden jedoch für die Stützung dieser Hypothese Mosaikbausteine zusammengetragen, die insgesamt verblüffend sind, denen besonderes Gewicht aber durch den Umstand verliehen wird, daß es dafür eine literarische Quelle gibt, die May auf jeden Fall verfügbar war.

Die Pawnee teilten sich in vier Stämme: die Skidi (Wolf oder Loup), Chaui (Grand), Kitkehahkis (Republican) und Pitahauerat (Tapage), und lebten in Nebraska und den benachbarten Territorien. Der Oberhäuptling der Skidi war zu Anfang des 19. Jahrhunderts Lacheleshar̄o (oder Latalesha): Knife Chief (oder auch Old Chief). Er hatte einen Sohn, Man Chief bzw. Petalesharo, der um 1795 oder 1797 geboren wurde. Knife Chief war ein großer, um 1820 bereits bejahrter Mann von sehr gutem Aussehen, dem die grauen Haare Würde verliehen. Als großen, hübschen Jüngling beschrieben Zeitgenossen seinen Sohn, der schon mit etwa zwanzig Jahren als der tapferste Krieger des Stammes angesehen wurde. Bereits in diesem Alter hatte er sich hervorragend im Kampfe ausgezeichnet und war mit dreiundzwanzig der Kriegshäuptling der Skidi.[39]

Die Skidi übten zu der Zeit noch immer einen Brauch, der bei den Amerikanern Abscheu erregte, nämlich den des Menschenopfers für ihre Hauptgottheit, den Morgenstern (Tirawa). In der Regel wurde ein bei einem feindlichen Stamm gefangenes Mädchen, eine Jungfrau, geopfert. Das Ritual war grausam und stieß selbst Angehörige des Stammes ab. Vor allem die Häuptlinge, die auch von den Amerikanern unter Druck gesetzt wurden, suchten nach Wegen, ihre Krieger und vor allem die bei den Pawnee mächtige Priesterkaste von der Ausübung des schrecklichen Brauches abzubringen. 1816 raubten die Skidi ein Komanchenmädchen, um es zu Beginn der Pflanzzeit im Frühjahr 1817 zu opfern. Knife Chief betrachtete die alten Stammesriten spätestens seit seinem Besuch bei William Clark (1770-1838), einem der beiden Leiter der Lewis-Clark-Expedition, der jetzt u. a. Superintendent für Indianerangelegenheiten in St. Louis war, sehr mißtrauisch. Aber die Skidi fürchteten um ihren Jagd- und Kriegserfolg und um den Erntesegen für den Fall, daß Tirawa sein Opfer nicht erhielte, und hörten nicht auf Knife Chiefs Ermahnungen. Als dann alles für die Opferung bereit war, trat plötzlich Petalesharo auf den Plan und erklärte, sein Vater mißbillige die Menschenopfer, und er selbst werde nun das Mädchen retten oder sein Leben dafür opfern. Vor den Augen der vor Staunen erstarrten Krieger und Priester schnitt er dem Mädchen die Fesseln durch, brachte es zu seinem Pferd, schwang sich auf sein eigenes und ritt mit dem Mädchen davon, ohne daß ein Krieger eine Hand gegen ihn erhob. Nach mehreren Tagesritten in Richtung Arkansas gab er der Geretteten einen Vorrat an Nahrungsmitteln, zeigte ihr den Weg zu ihrem Volk und ließ sie ziehen – bald darauf traf sie auf Angehörige ihres Stammes und war in Sicherheit. Petalesharo seinerseits konnte zu seinem Volk zurückkehren, ohne daß er von einer Seite Rache befürchten mußte. Er hatte eine Tat vollbracht, wie sie vom Grundmuster her in Mays Werk wieder und wieder auftaucht, selbst schon in seinen frühen Werken, wie in *Old Firehand*, in der *Rose von Kahira* und anderen. Es war eine Tat, wie sie eleganter von Winnetou nicht hätte ausgeführt werden können, eine Heldentat, als wär's ein Stück von Karl May.

Der amerikanische Forscher Stephen H. Long (1784-1864), der sich durch Vermessungsarbeiten (!) im Lande westlich des Mississippi einen Namen machte, lernte Petalesharo kennen und beschrieb ihn als einen jungen Mann von anziehendem Antlitz, von hervorragender Begabung und als den unerschrockensten Kämpfer seines Stammes trotz seiner Jugend. »Diese wagemutige Tat«, notierte er[40], »hätte fast hundertprozentig in einem Fehlschlag geendet, wenn sie ein anderer Krieger versucht hätte, und Petalesharo hatte den Erfolg der edlen Tat sicherlich dem Ruhm zu verdanken, den ihm seine Heldentaten bereits eingebracht hatten und der ihm die höchste Achtung der mit ihm rivalisierenden Krieger eintrug.«

Knife Chief und Petalesharo bemühten sich um Frieden mit den Weißen und anderen Stämmen. So bat Petalesharo Long 1820, den Cheyenne den Friedenswunsch der Pawnee zu überbringen, doch hatten die Cheyenne dafür kein Ohr. Im Oktober 1821 bewog der Indianeragent Major O'Fallon etliche Pawnee-Häuptlinge, ihn in die Hauptstädte der Weißen in den Osten zu begleiten, darunter den jungen Skidi-Helden. Zu dieser Zeit war die Geschichte seiner Rettung des Mädchens gerade publik geworden. Als die Delegation neben Baltimore, Philadelphia und New York auch nach Washington gelangte, schenkten ihm die Mädchen aus Miß Whites ›Seminar für ausgewählte Mädchen‹ (›select female seminary‹) eine Silbermedaille als Anerkennung für seine Rettungsaktion. Die

Mädchen hatten das Geld dafür gesammelt und überreichten die Medaille anläßlich einer öffentlichen Veranstaltung. Die Medaille zeigte auf der einen Seite den Häuptling und das Mädchen bei der Flucht zu Fuß mit der Inschrift ›To the Bravest of the Brave‹ (dem Tapfersten der Tapferen), auf der anderen Seite leer das Gerüst, an dem das Mädchen angebunden war, und an dem es getötet werden sollte. In der Widmung hieß es: »Nimm dieses Zeichen unserer Hochachtung – trage es immer um unseretwillen, und so du wieder Gelegenheit haben solltest, ein armes Weib vor Tod und Folterqualen zu retten, denke an dies und an uns und eile herbei zu ihrer Errettung.«[41] Wie oft hat Winnetou den Dank der Weißen für seine Rettungsaktionen erhalten! Petalesharo antwortete seinerzeit gerührt: »Dies gibt meinem Herzen Friede [...] Ich liebe die Bleichgesichter mehr als ich je tat, und ich will mein Ohr ihren Reden weit öffnen. Ich bin glücklich, daß ihr erfuhrt, was ich tat. Ich wußte nicht, daß es eine so gute Tat war. Sie kam mir von Herzen [...] Jetzt weiß ich, wie gut sie war. Jetzt wird es mir bewußt, da ihr mir diese Medaille gebt.«

Während seiner Tour durch den Osten wurde Petalesharo portraitiert. Das Bild erweist ihn als anziehenden, gutaussehenden jungen Mann mit rosa Wangen und ausdrucksvollen Augen. Die nächsten Jahre zeigen ihn als jugendlichen Helden der Pawnee, der sich stets um Frieden, vor allem mit den Weißen, bemühte. Er und sein Vater unterschrieben im September 1825 in Fort Atkinson mit anderen Häuptlingen einen neuen Vertrag mit den Amerikanern (der entscheidende Friedensvertrag war 1818 in St. Louis abgeschlossen worden) und verschwanden danach aus der Geschichte. Aller Wahrscheinlichkeit nach fielen beide der Blatternepidemie von 1832[42] zum Opfer, bei der über 3000 Pawnee in wenigen Tagen ums Leben gekommen sein sollen. Anderen Quellen zufolge starb Petalesharo erst um 1841.[43]

Petalesharo hat, wie die Darstellung zeigt, mit dem Winnetou der späten Reiseerzählungen viel gemeinsam. Er tritt als strahlender, charismatischer Recke in die amerikanische Geschichte ein, ist schon zu Lebzeiten weit bekannt und legendär, ein überragender Krieger, der aber sich um Frieden, um Aussöhnung, um Reformen und um größere Humanität bemüht. Trotz seiner Jugend ist er weise, er ist – im Mayschen Sinne – zu einem edelmenschlichen Opfer für einen Mitmenschen bereit, riskiert sein Leben für einen anderen. Er wendet sich gegen heidnische Bräuche und bereitet damit der Zivilisation, dem Christentum den Weg. Er hat einen bedeutenden Häuptling als Vater, er lernt zwar nicht durch einen Weißen, aber doch von Weißen wie Clark und den Weißen insgesamt (und ›weiße Väter‹ gab es in der Geschichte der Pawnee genug, vor allem die Quäker-Agenten, deren Wirken aber durchaus nicht nur segensreich war), und in seinem Leben spielt ein Mädchen eine bedeutende Rolle. Er selbst reist in den Osten (!) und wird dort von Mädchen für seine Tat geehrt.

Aber Petalesharo hat keinen weißen Blutsbruder, und er stirbt durch Weiße. Es heißt, daß Santa-Fé-Händler eine Flasche mit Blattern-Viren über etliche Gegenstände wie Tabak oder Kleidungsstücke entleerten, die sie ihren Pawnee-Gästen schenkten, eine Untat würdig eines Santer. Und auch das Todesjahr stimmt nicht mit dem von May angegebenen überein. Die Geschichte der Pawnee hilft uns jedoch aus dieser Verlegenheit durch einen Irrtum, der erst in jüngerer Zeit aufgedeckt wurde.

8.

Einer der hervorragendsten Autoren über die Pawnee, Dunbar, ist, aus welchen Gründen auch immer, diesem Irrtum zum Opfer gefallen. Nach seiner Darstellung lebte Petalesharo bis ins hohe Alter, genau genommen bis 1874 (!). Die Erklärung liegt darin, daß Dunbar aus mehreren Häuptlingen, die alle den Namen Petalesharo trugen, einen einzigen machte. Speziell auf den Häuptling, der den wichtigen Vertrag von 1857 mit den Amerikanern unterzeichnete, und der als Oberhäuptling der Grand bei allen Pawnee-Stämmen großes Ansehen genoß, kommt es an. Dieser Petalesharo II., wie wir ihn nennen wollen, der nach Dunbar identisch mit Petalesharo I. gewesen sei, wurde 1823 geboren. Noch mehr als der jugendliche Held setzte er sich für den Frieden mit den Amerikanern und den benachbarten Stämmen ein. Während die meisten Stämme rund um die Pawnee gegen die amerikanische Armee fochten, bewahrte er den Frieden und mußte in Kauf nehmen, daß die übrigen Stämme die Pawnee als Todfeinde behandelten, und nebenbei noch mit ansehen, wie er trotz seiner Treue mitsamt seinem Stamm von den Weißen verraten und verkauft wurde. Auch wenn Petalesharo I. dem Morgensternzeremonial einen Schlag versetzt hatte, wurde es in geheimen Priesterzirkeln ab und zu noch praktiziert.

Obwohl kein Skidi, hat sich Petaleshāro II. mit Entschiedenheit dagegen gewandt und allen Einfluß darauf verwendet, daß die Skidi den Brauch aufgaben. Als er einmal eine Opferzeremonie mit Gefahr für Leib und Leben für sich selbst unterbrach, bedeutete das das endgültige Ende des blutigen Rituals.

Im Jahre 1864, als Petaleshāro II. Oberhäuptling der Grand wurde – es ist auch in etwa die Zeit, da Old Shatterhand in den Westen kam –, fielen Dakota und Cheyenne in einem verheerenden Kriegszug in Nebraska ein und trieben die Weißen, Tod und Schrecken verbreitend, vor sich her. Dreißig Jahre lang hatten die Pawnee vergeblich versucht, Frieden mit den Dakota und Cheyenne zu schließen; diese fühlten sich so überlegen und stark, daß ihnen an Frieden mit den Pawnee nichts gelegen war. Jahr für Jahr überfielen sie erneut die Dörfer der Pawnee, zerstörten ihre Ernten, raubten ihre Pferde und töteten Männer, Frauen und Kinder. Ebenso lange hatten die Pawnee die Weißen vergeblich um Hilfe gebeten, denen sie stets ihre Treue und Freundschaft bewahrt hatten. Nun auf einmal brauchten die Weißen ihre Hilfe: die amerikanische Armee warb Pawnee-Scouts an und setzte sie als Hilfstruppen in ihren Feldzügen gegen die Dakota und Cheyenne ein. Ihr Führer war – Old Shatterhand.

Nun, er hieß natürlich anders, aber er hätte einem Old Shatterhand alle Ehre gemacht. Er hieß Frank North (1840-1885) und stammte aus dem Staate New York. Schon in jungen Jahren war er mit den Pawnee in Berührung gekommen; er sprach ihre Sprache fließend und beherrschte auch die indianische Zeichensprache. 1861 wurde er Angestellter und Dolmetscher auf der Pawnee-Reservation, und als 1864 die Armee die Pawnee anwarb, wurde er erst Leutnant, später Major und offizieller Führer der Pawnee-Kompanie.

Neben Al Sieber (bezüglich der Apachen) war North wohl der einzige Führer indianischer Hilfstruppen dieser bewegten Zeiten, der auch mit Sitten, Gebräuchen und Sprache seiner Leute vertraut war. Sie nannten ihn Pani La Shar (Pawnee-Häuptling) und gaben ihm nach einem besonders großen Sieg den Ehrennamen ›Weißer Wolf‹ – der mythische Weiße Wolf war für die Pawnee ein Symbol des Krieges, und die Verleihung dieses Titels kam einem Ritterschlag gleich. Zu seiner Zeit gab es auf den Prärien keinen hervorragenderen Grenzer, Westmann und Führer als ihn. Vermutlich war er auch der beste Revolverschütze seiner Zeit. Nie trug er eine

Verletzung davon, nie wurden er und seine Pawnee besiegt, obwohl er oft mit überlegenen Gegnern zu kämpfen hatte. Und in all den Zügen ist nur ein Pawneekrieger ums Leben gekommen. Wir können hier die Geschichte nicht im einzelnen nachzeichnen. Zu seinen Taten gehörten die Bewachung des Baus der Union Pacific 1869, der Sieg über den Cheyenne-Führer Tall Bull im selben Jahr und später die Teilnahme an den Winterfeldzügen gegen die Dakota und Cheyenne 1876/77. Zu der Zeit mußte er sich seine Pawnee schon von weit herholen; sie waren mittlerweile aus Nebraska vertrieben worden, und Petalesharo II. lebte nicht mehr.

Petalesharo, den mit North natürlich eine enge Beziehung verband, legte stets Wert darauf, für die Pawnee-Kompanie nur Krieger von einwandfreiem Charakter auszusuchen. Er war der hervorragendste Häuptling der Pawnee in dieser Zeit, ein gutaussehender, würdevoller und freundlicher Mann. Old Peter nannten ihn seine weißen Freunde. Aber all die Freundschaft der Pawnee zu den Weißen und ihre wertvollen Dienste nützten ihnen nichts. 1874 wurden sie nach Oklahoma vertrieben. Einer der größten Gegner der Umsiedlung war Petalesharo II. Als im Herbst 1874 (!) die ersten Verbände der Pawnee nach Süden aufbrachen, begleitete er die Kolonne. Beim Ritt durch den Loup Fork, inmitten von Pawnee-Kriegern, erhielt er plötzlich einen Schuß ins Bein. Zurückgebracht zur Agentur, weigerte er sich, sich sein Bein amputieren zu lassen, und bald danach starb er und wurde in den Totengründen seiner alten Heimat beigesetzt. Die Ursache für den todbringenden Schuß ist noch heute ein Rätsel. Die einen sehen darin nur einen Unfall: Der Schuß aus seiner eigenen Pistole habe sich von selbst gelöst. Andere meinen, er habe sich selbst angeschossen, um in seiner Heimat zu sterben. Wieder andere, vor allem Wissler, sind der Ansicht, ein Indianer habe ihn angeschossen, weil er so bitter gegen die Vertreibung opponierte, und Hyde[44] stellt die Vermutung in den Raum, Anstifter für den Schuß seien die Weißen gewesen, um mit Petalesharo den bedeutendsten Gegner der Umsiedlung aus dem Weg zu schaffen.

North, so sei noch ergänzt, betrieb von 1877, dem Jahr seiner Ausmusterung, bis 1882 mit ›Buffalo Bill‹ Cody in Nebraska eine Ranch und schloß sich später mit Pawnee Codys Wildwest-Schau an. An den Folgen eines Unfalls starb er 1885, erst 45 Jahre alt. Die Pawnee haben ihrem weißen Häuptling lange, lange ein ehrendes Andenken bewahrt.

Wie gesagt, hat Dunbar aus mehreren Häuptlingen namens Petalesharo einen einzigen gemacht. Wie Hyde angibt[45], wurden seine Behauptungen lange Zeit von jedem Autor ungeprüft übernommen, der über die Pawnee schrieb. Insofern kann die edle Gestalt des Petalesharo, des jugendlichen Helden, des Freundes von Frank North, des Streiters für Frieden und Humanität, der offenbar von Angehörigen des eigenen Volkes getötet wurde, für May durchaus ein und dieselbe Person gewesen sein. Aber May hat in seinen Romanen nirgends über die Pawnee geschrieben?!

9.

Wir können die Kultur und die Geschichte der Pawnee hier im einzelnen nicht darstellen. Sie gehörten zur Sprachfamilie der Caddo. Jede Stammesgruppe umfaßte mehrere Dörfer, von denen jedes verhältnismäßig autonom war. In früheren Zeiten, bevor sie Pferde erhielten, lebten die Pawnee als seßhafte Bodenbauern. Im 17. Jahrhundert führten die Spanier Pferde ein, und bald gingen die Pawnee zu einer halbnomadischen Lebensweise über. Sie entwickelten sich zu gerissenen Pferdedieben, zu hervorragenden Reitern und Kriegern und lagen in ständiger Fehde mit den benachbarten Stämmen sowie erst den Spaniern und Franzosen, später zu Anfang auch mit den Amerikanern. Die Religion der Pawnee, in der der Glaube an ein Höchstes Wesen im Mittelpunkt stand, Sterne als Götter verehrt wurden, und die sich zu einer umfassenden Kosmologie ausweitete, war – auch in Verbindung mit der Bedeutung der Priester als Ritualleiter bei den Agrarriten – höchst bemerkenswert und in dieser Form einzigartig bei den nordamerikanischen Indianern. Einzigartig war auch das Schicksal dieses Stammes. Nachdem die Pawnee es fertiggebracht hatten, die Spanier aufs Haupt zu schlagen und aus ihren Jagdgründen zu vertreiben, womit sie auch dem spanischen Einfluß auf den Hohen Ebenen ein Ende bereiteten, nahmen sie den Amerikanern gegenüber eine ganz andere Haltung ein. Aber wie alle anderen freundlichen Stämme wurden die Pawnee von der amerikanischen Regierung vernachlässigt.

So schmolzen sie dahin, von 10000 um 1825 auf 1250 im Jahre 1881. Und von den Pawnee, die es heute noch gibt, leben nur noch rund 700 auf einer etwa 100 km² großen Reservation in Oklahoma, ein paar hundert andere als Kleinbauern und Lohnarbeiter auf ihrem Land ohne staatliche Fürsorge im American Way of Life des Elends.[46] Vollblut-Pawnee gibt es kaum mehr, auch wenn sich die Zahl der als Pawnee ausgewiesenen Amerikaner mittlerweile wieder vergrößert.

Bei den Weißen galten die Pawnee in ihrer Glanzzeit als furchterregendes Volk, jedoch ebenso als klug, als weit umherschweifend, gerissene Diebe, Lügner und Erpresser, allen Feinden ebenbürtig.[47] Selbst in Pierers *Universal-Lexikon* wird noch in dem sehr knappen Artikel konstatiert, sie seien durch ihre List und als Pferdediebe berüchtigt (1879).[48] Aber die Weißen, die über fast alle Stämme so urteilten, und auch ihre indianischen Nachbarn haben den Pawnee viele Bereicherungen zu verdanken: Von den Pawnee stammt nicht nur die Zeremonie des Rauchens der Friedenspfeife.[49] Man stelle sich Mays Werk ohne Friedenspfeifenzeremonie, heilige Bündel (Medizinbeutel) oder so tapfere Helden vor – gar nicht auszudenken!

Ihren indianischen Nachbarn galten die Pawnee als rätselhaft. Sie sahen in ihnen aufgrund ihres Aussehens, ihrer Haltung, ihrer Ausgeglichenheit und inneren Gelassenheit ›Supermenschen‹, gottgleiche Wesen, zumal sie von großer Gestalt waren und große runde Gesichter hatten.[50] Während sie sich in der Lebensweise nicht allzusehr von den übrigen Prärie-Indianern abhoben, lag ihre Größe, ihr Genius in ihrer Kosmologie.

May hat, abgesehen von dem Umstand, daß Sam Hawkens seinen Skalp durch Pawnee verloren hat[51], die Pawnee allenfalls in Verbindung mit anderen Stämmen flüchtig erwähnt[52], aber ihnen nie eine eigenständige Rolle wie etwa den Kiowa oder Komanchen zugeschrieben. Nur in dem Kolportage-Roman *Deutsche Herzen – Deutsche Helden* (Dresden 1885/86, S. 975-979) treten zwei Pawnee-Indianer auf, und es wird berichtet (S. 979): »Wir kamen in sehr freundschaftlicher Weise mit einem Pawneehäuptling zusammen. Das heißt, die Sioux hatten ihn gefangen genommen und wollten ihn an den Marterpfahl binden. Wir befreiten ihn und brachten ihn glücklich nach seinem Wigwam. Seine Dankbarkeit war grenzenlos […]«

May kann aber durchaus von der Gestalt Petalesharo inspiriert gewesen sein, ohne daß er nun auch gleich noch die Pawnee in den Vordergrund rücken mußte. Im Gegenteil, May hat sich nicht nur einmal gerade über die Quellen, die ihm am wichtigsten waren, am meisten in Schweigen gehüllt, z. B. bezüglich der Anleihen, die er bei den Philosophen Lessing und Herder machte.[53] Und andererseits ist auch bekannt, daß May Eigenschaften gewisser Stämme auf andere Stämme überschrieb: von den Guarani auf die Toba, von den Burjäten und Jakuten auf die Tungusen[54] – warum nicht auch von den Pawnee auf die Apachen?

Über die Eigenschaften der Apachen hat sich Karl May überwiegend nur indirekt ausgelassen. In seiner Reiseerinnerung *Winnetou* von 1878 charakterisiert er sie allerdings ziemlich ausgiebig[55]: »Winnetou war der berühmteste Häuptling der Apachen, deren bekannte Feigheit und Hinterlist ihnen unter ihren Feinden den Schimpfnamen ›Pimo‹ zugezogen hatte; doch seit er zum Anführer seines Stammes gewählt worden war, hatten sich die Feiglinge nach und nach in die geschicktesten Jäger und verwegensten Krieger verwandelt, ihr Name wurde gefürchtet bis über den Kamm des Gebirges herüber, ihre Unternehmungen waren stets von bestem Erfolge begleitet, sie unternahmen in geringer Männerzahl und mitten durch feindliches Gebiet hindurch die kühnsten Streifzüge [...]« Letzteres traf schon sehr für die Pawnee, aber natürlich auch für andere Stämme zu. Ansonsten charakterisieren sich die Apachen in Mays Erzählungen durch ihr tapferes, edles und siegreiches Verhalten; schon durch die Anwesenheit Winnetous werden sie stets über den Durchschnitt der indianischen Völker gehoben, wenn auch Winnetou alle seine Krieger überragt. Während sich May in *Winnetou I* sogar über die Kiowa etwas näher ausläßt[56], eine Darstellung, die in der Behauptung gipfelt: »Sie sind mit einem Worte Räuberbanden. Wodurch sie das geworden sind, das braucht man nicht zu fragen«, fehlen entsprechende Passagen über die Apachen. Lediglich die einzelnen Unterstämme werden aufgezählt[57], aber ansonsten glänzen die Apachen durch ihre Taten: »Aber die braven Krieger Winnetous wehrten sich aus allen Kräften«, wird berichtet, und Sam Hawkens erzählt: »Fingen es [das Anschleichen] sehr schlau und vorsichtig an; habe meine helle Freude über sie gehabt und meine nun wie immer, daß die Apachen allen andern roten Nationen über sind.«[58] Als überlegen, als ›Supermänner‹, wurden indes die Pawnee von ihren Nachbarn angesehen, und besonders die Pawnee-Scoutkompanie bestand aus ›Auserwählten‹.

Bemerkenswert ist auch die bekannte Erbfeindschaft zwischen Pawnee und Sioux. Der erbitterte Krieg zwischen beiden Völkern ließ sich trotz des Strebens nach Frieden seitens der Pawnee nicht beenden. Wenn man bedenkt, daß Apachen und Sioux kaum Berührungspunkte hatten, die Sioux in Mays Werk aber fast stets als Feinde und Gegner dargestellt werden, schließlich in *Winnetou IV* sogar ins Mythische, Symbolische hochstilisiert zu den Menschheits- und Friedensfeinden schlechthin, dann ist die Frage, ob May sich bei der Darstellung der Apachen nicht doch auch von den Pawnee beeinflussen ließ, nicht mehr so schnell von der Hand zu weisen. Wenn man zudem bedenkt, welche bedeutende Rolle May ausgerechnet den Osagen, engen Nachbarn und Feinden der Pawnee, zugedacht hat, und eben nicht den Pawnee, dann wird dieses Schweigen schon sehr beredt.

Aber warum die Apachen? Natürlich wird man die wirkliche Ursache nicht mehr angeben können. Die Figur des Rayon Brûlant spielte dabei sicher eine Rolle. In meiner Einführung zu der frühen Erzählung *Winnetou*[55] habe ich schon darauf hingewiesen, daß die Antwort auf diese Frage vielleicht auch darin zu finden ist, daß May sich aufgrund seines eigenen harten Schicksals mit den verachteten, verhaßten Apachen, den ›untersten‹ auf der Leiter, solidarisch erklärte und er, indem er sie ›läuterte‹ – wie es in dem oben aufgeführten Zitat zum Ausdruck kommt –, gewissermaßen auch sich selbst emporarbeitete. Eine Erklärung, die zusammen mit der für May bekannten Technik, daß er von seinen tatsächlichen Quellen ablenkte oder sie verschwieg, nicht unwahrscheinlich ist! Jetzt sind wir auch an dem Punkt, wo wir auf die Suche nach den Werken gehen müssen, die May u. U. für seine Darstellung benutzte.

10.

Die wissenschaftlichen, ethnologischen Quellen über die Pawnee aus Mays Zeit sind dürftig. George Catlin, dessen Reisewerk offenbar die Gestaltung der Abenteuer in Mays Werk *Winnetou I* stark beeinflußte (sogar bis in die Beschreibung von Winnetous Äußerem, für die May anscheinend Anleihen bei der des Crow-Häuptlings Langes Haar machte[59]), wußte über die Pawnee nicht viel zu berichten, und desgleichen trug auch der Prinz zu Wied-Neuwied nichts an Kenntnissen über diese Indianer bei. In dem Vorwort, das Savoie Lottinville der Neuauflage von Hydes Buch über die Pawnee gewidmet hat, zählt der Autor jedoch unter den Reisenden, die sich von den Pawnee angezogen fühlten, einen auf, dessen Reisewerk May durchaus gekannt haben mag, nämlich den Herzog Paul von Württemberg, den er damit wörtlich zu den »besten Beobachtern, die den Westen im 19. Jahrhundert bereisten«, rechnet. Der Herzog, der am Ende seiner Fahrt in den Wilden Westen 1823 zu den Pawnee kam, hinterließ einen knappen, aber aufschlußreichen Bericht darüber.[60]

In dem Dorf der Grand Pawnee, wo die Reisenden zuerst anlangten, wurden sie durch Häuptling Langes Haar und einen anderen begrüßt. »Das große Ansehen, in dem die Häupter der Pawnees stehen, zeigte sich sogleich in der großen Ordnung, die überall herrschte, und in dem sittsamen Betragen der jungen Leute [...]« Paul berichtet über die Kämpfe der Pawnee gegen Spanier und Mexikaner, über ihre Freundschaft mit den Amerikanern, ihre Feindschaft gegen die Sioux, ihren Mut und ihre Geschicklichkeit bei den Waffenspielen, von ihrer guten Manneszucht, ihrer Haartracht (»nur tragen die meisten ihrer Krieger das Haar lang, manchmal sogar in Zöpfe verklebt« [S. 403]), über ihre Religion und den blutigen Brauch des Menschenopfers.

Das bedeutendste Erlebnis für Paul während seines Aufenthaltes bei den Skidi war seine Besichtigung eines ›Tempels‹ der Pawnee (»Wir durchzogen schweigend beinahe das ganze Dorf, von einer unendlichen Schar Indianer – besonders Jungen und Mädchen – begafft und begleitet, die gar nicht begreifen konnten, wie die Priester einem weißen Mann den Eintritt in ihr Heiligtum hatten gewähren können« [S. 405]), wo er einen alten weisen Priester antraf, der ihm das Heiligtum erläuterte und mit ihm über die Religion der Pawnee sprach. Die Rede des Heiligtumhüters hätte bei May für manche Rede Winnetous Pate stehen können. Im übrigen spricht der Priester den Herzog mit »Vater« und »Großer Vater« an: »Es ist uns bekannt, daß du über den gesalzenen großen See von Osten hergekommen bist, um deine roten Brüder zu besuchen, die gegen Westen wohnen [...] Du willst uns von deinem Land etwas Neues sagen; denn es ist wahr: Du weißt vieles in deinem Lande, was wir nicht wissen, und wir wissen manches, was du nicht weißt. Ich achte dich und die anderen weißen Leute wie einen Vater, denn du willst uns Gutes und bist klüger als wir!« (S. 406) – Wie oft hat Old Shatterhand, selbst von Winnetou, ähnliche Worte gehört.

Mit verschiedenen Bemerkungen, wie sie auch eben zitiert wurden, und vor allem mit seinen Betrachtungen über die Pawnee-Religion hebt Paul die Pawnee über die übrigen indianischen Stämme hinaus; so ist es nicht ausgeschlossen, daß sich May davon hat beeinflussen und anregen lassen, und er die Eigenschaft der Pawnee, sowohl in ihrer Kriegstüchtigkeit als auch in ihrem geistigen Tiefgang den anderen Indianerstämmen überlegen zu sein, auf den Stamm seiner Wahl, die Apachen übertrug.

Aus welchen Werken mag er sonst noch geschöpft haben? Tylors Buch *Anfänge der Cultur,* in dem viel Material über indianische Weltanschauung und Religion zusammengetragen ist, erschien 1873 zu Leipzig in zwei Bänden in deutscher Übersetzung. In ihrer weitbekannten *History of the Indian Tribes* (Washington 1838-44) haben MacKenney und Hall 120 Portraits indianischer Häuptlinge veröffentlicht, darunter auch eines von Petalesharo I. Beide Werke könnten May zugänglich gewesen sein. Von anderen Werken aus dieser Zeit[61], die in Pierers *Universal-Lexikon*[48] von 1879 als Quellen über Indianer angegeben sind, ist kaum anzunehmen, daß May sie gekannt hat. Auch der wichtige Bericht des Pawnee-Experten J. B. Dunbar, in dem er trotz seiner sonst so profunden Kenntnisse dem Irrtum erlag, aus drei Häuptlingen namens Petalesharo einen einzigen zu machen, und der 1880 veröffentlicht wurde[62], dürfte in Deutschland allenfalls in Fachkreisen bekannt geworden sein.

Einige Ereignisse könnten aber Anlaß dafür gewesen sein, daß auch in der Presse in Deutschland einmal über das Schicksal der Pawnee berichtet wurde: 1883 fand Alonzo Thompson die Medaille, die einst Petalesharo von Miß Whites Mädchenseminar erhalten hatte, in einem Grab am Loup Fork wieder auf. 1885 starb Frank North, der nicht nur als Pawnee-Führer, sondern auch als ›Buffalo Bill‹ Codys (1846-1917) Partner bekannt war. Einen Bericht über diesen Helden der Wildwest-Geschichte in der zeitgenössischen Presse halte ich für sehr wahrscheinlich; so ein Bericht hat vermutlich auch die Pawnee mit eingeschlossen. Und ist es ein Zufall, daß May ausgerechnet zu diesem Zeitpunkt ein Abenteuer um einen Pawnee-Häuptling erwähnt, nämlich in *Deutsche Herzen – Deutsche Helden* (1885/86), während er sonst über die Pawnee fast beharrlich schwieg, über einen Stamm, der viel bedeutender als die Komanchen oder die Kiowa oder andere von May erwähnte Stämme gewesen ist? 1887 kam zudem Cody mit seiner Wildwest-Schau zum ersten Mal nach Europa; zu ›seinen‹ Indianern gehörten auch Pawnee (die Kostüme für Codys erste Auftritte als Schauspieler 1873 in New York waren von Pawnee-Frauen hergestellt). Und 1889 erschien ein Buch, das den Pawnee Gerechtigkeit widerfahren ließ, geschrieben von einem ihrer besten Kenner, dem Indianerfreund George Bird Grinnell (1849-1938), der lange mit den Pawnee gelebt hatte, unter dem Titel *Pawnee Hero Stories and Folk Tales*. Ist es Zufall, daß sich von dieser Zeit an Mays Winnetou-Bild grundlegend wandelte?

Ob May Informationen aus den genannten Werken, vor allem des Herzogs Paul, oder aus Zeitungsberichten oder aus anderen Quellen, welchen auch immer, entnehmen konnte und entnommen hat, werden wir vielleicht nie erfahren. Entscheidend für unsere These, daß May sich Petalesharo als Vorbild für Winnetou erkor, ist auch die Existenz einer literarischen Quelle.

11.

In seiner Lederstrumpf-Erzählung *The Prairie* (1827) schildert James Fenimore Cooper (1789-1851) die letzten Tage des alten Natty Bumppo, die dieser, vertrieben aus dem Osten, als Trapper auf den Hohen Ebenen verbringt. Die Pawnee sind es, die ihm am Ende seines Lebens Freundschaft entbieten, bei denen er auch seine letzte Ruhestätte findet. Die Pawnee und ihr junger Häuptling Hartherz (hat Cooper für ihn vielleicht auch Anleihen bei Petalesharo gemacht?) werden positiv und sympathisch abgehoben gegenüber ihren Feinden, den Sioux. Auch Fritz Steuben läßt in seinen Tecumseh-Erzählungen das geschichtliche Vorbild Bumppos, nämlich Daniel Boone (1729 oder 1734-1820), ebenfalls bei den Pawnee seine letzte Bleibe finden[63] (daß es nicht die Pawnee waren, sondern gemäß den historischen Quellen offenbar deren Feinde, die Osagen, sei hier nur am Rande erwähnt[64]).

Coopers Erzählung war May bestimmt nicht unbekannt; die Gefangenschaft eines Pawnee-Häuptlings bei den Sioux und der drohende Martertod sowie die anschließende Befreiung in *Deutsche Herzen – Deutsche Helden* erinnern an ein ähnliches Schicksal von Hartherz; man kann aber nicht nachweisen, ob und falls ja, welche Spuren die Lektüre solcher Literatur hinterlassen haben mag. Dagegen hat Charles Sealsfields Roman *Tokeah oder die Weisse Rose* sehr deutliche Spuren in Mays Werk, vor allem in *Winnetou I*, gegraben.

Charles Sealsfield, der in Wirklichkeit Karl Anton Postl hieß, aus Poppitz in Mähren stammte und von 1793 bis 1864 lebte, verbrachte viele Jahre in den Vereinigten Staaten, wohin er 1823 aus dem Orden der Kreuzherren floh. Sein erster Roman war zunächst englisch geschrieben und wurde in drei Versionen veröffentlicht: *Tokeah; or The White Rose* (1828), *The Indian Chief,* mit dem Untertitel: *or, Tokeah and the White Rose* (1828), und (in der deutschen, wesentlich umgestalteten Fassung) *Der Legitime und die Republikaner* (1833).[65] Ob nun Sealsfield von Coopers *The Prairie* beeinflußt war, bleibe dahingestellt; die Spuren von Coopers *Letztem Mohikaner* lassen sich allerdings bis in Details, in einzelne Aussagen auftretender Personen nachweisen.[66]

Der Inhalt der Erzählung sei nur kurz skizziert: Als angenommene Tochter des Creek-Häuptlings Tokeah, der mit seiner Abteilung der Oconee nach Westen versprengt ist und sich in die gefährlichen und undurchdringlichen Sümpfe des Mississippi-Deltas zurückgezogen hat, wächst das entführte weiße Mädchen Rosa heran. Mit dem Seeräuber Lafitte verbindet Tokeah eine zweifelhafte und schließlich in die Brüche gehende Freundschaft. Der Häuptling möchte seinem Stamm das Überleben sichern, indem er ihn mit den Pawnee verbindet – besiegelt durch die Heirat seiner leiblichen Tochter Canondah mit dem Pawnee-Häuptling. Zu dieser Zeit – und in Abwesenheit Tokeahs – retten Canondah und Rosa einem jungen englischen Seeoffizier das Leben, der in Lafittes Hände fiel, aber verwundet entkam. Die Verbindung mit den Pawnee gelingt zwar, aber in der Hochzeitsnacht wird das Oconee-Dorf von Lafittes Piraten überfallen, und Canondah kommt ums Leben. Später entscheidet sich Rosa für ihre eigene Rasse, auch wenn sie Tokeah als Vater verehrt, und heiratet den Engländer. Tokeah selbst fällt auf dem Weg zu den Jagdgründen der Pawnee, getötet durch feindliche Indianer. Der Roman kreist um das unerbittliche Schicksal der Indianer; im Mittelpunkt steht der Niedergang, die Tragödie des Roten Mannes – den Ausspruch Präsident Jeffersons: »Ich zittere für mein Volk, wenn ich der Ungerechtigkeiten gedenke, deren es sich gegen die Ureinwohner schuldig gemacht hat«, setzte Sealsfield als Leitwort vor seinen Roman.

Sealsfield begründete mit diesem Werk eine ganz neue Roman-Gattung: sein Held ist »das ganze Volk«.[67] Von werkgestaltender Bedeutung dafür sind nicht zuletzt zeitgeschichtliche Begebenheiten.

Der Roman spielt am Ende des Zweiten englisch-amerikanischen Krieges (1812-1814) und bezieht am Ende die entscheidende Schlacht von New Orleans mit ein. Abgesehen davon, daß Sealsfield auch daran gelegen war, in dem Roman Propaganda für seinen langjährigen Freund Andrew Jackson (1767-1845) zu machen, den Helden aus Indianerkriegen und aus der Schlacht von New Orleans, der 1828 Präsidentschaftskandidat war und nach seiner Wahl von 1829 bis 1837 als Präsident der Vereinigten Staaten amtierte, hat er noch eine Reihe weiterer historischer Persönlichkeiten in die Erzählung eingeflochten. Der gewaltige Tecumseh wird immer wieder ehrenvoll erwähnt. Historisch ist auch der mehrfach genannte Agent Benjamin Hawkins (1754-1818)[68], der bei den Creek sehr beliebt war und ihnen mit Modellfarmen und dem Aufbau kleiner Handwerksbetriebe half, den Weg zur Zivilisation zu beschreiten. Ebenfalls eine geschichtliche Persönlichkeit ist der französische Pirat und Schmuggler Jean Lafitte (1780-1826)[69], der von seinem Stützpunkt in der Bucht von Barataria aus sein Unwesen trieb und seine Raubzüge in den Golf von Mexiko unternahm, und der sich durch seine Teilnahme an der Schlacht von New Orleans eine Amnestie erwirkte, was ihn nicht hinderte, bald wieder seinen ›einträglicheren‹ Geschäften nachzugehen. Und nicht zuletzt ist der Pawnee-Häuptling historisch: Er ist eine der Hauptgestalten des Romans und kein Geringerer als Petalesharo I. Sealsfield nennt Petalesharo I. El Sol. El Sol und andere Einzelheiten aus *Tokeah* bilden offenbar eine der literarischen Quellen für die Gestaltung des Winnetou der neunziger Jahre, des ›Roten Gentleman‹ in Mays Roman *Winnetou I*.

12.

Dabei erinnert die Schilderung des Äußeren El Sols eher an die des frühen Winnetou bzw. von Rayon Brûlant, und das bis in manche einzelne Ausdrücke hinein.

Sealsfield bemüht sich um eine eingehende Charakterisierung seiner Helden und stellt den Pawnee-Häuptling El Sol in krassen Gegensatz zu dem alten hageren und melancholischen Häuptling der Oconee, wenn er von ihm als dem »offenen, männlich würdevollen und doch wieder so sanften jungen Häuptling« spricht. »Sein ovales Haupt war mit einem malerischen Hauptschmuck von Federn und Fellwerken bedeckt; seine gewölbte Stirn und sein blühendes Angesicht von leichter Kupferfarbe schien die wilde Kriegsfarbe seiner Gefährten zu verschmähen; seine ausdrucksvollen glühend schwarzen Augen mit der edlen Römernase waren im schönsten Einklang mit seiner männlich gediegenen Gestalt, die durch seine Kleidung und Bewaffnung sehr hervorgehoben wurde. Seine Brust bedeckte ein Wams von blauen Fuchsfellen, und von seinem Rücken hing eine Pantherhaut herab, die, mit goldenen Spangen an seinen Schultern befestigt, eine Form sehen ließ, die Thorwaldsen oder Canova entzückt haben würde. Es war eine herrliche Gestalt männlicher Schönheit, frei, rein und unverdorben [...] in der Mitte eines mächtigen Volkes, das außer dem großen Geiste keinen Meister erkannte. Ein Dolch mit Griff von gediegenem Golde stak in seinem Gürtel, ein kurzer Stutzen und eine neun Fuß lange Lanze, an welcher ein Roßschweif hing, boten eine Rüstung dar, die, was Zweckmäßigkeit und Reichtum betraf, nicht schöner gedacht werden konnte.«[70]

Es sind in der Tat merkwürdige Entsprechungen zum frühen Winnetou bzw. zu Rayon Brûlant. Auch in der Schilderung Rayon Brûlants ist von würdevollem Aussehen die Rede, von einer römischen Nase, schwarzen feurigen Augen: »Er sah aus, wie die Darstellung eines prächtigen antiken Standbildes in florentinischer Bronze«[71], und aus der Darstellung gewinnt man den Eindruck einer eleganten, gebieterischen, männlich schönen Erscheinung. Sollte gar Gabriel Ferry (1809-1851), dessen *Le coureur des bois* zum ersten Mal 1851 in deutscher Übersetzung erschien, von Sealsfield beeinflußt worden sein? Aber El Sol ist mehr als Rayon Brûlant oder der frühe Winnetou: er ist eine herrliche Gestalt, »frei, rein und unverdorben«, offen, würdevoll und sanft. Wenn auch die äußerliche Beschreibung mit der des späten Winnetou so gut wie nichts gemein hat, abgesehen von der Bewaffnung mit Messer und Gewehr, so ist doch offensichtlich, daß der junge Pawnee-Häuptling mit seiner edlen Erscheinung dem späteren Winnetou weit mehr entspricht als dem früheren.

El Sol hat seinen Heldenmut bereits unter Beweis gestellt: er hat Canondah (ein Name, der von der Lautformung her an frühe Wortschöpfungen Mays wie ›Ribanna‹ etc. gemahnt), die den Pawnee in die Hände gefallen war, vor dem Tod auf dem Scheiterhaufen bewahrt. Sealsfield hat, wenn auch ohne Bezug zu der Menschenopferzeremonie, die Rettung des Komanchenmädchens durch Petalesharo auf die Rettung Canondahs durch El Sol umgeschrieben. So wie Sealsfield El Sol schildert, so erscheint dieser gleich seinem historischen Urbild als strahlender, siegreicher, jugendlicher Held, der trotz seiner Jugend voller Weisheit ist, der humane Züge zeigt, sich mehr als einmal für Bedrohte einsetzt, im Kampfe nicht zu schlagen ist, aber den Frieden wünscht. Schon durch seinen Namen allein wird er mit Glanz und Charisma umgeben. Von Auftreten und Charakter her ist ihm nur einer gleich, und dieser ist eben der Maysche Winnetou.

Unter den Pawnee im 19. Jahrhundert gab es hervorragende Häuptlinge mit an El Sol gemahnenden Namen wie Sun Chief (Sonnenhäuptling) oder Sky Chief (Himmelshäuptling). Daß der Name Intschu tschuna ›Gute Sonne‹ bedeutet habe, wie May angibt, braucht hier eigentlich gar nicht eigens erwähnt zu werden.

In Sealsfields Roman ist auch El Sols Vater Blackeagle ein hervorragender Häuptling; er fand einen traurigen Tod, einen Tod, der an den Intschu tschunas erinnert: »Blackeagle war auf der Jagd; er folgte einem Hirsch, der schnell vor seinem Feuergewehr flog, als er einem Haufen weißer Männer begegnete, die mit ihren Gewehren ausgezogen waren. Sie sahen in das stolze Auge des Kriegers, und ihre Seelen dürsteten nach seinem Blute. Ehe er sprach, hatte die verräterische Kugel sein Herz durchbohrt [...]«[72]

Und wie Nscho-tschi ergeht es Canondah: sie fällt durch Lafittes Piraten, die das Oconee-Dorf überfallen, eine Untat, die eines Santer würdig gewesen wäre.

Auch einen ›Klekih-petra‹ gibt es in Sealsfields Werk: Benjamin Hawkins war »der berühmte Schulmeister«[73] zwar nicht der Apachen, aber der Creek. Seine Verdienste um die Creek werden von Sealsfield gebührend erwähnt: »Der Teufel weiß, was Obrist Hawkins im Sinne hat mit seinen Zimmerleuten, Webern, Schmieden und den tausend andern Leuten, die er diesen Rothäuten zuführt [...] Sie haben ihre komfortablen Wohnungen und Welschkorn- und Tabakpflanzungen [...] Ich vermute, in einigen Jahren werden sie's auch versuchen, ihren Whisky zu brennen.«[74]

Aufschlußreich für den Vergleich mit *Winnetou I* ist auch die Geschichte des Engländers, den Canondah und Rosa retten und gesund pflegen. Selbst für diese Szenerie gibt es zeitgeschichtliche Vorbilder, die Sealsfield ganz sicher bekannt waren und die er für seinen Roman verwendet haben dürfte: Um 1818 fiel der nachmals prominente Westmann Hugh Glass dem Piraten Lafitte in die

Hände, doch gelang es ihm, sich zu befreien. Bald danach geriet er in die Gefangenschaft von Indianern (in Texas), und abermals entkam er (um 1820) – Taten, die nicht wenig Aufsehen erregten und deren Parallelen zu Sealsfields Roman nicht übersehbar sind. (Glass wurde übrigens 1833 wahrscheinlich von Schwarzfuß-Indianern getötet.)[75] Im Dezember 1817, im Krieg der Amerikaner gegen die Seminolen in den Sümpfen Floridas, geriet der junge amerikanische Soldat McKrimmon in die Gefangenschaft der Indianer. Schon erwartete er am Marterpfahl den Tod, da schaltete sich die junge, hübsche Tochter des Seminolenführers Hillis Hadjo ein, Milly, als die sie später bekannt wurde, und rettete dem jungen Mann das Leben. Als sie bald danach den Amerikanern in die Hände fiel, machte McKrimmon seiner Retterin einen Heiratsantrag, den sie aber erst annahm, nachdem er sie überzeugt hatte, daß er aus Zuneigung und nicht wegen der Rettungsaktion um ihre Hand anhielt. So rettete er nun auch sie vor einem ungewissen Schicksal; Hillis Hadjo dagegen, der auch als Francis the Prophet bekannt geworden und während seines Englandbesuches ein viel beachteter Häuptling gewesen war, wurde von den Amerikanern gehenkt.[76]

Auch Canondah riskiert ihr Leben, als sie dem Engländer zur Flucht verhilft, und Rosa, die weiße Indianerin, die zu seiner Genesung ernsthaft beigetragen hat, verliebt sich in ihn und wird später seine Frau – Nscho-tschi, die Old Shatterhand gesund pflegt und ihm ihr Herz schenkt, erleidet dagegen das Schicksal Canondahs. So wie sich Nscho-tschi einer alten Indianerin bedient, die ihr bei der Pflege Old Shatterhands hilft, so ist auch Canondah auf die Hilfe einer alten Squaw angewiesen: eine bemerkenswerte Übereinstimmung im Detail. Die endlosen Gespräche zwischen Canondah und dem Engländer scheinen, wenn auch auf niedrigerem Niveau, in den Unterhaltungen zwischen Nscho-tschi und Old Shatterhand wiederzukehren.

Alle diese Indizien sprechen dafür, daß May sich für seinen Winnetou Anregungen aus *Tokeah* holte, und wenn dem so ist, dann kehrt letztlich die hierzulande unbekannte Rettung des Amerikaners McKrimmon durch die Seminolin Milly, literarisch verklärt, im Verhältnis von Old Shatterhand und Nscho-tschi wieder.

Es sind einerseits die Einzelheiten, deren Übereinstimmung verblüfft, es ist aber andererseits auch und vor allem die Art und Weise, wie die Winnetou-Gestalt angelegt ist, die auf El Sol als Urbild deutet. Es ist der Glanz, der beide umgibt, das Tapfere und Edle, Feurige und Sanfte, die Redegabe ebenso wie das Humane, das Eintreten für den Nächsten – im Grunde das Legendäre, wie es auch von Sehm[77] in der *Winnetou*-Trilogie aufgedeckt wurde. »Er, der beste, treueste und opferwilligste aller meiner Freunde«, sagt May über Winnetou[78], »war ein echter Typus der Rasse, welcher er entstammte, und ganz so, wie sie untergeht, ist auch er untergegangen, ausgelöscht aus dem Leben durch die mörderische Kugel eines Weißen. Ich habe ihn geliebt wie keinen zweiten Menschen und liebe noch heut die hinsterbende Nation, deren edelster Sohn er gewesen ist« – Worte, die May ähnlich auch über Petalesharo, El Sol, hätte schreiben können.

13.

Wir kennen Mays Technik. Sie reichte vom simplen Abschreiben und Umschreiben hinsichtlich anderer Werke über das Entnehmen von Motiven oder auch nur Anregungen bis hin zur völligen Um- und Neugestaltung. Selbst dann, wenn er ab- und umgeschrieben hat, lieferte er einen ›Karl May‹ mit unverwechselbarem Stil und Inhalt. Daß das Genre ›Abenteuererzählung‹, was seine Inhalte und Motive betrifft, natürlich irgendwo begrenzt ist und daß man daher bei verschiedenen Autoren immer wieder Ähnlichkeiten finden wird, ohne daß dies gleich eine gegenseitige Abhängigkeit bedeuten muß, bedarf keiner besonderen Betonung. Daß May letztlich aus all dem, was er – noch dazu zu unterschiedlichen Zeiten – las und verarbeitete, ein ganzes, großes Werk schuf, nicht einheitlich zwar, aber in sich geschlossen, daß wir ihm somit auch glauben können, daß die Gestaltung seines Winnetou von mehreren, historischen und literarischen, indianischen Persönlichkeiten beeinflußt war, nimmt weder seinem Werk noch seinem Helden etwas von seiner Einzigartigkeit. Wenn auch den hier mitgeteilten Hinweisen keine endgültige Beweiskraft zukommt, so ist m. E. die Wahrscheinlichkeit, daß sich May von den Pawnee und ihren historischen Häuptlingen Petalesharo beeinflussen ließ, angeregt offenbar u. a. durch die Lektüre von Sealsfields *Tokeah*, doch recht groß.

Wir können diese Ausführungen aber nicht beenden, ohne noch eine denk- und merkwürdige Einzelheit zu dokumentieren. Abgesehen von ihrer Lebensform und Tapferkeit hoben sich die Pawnee vor allem durch ihre Kosmologie von den übrigen Stämmen ab. Ein wenig davon hat Herzog Paul von Württemberg mitgeteilt: »Die Religionsbegriffe der Pawnees scheinen verwickelter zu sein als die der benachbarten Völker, da sie außer dem Herrn des Lebens noch Sonne, Mond und Gestirne verehren.« »Sicher ist es [...], daß die Pawnees die Gestirne verehren und daß deren Lauf auf ihre Handlungen Einfluß hat.«[79] Obwohl die weisen Männer nach der Umsiedlung nach Oklahoma viele Einzelheiten der Pawnee-Kosmologie mit ins Grab nahmen, so ist zum Glück eine Reihe Überlieferungen erhalten geblieben.[80] Wir können diese Kosmologie hier allerdings nicht näher schildern. Folgendes aber sei dazu gesagt:

Die Architektur der Hütten, die Aufstellung der Hütten im Dorfzusammenhang, die Anordnung der Dörfer im Stammesverbund, die Hierarchie der Ober- und Unterhäuptlinge und der Priester, die Abfolge der Rituale und Zeremonien – sie alle spiegelten die kosmische Ordnung wider. »Von Kindesbeinen an wird jeder Pawnee dahin erzogen, in seinem Haus seine Welt zu sehen. Er weiß, daß er wortwörtlich im Kosmos wohnt, daß durch das Rauchloch Tirawa auf ihn herabsieht, daß er auf der Brust seiner Mutter Erde umhergeht. Liegt er abends in seinem Bett, so ruht er geborgen in der ›Welt‹.«[81] In der Abfolge der Agrarriten richteten sich die Pawnee nach dem Lauf der Gestirne, der von den Priestern genau beobachtet wurde. »[...] in Würde und Schönheit läßt sie [die Philosophie der Pawnee bezüglich des Universums] sich durchaus mit der der Griechen, Ägypter und anderer alter Zivilisationen vergleichen«, urteilt Wissler.[82] »Blickt der Pawnee zum sternenbesäten Firmament auf, so befällt ihn nicht jene ziehende Sehnsucht, die in uns aufsteigt angesichts der unendlichen Tiefen, vielmehr bewegt ihn die Gewißheit einer verwandten Nähe, einer Geborgenheit in der Wohnung aller Erscheinungen [...] So beginnt Gene Weltfish ihre Pawneemonographie mit den Sätzen: ›Nehmen wir diesen Kosmos ernst, so sehen wir unser Dasein mit anderen Augen an. Wir fühlen uns besser der Aufgabe gewachsen, neue Wege in unser eigenes Morgen zu suchen.‹«[83]

Welten der Geborgenheit wie auch Traumwelten sind es, die May in seinen Romanen geschaffen hat; die Geborgenheit des Menschen in der Schöpfung und in Gottes Liebe, so daß ihm nichts aus Zufall geschieht, erweist sich trotz aller Fähr- und Widernisse, mit denen er zu kämpfen hat, stets von neuem. Nicht nur in den *Geographischen Predigten,* sondern auch in seinen übrigen Werken schildert er immer wieder die Gestirne und die Beziehung des Menschen zu ihnen.[84]

Der Sternenhimmel diente May vor allem zur Verdeutlichung der Allmacht und Liebe Gottes; er betrachtet die Sterne nie nur unter nüchternen, wissenschaftlichen Gesichtspunkten, sondern immer ausschließlich unter religiösen Aspekten oder unter deren Einbeziehung. Die Gestirne bringen als göttliche Schöpfung und Offenbarung Antwort auf unsere religiösen Fragen, vor allem nach dem Jenseits, aber auch nach der Zukunft. Die Sterne erscheinen in Mays Werk nicht als ferne, leblose Materie, sondern als Offenbarung Gottes, als Führer durch »pfadloseste Gegenden« und »irdische Nächte«, mit anderen Worten: durch des Lebens Fährnisse schlechthin; als Schöpfung Gottes, wo unsere Zukunft verborgen ist, die uns vom Jenseits kündet – ein Kosmos, der sinnhaften, theologischen Bezug zu uns, den Menschen, hat. Sicherlich erinnert diese Astrotheologie nur entfernt an die Kosmologie der Pawnee, aber die grundlegenden Gemeinsamkeiten scheinen doch klar herauf.

Als Francisco de Coronado (1510-1554) als erster spanischer Forscher in die nördlichen Prärien vordrang, erzählte ihm sein indianischer Führer, die größten und reichsten Menschen lebten im Nordosten – er bezog sich damit auf die Pawnee. In deren Jagdgründen angekommen, fand Coronado nur halbnackte Eingeborene, deren Sprache er nicht verstand, und ließ den Führer als Lügner umbringen. Für ihn bedeuteten Größe und Reichtum Gold; der Indianer dagegen hatte darunter den Reichtum an Mythen und Symbolen, die Größe der Weltanschauung und des Geistes verstanden.[85] Wenn man diese Geschichte liest, meint man, sie liege den Mayschen Erzählungen allgemein zugrunde; sie kehrt speziell noch in der Geschichte von Winnetous Testament in *Winnetou IV* wieder, als die Brüder Enters nach dem vermeintlichen Gold als Winnetous Hinterlassenschaft graben und statt dessen die schriftlichen Zeugnisse Winnetous, Zeugen seiner großen Gedankentiefe und seiner humanen Gesinnung finden...

Anmerkungen

Ich widme diese Arbeit meinen Kindern Valerie und Dominique.
Für verschiedene Hinweise danke ich Herrn Prof. Dr. Claus Roxin, Stockdorf; für ihre Hilfe beim Aufsuchen von May-Zitaten habe ich zu danken Herrn Hansotto Hatzig, Oftersheim, Herrn Herbert Meier, Hemmingen, und Herrn Dr. Wilhelm Vinzenz, Maisach.

1 Karl May, in einem Brief an eine Leserin, zit. in: Hans Wollschläger, *Karl May*, Zürich 1976, S. 86.
2 Zit. in: Berndt Banach, *Die Rasse, die nicht gross werden durfte. Karl May und die Indianer*, SoKMG 19 (1979), S. 24.
3 Ekkehard Koch, *Winnetou Band IV. Versuch einer Deutung und Wertung*, Teil 1, in: JbKMG 1970, S. 134-148; Teil 2, in: JbKMG 1971, S. 269-289. Vgl. auch Dieter Sudhoff, *Karl Mays »Winnetou IV«. Studien zur Thematik und Struktur*, Ubstadt 1981 (Materialien zur Karl-May-Forschung, Bd. 6).
4 Euchar Albrecht Schmid, *Gestalt und Idee*, in: Roland Schmid (Hg.), *»Ich«. Karl Mays Leben und Werk*, Bamberg ²⁷1968, S. 381f.
5 Zum Beispiel: Ekkehard Koch, *Der ›Kanada-Bill‹. Variationen eines Motivs bei Karl May*, in: JbKMG 1976, S. 29-46; Ekkehard Koch, *Zwischen Rio de la Plata und Kordilleren. Zum historischen Hintergrund von Karl Mays Südamerika-Romanen*, in: JbKMG 1979, S. 137-168; Ekkehard Koch, *Der Weg zum Kafferngrab. Zum historischen und zeitgeschichtlichen Hintergrund von Karl Mays Südafrika-Erzählungen*, in: JbKMG 1981, S. 136-165; Ekkehard Koch, *»Famoses Land, dieses Sibirien, und allerliebste Verhältnisse!«. Zum historischen Hintergrund von Mays Sibirien-Abenteuer in ›Deutsche Herzen – Deutsche Helden‹*, in: JbKMG 1986, S. 185-224; Erwin Koppen, *Karl May und China*, in: JbKMG 1986, S. 69-88; Bernhard Kosciuszko, *»Man darf das Gute nehmen, wo man es findet«. Eine Quellenstudie zu Mays Südamerika-Romanen*, in: JbKMG 1979, S. 169-185; Bernhard Kosciuszko, *»In meiner Heimat gibt es Bücher«. Die Quellen der Sudanromane Karl Mays*, in: JbKMG 1981, S. 64-87; Bernhard Kosciuszko, *»Eine gefährliche Gegend«. Der Yellowstone Park bei Karl May*, in: JbKMG 1982, S. 196-210; Werner Poppe, *Karl May und George Catlin*, in: MKMG 12 (1972), S. 22-25; Gabriele Wolff, *George Catlin: Die Indianer Nord-Amerikas. Das Material zum Traum*, in: JbKMG 1985, S. 348-363.
6 Ernie Hearting, *Die großen Indianerhäuptlinge*, Nürnberg 1964, S. 71.
7 Koch, *Winnetou Band IV*, Teil 1 [Anm. 3], S. 134.
8 Banach, a.a.O., S. 24.
9 Ebd., S. 25.
10 Vgl. z. B. Ekkehard Koch, *Karl Mays Väter. Die Deutschen im Wilden Westen*, Husum 1982, sowie: Ekkehard Koch, *Auswirkungen der Zivi-*

lisation auf Naturvölker, dargestellt am Beispiel einiger nordamerikanischer Indianervölker, in: Hans-Joachim Elster (Hg.), *Einflüsse der Zivilisation auf die Psyche des Menschen,* Stuttgart 1986, S. 77-94.

11 Vgl. z. B. Gabriele Wolff, a.a.O.
12 Franz Kandolf, *Der werdende Winnetou* (Bearbeitung von Roland Schmid), im Anhang zur Reprint-Ausgabe von *Old Surehand III,* Bamberg 1983, S. A56f.
13 Ebd., S. A34ff.
14 Ebd., S. A16.
15 Ebd., S. A17ff.
16 Euchar Albrecht Schmid, a.a.O., S. 382.
17 Banach, a.a.O., S. 24.
18 Elliott Arnold, *Cochise; Blutsbrüder;* jeweils Bamberg 1964.
19 Arnold, *Cochise,* S. 7.
20 Arnold, *Blutsbrüder,* S. 426.
21 Joseph Miller, *The Arizona Story,* New York 1952.
22 Dee Brown, *Begrabt mein Herz an der Biegung des Flusses,* Hamburg 1972, S. 216.
23 Hansotto Hatzig, *Nino Cochise,* in: MKMG 14 (1972), S. 27.
24 IX, S. 464.
25 Banach, a.a.O., S. 17, 24, 27.
26 Vgl. hierzu u. a. Werner Poppe, *»Winnetou«. Ein Name und seine Quellen,* in: JbKMG 1972/73, S. 248-253.
27 Roland Schmid im Anhang zur Reprint-Ausgabe von *Old Surehand III,* Bamberg 1983, S. A6f.
28 Zu Al Sieber vgl. Koch, *Karl Mays Väter.*
29 Die Ausführungen über Red Thunder, Wanata etc. gehen zurück auf: *Handbook of American Indians North of Mexico,* 2 Bde., Washington 1907, 1910; diejenigen über Dickson auf das *Dictionary of American Biography,* New York 1928-1936.
30 Banach, a.a.O., S. 25.
31 Zu den Lebensdaten von Sacajawea vgl. z. B. *Encyclopedia Americana* (Ausgabe von 1968), zu den von Vater und Sohn Charbonneau: Howard R. Lamar (Hg.), *The Reader's Encyclopedia of the American West,* New York 1977.
32 Vgl. *Dictionary of American Biography.*
33 Zit. in Norman B. Wood, *Die großen Häuptlinge der Indianer,* Weimar o. J. (1974), S. 222.
34 Wood, a.a.O., S. 210. Über Tecumseh vgl. auch Glenn Tucker, *Tecumseh, Vision of Glory,* Indianapolis 1956 – deutsche Übersetzung von Fritz Steuben, *Tecumseh. Roten Mannes Ruhm und Ehre,* Bremen 1969. Für weitere Einzelheiten: *Dictionary of American Biography,* speziell über Tecumsehs Sohn und Enkel *Handbook of American Indians.*

35 Banach, a.a.O., S. 24.
36 VII, S. 498 f.
37 Ebd., S. 130.
38 Ebd., S. 110.
39 Zu Petalesharo, seinem Vater und den späteren Ausführungen über die Pawnee vgl. George E. Hyde, *The Pawnee Indians*, Norman 1974; Clark Wissler, *Indians of the United States*, Garden City N. Y. 1940, 1966; ferner: *Handbook of American Indians, Dictionary of American Biography, Encyclopedia Americana*. Eine Literatursammlung der meisten Werke, die ich beim Studium der indianischen Geschichte durchgesehen habe und aus denen manche Information in diesen Aufsatz mit eingeflossen ist, ohne daß sie an jeder Stelle nachgewiesen werden kann, findet sich in Koch, *Karl Mays Väter* [Anm. 10].
40 Zit. in: *Handbook of American Indians*, Art. »Petalesharo«.
41 Dieses und das folgende Zitat in: Charles Hamilton, *Der Ruf des Donnervogels*, Zürich 1960.
42 Hyde, a.a.O.; auch nach Lamar (Hg.), *The Reader's Encyclopedia of the American West*, wo allerdings als Geburtsjahr »1787?« angegeben wird.
43 Wissler, a.a.O., S. 156. Auch Hyde, a.a.O., gibt an einer Stelle (S. 245) als Todesjahr mit Fragezeichen 1841 an und in diesem Zusammenhang als Geburtsjahr »1784 oder zehn Jahre später«. Den Widerspruch zu seinen Angaben: Geburtsjahr 1795 oder 1797 und Todesjahr 1832, klärt er nicht auf. Abwegig ist die Angabe des Todesjahres 1852 in: Hugo A. Bernatzik, *Neue Große Völkerkunde*, Herrsching 1975, S. 766.
44 Wissler, a.a.O., S. 156; Hyde, a.a.O., S. 321.
45 Hyde, a.a.O., S. 162.
46 Hyde, a.a.O.; Thomas Jeier, *Die letzten Söhne Manitous. Das Schicksal der Indianer Nordamerikas*, Düsseldorf, Wien 1976, S. 68; Wolfgang Lindig (Hg.), *Lexikon der Völker. Regionalkulturen in unserer Zeit*, München 1986, Art. »Pawnee«.
47 Vgl. Bernard De Voto, *Across the Wide Missouri*, Boston 1947.
48 Pierers *Universal-Conversations-Lexikon, neuestes enzyklopädisches Worterbuch aller Wissenschaften, Künste und Gewerbe*, 6. vollständig umgearbeitete Auflage, Berlin, Leipzig 1879, Art. »Pawnees«.
49 Vgl. hierzu vor allem Hyde, a.a.O., S. 5 f.
50 Wissler, a.a.O., S. 156.
51 VII, S. 31; auch VIII, S. 481 f.
52 Vgl. VIII, S. 454; XIX, S. 146; Karl May, *Helden des Westens* [Pawlak-Buchausgabe], S. 326, als »Paunihs«.
53 Heinz Stolte, *Auf den Spuren Nathans des Weisen. Zur Rezeption der Toleranzidee Lessings bei Karl May*, in: JbKMG 1977, S. 17-57; Ekkehard Koch, *»Jedes irdische Geschöpf hat eine Berechtigung zu sein und zu leben«. Zum Verhältnis von Karl May und Johann Gottfried Herder*, in: JbKMG 1981, S. 166-206.

54 Koch, *Zwischen Rio de la Plata und Kordilleren*, und Koch, »*Famoses Land, dieses Sibirien [...]*« [Anm. 5].
55 Karl May, *Winnetou. Eine Reiseerinnerung*, in: Omnibus. Illustrirtes Wochenblatt, 17 (1878), H. 40 u. 41; wieder als Reprint der KMG: *Der Krumir. Seltene Originaltexte*, Bd. 1, hg. v. Herbert Meier, Hamburg, Gelsenkirchen 1985, S. 185 ff. (mit einem Vorwort von Ekkehard Koch [S. 180]); Zitat auf S. 186.
56 VII, S. 179f.
57 Ebd., S. 420.
58 Ebd., S. 239 und 227.
59 Vgl. Gabriele Wolff, a.a.O. [Anm. 5].
60 Paul Wilhelm von Württemberg, *Reise nach dem nördlichen Amerika in den Jahren 1822 bis 1824*, Neuausgabe München o. J. (1979), S. 400ff.; erste Buchausgabe Stuttgart, Tübingen 1835.
61 Thatcher, *Indian Biography*, New York 1832; Henry Rowe Schoolcraft, *Onéota or Characteristics of the North American Indians*, New York 1844; Moore, *History of Indian Wars of the United States*, New York 1849; Drake, *Biography and History of the North American Indians*, Boston 1853.
62 John B. Dunbar, *The Pawnee Indians. A Sketch*, in: Magazine of American History 4 (4), S. 241-281; 5 (5), S. 321-345, 1880. Auch New York 1883.
63 Fritz Steuben, *Der Strahlende Stern*, Stuttgart, 96.-101. Tausend, 1958, S. 216ff.
64 Barthold Strätling, *So war der Wilde Westen*, Würzburg 1963, S. 159.
65 In deutscher Übersetzung wurde der Roman *Die Weiße Rose* mit einem Nachwort von Heinz Helmerking 1964 vom Manesse Verlag (Zürich 1964) neu herausgebracht. Die Version *The Indian Chief* erschien 1972, bearbeitet, bei der Olms Presse, Hildesheim, New York.
66 Vgl. die Einführung zu der Olms-Ausgabe *The Indian Chief*.
67 Nachwort zu *Tokeah*, Zürich 1964, S. 698. Vgl. auch z. B. Herbert A. und Elisabeth Frenzel, *Daten deutscher Dichtung. Chronologischer Abriß der deutschen Literaturgeschichte*, Bd. 2, München ³1966, S. 55.
68 Vgl. *Dictionary of American Biography*.
69 Vgl. *Encyclopedia Americana* (Ausgabe 1918).
70 *Tokeah*, im folgenden immer zitiert gemäß Anm. 65, S. 255f.
71 Zit. in: Kandolf, a.a.O. [Anm. 12], S. A17.
72 *Tokeah*, S. 275.
73 VII, S. 108.
74 *Tokeah*, S. 26f.
75 Vgl. *Who Was Who in America*. Historical Volume: 1607-1896, Chicago 1967; De Voto, a.a.O. [Anm. 47].
76 Vgl. *Handbook of American Indians*.

77 Gunter G. Sehm, *Der Erwählte. Die Erzählstrukturen in Karl Mays ›Winnetou‹-Trilogie,* in JbKMG 1976, S. 9-28.
78 VII, S. 5.
79 Paul von Württemberg, a.a.O., S. 403 und 407.
80 Zusammengefaßt in: Werner Müller, *Die Pawnee. Lebensbild eines Naturvolkes,* in: Kalumet 20 (1971), H. 3, S. 2-16, Eddersheim. Müller fußt u. a. auf folgenden Arbeiten: Alice Cunningham Fletcher, *Star Cult Among the Pawnee,* in: American Anthropologist N.S. 4 (1902), S. 736ff.; George Amos Dorsey, *Traditions of the Skidi Pawnee,* Boston, New York 1904; ders., *The Pawnee Mythology,* 1906 (Carnegie Institution of Washington Publication 59); Gene Weltfish, *The Lost Universe,* New York, London 1965.
81 Müller, a.a.O., S. 9.
82 Wissler, a.a.O., S. 153.
83 Müller, a.a.O., S. 14 und 15f.
84 Vgl. Werner Tippel, *Karl Mays astronomisches Weltbild,* Teil 1, in: MKMG 52 (1982), S. 23-28, und Hartmut Wörner, *Karl Mays astronomisches Weltbild,* Teil 2, in: MKMG 53 (1982), S. 5-14.
85 Wissler, a.a.O., S. 153.

Manfred Durzak
Winnetou und Tecumseh
Literarische Ikone und historisches Bild

In der ›Wiener Reichspost‹ veröffentlichte ein Fortbildungsschuldirektor mit Namen Michael Klieba am 15. April 1917 ein Gedicht *Amerika!*[1], das den Untertitel trägt *Zu Amerikas Kriegserklärung*. Da heißt es:

> Amerika, aus fernen Jugendtagen
> Ein bunter Bilderbogen rollt sich auf:
> Stolz schaukelt sich das Schiff mit hohen Masten,
> Die frohe Hoffnung steht am Steuerruder
> Und durch den Wellendrang, durch Sturmestoben
> Zieht Robinson der neuen Welt entgegen.
> Wie bangt das Herz vor Riffen und Piraten,
> Wie sorgt es mit dem Armen fern im Weltenmeer
> und freut sich, daß es Freitag hat gefunden. – –
>
> Dann geht's mit Lederstrumpf auf ferne Fahrten,
> Unübersehbar dehnt sich die Prärie,
> Grün wie Smaragd, der Wind streicht durch die Blätter,
> Kaum sieht man noch den Rücken zott'ger Büffel,
> Wild galoppieren weiße Pferde fort. –
> Im tiefen Walde düster brennt das Feuer,
> Gespenstig schwankt der Schatten der Lianen,
> Und tausend Stimmen tönen nah und fern.
> Am Marterpfahl steht stumm der weiße Trapper,
> Schon schwirrt das Beil, die Bogensehne klingt,
> Da windet sich durchs Unterholz unhörbar
> Ein Indianer schlangengleich heran,
> Und Winnetou im Kriegsschmuck steht erhaben
> Vor seinem Freund und jubelnd grüßt er »Howgh«!
> Und manche Squaw eilt aus des Wigwams Dunkel – –
>
> Old Shatterhand, der junge Schnelle Hirsch,
> Der Schwarze Adler und die Große Schlange,
> Tollkühne Bleichgesichter, rote Mädchen,
> Jung Wa-ta-wah und Nschotschi-Schöner Tag,
> Komantschen, Sioux und Apatschenkrieger,
> Blockhäuser, Waldbrand, Kriegspfad, Überfälle:

> Amerika, du Land der kecken Abenteuer,
> Der Träume und des scheuen Ideals,
> Der Riesenströme und der schlichten Menschen,
> Des Urwaldfriedens und der Unberührtheit,
> Mit jenen goldnen Tagen bist du fortgezogen!
>
> Der ländergier'ge, dollarlüst'ge Geldmann,
> Der nüchtern kalte Rechner Yankee
> Mit seinen Wolkenkratzern ist geblieben.
> Wirf nur die Dollars, rüste deine Flotten,
> Den Haß zu schüren in der wunden Welt:
> Du findest uns're Jugend auf dem Schlachtfeld
> So kühn wie Falkenaug, gestählt in Nöten,
> Getreu, wie einst der letzte Mohikan!

Kein Gedichttext, der zu ästhetischen Betrachtungen einlädt, aber im Rahmen von Überlegungen, die von der Absicht bestimmt sind, die Differenz sichtbar zu machen zwischen einer ahistorischen Ikonisierung des Indianers und einem von historischer Verarbeitung zeugenden Indianer-Bild, hochinteressant. Was es unter ästhetischen Aspekten an diesem Text im Höchstfall zu betrachten gäbe, wäre eine deprimierende Ansammlung von sprachlichen Klischees: bunte Bilderbogen, hohe Masten, frohe Hoffnung, kecke Abenteuer, scheue Ideale, schlichte Menschen, wunde Welt und vieles mehr. Oder es ließe sich auf Beispiele unfreiwilliger Komik verweisen, die das Pathos dieser Verse ins Lächerliche umkippen lassen. Etwa in der zweiten Strophe, wo eine Standardszene aus den Amerika-Romanen Karl Mays rekapituliert wird: Der gefesselte weiße Trapper, kein anderer als Old Shatterhand, wird von dem sich schlangengleich und unhörbar heranwindenden Winnetou befreit, der freilich – und hier erfolgt der komische Umschlag –, statt ihm die Fesseln zu durchschneiden, ihn, im Kriegsschmuck zumal, theatralisch jubelnd mit einem »Howgh« begrüßt.

Viel aufschlußreicher ist dieser Text hingegen, wenn man ihn aus seinem ideologischen Zusammenhang begreift, dem sich Karl Mays Ikonisierungen – aber nicht nur diese – widerstandslos einfügten. Denn das Gedicht wurde ja geschrieben in einem historischen Moment der Götterdämmerung. Das aus einem eskapistischen Wunschdenken heraus geborene Amerika-Bild mit unübersehbaren Prärien, kecken Abenteuern und schlichten Menschen – die chronischen Phantasie-Wucherungen Karl Mays haben an diesem Bild unverkennbar mitgewirkt – hatte sich in eine Wolkenkratzerwüste verwandelt, in der der dollarlüsterne Yankee sein Unwesen trieb. Wallstreet war sozusagen an die Stelle der freien Wildbahn getreten, und nicht nur das: Amerika mischte sich aus Profitdenken – so die Unterstellung – sogar in den heiligen Krieg, in dem teutonischer Heldenmut gegen welsche Tücke angetreten war.

Das Gedicht als ideologiegeschichtliches Dokument zeichnet unter diesem Aspekt, wenn man so will, den Abschied von der romantischen Amerika-Utopie, deren Geschichte noch einmal in ihren einzelnen Phasen vergegenwärtigt wird. Ausgangspunkt ist die Flucht aus der alten Welt, mit Defoes *Robinson Crusoe* als Handgepäck: lauter kleine wagemutige Robinsone auf der Suche nach ihren willfährigen Freitagen, der Urbevölkerung des amerikanischen Kontinents, den Indianern. Es folgt die Pionierphase, der Kampf im freien wilden Westen mit den Indianern, das Erlebnis des goldenen Zeitalters in Amerika. Und schließlich aus der Gegenwart heraus die ebenso emotional bestimmte Verzeichnung ins Negative: der zum nüchternen Geschäftsmann gewordene ehemalige Trapper, der seine Eroberungen an der Börse und nicht mehr in der freien Wildnis macht.

Die eigentliche ideologische Pointe dieser Verse tritt jedoch in der zynischen Schlußwendung hervor. Die archetypischen Bildmodelle, die die Amerika-Vorstellung illustrieren, werden gleichsam vertauscht. Die goldenen Tage des Faustrechts werden aus der Vergangenheit Amerikas in die Gegenwart des aktuellen europäischen Schlachtfeldes im Ersten Weltkrieg versetzt. Die amerikanischen GIs, die sich da in den heiligen Krieg der Deutschen einmischen wollen, sind nicht die Urenkel Natty Bumppos, dessen Trappername ›Falkenauge‹ ist, die heroischen Einzelkämpfer stehen vielmehr in den deutschen Linien. Der Hölle, Tod und Teufel nicht fürchtende Deutsche, der gegen die ganze Welt angetreten war oder der vielmehr die ganze Welt gegen sich verschworen sah, begreift sich im Bild des letzten Mohikaners. Der Krieg – und das ist wiederum die unfreiwillige grausame Komik dieses Bildertausches – als Fortsetzung von Wildwest-Romantik. Entlarvender könnte das politische Mißverständnis nicht sein.

Wirkungsgeschichtlich gesehen, ist dieser Text ein überzeugendes Beispiel für die Kraft jener Trivialmythen, die die Literatur im Bewußtsein der Generationen abgelagert hat. Das betrifft Defoe, der in der Konstellation zwischen Robinson und dem Eingeborenen Freitag ja nicht von ungefähr die Freundschaft zwischen dem weißen Trapper und dem Indianer präfiguriert[2], und das gilt erst recht für Karl May und sein literarisches Freundespaar Winnetou und Old Shatterhand.

Aber noch bedeutsamer ist, daß in diesem Text zugleich der literarische Ursprung dieser Personenfiguration in der Pioniersgeschichte Amerikas genannt wird. Denn nicht nur Old Shatterhand, Winnetou und seine Schwester Nscho-tschi werden angerufen. Der Schnelle Hirsch und die Große Schlange, die in der dritten Strophe genannt werden, entstammen James Fenimore Coopers berühmtestem Lederstrumpf-Roman, *Der letzte Mohikaner*, sind Übersetzungen für die Namen Unkas und Chingachgook. Und Wa-ta-wah wiederum, die Wilde Rose, ist die dem jungen Chingachgook versprochene Delawaren-Braut aus dem Lederstrumpf-Band *Der Wildtöter*. Coopers Archetypen eines ursprünglichen Amerika rahmen – und hier muß man sagen: zu Recht – diese Amerika-Vision ein, wenn es zu Beginn der zweiten Strophe heißt: »Dann geht's mit Lederstrumpf auf ferne Fahrten [...]« und gegen Ende des Gedichtes: »Getreu, wie einst der letzte Mohikan!«

Diese mythenprägende Kraft Coopers hat auch die Darstellung des Indianers in der deutschen Literatur bestimmt. Das gilt auch mit dem Blick auf Karl May. Ich will diese Ursprungskonstellation hier nicht in aller Ausführlichkeit rekapitulieren, außer acht lassen, daß Cooper versucht hat, die von Walter Scott entwickelten Prinzipien des historischen Romans auf die Darstellung der Frühgeschichte seines eigenen Landes anzuwenden. Im Unterschied zu den *Winnetou*-Bänden Karl Mays, deren Textgeschichte[3] ebenso kompilatorisch ist wie die Darstellung der amerikanischen Geschichte phantasmagorisch, läßt sich bei Coopers *Der letzte Mohikaner* von einem historisch-authentischen Rahmen sprechen. Der Kampf zwischen Engländern und Franzosen, die die neuenglischen Provinzen von Kanada aus bedrängten, die Parteinahme der Indianer – wobei Cooper freilich die Irokesen zu Unrecht zu Parteigängern der Franzosen macht – und schließlich das Massaker am Fort William Henry sind historisch verbürgt. Dieses historische Kolorit dient dazu, einer romantischen, hindernisreichen Abenteuerfahrt Farbe zu verleihen: der Reise der beiden aus England herübergekommenen Töchter des englischen Oberst Munro, des Kommandanten von Fort William Henry, Alice und Cora. In Begleitung des Majors Duncan Heyward, Falkenauges und der beiden Mohikaner Chingachgook und Unkas reiten sie durch das feindliche Indianergebiet von Fort Edward nach Fort William Henry, das von den Truppen des französischen Generals Montcalm belagert wird. Verfolgung, Gefangennahme, so der beiden Frauen und des Mohikaners Unkas durch die Irokesen, Befreiung und tragischer Tod von Cora, die Unkas liebte, und schließlich auch der Tod von Unkas im Kampf mit den Irokesen bringen so viel Bewegung in die Handlung hinein, daß der Cooper so häufig gemachte Vorwurf von Handlungsarmut nicht recht verständlich ist. Arno Schmidt[4] läßt Walter Scott beispielsweise dem amerikanischen Kollegen entgegenhalten:

»Warum geben Sie eigentlich Ihren Büchern, bei dieser prachtvollen Landschaft, bei diesen eindrucksvollen Gestalten der Hinterwäldler und Indianer […] so eine […] erbärmlich = dürftige Handlung? […] Was für ein schneidender Mißklang zwischen den prachtvollen Einzelheiten, und der provinziellen Fabel! […] Denn es ist keine ›Handlung‹, wenn Sie Ihre Helden stereotyp immer wieder durch Wälder jagen und entkommen lassen.« (S. 216)

Ein Vorwurf, der auf den Großteil der nach Cooper entstandenen, verwandten Literatur – man braucht hier nur an die Schematik zu denken, mit der Karl May seine Fabeln abspult – mit größerer Berechtigung zutrifft. Man könnte freilich auch umgekehrt fragen, ob nicht gerade die simple Handlungsführung die mythische Potenzierung der Cooperschen Figuren ermöglicht. Der Kolportageroman hetzt seine Helden atemlos durch ein sich ständig drehendes Handlungskarussell, das lediglich zu einer quantitativen Anreicherung führt. Coopers Handlungsentwürfe bleiben übersichtliche Folien, auf denen sich die unverwechselbare Eigenart seiner Figuren entfalten kann. Und gerade das mythische Profil, das seine Romanfiguren vor dem Hintergrund einer im Ansatz realistisch gezeichneten Historie so gewinnen, bezeichnet die eigentliche Stärke seiner Gestaltung.

Cooper hat denn auch mehr als in den anderen Lederstrumpf-Romanen im *Letzten Mohikaner* das Bild des Indianers mit einer Differenziertheit vor den Leser gestellt, die in den Nachfolge-Büchern selten erreicht wird. Er hat etwa in der Beziehung zwischen den Gegenspielern Unkas und Magua, dem ideal gezeichneten Mohikaner-Häuptling und dem bösartigen Irokesen-Häuptling, Muster geschaffen, die oft variiert wurden, nicht zuletzt bei Karl May, in dessen *Winnetou I* der Apatschen-Häuptling im Geiste von Unkas gezeichnet ist, während der hinterhältige Kiowa-Häuptling Tangua nicht nur den Namensgleichklang mit Magua besitzt, sondern ihm auch in der Charakterzeichnung ähnlich sieht.

Cooper gelingen Szenen, Bilder und Wendungen von großer Eindringlichkeit. So kommt etwa zu Anfang des Romans, im dritten Kapitel, bei der Einführung Chingachgooks und seines weißen Freundes, die endzeitliche Melancholie, die Thema und geschichtliche Sicht des Romans bestimmt, in den Worten des Mohikaner-Häuptlings zum Ausdruck:

»Mein Stamm ist der Ahnherr von ganzen Völkern. Das Blut der Helden fließt in meinen Adern, und da soll es für immer bleiben. Die Holländer landeten und gaben meinen Landsleuten das Feuerwasser; sie tranken, bis Himmel und Erde sich zu begegnen schienen, und glaubten töricht, den Großen Geist gefunden zu haben. Damals verloren sie ihr Land. Sie wurden allmählich von dem Ufer zurückgetrieben, und ich, der ich ein Häuptling bin, habe die Sonne seitdem nie anders als durch die Bäume scheinen sehen, und noch nie habe ich die Gräber meiner Väter besucht [...] Ich stehe auf dem Gipfel des Berges und muß hinabsteigen ins Tal; und wenn Unkas einst meinen Schritten folgt, so ist niemand mehr übrig von unserem Blut, denn mein Sohn ist der Letzte der Mohikaner.«

Das ist gewissermaßen die Vorwegnahme des Romanendes und, allgemeiner betrachtet, die von Trauer gezeichnete Einsicht in ein Schicksal, das sich nicht mehr aufhalten läßt. Freilich neigt Cooper keineswegs dazu[5], die Indianer aus einem solchen Verständnis heraus der Realität zu entrücken und zu idealisieren. Das verhindert schon die Kontrastfigur des Irokesen Magua, der, von den Erfahrungen mit der Brutalität und Lügenhaftigkeit der Weißen geprägt, die Weißen mit ihren Waffen zu schlagen versucht. Das verhindert auch der Erzähler, der zwar Alice Munro und Major Heyward, ihren späteren Mann, beim Anblick von Unkas so reagieren läßt:

Die freimütige Alice bewunderte den offenen Blick und die stolze Haltung des jungen Mohikaners, der ihr wie eine zum Leben erweckte griechische Statue erschien, und auch Heyward mußte seine Anerkennung offen aussprechen.

Aber der Erzähler läßt Heyward gleichzeitig anfügen: »Doch hüten wir uns, ihn zu idealisieren. Er ist schließlich doch ein Indianer.«

Ohne daß Cooper bewußt ethnologische Informationen über die Indianer vor seinen Lesern ausbreitet, hat er in den letzten Kapiteln des Romans in der Darstellung des alten weisen Delawaren Tamenund, der im Streit zwischen Magua und Unkas entscheidet, mehr an Wissen über das soziale Rollenspiel im Gruppenverband des Stammes anschaulich gemacht, als in theoretischen Erörterungen zu vermitteln wäre. Tamenund, der das eintätowierte Zeichen der Schildkröte, des heiligen Zeichens der Delawaren, auf der Brust von Unkas erkennt, sieht für einen Augenblick die Vergangenheit zurückkehren:

»Unkas, der Panther seines Stammes, der älteste Sohn des Lenapes, der weiseste Fürst der Mohikaner! Sagt mir, ihr Delawaren, hat Tamenund hundert Winter hindurch geschlafen?«

Kurze Zeit später jedoch, als Unkas von der Hand Maguas fällt, wird die Hoffnung eines Neubeginns bereits widerlegt. Die Einsicht Tamenunds:

»Warum soll Tamenund noch länger hier weilen? Die Bleichgesichter sind die Herren der Erde, und die Zeit der roten Männer ist noch nicht wiedergekehrt [...]«,

diese Einsicht entspricht dem Schicksal Chingachgooks:

»Ich, der Sohn und der Vater von Unkas, ich bin nur eine verdorrte Fichte auf einer Lichtung des Waldes, die von dem Feuer der Bleichgesichter zerstört wurde.«

Ein Ende, das auf das Ende Winnetous vorausdeutet, ein Ende, das auch für Tokeah gilt, den Häuptling der Oconees in Charles Sealsfields Roman *Der Legitime und die Republikaner*. Und auch hier läßt sich eine Gegenposition zu Karl May »als dem bedeutendsten Nachahmer Coopers in der deutschen Literatur«[6] erkennen. Denn auch bei Sealsfield herrscht noch nicht jene ikonographische Typisierung vor, die das geschichtliche Umfeld seiner Romanfiguren zur puren Staffage schrumpfen läßt, zu einer historischen Kulissenlandschaft, vor der Karl Mays Dioskurenpaar Winnetou und Old Shatterhand, gleichsam ohne einen Schatten zu werfen, auratisch agiert.

Sealsfield[7] war der erste deutsche Romancier, der Coopers epischen Faden aufnahm und ihn in einem breitangelegten, zweibändigen Roman fortspann. Sein Buch wird zu Recht in die Nähe der

Lederstrumpf-Saga gerückt. Der Literarhistoriker John Krumpelmann, einer der Mitherausgeber der seit einigen Jahren im Erscheinen begriffenen zweisprachigen Sealsfield-Gesamtausgabe, hat durch eine Reihe von Textentsprechungen überzeugend belegt: »Sealsfield hat Coopers *Mohikaner* umfassend studiert, bevor er seinen Tokeah-Roman vollendete.«[8] Der österreichische Autor hat denn auch an verschiedenen Stellen in seinem Roman Signale gesetzt, die auf den *Letzten Mohikaner* zurückweisen, am deutlichsten dort, wo er die Hauptfigur seines Romans, Tokeah, den Häuptling der zu Anfang des Jahrhunderts etwa im Gebiet des heutigen Louisiana lebenden Oconees, verschiedentlich so bezeichnet: »[...] der letzte Sproß, der letzte [...] der Oconees [...]«. »Tokeah, der letzte Miko der Oconees [...]«, heißt es dezidiert am Ende des Romans.

Eduard Castle[9] hat im Vergleich zwischen Cooper und Sealsfield gemeint:

Coopers Geschichten sind alle retrospektiv, die Rothäute wie die Weißen sind in eine gewisse sentimentale Beleuchtung gerückt. Demgegenüber ist Postl ganz aktuell und in seiner Auffassung der Menschen und der Begebenheiten weitgehend realistisch. Cooper hat nur ein beschränktes Interesse für die Sitten und Gebräuche der Indianer, die er als Dekorationsstücke verwendet. Sealsfield erfaßt das Rassenproblem: das mit gehäuftem Unrecht erzwungene, doch naturnotwendige Zurückweichen der Rothäute vor den Weißen [...] (S. 249)

Das ist natürlich nur zum Teil richtig. Wie soll ein historischer Roman anders als retrospektiv verfahren? Und was die sentimentale Beleuchtung betrifft, so hat Sealsfield der englischen Urfassung seines Romans, die 1829 unter dem Titel *Tokeah, or the White Rose* erschien und im gleichen Jahr von einer englischen Überarbeitung unter dem Titel *The Indian Chief* gefolgt wurde, noch das Goethe-Zitat »Kennst Du das Land, wo die Zitronen blühn« als Motto vorangestellt. Diese sentimentale Grundhaltung wird erst in der deutschen Neufassung abgeschwächt, die vier Jahre später unter dem Titel *Der Legitime und die Republikaner* herauskam. Symptomatisch dafür ist die Änderung des dem Band vorangestellten Motto-Zitats. Die sehnsuchtsgetragenen, in einen ganz anderen Kontext gehörenden Goethe-Verse werden von einem Zitat Thomas Jeffersons ersetzt:

Ich zittere für mein Volk, wenn ich der Ungerechtigkeiten gedenke, deren es sich gegen die Ureinwohner schuldig gemacht hat.

Irrig ist auch Castles Behauptung, Cooper interessiere sich nur begrenzt für Sitten und Gebräuche der Indianer. Der amerikanische Autor erklärt sie freilich nicht, er zeigt sie konkret. Das hat wohl auch mit dem anderen Lesepublikum zu tun. Der Reiz des Exotischen verleitet viel eher den deutschsprachigen Autor zu umständlichen Erläuterungen[10] für sein fernes deutsches Publikum. Beim amerikanischen Publikum genügt zum Teil die bildlich-konkrete Anspielung auf bereits bekannte Sachverhalte. Dennoch läßt sich ein Unterschied nicht verkennen, den Leslie Fiedler[11] bei Cooper so beschrieben hat:

Man muß sich daran erinnern, daß Cooper an seinen Leser nicht generell um Sympathie für das indianische Volk appelliert, sondern um Sympathie für den indianischen Häuptling, den Aristokraten an der Spitze des Stammes. Er ist der klassenbewußteste aller amerikanischen Schriftsteller (Scott schien ihm nicht Gentleman genug zu sein!), klassenbewußt, wie es nur ein provinzieller New Yorker Aristokrat zu sein vermag. (S. 184)

Bei Sealsfield wird unter diesem Aspekt die individuelle Vielfalt des indianischen Volkes viel stärker ins Bild gebracht. In diesem Sinne läßt sich bei Cooper von einem mythopoetischen Indianerroman sprechen, während Sealsfield – und das ist bei aller Unterlegenheit Cooper gegenüber *seine* Leistung – den ethnographischen Indianerroman begründet. Durch die Ausbreitung reichhaltiger Informationen über die Indianer weckt Sealsfield im Leser Interesse für dieses Volk über die Romanfabel hinaus. So beschreibt er etwa – um ein Beispiel zu geben – im vierten Kapitel des ersten Romanteils ausführlich das Leben im Oconee-Dorf, schildert den Bau der Wigwams, die wirtschaftliche Basis des Dorflebens, die Tätigkeiten der Frauen, ihre Beziehung zu den Kindern, ihre Kleidung, das soziale Rollenspiel innerhalb der Dorfgemeinschaft. Er erkennt so etwa in der gewissen sozialen Unterdrückung der Frauen im Stammesverband einen barbarischen Zug der Indianerkultur. An anderer Stelle beschreibt er detailliert den Bau eines Palmenrindenkanoes oder erläutert ausführlich einen rituellen Indianertanz.

Auch in der Charakteristik der Hauptfigur, des Miko, d. h. des Häuptlings der Oconees, Tokeah, läßt sich stärker als in Coopers

Protagonisten Chingachgook oder Unkas eine von Sealsfield verarbeitete politische Realität erkennen. In dem Roman, dessen historischen Rahmen der Krieg von 1812/14 bildet, als die Engländer versuchten, die nordamerikanischen Staaten wieder unter ihre Kontrolle zu bringen, wird nicht von ungefähr immer wieder leitmotivisch der Name des berühmten Shawnee-Häuptlings Tecumseh erwähnt. Tokeah teilt den politischen Weitblick Tecumsehs, der zu Anfang des 19. Jahrhunderts einer der überragendsten politischen Köpfe des Indianervolks war. Als die Irokesen-Nationen am Ausgang des 18. Jahrhunderts aufgerieben worden waren, ging der Widerstand gegen die vordringenden Weißen in erster Linie von den Miami- und Shawnee-Stämmen aus, die sich im Gebiet der heutigen Staaten Ohio und Indiana aufhielten. Die im Auftrag des Präsidenten Washington aufgestellte Armee unter den Generälen St. Clair und Harmar heimste sich vernichtende Niederlagen gegen die sich geschickt unter dem Oberkommando des Miami-Häuptlings ›Little Turtle‹ verteidigende Konföderation von Indianern ein, die sich aus den Miami-Stämmen in Ohio und Indiana, aus Shawnees und Potawatomis und Chippewas in den angrenzenden Gebieten gebildet hatte. Der Traum der Indianer, die Weißen bis an die Atlantikküste zurückzutreiben, erfüllte sich nicht. Unter dem Nachfolger von ›Little Turtle‹, dem Häuptling ›Turkey Foot‹, wurden die Indianer bei Fallen Timbers geschlagen und mußten am 3. 8. 1795 in Fort Greenville einen Friedensvertrag unterschreiben. Der junge Shawnee Tecumseh hat diese Niederlage miterlebt, aber seinen Traum von dem Widerstand gegen die Weißen nicht aufgegeben. Im ersten Jahrzehnt des 19. Jahrhunderts unternahm er, zum Häuptling der Shawnees geworden, den politisch kühnsten Versuch, die wichtigsten der noch verbliebenen großen Indianer-Nationen, vor allem auch die wichtigen Stämme im Südosten, zu einer Allianz gegen die Amerikaner unter dem General Harrison, dem späteren Präsidenten, zu vereinen, um an allen Grenzen der Amerikaner, im Norden, Westen und Süden loszuschlagen und die Eindringlinge zu überrollen. Hätten die Creeks, die Choctaws, die Chickasaws, die Cherokees und die Seminolen gemeinsame Sache mit den anderen Indianer-Stämmen gemacht, hätte es vielleicht in der amerikanischen Geschichte eine Wendung gegeben. Im Frühjahr 1811 berief Tecumseh eine große Ratsversammlung der Choctaws und Chickasaws ein und hielt eine aufrüttelnde Rede:

»Schlaft nicht länger [...] in falscher Sicherheit und trügerischer Hoffnung. Unsere großen Landgebiete entgleiten immer mehr unserem Griff. Jedes Jahr werden die weißen Eindringlinge habsüchtiger, erpresserischer, erdrückender und anmaßender. Noch treten und schlagen sie uns nicht wie ihre Schwarzgesichter. Aber wie lange noch wird es dauern, bis sie uns an Pfähle binden und uns auspeitschen und uns zwingen, für sie auf ihren Feldern zu arbeiten. Sollen wir auf diesen Augenblick tatenlos warten oder kämpfen?

Haben wir ihre Absichten nicht klar vor Augen in den Beispielen ihres Verhaltens in der Vergangenheit? [...] sollen wir warten, bis sie so zahlreich geworden sind, daß es einen Widerstand gar nicht mehr geben kann? Sollen wir uns eines Tages zerstören lassen, ohne Kampf? Niemals, sage ich! Niemals! Also müssen wir uns zusammenschließen, eine große indianische Einheit bilden und sie an der ganzen Front zurücktreiben.«[12]

Während Tecumseh sich bei den Creeks aufhielt, um sie für seine Konföderation zu gewinnen, nutzte Harrison seine Abwesenheit und provozierte den Bruder Tecumsehs, den sogenannten Propheten, gegen Tecumsehs ausdrückliche Warnung zum vorzeitigen Angriff. In der Schlacht am Tippicanoe-River in Indiana kam es im September 1811 zu einer vernichtenden Niederlage der Indianer, und Tecumsehs Pläne waren auf immer durchkreuzt. Mit seinen verbliebenen Kriegern stellte sich Tecumseh später offen auf die Seite der Engländer und kämpfte im Rang eines englischen Generals gegen die Amerikaner. Von der Kenntnis dieser Zusammenhänge scheint Karl May weitgehend unberührt. Tokeah wird von Sealsfield hingegen bewußt in diesen politischen Rahmen gestellt. So heißt es zu Anfang des Romans über ihn:

»Damals hat er seine Boten zum großen Tecumseh gesandt, das Band der Einigung zwischen beiden Völkern wieder anzuknüpfen. Seine Boten haben das Calumet mit dem großen Häuptling geraucht, und er hat versprochen loszuschlagen, wenn die Muscogees das Kriegsgeschrei erheben würden.«

Tokeah ist wie Tecumseh von der Erfahrung geprägt, daß die weißen Kolonisatoren erbarmungslos zur Unterwerfung der Urbevölkerung angetreten sind:

»Tokeah hat ihn gesehen, den heiligen Grund, er hat sie gesehen, die verbrannten, zerstörten Dörfer seines Volkes, er hat also gesehen seine Brüder, sie gesehen, wie sie vor den Häusern mit gemalten Schildern lagen,

Schweinen gleich, ihre Gewehre und Tomahawks mit Kothe besudelt, sie selbst die Zielscheibe der Verachtung und Beschimpfung der schwarzen Sklaven.«

Diese beiden Erfahrungen, der fortgesetzte Landraub und die moralische Vernichtung durch den Alkohol, motivieren Tokeahs Handeln: seinen Haß gegen die Unterdrücker und seinen Haß gegen diejenigen seiner roten Brüder, die sich der weißen Lebensweise angepaßt haben. Wie bei Cooper Chingachgooks Haltung von Unkas bestätigt und von Magua kontrastiert wird, hat auch Sealsfield Tokeah einen positiven und negativen indianischen Repräsentanten an die Seite gestellt. Auf der einen Seite der ideal gezeichnete junge Häuptling der Cumanchees El Sol, dem Tokeahs Tochter Canondah versprochen ist, den Tokeah zum Häuptling der Oconees macht und dessen Jagdgründe seinem vertriebenen Stamm eine neue Heimat geben sollen. Auf der andern Seite der Muscogee-Häuptling Chief Joseph (ein Halbblut), der mit seinen Leuten bei den Weißen geblieben ist, sich ihrer Lebensweise angleicht, aber als verkleideter Weißer nur den Spott der Weißen erntet und den Zorn Tokeahs:

»Seine Augen sehen nicht mehr Muscogees. Sie sehen verkleidete rote Männer, die sich mit den weggeworfenen Gewändern der Weißen behängen, die sich des Wampuns ihrer Väter schämen und deren die Weißen spotten […] der Miko ist gekommen, um von seinem Volke auf immer Abschied zu nehmen […] und Dieser will seine Gebeine nicht ferner unter einem entarteten Volke lassen, unter einem Volk, das sein Bluth verrathen.«

Auf welcher Seite Sealsfield steht, daran läßt er keinen Zweifel. Als am Ende ein Weißer abfällig über den angetrunkenen Tokeah äußert: »Ist doch bei alle dem ein indianisches Vieh […]«, korrigiert ihn der einstige Freund Tokeahs, der französische Seeräuber Lafitte:

»Ein König willst Du sagen. Ein Legitimer mit so edlem Blute, als je in den Adern Eines geflossen. Wenn Du den hunderttausendsten Theil seiner Leiden erfahren hättest, wärest Du längst im Tollhause – oder auf dem Galgen vermodert.«

Freilich leidet diese politische und psychologische Dimension in der Charakterzeichnung der Indianer unter der verworrenen Handlung des Romans. Wenn man Coopers *Der letzte Mohikaner* eine romantisierte Fabel vorgeworfen hat, um viel mehr trifft dieser Vorwurf auf Sealsfield zu. Gemeint ist die Geschichte von ›Weißer Rose‹, dem kleinen weißen Mädchen, das in einem Massaker die Mutter verlor und von Tokeah gerettet wurde. Es wird zuerst in seinem Auftrag von Weißen aufgezogen und nach sieben Jahren von ihm heimgeholt, damit ›Weiße Rose‹ mit Canondah, seiner Tochter, ihrer besten Freundin, zusammen aufwächst. ›Weiße Rose‹ soll Lafitte, den einzigen weißen Freund Tokeahs, den ›Häuptling der Salzsee‹, heiraten. Ein zufällig in die Hände der Oconees geratener Brite, Hodges, von den Indianern als amerikanischer Spion verdächtigt, bringt alles in Unordnung. Er öffnet ›Weißer Rose‹ und den Indianern die Augen über ihren verbrecherischen Freund. Lafitte wird von den Indianern verstoßen und rächt sich mit einem Überfall, bei dem Canondah getötet wird.

Hodges hat sich inzwischen zur Küste durchgeschlagen, wird nun von den Amerikanern gefangengenommen und als Spion der englischen Seite verdächtigt. Das Zeugnis der ›Weißen Rose‹, die Tokeah ins Gebiet der Weißen begleitet hat – Tokeah will in den ehemaligen Stammesgründen die Gebeine seiner Väter ausgraben –, spricht für Hodges. Am Ende wird Tokeah von den Weißen gezwungen, ›Weiße Rose‹, die der »Stimme des Blutes« folgt und sich von ihm lossagt, bei den Weißen zu lassen. Sie heiratet Hodges, der sich vom arroganten Briten zum amerikanischen Republikaner wandelt. Tokeah wird hingegen von feindlichen Indianern auf dem Weg in den Südwesten getötet.

Die »schöne Seele« der ›Weißen Rose‹ ist freilich im schlechten Sinne literarisch wie auch das krause Rankenwerk der Handlung, unter dem die poetische Kraft des Romans mitunter zu ersticken droht. Dennoch läßt sich sagen, daß in dem Bilde des Indianer-Häuptlings Tokeah realistische Dimensionen der Gestaltung sichtbar werden, die viel eher auf das historische Beispiel Tecumseh verweisen als auf die abstrakte Ikone Winnetou.

Dieses historische Beispiel Tecumsehs hat der Autor Fritz Steuben in einer seit Anfang der dreißiger Jahre erschienenen Romanreihe[13] über Tecumseh verarbeitet. Wo Karl Mays Phantasie-Wucherungen die Realgeschichte bis zur Unkenntlichkeit überlagern und phantasmagorische Protagonisten in einer Traumkulisse agieren, versucht Steuben, das historisch verbürgte Faktenmaterial episch zu verlebendigen.

Gäbe es mehr als eine bloß fragmentarische Geschichtsschreibung aus der Perspektive der Indianer, so würde das Ausmaß an Energie und Begabung, mit dem sich die rote Urbevölkerung gegen die weißen Eindringlinge zur Wehr setzte, klarer hervortreten. Zumindest drei überragende Häuptlinge würden in einer solchen indianischen Geschichte Ehrenplätze einnehmen: Der Ottawa-Häuptling Pontiac trat in den sechziger Jahren des 18. Jahrhunderts mit großer Gefolgschaft zum Kampf gegen die englischen Forts an und eroberte eines nach dem anderen; zu Fall gebracht wurde er durch den englischen Kommandeur Lord Amherst, der an die Indianer mit Pocken infizierte Leinentücher und Decken verteilen ließ und mit solcher Strategie ihren Widerstand brach. Ein Jahrhundert später brachte der Sioux-Häuptling Sitting Bull zusammen mit Crazy Horse der Elitetruppe des 7. Kavallerieregimentes unter Custer am Little Bighorn eine vernichtende Niederlage bei, welche die zu nationalem Selbstbewußtsein erwachenden Vereinigten Staaten lange nicht vergessen konnten. Damals bereits war das Diktum des Generals William Tecumseh Sherman zur offiziellen Politik gegenüber den Indianern geworden. Sherman hatte 1867 gesagt:

Je mehr ich von diesen Indianern sehe, desto stärker wird meine Überzeugung, daß man sie alle töten oder zu Bettlern machen muß.

Die Ironie will, daß der mittlere Name dieses Generals, der zur rücksichtslosen Ausrottung der Indianer aufrief, auf einen anderen großen Indianer-Häuptling, auf Tecumseh, verweist. Über ihn urteilte sein erbittertster Gegner, der amerikanische General und spätere Präsident Harrison:

Der unverbrüchliche Gehorsam und die Achtung, die Tecumsehs Anhänger ihm bezeugen, ist wahrhaft erstaunlich. Sie spricht mehr als alles andere dafür, daß wir es hier mit einem jener ungewöhnlichen Genies zu tun haben, die sich zu Zeiten erheben, um Revolutionen hervorzurufen und die bisherigen Ordnungen umzustürzen. Wenn er nicht in unserer Nachbarschaft lebte, würde er vielleicht der Gründer eines Reiches werden, das an Größe mit Mexiko oder Peru wetteifern könnte. Seine Rastlosigkeit wie sein Fleiß ersetzen das Fehlen der Möglichkeit, durch Briefe zu wirken. Seit vier Jahren ist er ständig unterwegs. Heute sieht man ihn am Wabash, und kurze Zeit später hört man von ihm, daß er am Erie- oder Michigan-See oder am Mississippi ist. Und wo immer er erscheint, erreicht er Zustimmung zu seinen Plänen.[14]

Das ist keineswegs eine Übertreibung, sondern eine realistische

Einschätzung Tecumsehs. Ihm schwebte, wie schon erwähnt, eine indianische Konföderation vor, so etwas wie indianische Vereinigte Staaten von Amerika als Gegengewicht zu der immer stärker vordringenden weißen Union. Die politische Vision eines indianischen Reiches also, in dem sich alle verbliebenen Stämme zusammenschließen würden, um mit *einer* Stimme mit den weißen Amerikanern zu verhandeln oder mit *einem* Heer gegen sie Krieg zu führen.

Die Shawnees, die ursprünglich im Gebiet der heutigen Staaten Ohio und Kentucky lebten, hatten sich schon um die Mitte des 18. Jahrhunderts dem Druck der Weißen beugen müssen und waren mit den Resten ihres Stammes in das Gebiet des heutigen Staates Indiana ausgewichen. Und hier, an der Mündung des Tippicanoe-Rivers in den Wabash-River, in Te-squa-ta-wa, dem Platz, der den Namen von Tecumsehs Bruder, des Propheten, trug, der ihm beim Aufbau der indianischen Konföderation half, war für einige Jahre die heimliche Hauptstadt des indianischen Amerika. Eine Erinnerung, die der Name des Staates Indiana noch heute reflektiert. Denn dieses Gebiet war im 18. und frühen 19. Jahrhundert nicht nur der klassische Boden der Indianerkämpfe, sondern zugleich das politische Zentrum der Indianer unter Tecumseh. Und nicht nur der Vater jenes Generals, der die Parole zur Vernichtung der Indianer ausgab – »Der beste Indianer ist ein toter Indianer« –, hatte seinem Sohn in Verehrung für den großen Shawnee-Häuptling den Beinamen Tecumseh gegeben. Als das Indiana-Territorium als Staat in die Union eingetreten war, diskutierte man den Namen des Shawnee-Häuptlings ebenfalls als Namen für die neugegründete Hauptstadt des Staates, das spätere Indianapolis.

Steubens achtbändig angelegte Tecumseh-Saga – nimmt man noch die Erzählung aus Tecumsehs Jugend *Schneller Fuß und Pfeilmädchen* hinzu – bedeutet für die literarische Darstellung des Indianers in der deutschen Literatur durchaus etwas Neues, vor allem auch im Kontrast zu Karl May. Der Tecumseh-Zyklus markiert so etwas wie den Beginn des historiographischen Indianerromans, der episch verlebendigten Chronik, die sich an das historische Personal und an den historischen Ablauf der Ereignisse hält. Das kennzeichnet die Stärken und zugleich die Schwächen dieser Romane. Tecumsehs Größe ist historisch verbürgt und hat keinen mythischen Ursprung. Der literarische Darstellungsanspruch des Autors ordnet sich damit der Historie unter, auch wenn er sich nicht scheut, mitunter Anleihen bei dieser mythopoetischen Tradition der Indianerliteratur zu machen. So wird in den ersten Tecumseh-Bänden ohne Skrupel die Gestalt Daniel Boones eingeführt, der als historische Figur mit der Pioniersgeschichte Kentukkys eng verbunden ist. Obwohl Cooper Züge Boones in seinem Protagonisten Natty Bumppo verarbeitet hat, deutet die Gleichsetzung, die Steuben vornimmt, indem er Boone ständig unter dem Namen Lederstrumpf auftreten läßt, zugleich auf eine Simplifizierung und Ausbeutung Coopers hin.

In den letzten drei Bänden, die die Franck'sche Verlagshandlung in einer einbändigen Neuausgabe unter dem Titel *Großer Häuptling Tecumseh* zusammengefaßt hat, herrscht jedoch historische Authentizität vor. Denn hier werden die entscheidenden politischen Stationen Tecumsehs vergegenwärtigt bis hin zu seinem Tod in der Schlacht an der kanadischen Themse am 5. Oktober 1813, dem Ende zugleich der indianischen Konföderation. Der politische Gegensatz zwischen Tecumseh und Harrison durchzieht die Handlung der letzten drei Romane. Der amerikanische General, dem die Schlacht von Tippicanoe später die Präsidentschaft brachte, wird keineswegs verteufelt, sondern mit Zügen der Bewunderung und des Respektes für die Indianer und vor allem für Tecumseh gezeichnet. Freilich antizipiert Harrison die politische Entwicklung der kommenden Jahrzehnte und ist nicht bereit, die friedliche Koexistenz zwischen den vereinten Indianer-Nationen und der amerikanischen Union hinzunehmen. Nur zum Schein geht er auf die Vorschläge Tecumsehs ein. Als jener in den Süden reist, zu den Creeks – nicht von ungefähr zeigt ja auch Sealsfield Tokeah als einen Anhänger Tecumsehs – und weiter nach Florida zu den Seminolen, um seine Konföderation auszudehnen, fällt Harrison ihm entgegen seinem Versprechen in den Rücken. Er läßt aus fadenscheinigen Gründen seine Truppen am Tippicanoe-River aufmarschieren und fordert den Schamanen des Stammes, Tecumsehs Bruder, den halbblinden Propheten, in der Abwesenheit Tecumsehs zur militärischen Auseinandersetzung heraus. Die Indianer werden geschlagen. Die magische Rolle des Propheten ist ausgespielt. Tecumseh verstößt ihn nach seiner Rückkehr aus dem Stamm. Sein politisches Lebenswerk ist damit bereits vernichtet. Erst jetzt, nach dem kalkulierten Verrat Harrisons, entschließt er sich zum unversöhnlichen Kampf gegen die Amerikaner und läßt sich von dem englischen General Brock zum Verbündeten gegen die Amerikaner gewinnen. In Verbindung mit Brock, der ihn später voller Bewunderung in den Rang eines Generals erhebt, gelingt es Tecumseh nochmals, den Amerikanern einige der empfindlichsten Niederlagen der Indianerkriege beizubringen. Die wichtigsten Forts des Grenzlands, darunter Detroit, fallen. Fort Vincennes in Indiana, wohin Harrison sich zurückgezogen hat, scheint ein ähnliches Schicksal bevorzustehen. Aber der kongeniale Verbündete Tecumsehs, Brock, ist inzwischen gefallen. Der Nachfolger denkt vor allem an die englischen Interessen. Die indianischen Verbündeten Tecumsehs zögern zudem oder sagen sich offen von ihm los. Der Erzähler Steuben kommentiert:

Den Indianern fehlte völlig, was wir Gefolgschaftstreue nennen; sie waren an sich durchaus fähig, denn zahllos sind die Beispiele von rührender und zugleich heldenhafter Aufopferung für einen Freund, für einen Bruder oder für einen Stamm. Aber es fehlte ihnen der Begriff der Treue zu einem überlegenen Häuptling.

Ist es nur eine willkürliche Assoziation, wenn sich bei solchen Sätzen Wendungen wie ›Treue zum Führer‹ gleichsam von selbst einstellen? Steubens Romane entstanden fast ausschließlich in den dreißiger Jahren unseres Jahrhunderts. *Tecumsehs Tod* erschien 1939, als eine andere ›völkische‹ Erneuerung, in der die Gefolgschaftstreue über alles gestellt wurde, von sich reden machte. Der offen antiamerikanische Affekt des Buches erhält im historischen Kontext der Entstehungsjahre plötzlich ebenfalls ein anderes Gewicht. Diente die nationale Selbstbewußtwerdung der Indianer unter ihrem ›Führer‹ Tecumseh gar als historische Folie für das, was sich in der aktuellen Situation der dreißiger Jahre in Deutschland abspielte?

Es läßt sich nicht leugnen, daß sich solche Assoziationen gelegentlich einstellen. Aber sie heben dennoch nie die historischen Dimensionen der Darstellung auf. Die Einwände, die man gegen Steuben erheben kann, sind nur am Rande politischer Natur. Stärker wirken, besonders vor dem Hintergrund der literarischen Tradition, die ästhetischen Bedenken. Die psychologische Verfeinerung im literarischen Bild des Indianers geht bei Steuben großenteils verloren. Sein Tecumseh-Porträt ist psychologisch eindimensional angelegt, erklärt alle Handlungen aus dem einen übermächtigen politischen Antrieb: eine Vereinigung aller Indianerstämme zu erreichen. Das Bild Tecumsehs gerät zu plakativ. Eine eigentliche Durchdringung der historischen Figur und damit eine Steigerung der romanhaften Chronik zur literarisch verdichteten Darstellung bleibt Steuben versagt.

Das ist sicherlich auch eine Frage der literarischen Möglichkeiten des Autors, der sich hinter dem Pseudonym Fritz Steuben, des legendären preußischen Zuchtmeisters der amerikanischen Revolutionsarmee, verbirgt. Dieser Autor ist der 1898 geborene Erhard Wittek, der, von 1927 bis 1937 in leitender Stellung in der Franck'schen Verlagshandlung tätig, dem Vernehmen nach heute noch in Pinneberg lebt.

Historische Folien scheinen auch bei Cooper durch, etwa in der Figur des alten Delawaren-Weisen Tamenund, hinter dem der berühmte Häuptling Tamenend erscheint, der 1692 mit William Penn über die ersten Gebietsabtretungen an die Weißen verhandelte. Vieles deutet darauf hin, daß auch Sealsfields Tokeah ein solches historisches Vorbild hat, möglicherweise in Yoholo-Micco, dem berühmten Häuptling der Creeks, der wie Tokeah am Ende seines Lebens gezwungen war, mit seinem Stamm westwärts zu ziehen, und der wie Tokeah auf der Reise verstarb. Aber nirgendwo wird das historische Gewicht der überlieferten Figur so stark, daß die literarische Vorstellungskraft darunter verkümmert. Das mag einer der Gründe sein, warum das literarische Denkmal, das Steuben Tecumseh gesetzt hat, als schriftstellerische Leistung nie wirklich ernstgenommen, sondern in die Jugendliteratur abgeschoben wurde. Steubens literarisches Schicksal unterscheidet sich hier nicht von dem Karl Mays, dem er, gemessen an der Zahl seiner Bücher, in den hohen Auflagen – rund zwei Millionen Exemplare der Tecumseh-Bücher sind verbreitet – nahekommt. Von der Konzeption seiner Romane her nimmt er freilich die Gegenposition zu Karl May ein. Während dieser die historische Authentizität seines Winnetou hochstaplerisch behauptete und so auf die Frage eines Lesers antwortete:

Winnetou war geboren 1840 und wurde erschossen am 2. 9. 1874. Er war noch herrlicher, als ich ihn beschreiben kann […],

entspricht Steubens Tecumseh tatsächlich weitgehend der historischen Vorlage. Dieses historische Beispiel Tecumseh ist zugleich viel beeindruckender als die literarische Ikone Winnetou.

Ich will vor dem in einigen charakteristischen Zügen skizzierten Hintergrund eines literarischen Indianer-Bildes, das deutlich in einen historischen Kontext eingelagert ist und das in der Figur des Shawnee-Häuptlings Tecumseh exemplarisch erscheint, die Winnetou-Figur Karl Mays betrachten, freilich ohne jeden Anspruch, sie im Kontext der *Winnetou*-Romanreihe zu interpretieren. Vielmehr kommt es mir darauf an, entstehungsgeschichtliche Momente der ikonographischen Struktur dieses Phantasie-Bildes genauer zu bestimmen und auch vor dem Hintergrund der zuvor skizzierten Zusammenhänge zu gewichten.

Einer der Kritiker Karl Mays hat gemeint:

Als rot eingefärbter Cherusker vom ideellen Weltstamm der Germanen galoppiert der nordamerikanische Indianer von Karl Mays Gnaden durch die Kinderwelt deutscher Imagination. Winnetou, der warmherzige Bruder aller Sachsen. Kein Volk der Welt weiß so viel von Indianern wie die zurückgebliebenen Nachfahren des Emigranten Old Shatterhand [...]. Nur – die Indianer Karl Mays haben mit ihren realen Vorbildern [...] wenig zu tun [...]¹⁵

Sicherlich, die ethnologische Information in den Büchern Karl Mays ist gering, ist vielfach sogar irrig. Er war kein Ethnologe, kein Historiker, nicht einmal ein aufmerksam beobachtender Reisender, als der er erscheinen wollte. Seine Exkursionen in den Wilden Westen waren imaginiert. Sein Kompaß war eine Fülle bereits vorliegender Reisebeschreibungen, die er ausbeutete, von Catlins *Die Indianer Nordamerikas* bis Gatschets *Zwölf Sprachen aus dem Südwesten Nordamerikas,* um seinen literarischen Visionen den Anschein von erlebter Realität zu verleihen. Die epischen Versatzstücke seiner Bildmuster entstammen der ihm zugänglichen Indianer-Literatur, von Cooper bis hin zu Mayne Reids *Der Skalpjäger* oder Gabriel Ferrys Roman *Der Waldläufer,* den er in einer Leseausgabe für die Jugend bearbeitete. Aber sind Karl Mays Rothäute tatsächlich nur kostümierte Germanen? Winnetou ein verkappter Hermann der Cherusker? Und die Pueblos der Apatschen, wie Karl May sie nennt, liegen nicht in den Bergplateaus Arizonas, sondern im Teutoburger Wald? Handelt es sich also, buchstäblich genommen, um teutonische Indianer? Das ist eine Deutung, die in der Tendenz der des österreichischen Literarhistorikers Josef Nadler entspricht, der in seiner *Literaturgeschichte des deutschen Volkes* über Karl May ausgeführt hat:

Das ist der persönliche, aber auch völkische Sinn dieses Helden Schmetterhand, der alles kann, alles weiß und mit seinem vielschüssigen Stutzen auch den aussichtslosesten Sieg auf seine Seite zieht. Man glaubt, in all den unfehlbaren Schlachtenplänen die verdrängten Feldherrngelüste eines jungen Mannes zu spüren, der tatenlos im Gefängnis saß, als sich 1866 und 1870 auf den böhmischen und französischen Schlachtfeldern das Reich der Deutschen zu formen begann. Und so erscheint denn diese maskenreiche Gestalt als Vollstrecker der sozialen und sittlichen Gerechtigkeit, als vollkommener Held und geborener Führer.[16]

Betreibt Karl May also affirmative politische Wunscherfüllung im epischen Surrogat? Aber so einfach geht die Gleichung nicht auf. Die Faszination seiner unzähligen Romane und insbesondere der wohl berühmtesten Bände, der *Winnetou*-Reihe, wäre so nicht zu erklären, wenn es sich nur um eine ideologiegetränkte Umschrift handelte. Interessanterweise konzentriert Nadler seine Aufmerksamkeit auch auf die teutonische Identifikationsfigur, während das indianische Pendant, Winnetou, in dieser Perspektive weniger wichtig wird. Doch der stolze Apatschen-Häuptling wird ja nicht nur rituell zu Old Shatterhands Blutsbruder. Old Shatterhand sieht ihn als gleichwertig an, ja er schaut gelegentlich zu ihm auf. Er ist für ihn ein Edelmensch par excellence, ein Überindianer, um Nietzsche zu verballhornen, also im Grunde ein edler Wilder, ein reines Naturkind der Prärien, Wälder und Halbwüsten – im Geiste Rousseaus geschaut?

Dann wäre allerdings die literarische Ahnenschaft Winnetous einigermaßen klar. Sie wäre nicht im Teutoburger Wald, sondern in Frankreich zu suchen, in Chateaubriands 1801 erschienenem, die französische Romantik präludierendem Roman *Atala. Von der Liebe zweier Indianerkinder*. Dieses unvorstellbar vielgelesene Buch hat allerdings ein Stereotyp der frühen, sich mit Indianern beschäftigenden Literatur geprägt: das Stereotyp des in einem naturhaften Eden lebenden edlen Wilden, der sich allmählich zu jenem anderen Eden emporläutert, dem biblischen des Christentums. Das Buch, durch das noch deutlich der frömmelnde Atem der missionarischen Literatur weht, hat auch im Deutschland des frühen 19. Jahrhunderts ein erstaunliches Echo gefunden. Schiller, der in einem Gedicht den edlen Wilden Amerikas besingt, ist ein Beispiel dafür.

Chateaubriand präsentiert eine romantische Geschichte im Rückblick seines erzählenden Indianergreises Chactas, der eines Abends am Ufer des mondbeschienenen Ohio einem Exilfranzosen, dem jungen René, seinem Adoptivsohn, von seiner Liebe zu Atala berichtet, der Halbindianerin und heimlichen Christin, die er als Gefangener eines kriegerischen Stammes kennenlernte. Er flieht mit Atalas Hilfe durch die Wildnis. Sie glauben schließlich, bei Pater Aubry und seiner Gemeinde von friedlichen, nun Ackerbau betreibenden Indianern – eine rechte Missionars-Utopie! – eine Bleibe gefunden zu haben. Die so fromme und obendrein blonde Atala, die sich kraft Gelübde der Heiligen Jungfrau versprochen hat, vermag den Schritt ins friedliche bäuerliche Leben an der Seite von Chactas nicht zu tun: sie geht freiwillig in den Tod.

Solcherart auf den sentimentalen Handlungskern reduziert, der sich vor allem aus Missionarsberichten des 18. Jahrhunderts nährt, aus der Heiligen Schrift, der Ossian-Literatur und nur am Rande aus damals bereits zugänglichen Reisebüchern[17], fällt es einem schwer, den außerordentlichen Erfolg dieses Buches nachzuvollziehen, wären da nicht die symbolischen Naturbeschreibungen, die melodisch ausgewogene Sprache, die geschickte Dramaturgie in der Handlungsverknüpfung. Und wäre da nicht eben als Folie der Rousseausche ›bon sauvage‹, freilich bei Chateaubriand ein zum Christentum konvertierter.

Es liegt nahe zu fragen, ob der notorische Vielleser und Vielschreiber May nicht auch Chateaubriands Roman gekannt hat, ob nicht eine der literarischen Wurzeln seiner Indianer-Stereotypen hier zu finden ist. Eine Frage, die keineswegs abwegig ist, wenn man sich vergegenwärtigt, unter welchen Vorzeichen Winnetou im ersten Band an einer Stelle vorgeführt wird. Man erinnert sich an den Handlungszusammenhang. Das junge Greenhorn aus Deutschland, das bei den Landvermessern der Eisenbahngesellschaft im Westen arbeitet und sich durch explosive Faustschläge Respekt und den Trappernamen Old Shatterhand erwirbt, ist in die Hände des Apatschen-Häuptlings Intschu tschuna und seines Sohnes Winnetou geraten. Obwohl Old Shatterhand kurz vorher die beiden Apatschen heimlich aus der Gefangenschaft der feindlichen Kiowas befreit hat – die beiden wissen freilich nicht davon –, wird er in eben diesem Kiowa-Lager mit den anderen von den Apatschen überwältigt und zu den Pueblos der Apatschen gebracht. Der Tod am Marterpfahl erwartet ihn. Er ist mit den anderen Weißen schuldig geworden am Tod von Klekih-petra, dem zum Indianerleben übergetretenen weißen Lehrer der Indianer.

Soweit ist das Kolorit des Abenteuerromans mit dem Wechsel

von Flucht, Verfolgung, Gefangennahme, Todesgefahr und Entrinnen gewahrt. Aber höchst merkwürdig – und als literarisches Signal höchst bedeutsam zugleich – ist die Szene in der Mitte von *Winnetou I*, als Winnetou den allmählich genesenden Deutschen in seiner Gefangenschaft aufsucht. Es heißt dort:

Ich hatte ihn ansehen wollen, als er mich berührte, aber der Wille fand bei den matten Bewegungsnerven keinen Gehorsam. Mein Körper schien aus Äther zu bestehen, ja gar nicht aus sinnlich wahrnehmbaren Stoffen [...]. Jetzt aber, da ich dieses Urteil Winnetous hörte, gehorchten mir die Augenlider. Sie öffneten sich, und ich sah ihn neben mir stehen. Er war jetzt in ein leichtes, leinenes Gewand gekleidet, trug keine Waffe und hielt ein Buch in der Hand, auf dessen Einband in großer Goldschrift das Wort ›Hiawatha‹ zu lesen war. Dieser Indianer, dieser Sohn eines Volkes, das man zu den ›Wilden‹ zählt, konnte also nicht nur lesen, sondern besaß sogar Sinn und Geschmack für das Höhere, Longfellows berühmtes Gedicht in der Hand eines Apatsche-Indianers! Das hätte ich mir nie träumen lassen.

Auch der Leser Karl Mays hätte sich das nicht träumen lassen. Die so oft abfällig zitierten Requisiten des Trivial-Wildwest-Romans – sie sind gewiß bei Karl May vorhanden und werden bis zum Überdruß häufig eingesetzt – stellen nur die eine Seite dar. Statt der Silberbüchse, beliebtestes Trivial-Requisit, Longfellows 1855 erschienenes Versepos *Das Lied von Hiawatha* in der Hand des Indianer-Häuptlings! Denkt man an den Zeitraum, in dem die *Winnetou*-Bände spielen, so ist das sozusagen noch aktuellste Gegenwartsliteratur. Longfellows Epos wurde zudem bereits 1856 ins Deutsche übertragen, im Jahr darauf sogar von keinem Geringeren als Freiligrath.

Die literarische Glorifizierung und zugleich – das ist wichtig festzuhalten – Verzeichnung der Indianer, von Chateaubriands *Atala* ein halbes Jahrhundert vorher für Europa vollbracht, wurde damals von Longfellow für die amerikanische Situation nachvollzogen, übrigens ohne direkte Beziehung auf *Atala*; Longfellow hat sich vielmehr an dem finnischen Nationalepos *Kalevala* als Modell orientiert. Der Erfolg ist jedoch dem Chateaubriands vergleichbar. Chateaubriands fromme Legende über die Indianer wird von Longfellow – die blutigen Indianerkriege sind schon halbwegs verdrängt – in seinem akademisch glatten, elegant formulierten Gedicht fortgesetzt. Der amerikanische Literaturkritiker Leslie Fiedler resümiert:[18]

Alles, was mit dieser Legende zusammenhängt, findet sich in einem Bestseller aus der Mitte des 19. Jahrhunderts, einem Gedicht, das einst von nahezu allen amerikanischen Volksschülern auswendig gelernt, von den Kindern dieser Amerikaner dann parodiert und verlacht und von den Enkeln fast vergessen wurde [...]. Dieser Bestseller ist natürlich Longfellows *Das Lied von Hiawatha*, ein Möchtegern-Epos, dessen mißratne Grandeur und kuriose Miserabilität wir nicht vergessen können [...], denn ausgerechnet die schlechten Gedichte erzählen uns die volle Wahrheit über unsere Vergangenheit [...] (S. 89)

Diese Bestandsaufnahme ist sicherlich berechtigt. Ähnlich wie bei Chateaubriands *Atala*-Roman fällt es auch hier schwer, die historischen Gründe für diesen Erfolg überzeugend zu rekonstruieren. Hiawatha ist ein mit magischen Gaben ausgestatteter Indianer-Häuptling, dessen abenteuerliches Leben Longfellow in mythischen Mustern breit entwickelt. Im Mittelpunkt steht auch hier eine Liebesgeschichte. Hiawatha heiratet Minnehaha, und an ihrer Seite scheint sich wie für Chactas an der Seite Atalas die Utopie eines friedlichen, naturhaft glücklichen Lebens zu verwirklichen. Auch hier folgt die Antiklimax, die Katastrophe, freilich nicht durch religiöse Gewissenskonflikte, sondern realistischer motiviert. Hunger und Fieber zerstören die Idylle: Minnehaha stirbt. Während sich Hiawatha zu den Inseln der Seligen aufmacht, um im mythologischen Reich des Nordwestwindes Keewaydin Ruhe zu finden, landen die Missionare in dem so bereitwillig aufgegebenen Land, um die zurückgebliebenen Indianer zu kolonisieren, zu unterwerfen und zu missionieren – und das in genau dieser Reihenfolge.

Longfellow entwirft ein eskapistisches Modell von einer erstaunlichen ideologischen Durchschlagskraft. Nichts von Tränen und Blut, von gebrochenen Verträgen, von Massakern und Vernichtung, von permanentem Genozid. Die Indianer, sofern sie sich nicht friedlich unter die christlich verbrämte Fuchtel begeben, haben in mythologische Jagdgründe zu emigrieren. In der Realität freilich hat man sie großenteils in die ewigen Jagdgründe geschickt. Während die weißen Missionare »von der Jungfrau Maria/Und ihrem gesegneten Sohn, dem Erlöser« erzählen und zugleich betonen, »Wie die Juden, der verfluchte Stamm,/Ihn verhöhnten, geißelten, kreuzigten [...]«, entschließt sich Hiawatha, das Feld zu räumen:

> Ich gehe, oh mein Volk,
> Auf eine lange und weite Reise...
> Aber lasse meine Gäste zurück;

> Hört auf ihre weisen Worte,
> Auf die Wahrheit, die sie euch sagen,
> Denn der Herr des Lebens entsandte sie
> Aus dem Land von Licht und Morgen!

Hiawatha wird also selbst, so scheint es, bevor er ins mythologische Nirwana (der ideologischen Tarnung der Unterdrückung) entweicht, ein Fürsprecher des Christentums, gar ein heimlicher Christ? Vor dem Hintergrund der tatsächlichen Geschichte ein unfreiwillig zynisch pointierter Schluß, aber zweifellos kommt diese Schönfärbung der von Selbstgerechtigkeit geprägten Auffassung von Longfellows damaligem Lesepublikum entgegen. Eine solcherart im Namen des Christentums vorgenommene Kolonisierung konnte einfach nicht schlecht sein.

Old Shatterhand alias Karl May, der ja Longfellows Epos emphatisch erwähnt, hat denn auch diese ideologische Finte ganz und gar nicht durchschaut. Winnetou, der nach dem Willen seines Autors alles andere als ein Naturbursche ist, vielmehr – im Sinne Schillers – ein sentimentalischer Indianer, der sich selbst und die Geschichte seines Volkes in der mythologisch verblasenen und sich ideologisch rechtfertigenden Literatur der weißen Unterdrücker reflektiert – Winnetou also scheint zumindest gegen Ende der ihm gewidmeten Romanreihe ganz die fromme Nachfolge Hiawathas anzutreten. Auch er ist nach dem Willen seines Autors sozusagen ein natürlicher Christ, was er vorher unzählige Male durch sein moralisch vorbildliches Verhalten, freilich auch mit charakteristischen Ausnahmen, vor allem in *Winnetou III*[19], beweist.

Bevor Karl May ihn zum Schrecken und Schmerz all seiner jugendlichen Leser bei einer selbstlosen Rettungsaktion für fromme weiße Siedler durch eine heimtückische Kugel sterben läßt, wird er, verbal zumindest, christlich getauft: in jener sentimentalen Szene in *Winnetou III*, als Karl May eine unerträgliche poetische Selbstbeweihräucherung inszeniert. Die deutschstämmigen Farmer des kleinen Talkessels singen seine Version des *Ave Maria* als frommen Gruß an den scheidenden Tag:

> War das Täuschung oder Wirklichkeit? Das war ja mein eignes Gedicht in meiner Vertonung, mein ›Ave Maria‹! Wie kam das hierher in die Wildnis des Felsengebirges? Ich war zunächst sprachlos.

Diese Sprachlosigkeit teilt sich auch dem Leser mit – angesichts von so viel schicksalhafter Kolportage. Bezogen auf den Erzähler, ähnelt dieses sprachlose Erstaunen dem beim Anblick des Longfellow-Epos in Winnetous Hand, so daß sich Karl May hier indirekt auf eine Vergleichsebene zu Longfellow manövriert. Was den christlich ideologischen Kern dieser Szene betrifft, vergleicht er sich freilich mit Longfellow zu Recht. Denn auch Winnetou – fromme Wundertat des Karl Mayschen Poems! – richtet, von dem Lied metaphysisch berührt, seinen Blick auf das gelobte Land. Wollte Hiawatha gegen Ende von Longfellows Epos in ein mythologisches Christentum flüchten:

> Auf die Insel der Seligen,
> Ins Königreich von Ponemah,
> Ins Land des Jenseits!,

so macht sich Winnetou ganz ähnliche Gedanken:

»Warum gibt der große Manitou seinen roten Söhnen einen so kleinen Teil der Welt und seinen weißen Kindern alles? Was sind die Jagdgründe der Indianer gegen die unendliche Herrlichkeit, in der die Seligen der Weißen wohnen werden?«

Auch hier wird also gegen Ende die wirkliche Unterdrückung der Indianer durch die Weißen affirmativ verinnerlicht. Es geht nicht mehr um den realen, sondern um den metaphysischen Skalp, den Winnetou zu retten versucht. Blutsbruder ›Scharlih‹ sieht denn auch seine Stunde gekommen, sich in einen wohlmeinenden Missionar zu verwandeln und biblische Exegese zu betreiben:

Ich begann mit der Übersetzung und Erklärung des ›Ave Maria‹ und erzählte ihm von dem Glauben der Bleichgesichter. Dabei suchte ich ihm ihr Verhalten gegen die Indianer in einem freundlichen Licht darzustellen [...]. Es war ein liebevolles Netzauswerfen nach einer Seele, die es wert war, aus den Banden des Irrtums gelöst zu werden.

Kein Zweifel, Petri Heil ist ihm gewiß. Old Shatterhands frommes Saatkorn fällt auf fruchtbaren Boden. Als Winnetou kurze Zeit später bei der erwähnten Hilfsaktion für die inzwischen überfallenen deutschen Siedler von einer Kugel getroffen wird und im Sterben liegt, ist sein letzter Wunsch, noch einmal den Gesang des Mayschen Poems zu hören:

Als der letzte Ton verklungen war, wollte Winnetou sprechen – es ging nicht mehr. Ich brachte mein Ohr ganz nahe an seinen Mund, und mit der letzten Anstrengung der schwindenden Kräfte flüsterte er: »Scharlih, ich glaube an den Heiland. Winnetou ist ein Christ. Leb wohl!«

Hatte Winnetou sich nur kurz vorher besorgt geäußert:

»Mein Bruder Scharlih ist ein großer Krieger und ein weiser Mann im Rat. Meine Seele ist wie die seinige, aber ich werde ihn nicht sehen, wenn ich einst in die Ewigen Jagdgründe komme«,

so ist dieses Problem nun offensichtlich gelöst. Karl May inszeniert für ihn eine christliche Himmelfahrt. Longfellow hat diese religiöse Trivialität, die zum Verdrängungssyndrom der historischen Schuld gegenüber den Indianern gehört, noch mythologisch zu verbrämen gesucht, bei Karl May tritt sie gewissermaßen nackt ins Bild. Sie wird erkennbarer dadurch und vielleicht auch harmloser als ideologisches Versatzstück.

Aber würde diese frömmlerische Schönfärbung, die Karl May offensichtlich von Longfellow übernimmt, nicht insgesamt die Harmlosigkeit der Mayschen Erzählung erweisen? Longfellow ist in der amerikanischen Literatur heute weitgehend vergessen, zumindest sein Indianer-Epos. Warum jedoch die noch immer andauernde Faszination von Karl Mays Winnetou-Saga? Das verdeckte, aber nach wie vor lebendige mythische Muster hinter seiner Winnetou-Gestalt bringt Karl May am Ende der Sterbeszene Winnetous zum Ausdruck, wenn er die Reflexion anschließt:

Welch ein herrlicher Mensch war er gewesen! Und nun so plötzlich ausgelöscht, ausgelöscht! Geradeso wird binnen kurzem die ganze Rasse ausgelöscht sein, deren edelster Sohn er war [...]. So, wie er jetzt in meinem Schoße ruhte, war einst Klekih-petra in dem seinen gestorben und dann auch seine Schwester Nscho-tschi.

Es sind – auch der Wahl-Indianer Klekih-petra – Vertreter einer sterbenden Rasse, von der unauslöschlichen Gewißheit ihres Sterbens gezeichnet. Eine nostalgische Schwermut bildet den Hintergrund dieser Figuren. Es sind, mit einem Wort: lauter letzte Mohikaner. Freilich auch diese historische Untergangsperspektive ist zum Versatzstück bei Karl May degeneriert. Winnetou ist buchstäblich im schlechten christlichen Sinne zur Ikone geworden, zum abstrakten Emblem einer literarischen Tradition, in der sich die Realgeschichte bis hin zur Unkenntlichkeit verflüchtigt hat. Um wieviel lebendiger versammelt sich dieses blutige Kapitel der amerikanischen Geschichte in einer Gestalt wie der des Häuptlings Tecumseh, der auch in den literarischen Darstellungen, die von seiner Geschichte bestimmt sind – ich habe da nur auf einige wenige Beispiele eingehen können[20] –, viel ergreifendere Spuren hinterlassen hat als in den ideologisch verbrämten kollektiven Wunscherfüllungen Karl Mays in seiner Winnetou-Figur.

Anmerkungen

1 Zitiert nach: KMJb 1918, S. 199-200. Eingedenk der Ausführungen Gert Uedings in seinem Artikel *Weihnachten mit Manitou. Zur Vermarktung der Bücher von Karl May. Statt der Originaltexte ein wohlinszeniertes Blend-Werk* (in: FAZ Nr. 298 v. 24. 12. 1987, S. 21): »Die populären grünen Bände mit dem bunten Deckelbild und dem Impressum des Bamberger Karl-May-Verlages [...] sind ein wohlinszeniertes Blend-Werk. Ihr Text hat nur in einem sehr weitherzigen Verständnis noch etwas mit dem Original-Text Karl Mays zu tun: indem er ihn nämlich als eine Art Vorlage zur eigenen Improvisation benutzt«, verzichte ich in der Regel darauf – zumal sich die Ausführungen Uedings auf die Editionssituation in diesem Genre verallgemeinern lassen –, die zitierte Primärliteratur zu belegen. Auch methodisch ist das zu vertreten, da in einer Untersuchung zur literarischen Ikonographie die Texte häufig nur die Funktion eines Trampolins haben, von dem die Stereotype und Bildverfestigungen freischwebend abheben. Die textkritischen Ausführungen Uedings, so berechtigt sie philologisch sind, ändern zudem nichts an dem emotionalen Stellenwert, den die grünen Bamberger Karl-May-Bände im Kontext meiner Jugendlektüre besitzen. Ich bin davon überzeugt, daß es den meisten May-Lesern ähnlich geht. So werde ich auch die *Winnetou*-Bände nach dieser Ausgabe zitieren. Englischsprachige Zitate werden in der Regel in meiner Übersetzung gebracht.
2 Vgl. dazu auch die Ausführungen von Urs Bitterli, *Die »Wilden« und die »Zivilisierten«. Die europäisch-überseeische Begegnung*, München 1982, S. 401 ff. Siehe zu diesem Themenbereich auch das Buch von Karl-Heinz Kohl, *Entzauberter Blick. Das Bild vom Guten Wilden*, Frankfurt a. M. 1986.

3 Vgl. dazu u. a. auch die Ausführungen von Helmut Schmiedt *(Winnetou I-III)* im *Karl-May-Handbuch*, hg. v. Gert Ueding, Stuttgart 1987, S. 205-218.
4 *Siebzehn sind zuviel. James Fenimore Cooper*, in: Arno Schmidt, *Nachrichten von Büchern und Menschen I*, Frankfurt a. M. 1971, S. 203-223.
5 Vgl. dazu auch das Cooper-Kapitel *James Fenimore Cooper and the Historical Romance*, in Leslie A. Fiedlers Buch *Love and Death in the American Novel*, New York 1967, S. 162 ff.
6 So Karlheinz Rossbacher in seinem Buch *Lederstrumpf in Deutschland*, München 1972, S. 54.
7 Vgl. zu Sealsfield im einzelnen Friedrich Sengles ausgiebiges Kapitel *Karl Postl, Pseud. Charles Sealsfield*, in: *Biedermeierzeit*, Bd. 3: *Die Dichter*, Stuttgart 1980, S. 752 ff.
8 So im Vorwort zur Ausgabe *The Indian Chief or, Tokeah and the White Rose*, Hildesheim 1972, Bd. 1 *(Sämtliche Werke*, Bd. 4), S. XI.
9 *Der große Unbekannte. Das Leben von Charles Sealsfield*, Wien 1952.
10 Das trifft noch viel eher auf Karl May zu, der hier seine wenigen Quellen, z. B. George Catlins wichtiges Zeugnis-Buch *Die Indianer Nordamerikas* reichlich ausgebeutet hat; vgl. dazu auch die Ausführungen von Gabriele Wolff, *George Catlin: Die Indianer Nord-Amerikas. Das Material zum Traum*, in: JbKMG 1985, S. 348-363.
11 *Love and Death in the American Novel* [Anm. 5], S. 184.
12 Zitiert nach: H. J. Stammel, *Indianer. Leben, Kampf, Untergang*, Gütersloh 1977, S. 105-106.
13 *Der Fliegende Pfeil* erschien 1930; 1931 folgte *Der rote Sturm*, im Jahr darauf *Tecumseh der Berglöwe* und zwei Jahre später *Der Strahlende Stern*; *Der Sohn des Manitou* wurde 1938 veröffentlicht; *Tecumsehs Tod* erschien 1931; 1951 erschien der Band *Ruf der Wälder*. Fast alle Bücher sind in zweistelligen Auflagen in der Franck'schen Verlagshandlung Stuttgart erschienen.
14 Vgl. Richard N. Current, T. Harry Williams, Frank Freidel, *American History. A Survey*, Bd. 1: *To 1877*, New York 1971, S. 201 ff.
15 Manfred Henningsen, *Im Getto der Geschichte: Rothaut*, in: Zeit-Magazin 34 (1973).
16 Zitiert nach der 4. Auflage, Wien 1938, S. 568 f. Das ist im wesentlichen auch noch die These, die, freilich ideologiegeschichtlich etwas umgeschminkt, den Ausführungen von Peter Uwe Hohendahl, *Von der Rothaut zum Edelmenschen. Karl Mays Amerikaromane* (in: *Amerika in der deutschen Literatur*, hg. v. Sigrid Bauschinger u. a., Stuttgart 1975, S. 229 ff.) zugrunde liegt.
17 Chateaubriands eigene *Reise in Amerika* erschien 1828 in deutscher Übersetzung, vgl. den Reprint dieser Ausgabe, Köln-Lövenich 1979.
18 Ich beziehe mich auf sein Buch *Die Rückkehr des verschwundenen Indianers*, Frankfurt a. M. 1970.

19 Vgl. dazu auch die Ausführungen von Helmut Schmiedt [Anm. 3], S. 216.
20 Diese Zusammenhänge habe ich ausführlich in einer mehrteiligen Sendefolge *Winnetous Brüder. Der Indianer in der deutschen Literatur* des Deutschlandfunks/Köln im Frühjahr 1973 dargestellt.

IV
Die Genese eines Ideals

Franz Kandolf
Der werdende Winnetou

Winnetou! – – Der Klang dieses Wortes löst bei ungezählten May-Lesern eine Fülle kostbarster Erinnerungen aus. Der Junge denkt an sein eigenes geträumtes Heldentum, dessen Verkörperung für ihn Winnetou ist, der Backfisch schwelgt in der Erinnerung an selig durchschwärmte Stunden, für den gereiften Leser bedeutet das Wort den Begriff edelster Männlichkeit, und selbst derjenige, für den May längst ein überwundener Standpunkt geworden ist, kann nicht verhindern, daß der Klang dieses Namens in seinem Gedächtnis die Jahre der Jugend heraufruft, da auch in seinem Gedankenleben die Mayschen Helden, vor allem Winnetou, eine große Rolle spielten.

Winnetou ist ein Gedicht, Winnetou ist ein klingendes Lied. Freilich kein Gedicht, das dem Verfasser auf den ersten Wurf gelang. Zeile an Zeile, Strophe an Strophe hat er im Verlaufe von mehr als drei Jahrzehnten liebevoll aneinander geflochten, bis er endlich als Greis unter die letzte Strophe und unter die letzte Zeile den Schlußstrich setzte. Manche Zeile in diesem Gedicht ist nicht frei von Härten, gar manchmal hat er den edelsten Reim nicht gefunden, viele Veränderungen und Verbesserungen sind notwendig gewesen, bis sämtliche Strophen endlich in reinem Ton zusammenklangen.

Für den May-Forscher ist es eine ungemein interessante und anziehende Arbeit, von den ersten unreifen schriftstellerischen Versuchen Mays bis zu seinem letzten Federstrich die Bahn zu verfolgen, in der die Entwicklung der Winnetoufigur verläuft. Freilich, wenn der Forscher nur die ›Gesammelten Werke‹ daraufhin studieren würde, so fände er wohl nicht viel Nennenswertes. Abgesehen vielleicht vom 33. Bande: *Winnetous Erben,* der die letzte Phase dieser Entwicklung darstellt. Der Forscher hat sich vor allem an die Erstausgaben der Arbeiten des Dichters zu halten, besonders an die alten Jahrgänge des ›Deutschen Hausschatzes‹ und an die früher von Münchmeyer-Dresden herausgegebenen Erzählungen.

Die Untersuchung über den werdenden Winnetou führt von selber dazu, daß wir von Zeit zu Zeit ein flüchtiges Streiflicht auf Mays eigenen Entwicklungsgang werfen. Denn der jeweilige Winnetou stellt ein getreues Abbild des Werdegangs und der mit den Jahren reifenden Persönlichkeit des Dichters dar. Der werdende Winnetou geht Hand in Hand mit dem werdenden Dichter.

1. *Der Ur-Winnetou*

In der ersten Auflage seiner Selbstbiographie erwähnt Karl May, daß er während seiner Redaktionstätigkeit im Verlage Münchmeyer drei Blätter gründete.[1] In dem einen, dem ›Deutschen Familienblatt‹, begann er sofort mit Winnetou, »nannte ihn aber einem andern Indianerdialekt gemäß einstweilen Inn-nu-woh«. Da Mays redaktionelle Tätigkeit nur kurze Zeit währte (1875-77), wird er wohl nicht viel über ihn geschrieben haben. Bekannt sind mir nur zwei Stücke. Das eine ist die kleine Skizze, die später unter dem Titel *Inn-nu-woh, der Indianerhäuptling* in den *Humoresken und Erzählungen* im Münchmeyer-Verlag erschien.

Nachdem wir unter Inn-nu-woh den späteren Winnetou zu verstehen haben, ist die Feststellung interessant, daß er in der frühesten Vorstellung Mays nicht als Apatschen-, sondern als Siouxhäuptling lebte, berühmt als der beste Schwimmer in den United States. In edelmütig selbstloser Weise rettet er während der Fahrt auf einem Mississippisteamer unter eigener Lebensgefahr die Tochter eines reichen Amerikaners, von dem er kurz vorher beleidigt worden war, vor einem gräßlichen Tode, der ihr von einem aus dem Käfig entkommenen Königstiger drohte. Edelmut und echt indianischer Stolz, der den Dank des zur Einsicht gekommenen Vaters schroff zurückweist, ist das einzige, was wir aus dieser kleinen Erzählung über Winnetou erfahren. In ein näheres Verhältnis tritt der Erzähler nicht zu ihm, er spielt nur die Rolle des Zuschauers. May hat später diese Episode als Winnetou-Erzählung fallen lassen und zu einem Erlebnis des »kleinen Bären« für den *Schatz im Silbersee*[2] verarbeitet. – –

Um die gleiche Zeit schrieb May eine zweite Winnetou-Erzählung. Sie bildet wohl, zugleich mit *Inn-nu-woh*, den literarischen Niederschlag seiner ersten Amerikareise. Es ist jene Novelle, die

---
[1] Siehe Bd. »*Ich*« S. 451; etwas ausführlicher in der (vergriffenen) Urausgabe.
[2] Bd. 36 der Ges. Werke, S. 22f.

er in abgeänderter Form in *Winnetou*, Bd. II³, aufnahm und die den Oelbrand in New-Venango, sowie die Episode mit Old Firehand enthält. Es war ein noch schüchterner, tastender Versuch, wie aus der ersten Fassung dieser Novelle zu ersehen ist, die unter dem Titel *Old Firehand* bei Münchmeyer erschien.

In dieser Erzählung werden wir zum erstenmal ausführlich mit Winnetou bekannt, der sich aber in mehr als einer Hinsicht von der späteren Heldengestalt scharf abhebt. Wir wollen ihn den Ur-Winnetou nennen. May bezeichnet ihn zwar als den »berühmtesten und gefürchtetsten Indianer zwischen Sonora und Columbien«, er ist ein tapferer Held, ein Freund der Bleichgesichter und der Mittelpunkt einer romantischen Liebesgeschichte, aber zu unserem Herzen spricht er nicht. Im übrigen ist Winnetou auch für Old Shatterhand nicht viel mehr als »der brave Indianer«, von dem innigen, zarten Freundschaftsverhältnis der späteren Jahre ist nicht die Rede, es ist mehr ein Verhältnis wie zwischen Lehrer und Schüler. »Bisher hatten sich beide (scil. Winnetou und Old Firehand) zu mir gestellt wie alte erfahrene Gönner zu einem wenn auch gelehrigen, aber doch noch unkundigen Schützling«. Ist auch nicht gut anders denkbar bei dem Altersunterschied! Denn May stellte sich seinen Winnetou ursprünglich als bejahrten Krieger vor. »Er war nicht mehr jung.« Wenn wir von der romantischen Jugendliebe Winnetous ausgehen, so erscheint er uns als ein Mann, der tief in den Dreißigern steht. Denn er hat eine schon heiratsfähige Miß (in der späteren Fassung umgewandelt in Harry, Old Firehands Sohn) als Kind auf den Armen getragen.

Was May sonst noch über Winnetou berichtet, vermag kein wärmeres Gefühl in uns hervorzulocken, dafür ist dieser Held zu unkultiviert, zu sehr Indianer, zu sehr ein – Wilder. Er raucht mit unendlichem Behagen eine Zigarre und läßt dann ihren Stummel – horribile dictu – zwischen den Lippen verschwinden, er zeigt eine kindliche Freude über das Versprechen seines jungen Freundes, daß die Männer des Feuerrosses die große Pfeife mit ihm rauchen und ihm Pulver, Blei und Tabak geben würden, soviel er wolle; unsere ganze Hochachtung verscherzt aber dieser Ur-Winnetou, wenn wir lesen, wie er vor dem Feuerroß die berühmte indianische Selbstbeherrschung ganz und gar verliert. Lassen wir May selber sprechen:

---

³ Bd. 8 der Ges. Werke, S. 303 ff.

»Das eiserne Roß hat eine böse Stimme,« sprach Winnetou. »Wie sind seine Gedanken über den Stamm der Apatschen?«

Er fühlte also doch eine Besorgnis um seine Sicherheit. Dem Feinde, selbst dem überlegenen gegenüber wäre ihm nicht das mindeste Bangen angekommen; die unbekannte und sich auf so schreckliche Weise ankündigende Macht des Dampfes aber störte seine Gemütsruhe.

»Das ist nicht die Stimme des Feuerrosses, sondern das Zittern des Pfades, über den es daher fährt.«

»Da muß das Wiehern seines Mundes noch fürchterlicher sein. Mein Bruder wird Winnetou nicht verlassen!«

Und weiter unten:

Ich winkte dem Häuptlinge und er trat langsamen Schrittes herzu, fuhr aber mit einem lauten Ausruf des Schreckens wieder zurück, denn der Ingenieur war wieder auf den Wagen gestiegen um die Dämpfe abzulassen, welche mit gellendem Zischen den Ventilen entströmten und die Umgebung der Maschine in eine weiße Wolke hüllten.

»Uff, uff! Warum ruft mein Bruder Winnetou, wenn das Roß zornig ist?«

Dieser Ur-Winnetou ist endlich in seiner äußeren Kultur noch allzusehr Wilder, als daß er unserem zivilisierten Empfinden genügen könnte. Seinen weißen Bruder apostrophiert er folgendermaßen:

»Mein bleicher Bruder kennt mich. Er ist an meiner Seite gestanden gegen die Uebermacht der Arrapahos und hat die Mandans im Blute zu meinen Füßen gesehen; er zählte die Skalpe an den Wänden meines Wigwams und sieht die Locken meiner Feinde an meinem Gürtel hängen.«

Und wenn sich Winnetou in den Kampf stürzt, dann ist es nicht bittere Notwendigkeit, nein, wilde, blutige Kampfesfreude, sogar eine förmliche ›Wonne‹, die die Waffen führt und aus den funkelnden Augen leuchtet. Ja, in der ältesten Reiseerzählung Mays fließt Blut, viel Blut, ähnlich wie in dem ungefähr gleichzeitig geschriebenen Roman *Auf der See gefangen (= Kapitän Kaiman[4])*. Auch hier zeigt sich Winnetou zu sehr als Wilder, als daß er unsere volle Sympathie gewinnen könnte.

Sofort kniete Winnetou über dem Besinnungslosen (Matto-Sih), senkte ihm das Messer in die Brust, faßte mit der Linken das reiche, dunkle Haar

[4] Bd. 19 der Ges. Werke.

zusammen – drei Schnitte, kunstgerecht geführt – ein kräftiger Ruck – und der Skalp war gelöst. Er schwang ihn hoch um den Kopf und ließ jenen fürchterlichen Siegesruf hören, welcher Mark und Bein erschütternd auf die Gegner zu wirken pflegt.

So sieht also der Ur-Winnetou aus, und ich stehe nicht an, die Möglichkeit, ja sogar Gewißheit zuzugeben, daß der Reisende May einen ähnlichen Indianer gekannt hat. Der Schriftsteller und Dichter May kennt später allerdings einen anderen Winnetou. Bei der Herstellung der Buchausgabe bereitete es ihm Mühe genug, die Mißtöne im Charakterbild seines indianischen Freundes auszumerzen. Manches ist ihm entgangen, anderes ist ihm nicht völlig gelungen, und so macht sich zwischen den aufgesetzten Edelreisern der wilde Schößling mehr als einmal bemerkbar. – –

Im Jahre 1880 erschien im ›Deutschen Hausschatz‹ aus der Feder Mays die Reiseerzählung: *Deadly dust* (in *Winnetou*, Bd. III, Kap. 1-4, enthalten). Das Gesamtbild Winnetous ist bedeutend anziehender geschildert:

Er war der hervorragendste unter allen Indianern. Sein Name lebte in jedem Palaste, in jeder Blockhütte, an jedem Lagerfeuer. Gerecht, klug, ehrlich, treu, stolz, tapfer bis zur Verwegenheit, Meister im Gebrauche aller Waffen, ohne Falsch, ein Freund und Beschützer aller Hilfsbedürftigen, gleichviel ob sie rot oder weiß von Farbe waren, war er bekannt über die ganze Länge und Breite der Vereinigten Staaten und weit über deren Grenzen hinaus als der ehrenhafteste und berühmteste Held des freien Westens.*

Wenn wir diese Worte lesen, meinen wir, Winnetou in der Vorstellung Mays förmlich wachsen zu sehen. Und doch ist er immer noch nur ein edler Indianer, aber noch kein *Edelmensch*. Schon das Aeußere stimmt nicht zu dem Bilde, das wir uns heute von Winnetou machen.

Seine breiten Schultern und seine starke Brust waren *nackt* und von zahlreichen Narben bedeckt. Um seine engen, gerundeten Hüften schlang sich eine feine Decke von Santillo, in glänzenden, verschiedenartigen Farben schillernd. Eine kurze prächtig gegerbte Wildlederhose legte sich eng um seine muskulösen Oberschenkel und *war an den Seiten mit den Skalplocken getöteter Feinde geschmückt*. Gamaschen von scharlachrotem Tuch be-

---

* Das Zitat entstammt dem *Scout* (1888/89).

deckten seine Unterschenkel; Kniebänder, von Menschenhaar geflochten, *das jedenfalls auch von den Skalpen der Feinde stammte*, und aus Stachelschweinsborsten gefertigte Eicheln umschlossen über den Knöcheln und unterhalb der Knie diese Gamaschen, und die Füße staken in wirklich kunstreichen Mokassins, die mit Zierat von Pferdehaaren ausgeputzt waren. Von seiner Schulter herab hing das Fell eines grauen Bären. *Wäre sein Gesicht nicht mit Kriegsfarben bemalt gewesen*, so hätte man eine echt römische Nase usw. – Er trägt das Haar lang herab. Nur eine einzige Locke ist aufgewickelt, *in der drei Adlerfedern stecken*. (Die ganze Stelle fehlt in der Buchausgabe.)

Die kursiv gedruckten Stellen zeigen deutlich genug den scharfen Gegensatz mit der späteren Schilderung von Winnetous Aeußerem.

Dieser Vollblutindianer zeigt auch ganz indianische Denkart. Er taucht seinen Medizinbeutel in das Blut des getöteten Grizzlybären und ist mit den Angehörigen seiner Rasse der Meinung, daß

in jedem grauen Bären die Seele eines berühmten Jägers wohnt, die hier eine Läuterung, eine Art Fegfeuer zu erleiden hat.

Er folgt aus einem ganz bestimmten Grunde dem Komantschentrupp:

»Diese roten Männer werden in die Berge gehen zum Grab ihres Häuptlings Tschu-ga-chat, wie sie es jedes Jahr tun an dem Tage, an welchem er getötet wurde von Winnetou, dem Häuptling der Apatschen. *Winnetou wird sehen dieses Grab und zerstreuen die Gebeine des Komantschen in alle Winde.*«

Den letzten Satz hat May in der Buchausgabe wohlweislich fallen gelassen. Stimmt er doch so gar nicht zu *Unter Geiern,* S. 322. Als dort der »tapfere Büffel« Miene macht, die Gräber der feindlichen Häuptlinge am Feuerlochflusse zu zerstören, ist Winnetou ganz entrüstet:

»Halt! Laß die Hand von dem Grabe! Old Shatterhand hat den Gefallenen ihre Skalpe gelassen und sie sogar mit begraben helfen. Ein tapferer Krieger kämpft nicht mit den Knochen der Toten. Der große Geist will, daß die Toten ruhen, und Winnetou wird das Grab beschützen. Howgh!«

Ebenso unangenehm berührt es uns, wenn wir Winnetou das Henkeramt in eigener Person ausüben sehen, indem er Holfert, Morgans Mitschuldigen, mit einer Kugel aus seiner Silberbüchse niederstreckt. Der spätere Winnetou hätte derartiges nicht getan.

Auch die Freundschaft Winnetous mit Old Shatterhand kann nicht besonders innig sein. May kennt ja im Jahre 1880 nur ein zweimaliges Beisammensein mit Winnetou, und beide Male war die Begegnung eine rein zufällige. Und als sie nach langem Ritte voneinander Abschied nehmen, ist es für immer:

> Wir nahmen diesmal einen Abschied fürs ganze Leben, als wir auf der Höhe hielten, von der aus sich das Land hinunter nach dem Stillen Meer zieht. (Fehlt in der Buchausgabe.)

Davon, daß er mit Winnetou später noch mehr als zwölf Bände füllen werde, hatte er damals offenbar noch keine Ahnung.

2. *Winnetou, der Edelmensch*

Ich sagte eingangs, Winnetou sei ein getreues Abbild von Mays eigenem Werdegang. Der Kampf mit der Macht des Bösen, der in seinem Leben, wie er selber gesteht, eine so verhängnisvolle Rolle gespielt, war um die Zeit, da er seine erste Reiseerzählung schrieb, zu Ende geführt, und zwar siegreich zu Ende geführt. Aber aus dem Kampfe war doch keine in sich abgeschlossene und abgeklärte Persönlichkeit hervorgegangen. Wie sollte dies auch? Die verderblichen Eindrücke der Jugendzeit und die notwendig deprimierenden Freiheitsstrafen konnten nicht ohne vorübergehende hemmende Wirkungen geblieben sein. Außerdem handelte es sich für May damals um die Schaffung einer gesicherten Lebensstellung. Er mußte arbeiten, fieberhaft arbeiten! Und daß bei diesem Ringen um die Existenz nicht gleich die höchsten Gesichtspunkte eingehalten werden konnten, ist begreiflich. Die ersten Arbeiten Mays sind mehr auf Effekt berechnet. Eine ethische Tendenz liegt ihm einstweilen noch ferner, womit nicht behauptet werden soll, daß Mays Helden als sittlich defekte Menschen dargestellt werden. Aber die Lebensaufgabe Mays, Lehrer des Volkes durch die Predigt der Gottes- und Nächstenliebe zu werden, ist aus seinen ersten Schriften, die *Geographischen Predigten* ausgenommen, noch nicht klar erkennbar.

> Gebt Liebe nur, gebt Liebe nur allein,
> Laßt ihren Puls durch alle Länder fließen![5]

[5] Bd. 30 der Ges. Werke.

Dieses Evangelium wird vom Ur-Winnetou, von Old Firehand, Deadly-gun, Sam Hawkens usw. nicht gepredigt, sondern diese Naturmenschen lassen sich von dem ursprünglichen Gefühl der Rache und der Vergeltung leiten. Ja, May-Old Shatterhand selber ist trotz seiner anderweitig betätigten Milde nicht frei von einer ziemlichen Gefühlshärte. Für ihn ist der Indianer damals noch der ›Wilde‹, während er von 1888 an diesen Ausdruck nie mehr gebraucht, sondern nur ›Rothaut‹ oder ›Indsman‹. In *Deadly dust* lautet es:

Betritt der noch zartfühlende Mensch, der Christ, die ›dark and bloody grounds‹, so fühlt er sich entsetzt von der Strenge und Rücksichtslosigkeit, zu welcher die Savanne ihre kraftvollen Söhne erzieht; aber bald zwingt ihn das grausame Gesetz der Selbsterhaltung, alle seine Kräfte gegen Gewalten anzuwenden, denen gegenüber die Schonung zu seinem eigenen sicheren Untergang führen würde; und er erkaltet nach und nach im Innern, wie alle, welche vor ihm den Atem der Savanne tranken. (In der Gesamtausgabe gestrichen.)

So unterliegt einmal Old Shatterhand beinahe der Versuchung, vier Rote wegzuputzen, die ihm nicht das Geringste zu Leide getan hatten:

Sie waren beinahe bis zur Stelle gekommen, wo die Spur des Kleinen mit der meinigen zusammentraf. Mit einer Kugel meines Bärentöters konnte ich sie bereits erreichen[6], und – *aufrichtig gestanden – es zuckte mir bereits in den Fingern […] Wenn der Präriemann auf feindliche Indianer stößt, so gibt es außer der Flucht, die nur in gewissen Fällen möglich ist, keine andere Wahl, als die Feinde entweder zu vernichten oder selbst getötet zu werden. Hinter der Erhöhung versteckt legte ich die Büchse an und hielt mich zum Abdrücken bereit.* (Der ganze Passus ist später gestrichen.)

Wie haben sich doch die Ansichten May-Old Shatterhands geändert! Aus dem unbarmherzigen, kategorischen ›Entweder ich oder du‹ ist das feierliche, versöhnliche ›Weder ich noch du‹ geworden. Eines Beweises bedarf diese Feststellung nicht. Jeder May-Kenner weiß, daß der spätere Old Shatterhand unzähligemal durch List die Gefahr von seinem und der Seinigen Haupt abzuwenden versteht, um dann über den Feinden die Sonne der Gnade und der Verzeihung leuchten zu lassen. Und so wie er

[6] Vgl. Ges. Werke Bd. 9, S. 8.

sind auch seine übrigen Helden, Winnetou an der Spitze, weicher und milder geworden. – –

Wohl ermuntert durch die begeisterte Aufnahme seines Winnetou, schrieb May 1888 eine neue Winnetou-Erzählung, *Der Scout*. (Aufgenommen in *Winnetou*, Bd. II, Kap. 1-4.) Das, was der Verfasser des Ur-Winnetou mit ein paar Worten abmacht, das erste Zusammentreffen mit ihm, bildet den Inhalt einer 392 Seiten ausfüllenden Erzählung. May findet als vollkommener Grünling in New York Anstellung als Detektiv. Auf der Jagd nach einem Verbrecher sieht er Winnetou, der ihn sofort mächtig anzieht. Die Verhältnisse bringen es aber mit sich, daß er sich einem Komantschenstamm anschließen muß, der gegen die Apatschen das Kriegsbeil ausgegraben hat. Bei dem ausbrechenden Kampfe gelingt es dem jungen Deutschen, Winnetou zu besiegen; wieder freigegeben, schließt Winnetou mit ihm aus Dankbarkeit Freundschaft fürs ganze Leben.

Während wir dem Ur-Winnetou nicht unsere restlose Teilnahme schenken können, erregt dieser vom ersten Augenblick an unsere ungeteilte Bewunderung. Der Häuptling steht vor uns nicht nur als Indianer von reinstem Wasser, sondern auch als Gentleman, ausgerüstet mit einem hohen Grade von Bildung. (*Winnetou, der rote Gentleman* sind die ersten Auflagen der Buchausgabe betitelt.) Er spricht ein fließendes Englisch, ist mit den Einrichtungen des Ostens und der Zivilisation vertraut und verfügt über ein glänzendes Rednertalent. (*Winnetou*, Bd. II, S. 348.) Freilich stößt uns der blutige Ausgang des Kampfes ab. Der spätere Winnetou hat in ähnlichen Lagen immer einen unblutigen und trotzdem siegreichehrenvollen Ausweg gefunden. Auch zeigt er im Kampfe noch etwas Rowdymäßiges.

Allen Apatschen voran war einer mit gewaltigem Stoße durch die Linie der Komantschen gedrungen. Er hatte in der Linken den Revolver und in der Rechten den hocherhobenen Tomahawk. Während jede Kugel aus ersterem mit Sicherheit einen Komantschen niederstreckte, sauste das Schlachtbeil wie ein Blitz von Kopf zu Kopf. (*Winnetou II*, S. 310.)

Wer erinnert sich dabei nicht an die Beschreibung des Winnetou-Modells in *Winnetous Erben*? (S. 445):

Mein erster Blick war nach dem Gesichte Winnetous. Es war getroffen, überraschend getroffen. Und doch erschien es mir fremd. Es waren seine

Züge, ganz genau seine Züge; aber sie waren nicht so freundlich ernst, so gütig und so lieb, wie ich sie kennen gelernt hatte, sondern sie zeigten einen fremden Ausdruck, der ihm im Leben niemals (?) eigen gewesen. Dieser Ausdruck harmonierte allerdings mit der aggressiven Bewegung, die der Figur von ihren Verfertigern erteilt worden war [...] Den rechten Fuß wie zum Sprunge vorgesetzt, stützte sich die Figur auf die in der linken Hand gehaltene Silberbüchse, während die rechte Hand einen geladenen Revolver drohend vorstreckte. In dieser vorwärtsstrebenden Bewegung hatte die Gestalt etwas aal- oder schlangenhaftes. Oder man dachte an einen Panther, der sich aus dem Hinterhalte hervorschnellt, um sich auf die Beute zu stürzen. Dazu paßte der nicht etwa nur drohende, sondern gierige Ausdruck des Gesichtes, welcher um so befremdender oder abstoßender wirkte, je deutlicher die Schönheit dieses Gesichtes trotz alledem hervortrat.

»Schade, jammerschade!« flüsterte mir das Herzle zu.

»Leider, leider!« antwortete ich. »Und sie sind Künstler, wirklich Künstler!«

»Ganz zweifellos! Nur die Auffassung ist falsch. Es ist eine Sünde, eine ungeheure Sünde! Wie man Winnetou so etwas antun konnte, das begreife ich nicht. Und diese Figur soll auf die Höhe des Berges!«

»Niemals, niemals! Ich dulde es nicht. Und wenn man mich nicht hört, so greife ich zum letzten Mittel und zertrümmere sie vor aller Augen!«

Man liest diese Auslassungen mit einiger Verwunderung, wenn man *Winnetou*, Bd. II, und mehr noch den Ur-Winnetou in Erinnerung hat. Der Unterschied zwischen dem Winnetou-Denkmal und dem Heldenbild, das uns May selber noch in den achtziger Jahren malt, scheint mir nicht so groß. Freilich bekennt May reu- und demütig, daß er selber Winnetou zu oberflächlich aufgefaßt habe; ebenso ruhig hätte er hinzufügen können, daß er folgerichtig sein Bild nicht treu wiedergegeben habe.

Dazu kommt, daß die Freundschaft zwischen Winnetou und Old Shatterhand, wie sie im *Scout* dargestellt wird, uns ziemlich kalt läßt. Der Leser hat den Eindruck, daß Winnetou kaum mit seinem weißen Bruder Freundschaft schließen würde, wenn dieser ihm nicht das Leben geschenkt hätte. Außerdem ist noch nie die Zeremonie eines Freundschaftsschlusses trockener und nüchterner geschildert worden:

Da kehrte Winnetou zurück; er ließ sich von mir das Totem zeigen und vervollkommnete es durch einige Schnitte. Er schwor mir, weil ich ihn nicht getötet, ewige Freundschaft.

Das ist alles. Von der tiefen, innigen Seeleneinheit der beiden ist mit keinem einzigen Wort die Rede. Winnetou erlaubt sich einmal sogar den schlechten Scherz – May nennt ihn gütig einen »echten Indianerstreich« –, seinen Freund auf einen indianischen Rassehengst aufsteigen zu lassen in der Absicht, ihn aus dem Sattel fliegen zu sehen, was denn auch der Gaul prompt besorgt – gerade kein Beweis für eine tiefe Herzensfreundschaft.

Es scheint, daß May vom *Scout* selber nicht recht befriedigt war; denn als er 1892 daranging, den *Winnetou* in drei Bänden neu herauszugeben, stutzte er den *Scout* für den II. Band zurecht. Alle Stellen, aus denen hervorgeht, daß May Winnetou noch nicht gekannt habe, werden gestrichen, das ursprüngliche ›Greenhorn‹ erfährt die Umwandlung zu ›Old Shatterhand‹, der jedoch, um sich einen Spaß zu machen und Old Death eine Ueberraschung zu bereiten, seinen Namen verheimlicht und sich ruhig von ihm als unwissender Grünling behandeln läßt. Schließlich lassen Winnetou und Old Shatterhand gegenseitig die Maske fallen und sinken sich in die Arme, Old Death steht erstarrt – Tableau! May hat auf diese Weise geschickt das erste Zusammentreffen mit Winnetou in ein zweites verwandelt und dadurch erreicht, was er erreichen wollte: der hölzerne Freundschaftsschluß ist verschwunden und die Heldenfigur Winnetous tritt dadurch, daß sich Old Shatterhand sozusagen im Hintergrunde hält, lebendiger und wirkungsvoller aus dem Rahmen der Erzählung heraus.

Für die erstmalige Begegnung mit Winnetou dichtete May einen ganz neuen Roman, den jetzigen Bd. I des *Winnetou*. Ich muß sagen, dieser Band übte in meiner Jugendzeit und übt noch jetzt einen ganz unbeschreiblichen Reiz auf mich aus. Ein Hauch der Romantik weht durch dieses Buch, der ähnlich erquickend vielleicht nur in *Weihnacht* gefunden wird. Es hieße Eulen nach Athen tragen, wollte ich den Inhalt auch nur kurz wiedergeben; alle May-Leser sind ohnehin genugsam mit ihm vertraut. Von Interesse wird vielleicht die Mitteilung sein, daß Winnetou nach Mays späterer Vorstellung 2 Jahre älter als er war. Da die Fabel des ersten Bandes im Jahre 1864 spielt, so käme, da May 1842 geboren ist, für den Winnetou des ersten Bandes ein Alter von 24 Jahren heraus. Da ferner nach der Vorstellung des Dichters Winnetou 1874 starb, so erreichte er ein Alter von 34 Jahren. Der Unterschied zwischen der früheren und späteren Auffassung springt von selbst in die Augen.

Es kann nicht meine Aufgabe sein, mit der bisherigen Ausführlichkeit zu zeigen, wie von jetzt an das Charakterbild Winnetous von Roman zu Roman klarer und schärfer herausgearbeitet wird. Das kann der aufmerksame Leser selbst besorgen. Für mich handelte es sich darum, ihn mit dem ihm unbekannten Urausgabenmaterial vertraut zu machen. Es genügt, wenn wir als Ergebnis der liebevollen Kleinarbeit des Dichters jene Schilderung der überwältigenden Persönlichkeit Winnetous wiedergeben, wie sie in *Weihnacht*, S. 276 ff. enthalten ist:

Einem jeden, der Winnetou nicht gekannt hat, muß der Eindruck seiner Persönlichkeit, wenn auch nicht unerklärlich sein, so doch als höchst ungewöhnlich vorkommen, aber der berühmte Häuptling der Apatschen war auch weit mehr als bloß ein ungewöhnlicher Mann. Die Häuptlingsstellung war es natürlich nicht, welche imponierte, denn die soziale Distinktion eines indianischen Sachem (Oberhaupt) ist, wenigstens dem Weißen gegenüber, keine an sich Ehrfurcht gebietende, sondern es lag ganz allein nur in seiner Persönlichkeit, in der Gesamtheit seiner Vorzüge, seinen geistigen und seelischen Eigenschaften, welche in seiner fehlerlosen männlichen Schönheit eine köstliche Verkörperung gefunden hatten, daß sein Erscheinen überall, wohin er kam, Bewunderung erregte und dabei zugleich jene niemals ausbleibende Ehrerbietung erwirkte, deren sofortige Folge stets der unwillkürliche Gehorsam ist.

Er trug, wie auch ich stets, wenn ich mich im Westen befand, einen aus Elkleder gefertigten Jagdanzug von indianischem Schnitt, an den Füßen leichte Mokassins, welche mit Stachelschweinsborsten und selten geformten Nuggets geschmückt waren. Eine Kopfbedeckung gab es bei ihm nicht. Sein reiches, dichtes, bläulich-schwarzes Haar war auf dem Kopfe zu einem hohen, helmartigen Schopf geordnet und fiel von da aus, wenn er im Sattel saß, wie eine Mähne oder ein dichter Schleier fast bis auf den Rücken des Pferdes herab. Keine Adlerfeder schmückte diese Frisur. Er trug dieses Abzeichen der Häuptlinge nie; es war ihm ohnehin auf den ersten Blick anzusehen, daß er kein gewöhnlicher Krieger sei. Ich habe ihn mitten unter Häuptlingen gesehen, welche alle mit den Federn des Kriegsadlers geschmückt waren und sich auch sonst mit allen möglichen Trophäen behangen hatten; seine königliche Haltung, sein freier, ungezwungener, elastischer und doch so stolzer Gang zeichneten ihn doch als den edelsten von allen aus. Wer auch nur einen einzigen Blick auf ihn richtete, der sah sofort, daß er es mit einem bedeutenden Manne zu tun hatte. Um den Hals trug er die wertvolle Friedenspfeife, den Medizinbeutel und eine dreifache Kette von Krallen der Grizzlybären, welche er mit Lebensgefahr selbst erlegt hatte. Der Schnitt seines ernsten, männlich schönen Angesichtes, dessen Backenknochen kaum merklich vorstanden, war fast römisch zu nennen, und die Farbe seiner Haut war ein mattes Hellbraun, mit einem leisen Bronzehauch übergossen.

Einen Bart trug er nicht; in dieser Beziehung war er ganz Indianer. Darum war der sanfte, liebreich milde und doch so energische Schwung seiner Lippen stets zu sehen, diese halbvollen, ich möchte sagen, küßlichen Lippen, welche der süßesten Schmeicheltöne ebenso wie der furchterweckendsten Donnerlaute, der erquickendsten Anerkennung gleichso wie der schneidendsten Ironie fähig waren. Seine Stimme besaß, wenn er freundlich sprach, einen unvergleichlich ansprechenden, anlockenden gutturalen Timbre, den ich bei keinem andern Menschen gefunden habe und welcher nur mit dem liebevollen, leisen, vor Zärtlichkeit vergehenden Glucksen einer Henne, die ihre Küchlein unter sich versammelt hat, verglichen werden kann; im Zorne hatte sie die Kraft eines Hammers, welcher Eisen zerschlägt und, wenn er wollte, eine Schärfe, welche wie zersetzende Säure auf den festesten Gegner wirkte. Wenn er, was aber selten und dann nur bei hochwichtigen oder feierlichen Veranlassungen geschah, eine Rede hielt, so standen ihm alle möglichen Mittel der Rhetorik zur Verfügung. Ich habe nie einen besseren, überzeugenderen, hinreißenderen Redner gehört als ihn und kenne nicht einen einzigen Fall, daß es einem Menschen möglich gewesen wäre, der Beredsamkeit des großen, unvergleichlichen Apatschen zu widerstehen. Beredt auch waren die leicht beweglichen Flügel seiner sanft gebogenen, kräftigen, aber keineswegs indianisch starken Nase, denn in ihren Vibrationen sprach sich jede Bewegung seiner Seele aus. Das Schönste an ihm aber waren seine Augen, diese dunklen, sammetartigen Augen, in denen, je nach der Veranlassung, eine ganze Welt der Liebe, der Güte, der Dankbarkeit, des Mitleids, der Besorgnis, aber auch der Verachtung liegen konnte. Solch ehrliche, treue, lautere Augen, in welchen beim Zorne heilige Flammen loderten oder aus denen das Mißfallen vernichtende Blitze schleuderte, konnte nur ein Mensch haben, der eine solche Reinheit der Seele, Aufrichtigkeit des Herzens, Unwandelbarkeit des Charakters und stete Wahrheit des Gefühls besaß wie Winnetou. Es lag in diesen seinen Augen eine Macht, welche den Freund beglückte, den Feind mit Furcht und Angst erfüllte, den Unwürdigen in sein Nichts verwies und den Widerspenstigen zum Gehorsam zwang. Wenn er von Gott sprach, seinem großen, guten Manitou, waren seine Augen fromme Madonnen-, wenn er freundlich zusprach, liebevolle Frauen-, wenn er aber zürnte, drohende Odinsaugen.

Der Vollständigkeit halber soll noch erwähnt werden, daß der spätere Winnetou nie mehr den Skalp eines Feindes nimmt. Wenn in *Winnetou*, Bd. III, S. 429, erzählt wird, daß Winnetou im Vorgefühl des Todes schwört, »von jetzt an nie mehr den Skalp eines Weißen zu nehmen«, so stimmt das eben nicht zu den späteren Bänden, nach denen er diese barbarische Sitte längst abgelegt hat, und ist damit zu erklären, daß *Winnetous Tod* eben auch einer früheren Zeit angehört. Wann und wo diese Erzählung zum erstenmal erschien, konnte bis jetzt nicht festgestellt werden. Der Karl-May-Verlag wäre für zweckdienliche Mitteilungen über Zeit und Ort des ersten Erscheinens äußerst dankbar.*

Zu guter Letzt erfahren wir in *Am Jenseits,* S. 340, daß Winnetou, der feinsinnige und tiefinnerliche Mensch, in Verbindung mit der übersinnlichen Welt steht – ein Produkt der späteren Entwicklung Mays, der sich im Alter ziemlich viel mit Mystik befaßte:

Winnetou, der nüchternste, der hell und scharf denkende rote Mann, war gewiß kein Phantast, aber zuweilen, wenn wir miteinander im nächtlichen Dunkel lagen, rings von Gefahren umgeben, da geschah es, daß er die Hand hob, um grüßend rundum zu winken, und als ich ihn einst fragte, warum er das tue, antwortete er:

»Mein weißer Bruder frage nicht! Wir sind beschützt, das mag dir genügen!«

So sehen wir den Edelmenschen stetig von Band zu Band ins Ueberlebensgroße hineinwachsen, bis er seine irdische Laufbahn vollendet hat und seine Seele, von allem Erdenstaub befreit, gen Himmel schwebt. (Vgl. die Titelzeichnung von Sascha Schneider zu *Winnetou,* Bd. III.)

3. Der symbolische Winnetou

Am liebsten hätte ich mit der letzten Zeile des obigen Abschnitts geschlossen, jedoch die Forschung ist noch nicht am Ende angekommen. May wandte sich am Abend seines Lebens der rein symbolischen Dichtung zu. Durch welche Gründe er wahrscheinlich dazu gekommen, ist bereits anderweitig erörtert worden. Ebenso soll hier kein Urteil über die größeren oder geringeren Werte dieser Kunstform gefällt werden. Das werden wir wohl dem individuellen Geschmack des einzelnen überlassen müssen. Persönlich bin ich zwar der Meinung, daß der ›Volksschriftsteller‹ Karl May besser getan hätte, bei seiner bisherigen Schreibweise zu bleiben. Aber May ist nun einmal anderer Ansicht. Wenn er also jeder Person,

---

* »*Ave Maria*«. *Reiseerlebnisse aus dem »wilden Westen« Nordamerikas,* in: Fuldaer Zeitung, 25. 9.–30. 10. 1890 (Erstdruck um 1881).

jeder Handlung, ja sogar jedem Tier in seinen letzten Werken eine tiefere symbolische Bedeutung unterlegt, so ist das sein gutes Recht, und ich bin der letzte, der es ihm streitig macht.

Dr. E. A. Schmid gibt uns im Band »*Ich*«[7] den Schlüssel in die Hand, der uns das Verständnis der letzten Entwicklungsphase des *Winnetou* eröffnet: Winnetou ist nicht nur der oberste Kriegshäuptling sämtlicher Apatschenstämme, nicht nur der vollendete »Edelmensch«, er ist zugleich das Sinnbild der »seelischen Werte des roten Problems« und »der Prototyp der neuen indianisch-germanischen Rasse, die im Entstehen ist«. Er hatte

die Gesamtheit der Indianer verkörpert, die im vorigen Jahrhundert kämpfend immer mehr zurückweichen mußten und die zugrunde gingen durch das Vordringen der Weißen und die eigene Zerrissenheit. So mußte Winnetou in seiner Eigenschaft als deren Vertreter sterben.

Dieser Winnetou hat zwei Testamente hinterlassen.

Das eine liegt etwas höher, ist leichter aufzufinden; es birgt die völkerkundlichen und wissenschaftlichen Werte, die den Weißen von der roten Rasse geboten würden, wenn nicht Goldgier und Gewinnsucht der Eindringlinge dies vereitelt hätten. Das andere Testament liegt tiefer verborgen und besser verwahrt: es enthält die geistigen und seelischen Güter, die durch die rote Rasse für das amerikanische Völkerleben geboten werden könnten.

Die Entdeckung des zweiten Testamentes macht May-Old Shatterhand allerdings erst nach langen Jahren und nachdem er durch einen Brief Tatellah-Satahs[8] auf seine Unterlassungssünde aufmerksam geworden. Der Brief lautet:

»Warum suchtest du nur nach Deadly-dust? Nach tödlichem, goldenem Staub? Glaubtest du wirklich, Winnetou, der überschwenglich Reiche, könne der Menschheit nichts Besseres hinterlassen? War Winnetou, den du doch kennen mußtest, so oberflächlich, daß du es verschmähen durftest, in größerer Tiefe zu suchen? Nun weißt du, warum ich dir zürnte. Sei mir willkommen, wenn du verstehst, es mir zu sein!« (Bd. 33, S. 243.)

Dieser Tadel Tatellah-Satahs (indianische Volksseele) wirkt wie ein Sturm auf Old Shatterhand.

---

[7] Bd. 34 der Ges. Werke, S. 575.
[8] Bd. 33 der Ges. Werke.

»Ich bin beschämt, außerordentlich beschämt! [...] Ich habe da eine Sünde an Winnetou begangen, die ich mir unmöglich verzeihen kann. Und nicht nur an Winnetou allein, sondern an seiner ganzen Rasse. [...] Ich habe tief unter diesem hohen, edeln Charakter hinweggesehen und tief unter ihm hinweggehandelt. Das ist meine Sünde. Er würde gütig lächeln und mir verzeihen; ich aber lächle nicht. Bedenke, daß über dreißig Jahre unnütz vergangen sind! Ein volles Menschenleben!« (S. 244.)

Ueber dreißig Jahre unnütz vergangen! Damit bricht May in gewissem Sinne den Stab über seine frühere Auffassung Winnetous, ebenso wie über die betreffenden Winnetou-Bände, indem er bekennt, daß er seinen eigentlichen, tieferen Wert nicht erkannt habe. Dieser Wert liege nicht in den Aeußerlichkeiten seiner Person, die der großen Masse der Leser so sehr imponieren, sondern in seinem Geiste, in seiner Seele, die ganz andere als materielle Güter zu geben habe. Welcher Art diese Güter seien, deutet Frau Klara May an in ihrem Aufsatz *Winnetous Testament* im dritten Karl-May-Jahrbuch (1920). Es sind die seelischen, geistigen Reichtümer, die unerhoben in der Seele des roten Volkes schlummern. Denn Winnetou, will May sagen, ist das Symbol der roten Rasse in ihren edelsten Erscheinungen, der Repräsentant des gesamten indianischen Volkes.

Es entstand die Seele des Knaben Winnetou, die Seele der einstmaligen jungen roten Rasse. Sie entwickelte sich; sie wuchs. Die Schicksale Winnetous waren die Schicksale seiner Nation. (Aus Winnetous Testament, Bd. 33, S. 522.)

Wäre May länger am Leben geblieben, so hätte er diesen Gedanken noch in mehreren Bänden weitergesponnen und durchgeführt. Er hätte, wahrscheinlich in Form rein symbolischer Reiseerzählungen, in denen Winnetou sein Leben schildert, einen geschichtlichen Rückblick gegeben über das Entstehen, das Wachsen und das Sterben der roten Rasse. Er hätte gezeigt, wie er sich den geistigen Aufstieg der roten Rasse, in Winnetou, dem Edelmenschen, verkörpert, denke. Und anschließend daran hätte er die Idee des allgemeinen Völkerfriedens, als dessen erster Herold Winnetou, in dem die wahre Seele der roten Nation erwachte, aufgetreten war, für Amerika in ähnlichen Gedankengängen durchgeführt, wie er das für den Orient in *Und Friede auf Erden* getan. Der Tod ist dem Dichter in den Arm gefallen und hat die Ausführung dieses Planes verhindert, und sein *Winnetou*, der als Seele der roten Nation zu uns sprechen sollte, ist ein Torso geblieben. – –

Wir sind am Ende angekommen.

Ich bin mit mir selbst noch nicht fertig, bin ein Werdender. Es ist in mir noch alles in Vorwärtsbewegung, und alle meine inneren Gestalten, alle meine Sujets, bewegen sich mit mir.

So schreibt der greise Dichter in seiner Selbstbiographie. Wir dürfen uns also nicht wundern, wenn er für seinen Winnetou nicht von Anfang an den höchsten, edelsten Ausdruck gefunden. Das ist menschlich begreiflich. Anderseits müssen wir es aber auch ablehnen, wenn er seinen Lesern zumutet, sie sollten die Symbolik seiner letzten Jahre auch in den früheren Winnetou-Bänden suchen. Wir müßten ihm da seine eigenen eben zitierten Worte entgegenhalten, ebenso wie sein Eingeständnis, daß er selber Winnetou nicht richtig eingeschätzt habe.

Für Winnetou glaube ich den Beweis erbracht zu haben, daß er als ein anderer in der Idee des gereiften Dichters, als ein anderer in der Vorstellung der Mannesjahre lebte. Man könnte diesen Beweis unschwer auch für seine übrigen Charaktergestalten, selbst Marah Durimeh nicht ausgenommen, führen, doch würde dies über den Rahmen dieser Abhandlung hinausgehen.

Indes soll damit den früheren Bänden nicht jede symbolische Bedeutung aberkannt werden. Sie ist ihnen sicherlich eigen, aber nur in dem Maße, als man jeden Roman, der eine gewisse Tendenz verfolgt, mit Symbolik in Verbindung bringen kann. In diesem Sinne können und müssen Mays romantische Reiseerzählungen, da sie »Predigten der Gottes- und Nächstenliebe« sein sollen, symbolisch genannt werden. Eine andere Symbolik kann ich mit dem besten Willen nicht darin finden. Sie würde auch, das ist meine feste, persönliche Ueberzeugung, den reinen Genuß beeinträchtigen, den der Leser aus dem Volk – und für das Volk hat doch May geschrieben – bei der Lektüre namentlich der Winnetou-Bände empfindet. Wollen wir doch dem Volke nicht durch gewalttätige Erklärungsversuche diese Freude stören! Auch als rein menschliche Idealgestalt bleibt Winnetou eine Schöpfung von bleibendem Werte, mehr noch als die Lederstrumpferzählungen eines Cooper. Was Longfellows *Song of Hiawatha* für die Engländer, das ist und bleibt Mays *Winnetou* für das deutsche Volk – ein Lied voll zarter Poesie und ergreifender Tragik, der Schwanengesang der indianischen Rasse. – –

Horst Wolf Müller
Winnetou
Vom Skalpjäger zum roten Heiland

Christus und die Lehre, die sich auf ihn gründete, haben dem Heros der alten, heidnischen Schule das Wasser abgegraben. Das Evangelium der Liebe hat vor allem das Entstehen von Rächergestalten nach dem Muster des späten Herakles verhindert. Wüteriche haben keine Existenzgrundlage mehr. Der junge Siegfried atmete noch heidnische Luft und wurde durchs erste christliche Jahrtausend als blinder Passagier mitgeschleppt. In christlichen Landen aber machten ihm Märtyrer und Heilige, ja sogar Erzengel den Rang streitig. Georg nahm ihm das Drachentöten ab, und aus der Verehrung des heiligen Michael ging schließlich die Heilige hervor, die ich vorgeführt habe: Johanna, die Schlagfertige.

Doch dürfen wir uns nicht wundern, wenn der alte Kampf- und Kriegsgeist, der auf Schurken und Ungeheuer Jagd macht, noch an vielen Stellen anzutreffen ist. Entweder nistet er finster im Gesträuch in Gestalt von Outlaws und edlen Räubern, oder er legt die Rüstung des Kreuzritters an und zieht zornig gegen die Seldschucken aus. Oder er wuchert außerhalb christlicher Lande, in den Herzen exotischer Heiden.

Der Ritter, diese einmalige Verbindung von Christentum und Kriegergeist, hielt sich in Europa erstaunlich lange. Erst 1615 machte sich der Spanier Miguel de Cervantes mit seinem Don Quixote über den Ritter lustig und zeigte ihn als eine überlebte Figur, die keine Feinde mehr findet, dafür auf Ziegenherden und Windmühlen losgeht und sein heroisches Zeitalter nur noch in einer träumenden Phantasie mit sich trägt. Europa war schon kein Land mehr, in dem ein christlicher Ritter die Bösewichter finden konnte, die er zu seinem Heldentum brauchte. Zu unübersichtlich, zu zivilisiert und verbürgerlicht waren schon die Verhältnisse (denken wir zum Beispiel an Dürers Nürnberg). Im Dreißigjährigen Krieg gab es vielleicht noch Abenteurernaturen, aber die Trostlosigkeit der allgemeinen Lage stahl ihnen allen den Ruhm.

Die bekannteste deutsche Romangestalt dieser Zeit, der abenteuerliche Simplizissimus, kann zum Helden nicht mehr ausreifen, sie erstickt im Elend des allgemeinen Krieges. Auch daß es jetzt größere Feuerwaffen gibt, trägt dazu bei: Im Feuerbereich der Artillerie gedeiht kein Held, allenfalls ein Desperado. (Kein Wunder, daß die Kriegshelden der Heftchenliteratur U-Boot- oder Flugzeugkommandanten sind.) Kurz danach gab es noch den edlen Ritter Prinz Eugen, der 1697 den Türken den letzten Schlag versetzte. Er war eine volkstümliche und legendäre Figur, aber als Feldherr doch eine Gestalt, deren Handeln nicht mehr sichtbar und überprüfbar ist. Feldherren eignen sich überhaupt schlecht als Helden. Der wahre Held verrichtet seine Taten allein oder ›in recken wise‹, das heißt in kleiner Bedeckung, mit drei, vier Gefährten oder Waffenträgern. Nur wenn es wirklich unumgänglich ist, stellt er sich auch einmal an die Spitze eines Heeres. Seine Domäne ist der Zweikampf!

Wo aber gab es das noch, oder wo wieder? Wo waren unzivilisierte, wilde Länder, in denen noch urtümliche Zustände herrschten, in denen noch keine kodifizierten Gesetze alles Tun regelten, in denen nicht hunderterlei Rücksichten vonnöten waren, in denen ›der Mann noch was wert‹ war? Seit den Fahrten von Columbus, Vespucci und Cortez hieß dieses Land für alle Christen: Amerika. Dort gab es wilde, kriegerische Völker, dort würde man auch noch Helden der alten Machart finden.

Man fand sie, wenn auch relativ spät, und im Grunde mußte man sie erst kriegerisch machen. Von den Ureinwohnern Amerikas, speziell Nordamerikas, den Algonkins und Athabaskenvölkern, hörte man nicht sehr viel vor dem Jahre 1800. Denn da waren sie noch ohne Pferde, ohne Feuerwaffen, ohne Schrift, ohne Technik, steinzeitlich im Denken und in ihren Religionen. Nachdem sie aber einmal entdeckt waren, beschäftigten sie ein Jahrhundert lang lebhaft die Gemüter und lieferten einen Heldentyp, in dem besonders ein Zug stärker als bisher hervorstach: der Kampf einer Minderheit auf verlorenem Posten gegen die Vernichtung einer ganzen Rasse. Als der eigentliche Entdecker der Indianer für das allgemeine Bewußtsein kann James Fenimore Cooper gelten, dessen Lederstrumpf-Bücher zwischen 1820 und 1850 erschienen.

Als er zu schreiben begann, hatte man vom Indianer noch ziemlich romantische Vorstellungen, wie sie sich zum Beispiel bei Zschokke fanden: »Diese freundlichen Naturmenschen, welche wir Europäer Wilde nennen, weil sie frei und nicht Sklaven sind, die wir dumm heißen, weil sie ehrlich, wahrhaft und treu sind, die wir als rohe Halbmenschen betrachten, weil sie unsere Laster nicht kennen, die wir Heiden heißen, weil sie einander nicht der Religion willen kerkern, foltern, auf Scheiterhaufen verbrennen oder von Haus und Hof treiben [...]« Das wurde im Jahre 1820 geschrieben, während der Franzose Tocqueville bewunderte: »Der Indianer wußte bedürfnislos zu leben, ohne Klage zu leiden und mit Gesang zu sterben.«

Cooper gehörte dieser romantischen Generation noch an, aber neben ihm gaben eine Reihe von Schriftstellern ein realistischeres Bild vom Wilden Westen, darunter der Amerikaner Washington Irving und die Deutschen Charles Sealsfield und Friedrich Gerstäcker. Eine Flut von Reisebeschreibungen ergoß sich seit der Mitte des Jahrhunderts über die europäische Leserschaft. Ihre Autoren waren meist europamüde Auswanderer oder Abenteurer, die in Amerika das fanden, was sie suchten: eine wilde Landschaft, Pionierstimmung, Ellenbogenfreiheit. Das Wagnis stand hoch im Kurs. Als 1848 in Kalifornien Gold gefunden wurde, brach innerhalb weniger Monate die Anarchie aus. Und das alles in einer Zeit, in der in Deutschland Biedermeier und Polizeistaat, Halbschlaf und Beschaulichkeit herrschten. Hier Spitzweg-Typen und Hausfreundleser, resignierte Literaten und der Erfinder des Schrebergartens, dort aber Trapper, Cowboys, Banditen, Goldsucher, Squatter, Indianeragenten, Pioniere, die sich mit Pferd und Wagen den Weg ins Unbekannte bahnen mußten. Und das vor nicht viel mehr als 100 Jahren! Kein Wunder, daß dieser Wilde Westen, der erst um 1900 herum gezähmt wurde, in zahlreichen Legenden weiterlebt. In ihm ist mitten in unserer zivilisierten Welt jene menschliche Frühzeit noch einmal Wirklichkeit geworden, in der die Erde noch nicht verteilt ist, Gesetze noch nicht gelten, der Härteste sich behauptet, Moral in die Hände einiger weniger gelegt ist, kurz: ein echtes Heldenzeitalter.

Heldengestalten konnten auf beiden Seiten wachsen, auf der der Eindringlinge wie auch auf der Seite der Alteingesessenen, die das Land, das ihnen viele Jahrhunderte lang allein gehört hatte, gegen eine skrupellose Übermacht zu verteidigen hatten. Die Sympathien des gerecht Denkenden mußten sich jedoch den Indianern zuwenden. Die Berechtigung des indianischen Existenzkampfes wurde zu etwas ethisch Unanfechtbarem, mit dem sich die Moral der Weißen in nichts messen konnte. Und gerade diese Unanfechtbarkeit machte die Indianer zu dem Heldenvolk, das sie in der Indianerliteratur geworden und geblieben sind, von Cooper bis zu Steuben. Der Mann, der diese Rolle der Indianer am klarsten erkannt und daraus wie kein anderer Kapital geschlagen hat, ist Karl May. Fast alles, was an den Indianern fasziniert und heute noch in den Indianerspielen der Zwölfjährigen maßgebend ist, wurde von ihm vorgeformt. Karl May hat es auch verstanden, eine Figur zu schaffen, in der die besten Züge der ganzen roten Rasse vereint sind und ihre Tragödie sich spiegelt, eine Figur, die Tecumseh, Chingachgook und Sitting Bull an Popularität übertraf, eben weil sie nicht wirklich, sondern ›gemacht‹ war: den roten Gentleman mit dem klingenden Zaubernamen Winnetou.

Winnetou ist für die meisten von uns in einer bestimmten Epoche des Lebens unwiderstehlich, und: er ist Richtschnur. Man möchte dann eigentlich nicht Weißer, sondern Indianer sein. Die im Indianerspiel die Bleichgesichter spielen müssen, sind sehr zu bedauern! Viele mögen sich mit seinem weißen Bruder Old Shatterhand identifizieren – Winnetou ist verführerischer, weil fremder, geheimnisvoller und heldischer in seinem Schicksal. Auch auf Mädchen übt er eine starke Anziehungskraft aus. Ich unterrichtete ein 15jähriges Mädchen, das ein Reitpferd mit dem Namen Iltschi besaß. Winnetou wird als Mädchenname gebraucht. Der Dramatiker Carl Zuckmayer, ein Karl-May-Verehrer, nannte seine Tochter so. Offenbar vereint die Gestalt sehr männliche mit unverkennbar femininen Zügen, möglicherweise ist sie sogar hermaphroditisch angelegt. Das leicht Animalische seines Wesens, das Bräutliche in seinem Verhalten Old Shatterhand gegenüber könnten dafür verantwortlich sein. Immerhin: Winnetou ist wohl die populärste Gestalt, die Karl May geschaffen hat. Der Band *Winnetou I* hat mit 2,5 Millionen verkauften Exemplaren die höchste Auflage aller Karl-May-Bände überhaupt.

Wir werden versuchen müssen, zu ergründen, was den edelsten der Indianer zu der populärsten Heldengestalt der letzten hundert Jahre überhaupt machen konnte. Dabei werden wir im Vergleich zu den anderen Kapiteln im Vorteil sein, weil wir diesmal den Schöpfer unseres Helden recht genau kennen. Weil überhaupt Winnetou die Figur ist, an der nicht ganze Generationen gemodelt haben oder an der sich viele Dichter interpretierend hätten versuchen dürfen: Winnetou hat nur einen Vater, und bei dem liegt das Copyright. Wenn heute ein Autor versuchte, Winnetou zu verändern, ich glaube, er würde von einer Millionenleserschaft mit

Schimpf und Schande davongejagt werden. Karl May traf genau ins Schwarze, nämlich ins Unbewußte, wo die uralten Wünsche und Ängste nisten, die wir schon einmal beschrieben haben.

Die Legende des roten Häuptlings

Dieses Kapitel hat Winnetou zum Gegenstand, obwohl der eigentliche Supermann in Karl Mays Büchern ja der Erzähler selber ist, verwandelt in die beiden Ich-Figuren Old Shatterhand und Kara Ben Nemsi. Er ist der einzige Unbesiegbare in den an Kampfschilderungen reichen 70 Bänden Abenteuern. Winnetou aber ist der einzige, der diesem Old Shatterhand einigermaßen ebenbürtig ist, dessen Führung sich Old Shatterhand sogar zeitweilig unterordnet, von dem er etwas lernen kann. Winnetou wird von ihm verehrt, ja geliebt. Nur in *Winnetou I* treten sie sich eine Zeitlang mit Mißtrauen gegenüber, doch dieses Mißtrauen ist nur auf seiten Winnetous, der mit den Weißen zu schlechte Erfahrungen gemacht hat: Old Shatterhand ist vom ersten Augenblick der Bekanntschaft an voller Sympathie für den Apatschen und sucht ihm seine Freundschaft anzutragen. Daß dies erst nach harten Kämpfen möglich wird, in denen Old Shatterhand Winnetou besiegt, aber schont, gehört zu den Gepflogenheiten des Mayschen Westens. Auch die Freundschaft Old Firehands wird von Old Shatterhand erst nach einem wilden Zweikampf gewonnen.

Später schließen Winnetou und Old Shatterhand Blutsbruderschaft. Intschu tschuna, der Vater Winnetous, bekräftigt diesen Bund: »Ihr werdet nicht nur Brüder, sondern ein einziger Mann und Krieger mit zwei Körpern sein!« Und etwas später: »Die Seelen dieser beiden jungen Krieger mögen ineinander übergehen, auf daß sie eine einzige Seele bilden. Was Old Shatterhand denkt, sei fortan auch Winnetous Gedanke, und was Winnetou will, das sei auch der Wille Old Shatterhands.«

Hinter dieser Seelenverschmelzung steckt vermutlich nichts anderes als der Wunsch des Autors, sich mit dem größten aller Indianer zu identifizieren; also nicht nur, ihm an Kraft und Mut gleich zu sein, sondern mit ihm gemeinsam zu fühlen, ihn zu einem Teil seines Ichs zu machen. Auf diese Weise kann der Autor – und ihm nachfolgend auch der Leser – sich sowohl mit Old Shatterhand als auch mit Winnetou identifizieren, und das Gute, das sonst immer nur in einer Figur sich rein verkörpern kann, erfährt hier eine doppelte Verkörperung. Der Leser erhält zwei Ichs, mit dem einen darf er die rote, mit der anderen die germanische Rasse repräsentieren, mit beiden zusammen die Versöhnung von Rot und Weiß in ihren edelsten Vertretern. Aber bis das ganz geschehen kann, legt Karl May einen weiten Weg zurück.

Es begann mit dem Sioux-Häuptling Innu-woh, den Karl May im Jahre 1875 schuf, in einer seiner ersten Reiseerzählungen überhaupt. Im selben Jahr muß er dann wohl ein Buch über die Apatschen gelesen haben und zu dem Eindruck gelangt sein, daß dieser Stamm im Südwesten der Staaten noch einprägsamere Züge hatte. Von diesem Stamm war zu erfahren, daß er freiheitsliebend und individualistisch war, demokratisch regiert wurde, Jagd und Beutezüge liebte und seinen jungen Kriegern eine besonders harte Schulung angedeihen ließ. Die Apatschen galten als abgehärtet, geschickt im Kampf, mit äußerst wachen Sinnen begabt, bewandert in der Kunst, sich zu verstecken. Der Apatschen-Häuptling Cochise hielt die US-Armee mit 200 Kriegern zwei Jahre lang in Schach und blieb unbesiegt. Das alles muß Karl May verlockend genug erschienen sein, um aus diesem Holze einen Häuptling zu schnitzen, der allen Anforderungen eines kriegerischen Tugendsystems entsprach. In der Tat ist der frühe Winnetou, wie er in *Old Firehand* oder *Deadly Dust* auftritt, durch und durch Krieger. May nennt ihn den »berühmtesten und gefürchtetsten Indianer zwischen Sonora und Columbien«. Dieser Wilde rühmt sich noch der Skalpe an den Wänden seines Wigwams und an seinem Gürtel und taucht sein Messer mit Wonne in die Leiber seiner Feinde. Seine Brust ist von zahlreichen Narben bedeckt, sein Gewand mit Skalplocken geschmückt, das Gesicht mit Kriegsfarben bemalt, er taucht den Medizinbeutel in das Blut des getöteten Grizzlybären, will das Grab des Komantschenhäuptlings zerstören und dessen Gebeine in alle Winde zerstreuen. In *Old Firehand* nimmt Winnetou noch den Skalp des weißen Indianerhäuptlings Parranoh, den er als seinen Todfeind bezeichnet und mit dem ihn eine haßerfüllte Blutrache verbindet. Winnetou: »Der Mund der Erde soll dein Blut trinken, und die Kralle des Geiers soll den Leib des Verräters zerreißen.« Als Winnetou sich Parranohs Skalp sichert, kommentiert Old Shatterhand dies so: »Ich war geradezu bestürzt. Ich hatte mir mit dem Gedanken geschmeichelt, mein roter Freund habe sich im Verkehr mit mir so viel Menschlichkeit angeeignet, daß er dieser indianischen Sitte längst entsagt habe. [...] Nun aber war auf einmal seine indianische Natur zum Durchbruch gekommen, und zwar auf eine Weise, die mir bei Winnetou völlig fremd war.«

Die Ursprünge dieser Fehde sind alt: Der Tod Ribannas, der einzigen von Winnetou jemals geliebten Frau, ist Parranohs Werk, und Winnetou hat Rache gelobt. Old Shatterhand, der im Wilden Westen als Missionar auftritt und die Roten zwischen Rache und Strafe zu unterscheiden lehren will, muß sich eine Weile gedulden, bis seine Botschaft auch in Winnetous Herz Wurzel schlägt.

In *Winnetou II* findet sich auch eine breit angelegte Schilderung des Kampfes zwischen Komantschen und Apatschen, letztere stehen unter Winnetous Führung. Es ist dies eine der wenigen Erzählungen, in denen sich Winnetou an die Spitze größerer Kriegerscharen stellt, später wird es immer häufiger so sein, daß Winnetou am liebsten mit seinem Blutsbruder durch Savannen und Wälder reitet, allenfalls in kleineren Gruppen, kaum noch übernimmt er das Kommando über irgendwelche Stämme. Hier, in *Winnetou II*, bedient sich der Apatsche noch aller denkbaren Kriegslisten. Er lockt die Komantschen in einen Hinterhalt, bietet ihnen die Kapitulation an, als sie aber nicht annehmen, vernichtet er sie mit seinen Kriegern ziemlich erbarmungslos. Und es dürfte wohl nicht abwegig sein zu vermuten, daß sich Old Shatterhand nur deswegen unter den Komantschen befindet, um die Gefährlichkeit der Apatschen und die Tüchtigkeit Winnetous auch einmal aus feindlicher Sicht mitzuerleben. Karl May besitzt ja die Fähigkeit, sich elastisch immer neu zu identifizieren, um die eigene Kraft und die Winnetous immer wieder neu genießen zu können.

Man braucht nur daran zu denken, wie Old Shatterhand immer wieder in die Rolle des Greenhorns schlüpft, um über sich Lob über Lob zu vernehmen und heimlich einzuheimsen. Diese Eitelkeit erstreckt sich stets auch auf Winnetou, der ein Teil seines Ichs ist. *Winnetou II* stellt, wie wir gesehen haben, die älteste Stufe der Entwicklung Winnetous dar: Der blutdürstige, heidnische Krieger ist noch stark zu spüren.

In *Winnetou III* hat Winnetou bereits den Kontakt mit seinen Mescalero-Stämmen weitgehend verloren und betätigt sich an Old Shatterhands Seite als ein Verfolger von Bösewichtern aller Art. Zunächst sind dies Fred Morgan und Sohn, die einen gewissen Marshal ermordet haben. Später, als diese gestellt sind, jagt man

Railtroublers. Immer noch ist Winnetou der unerbittliche Rächer. Es heißt da: »Er hatte einen Feind wochenlang durch Urwälder und Prärien verfolgt, ihn endlich im männlichen, offenen Kampf besiegt, sich dann mitten ins Lager der Gegner gewagt und ihnen die Siegeszeichen abgenommen.«

Verbrämtes Christentum?

Wenig später findet ein langes Gespräch zwischen Winnetou und seinem weißen Bruder über Glaubensfragen statt, in dem vom Manitou der Roten und vom Manitou der Weißen die Rede ist und in dem Winnetou erste Zweifel kommen. Christliche Musik wirkt bei der endgültigen Bekehrung des Apatschen krampflösend: Das Ave Maria, in der Wildnis von Deutschen gesungen, nach einem Text von Old Shatterhand, wühlt ihn in seinem Innersten auf. Winnetou stirbt in den Armen Old Shatterhands als Christ. Seine letzten Worte: »Scharlih, ich glaube an den Heiland. Winnetou ist ein Christ. Leb wohl!«

Aber damit ist es nicht getan. Denn nun erst, im Jahre 1892, wurde *Winnetou I* geschrieben. Karl May war seit einiger Zeit Mitarbeiter an der katholischen Familienzeitschrift ›Der Deutsche Hausschatz‹ und wußte, was er seinen christlichen Lesern schuldete: exotische Wildnis, christlich übersonnt. In *Winnetou I* ist das christliche Ferment schon wirksam geworden. Winnetou heißt jetzt im Titel ›Der rote Gentleman‹. Von Anfang an ist ihm ein deutsch-christlicher Lehrer beigegeben, der Sachse Klekih-Petra, dessen Stelle Old Shatterhand später einnimmt. »Er ist mein geistiges Kind«, darf Klekih-Petra äußern, und: »Wäre er der Sohn eines europäischen Herrschers, so würde er ein großer Feldherr und ein noch größerer Friedensfürst (!) werden. Als Sproß eines Indianerhäuptlings aber wird er untergehen, wie seine ganze Rasse untergeht. Könnte ich doch den Tag erleben, an dem er sich einen Christen nennt!« Klekih-Petra erlebt diesen Tag nicht, aber dafür Old Shatterhand. Immerhin ist hier schon die Anschauung gewachsen, daß die rote Rasse der Bekehrung zum deutsch-christlichen Geiste bedarf, um überhaupt zu überleben – sie wird sich in Karl Mays Werk immer stärker durchsetzen.

Indessen ist auch *Winnetou I* noch reich an Beispielen heidnisch-indianischen Verhaltens: Die stoische Haltung gegenüber

Freude und Schmerz, das Spotten der Krieger am Marterpfahl, die Ablehnung der Dankbarkeit, die Schweigsamkeit. Maulheldentum und Ruhmredigkeit des Indianers vor jedem Kampfe, die wir auch bei Winnetou in Band II und Band III noch häufig antreffen, haben in Band I nachgelassen.

Aufschlußreich ist die Wandlung des Rachegedankens. Winnetou verliert in Band I durch den Goldsucher Santer seinen Vater und seine Schwester und sieht sich unausweichlich vor die Aufgabe der Blutrache gestellt. (Rache zu üben war stets ein Attribut der vorchristlichen Helden!) Winnetou: »Die Augen aller Apatschen schauen jetzt auf Winnetou, um zu sehen, wie er den Tod seines Vaters und seiner Schwester rächen wird.« Old Shatterhand will ihn am Schwur hindern. Winnetou: »Sollen die alten Weiber mich anspucken, und soll ich aus meinem Volke gestoßen werden, weil ich nicht den Mut besitze, das zu rächen, was heute hier geschehen ist?«

Old Shatterhand bittet ihn, den Schwur erst zu tun, wenn die Leichen begraben sind. Winnetou wird dadurch der Rache nicht enthoben, aber sein Haß lindert sich ein wenig.

Man erinnert sich unwillkürlich an die Szene in der Völsungen-Saga, wo Kriemhild über den Tod ihres Gatten erst weinen kann, als sie das Bahrtuch von der Leiche aufhebt und sein Gesicht sieht. Das Anschauen der Toten verstärkt den Schmerz, macht ihn physisch unerträglich. Old Shatterhand will erreichen, daß Winnetou seinen Racheschwur nicht unter dem Eindruck des physischen Schmerzes tut. Denn er soll statt Rache nur noch Bestrafung fordern. Wir wissen, daß es Winnetou nicht gelingt, Santer zur Strecke zu bringen, obwohl er ihn über ein Jahrzehnt verfolgt. Im dritten Band bemüht der Autor die göttliche Gerechtigkeit, die dann den Bösewicht mittels eines Bergsturzes am Ort eines neuen Verbrechens untergehen läßt nach dem Motto: Mein ist die Rache, redet Gott.

Winnetou lebt natürlich noch in vielen anderen Büchern, die zeitlich zwischen *Winnetou I* und *Winnetou III* angesiedelt sind. Je später sie geschrieben wurden, desto stärker ist die Entwicklung Winnetous zum christlichen Edelmenschen zu spüren.

In *Weihnacht*, 1897 geschrieben, heißt Winnetou der »Rächer allen Unrechts und Schützer der Bedrängten«. Aus dem Rächer in eigener Sache ist nun ein Richter geworden, dem alle ihre Sorgen anvertrauen können. Von den üblichen Indianerhäuptlingen unterscheidet er sich beachtlich. »Es war ihm ohnehin auf den ersten Blick anzusehen, daß er kein gewöhnlicher Krieger sei. Ich habe ihn mitten unter Häuptlingen gesehen, die alle mit den Federn des Kriegsadlers geschmückt waren und sich auch sonst mit allen möglichen Siegeszeichen behängt hatten. Seine königliche Haltung, sein freier, ungezwungener und stolzer Gang zeichneten ihn immer als den edelsten von allen aus.« Winnetou ist gottähnlich geworden, Old Shatterhand nennt ihn Gottes »herrlichstes Ebenbild«. In *Weihnacht* tritt Winnetou weniger als Rächer denn als Richter auf, wie sich in der Verhandlung am Finding Hole, dem Treffpunkt aller Bösewichter und verführten Seelen, erweist. Winnetou: »Diese Männer mögen auf mich hören. Ich bin Winnetou, der Häuptling der Apatschen. Ich werde Recht von Unrecht scheiden. Nur der Böse hat mich zu fürchten.« Und Old Shatterhand steht mehr denn je in dessen Bann: »Ich hielt meinen Blick auf ihn gerichtet, um augenblicklich das gleiche zu tun, was er unternehmen würde.« Noch einmal bricht die indianische List des Apatschen durch: Die goldgierigen Bösewichter arbeiten wie besessen am Finding Hole, um den Gerechten die Taschen mit Gold zu füllen, sie selber gehen leer aus, obwohl sie beim Finding Hole frei zurückgelassen werden. Später, am Heißen Wasser, bricht das endgültige Gottesurteil über sie herein. Eine Lawine begräbt die Schlimmsten von ihnen, verschont aber die Reuigen.

Denkmäler

Zwölf Jahre später, im Jahre 1909, ließ Karl May die großangelegte und endgültige Glorifizierung seines roten Edelmenschen folgen. Dabei trieb seine Phantasie die skurrilsten Blüten. Old Shatterhand, jetzt ein alter Mann, wird von freundlich und feindlich gesinnten Indianerhäuptlingen gemeinsam zum Mount Winnetou gerufen, um am Entscheidungskampf zwischen roter und weißer Rasse teilzunehmen. Auch soll dort das Andenken Winnetous durch das Errichten einer Statue geehrt werden. Old Shatterhand rafft sich auf und begibt sich noch einmal in das Land seiner großen Erfolge, wird dort auch als Autorität von Freunden wie Feinden in gleicher Weise anerkannt. Das Hauptergebnis dieser Reise: Winnetou erhält ein völlig neues Gesicht, er reift zum Volksidol heran.

Old Shatterhand erkennt: »Ich habe tief unter diesem hohen, edlen Charakter hinweg gesehen und tief unter ihm hinweg gehandelt. Das ist meine Sünde.« Dafür, daß Winnetou schon zu Lebzeiten ein Apostel der Liebe war, müssen jetzt natürlich Belege herangeschafft werden.

Für Karl May ist das keine Schwierigkeit: Er läßt ein Wohnhaus Winnetous entdecken, und ein Neues Testament findet sich dort. In diesen nachgelassenen Aufzeichnungen schreibt Winnetou an seinen weißen Bruder: »Du bist, seit ich dich kenne, mein Schutzengel gewesen, und ich war in gleicher Weise der Deine. Du standest mir höher als jeder andere, den ich liebte. Ich eiferte Dir nach in allen Dingen. Du gabst mir viel.« Winnetou also der Apostel der Indianer, Old Shatterhand sein geistiger Lehrmeister: eine schöne, freudige Überraschung, die sich da Karl May noch am Ende seines Lebens bereitet. Der Einfluß von Winnetous Denken auf die Indianer ist schon sichtbar. Viele Apatschen tragen Sterne auf ihrem Gewand und nennen sich Winnetous oder Winnetas, so wie sich die Nachfolger Christi Christen nennen durften. Offenbar ist hier eine indianische Religion im Entstehen. Junger Adler, ein junger Apatsche, schildert Old Shatterhand diese Religion: Sie kam vor Urzeiten mit den ersten roten Einwanderern aus Dschinnistan, dem Reiche Marah Durimehs, der Menschheitsseele, nach Amerika und hat sich dort so lange lebendig gehalten, wie die Landbrücke zwischen der Alten Welt und der Neuen Welt bestand, solange also Boten aus Dschinnistan nach Amerika kommen konnten. Sie war bestimmt vom Gesetz der Schutzengel, das einfach darin besteht, daß jeder Mensch sich entschließt, insgeheim der Schutzengel eines anderen zu sein, sogar eines Feindes. So herrschte ewiger Friede, bis dieses Gesetz in Vergessenheit geriet. Winnetou ist derjenige, der es wieder zum Leben erweckt hat, und Tatellah Satah, der Bewahrer der großen Medizin, versucht ihm Geltung zu verschaffen. Karl May schafft auf diese Weise sogar noch eine geistige Brücke zwischen seinen orientalischen und seinen indianischen Romanen, indem er den Mythos von Marah Durimeh und dem Clan der Schutzengel erfindet. Eine Geheimreligion wird geboren, vielleicht dem Mormonismus zu vergleichen, nach dessen Lehre auch Propheten nach Amerika auswanderten.

Winnetou wird tragende Figur dieser Religion, die zugleich eine geistige Erneuerungsbewegung ist, in der die Indianer zu sich selber finden sollen. »Die Indianer […] sind geistig an der Erde geblieben. Fliegen lernen! Wer das nicht will, der bleibt unten, sei es Volk oder Einzelwesen!« Das möchte Old Shatterhand die Roten lehren, und es hat in *Winnetous Erben* ganz den Anschein, als ob es ihm gelingen könnte. Immerhin bringt Junger Adler es fertig, mit einer selbstgebastelten Flugmaschine auf den Berg der Königsgräber zu fliegen, wo die Zeugnisse einer jahrtausendealten indianischen Hochkultur liegen sollen. Aus ihnen sollen die herabgesunkenen, zu kriegerischen Nomaden gewordenen Stämme lernen, wie hoch sie einmal standen – alles unhistorisch, alles Mythos. Realität war nie Karl Mays Sache, jetzt aber treibt er die Phantastik auf die Spitze. Der Junge Adler verkündet: »Soweit die Erde reicht, ist jetzt eine große Zeit. Sie ist noch jung; sie hat sich zu entwickeln, und wir mit ihr. Die Menschheit steigt zu ihren Idealen auf. Steigen auch wir!«

Und Tatellah Satah beschreibt, wie dieses Steigen geschehen könnte: »Die ganze rote Rasse soll sich zu einem einzigen Winnetou gestalten, der hoch über allem, was niedrig ist, auf den lichten Höhen des Lebens steht.«

Winnetou hat sich – in langen Jahren – zum Friedensfürsten gewandelt: »Wir lasen […] seine große Umkehr vom Kriegsgedanken zum Friedensgedanken, vom Haß zur Liebe, von der Rache zur Verzeihung.«

Karl May/Old Shatterhand ist somit nicht nur zum Schöpfer einer neuen Religion geworden, die im Grunde eine christliche Sekte ist, sondern er hat sogar ein Stadium der christlichen Kirchengeschichte auf sie übertragen: die Bilderfeindlichkeit, die lange Zeit in der Kirche geherrscht hat! Winnetou soll nicht in einer Statue verewigt werden, er soll im Herzen seiner Jünger leben. Ein Gottesurteil macht diese Anschauung rechtskräftig – wieder einmal behilft sich der Autor auf diese Weise: Das Gestein, auf dem die Statue steht, ist schon unterhöhlt, gibt vollends nach, und das riesige Bildwerk stürzt in sich zusammen.

Winnetou lebt zwar nicht in den Herzen der Indianer – die haben sich nie geeinigt, sind nie zu einer Nation verschmolzen –, wohl aber in den Herzen jugendlicher Leser. Und er lebt dort weniger als der Edelmensch und Religionsstifter, den Karl May in späten Jahren aus ihm werden ließ, sondern als der kühne Krieger früherer Jahre, der vom Christentum noch nicht ›verweichlicht‹ ist. Den echten Karl-May-Leser muß Trauer befallen, wenn er in *Winnetous Erben* lesen muß: »Die Zeiten der Faust- und Zweikämpfe sind vorüber [...] Ich verdamme jedwedes Blutvergießen.« Er wird sich zurücksehnen nach den großen Zeiten der Westmänner und Savannenläufer und der Indianer auf dem Kriegspfad, nach den Zeiten, als es in den dark and bloody grounds von dunklen Existenzen wimmelte, als Old Shatterhand und Winnetou gemeinsam zur Säuberung antraten. Nur der wirkliche Wilde Westen wird überleben.

Das Traumbild

Die Frage nach der Wahrheit im Werke Karl Mays ist müßig. Was Karl May beschrieb, hat sich in seinem Innern abgespielt. Karl May sah Amerika erst 1908, also mit 66 Jahren, und auch da kam er kaum bis in den Wilden Westen, wahrscheinlich nicht über Chicago hinaus. Er war schon zu alt, zu müde. Zwar ist auch er in jungen Jahren, wie so viele damals, vom Amerika-Fieber angesteckt gewesen, hat sich auch mit dem Gedanken getragen, auszuwandern, aber dabei blieb es dann auch. Und auch den Orient sah Karl May nicht vor 1900. Aber was tat das? Seine Leserschaft kannte Amerika und den Wilden Westen, die dark and bloody grounds zumeist ebensowenig wie der Autor und fühlte sich durch Unsachlichkeiten oder Unwahrscheinlichkeiten in seinen ›Reiseerzählungen‹ nicht weiter brüskiert, im Gegenteil: Die wuchernde Phantasie war es ja gerade, der man sich so gern anvertraute, das Abenteuern am Rande des Glaubhaften.

Karl May hatte viel gelesen, hatte sich so genau wie möglich informiert, ehe er schrieb. Zeit dazu hatte er vor Beginn seiner Karriere genug, zumal in den vier Jahren, die er im Zuchthaus zu Waldheim in Sachsen verbrachte, wo er die Gefängnisbücherei verwaltete. Vielleicht ist ihm in dieser Zeit der Gedanke gekommen, Reiseschriftsteller zu werden!

Immerhin sind wir da schon bei der dunklen Hälfte seines Lebens, die zwar nicht über Gebühr hochgespielt werden sollte, die aber auch nicht nebensächlich ist. Der Mann, der die beiden ungekrönten Könige der Prärie geschaffen hat, die unüberwindlichen und gefürchteten Old Shatterhand und Winnetou, zwei Männer, ›auf die man sich in jeder Lage verlassen kann‹, Wahrer des Rechts und Verächter des Besitzes, hat bis zu seinem 35. Lebensjahr erhebliche Schwierigkeiten gehabt, mit sich selber und mit den sächsischen Gesetzen ins reine zu kommen, hat jahrelang als Hochstapler versucht, sein von Jugend auf beschädigtes Selbstbewußtsein ins Lot zu bringen.

Es beginnt mit kleinen Diebstählen auf dem Lehrerseminar in Waldenburg, dazu kommt ein Annäherungsversuch bei der Gattin eines Vorgesetzten. Noch nichts Dramatisches. Karl May muß einsitzen. Als er wieder frei ist, nicht mehr Lehrer sein darf, versucht er es mit Rezitationen, Privatstunden, der Leitung eines Gesangvereins. Dann findet er Spaß daran, sich als Augenarzt Dr. Heilig oder als Notenstecher Hermin auszugeben, Vermieter und andere angepaßte Bürger zu bluffen. Er wird erneut eingesperrt. Als er entlassen ist, versucht er an der Gesellschaft Rache zu nehmen, aber wieder, indem er in den Kostümen dieser Gesellschaft auftritt. Er geht als Polizeileutnant in verschiedene Geschäfte, läßt sich alles Papiergeld bringen und konfisziert es unter dem Vorwand, das Geld sei gefälscht. (Ein Vorläufer des Hauptmanns zu Köpenick!) Dann wieder gibt er sich als Mitglied der geheimen Polizei aus, einmal hat er ein Terzerol, einmal ein Beil bei sich. Er stiehlt ein Pferd und bricht in ein Kegelhaus ein. Die Turnfeuerwehr von Ernstthal sucht in den sächsischen Wäldern nach ihm – Karl May bleibt verschwunden. In Böhmen wird er endlich gefaßt, und kommt erneut vor Gericht. Sein Strafverteidiger gibt zu Protokoll: »Die ganze Persönlichkeit des Angeklagten machte in der Hauptverhandlung den Eindruck eines komischen Menschen, der gewissermaßen aus Übermut auf der Anklagebank zu sitzen schien«, spricht auch von der »angeborenen Kunst, den Leuten etwas vorzumachen und daraus Gewinn zu ziehen [...]«. Diese Kunst wird mit vier Jahren Zuchthaus honoriert. Erst später soll sie den Künstler reich machen. Kaum kommt Karl May aus dem Zuchthaus, hat er schon einen Verleger. Es ist zwar nur der Herausgeber eines Wochenblattes, aber das kommt Karl May durchaus zustatten. Er darf Fortsetzungsromane schreiben. Jetzt hat er ein Ventil für seine wuchernde Phantasie. Jetzt begnügt er sich nicht mehr damit, dem geschmähten Bürgertum als Gesetzeshüter entgegenzutreten, sondern jetzt schlüpft er, dem Trend der Zeit folgend, in den Lederanzug des Trappers und verbreitet seine eigenen Gesetze.

Er ist nicht von Anfang an der kühne Old Shatterhand, den man kennt. Er beginnt als deutscher Forscher, der im fernen Westen reitet und Steine und Pflanzen kennenlernen will. Aber nach einigen Schreiberfahrungen wird er schon kühner und beginnt sich in der Kunst der Selbstverteidigung – bewaffnet und unbewaffnet – zu üben. Dabei ist es ihm sehr wichtig, daß die Leserschaft ihm auch glaubt, daß er Old Shatterhand ist, unablässig beteuert er, er sei in all den Ländern gewesen, die er beschreibt.

Später hat er die berühmten Gewehre, die er so ausgiebig beschrieb, in seiner Wohnung stehen: Henrystutzen, Bärentöter und Winnetous Silberbüchse. Haare Winnetous spendet er an reliquienhungrige Leser – es sind Pferdehaare, wie sich herausstellt! Karl May flunkert munter weiter: er gibt sich als Doktor May aus, und erklärt, die Stadt Rouen habe ihm den Doktortitel verliehen. – Auch erfunden. Er gibt vor, rund 40 Sprachen zu sprechen. Nur zu gern glaubt man ihm die Legenden, die er um die eigene, schillernde Person spannt. Er wird sich nach und nach selber zum Phänomen, besonders als der Erfolg Einzug hält, als er körbeweise Leserbriefe erhält, als ein Pfarrer über Old Wabble predigen will, als ihm Bekehrungen durch seine Bücher gemeldet werden, als Sozialdemokraten Christen werden.

Natürlich gibt es auch Leute, die sich von Karl May kein X für ein U vormachen lassen wollen und ihn scharf angreifen. Die ›Frankfurter Zeitung‹ bezichtigte ihn eines »Kultes der Unwahrheit«, ein Geistlicher fordert ihn auf, er solle darauf verzichten, Jules Verne und Paulus in einer Person sein zu wollen. In späteren Jahren läßt es sich sogar ein Redakteur einfallen, ihn mit seinen Vorstrafen zu erpressen, es folgen Vernehmungen, Haussuchungen, Verleumdungsklagen. May ist verzweifelt. »Es handelt sich um das Gelingen eines Lebenswerkes, welches bestimmt ist, Millionen von Menschen zu beglücken«, jammert er, als ihn zeitraubende Prozesse bedrängen. Alles Versuche, sich selbst zu beweisen, daß er jemand ist, daß er verkannt, womöglich zu gering eingeschätzt wird. Immer wieder wird der Wunsch nach Größe und Kraft an einem Mann sichtbar, der weder groß noch seiner selbst sicher war. »Etwas Kühles, leicht Frierendes war um ihn, gewissermaßen als stünde er immer im Winde und fröre«, berichtet George Grosz.

Die Ersatzmenschen

In der Wunschwelt seiner Abenteuerromane schafft sich Karl May die Atmosphäre, in der er gedeihen kann, versorgt er sich mit der allgemeinen Achtung, die ihm bis zur Lebenshälfte in der deutschbürgerlichen Welt versagt blieb, läßt er sich vor allem die Liebe angedeihen, die er weder im Elternhaus noch während seiner Lehr- und Wanderjahre erfahren hatte: Selbsterlösung durch die Brudergestalt Winnetous. Old Shatterhand und Winnetou sind nicht nur durch Blutsbruderschaft miteinander verbunden, sondern von der ersten Begegnung an empfinden sie Liebe füreinander. Besonders in Winnetous Testament wimmelt es von Liebeserklärungen an den weißen Bruder. Und daß die gegenseitige Beweihräucherung, von der die Bücher voll sind, homoerotische Züge hat, läßt sich nicht leugnen, schließlich halten sich beide, Old Shatterhand wie Winnetou, die Frauen hartnäckig wie Jesuiten vom Leibe. Bei Winnetou ist es vor allem die frühe Enttäuschung mit Ribanna, die ihn die Freude an den Frauen hat verlieren lassen – er hat es nicht verwunden, daß ihn ein Weißer bei einer Indianerin ausstach. Old Shatterhand dagegen scheint gegen die Frauen durch den Umstand gefeit zu sein, daß er ja Winnetou hat, auch wenn das beiden unbewußt sein sollte. In Karl Mays Büchern gibt es mehrere Stellen, wo das Verhalten von Winnetou und Old Shatterhand wie das von Ehegatten anmutet, zum Beispiel, wenn Old Shatterhand beschreibt, wie zwischen ihm und Winnetou eine Art Gütergemeinschaft besteht und Winnetou das Haushalts-Gold verwaltet. Auch die Tatsache, daß beide ständig miteinander identifiziert sind und sich intuitiv in den anderen versetzen können und daß es zwischen ihnen meist keine Rivalität gibt, ist ein erotisches Moment.

Aber auch Karl Mays Wunsch nach Anerkennung findet in den Büchern die langersehnte Erfüllung: Sowohl Schurken als auch rechtschaffene – also deutschblütige – Westläufer sind über das ›Greenhorn‹ Old Shatterhand des Lobes voll, der ganze Westen steht stramm, sobald nur dieser Name ertönt. Alles in allem sind die Reiseerzählungen der – gelungene – Versuch, ein Leben auf einer neuen phantastischen Ebene anzufangen, da das reale Leben kein Erfolg war und zu Zusammenstößen mit der Gesellschaft führte. Karl May war letztlich ein Schauspieler und Hochstapler, wie viele Menschen, die nicht bereit sind, sich mit einem schwachen, in jungen Jahren geschundenen Selbstbewußtsein abzufinden, sondern statt dessen auf ihrem Recht auf menschliche Größe beharren und sich diese Größe, wenn sie ihnen ihre eigene Konstitution und ihr privates Lebensschicksal vorenthält, in der Phantasie aufzubauen. Daran halten sie dann auch gläubig fest, so daß ihre Wunschbilder für sie selber Wirklichkeit werden. Der Erfolg kann verblüffend sein, der Tatbestand schwer zu durchleuchten. Ist es Autosuggestion? Privatreligion? Lebenslüge?

Karl Mays Bemühen lief zunächst darauf hinaus, aus sich einen gefürchteten Westmann mit sehr männlichen Tugenden zu machen (dasselbe geschah natürlich auch für den Orient). Später, als er auf diese Weise seinen Riesenhunger nach Geltung einigermaßen gestillt hatte, stilisierte er sich noch zum Missionar der Indianer und zum Entwicklungshelfer einer neuen Erlösungslehre empor. Er spricht vom langsamen, aber sicheren Entstehen einer neuen germanisch-indianischen Rasse jenseits des Atlantik, deren Prototyp Winnetou sei – ein weiterer Beleg dafür, daß in der Winnetou-Gestalt bereits Bestandteile des Karl Mayschen, germanisch-sächsischen Wunsch-Ichs enthalten sind, und daß eigentlich beide, Old Shatterhand wie Winnetou, Ich-Symbole sind.

In Lawrence, Massachusetts, behauptet er 1908 in einer überfüllten Turnhalle, daß nur der Deutsche eine Volksseele habe und daß die germanische Rasse in den USA im Begriff sei, den »Staat der Gewalt« in den »Staat der Humanität« überzuführen. Hier sind religiöser Eifer und Rassismus in einer Weise vermischt, wie wir sie ähnlich bei Karl Mays sächsischem Landsmann Richard Wagner vorfanden.

Mays fragwürdige Theorien wurden vielerorts mit Begeisterung aufgenommen, wenn auch die katholische Kirche immer mehr von ihm abrückte und schließlich *Friede auf Erden*, ein sehr religiös gedachtes, aber freimaurerisch wirkendes Buch, auf den Index setzte. So wie Karl May sich im Alter mehr und mehr als Friedensbringer verstand, so ließ er auch Winnetou, die rote Hälfte seiner Seele, mehr und mehr zum Friedensprediger heranreifen.

Kurz vor seinem Tod sprach er in Wien vor 3000 Zuhörern zum Thema ›Empor ins Reich der Edelmenschen‹ Wieder der alte Ehrgeiz, das alte Eifern! Aber der Erfolg war groß, das Publikum feierte ihn stürmisch. Man sagt, Hitler soll unter den Zuhörern gesessen haben. Bertha von Suttner, die Friedenskämpferin, schrieb nach dem Vortrag: »In dieser Seele lodert das Feuer der Güte!«

Das war sicherlich ein Mißverständnis, denn wie hätte der gütig sein können, der sich selbst nicht lieben konnte. Karl Mays ganzes Leben bestand doch in dem Versuch, einer zu sein, der er nicht war. Daß dieser Versuch dann im Alter religiöse, oder besser sektiererische Züge bekam, daß sich nun Karl May auch noch in der Rolle des Weltverbesserers gefiel, sollte nicht zur Rührung verleiten. Die Welt zu lieben hatte er sicherlich nicht gelernt. Sein Leben zeigt vielmehr, daß gerade in geknechteten, unterdrückten Seelen der Wunsch nach Unbezwinglichkeit, nach männlicher Festigkeit die seltsamsten Blüten treiben und jene Mythen hervorbringen kann, die wir ähnlich schon in der Frühzeit der menschlichen Geschichte entdeckten und die sich auch heute in etwas entstellter Form in den Supermännern der Comics äußern.

Winnetou und Old Shatterhand sind kaum weniger mythisch als Herakles, darüber hinaus sind sie vollgesogen mit christlichen Moralvorstellungen, je älter, desto üppiger. Von Old Shatterhand wurde gesagt, er sei Herkules, Lederstrumpf und Apostel Johannes in einer Person gewesen, Winnetou ist dann als sein alter ego: edler Wilder, Urchrist und roter Jesus, bei dem nur die vierzig Tage in der Wüste, in denen der Kampf mit dem Versucher stattfand, ausgedehnt sind zu vierzehn Jahren unter Bleichgesichtern, die als die Versucher der edlen roten Rasse auftreten. Die Größe des Mayschen Entwurfs ist nicht zu leugnen, auch wenn es in diesem Phantasieland von Fehlern und Selbsttäuschungen wimmelt. Geschaffen wurde ein traumhaftes Gegenbild zur Wirklichkeit, dessen Faszination bei uns Lesern so lange vorhält, bis wir dieser Wirklichkeit gewachsen sind, und selbst dann oft noch nachwirkt.

Peter Uwe Hohendahl
Von der Rothaut zum Edelmenschen
Karl Mays Amerikaromane

I

»Eine hohe Stirn, auf welcher Tapferkeit und Ehrlichkeit geschrieben standen, schwarze feurige Augen, eine römische Nase, endlich ein feiner und zugleich stolzer Mund gaben dem jungen Krieger ein Achtung gebietendes Aussehen. Er sah aus wie die Darstellung eines prächtigen antiken Standbildes in florentinischer Bronze.«[1] Wer erinnert sich bei dieser Beschreibung nicht sogleich an Winnetou, den Häuptling der Apachen. Indessen stammt das Zitat nicht aus einem der Werke Karl Mays, sondern aus Gabriel Ferrys Roman *Der Waldläufer,* der zuerst 1879 in deutscher Übersetzung erschien – übrigens von keinem anderen als Karl May bearbeitet und herausgegeben. Gemeint ist nicht der Freund Old Shatterhands, sondern ausgerechnet ein junger Comanche; und dieser Stamm wurde bekanntlich von Karl May nicht sehr geschätzt. Der Lieblingsstamm Mays hingegen wird von seinem französischen Vorgänger Ferry als feige und heimtückisch beschrieben, eine Darstellung, mit der sich die an der Westgrenze lebenden Siedler und Soldaten wohl einverstanden erklärt hätten. Die Verfasser von Indianergeschichten haben ihre eigentümlichen Vorlieben. May verlangt von seinem Leser, daß er sich mit den Apachen identifiziert und besonders die Sioux für grausam und böse hält. Bei Ferry sind, wie gesagt, eben diese heldenhaften Apachen die wahren Bösewichter. Beide konnten sich auf Cooper berufen, der in seinen Lederstrumpf-Geschichten die Mingos, d. h. die Irokesen, als die Bösen darstellte und alle guten Eigenschaften den aussterbenden Mohikanern und Delawaren vorbehielt. So widersprüchlich die Meinungen der weißen Autoren auch sind: es prägt sich in ihren Romanen ein festes Muster heraus. Ob im Osten, Süden oder Südwesten: die Indianer lassen sich regelmäßig in Schurken und Helden, Edle und Niedrige einteilen. Während die Guten nicht selten dem antiken Schönheitsideal entsprechen, fehlt bei den Bösen nie der Hinweis auf die Teufel der christlichen Mythologie. Die Häufigkeit und noch mehr die Strenge, mit der diese Einteilung in der

Indianerliteratur erscheint, fordert zum Nachdenken heraus. Wie kommt es, daß Coopers Delawaren oder Mays Apachen Muster der Tugend sind, während ihre Gegner von den guten Eigenschaften nicht eine erhalten haben sollen?

Der Ethnologe wird sich vergeblich bemühen, die genannten Unterschiede zu finden; schon eher möchte der Historiker in den Berichten der weißen Siedler und den Protokollen der US-Armee manche der Züge wiedererkennen, welche die Romanciers ihren Indianern freigebig verleihen. Freilich ließen sich aus solchen Urkunden wohl eher die negativen Eigenschaften zusammenstellen. Bei dem beschriebenen Gegensatz handelt es sich offensichtlich um einen literarischen Topos, der sich mit großer Hartnäckigkeit immer wieder durchsetzt – auch gegen die historische Wirklichkeit.[2] Schon bei Cooper, für den die Kämpfe zwischen Weißen und Indianern räumlich wie zeitlich noch sehr nahe lagen, zeigen sich eklatante Widersprüche zur tatsächlichen Geschichte. Seine guten Wilden, die Mohikaner und Delawaren, stehen im Bündnis mit den Engländern und Amerikanern, während die bösartigen Mingos, wie nicht anders zu erwarten, auf der Seite der französischen Feinde kämpften. Diese Einstellung wäre mit den Interessen des Amerikaners Cooper zu erklären: der gute Indianer ist der Freund der eigenen Partei. Ist er auch kein zivilisierter Weißer, so läßt er sich immerhin als der edle Wilde preisen.[3] Indessen wird die Situation dadurch kompliziert, daß Cooper sich über die tatsächlichen Parteiungen im englisch-französischen Krieg irrte. Ausgerechnet seine guten Delawaren nämlich kämpften zum guten Teil auf der Seite der Franzosen, während die Irokesen, also der Bund der sechs Nationen, sich neutral verhielten oder zu den Engländern neigten.[4] Die Quelle dieses Irrtums ist bekannt. Es handelt sich um John Heckewelders *Account of the History, Manners and Customs of the Indian Nations, Who once Inhabited Pennsylvania and the Neighbouring States* (1819). Heckewelders verzerrte Sicht machte sicher keine Geschichte, aber Literaturgeschichte. Seine einfühlende und positive Beschreibung der Delawaren und seine feindseligen Äußerungen über die Irokesen boten Cooper das Schema für seine fiktionalen Charaktere. Mehr noch: sie lieferten das Modell für die Gattung der Indianergeschichte. Die Indianer teilen sich in gute und böse. Es scheint, daß die späteren europäischen Autoren wie Ferry, Möllhausen und May noch weniger Rücksicht auf die wirklichen Verhältnisse nahmen als Cooper. Brauchten sie doch kaum damit zu rechnen, daß ihre Leser mit der historischen Ausdehnung der Vereinigten Staaten zum Westen mehr als flüchtig vertraut waren. Die zunehmende Ablösung der Indianergeschichte von der Wirklichkeit ist die Voraussetzung für ihre Internationalisierung. Indem sich ein Muster herausbildete, das sich mit Realitätselementen fast beliebig füllen ließ, wurde die Geschichte der Indianer literarisch für den weiteren europäisch-amerikanischen Kulturkreis verfügbar. Die Enthistorisierung erlaubt dem Autor (der späte May war sich dessen vollkommen bewußt), die Überlieferung nach den Bedürfnissen seiner Leser umzugestalten. So wäre es auch nicht sinnvoll, May die historischen und ethnologischen Irrtümer anzurechnen. Was er über den amerikanischen Westen wußte, stammte aus zweiter und dritter Hand. Nicht daß May amerikanische Geschichte sich sehr eigenwillig angeeignet hat, ist bemerkenswert, sondern wie und mit welcher Absicht es geschah.

Mays Romane haben in Deutschland Millionen Leser gefunden; sie sind in zahlreiche Sprachen übersetzt worden, in Amerika dagegen sind sie fast unbekannt geblieben. Über die Ursachen lassen sich Vermutungen anstellen. Zunächst einmal war Coopers Ruhm hier zu fest begründet, als daß ein Ausländer im gleichen Genre noch einen Platz finden konnte, ferner hätte der amerikanische Leser zu viele unstimmige Details gefunden, die das europäische Publikum nicht stören konnten. Bezeichnenderweise fanden Sealsfield und Gerstäcker, die beide die Vereinigten Staaten aus eigner Anschauung kannten, noch eine begrenzte Aufnahme.[5] Daß Karl May seine Indianer, sofern sie zu den richtigen Stämmen gehörten, sehr positiv schilderte und über die weißen Amerikaner in der Regel weniger freundlich urteilte, hätte hingegen auf die Rezeption kaum Einfluß gehabt, denn diese kritische Einstellung ist der zeitgenössischen amerikanischen Indianerliteratur nicht fremd. Es sei nur an Helen Hunt Jacksons Roman *Ramona* (1884) erinnert. Dort spielen die nach Kalifornien eindringenden Yankees die Rolle der Schurken. Sie vertreiben rücksichtslos die halbzivilisierten Indianerstämme von ihrem Land. Die proindianische Einstellung gehört, wenigstens bis zu einem gewissen Grade, durchaus zur literarischen Tradition, mit der wir es hier zu tun haben. May setzt nur eine bereits vorgeformte Idee fort: die Kämpfe zwischen Weißen und Indianern stellen den tragischen Untergang der roten Rasse dar.[6] Und Mays Sympathien sind wie diejenigen Helen Hunt

Jacksons auf der Seite der ihren Lebensraum verteidigenden Indianer. Daß der rote Mann dem Untergang geweiht schien, verlieh ihm ästhetisch Größe und Würde.

Für amerikanische Autoren war dieser Untergang, mochte er auch legendäre Züge annehmen, letztlich etwas Reales. Kongreß und Regierung hatten sich mit der Indianerfrage zu beschäftigen. Und meistens handelte es sich dabei um nüchterne Probleme wie Reservatsrechte, Versorgung mit Lebensmitteln, Schutz gegen eindringende weiße Siedler usw. Für den europäischen Schriftsteller wie May wird dieser Kampf der Indianer um die eigene Lebensform zu einem heroischen Epos. Die Ereignisse, die sich in Mays Romanen westlich des Mississippis abspielen, lassen sich auf der Landkarte verfolgen, aber nicht in den Annalen der amerikanischen Geschichte.[7] Mays Wilder Westen zeichnet sich vor allem dadurch aus, grundlegend anders zu sein als die zivilisierte Welt. Im Wilden Westen fehlt die gesellschaftliche Ordnung (wie bereits Cooper in *The Prairie* hervorhob), es gibt keine anderen verbindlichen Normen des Zusammenlebens als die Sitten der wilden Stämme und die kruden Ordnungsbegriffe der Waldläufer und Squatter. Es ist eine Welt, in der jeder für sich selbst einstehen und sorgen muß. Der Schwache wird durch den Starken bezwungen und dieser wiederum durch den Stärkeren.

Damit ist der Zugang zu Mays Darstellung der Indianer gewonnen. Diese setzt den Gegensatz von Zivilisation und Natur voraus. Freilich läßt sich dieser Gegensatz nicht auf die einfache Formel bringen, die unzivilisierten Indianer seien gut und die zivilisierten Weißen böse. Der edle Wilde repräsentiert ja nur die eine Seite; genauso oft schildern Mays Romane die Grausamkeiten der Roten. Die Comanchen, Sioux und Kiowas haben es auf das Leben Old Shatterhands und seiner Freunde abgesehen, und nur mit knapper Not entgeht er mehrfach dem Untergang am Marterpfahl. Als Barbaren folgen diese Stämme ihren archaischen Normen. Sie mögen unbelehrbar erscheinen, niemals aber verächtlich, denn sie gehören zu einer Welt, in welcher die Werte der Zivilisation nicht anwendbar sind. Folglich können sie auch nicht, wie bereits Cooper eingewandt hat, mit den gleichen Maßstäben gemessen werden. Die Vorstellung der christlichen Nächstenliebe zum Beispiel, die Old Shatterhand in diese Welt hineinträgt, sind den Indianern, und nicht nur den ›bösen‹, fremd, ja eigentlich unverständlich. Nur Ausnahmegestalten wie Winnetou, und dieser auch nur durch den

Umgang mit Old Shatterhand, gewinnen Einsicht in die Überlegenheit dieser Normen. Denn daß diese Werte der christlichen Kultur letztlich die höheren sind, ist bei aller Sympathie für den roten Mann auch für Old Shatterhand und seinen Autor unveräußerlich. Dies gilt übrigens für die gesamte Tradition der weißen Indianerliteratur. Die Kritik der Weißen und die Anteilnahme am Schicksal der Indianer finden genau dort ihre Grenze, wo fundamentale Werte der europäisch-amerikanischen Kultur in Frage gestellt würden. Die Mißbilligung weißen Verhaltens unterstreicht dies im Grunde nur. Denn in der Regel läuft sie darauf hinaus, daß die weißen Siedler, Händler und Soldaten vor diesen Werten versagen. Ein renitenter, der Humanisierung nicht zugänglicher Westmann wie Old Wabble stirbt so, wie er andere hat sterben lassen: einen grausamen Tod.[8] Die göttliche Vorsehung, deren didaktische Funktion bei May unübersehbar ist, greift immer dann ein, wenn der Verstoß gegen die Grundwerte so groß ist, daß freundliche Ermahnung oder menschliche Strafe nicht mehr angemessen erscheinen. Zwischen der Vorsehung und Old Shatterhand besteht eine klare Arbeitsteilung; sie übernimmt die Erledigung der moralisch hoffnungslosen Fälle. Es sei nur an das Ende des Mörders von Winnetous Vater und Schwester erinnert: Santer stürzt auf der Suche nach dem Goldschatz in den See. Mays Schurken sind meist Weiße wie Santer oder der Cornel Brinkley im *Schatz im Silbersee* bzw. die Meltons in den Bänden *Satan und Ischariot*. Diese Männer sind schlechthin böse, sie vertreten das Prinzip und zeigen keinerlei menschliche Regungen.

Das altmodische Gehabe dieser Schurken, ihre literarische Simplizität, sollte indessen nicht dazu verführen, sie als bloße literarische Konventionen zu behandeln, denn das würde die Sicht auf die Funktion solcher Figuren verstellen. Wenn auch eine psychologische Motivation ihrer bösen Taten nicht gegeben wird, so ist doch das Feld abgesteckt, auf das sich ihre Aktionen beziehen. Wo immer Geld in der Form von verborgenen Schätzen, Kriegs- oder Eisenbahnkassen sich gehäuft findet, sind die Bösen nicht fern und droht den Unschuldigen Unheil. Geld repräsentiert eine Form von Eigentum, die nicht durch produktive Arbeit erworben ist; daher haftet ihm etwas Fatales an. Wer ihm nachjagt, wird äußerlich wie innerlich entstellt.[9] Bezeichnenderweise streben nur Weiße nach Geld, während die Indianer seinen relativen Wert einzuschätzen wissen. Sie leben, wenn wir May glauben sollen, in einer Welt ohne

Geldverkehr. Daß dieses Bild ökonomischer Autarkie den wirklichen Verhältnissen im späten 19. Jahrhundert nicht mehr entsprach, unterstreicht nur die Bedeutung des literarischen Motivs: Es sind die Weißen, die eine Form des wirtschaftlichen Denkens und Handelns in den Wilden Westen hineintragen, die dort, zum Schaden der Indianer, die alte vorkapitalistische Ordnung untergraben. Das bezieht sich freilich nicht auf die Bebauung von Land. Der wohlhabende Farmer ist nicht moralisch minderwertig. Bedenklich hingegen sind diejenigen Charaktere, die sich dem Geschäft (business) widmen. Bedenklich sind mit anderen Worten die Yankees.

Dieser Punkt muß ausführlicher behandelt werden, da er im Zusammenhang der Romane für die Bewertung der Indianer wichtig ist. Jeder May-Leser erinnert sich an die klischeehaften nationalen Typologien: die biederen Deutschen, die spleenigen Engländer aus der Oberschicht, die faulen Mexikaner und die ehrlichen, aber leicht komischen Schwarzen. May übernahm diese Stereotypen, um Figuren schnell und wirksam zu charakterisieren. Für die Nordamerikaner hat er nur selten ein gutes Wort übrig – sehr im Unterschied zu seinen Vorläufern Sealsfield und Gerstäcker. Selbst ein flüchtiger Blick in *Das Kajütenbuch* (1841) oder *Die Regulatoren in Arkansas* (1845) zeigt die Unterschiede sehr deutlich. Während Sealsfield und Gerstäcker die Vereinigten Staaten als eine Republik preisen, ihre Überlegenheit gegenüber dem europäischen Feudalabsolutismus hervorheben und folglich die amerikanische Expansion, gehe sie nun auf Kosten der Indianer oder Mexikaner, noch durchaus gutheißen, zeigt sich bei May bereits ein anderes, wesentlich ungünstigeres Amerikabild.[10] Wo immer Amerikaner dargestellt werden (mit Ausnahme der Westmänner), ist die Rede vom Profit. May steht bekanntlich mit dieser Kritik nicht allein. Autoren wie Kürnberger mit dem *Amerika-Müden* (1855) und Baudissin mit dem *Peter Pütt* (1862) waren ihm vorausgegangen. Auch in dieser Hinsicht scheint das Jahr 1848 die Wende darzustellen. Mays Kapitalismuskritik geht selten über das Nachzeichnen von bösen Einzelcharakteren hinaus, doch ist ihre Intention unmißverständlich. Der Yankee ist der Repräsentant des Kapitalismus; sein Streben nach Profit beherrscht ihn so ausschließlich, daß andere menschliche Regungen unterdrückt werden. Dort, wo er mit weniger gewinnorientierten Menschen zusammentrifft, beutet er sie unverzüglich aus. Dann ist es Old

Shatterhands Aufgabe, solches Unrecht wieder auszugleichen.[11] Das Geschäft und die Lebensform des Westmannes schließen einander aus. Weder die weißen Waldläufer noch die Indianer streben nach Reichtum. Es besteht eine andere Werthierarchie, wie sie Old Shatterhand entwickelt:

»Ich meine sogar, daß die Prairie ein scharfes Wertbewußtsein ausgebildet hat, dessen Maßstab allerdings nicht der Geldbeutel, sondern das Können des Mannes ist. Gebt einem eurer anmaßenden Ölprinzen die Pistole, womit ihr so vortrefflich umzugehen versteht, in die Hand und schickt ihn in den Westen! Er wird trotz seiner Millionen untergehen. Und fragt dagegen einen unserer berühmtesten Westmänner, die wie unbeschränkte Fürsten mit ihren Büchsen die weite Ebene beherrschen, nach dem Geld, das er besitzt! Er wird euch ins Gesicht lachen. Da wo der Mensch genau soviel wiegt wie seine Fähigkeit, die Gefahren der Wildnis zu überwinden, verliert der Reichtum seine Bedeutung.«[12]

Diese Rede mag in der Wildnis des Westens einigermaßen fremd klingen, aber vergessen wir nicht, daß schon Coopers angeblich illiterater Held gelegentlich erstaunlich beredsam werden konnte. An solchen Stellen spricht der Autor. Der Hinweis ist nicht leicht zu nehmen. Die ›Bloody Grounds‹ des Westens erscheinen auch Karl May als einer der letzten Freiräume. Hier kann sich der tüchtige Mann bewähren; hier wird er nicht nach seiner sozialen Herkunft, sondern nach seinen Fähigkeiten beurteilt. Es zählt ausschließlich die persönliche Leistung. May läßt sich über die gesellschaftliche Stellung seines Helden nicht eben präzise aus, doch erfahren wir, daß er reich ist. Und die anderen Westmänner von Rang, die ja fast alle aus Deutschland kommen, emigrierten nach Amerika, weil sie in der europäischen Gesellschaft unterdrückt wurden. Old Firehand z. B. hatte Schwierigkeiten mit seinem Vorgesetzten und zog schließlich den amerikanischen Westen einer Stelle als Förster in Deutschland vor.[13] Im Westen fragt niemand nach Zeugnissen. Das scheint der liberalen Ideologie zu entsprechen, wie wir sie auch bei Sealsfield und Gerstäcker finden: Die Vereinigten Staaten gewähren die individuelle Freiheit, die der einfache Mann in Deutschland vermißt. Indes ist die Sachlage komplexer. Dieselbe unbeschränkte Freiheit nämlich, die May lobt, wenn von deutschen Einwanderern die Rede ist, erscheint sehr verdächtig, wenn sie von Amerikanern genutzt wird, um ihr Kapital zu vermehren. Individuelle Freiheit und ihre ökonomische Nutzung fallen nicht (mehr) zusammen. Indem May das Profitstreben in erster Linie den Yankees unterstellt und seine deutschen Landsleute nur die Unterdrückung fliehen läßt, verschleiert er für sich und seine Leser den grundlegenden Widerspruch. Die Freiheit, nach der Mays Helden suchen, ist von ökonomischen Interessen nur selten berührt; sie ist allenfalls im weitesten Sinne des Wortes politisch zu nennen. Old Firehands Entschluß, Deutschland zu verlassen, ist politisch begründet, und von Klekih-petra, dem weißen Freunde Winnetous und der Apachen, wird berichtet, daß er an der Revolution von 1848 teilgenommen hat.[14] Bezeichnenderweise heißt es von den Westmännern, daß sie »wie unbeschränkte Fürsten mit ihren Büchsen die weite Ebene beherrschen«. Jedenfalls sind sie keine seßhaften Bürger. In den letzten unzivilisierten Gegenden Amerikas kämpfen sie für Gerechtigkeit und Menschlichkeit.

II

Der Gegensatz von Natur und Zivilisation, von primitiver Stammeskultur und entwickelter Gesellschaftsordnung, gehört zu den Topoi der europäischen Literatur. Er ist älter als das Genre der Indianergeschichte, in dem er noch einmal ausgeprägt erscheint. Ob die amerikanischen Siedler an der westlichen Grenze ihre Lebenssituation im Zeichen dieses alten Gegensatzes gesehen haben, ist mehr als zweifelhaft. Die historischen Dokumente deuten darauf hin, daß sie für die Lebensformen der Nomadenstämme nicht das geringste Verständnis hatten, ja daß sie das Lebensrecht der Indianer überhaupt leugneten.[15] Es waren eher die Philanthropen des Ostens und die Bundesregierung in Washington, die sich Gedanken darüber machten, was aus den noch frei lebenden Indianerstämmen des Südwestens werden sollte. Nachdem die traditionelle Vertragsfähigkeit durch den Kongreß 1871 beseitigt worden war, also alle Indianer, ohne befragt zu werden, Untertanen der Vereinigten Staaten wurden (freilich ohne Bürgerrechte), war der Frage nicht mehr auszuweichen, wie man die Lebensform der Indianer gegen den unaufhörlichen Strom der weißen Siedler sichern konnte. Die Indianerpolitik der Vereinigten Staaten muß wenigstens erwähnt werden, um zu verdeutlichen, wovon die fiktionale Literatur *nicht* redet. Denn längst hatten die abstrakten politischen Mechanismen einer modernen Gesellschaft das Leben der Indianer erfaßt. Ihr Schicksal wurde nicht mehr in einzelnen Kämpfen entschieden – mochten sie sich auch noch so standhaft wehren –, sondern in den Komitees und den Amtsstuben des Innenministeriums. In Wirklichkeit war die gepriesene Unabhängigkeit der Indianer längst einer quälenden Abhängigkeit gewichen. Die sechziger und siebziger Jahre, in denen die meisten von Mays Erzählungen spielen, gehören zu den schlimmsten Phasen der unglücklichen Geschichte der Indianer. Nach dem Ende des Bürgerkriegs gerieten auch die Stämme des Südwestens, namentlich die Navajos und die Apachen, mehr und mehr unter die Kontrolle der Armee. Ihr Bewegungsspielraum wurde durch den Bau von Forts und Truppenmassierung endgültig eingeschränkt.[16] Überfälle und Verfolgungen, bei denen das Militär auch vor Mord nicht zurückschreckte, markieren nur den Vordergrund für die entscheidenden sozialen und gesellschaftlichen Umwälzungen in den USA. Die Homestead Act von 1862 leitete die Besiedlung des Westens im großen Maßstab ein. Gleichzeitig wurden die transkontinentalen Eisenbahnen gebaut, die es den Siedlern leicht machten, den vorher unzugänglichen Westen zu erreichen. Die Kräfte, die die Gefahr der Ausrottung der Indianer sahen, waren dagegen oft uneinig. Folglich gab es keine einheitliche und gleichmäßige Indianerpolitik. Innerhalb der Bundesregierung kam es ständig zu Spannungen zwischen dem Innenministerium und der Armee. Die Armee drängte wiederholt, wenn auch letztlich erfolglos, darauf, die Indianerangelegenheiten wieder in ihre Hand zu bekommen.[17] Die Staaten westlich des Mississippi waren großenteils für diese Verlagerung, von der sie sich eine strengere Politik versprachen. Im Osten hingegen sah man durchaus, daß die Macht der Armee sich nachteilig für die Indianer auswirken mußte. Andererseits war nicht zu übersehen, daß die Indianerverwaltung notorisch korrupt war. So sympathisierten auch Freunde der Indianer gelegentlich mit dem Plan, der Armee die Aufsicht anzuvertrauen. Da die Indianer die Mechanismen dieser Politik kaum durchschauen konnten, erblickten sie nur Betrug und Verrat.[18]

Was immer May über die ›Yankees‹ schreibt: gerade die Bewohner der alten Oststaaten zeigten mehr Verständnis für das Schicksal der Indianer als irgendeine andere soziale oder nationale Gruppe. Namen wie Father Beeson, Alfred B. Meacham und Helen Hunt Jackson wären hier zu nennen. Als Vorkämpfer für eine Reform der Indianerpolitik hatten sie nach dem Bürgerkrieg vor allem die

Indifferenz der Öffentlichkeit zu überwinden. Erst in den achtziger Jahren bildeten sich Gruppen und Organisationen, die nun gemeinsam die Apathie der Weißen bekämpften. Die Arbeit der ›Woman's National Indian Association‹, gegründet 1879, und der ›Indian Rights Association‹, gegründet 1882, trugen nicht wenig zur Veränderung der öffentlichen Meinung bei. 1886 verfügte die erste Organisation bereits über sechzig Zweigstellen, die in 27 Staaten Informationen über die Lage der Indianer herausgaben.

III

Wieweit Karl May mit der amerikanischen Indianerbewegung vertraut war, die ja zeitlich seinen eigenen Arbeiten parallel geht, ist nicht mit Sicherheit auszumachen. Wahrscheinlich blieb ihm die komplexe und widerspruchsvolle politische Situation weitgehend unverständlich. Er war angewiesen auf die Reiseberichte von Browne, Schlagintweit und Catlin, die in deutscher Sprache erschienen waren. Vor allem Catlin, der die Stämme westlich des Mississippi besucht hatte, bot reiches Anschauungsmaterial und einen für die Zeit ungewöhnlichen proindianischen Standpunkt.[19] Für Catlin ist der Indianer, und darin erweist er sich als stark beeinflußt von der literarischen Tradition, der gute Wilde, dessen Untergang durch die weiße Zivilisation verursacht wird. May hat diese Hinweise aufgegriffen.[20] In seinen Romanen erscheinen die Weißen als ethnische Gruppe keinesfalls als moralisch überlegen. Ihre Stärke beruht vielmehr auf der größeren Zahl und einer fortgeschrittenen Technologie. Daher sind die Indianer zum Untergang verurteilt. In Gerstäckers *Regulatoren* und Sealsfields *Der Legitime und die Republikaner* wird ein ähnliches Bild gezeichnet, nur daß bei Sealsfield und Gerstäcker der Untergang der Indianer als ein fast selbstverständliches Faktum hingenommen wird. Assowaum, der rote Freund der Siedler, ist in den *Regulatoren* bereits ein einzelner, während sein Stamm nach Westen abgewandert ist. Und auch er verläßt die besiedelten Gebiete von Arkansas, nachdem er den Mord an seiner Squaw gerächt hat. Über dem amerikanischen Westen, diesem letzten Bereich individueller Freiheit, liegt bereits der Schatten der Zivilisation. Im *Schatz im Silbersee* finden sich wiederholt Anspielungen auf diese Veränderung. In den Verhandlungen zwischen Old Shatterhand und dem Utahhäuptling

Großer Wolf spricht der letztere von der hoffnungslosen Lage der Indianer: »Aber die Bleichgesichter drängen von allen Seiten auf uns ein. Sie überschwemmen uns und der rote Mann ist verurteilt, eines langsamen und qualvollen Erstickungstodes zu sterben.«[21] Auch die Westmänner, die den Indianer selbst dann achten, wenn sie mit ihm kämpfen müssen, wissen, daß dieser Prozeß nicht umzukehren ist: »Ja, er stirbt aus, weil wir ihn morden. Es heißt, daß er nicht kulturfähig sei und daher verschwinden müsse. Die Kultur aber schießt man nicht wie eine Kugel nur so aus dem Lauf heraus. Dazu gehört Zeit, viel Zeit. [...] Gibt man dem Roten Zeit?«[22] Hier wie an ähnlichen Stellen kommt deutlich zum Ausdruck, daß für May der (heroisch stilisierte) Untergang der Indianer einen wesentlichen Verlust bedeutet.

Nun wäre es verfehlt, Karl May mit Helen Hunt Jackson, Father Beeson und Meacham, dem Begründer der Zeitschrift ›Councilfire‹, in einem Atem zu nennen. Für die amerikanischen Philanthropen waren die Indianer Teil ihrer gelebten und erfahrenen Realität, für May dagegen reine Vorstellungen, die mit seiner Lebenspraxis wenig zu tun hatten. Es fehlt das (meist zwiespältige) politische Engagement, das bei Cooper und seinen amerikanischen Nachfolgern zu beobachten ist. Es fehlt ferner das Verständnis der amerikanischen Politik und damit die Basis für die Einschätzung der Zukunft. Doch gerade diese Trennung erweist sich nun im Spätwerk als besonders bedeutsam. Die Unvertrautheit mit der amerikanischen Realität erlaubte ihm, für die Indianerfrage eine ›Lösung‹ zu finden, die sich an den wirklichen Entwicklungen nicht mehr orientierte. Weil May die ihm zur Verfügung stehenden Informationen über Amerika in eine vorgefundene literarische Tradition einfügte, blieb ihm genügend Spielraum. Welche Bedeutung aber hat unter diesen Umständen der Untergang der Indianer (innerhalb des literarischen Zusammenhangs)? Noch einmal sei daran erinnert, daß Mays Indianer nicht ausschließlich gut sind. Ihre Grausamkeit wird nicht selten geschildert. Im *Schatz im Silbersee* heißt es über den Kampf zwischen den Utahs und den Navajos:

Man kämpfte mit der Schußwaffe, mit Messer oder Tomahawk. Es war für die drei verborgenen Zuschauer ein aufregendes Bild, Indianer gegen Indianer im Kampf auf Leben und Tod. Hier kämpften zwei unter schrecklichem Geheul, dort schlachteten sich einige in teuflischer Lautlosigkeit ab. Wo einer fiel, war sofort der Sieger über ihm, um ihm den Skalp zu nehmen, und vielleicht im nächsten Augenblick schon seinen eigenen zu verlieren.[23]

Im gleichen Roman müssen Old Shatterhand und seine Freunde zusehen, wie die Tramps vom Großen Wolf und seinen Kriegern am Marterpfahl hingerichtet werden. Wollen sie nicht als Feiglinge angesehen werden, haben sie nicht einmal die Möglichkeit, sich von der Marterszene zurückzuziehen. Was macht diese Welt für Old Shatterhand und seine Freunde begehrenswert? Eine Welt, in der buchstäblich bis aufs Messer gekämpft wird, in der man keine Schonung gewährt und nur der Stärkste und Listigste überlebt. Bezeichnenderweise wird bei der Beschreibung von Kampfszenen gern auf den Ort angespielt, der in der christlichen Mythologie die absolute Verlorenheit und Verderbnis darstellt. Ist der Untergang dieser Welt überhaupt ein Verlust zu nennen? Schließlich beteiligen sich an diesen Kampfformen die ›bösen‹ wie die ›guten‹ Indianer. Selbst Winnetou läßt sich nach seiner Erziehung durch Old Shatterhand noch gelegentlich dazu verleiten, einen Gegner zu töten, auch wenn es nicht unbedingt erforderlich ist. So erweist sich: Mays Einstellung zum Wilden Westen ist entschieden zwiespältiger, als gewöhnlich angenommen wird. Werden kapitalistische Industriegesellschaft und archaische Stammesgemeinschaft verglichen, fällt das Votum zugunsten der ›natürlichen‹ Lebensform aus, denn das Profitstreben des weißen Mannes führt zur Vernichtung wesentlicher humaner Werte. Indessen bleibt auch bei May, wie vorher bei Sealsfield und Cooper, der Unterschied der Rassen bestehen. Die Weißen mögen oft in Mays Romanen als die Bösewichter auftreten, doch bringen sie etwas mit, was sie in den Augen ihres Autors letztlich über die Indianer stellt. Ihr Wertsystem ist den indianischen Tugenden überlegen. Winnetou muß sich heimlich zum Christen wandeln, damit er zu Old Shatterhands Gefährten werden kann. Im vierten Band der Winnetou-Geschichte nahm May signifikante Retouchen an Winnetous Leben vor, so daß aus dem vorbildlichen Indianerhäuptling der Heilige und Retter der roten Rasse werden konnte. Bekanntlich findet Old Shatterhand erst bei seiner Rückkehr in den Wilden Westen, viele Jahre nach dem Tod Winnetous, das eigentliche Testament des Häuptlings, in dem die Weltanschauung des ›Edelmenschen‹ enthüllt wird.

IV

Diesem Spätwerk müssen wir uns nun zuwenden. Seine Bedeutung und Qualität ist bis heute umstritten[24], doch offensichtlich ist die veränderte Darstellungsabsicht. *Winnetous Erben* stellt mehr eine Reflexion auf die früheren Abenteuergeschichten dar als eine Geschichte von eigenem Gewicht. Der gealterte Held reist noch einmal in den Wilden Westen. Alte Freunde und Feinde stellen sich zur Einweihung eines überlebensgroßen Winnetoudenkmals ein. Zum letztenmal stoßen die Guten und die Bösen aufeinander, und nachdem die hartnäckigen Feinde überwunden sind, ist der Weg frei für eine neue Ordnung, in der die verwandelten Indianer ihre Renaissance erleben werden. Diese neue Ordnung trägt unverkennbar utopische Züge; es ist ein Bund der Menschenliebe, in dem alle Feindschaften und Privatinteressen aufgehoben sind.

Gertrud Willenborg hat in ihrer quantitativen Analyse der Romane Mays Material zusammengetragen, das eine Übereinstimmung zwischen den Werten der Westmänner und den Normen der deutschen Gesellschaft im Kaiserreich nahelegt.[25] Unter Berufung auf Ralf Dahrendorf spricht sie von einem Überwiegen der privaten Tugenden und hebt mit Recht hervor, daß die Gruppen der im Westen umherziehenden Trapper und Westläufer einem autoritären Führerprinzip folgen. Es besteht eine feingestufte Hierarchie; und jedermann hat sich schließlich Old Shatterhand, der Verkörperung deutscher Tugend, unterzuordnen. Diese Beobachtung wäre übrigens auf die Indianer auszuweiten. Wiederholt wird bei May geschildert, wie streng sich der indianische Krieger unterordnet und Befehle fraglos ausführt, mögen sie auch das Leben kosten. Individualistische Regungen sind Mays Indianern fremd. Sie treten als Gruppen auf. Handelt es sich um feindselige Stämme, wird die Massenhaftigkeit besonders hervorgehoben, aber auch Winnetous Apachen erweisen sich auf dem Kriegspfad als eine geschulte Truppe, die mit fast preußischer Exaktheit die Befehle ihres Häuptlings ausführt. Willenborgs Hypothese ließe sich also erweitern. May schuf nicht nur eine Möglichkeit des Wiedererkennens und der Identifikation mit der eigenen sozialen Welt in fremder Gestalt, er bot ein Panorama, in das die grundlegenden Konflikte seiner Zeit eingezeichnet werden konnten.[26] May legt seinen Kritikern nahe, daß seine Romane von Anfang an allegorisch zu verstehen gewesen seien. So bemerkt er in seiner Autobiographie über die Darstellung der Indianer: »Der als unaufhaltsam bezeichnete Untergang der roten Rasse begann, mich ununterbrochen zu beschäftigen. [...] Das Wohl der Menschheit will, daß zwischen beiden [der weißen und der roten Rasse] Frieden sei, nicht länger Ausbeutung und Blutvergießen. Ich nahm mir vor, dies in meinen Büchern immerfort zu betonen und in meinen Lesern jene Liebe zur roten Rasse und für die Bewohner des Orients zu wecken, die wir als Mitmenschen ihnen schuldig sind.«[27] Diese Erklärung verträgt sich mit dem vierten *Winnetou*-Band, viel weniger jedoch mit den früheren Erzählungen, in denen die Roten schließlich nicht nur, ja nicht einmal vornehmlich als ›Edelmenschen‹ dargestellt werden.

Mays Deutung bleibt widerspruchsvoll, weist aber in die richtige Richtung. Am Schicksal der wirklichen Indianer konnte May wie seinen deutschen Lesern wenig gelegen sein. Der Westen Amerikas hatte primär exotische Qualität, er ist die Fremde, in der die unglaublichen Abenteuer des Helden wenigstens den Anstrich des Wahrscheinlichen erhalten. Die moralische Erhebung der Menschheit nun, wie sie May in der allegorischen Fabel von ›Ardistan‹ und ›Dschinnistan‹ schildert, löst auch die unausweichlichen Konflikte des Wilden Westens, wo Weiße und Indianer in einem Kampf auf Leben und Tod aufeinanderstießen. *Winnetou IV* veranschaulicht diese Lösung: Über den archaischen Gesetzen der Indianer, die durch Blutrache und Vergeltung ausgezeichnet sind, erhebt sich der neue Bund der Winnetous. Wer diesem Bund angehört, hat die selbstischen Triebe überwunden, und es gibt für ihn keine Schranken der Religion und der Rasse. Zeichen dafür ist der in die Kleidung eingenähte Name des Mitmenschen, dem das Bundesmitglied als Schutzengel dienen will. Die roten Stämme, die sich so zu einer neuen Ordnung zusammenschließen, werden dem Untergang entgehen. Nicht weniger als eine herrschaftsfreie Welt wird in einem neugeschaffenen Mythos vor Augen gestellt.[28] So bemerkt der junge Adler: »[Es bedeutet,] daß wir bereit sind, die Vergangenheit zu sühnen. Daß wir nicht länger hassen, sondern lieben wollen. Daß wir aufgehört haben, die Teufel unsrer Brüder zu sein, und uns bemühen, des verlorenen Paradieses wieder würdig zu werden.«[29] Selbst die Söhne Santers begeben sich auf den schwierigen Weg zum Edelmenschentum und opfern ihr eigenes Leben für Old Shatterhand und seine Frau. Der Bund beruft sich auf Winnetou, denn er vor allen Indianern war der Edelmensch,

»und er war der erste Indianer, in dem die Seele seiner Rasse aus dem Todesschlaf erwachte«.[30] Der Winnetou des vierten Bandes wird zu einer schönen Seele umgestaltet. Im Namen des Toten, des Geopferten, wie man aus der Rückschau sagen muß, versammelt sich die neue Gemeinde. Aus den verachteten, verfolgten Indianern werden in Mays Spätwerk die Edelmenschen der Zukunft. Kein amerikanischer Schriftsteller hätte sich mit dieser Botschaft an seine einheimischen Leser wenden dürfen, denn der Widerspruch zur Wirklichkeit wäre zu auffallend gewesen.

Die Forschung hat bisher das Œuvre Mays zu sehr isoliert, weil es einen Vergleich mit der repräsentativen bürgerlichen Literatur nicht auszuhalten schien. Versäumt wurde die Frage, ob die Zeitgenossenschaft sich nicht als stärker und bedeutsamer erweisen könnte als die unterstellten Qualitätsunterschiede. Es fällt freilich schwer, Mays Indianerutopie ernst zu nehmen, denn ihre Simplizität erscheint gegenüber den komplexen Strukturen und Evolutionsprozessen moderner Gesellschaften wenig angemessen. Doch wie war sie überhaupt zu lesen? Erwägen wir noch einmal, welche Gruppen als Akteure in Mays Wildem Westen auftreten: als die rechtmäßigen Eigentümer des Landes die Indianer – barbarisch, wild, archaischen Stammesgesetzen folgend, aber treu, verschwiegen und tüchtig als Krieger –, sodann die Gruppe der weißen Westmänner, ausgezeichnet durch die gleichen positiven Eigenschaften, aber ohne deren barbarische Traditionen. Auf der anderen Seite finden wir zwei negativ gezeichnete Gruppen, nämlich die kapitalistisch handelnden Yankees und die offen kriminellen wie die Tramps, Stakemen usw. Für diese letzte Gruppe gibt es kein Mitleid. Ihr gewöhnlich schreckliches Ende wird von May mit einer gewissen Freude beschrieben. Sosehr in den Romanen die Taten der Westmänner im Vordergrund stehen: es gibt keinen Zweifel, daß der eigentliche Konflikt die Beziehungen zwischen weißen Amerikanern und Indianern sind. Folgen wir nun der Hypothese Willenborgs, daß bei May im Grunde die Verhältnisse und Werte der deutschen Gesellschaft zur Diskussion stehen, dann wäre die Bedeutung der Indianerutopie dechiffrierbar. Es wird nicht unterstellt, daß May die Indianer mit den werktätigen Massen seiner Zeit gleichgesetzt hat, doch ist hier eine Gruppe mit Eigenschaftskomplexen gegeben, die auf die Massenauffassung des späten 19. Jahrhunderts verweist. May selbst stammte aus der sozialen Unterschicht, er stand ihr keinesfalls sentimental gegenüber. An seiner Autobiographie ist abzulesen, mit welcher fast übermenschlichen Anstrengung er sich aus dem Milieu seiner Kindheit emporarbeitete. Soweit Mays Biographie zu rekonstruieren ist, sind seine Gefühle gegenüber seiner Herkunftsklasse nach dem sozialen Aufstieg hochgradig ambivalent geblieben: einerseits ein genuines Verständnis für die Armen, besonders für die verkrüppelnde und niederdrückende Gewalt von Entbehrung, auf der anderen Seite die Abneigung gegen die dunklen Kräfte, das Ungezügelte, Unkontrollierbare der Massen. Aufsässigkeit und Rebellion waren May nicht angenehm. Der staatlichen Ordnung wird Ehrerbietung gezollt, selbst wenn sie in der strengen Form des Zuchthauses erscheint.[31] Recht und Ordnung sind nicht anzuzweifeln.

Mays Indianer sind nicht nur die Unterdrückten, zur Ausrottung Verurteilten – und als solche verdienen sie die Sympathie des Lesers –, sie sind zugleich potentiell rebellische, in ihrer kämpferischen Leistung und Gewalt bedrohliche Kräfte. Neben dem edlen Wilden, wie ihn Winnetou vertritt, steht, es sei noch einmal daran erinnert, der barbarische, rachgierige, verhärtete Indianer. Ihm gegenüber ist Strafe und Erziehung angebracht. Diese Aufgabe übernimmt Old Shatterhand mit seinen Westmännern. Seine Rolle als Held besteht ja nicht nur darin, den anderen Figuren an Kraft und List überlegen zu sein; er verkörpert die Tugend schlechthin. Er darf keine Fehler begehen, weil auf ihm das Schicksal der Menschheit ruht. Das idealisierte Autoren-Ich trägt die Lösung für den unerbittlichen Kampf der konkurrierenden Gruppen in seiner Hand. Nun ist freilich zwischen den Reiseromanen der achtziger und frühen neunziger Jahre, durch die May vor allem bekannt geworden ist, und dem Spätwerk eine beachtenswerte Entwicklung zu beobachten. Während die Abenteuergeschichten den Untergang der Indianer noch als unabwendbar voraussetzen, beschreibt *Winnetou IV* eine radikale Wende: eben die Erlösung der Indianer durch den Bund der Nächstenliebe. In exotischer Verkleidung bietet May im Spätwerk nicht mehr oder weniger an als eine Lösung der ›sozialen Frage‹, indem er sie in eine ethische umdeutet. Der besondere Charakter dieser Lösung ist näher ins Auge zu fassen.

V

Gert Mattenklott hat jüngst, Lukács' Deutung aufgreifend und sie zugleich korrigierend, darauf aufmerksam gemacht, in welchem Maße Nietzsches Tragödientheorie, die in ihrem manifesten Inhalt ausschließlich ästhetische Probleme zu behandeln scheint, zugleich eine wichtige Stellungnahme zur bürgerlichen Gesellschaft enthält. Angesichts der Pariser Commune entwarf Nietzsche eine ästhetische Theorie, die zu verstehen ist als »ein Versuch der Rettung der Kultur durch ihre Renovierung im Geiste der Griechen und der Schöpfungen Richard Wagners«.[32] Aus der Sicht des jungen Philologen und Kulturphilosophen erscheint das Proletariat als eine irrationale, maßlose und destruktive Kraft. Sie bedarf der Mäßigung, wenn nicht die Kultur vernichtet werden soll. Die schreckhafte Vision eines Umsturzes wird durch eine ästhetische Konstruktion gebannt, in der die gefährlichen Kräfte ihren Platz finden, d. h. auch als partiell berechtigt anerkannt werden, aber gleichzeitig eingedämmt werden. In der Sprache der Ästhetik: Das dionysische Element findet seine Begrenzung durch die formende Kraft des apollinischen Prinzips. Indem Nietzsche so die Ansprüche der Massen als das dionysische Element in die ästhetische Theorie integrierte, vermochte er die Identität von vorgefundener Gesellschaftsordnung und Kultur zu behaupten. Bei May tritt an die Stelle der ästhetischen Affirmation die moralische. Die rebellischen und unberechenbaren Kräfte, deren tiefere Legitimität wiederum nicht bestritten wird, unterwerfen sich im Spätwerk einem neuen ethischen Gesetz. Dessen Anwalt ist übrigens nicht die herrschende soziale Gruppe, d. h. die profitgierigen Yankees. Diese werden vielmehr ausdrücklich kritisiert. May konstruiert zwischen den wirtschaftlichen Interessen der Bourgeoisie und ihrer Ethik (dem Christentum) einen Gegensatz, dergestalt, daß die vernehmbare Botschaft nicht christliche Duldung der bestehenden Zustände ist, sondern die Konstruktion einer neuen Gemeinschaft, die frei ist von solchen Widersprüchen. Sollen die Massen, d. h. auf der Ebene der Handlung die Wilden, gerettet werden, so ist die Herrschaft der Profitjäger zu beseitigen. Indessen geschieht dies nicht durch deren Liquidation, sondern durch die innere Verwandlung der Massen. Schließlich werden sich dann, wie das Beispiel der Santers zeigt, auch die hartherzigen Kapitalisten der neuen Lehre anschließen. Wo alle Menschen sich ändern, entsteht der herrschaftsfreie Raum, von dem der alte May träumt.

May hat seine erbärmliche Kindheit und Jugend nie vergessen können. Er verglich sie in seiner Autobiographie mit dem ›Ardistan‹ seiner Allegorie. Für den jungen May hielt die Welt zahllose verletzende Spitzen bereit. Das sollte uns nicht dazu verführen, die utopischen Elemente des Spätwerks nur persönlich zu deuten. Die Überwindung sozialer Konflikte und die Entdeckung des Edelmenschen: diese Themen gehören durchaus zur Epoche Mays. Emphatisch setzten die naturalistischen Gruppen sich von den Vertretern des literarischen Establishments ab, die gemeinsame Sache mit der Bourgeoisie der Gründerzeit gemacht hatten. Gerhart Hauptmann bemerkt zu diesen vagen und schwankenden Tendenzen der literarischen Intelligenz: »Was bei dem einen diesen, bei dem anderen jenen Namen hatte, war im Grunde aus der gleichen Kraft und Sehnsucht der Seele nach Erlösung, Reinheit, Befreiung, Glück und überhaupt nach Vollkommenheit hervorgegangen: das Gleiche nannten diese Sozialstaat, andere Freiheit, wieder andere Paradies, Tausendjähriges Reich oder Himmelreich.«[33] Während die deutschen Naturalisten sich mit dem Lumpenproletariat identifizierten, schaffte sich May seine eigene Gruppe von Verlorenen und Außenseitern, die sein Held erziehen und läutern darf. Doch bemerkten wir bereits, daß May die Verklärung des Proletariats, wie sie sich bei Wilhelm Bölsche und anderen findet[34], nicht teilte. Seine Haltung gegenüber den Massen bleibt ambivalent: Sympathie mit den Leiden, Antipathie gegen die vermutete Grausamkeit der Massen.[35] In beiden Fällen werden das bürgerliche Subjekt und sein Führungsanspruch nicht angetastet. In Mays Romanen kann sich dieses bürgerliche Individuum auch in der Verkleidung des Westmannes oder Orientreisenden nicht verleugnen.

May verstand sich als ein Märchenerzähler, der die unbequemen Wahrheiten in eine annehmbare Form gießt und so der Menschheit zur Einsicht und Heilung verhilft. Am Ende seines hartumkämpften sozialen Aufstiegs als Schriftsteller, der im Grunde durch die geschickte wie bedenkenlose Ausnutzung der Marktsituation erreicht worden war (Kolportageromane bei Münchmeyer), stilisiert sich May zum Seher. Nichts konnte freilich zeitgemäßer sein. Der Ruf nach dem Erlöser ist ein Gemeinplatz der Literatur um die Jahrhundertwende.[36] Sittliche Begeisterung ist die sichere Bastion, von der sich der Klassenkonflikt als individueller Verwandlungsvorgang verstehen läßt, wie May ihn selbst durchgemacht hat. Die Gefahren der Tiefe ›Ardistans‹, wo »selbstsüchtige Daseinsformen«[37] und Gewalt ihren Ort haben, werden gebannt. Diese Überwindung ist zu weit von der geschichtlichen Wirklichkeit entfernt, um noch irgendwelche Vergleiche herauszufordern.

Freuds Theorie literarischer Produktion, wie er sie in *Der Dichter und das Phantasieren* skizziert hat, drängt nach der Anwendung auf Mays Romane. Freud versteht bekanntlich die Arbeit des Schriftstellers als eine Entsprechung des Tagtraums. Was der normale Erwachsene unterdrücken gelernt hat, spricht der Dichter frei aus: die geheimen Sehnsüchte und Wünsche des Menschen, die im Widerspruch zur Wirklichkeit stehen. »An den Schöpfungen dieser Erzähler«, so argumentiert Freud mit dem Blick auf den Unterhaltungsroman seiner Zeit, »muß uns vor allem ein Zug auffällig werden; sie haben alle einen Helden, der im Mittelpunkt des Interesses steht, für den der Dichter unsere Sympathie mit allen Mitteln zu gewinnen sucht, und den er wie mit einer besonderen Vorsehung zu beschützen scheint.«[38] Indem der Leser sich mit dem Helden identifiziert, befreit er sich von den »Spannungen in [seiner] Seele«.[39] Damit unterstreicht Freud den kompensatorischen Charakter von Literatur: Der ästhetische Lustgewinn macht die Realität erträglich. Unerörtert mag bleiben, ob diese Theorie Anspruch auf allgemeine Gültigkeit hat. Mays Romane jedoch scheinen sich von dieser Seite aufschlüsseln zu lassen. Warum fanden sie über vier Generationen hinweg einen so umfangreichen Leserkreis? Freud hätte geantwortet, daß die Leser Mays Romane verschlangen, weil in ihnen mit Hilfe exotischer Projektionen eine Lösung seelischer Spannungen angeboten wurde. Die Utopie des neuen Bundes, in dem alle Menschen frei werden, versöhnt mit der bedrückenden, frustrierenden Gegenwart. Mays Romane offerierten eine Phantasiewelt, um die wirkliche erträglicher zu machen. Wir hätten es mit einer subliterarischen Variante der um die Jahrhundertwende populären Sucherliteratur zu tun, in der der Held gegen »die moderne Wirtschaftswelt und gegen die ›westliche Zivilisation‹ zu Felde zieht«.[40]

Doch damit scheinen mir die Akten über den Fall Karl May nicht geschlossen zu sein. Ernst Bloch forderte schon vor einer Generation eine Revision des Urteils und schrieb: »May ist einer der besten deutschen Erzähler, und er wäre vielleicht der beste schlechthin, wäre er kein armer, verwirrter Prolet gewesen.«[41]

Dort, wo die seriöse Literaturkritik und die Pädagogen nur Triviales und Schund bemerkten, sah Bloch das genuine Recht der massenhaften Kolportage. Bloch durchbrach die eingeschliffenen Vormeinungen über Mays literarischen und ethischen Wert, weil er (wie Freud) den traumartigen Charakter von dessen Romanen herausstellte, sich jedoch durch das starre Realitätsprinzip nicht einschüchtern ließ. »Kolportage hat in ihren Verschlingungen keine Muse der Betrachtung über sich, sondern Wunschphantasien der Erfüllung in sich; und sie setzt den Glanz dieser Wunschphantasie nicht zur Ablenkung oder Berauschung, sondern zur *Aufreizung* und zum *Einbruch*.«[42] Spricht Bloch von der unterdrückten Kreatur, die großes Leben haben will, wäre indes hinzuzufügen, daß die Realisierung dieses Wunsches versagt bleibt. Die Antizipation stößt ins Leere, ja noch bedenklicher: hinterrücks wird der Pakt mit der schlechten Gegenwart erneut geschlossen. Die Sehnsucht nach Freiheit läßt sich sehr wohl, wie auch Bloch nicht übersah, so kanalisieren, daß sie der Reaktion zugute kommt. Mays Romane tragen das Janusgesicht bürgerlicher Kultur im späten 19. Jahrhundert. May teilt den antikapitalistischen Affekt der literarischen Intelligenz. Die Unterschichten sollen zu ihrem Recht kommen, freilich nicht durch eine Rebellion, sondern durch eine Lösung von oben. Die allgemeine Menschlichkeit, die Mays Spätwerk predigt, muß verhüllen, daß es in der realen Gesellschaft die humane Gemeinschaft nicht gibt, und die postulierte Freiheit muß verdecken, daß der Klassengegensatz fortbesteht. In diesem Sinne ist Mays Œuvre Teil der bürgerlichen Kultur, auch wenn es von ihren elitären Vertretern nicht anerkannt wurde.

Anmerkungen

Da die älteren Gesamtausgaben nicht zugänglich waren, mußte ich verschiedene Ausgaben benutzen. Folgende Werke Karl Mays werden im Aufsatz zitiert nach: *Winnetou I-III*, Wien u. Heidelberg o. J. (Taschenbuchausgabe); *Old Surehand I-II*, Heidelberg 1949; *Die Felsenburg*, Heidelberg 1950; *Satan und Ischariot II-III*, Radebeul o. J.; *Winnetous Erben*, Heidelberg 1950; *Ich. Karl Mays Leben und Werk*, Bamberg 1971; *Unter Geiern*, Heidelberg 1950; *Der Schatz im Silbersee*. Gesammelte Werke. Bd. 63, Bamberg 1949.

1 Gabriel Ferry, *Der Waldläufer*, Frankfurt a. M. 1974, Bd. 2, S. 597f.
2 Für die Darstellung der Indianer immer noch wertvoll: Preston A. Barba, *The North American Indians in German Fiction*, in: German American Annals N. S. 11 (1913), S. 143-174. Manfred Durzaks Essay *Winnetous christliche Himmelfahrt. Karl May und die literarischen Rothäute* (in: Die Welt, 6. April 1974) bietet eine feuilletonistische Nachzeichnung der Ergebnisse von Barba.
3 Daß Cooper als Politiker an der Inferiorität der Indianer festhielt und ihre Ausweisung guthieß, hat John P. McWilliams (*Political Justice in a Republic. James Fenimore Cooper's America*, Berkeley 1972, S. 240) nachgewiesen.
4 Vgl. Edward H. Spicer, *A Short History of the Indians of the United States*, New York 1969, S. 28ff. Ferner Paul A. W. Wallace, *Cooper's Indians*, in: *James Fenimore Cooper. A Re-Appraisal*, Cooperstown 1954, S. 55-78.
5 Sealsfield vor allem durch seinen zuerst in englischer Sprache erschienenen Roman *Tokeah or The White Rose* (Philadelphia 1828) und den Band *Austria as it is* (London 1928). Gerstäcker wurde durch englische Übersetzungen seiner Reiseberichte bekannt.
6 Dem Roman *Der Legitime und die Republikaner* (1833, erweiterte dt. Fassung von *Tokeah or The White Rose*) stellt Sealsfield einen Thomas Jefferson zugeschriebenen Ausspruch voran: »Ich zittere für mein Volk, wenn ich der Ungerechtigkeiten gedenke, deren es sich gegen die Ureinwohner schuldig gemacht hat.« Vgl. auch William P. Dallmann, *The Spirit of America as Interpreted in the Works of Charles Sealsfield*, Diss. St. Louis 1935, S. 59-61.
7 Siehe auch Volker Klotz, *Ausverkauf der Abenteuer*, in: *Probleme des Erzählens in der Weltliteratur*, hg. v. Fritz Martini, Stuttgart 1971, S. 159-194, bes. S. 162. Zur Erzähltechnik: vom gleichen Verfasser, *Durch die Wüste und so weiter. Zu Karl May*, in: *Trivialliteratur*, Berlin 1964, S. 33-51.
8 Old Wabble hält, ganz im Sinne der amerikanischen Siedler, Indianer für subhumane Lebewesen, die ausgerottet werden müssen. Als Indianertöter hat er seinen Ruf erworben. Der May-Leser darf sich darauf verlassen, daß es mit einem solchen Mann kein gutes Ende nehmen kann. Nachdem die Mahnungen Old Shatterhands nicht fruchten, greift die Vorsehung ein. Siehe *Old Surehand II*, 9. Kap., S. 436ff.
9 In *Satan und Ischariot*, Bd. 3, erfährt der junge Melton, daß Old Shatterhand die Brieftasche mit den betrügerisch erworbenen Millionen sichergestellt hat: »Die Millionen gerettet und in meinen Händen zu wissen, schien die Beiden dem Wahnsinn nahe zu bringen. Sie schrien nicht mehr, nein, sie brüllten; sie wälzten sich zu mir her und faßten mich [...] bei den Füßen. [...] Es war ein widerlicher Anblick. Sie gebärdeten sich nicht wie Menschen. [...] Das Gesicht Meltons war nicht

zu beschreiben. Seine Augen traten weit hervor und waren mit Blut unterlaufen. Er brüllte wie ein wildes Tier« (396f.). Diese Geldgier trägt unverkennbar pathologische Züge; wer von ihr befallen ist, sinkt auf ein subhumanes Niveau herab.

10 Als Beispiele seien genannt: Im *Schatz im Silbersee* begegnen wir den Hauptcharakteren zu Beginn auf einem Flußdampfer, der den Arkansas hinauffährt. An Bord befindet sich auch ein gefangener Panther. Sobald seine Anwesenheit bekannt wird, entsteht Unruhe unter den Passagieren. Doch dem Besitzer gelingt es, eine Tierschau zu veranstalten. »Der Tierbudenbesitzer war Yankee und ergriff die Gelegenheit beim Schopf, diesen allgemeinen Wunsch zu seinem Vorteil auszubeuten« (S. 15). In der Folge zeigt sich, daß dieses Profitstreben nicht gesegnet ist. Der Besitzer kassiert zwar reichlich Geld für die Vorstellung, verliert aber seinen Dompteur wie seinen Panther. Wenn es um seinen eigenen Vorteil geht, kümmert sich der Yankee nicht um die anderen. So opfert im gleichen Roman ein amerikanischer Händler bedenkenlos seinen deutschen Kameraden, als er von Tramps verfolgt wird. Auch in anderer Hinsicht wird der Gegensatz zwischen Yankees und Westmännern hervorgehoben. In *Unter Geiern* treffen Jemmy und Davy, zwei erfahrene Westläufer, eine Gruppe von Geschäftsleuten und Anwälten aus St. Louis am Llano Estacado. Die Leute aus St. Louis halten sich mißtrauisch an formale Gesetze, während die Westmänner die Tatsachen untersuchen und daraus ihre Schlüsse ziehen. Die Begegnung wird so erzählt, daß die Vertreter der Zivilisation lächerlich erscheinen.

11 Die Gelegenheit, einen Großkapitalisten zu zeichnen, ergibt sich naturgemäß im Wilden Westen selten. Am ehesten bietet sich der schnell zu Geld gekommene Typus des Ölprospektors an. In *Winnetou II* begegnen wir einem solchen Ölprinzen, der seinen Reichtum nicht durch ehrliche Arbeit, sondern durch Glück erworben hat. Forster scheut nicht davor zurück, das Öl weglaufen zu lassen, um einen Mangel zu erzeugen, der die Preise hochtreiben muß. Die Mahnungen des Neffen, daß solches Verhalten unehrlich sei, erreichen Forster nicht, da er für andere als wirtschaftliche Argumente nicht zugänglich ist. Wie zu erwarten, folgt die Strafe gleich auf dem Fuße: die Ölquelle fängt Feuer, und alle, die mit ihr zu tun haben, verlieren das Leben. Ausgenommen werden nur der junge Neffe und Old Shatterhand, die vor der Preistreiberei gewarnt hatten. Wenn selbst die Guten von diesem Profitstreben ergriffen werden, kann die Vorsehung auch sie nicht verschonen. Ein treffendes Beispiel findet sich in *Winnetous Erben*. Old Surehand und Apanatschka versuchen, die Erinnerung an Winnetou kommerziell zu verwerten. Sie lassen in der Wildnis ein überdimensionales Denkmal zu Ehren Winnetous errichten. Selbst Beleuchtungseffekte sollen nicht fehlen. Das Ganze erscheint als eine gigantische Touristenattraktion –

laut und geschmacklos. Verständlicherweise kann Old Shatterhand sich nicht an diesem Unternehmen beteiligen. Weil es sich um Freunde handelt, greift er nicht ein, sondern überläßt die Belehrung die Vorsehung. Da das Denkmal über einer Höhle errichtet worden ist, dauert es nicht lange, bis die wünschenswerte Zerstörung eintritt. Apanatschka und Old Surehand erkennen, daß sie irregeleitet waren.

12 *Winnetou II*, S. 197.
13 Vgl. *Winnetou II*, S. 251.
14 Vgl. *Winnetou I*, S. 67f.
15 Vgl. Virgil J. Vogel, *This Country was Ours* (New York 1974, bes. S. 149-188), und Spicer ([s. Anm. 4], S. 93-96). Ferner: *North American Indians in Historical Perspective*, hg. v. E. B. Leacock u. N. O. Lurie, New York 1971.
16 Unter der Führung von Kit Carson versuchten die Amerikaner erfolgreich, durch eine Politik der verbrannten Erde die Lebensbasis der Indianer zu zerstören. Einzelne Gruppen der Navajos fanden sich bald ohne Nahrung und sahen sich gezwungen, auf die Bedingungen der Weißen einzugehen. Dies bedeutete wieder Verdrängung aus dem angestammten Gebiet, Zuweisung von Reservationsland, das für die Weißen nicht interessant war, Kontrolle über das tägliche Leben usw. Während die Navajos bereits 1865 zur Unterwerfung gezwungen waren, verteidigten die Apachen ihr Territorium bis 1886 erfolgreich gegen die Armee. Dann mußten auch sie dem Druck des Militärs und der Siedler weichen und wurden bald von den Lieferungen des Indian Bureaus abhängig. Vgl. ferner: Dan L. Thrapp, *The Conquest of Apacheria* (Norman 1967), und Geronimo, *His own Story* (New York 1970).
17 Vgl. Loring B. Priest, *Uncle Sam's Stepchildren. The Reformation of United States Indian Policy. 1865-1887*, New Brunswick 1942, S. 15-27.
18 So sprach Sitting Bull, einer der letzten großen Sioux-Häuptlinge, mit Skepsis von den Verträgen zwischen Regierung und Indianern: »The commissioners bring a paper containing what they wish already written out. It is not what the Indians want [...]. All they have to do is to get the signatures of the Indians. Sometimes the commissioners *say* they compromise, but they never change the document« (Vogel [s. Anm. 15], S. 181).
19 John Ross Browne, *Adventures in the Apache Country* (New York 1869), und George Catlin, *Letters and Notes on the Manners, Customs and Conditions of the North American Indians* (London 1832). Bei Catlin fand May eine Darstellung des Konflikts zwischen Weißen und Roten, die nicht wenig von der traditionellen amerikanischen Auffassung abwich. Immer wieder machte Catlin darauf aufmerksam, daß die angeblich bösen Taten der freien Stämme weitgehend durch die Weißen veranlaßt wurden. Nicht der rote Mann war zu beschuldigen, sondern

der Weiße, der habgierig in das Gebiet der Indianer eindrang. Nicht die Indianer waren treulos, wie es der amerikanische Mythos wollte, sondern die Weißen, die die Unwissenheit der Indianer ausnutzten.

20 Eine exemplarische Situation findet sich in *Winnetou II*. Die Episode ist für die Handlung nicht wichtig, jedoch für den Tenor des Romans bezeichnend. Die Okananda Sioux überfallen die einsame Hütte eines weißen Siedlers, der sich auf ihrem Gebiet niedergelassen hat. Durch das Eingreifen von Winnetou und Old Shatterhand wird Cropley, der Siedler, gerettet. Bezeichnenderweise ist er jedoch nicht dankbar für die Hilfe, denn Winnetou fordert von ihm, daß er das Land von den Okanandas käuflich erwerben soll. Für Cropley haben die Indianer keine Rechte. Er vertreibt sie, wenn er stark genug ist, und verketzert sie als inhuman, wenn er zu schwach ist, sich zur Wehr zu setzen.

21 *Schatz im Silbersee*, S. 342.

22 Ebd., S. 72; ferner: *Winnetou II*, S. 163.

23 Ebd., S. 479. Siehe auch: *Winnetou II*, S. 266: »Es war ein wilder, grauenvoller Kampf, wie sich die Einbildungskraft kaum auszumalen vermag. Das halberloschene Feuer warf seinen [...] Schein über den Vordergrund des Tals, wo sich die einzelnen Gruppen der Kämpfer wie der Hölle entstiegene, einander zerfleischende Teufel abzeichneten.«

24 Typisch sind die Vorbehalte von Otto Forst-Battaglia (*Karl May*, Bamberg 1966, S. 163 f.), der die allegorischen Romane als spannungsarm und trocken, philosophisch verwirrt gegenüber den früheren Reiseerzählungen abwertet. Ähnlich vorher bereits Ernst Bloch (*Erbschaft dieser Zeit*, Frankfurt a. M. 1962, S. 172).

25 Gertrud Willenborg, *Von deutschen Helden. Eine Inhaltsanalyse der Karl-May-Romane*, Diss. Köln 1967. Bes. S. 190 ff.

26 In Mays Autobiographie heißt es apologetisch: »Ich sah um mich herum das tiefste Menschenelend liegen; ich war für mich dessen Mittelpunkt. Und hoch über uns lag die Erlösung, lag die Edelmenschlichkeit, nach der wir emporzustreben hatten. [...] Aus der Tiefe zur Höhe, aus Ardistan nach Dschinnistan, vom niederen Sinnesmenschen zum Edelmenschen empor. Wie das geschehen müsse, wollte ich an zwei Beispielen zeigen, an einem orientalischen und an einem amerikanischen. [...] An diese beiden Rassen wollte ich meine Märchen, meine Gedanken und Erläuterungen knüpfen« (*Ich*, S. 161).

27 *Ich*, S. 164 f.

28 »Dem Gesetz von Dschinnistan fehlte die bisher von Geschlecht zu Geschlecht bewirkte Erneuerung der Heimatkraft. Es wurde schwach; seine Wirkung ging verloren. Die Engel wurden wieder zu Menschen. Das Paradies verschwand. Die Liebe starb. Der Haß, der Neid, die Selbstsucht, der Hochmut begannen wieder zu herrschen. Das eine große Reich mit dem einen, großen Gesetz fing an zu wanken. Der Rasse, die sich an dem Gesetz aufgerichtet und emporgebildet hatte,

ging diese Stütze, dieser Pfeiler verloren. Sie fiel in sich zusammen, zwar langsam, Jahrhunderte hindurch, aber sicher. Die Herrscher wurden zu Bedrückern, die Hüter des Gesetzes zu Zuchtmeistern« (S. 252).
29 *Winnetous Erben*, S. 259 f.
30 Ebd., S. 257.
31 Vgl. *Ich*, S. 141.
32 *Nietzsches ›Geburt der Tragödie‹ als Konzept einer bürgerlichen Kulturrevolution*, in: *Positionen der literarischen Intelligenz zwischen bürgerlicher Reaktion und Imperialismus*, Kronberg 1973, S. 103-120, Zitat S. 112.
33 Zitiert nach: Georg Lukács, *Schriften zur Literatursoziologie*, Neuwied 1961, S. 453 f.
34 Vgl. Kurt Sollmann, *Zur Ideologie intellektueller Opposition im beginnenden Imperialismus am Beispiel Bruno Willes*, in: *Positionen der literarischen Intelligenz*, S. 179-209; ferner: Richard Hamann u. Jost Hermand, *Naturalismus. Epochen deutscher Kultur von 1870 bis zur Gegenwart*, Bd. 2, München 1972.
35 Siehe jedoch den Unterschied zum Nietzsche-Kult der Jahrhundertwende, der den Gegensatz zur Masse in der Propagierung des Übermenschen in den Mittelpunkt stellte. Vgl. Richard Hamann u. Jost Hermand, *Impressionismus*, Berlin 1960, S. 24 f.
36 Vgl. Gotthart Wunberg, *Utopie und fin de siècle*, in: Deutsche Vierteljahrsschrift für Literaturwissenschaft und Geistesgeschichte 43 (1969), S. 685-706.
37 *Ich*, S. 28.
38 *Bildende Kunst und Literatur*, Frankfurt a. M. 1969, Studienausgabe, Bd. 10, S. 176.
39 Ebd., S. 179.
40 Jost Hermand, *Gralsmotive um die Jahrhundertwende*, in: *Von Mainz nach Weimar*, Stuttgart 1969, S. 276.
41 *Erbschaft dieser Zeit* [s. Anm. 24], S. 170.
42 Ebd., S. 178.

V
Winnetou IV

Christoph F. Lorenz
Auf der Suche nach dem verlorenen Ich
*Namens-, Orts- und Persönlichkeitsmythen
in Karl Mays »Winnetou IV«*

Für Daniel

1. Entdeckte Spuren

Wie kaum ein anderes Werk Karl Mays schwankt das Bild seines letzten Romans, *Winnetou IV,* in der Rezeptionsgeschichte. Für Arno Schmidt, der dem Spätwerk Mays doch zugetan war wie kaum ein zweiter Exeget, schien das Buch lediglich als »zitteriger Swan-Song eines Greises« bewertbar; macht man sich aber die Mühe, nicht nur die spätere Fassung von *Sitara und der Weg dorthin* zu lesen, sondern in der ›Anderen Zeitung‹ (Nrn. 28 und 29 vom 8. und 15. Juli 1959) auch den ursprünglichen Wortlaut, so wird man über den betrüblichen Gesamtbefund hinaus manches interessante Detail finden, z. B. folgende Darlegung:

Hochinteressant – um ein Lieblingswort Mays zu benützen – wie er zum ersten Mal, noch zögernd, gewisse Möglichkeiten der modernen Technik auf ihre Verwendbarkeit für seine Traumwelten abtastet: Fotoapparat; Projektor; Flugzeug; elektrisch Licht – man gewinnt manchmal den Eindruck, als sei er selbst aus 40jährigem Geträum erwacht, und erblicke nun staunend und betroffen eine Neue Welt. (Präziser: seine eigene Umwelt! An deren Entwicklung nicht teilgenommen zu haben einer der größten Einwände gegen ihn ist!). Aber man mag über diese ›Ergänzung‹ der früheren Reiseromane denken, wie man will; mag man einwenden, daß die Einstellung eines Mannes in den Jahren seiner Vollkraft doch wohl das Ausschlaggebende, ›Gesündere‹, sein eigentliches Credo, sei – dennoch ist diese umdeutende Ergänzung nun einmal da! [...] Und bei May ist die Tatsache unbestreitbar, daß er seine höchsten künstlerischen Leistungen eben im Alter vorgelegt hat. Akzeptieren wir also auch *Winnetous Erben,* diesen zitterigen Swan-Song eines Greises, der meint, eingesehen zu haben, daß Liebe und Friede wertvoller sind als die interessanteste Prügelei, und der sein unsinnig umfangreiches Lebenswerk in dieser Hinsicht, in aller Einfalt und Ruhe, zu ergänzen gedachte.[1]

Diese Ansichten Arno Schmidts wurden so ausführlich zitiert, weil sie sich zum einen in einer kleineren, später nicht wieder gedruckten Zeitungsarbeit finden, und weil sie zum anderen doch recht deutlich von jenem eher negativen Urteil abweichen, das er später mehrfach über *Winnetou IV* geäußert hat. In *Sitara und der Weg dorthin* figuriert *Winnetou IV* nicht mehr als »umdeutende Ergänzung«, sondern eher als Abfallprodukt des Spätwerks, dessen »total verschrumpelte Bildkraft«[2] zum Beispiel an der ›Auferstehung‹ Marah Durimehs in Gestalt Tatellah-Satahs oder an Versatzstücken aus der ›Großen-Traum‹-Szenerie des *Silberlöwen IV*, die Arno Schmidt im »Haus des Todes« aus *Winnetou IV* wiederzufinden glaubt, illustriert wird.[3] Die erste »Teufelskanzel« wird als Pendant zur Totenstadt des 2. Bandes von *Ardistan und Dschinnistan* bezeichnet und in Schmidtscher Manier sogleich als »Osterei-Ellipse« und als überlebensgroßes Hinterteil gedeutet.

Immerhin war ihm der letzte Vollzug noch gelungen: den schönen Freund machte er im Buch unsterblich. Die Großmutter, die noch ältere S-Ansprüche auf ihn hatte, steigerte er über alle Götter. Den Körperteil, der ihm zeitlebens der anregendste gewesen war, versetzte er unter die Gestirne, (›erhob ihn bis in den Himmel‹). Darüber hinaus ist eine Steigerung menschlich, mythologisch, literarisch, nicht mehr denkbar. All-so bewirkte er, MAY, daß der (erotische) Raum seiner Buchnisse dem Leser spannend & unerschöpfbar wurde: orchi-ideeisch, kackteeisch, po-ethisch, die schlechthinige S-Unendlichkeit – – –[4]

Das ist eine boshafte Apotheose: nimmt man hinzu, daß aus dem »Swan-Song eines Greises« nun der weit verächtlichere »Swan-Song eines in jeder Hinsicht Verbrauchten«[5] geworden ist, so fragt man sich doch betroffen, wie sich das Urteil Schmidts innerhalb von vier Jahren derart radikalisieren konnte. Hinzu kommt, daß die Hauptvorwürfe Schmidts, die gegenüber *Ardistan und Dschinnistan* angeblich einförmiger und platter gewordene Sprache und die zahlreichen Handlungs-Parallelismen zum übrigen Spätwerk betreffend, die auch Sudhoff, der wohl beste und gründlichste *Winnetou-IV*-Exeget, beklagt[6], so schwer nicht wiegen können, daß man deshalb berechtigt wäre, *Winnetou IV* zum Werk des Verfalls herunterzustilisieren. Vergleicht man beispielsweise die gespenstische Nachtszenerie im »Haus des Todes« (*Winnetou IV*) mit der von Arno Schmidt erwähnten Szene des *Silberlöwen IV*[7], so beschränken sich die Ähnlichkeiten allenfalls auf die bei Fackelschein wie bedrohliche Larven aussehenden Skelette bzw. Gebeine. Ansonsten aber hat die Beratungsszene in *Winnetou IV* mit den ›Vorbereitungen‹ zum ›Großen Traum‹ des *Silberlöwen IV*, mit seinen genau inszenierten ›Schattenspielen‹ nichts zu tun. Daß Tatellah-Satah in *Winnetou IV* wie ein Bruder der Marah Durimeh wirkt, ist ferner kaum mit nachlassender Schaffenskraft Karl Mays zu begründen; vielmehr ist hier dieselbe Absicht am Werk, die den ›großen Bogen‹ von der Wüste bis zum Dschebel Marah Durimeh, vom Nugget-tsil zum Mount Winnetou, von Deutschland über Asien nach Amerika spannen wollte, kurz: Mays Wille, das eigene Werk künstlich zu einen – was vielleicht als Illusion, kaum aber als Zeichen greisenhafter Schwäche gelten kann.

Da Arno Schmidts Argumente in seinem bemerkenswerten Verriß von 1963 so überdeutlich unzureichend sind, fragt man sich um so intensiver nach den Gründen dafür, daß er das, was ihm 1959 in der ›Anderen Zeitung‹ noch als »umdeutende Ergänzung« der früheren *Winnetou*-Trilogie erschienen war, 1963 verächtlich abzutun suchte. Die Dinge werden schlagartig klarer, wenn man Absicht und Hauptthese von *Sitara und der Weg dorthin* betrachtet: Arno Schmidt versuchte hier die seiner Meinung nach latente Homoerotik Mays an seiner angeblichen Vorliebe für Genital- und Analabbildungen in seinen Landschaftsschilderungen aufzuzeigen, und da sich Winnetou, der treue Freund, ihm als Paradebeispiel Mayscher Homoerotica geradezu anbot, mußte auch der zum Himmel aufstrebende Winnetou des *Winnetou IV* mit der überlangen, ungebändigten Mähne Schmidt zur perversen Apotheose der (angeblichen) Mayschen Sex-Träume geraten und damit *Winnetou IV*, dem die poetische Sprachkraft von *Ardistan und Dschinnistan* zumindest nicht gleich auffällig eignet, zum schwachen Abschluß einer kryptisch-homosexuellen Schwärmerei. Schmidt betrieb die eigene Beweisführung indes spielerisch-willkürlich und ohne auf geschlossene Beweisketten Wert zu legen. Daß die Argumentationen in *Sitara und der Weg dorthin* nicht ausreichen, das harsche Verdikt gegen Mays letztes Buch zu begründen (bei gleichzeitiger positiver Bewertung des *Silberlöwen III/IV* und des *Ardistan-und-Dschinnistan*-Doppelromans), hätte der Schmidt des Jahres 1959 ohne weiteres zugeben müssen. Jedoch war Schmidt 1963, als die Sitara-These in den Kreis der May-Jünger provokant einschlug, die Apotheose des Analen (wie er es sah) Grund genug, *Winnetou IV* im Handstreich zum Spätwerk »zweiten Ranges«[8] zu erklären.

Winnetou IV bereitet, wie es scheint, den Interpreten einige Schwierigkeiten, denn wie in keinem anderen Spätwerk werden hier Motive und Landschaften des früheren Werkes ins Symbolische umgedeutet oder nur übernommen, fließen autobiographische Momente (Mays Amerikareise von 1908) ebenso ein wie die heroische Rolle des übermächtigen Old Shatterhand, die Karl May doch in jenem ›Nachtgespräch‹ des ersten Kapitels von *Silberlöwe IV* so entschieden abgelehnt und abgelegt hatte. Daß in *Winnetou IV* so vieles miteinander verwoben wird, hat Heinz Stolte sogar dazu veranlaßt, im krassen Gegensatz zu Arno Schmidt *Winnetou IV* als das »schönste aller Bücher Karl Mays« zu bezeichnen wegen der »Schönheit aus [...] Zusammenschau von Sterbendem und Neuwerdendem, Wirklichkeit und Wunschbild, Natur und Märchen, Don Quichotterie und glaubensfreudiger Romantik, örtlicher Bestimmtheit und traumhafter Ferne, Gegenwart und Zeitlosigkeit, alles aber unlöslich miteinander verwoben«.[9] Gewiß gibt es gute Gründe, ein solch hymnisches Urteil mit derselben Vorsicht zu genießen wie das scharf ablehnende Arno Schmidts; allerdings findet sich jene von Stolte evozierte Mischung aus einander widersprechenden Elementen tatsächlich in *Winnetou IV,* in einer Form, die das Interpretieren bisweilen erheblich erschwert. Allein der Versuch, die Gegner Mays in diesem Roman, also die beiden Enters und das Komitee, autobiographisch zu entschlüsseln, hat zu sehr unterschiedlichen Deutungen geführt. Ekkehard Koch, der 1970/71 in den ›Jahrbüchern der Karl-May-Gesellschaft‹ bemerkenswert klare und genau belegte Interpretationshinweise gab[10], hielt die Professoren Bell und Summer für Personifikationen Ansgar Pöllmanns und Hermann Cardauns', während Dieter Sudhoff in seiner Paderborner Examensarbeit von 1980 Bell als eine Spiegelung von Cardauns und Summer als eine solche Paul Schumanns entziffert. Wichtiger aber ist die Deutung der beiden Enters, die Ekkehard Koch im Anschluß an eine frühere Deutung von Hans Wollschläger[11] als eine chiffrierte Darstellung von Friedrich Kahl und Rudolf Lebius interpretierte, während Dieter Sudhoff mit Recht eine strikt autobiographische Bedeutung der beiden Enters-Gestalten ablehnte und sie mehr auf der ›abstrakt-weltanschaulichen Ebene‹ interpretieren wollte[12], wie überhaupt Ekkehard Kochs Aufsatz in der Deutung der symbolischen Hintergründe des *Winnetou-IV*-Geschehens weniger bedeutsam ist als in der Aufschlüsselung biographischer Spiegelungen oder gewisser ›Grundlinien‹ des Geschehens.

Ekkehard Kochs Ausführungen von 1970/71 lassen zwei der interessantesten und schwierigsten symbolischen Szenen aus *Winnetou IV* weitgehend unbeachtet: die beiden »Teufelskanzel«-Episoden. In einer Hamburger Seminararbeit aus dem Jahre 1979, *Aspekte zur Deutung der Winnetou-IV-Symbolik*, hat sich Kai Riedemann vor allem auch mit der Entschlüsselung dieser Szenen befaßt.[13] Riedemann sah dabei die erste »Teufelskanzel« im wesentlichen als Symbol für Mays Werk und die unterschiedlichen Auslegungen; sein Hinweis darauf, daß der östliche, unberührte Teil mit jener Insel, die von den Indianern fälschlicherweise als Aufenthaltsort des Teufels angesehen wird und später Karl May als geheimer Belausch- und Versteckpunkt dient, für das Spätwerk steht[14], wurde auch für die umfassendere Deutung Dieter Sudhoffs[15] wegweisend. Mit Recht hat Riedemann in seiner Interpretation der beiden Enters-Figuren die über das Autobiographische bzw. über eine Deutung der Enters als Gegner Mays hinausgehenden Bezüge zur Mayschen ›Märdistan‹- oder Läuterungstheorie betont.[16] Vieles, was Riedemann nur andeuten konnte, findet sich dann in Dieter Sudhoffs großer Studie, *Karl Mays »Winnetou IV«*, in nicht nur größerer Ausführlichkeit, sondern vor allem in wünschenswert präziser und umfassender Form. Das große Verdienst Sudhoffs besteht vor allem darin, die Mischung der unterschiedlichen ›Leseebenen‹ und die allmählich sich verdichtende ›symbolische‹ Struktur des Romans aufgezeigt zu haben, der im wesentlichen als (Pseudo-)Dokumentation der Mayschen Amerikareise von 1908 beginnt, als Gesamtschau des Mayschen Lebens und Schaffens (Sudhoff nennt das ›Autobiographische Ebene II‹[17]) fortgesetzt wird und dann allmählich in die abstrakte Ebene überführt wird, wo man noch einmal zumindest eine menschheitsgeschichtliche, eine religiöse und eine philosophisch-psychologische Teilebene unterscheiden muß.

Erst im Neben-, Über- und Miteinander dieser so differenziert zu betrachtenden Aspekte entsteht das Gesamtbild des Romans, und es kann gar kein Zweifel daran aufkommen, daß der Exeget Sudhoff trotz klarer Hinweise auf manche formale und inhaltliche Schwäche *Winnetou IV* zu Recht für einen bedeutenden Schritt Karl Mays in eine von ihm angestrebte Zukunft als Nicht-mehr-Reiseautor und -›Jugendschriftsteller‹ hält. Die grundsätzliche Erneuerung der alten Motive durch Mays ›Liebes- und Friedens‹-Ideologie im Spätwerk spielt in Sudhoffs Darlegungen ebenfalls eine wichtige Rolle.

Längere Zeit schien es auch den May-Forschern, als habe Dieter Sudhoff mit seinen gründlichen, überlegten Forschungen so etwas wie ein ›letztes Wort‹ über *Winnetou IV* gesprochen. Vielleicht empfand auch Günter Scholdt so, als er 1985 seinen Aufsatz *Vom armen alten May. Bemerkungen zu ›Winnetou IV‹ und der psychischen Verfassung seines Autors* in den ›Jahrbüchern der Karl-May-Gesellschaft‹ veröffentlichte.[18] Es ging Scholdt ganz offenkundig nicht darum, kosmetische Veränderungen an der einen oder anderen Interpretation Sudhoffs und seiner Vorgänger vorzunehmen oder die Episoden des Romans anders zu deuten als die bisherigen Interpreten. Vielmehr bezweifelt Scholdt grundsätzliche Überlegungen der bisherigen Exegeten in dezidierter Form. Für Scholdt ist – um das Ergebnis vorwegzunehmen – *Winnetou IV* kein Buch der radikalen Umkehr, kein Resultat einer grundlegenden Ich-Wandlung Mays auf der Orientreise 1899/1900, wie es die bisherige Forschung für das ganze Spätwerk Mays angenommen hatte. Nicht das ›mütterliche‹ Ideal der Güte und Liebe, sondern im Grunde genommen der »arme alte May« mit seiner Sucht nach Anerkennung und Macht stehe hinter der nach außen hin gewandelten ›Maske‹ des Erzählers, so Scholdts Argumentation. Er lehnt die Deutung ab, die in Pappermann ein ›Alter ego‹ Karl Mays erblickt, sieht vielmehr die beiden Enters als Pseudo-May-Figuren an, belegt durch Buchstabenspielereien auf biographischer Ebene:

HARI MAN F.	A/E ND/T ERS
KARL MAY F.[riedrich]	A ND ERS

Ohne der Spielerei allzuviel Wert beimessen zu wollen (wie er selbst sagt), errichtet Scholdt auf ihr dennoch ein ganzes Gedankengebäude: Der Wunsch Mays, ein anderer zu sein, lenkt sich nach der Veröffentlichung seiner Hochstapeleien und da es ihm unmöglich geworden war, die ›Old-Shatterhand/Kara-Ben-Nemsi-Legende‹ nach den peinlichen Münchmeyer-Prozessen und ihren zwangsläufigen Enthüllungen ›dunkler Stellen‹ bruchlos weiterzuführen, auf andere Ziele und zu anderen Ufern. Folgte man Scholdt konsequent, so wäre *Winnetou IV* nichts anderes als eine getarnte Fortsetzung des ›alten May‹ mit neuen Mitteln, nichts als eine Täuschung der Leser, die statt des Friedenshelden May-Burton-Shatterhand weiterhin den alten, rüden, rücksichtslosen, allwissenden Westmann serviert bekommen, garniert mit einer Sauce humanistisch-esoterischer Philosophie, die ein eingefleischter

Winnetou-IV-Verächter wie Rainer Jeglin auf einer Podiumsdiskussion als »ungenießbar« bezeichnete.[20] Nun geht aber Scholdt keineswegs so weit, das Buch in Bausch und Bogen abzulehnen; in eher gewundener Argumentation versucht er etwa den im Roman ja ganz offenkundigen Sieg des ›Liebe‹-Prinzips über das vom Vater ererbte ›Rache/Haß‹-Prinzip auf Klara Mays Einfluß in den Jahren ihrer Ehe mit May und nicht auf die Änderung eines Ich-Ideals zurückzuführen. So scharfsinnig (und was die beiden Enters angeht, teilweise auch zutreffend) Scholdts Beobachtungen sind, sie leiden unter dem Hang des Autors, sich in seinem eigenen Gedankengebäude so einzurichten, daß jeder Schritt in eine andere Gedankenwelt unmöglich scheint. Schon an der biographischen Deutung des Namens Sebulon[21] scheitert Scholdt (denn der ist allein biographisch nicht zu verstehen); er ist um eine Erklärung der Pappermann-Figur bemüht, kann ihn als biographisches Bild Mays aber nicht begreifen, weil Details wie Pappermanns offenkundige Unwissenheit und Ungebildetheit seine Theorie in Frage stellen.[22] Naheliegend wäre es gewesen, eine Deutung Pappermanns auf der eher abstrakten Ebene zu versuchen, wobei sich leicht sowohl die unmöglichen Schreibkünste oder vielmehr Nicht-Künste Pappermanns als auch die Tatsache hätten erklären lassen, daß bei der ersten Begegnung Mays-Burtons mit dem Komitee Pappermann die Züge Max Dittrichs trägt: Es gibt eben keine einheitlich durchgeführte autobiographische Verschlüsselung mehr in diesem ›fortgeschrittenen‹ Stadium des Romans. Letztlich enden Scholdts anfänglich so scharfsinnige Feststellungen und Beobachtungen in wenig befriedigender Aporie. Hätte May die Leser wirklich mit einem neuen, erfolgheischenden ›Trick‹ ködern wollen, warum versuchte er es dann ausgerechnet mit der ›Tarnung‹ als leisetreterischer Friedensapostel (wie es die Gegner sahen)? Im Gegenteil haben ja die Friedensappelle und Gewaltlosigkeitsbeteuerungen des *Winnetou IV* und des gesamten Spätwerks May keinen einzigen neuen Leser zugeführt, ihn aber viele gekostet, die ihm die Treue gehalten hätten, wenn es mit dem Bärentöter oder der Silberbüchse in der Hand weiterhin auf die muntere Jagd nach wilden Tieren, (feindlichen) Indianern und irgendwelchen ›Untermenschen‹ gegangen wäre, nach der Parole: ›Am deutschen Wesen soll die Welt genesen.‹ Hätte May am Ende die Unterwerfung ganz Asiens und Amerikas samt aller »jungen Adler« und Tatellah-Satahs unter die Oberhoheit des deutschen

Kaisers verlangt, zumindest die zweifelhafte Anhängerschaft der Nationalisten wäre ihm sicher gewesen – die ernsthaften Gegner à la Cardauns, Schumann und Pöllmann waren ohnehin nicht zu überzeugen, schon gar nicht durch die ›versöhnliche‹ Richtung des Spätwerks. Wenn May im Spätwerk dem Ideal der ›Menschheitsseele‹ nachstrebte, so tat er nichts anderes als die Enters im Roman, die ja auch (und damit sogar Sebulon, der – ganz im Sinne Scholdts – zunächst hundertprozentig in die Fußstapfen des harten Vaters treten will und somit Mays ›altes‹ Ich-Ideal in Vollendung verkörpert) zum ›Clan der Winnetous‹ und zur Versöhnung finden, und das nicht mit herrschaftlich-imposantem Auftreten, sondern im Verborgenen, so daß auch May und ›Herzle‹ nur ahnen können, wessen Schutzengel die Enters sein wollen. Die Wandlung, die hier geschildert wird, bestätigt Mays Ruf als »Meister der Tarnung«[23] (Scholdt) wohl kaum. Die Ich-Ideale, denen die Protagonisten in *Winnetou IV* anhängen, standen 1909 recht niedrig im Kurs bei der sogenannten ›Mehrheit des Volkes‹; wenn May sie trotzdem propagierte, so wird er letztlich an sie auch geglaubt haben. Allerdings hat die Wandlung des Ich-Ideals nicht dazu geführt, daß May den Wunsch aufgab, sich selbst im Bild seiner Helden quasi ›zu erlösen‹. Selbstreinigung und Selbstidealisierung sind die Grundmotive des Mayschen Werkes; sie gänzlich abzulegen, hätte für May, der nur das schrieb, was er bis zu einem gewissen Grade auch selbst *war*, eine Art von Selbstmord bedeutet. Vorgeführt werden in *Winnetou IV* immer noch Wunschträume und Ich-Mythen, die bisweilen auch mit dem Ich-Ideal des früheren Reiseromans, dem allwissenden und allmächtigen Helden, in Übereinstimmung stehen. Insofern hatte der Fährtensucher Scholdt nicht ganz unrecht; nur müssen die Spuren, die er sah, anders gelesen werden. Wer kennt einen solchen Vorgang nicht aus Mays Reiseerzählungen, wo er so oft dargestellt wird?

2. Sich einen neuen Namen machen

Gerhard Neumann hat, in einem scharfsinnigen Aufsatz über Mays »Weihnacht!«, eine von der Forschung bis dahin eher stiefmütterlich behandelte Erzählung, den Versuch unternommen, dieses Werk als ›Mythos‹ zu lesen, wobei er den Begriff in einem von ihm selbst präzise eingegrenzten Sinn verstanden wissen wollte:

Unter Mythos verstehe ich dabei die Erzählung einer Geschichte, die, indem sie erzählt wird, zwei Zwecke erfüllt. Sie dient zum einen dazu, die Geburt des Helden zu legitimieren; sie hat zum andern die Aufgabe, eine bestimmte menschliche Verhaltensordnung zu beglaubigen. Das heißt aber, daß der Mythos eine doppelte Rede führt: die Rede vom Ursprung und die Rede vom Menschenverkehr, die Rede von der Herkunft und Geburt des Helden und die Rede von der sozialen Ordnung und ihrer Garanten.[24]

Dieser Mythosbegriff läßt sich unschwer auf das Gesamtwerk Karl Mays anwenden: Hier werden Geschichten erzählt, die ihren Ausgang nehmen von der gescheiterten (oder: gar nicht richtig ›auf den Weg‹ gebrachten) Persönlichkeit des Ex-Lehrers, Sträflings und nunmehr Schriftstellers Karl May. Diese Geschichten lassen sich nun aber kaum begründen auf einer so zweifelhaften und (in den Augen der damaligen Öffentlichkeit) kriminellen Existenz. Hier setzt die Abenteuererzählung ein, die den Helden mit einer neuen Herkunft versieht (in »*Weihnacht!*« ist er schon in früher Schulzeit als Dichter legitimiert) und ihm in einer Art ›neuer Geburt‹ eine neue, gesicherte Existenz und legitime Abstammung verschafft. In der (ebenfalls mythischen) Gesellschaftsordnung des ›wilden Westens‹, wo Kühnheit, Treffsicherheit, Spürsinn (besonders für Fährten feindlicher Indianer) und nie versagender Einfallsreichtum gefordert werden (und nicht etwa eine ›makellose‹ Vergangenheit, ein glänzender Schulabschluß und eine bürgerliche Karriere), führt unser Held ein hervorragendes Abenteuerleben, wobei allein der Name ›Old Shatterhand‹ ihm den Nimbus der nie fehlenden Faust, der Allmacht und der Allgegenwart verschafft: Fällt das Stichwort ›Shatterhand‹, so lassen manche Gegner die Flinte gleich fallen. Der Mythos der Wildwest-Romane Karl Mays (Mythos im oben gekennzeichneten Sinne) wirkt sich also dreifach aus: als Geburts- oder Herkunftsmythos (der erfolgreiche Abenteurer Old Shatterhand ist allein durch seinen Ruf genügend legitimiert, so daß sich alle Fragen nach der Vergangenheit erübrigen; ›Old Shatterhand‹ ist schon längst selbst zum Mythos geworden – die später dazufabulierte Geschichte vom Greenhorn, das sich bald als Meister in allen Westmannskünsten entpuppt, ist dann nur noch ein zusätzlicher, verstärkender Mythos), als Sozialmythos (oder Traum von einer Gesellschaft, in der Scharfsinn, Mut und Anstand eine hohe, angesehene Stellung begründen) und als Abenteuermythos schlechthin (das Abenteuer macht frei, schafft Freundschaften und bildet den einzig möglichen Rahmen für eine Selbstentfaltung, fern der Schranken einer bürgerlichen Gesellschaft). Als solch dreifacher Mythos wirkt das frühe und mittlere Werk Karl Mays unwiderstehlich stark besonders auf den jugendlichen Leser, der nach Legitimierungen der eigenen, noch unentschiedenen Existenz sucht.

Mit dem Eintritt in das Spätwerk hat sich einiges gewandelt, im Leben wie in der schriftstellerischen Existenz: Die Angriffe der ›Frankfurter Zeitung‹ wie der ›Kölnischen Volkszeitung‹ machten es May praktisch unmöglich, weiterhin unverändert seine strahlenden Heldenmythen in alter Weise fortzuproduzieren. Zugleich kann man sich recht lebhaft vorstellen, daß er, der zunächst in der Literatur ein Mittel sah, sich selbst zu ›erlösen‹, seine eigene, unvollkommene, ja kriminelle Existenz auf gesicherten Boden zu stellen und ihr eine neue Richtung zu geben, dem Zusammenbruch nahe war, als ihm mit äußerster Sicherheit vor die Augen geführt wurde, es könne so nicht weitergehen. Dies alles – und in den neunziger Jahren führte Karl May ein Leben, das darauf schließen ließ, er selbst identifiziere sich mit den Gestalten Old Shatterhands bzw. Kara Ben Nemsis in immer erschreckend intensiverem Maße – läßt sich nun nicht biographisch eindeutig belegen, aber die Werke Mays in der Zeit der Orientreise und zur Zeit der Ehekrise 1902, besonders die Fieberphantasien Wallers in *Et in terra pax*, die zahlreichen Fragmente und Mappen aus der Zeit der Ehescheidung sowie die Passagen des *Silberlöwen III*, die sich mit dem ›Sprung über die Vergangenheit‹ beschäftigen, sprechen eine deutliche Sprache. Hier hatte einer wirklich einen seelischen Zusammenbruch erlitten[25], keineswegs so rätselhaft, wie dies Scholdt in offenbarer Ironisierung der Thesen Wollschlägers behauptet[26], sondern durchaus einsehbar bei einem Mann, der über beinahe dreißig Jahre hinweg (zumindest literarisch) nicht ein Doppel-, sondern sogar Dreifachleben führte. Dabei suchte May die Leser zunächst sogar mit den alten Tricks und Kniffen zum Narren zu halten: Postkarten an Fehsenfeld, die Reisen zu den Haddedihn ankündigen, von der gleichen Orientreise dann Karten an die Dortmunder ›Tremonia‹, die von der Entdeckung eines »orientalischen Klondyke« Wundermär berichten[27] – nein, die Versuchung, seine Leser mit phantasievollem Gehabe in Gefilde zu führen, die der Lüge und Flunkerei nicht ganz fernstanden, ließ May auch im Spätwerk gern an sich herantreten und erlag ihr mit prompter Regelmäßigkeit. Auch um die Amerikareise des Jahres 1908 wurden ja noch Gerüchte inszeniert – mit Klaras tatkräftiger Mithilfe –, die irgendwelche Ausflüge Mays in den ›Wildesten Westen‹ als sichere Wahrheit auszugeben versuchten[28], ein Verfahren, das jeder sachlichen Grundlage entbehrte und leicht als unrealistisch zu entlarven war. Wenn also auch der Hang zum Schwindel aus Mays Leben nie ganz verbannt wurde, so ist der Wandel der Themen und Interessen zum Spätwerk hin ganz unverkennbar und ohne jeden Zweifel ›echt‹. Wie schon erwähnt, ließ sich schon bei den letzten Bänden des *Silberlöwen* ahnen, daß ein Teil der Leserschaft dem ›Mayster‹ auf den neuen, fremden Pfaden nicht folgen würde. Und dennoch, trotz aller Enttäuschungen mit *Babel und Bibel* und anderem, verfolgte May den Plan des von ihm so sehnsüchtig gewünschten neuen, »eigentlichen Werks« weiter und weiter.

Kann an der inneren Wandlung (wenn auch nicht völligen Ver-Wandlung) Mays auf dem Weg zum Spätwerk hin kein Zweifel bestehen, so läßt sich auch nicht leugnen, daß er um das Spätwerk in alter Manier gleich wieder einen Kranz von Mythen wob: zunächst und vor allem einen neuen Legitimierungsmythos, die Mär vom ›neuen May‹, der sich erneut in die ›dark and bloody grounds‹ der Phantasie aufmacht, um nun nicht mehr Bären und Indianer zu jagen, sondern Feinde zu versöhnen, das alte, falsche Heldenideal des Winnetou durch das – ebenfalls mythische und mystische – Bild eines ›roten Heilands‹ namens Winnetou zu ersetzen und selber, Seite an Seite mit dem lange vermißten weiblichen Seelenteil, dem ›Herzle‹, den Mount Winnetou, d. h. den Berg der Selbsterlösung, zu ersteigen. Es geht, im Spätwerk im allgemeinen und in *Winnetou IV* im besonderen, um nichts Geringeres als um die Suche nach dem verlorenen (und im früheren Werk durch Täuschung verfehlten) Ich. Auf diesem Weg gesellen sich zu dem Ich-Mythos, den May in eine komplizierte Theorie von Geist, Seele und Körper, vom Aufstieg des Geistes aus den Fesseln des Körpers, von der Läuterung des ›Gewaltmenschen‹ zum ›Edelmenschen‹ und von der Katharsis durch den Schmerz der ›Geisterschmiede‹, des Männerlandes ›Märdistan‹, einband, zwei weitere, ebenfalls in unserem Sinne als ›mythisch‹ zu bezeichnende Erzähl- und Verwandlungsvorgänge hinzu. Der eine, mit dem wir uns zunächst befassen wollen, hängt noch nicht mit dem ›eigentlichen‹, dem ›inneren Ich‹ zusammen, sondern mit seiner äußeren Existenz, seiner Herkunft, kurz: seinem Namen.

Namen spielen in *Winnetou IV* eine auffällig größere Rolle als in jedem anderen Spätwerk. Gleich auf der zweiten Station seiner Reise (und daß schon hier der richtige Reiseweg des Jahres 1908 verlassen und eine Route – in den Westen, nach Colorado – eingeschlagen wird, die May in der Wirklichkeit nie betrat, ist durchaus Absicht und nicht unwichtig), in Trinidad, begegnet May einem Mann, der ›seinen‹ Namen, den er von Geburt an trägt und mit dem er doch leben soll bis an sein Ende, verabscheut, der ihn nicht aussprechen kann und ihn für alles Böse, das ihm im Leben begegnet ist, verantwortlich macht, nämlich Max Pappermann:

Er war von deutscher Abstammung und hatte die Eigentümlichkeit, seinen Namen für die Quelle alles Unheiles, welches ihn traf, zu halten. Er sprach seinen Vornamen nicht mit dem englischen e, sondern noch mit dem deutschen a aus, konnte aber infolge eines Sprachfehlers mit dem x nicht fertig werden; sein Max wurde stets zum Maksch. Obgleich er sich hierüber tief, tief unglücklich fühlte, kam es ihm doch gar nicht in den Sinn, das zu tun, was jeder Andere an seiner Stelle getan hätte, nämlich diesen Namen möglichst zu vermeiden; er gab ihn ganz im Gegenteile bei jeder Gelegenheit zu hören und wurde darum aus diesem und noch einem andern Grunde von Jedermann »der blaue Maksch« genannt.[29]

Es liegt in der Tat recht nahe, vom ›blauen Max‹ zum ›Karl May‹ einige Verbindungslinien zu ziehen: Da ist zum einen der durch Unsagbares und Ungesagtes (die Straftaten) beschmutzte Name, der trotzdem – als der eines großen Schriftstellers und noch größeren Westernhelden – um so lieber und häufiger im Munde geführt wird, und sich dann zur ungeheuerlichen Monstrosität erweitert, eben zum ›Maksch‹. Die Aufgeblasenheit und Falschheit der neuen, ›verschönerten‹ Existenz als großer Westmann, ›Dr. Karl May, genannt Old Shatterhand‹, kommt in der Namensverbreitung zum Ausdruck. Da Günter Scholdt diverse Namensspielereien vorgenommen hat, wollen auch wir uns an einer solchen versuchen: der ›-ksch‹, zu dem Pappermanns Vorname in seinem Munde wird, trägt den ersten Buchstaben von Mays eigenem Vornamen, ein ›k‹, und das ›sh‹ von ›Shatterhand‹, etwas sächsisch vergröbert zum ›sch‹, ist auch vorhanden. Pappermann (eine Vergröberung und Vulgarisierung des ›paper-man‹, des ›Schriftstellers‹[30]) fürchtet seinen Namen und gibt ihm doch einen sowohl bombastischen als auch lächerlichen Klang. Er ist May, der Namensschwindler, der mit dem Schwindel über den Makel seines Namens hinwegtäuschen will. Gleich zu Beginn des Buches wird Karl May von einem Mann besucht, der sich als ›Hariman F. Enters‹ ausgibt und angeblich Verlagsbuchhändler ist. Auch er wird als Namensschwindler entlarvt, aber mit ehrenwerten Motiven (!): »Grad weil er ein ehrlicher Mann ist, trägt er nicht seinen eigentlichen, richtigen Namen. Er schämt sich desselben.«[31] Während Pappermann, der als Spiegelung Mays einer früheren Phase seines Lebens angehört, in der May noch fleißig von falschen Doktortiteln und klingenden Beinamen Gebrauch machte, seinen Namen, den er so haßt, sehr häufig nennt, will Hariman Enters den Fluch seines Namens nicht allen kundtun. Durch das Anagramm Enters (für Santer, e = englisches a) sucht er von der schlimmen Vergangenheit seiner Familie abzulenken, ebenso wie May, der im Spätwerk aus dem Chaos der ›alten Zeiten‹ nach einem neuen Weg suchte. Mit der Bemerkung, die May im Roman über Hariman tut, rechtfertigt er seine eigenen Namensschwindel; weil die Namen der alten Romanfiguren mit dem Makel der Hochstapelei belastet sind, werden sie von dem ›ehrlichen‹ May durch neue ersetzt. Das kann man ganz ruhig wörtlich nehmen: der Verbrecher Santer, den jeder May-Leser kennt, wird in *Winnetou IV* fast immer Sander genannt; einmal freilich fällt May in den alten Namen zurück.[32] Logischer- oder seltsamerweise wird auch Hariman einmal ›Enders‹ genannt, ohne daß das wie ein Setzfehler wirkt[33]; immerhin taucht auf derselben Seite auch ein ›Enters‹ auf, wobei dieselbe Person gemeint ist. Nun stellen für einen Sachsen ›d‹ oder ›t‹ keinen bedeutenden Unterschied dar, und in seinem frühen Gedicht *Weihnachtsabend*, das noch in »Weihnacht!« als Leitmotiv vorkommt, reimte May bekanntlich »Freude« auf »heute«. Dennoch bleibt die Frage bestehen, warum die vertrauten Namen in *Winnetou IV* plötzlich ganz anders klingen: Kolma Puschi, aus *Old Surehand* wohlbekannt, heißt in *Winnetou IV* ganz unmotiviert Kolma Putschi, und einmal unterläuft May ein geradezu Freudscher Fehler, wenn vom »Dschebel Winnetou«[34] die Rede ist, wobei Mays Absicht, die Orient- und die Amerika-Geschichten organisch ›zusammenwachsen‹ zu lassen, durch die Zusammenziehung vom Mount Winnetou und Dschebel Marah Durimeh zum Dschebel Winnetou unbeabsichtigt veranschaulicht wird.

Diese ›Namens-Fehler‹ kommen zu häufig vor, als daß man das beliebte Zufallsgesetz dafür verantwortlich machen könnte. Immerhin hat Heinz Stolte in seinem Vorwort zur Reprintausgabe von Karl Mays *Frau Pollmer. Eine psychologische Studie* (1907) auf das seltsame Faktum verwiesen, daß May in diesem Manuskript den bekannten Namen seiner Indianerin Nscho-tschi stets falsch schrieb, und als Grund die krankhafte Erregung des Autors zum Zeitpunkt der Niederschrift vermutet. »Er schreibt diesen Namen falsch in der Form *Nscho-Nschi*. Und das ist, wie man feststellen kann, kein bloßer einmaliger Schreibfehler: er bleibt permanent dabei, er wußte es nicht mehr besser!«[35] Es mag durchaus sein, daß die Vermutung Stoltes für die *Studie* zutrifft, in *Winnetou IV* tauchen solche Namensveränderungen aber doch ein wenig zu häufig auf. Wie die Enters sich durch die anagrammatische Umbenennung von den Verbrechen ihres Vaters und von dem in ihrer Familie erblichen Drang zum Selbstmord freizumachen suchen, bedeuten allein Mays Namensspielereien in *Winnetou IV* schon einen Versuch, sich vom Namen, dem ererbten und belasteten, zu lösen und eine neue, unbelastete Existenz zu beginnen. Frei und offen mit dem Namen ihres Stammes oder ihrer Sprachgruppe können sich nur die Indianer Athabaska (Name mehrerer Indianerstämme, der auch als Ortsname in Kanada vorkommt) und Algongka (als Cree-Indianer ein Angehöriger der Gruppe der Algonkinen) vorstellen, mit beträchtlichem Stolz sogar: »Schöne Namen, was? Klingen fast wie Musik!«[36] sagt der Kellner im Clifton-House über sie. Die Europäer des Romans hingegen bleiben gern pseudonym, allen voran Mr. May himself, der als ›Burton‹ reist (»Der Leser wegen, die Euch nicht in Ruhe lassen würden«[37], wie Hariman Enters, sehr zur Freude Mays, vermutet). Der Name ›Burton‹ ist in doppelter Hinsicht wichtig; einmal, weil Santer in *Winnetou II* unter diesem Pseudonym agiert und May sich hier sozusagen unbewußt in eine Sippe, der auch die Enters-Santers angehören, einreiht, zugleich aber, weil der Name sozusagen eine Art Vorbedeutung für seine Reise haben könnte, war doch Sir Richard Burton einer der berühmtesten Reisenden des 19. Jahrhunderts. May hat seine Bücher gelesen, und für die Schilderung der Stadt Härrär in Äthiopien (für Europäer ein verbotener Ort) Burtons eigene Reisebeschreibung benutzt.[38] Wie May sich für seine frühen Raubzüge gelegentlich den Namen ›Hermes‹ vom Gott der Diebe als ›nomen est omen‹ ausborgte[39], so stellte Burton vermutlich eines der Vorbilder für den unerschrockenen Reisenden Kara Ben Nemsi dar. Burton besuchte, als arabischer Arzt verkleidet, in Begleitung einer Pilgergruppe Mekka; auch Kara Ben Nemsi halten die Araber häufiger für einen Arzt; er gerät in eine schwierige Situation, als er in Mekka als Ungläubiger erkannt und verfolgt wird. Wie der sagenhafte Nimbus des Namens ›Old Shatterhand‹ in den früheren Reiseromanen May oftmals aus schwierigen Situationen rettet, so ist hier, für die fiktive Fahrt in den ›Wilden Westen‹ seiner Träume und seiner Zukunft, der Schutz des berühmten Afrika- und Asienreisenden wirksam, des polyglotten Generalkonsuls Ihrer Majestät in Triest.[40] Richtig sprechende Namen tragen die Komiteemitglieder, mit denen May-Burton bald in Konflikt gerät: die beiden Professoren Bell und Summer haben indianische Beinamen, die nach handschriftlichen Notizen Mays ›schwarz‹ (Anspielung auf Cardauns?) und ›Blatt, Zeitung‹ (Assoziationen, die auf Paul Schumann hinweisen?) bedeuten. Der »Agent für alles mögliche«, Evening, hat im Indianischen den seinem Mut entsprechenden Namen ›Hase‹, und die merkwürdige Gestalt des Kassierers Paper bekommt durch den indianischen Beinamen ›Mädchen‹ zusätzlich zwielichtiges Kolorit. Deutlicher sind die Anspielungen auf Charaktereigenschaften bei Aschta (›Die Güte‹) und Tom Muddy, dem ›Schmutzigen, Schlammigen‹. Wenn May später in *Mein Leben und Streben* von seiner Jugend sprach, so kam ihm immer die Assoziation Ardistan = Hohenstein-Ernstthal = Schmutz, Sumpf in den Sinn, und ›Sumpf‹ ist auch die beherrschende Metapher der Ussulistan-Episode in *Ardistan und Dschinnistan*. Pappermann gehört dieser Sphäre des Schmutzigen, mit Schlacken Behafteten ebenfalls (noch) an; spricht er seinen Namen aus, so klingt das ›Maksch‹ fast wie ›Matsch‹ = Schlamm – auch dies ein, wenngleich nur spielerischer, Beleg für die Vielschichtigkeit von Mays Namens-Assoziationen.

Bislang haben wir die Namens-Mythen in *Winnetou IV* meist unter dem Aspekt der Namensverwechslung, des ›sprechenden Namens‹, des Namens als Omen und der Namensassoziation betrachtet. Hariman und Sebulon, die Vornamen der beiden Enters, führen uns auf eine neue, ganz symbolische Ebene. Bei Hariman braucht man nur die ersten Buchstaben umzustellen, um ›Ahriman‹ zu erhalten; Ahriman ist nicht nur die dunkle Gestalt der parsischen Mythologie, sondern in *Im Reiche des silbernen Löwen* auch Mays Erz-Widersacher, der ›gefallene Engel‹ mit dem schönen Antlitz und dem grausamen Herzen. Hariman löst sich allerdings im Laufe des Romans von der ›bösen‹ Vorbedeutung seines

Namens. Schwieriger fällt es Sebulon, sich von der ›Erbsünde‹ seines Namens und seines Stammes freizumachen. Sein Name, den Günter Scholdt nicht zu deuten wußte, war dem eifrigen Bibelleser May sicher wohlbekannt: Sebulon ist im Alten Testament einer der Söhne Jakobs; sein Name bedeutet ›Bleibe‹, denn seine Mutter Lea sagte zu sich, als sie ihn gebar: »Jetzt endlich wird mein Mann bei mir bleiben, da ich ihm doch sechs Söhne geboren habe.«[41] Sebulons beispielhafte Stammestreue im Roman, sein Ausharren beim Vater, wird durch diese ›biblische Herkunft‹ deutlich erklärt. Doch May wußte auch, wie die Geschichte weiterging: Zur Zeit Jesu war das Gebiet um den See Gennesaret, das zu Zeiten der 12 Stämme Israel den Stämmen Sebulon und Naftali gehört hatte, Heidenland. Die Prophezeiung des Propheten Jesaja[42] wird im Matthäus-Evangelium zitiert: »Das Volk, das im Dunkeln lebte, hat ein helles Licht gesehen.« Matthäus legt das so aus: Darum wurde Jesus zunächst in das Gebiet der Heiden, in das Land von Sebulon und Naftali, gesandt.[43] So ist es keineswegs bedeutungslos, daß auch Sebulon bei May schließlich den Weg zum ›roten Heiland‹ findet (Winnetou übernimmt tatsächlich im Roman die Funktion Christi als allgegenwärtiger und doch nie sichtbar auftretender Mittelpunkt des Geschehens). Auf diese Weise gewinnt der Mythos vom ›Neuen Namen‹, den May in *Winnetou IV* auf so unterschiedliche Weise gestaltet, religiöse Züge. Im Alten Testament kommt der Name letztlich von Gott; beim Propheten Jesaja, der ja auch in seinen ›Gottesknechtliedern‹ nach christlichem Glauben die Ankunft Christi, seine Passion und seine Auferstehung vorhersagte, ist vom Volk Israel die Rede, das nach Jahren der Trauer in der babylonischen Gefangenschaft vom Herrn erlöst wird. An diesem Punkt wird die Sprache des Propheten ganz bildhaft: er sagt nicht, daß Trauer in Freude verwandelt wird, er drückt es vielmehr so aus: der HERR habe Israel mit einem neuen Namen beschenkt, der nicht mehr ›Wüste‹, sondern ›Meine Wonne‹ bedeutet.[44] Die eschatologische Hoffnung des Alten Testaments knüpft sich also an den erneuerten Namen, den der HERR gibt. Ähnlich vollzieht sich die Verwandlung Sebulons und Harimans in Angehörige des ›Clans Winnetou‹: Sie bekommen einen neuen Namen, im Tode sind sie mit ihren ehemaligen Feinden vereint, mit May, ›Herzle‹ und Winnetou – erst danach sind der Tod Winnetous und die Schuld ihres Vaters gesühnt. Der Mythos vom ›Neuen Namen‹ beschränkt sich also nicht nur darauf, daß May den alten Figuren durch neue Benennungen neues Leben im Sinne des Spätwerks einhaucht. Wie das Neue Testament nach christlichem Glauben das Alte vollendet und erfüllt, so schließt *Winnetou IV* auf einer geistigen Ebene den Bogen, der in *Winnetou I* begonnen wurde.

3. »Stätten sind Personen«

Wenden wir den Blick für einen Moment von Karl Mays *Winnetou IV* ab und einem unbestrittenen Meisterwerk der Literatur des 20. Jahrhunderts zu, das 1909, als die ›Augsburger Postzeitung‹ mit dem Vorabdruck von *Winnetou IV* begann, angefangen wurde und dessen erster Band 1913, also nach dem Tod Mays, erschien: Marcel Prousts *A la recherche du temps perdu*. Um von vornherein den Eindruck zu vermeiden, hier werde May durch unzulässige Vergleiche zu einem ›Großmeister‹ der Literatur stilisiert, der er – zumindest im landläufigen Sinne – nicht war, sei gleich betont, daß Prousts Romanzyklus und Mays Spätwerk natürlich prinzipiell extrem unterschiedlichen Literaturauffassungen entspringen und somit insgesamt unvergleichbar sind. Dennoch bleiben einige interessante Vergleichspunkte: Prousts Zyklus, der aus sieben Bänden ungleicher Länge besteht, hat – mit mancherlei Abschweifungen, Nebensträngen und scheinbaren Seitenwegen – *ein* großes Thema: Erzählt wird die Geschichte eines jungen Mannes, der mit dem Autor den Vornamen Marcel und manches biographische Detail gemeinsam hat; aus den ›Jugendjahren‹ dieses Mannes werden, unchronologisch und durch Erinnerungslücken getrübt, einige Episoden erzählt, vorgetragen von einem Erzähler, der mit ›Marcel‹ im Prinzip zwar identisch ist, den man sich aber als einen gealterten und gereiften Marcel vorstellen muß, der sich am Ende des Buches entschließt, Schriftsteller zu werden. Dann gibt es noch eine dritte Erzählfigur, den Autor des Buches, der wie die beiden anderen Personen ›Ich‹ sagt, mit ihnen aber nicht vollkommen gleichzusetzen ist (und auch nicht mit der biographisch erfaßten Existenz des Marcel Proust). Wie diese drei Ich-Figuren über weite Strecken des Buches aufeinander zugehen, wie sie durch einen gemeinsamen Kranz von Erinnerung, Ironie und Trauer miteinander verbunden sind, wie sie voneinander getrennt werden und am Schluß miteinander zu einer Einheit verschmelzen, die letztlich das Buch selber darstellt, das ist der wahre und im Grunde genommen einzige Inhalt des Zyklus, der genausogut ›Auf der Suche nach dem verlorenen Ich‹ heißen könnte. Mit Mays Ich-Phantasien in *Winnetou IV* hat das insofern etwas zu tun, als das ›Ich‹ des Schreibenden bei Proust wie bei May nicht in perfekter Einheit präsentiert wird, sondern sich als die verschiedenen Facetten einer Persönlichkeit in schillerndem, oftmals offenkundigem Widerspruch dem Leser in unterschiedlichsten Einzelgestalten vorstellt, bis am Ende nur noch das eine, schriftstellernde ›Ich‹ übrigbleibt. Merkwürdig genug – oder vielleicht doch logisch – spielen auch bei Proust Namensmythen eine extreme, übersteigerte Rolle. Marcel wird seit frühester Kindheit durch Namen unerklärlich fasziniert: Ortsnamen, Persönlichkeitsnamen, wobei die Namen selbst für ihn eine Bedeutung haben, die durch die wahre Existenz der Namensträger oder die Realität der Orte keineswegs gerechtfertigt erscheint. So träumt Marcel seitenlang von der berühmten Schauspielerin La Berma, die ihn dann, als er sie in Racines *Phèdre* endlich sehen kann, zwar durchaus fasziniert, aber doch bei weitem nicht so wie die Vorstellung, die ihr Name auslöste. Ebenso dreht sich Marcels Denken und Fühlen über Hunderte von Seiten um die adelige Familie der Guermantes, deren Mitglieder ihn in ihrer maßlosen Blasiertheit dann unendlich enttäuschen, als er sie schließlich persönlich kennenlernt. Auch Orte üben auf Marcel eine magische Faszination aus; ihre Namen gewinnen geradezu mythischen Charakter, sind in der Realität für ihn jedoch kaum faßbar.[45] Der junge Marcel quält seine Eltern so lange, bis sie eine Reise nach Venedig beschließen, die dann doch nicht stattfindet, weil Marcel in seiner gesteigerten Vorfreude krank wird. Erst später, als sein Verlangen, Venedig zu sehen, längst erloschen ist, besucht er die Stadt. Auch die Stätten des Romans (Combray, Paris, Balbec) üben über ihre Bedeutung als reale Plätze hinaus auf Marcel und den Leser eine unnennbare Faszination aus; untrennbar werden sie verknüpft mit den dort lebenden und handelnden Personen, und erscheinen hierdurch als sur-reale, mythische Orte. Zwei Zitate aus Prousts frühem Roman *Jean Santeuil* mögen das verdeutlichen: »Stätten sind Personen«[46], und: »Auch die verschiedenen Orte der Erde sind Wesenheiten, deren Persönlichkeit so stark ist, daß manche Leute sterben, weil sie von ihnen getrennt sind.«[47]

Winnetou IV unterscheidet sich vom übrigen Alterswerk nun dadurch, daß auch hier einer bestimmten Ortsmythologie gehuldigt wird, die May in ganz eigenartiger Weise mit der Realität des amerikanischen Kontinents in Einklang zu bringen sucht. ›Seelenlandschaften‹[48] finden sich auch im *Silberlöwen III/IV* oder in *Ardistan und Dschinnistan*, und die Umsetzung von theoretischen Absichten in symbolische Landschaftsbeschreibungen hat bei May in allen großen Altersromanen zu ähnlichen Ergebnissen geführt (man vergleiche etwa das »Hohe Haus« des Ustad mit dem »Schloß« am Mount Winnetou, den »Weißen Fluß« des *Winnetou IV* mit dem Fluß Ssul in *Ardistan und Dschinnistan*, die ›Ruinen‹ des *Silberlöwen* mit der Totenstadt in *Ardistan und Dschinnistan* und der ›Unterwelt‹ am Mount Winnetou, bei deren Erforschung May in den Passiflorenraum gelangt). Während aber im *Silberlöwen* die Landschaften abstrakt und theoretisch bleiben, hineingesetzt in ein vom Autor überhaupt nicht plastisch vergegenwärtigtes Phantasie-Persien, während *Ardistan und Dschinnistan* in eine utopische Phantasielandschaft verlegt ist, auf eine bildliche Ebene, die von der Realität abgehoben wird durch die utopische Konstruktion des Sitara-Mythos, werden in *Winnetou IV* konsequent reale Landschaftsbilder den symbolischen Bildern ›über-‹ oder ›unterlegt‹. Das Bild des Niagarafalls am Anfang etwa, von den Indianern als Gleichnis der Menschheitsspaltung gedeutet (weil man weder den See sehen kann, der die Fälle speist, noch den Fluß, zu dem sie sich am Ende ergänzen)[49], wird am Mount Winnetou zu einer symbolischen, geistigen Landschaft umgestaltet; hier findet sich der unsichtbare »See der Medizinen« (Symbol für die geistige Kraft der göttlichen Welt) und der tiefer aus ihm werdende »Weiße Fluß« (Symbol für die mögliche Einheit der menschlichen Rasse). Sichtbar (zumindest ahnbar) sind dem Betrachter auf ›höherem Niveau‹ der See als Quelle des Lebens, die ›Schleierfälle‹ als Übersetzung der höheren, göttlichen Wahrheit ins Real-Irdische und der Fluß als Vereinigung des göttlichen mit dem menschlichen Prinzip. Für den oberflächlichen Betrachter bleibt dagegen nur das einmalige Naturschauspiel des Schleierfalls.

Auf diese Weise entsteht eine für *Winnetou IV* charakteristische Ortsmythologie, die ähnlich kompliziert und für den Handlungsverlauf bedeutsam ist wie die von Prousts *Recherche*. Mit jeder Episode der Handlung, mit jedem Handlungsort sind Personen verbunden, die den Charakter des Ortes mitbestimmen, die an diesem Ort eine besondere Bedeutung erlangen: »Stätten sind Personen«, Personen verbinden sich unlösbar mit Orten. Das halbverfallene, dreckige Hotel in Trinidad paßt aufs beste zur noch nicht voll entwickelten, ›unsicheren‹ Figur des ›Maksch‹ Pappermann. May hat hier sowohl das mexikanische Kolorit des *Waldröschen* als auch den Ton jener Episode, mit der *Satan und Ischariot* beginnt (das Hotel in Guaymas in Sonora, das May als den langweiligsten und traurigsten Ort auf Erden bezeichnet), nachgeahmt. Mit diesem Ort ist die gewissermaßen ›ardistanische‹ Existenz Mays in seinen früheren Lebens- und Schaffensjahren gemeint; Pappermann repräsentiert weniger den Menschen May – wie Sudhoff es deutete[51] –, sondern den May einer noch unentwickelten, sozusagen embryonalen Form. Seine Schuld wird ihm zwar in der Purgatorio-Episode durch die gleichnishafte Wiederholung der Begegnung mit Aschta am Lake Canobie vergeben (und wenn Trinidad Pappermanns Inferno war, so ist der Kanubisee die Durchgangsstation, das Fegefeuer, das erst den Weg ins Spätwerk freimacht), doch bleibt er unfähig, auf die höheren, geistigen Landschaften des Mount Winnetou oder der beiden »Teufelskanzeln« zu folgen. Hier hat er nichts mehr zu sagen, fehlen ihm doch die ›geistigen Augen‹ Old Shatterhands, die ›Seelenaugen‹ des ›Herzle‹ und die ›Zukunftsaugen‹ des »jungen Adlers«. Sind Trinidad- und Purgatorio-Episode Pappermanns Domäne, seine ›Seelenlandschaften‹, so wird er später mit Recht dort zum Stichwortgeber degradiert, wo andere Persönlichkeits-›Facetten‹ Mays zu Wort kommen. Die beiden Enters beispielsweise, die den ›Gewaltmenschen‹ May in der Nachfolge der jähzornigen Veranlagung des Vaters personifizieren und die am Nugget-tsil, jener Erinnerungslandschaft aus den ersten drei Teilen des *Winnetou*, ›ihre‹ typische Seelenlandschaft finden: karg, auf das Materielle (Suche nach dem Erbe des Vaters) reduziert, scheinbar keine Geheimnisse mehr bergend. Die Entdeckung des zweiten Testaments Winnetous öffnet dann aber das Tor zu weiteren, höheren Landschafts- und Persönlichkeitsformen, bereitet den Weg zur Erkenntnis des wahren Winnetou, und den beiden Enters – mit ihnen dem ›Unerlösten, Schlackenhaften‹ in der Seele Mays – den Pfad zur Erlösung vom Fluch der vom Vater ererbten Sünde.

Mit dem »Haus des Todes« am Deklil-to, dem »Dunklen Wasser«, betreten wir eine Seelenlandschaft, die mit den feindlichen Häuptlingen verbunden ist. Ihre dumpfe Rachsucht und Verankerung in der Vergangenheit, ihre Unfähigkeit, die Zukunft der indianischen Rasse in der Einheit und Gewaltlosigkeit zu erkennen, findet ihren dichterischen Reflex in der düsteren Todesatmosphäre des Beinhauses – eines Tempels des Todes, wie der Passiflorenraum am Mount Winnetou ein Tempel des Lichtes ist.

Schließlich gibt es in *Winnetou IV* drei ›geistige Landschaften‹, deren eigentliche Bedeutung darin liegt, daß sie Maysche Philosopheme symbolisieren sollen: »Teufelskanzel« I und II und die unmittelbare Umgebung des Mount Winnetou. Diese Orte sind nur denjenigen Teilen der Mayschen Persönlichkeit zugänglich, die sich über das rein Materielle, Sichtbare zu einer ›geistigen‹ Schau erheben können. Pappermann bezweifelt an der ersten »Teufelskanzel« sogar, daß man sich am richtigen Ort befinde; während Klara, Mays ›Seele‹, mitfühlend bei May-Burton-Shatterhand bleibt und dem »jungen Adler«, der weit vorausgeeilt ist, die geistigen Zusammenhänge offenbar längst klar sind, bleibt es May vorbehalten, die wahre Bedeutung der östlichen Insel zu erkennen. Nur wer ›Überblick‹ besitzt und den Mut, unbetretenes Land zu ersteigen, kann das Geheimnis der »Teufelskanzel« entschlüsseln. Der ›Schlüssel‹ heißt ›Verständigung‹: wer auf der östlichen Seite der »Teufelskanzel« die Insel besteigt, also das geistige Rüstzeug besitzt, das bisher ›zivilisierte‹ Land (die westliche Seite) als ›ardistanisch‹, das heißt vorübergehend, zu erkennen, der findet den Schlüssel zum Verständnis des anderen (der feindlichen Häuptlinge).

Bevor May durch Mitgefühl, geistige Überlegenheit und seelische Reinheit auch die Entschlüsselung der zweiten »Teufelskanzel« gelingt, muß er wieder den Gang ins ›Innere‹ antreten, in das eigene unerlöste Selbst, muß er einerseits die ›Risse‹ erkennen, die nachher zu der (läuternden) Erdkatastrophe und zum Sturz des falschen Winnetou-Denkmals führen, muß er andererseits den (durch irreführende Spuren verlegten) Weg zum Passiflorenraum und zum Schleierfall finden (also den Weg durch die Erkenntnis der Liebe Christi zum Verständnis des göttlichen Liebes- und Friedensgesetzes). Indem May diesen Weg erforscht, wird es ihm möglich, im geschlossenen Innenraum der »Teufelskanzel« II (die Sudhoff mit Recht als Bild des ›Herzens‹ interpretiert[52]) sich mit den eigenen bösen Seelenkräften auszusöhnen (den feindlichen Häuptlingen zu verzeihen). So vorbereitet, erschließt sich die letzte Seelenlandschaft des Buches dem Blick des Lesers als (vorsichtige) Apotheose: mit dem Flug des »jungen Adlers« um den »Berg der Medizinen« (Symbol für die geistige Zukunft der Menschheit) und den »Berg der Königsgräber« (Symbol für ihre geistige und kulturelle Vergangenheit) ist der Weg frei für eine harmonische Vereinigung aller ›Ich-Figuren‹ Mays: Klara (Seele) und May (Geist) in glücklicher Übereinstimmung, Pappermann als stummer und unerwähnter Figurant (der Körper, der seine Aufgabe erledigt hat), die Enters (Mays Vater-Erbe) tot, aber entsühnt, die feindlichen Häuptlinge (das Böse in May) besiegt durch Verzeihung und Selbsterkenntnis, Tatellah-Satah (die ewige Menschheitsseele, die Mann und Frau zugleich ist, eben wahrer Mensch) mit dem Blick auf eine glückliche Zukunft das Ganze kommentierend, und schließlich die Gestalt des ›aufsteigenden‹ Winnetou, mit den Haaren einer Frau und dem Körper eines Jünglings, die Feder als Stammeszeichen bereits abgestreift, sozusagen ausgelöst von der Bindung an Volk und Rasse, über dem Bild des Schleierfalls (Mittler zwischen Himmel und Erde) ins Numinose aufsteigend. In diesem Schluß-Tableau werden Orts- und Persönlichkeitsmythen Mays gleichermaßen vereinigt und ›gelöst‹: das ›verlorene Ich‹ ist gefunden, das Ergebnis der Vereinigung der verschiedenen Ich-Bilder und Seelenhälften, der ›Reise ins Innere‹[53], ist der Roman selbst.

Gewiß mag manchem die Mischung aus Selbsterlösung, Leserbefriedigung und hohem Idealismus, mit dem *Winnetou IV* abschließt, genauso peinlich sein wie die religiöse Bemäntelung, die May seinem Ich-Ideal »junger Adler« zuteil werden läßt (40 Tage in der Wüste wie Christus[54], dann Einweihung – Kampf mit dem Adler – und Sendung zu höheren Zielen – Fliegen!); die seltsame Mischung aus Realismus, Abenteurertum, Mystizismus, Selbstbefreiung durch Schreiben und die hochpoetische Qualität der Landschaftsbilder in *Winnetou IV* lassen einen dennoch kaum los. Höchst merkwürdig sind auch gewisse Übereinstimmungen in Thematik und Aussage, trotz grundsätzlicher weltanschaulicher Verschiedenheit, zwischen Alfred Kubins ebenfalls 1909 erschienenem ›Traumbuch‹ *Die andere Seite* und Mays *Winnetou-IV*-Träumerei: Wie bei May wird auch bei Kubin der Schriftsteller/Ich-Erzähler durch einen Brief, der Vergangenes assoziiert, aus seiner geborgenen Alltagswelt gerissen und in jene Stadt Perle, die Traumstadt, geführt, wo Gegenwärtiges und Vergangenes zu grotesken, tragikomischen Visionen vermischt sind. Am Ende, in einer Heilanstalt, wird dem Autor, dem tragischen Spuk gerade noch entronnen, deutlich, daß der Schöpfer der Traumstadt, Patera, und seine ›andere Seite‹, der dämonische Herkules Bell, der die Stadt

Perle zerstört, nur zwei verschiedene Facetten einer Persönlichkeit sind: »Der Demiurg ist ein Zwitter«[55], wobei Kubin nicht die Mischung aus Weiblichem und Männlichem meinte, wie Arno Schmidt ihm unterstellt[56], sondern die Vereinigung einer Nacht- und einer Tagseite in derselben Persönlichkeit – so wie bei May die Enters, die Häuptlinge und auf der ›anderen Seite‹ der »junge Adler« nur verschiedene Ansichten einer Persönlichkeit darstellen. Eines freilich hat der grimme Kubin, im Gegensatz zu May, seinen Figuren verweigert: die Apotheose am Ende.

Anmerkungen

1 Arno Schmidt, *Winnetous Erben. Karl May und die Frage der Texte*, in: Die andere Zeitung, Nr. 28, 8.7., und Nr. 29, 15.7.1959; Zitat: Nr. 29, S. 11.
2 Arno Schmidt, *Sitara und der Weg dorthin. Eine Studie über Wesen, Werk & Wirkung Karl May's*, Karlsruhe 1963, S. 277.
3 Ebd., S. 277.
4 Ebd., S. 278 ff.
5 Ebd., S. 277.
6 Dieter Sudhoff, *Karl Mays »Winnetou IV«. Studien zur Thematik und Struktur*, Ubstadt 1981, S. 152 ff.
7 XXIX, S. 367 ff.
8 Schmidt, *Sitara*, S. 363.
9 Heinz Stolte, *Der Volksschriftsteller Karl May. Beitrag zur literarischen Volkskunde*, Radebeul 1936, S. 98 f.
10 Ekkchard Koch, *Winnetou Band IV. Versuch einer Deutung und Wertung*, 1. Teil, in: JbKMG 1970, S. 134-148; 2. Teil, in: JbKMG 1971, S. 269-289.
11 Hans Wollschläger, *Karl May. Grundriß eines gebrochenen Lebens*, Zürich 1976, S. 160.
12 Sudhoff, a.a.O., S. 82 ff.
13 Kai Riedemann, *Aspekte zur Deutung der Winnetou-IV-Symbolik*, SoKMG 17 (1979).
14 Ebd., S. 20 ff.
15 Sudhoff, a.a.O., S. 54-60.
16 Riedemann, a.a.O., S. 26-28.
17 Sudhoff, a.a.O., S. 25 ff.
18 Günter Scholdt, *Vom armen alten May. Bemerkungen zu ›Winnetou*

IV‹ und der psychischen Verfassung seines Autors, in: JbKMG 1985, S. 102-151.
19 Ebd., S. 116.
20 Diskussion zum Spätwerk Karl Mays unter Leitung von C. F. Lorenz auf dem 9. internationalen Kongreß der Karl-May-Gesellschaft in Wien, 19. 11. 1987.
21 Scholdt, a.a.O., S. 147 (Anm. 46).
22 Ebd., S. 111 (vgl. auch S. 113f.).
23 Ebd., S. 145.
24 Gerhard Neumann, *Das erschriebene Ich. Erwägungen zum Helden im Roman Karl Mays*, in: JbKMG 1987, S. 69-100 (Zitat auf S. 70).
25 Hans Wollschläger, *»Die sogenannte Spaltung des menschlichen Innern, ein Bild der Menschheitsspaltung überhaupt«*, in: JbKMG 1972/73, hier bes. S. 55-57.
26 Scholdt, a.a.O., S. 134.
27 Wollschläger, *Karl May*, S. 101f.
28 Ebd., S. 157f.
29 XXXIII, S. 82.
30 Vgl. dazu Sudhoff, a.a.O., S. 28.
31 XXXIII, S. 39.
32 Ebd., S. 338.
33 Ebd., S. 31.
34 Ebd., S. 56.
35 Karl May, *Frau Pollmer. Eine psychologische Studie.* (Prozeß-Schriften 1), hg. v. Roland Schmid, Einführung von Heinz Stolte, Bamberg 1982, S. XV.
36 XXXIII, S. 54.
37 Ebd., S. 75.
38 Bernhard Kosciuszko, *Richard Burtons Reise in das Land der Somali nach Härrär in Ostafrika*, in: MKMG 57 (1983), S. 34-38.
39 Wollschläger, *Karl May*, S. 33. Auf S. 41 berichtet Wollschläger ferner, daß May mit einem gefälschten Dokument 1869 auf der Flucht war, das von einem angeblichen amerikanischen Generalkonsul ›G. D. Burton‹ unterzeichnet war. Der Name Burton war May möglicherweise in den Sinn gekommen, als er mit zwei Amerikanern namens Burton am 20. 4. 1869 in Richtung Amsterdam verreiste (ebd., S. 38f.).
40 Zu Burton (Sir Richard B.) und May vgl. noch Wolf-Dieter Bach, *Fluchtlandschaften*, in: JbKMG 1971, S. 52.
41 Gen. 30, 20; zit. nach der Einheitsübersetzung des Alten und Neuen Testaments, Aschaffenburg 1980, S. 32.
42 Jes. 8, 23 und 9, 1.
43 Matth. 4, 12-17.
44 Jes. 62, 2-4

45 Vgl. dazu besonders Marcel Proust, *Du côté de chez Swann*, Paris 1954, S. 451-504.
46 Marcel Proust, *Jean Santeuil*, dt. v. Eva Rechel-Mertens, Bd. 2, Frankfurt a. M. 1965, S. 189.
47 Ebd., S. 499.
48 Vgl. dazu Sudhoff, a.a.O., S. 54ff.
49 XXXIII, S. 66f.
50 Ebd., S. 409f.
51 Sudhoff, a.a.O., S. 30.
52 Ebd., S. 131.
53 Christoph F. Lorenz, *Von der Messingstadt zur Stadt der Toten. Bildlichkeit und literarische Tradition von »Ardistan und Dschinnistan«*, in: Heinz Ludwig Arnold (Hg.): *Karl May*. Sonderband der ›edition text + kritik‹, München 1987, S. 222-243.
54 XXXIII, S. 452.
55 Alfred Kubin, *Die andere Seite*, München 1962, S. 192.
56 Arno Schmidt, *Sitara*, S. 275.

Ulrich Schmid
Winnetous fliegende Feder
Abbreviaturen zum ›Testament des Apachen‹

§ 1

»Testament, das; die Erbsatzung, das Vermächtniß; der (alte und neue) Bund (mit Gott)«[1]: also eine doppelte Bedeutung im abendländischen Rechtsverständnis, nämlich zum einen die letztwillige Verfügung über den bürgerlichen Besitz und die Vermögenswerte, zum anderen aber sodann das geistige Vermächtnis des Erblassers an die Nachwelt, letztlich und im höchsten Sinn das Vermächtnis Gottes an die Menschen.

§ 2

Eine Binsenweisheit: Die Gestalt Winnetous ist keine statisch-unveränderliche, sondern eine dynamisch sich entwickelnde Figur. Deren Formierung vollzieht sich von den ganz frühen Erzählungen über die *Winnetou*-Trilogie und den Band »*Weihnacht!*« bis zum *Winnetou-IV*-Roman, der von May ausdrücklich als Summe des bisherigen Amerika-Werks konzipiert wurde, nicht nur in Fortsetzung der drei *Winnetou*-Bände, sondern »zu gleicher Zeit auch [als] der vierte Band von *Old Surehand* und *Satan und Ischariot*«[2], nachdem über zehn Jahre lang der Schauplatz Amerika in Mays Werk keine Rolle gespielt hatte.[3]

§ 3

Der frühe Winnetou (alias Inn-nu-woh) ist ein Schweiger, obwohl er alles versteht und verfolgt, was rund um ihn gesprochen wird, und sogar (in der Zweitfassung der Erzählung) mit dem »Vater der weißen Männer«, dem amerikanischen Präsidenten[4], verhandelt hat. Mit sarkastischer Ironie greifen »die ersten Worte […], welche man von ihm hörte«, ganz am Ende der Erzählung, auf die frühere Aussage eines Weißen zurück, die Indianer (»diese Canaillen«) seien »ebenso feig, wie sie grausam zu sein verstehen«.[5]

Das (durch den Handlungsfortgang widerlegte) Vorurteil dieses

Colonel, die Roten hätten »weder Geist noch Gefühl, weder Verstand noch Gemüth, sie sind eben Indsmann [!], sie sind keine Menschen«, scheint der Erzähler zumindest sprachlich zu teilen: bei aller Sympathie mit dem »Sohn der Wildniß« läßt er Winnetou »mit katzenhafter Behendigkeit«, »in weiten, raubthierartigen Sprüngen [...] an der Tigerin vorüber«[6] sich bewegen, und dasselbe Vokabular beschreibt die Reaktionen des Raubtiers wie die des Indianers. Den »Bewohnern der Wildniß«[7] ist nicht nur die Wildheit und Unberechenbarkeit gemeinsam, sondern auch die Bewegungsstruktur, die sich aus den austauschbaren Ingredienzien der Körpergestalt ergibt, sei es das »mähnenartige Haar« (des Indianers)[8] oder »die mächtige Muskulatur« (der Tigerin)[9].

§ 4

Winnetou, zunächst also der edle und schweigende Wilde, gewinnt neue Konturen in den neunziger Jahren, nachdem seine Umrisse in verschiedenen Jugend- und ›Hausschatz‹-Erzählungen sorgfältiger gezeichnet wurden. In der *Einleitung* der nach ihm benannten Trilogie wird sein Leben und Streben programmatisch und gleichnishaft, indem sein Untergang nicht nur zum Symbol des Völkermords an den Indianern, sondern generell zum Denkmal für die Opfer europäischer Expansion in der Neuzeit überhöht wird. Folgerichtig ergeben sich aus der *Einleitung* die Strukturen des neugeschriebenen *Winnetou-I*-Bandes bis in die Details der Handlung.

Die Weißen rauben mittels ihrer Beherrschung der Schrift (Landvermessung; Verträge) den Ureinwohnern ihr Land, sie verfolgen diese und rotten sie aus, wobei auch der einzig anders geartete Old Shatterhand in die Schuld der ›Bleichgesichter‹ verstrickt ist. Andere den Indianern wohlgesonnene Weiße wie einerseits die Westmänner (Sam Hawkens & Co) und andererseits Klekih-petra haben sich auf die Seite der schriftlosen Wilden geschlagen und den »vielgerühmten Herrlichkeiten der Civilisation«[10] abgeschworen. Sam Hawkens formuliert drastisch seine Ablehnung des Schreibens, da er zwar früher »auch einmal schreiben gekonnt« habe, aber als richtiger Westmann nicht mehr geeignet sei dafür, »allerlei Krikselkraksel auf das Papier zu malen«.[11] Klekih-petra dagegen wird zwar als der »Schulmeister der Apachen« vorgestellt, seine schulische Unterweisung bestand aber (zumindest dem ersten Band zufolge) nur in religiös-weltanschaulicher Lehre, nicht aber im Elementarunterricht der Lese- und Schreibfähigkeit. Sein Übergang in die Wildnis ist so vollkommen, daß nach seinem Tod von schriftlichen Hinterlassenschaften keine Rede ist; sein Vermächtnis wird, wie das eines Indianers, dem Erben Old Shatterhand nicht schriftlich, sondern mündlich übermittelt.[12] Winnetous Bildung allerdings wandelt sich im Verlauf seines dreibändigen Lebens. In der *Einleitung* und im ersten Band ist der weiße Ich-Erzähler der einzige, der über die Schrift verfügt und damit Winnetous Unsterblichkeit über den leiblichen Tod hinaus garantieren kann, während der Apache selbst zwar Old Shatterhand unterrichtet in der »indianischen Schule«[13], seine auf Nscho-tschi konzentrierten Bemühungen, »sich das Wissen und die Sitten der Weißen«[14] anzueignen, aber in einer durch Weiße verursachten Tragödie enden. Die Ansätze zu einer durch Schreibfähigkeit beglaubigten und Gedächtnis bewahrenden Identität werden durch weiße Mörder zunichte gemacht.

§ 5

Das Testament des Apachen, der Schlußteil der *Winnetou*-Trilogie, weist einige Besonderheiten auf. Gewichtige Gründe sprechen dafür, daß May zu diesem bedeutsamen achten Kapitel mindestens zweimal ansetzte, wobei der erste Entwurf (die Geschicke des Persers Dschafar im Wilden Westen) aus dem Kontext der Trilogie völlig ausschied. Die Strukturparallelen zur Exposition des endgültigen *Winnetou*-Schlußkapitels sprechen ebenso wie der ausdrückliche Bezug, den beide Texte auf Winnetous Tod nehmen, und wie die (zu erschließende) Manuskriptgestalt der Dschafar-Episode für diese Annahme Roland Schmids. Die Episode um den Perser Dschafar wurde dann, noch um die Entstehungszeit, im Herbst 1893 dem ›Deutschen Hausschatz‹ zur Verfügung gestellt, der den Text Jahre später als *Einleitung* des Romans *Im Reiche des silbernen Löwen* verwendete.[15]

Über dieses ursprüngliche Konzept der *Winnetou*-Vollendung seien einige Mutmaßungen gewagt: Zunächst ist die Absicht erkennbar, die tragischsten Elemente der ersten neun Bände der Fehsenfeldausgabe, nämlich das Geschehen um die Todeskarawane, den Tod Mohammed Emins und die Tötung des Persers Hassan Ardschir Mirza einerseits und die Ermordung Winnetous andererseits, miteinander in Beziehung zu bringen, um damit die Einheit des bisher publizierten Werks zu unterstreichen.[16] In welcher Weise dem Perser Dschafar, von Anfang an als weltfremde, aber literarisch hochgebildete Figur eingeführt, bei der Verbindung der Alten und der Neuen Welt eine Schlüsselrolle zufallen sollte, muß offenbleiben, da May anscheinend schon sehr bald erkannte, daß das Konzept entweder nicht tragfähig war oder sich auf dem relativ begrenzten Raum, wie er für den Schlußteil von *Winnetou III* nur noch zur Verfügung stand, nicht zureichend verwirklichen ließ.

Möglicherweise schwebte May über diese Absicht, die Werkteile zu verknüpfen, hinaus auch eine Konfrontation eines indianischen ›alten‹ und eines (im biblischen Sinne) ›neuen‹ Bundes vor, repräsentiert durch die Häuptlingsgräber der Comanchen bzw. die an sie anschließenden Kulthandlungen einerseits und durch die Gräber am Nugget-tsil auf der anderen Seite. Winnetous Testament mit seiner humanitären Stiftungszielsetzung erhielte dann die Funktion einer schriftlich niedergelegten Offenbarung des ›Neuen Bunds‹ als Begründung eines neuen indianischen Kults um Nschotschi und Intschu tschuna (bzw. letztlich um Winnetou als Religionsstifter).[17]

Dieser Plan wurde im endgültigen Text des dritten *Winnetou*-Bands modifiziert: der Leser erfährt, daß der Häuptling schreiben konnte, wenn auch mit der »Schrift eines vierzehnjährigen Schulknaben, welcher sich Mühe gegeben hat, kalligraphisch zu schreiben«, daß er diese »Fertigkeit« von Klekih-petra erlernt, allerdings »wenig Gelegenheit gefunden« hatte, »sie auszuüben«, und nur »zuweilen eine Bemerkung« in Old Shatterhands »Notizbuch gemacht« hatte.[18] Aus Winnetous eigenen Worten ergibt sich auch, daß es ein doppeltes Testament gibt: das geschriebene Vermögenstestament, nur für Old Shatterhand als Testamentsvollstrecker bestimmt, und ein anderes, ideelles und mündlich tradiertes, das der Apache »in die Ohren seiner roten Krieger [legte]«.[19] Das schriftliche Testament mit seinen – nach Santers Worten – »verrückten Stiftungen und Schenkungen«[20] geht verloren bzw. bleibt nur in winzigsten Fragmenten erhalten; das ideelle Vermächtnis aber wird im Verlauf der folgenden Jahre in den Plänen des Schriftstellers Karl May eine bedeutsame Transformation erfahren, die auch die gesamte Gestalt Winnetous verwandelt.

§ 6

»*Weihnacht!*« bezeichnet eine neue Stufe der Identitätsentwicklung Winnetous. Hier wird dem »Munde des herrlichsten Indianers« und seiner Sprachgewalt eine ausführliche Passage gewidmet, in der – z. T. am Rande unfreiwilliger Komik – selbst die »leicht bewegten« Nasenflügel (und die Augen) noch rhetorische Qualitäten zugeschrieben erhalten, »denn in ihren Vibrationen sprach sich jede Bewegung seiner Seele aus«.[21]

Zwar hatte der May-Leser bereits auf den Einleitungsseiten zu *Old Surehand I* beiläufig erfahren, daß Winnetou »sehr wohl lesen und auch schreiben konnte« und daß er »fast stets Papier bei sich [führte]«, um kurze Nachrichten zu übermitteln, aber diese Schreibfähigkeit spielte im weiteren Verlauf des Romans keine Rolle mehr.[22] In »*Weihnacht!*« dagegen, wo die Rolle des Ich-Erzählers als freier Schriftsteller ausdrücklich bekräftigt wird, prägt sich noch einmal ganz deutlich die Dichotomie ›schreibender Weißer‹/›redender Wilder‹ aus, wobei beide durch ein Agieren verbunden sind, in dem sich die Kulturbereiche und die Identitätsmerkmale überschneiden: Der »deutsche Schriftsteller« entziffert den indianischen Lederbrief und dessen Bildersprache, auch wenn diese Lektüre »natürlich mehr Zeit in Anspruch [nimmt] als das Lesen eines Briefes in gewöhnlicher Schrift«[23], während Winnetou als ein Sherlock Holmes ebenbürtiger Detektiv bei der Spurensuche und -sicherung den weißen Sheriff und seine Polizisten beschämt.[24]

§ 7

Das ›Testament des Apachen‹ blieb für May auch nach 1900 ein ›Erdenrest, zu tragen peinlich‹: Weder das Vermögensvermächtnis im Sinne einer humanitären Stiftung noch ein ideeller letzter Wille des Ermordeten waren für die Leser formuliert und erfüllt.

Während in *Et in terra pax* (und noch ausgeprägter in der überarbeiteten Fassung *Und Friede auf Erden!*) die asiatischen Welten der kolonisierten Völker Stimme und Schrift und somit ihre eigenständige Identität gegenüber den Eroberern erhielten, von den Chinesen mit ihrer altehrwürdigen Schriftkultur bis zum malaiischen Priester, dem nunmehr ebenso gebildeten und – als Dichter – schriftmächtigen ›Wilden‹, während der arabische Orient die Kulisse einer imaginären Erziehung des Menschengeschlechts im

Reiche des silbernen Löwen und in den Gebieten Ardistans abgab und in Kara Ben Halef seine geistig und seelisch gleichermaßen gebildete Verkörperung fand, blieb der amerikanische Schauplatz auf Jahre hinaus stumm.

Allerdings verwiesen seit der großen Orientreise immer wieder öffentliche und brieflich-private Erklärungen Mays auf die Absicht, den »kühne[n] Sprung zum ›fernen Westen‹, wo des Apatschen Testament im See begraben liegt«, zu wagen.²⁵ Verweist diese Ankündigung von 1903, aus der bekannten Danksagung für die Geburtstagsglückwünsche, noch auf die Absicht, an das Testament des dritten *Winnetou*-Bandes anzuknüpfen, so kündigt das neue Nachwort zu *Winnetou III*, von der 8. Auflage (41.-45. Tsd., 1904) an aufgenommen, bereits andere Ziele an: den »Mount Winnetou«, zu dem der Weg »durch die niedrige Mapimi und den tödlichen Llano estaccado bergaufwärts« führt, »über jene Stelle, jenseits welcher nur noch innere Ereignisse Geltung haben und jedermann nach dem Sinn, nicht aber nach dem Worte fragen darf«.²⁶

An die Stelle des materiellen Vermächtnisses tritt jetzt die psychologisch motivierte Reisebewegung aus der Tiefe in die Höhe; aber damit ist noch immer nicht das entscheidende Konzept gefunden, die Welt der finsteren und blutigen Gründe in die humanitären Zielsetzungen des Spätwerks einzubinden. Immer noch gilt die Absicht, »nächstens nach dem ›Dunkeln Wasser‹ [zu] gehen, an dem ich mit dem dritten Band geschlossen habe«, wie es ein Brief an Prinzessin Wiltrud von Bayern am 29. 11. 1906 ankündigt.²⁷

Doch schon während des Schreibens am *Mir von Dschinnistan* für den ›Deutschen Hausschatz‹, im März 1908, entwickelt May ein Konzept, einerseits die *Einleitungs*-Gedanken zu *Winnetou I* von der sterbenden Rasse aufzugreifen, andererseits dieses ›Sterben‹ zu überhöhen und letztlich zu negieren durch eine neue Sinngebung. Winnetou wird zum »zukunftsnationalen Ideal [...], welches die größte völkergeschichtliche Aufgabe zu lösen hat, die es auf Erden giebt«, nämlich die – zumindest ideelle – Zurücknahme der Unterwerfung und Ausrottung der Indianer auf dem ganzen amerikanischen Kontinent.²⁸

Den Schlüssel dazu bildet Winnetous eigentliches Testament, sein geistiges Vermächtnis, mit dem ein Literaturkonzept verbunden ist, das May in seinem Brief an Prinzessin Wiltrud vom 18. 4. 1909, Monate nach der Amerikareise, skizziert und das grundlegend die Struktur von *Winnetou IV* und die daran anknüpfenden Werkpläne bestimmt.

§ 8

Diese literarische Konzeption greift auf ein älteres, wenn auch nicht gerade bewährtes Muster zurück, dem allerdings durch einen kühnen Akt der Transformation entscheidende neue Qualitäten den Erfolg sichern sollen: Intendiert ist nicht weniger als eine Neuauflage der ›Old-Shatterhand-Legende‹, das heißt der Verwandlung des Autors in eine von ihm geschaffene Figur.[29]

Allerdings soll sich jetzt das Maskenspiel nicht mehr in der Alltagsrealität, sondern rein literarisch vollziehen. May knüpft damit ebenso an traditionsreiche Rollenspiele mit der Autor- und Herausgeberfunktion in der älteren Literatur an wie an seine eigenen Maskierungen in den Verteidigungs- und Prozeßschriften nach 1900 (›*Dankbarer Leser*‹ etc.).

Winnetou, der anfänglich maulfaule, dann schreibschwache »Sohn der Wildniß«, verwandelt sich in den Autor eines quantitativ beträchtlichen und qualitativ hoch-bedeutenden literarisch-philosophischen Œuvres.

Dabei ist aber sein Zugang zur ›Schrift‹ ein doppelter: Er wird nicht nur zum Schriftsteller im engeren literarischen Sinn und tritt damit als Ich-Erzähler an die Stelle, die in den Reiseerzählungen Old Shatterhand eingenommen hatte, sondern er wird in seinem Testament auch zum Begründer der ›Schrift‹ im zu Anfang dieses Aufsatzes skizzierten Sinne, als Religionsstifter und Heiland eines ›Neuen Bundes‹ zwischen Indianern und Weißen und zugleich als Verfasser des diesen Bund begründenden ›Neuen Testaments‹.[30]

Zwei Aspekte dürfen in diesem Zusammenhang nicht übersehen werden:

1. Winnetous Testament erhält seinen Stellenwert erst aus dem Rückgriff auf die indianischen Traditionen, aus denen sich nun eine neue Legitimation der (noch in *Winnetou I* zum Untergang verurteilten) roten Rasse ergibt (Stichwort beispielsweise: Sa-go-ye-wat-ha). Im Verlauf der Handlung gewinnt nicht nur der Apache selbst (aus dem Jenseits) eine eigenständige Stimme als schreibendes und damit sich seiner Identität vergewisserndes Subjekt, sondern die ganze indianische Rasse, bisher prähistorisch und geschichtslos infolge fehlender schriftlicher Traditionen, erhält – un-

lösbar mit Winnetous Leistung verbunden – eine Geschichte, die auf dem »Berg der Königsgräber« materialisiert ist. Die Begräbnisse dieser »Totenstadt [...] enthalten nicht nur die Leichen der verstorbenen Herrscher, sondern in jeder Gruft liegen, in goldenen Kästen unzerstört erhalten, die Bücher über jedes Jahr der Regierung dessen, der hier seine letzte irdische Wohnung fand«.[31]

Damit treten die Indianer aus der Geschichtslosigkeit der Prähistorie heraus und werden kulturell den Abendländern oder den Chinesen mit ihrer jahrtausendealten Schriftkultur ebenbürtig.

2. Von diesem Ziel her, den Indianern ihre Geschichte und zugleich eine Kultur von eigenständigem Wert zu(rückzu)geben, erhalten zwei zunächst eher befremdende Elemente in Mays Welt-Bild der spätesten Jahre ihren Stellenwert: zum einen die Betonung der naturwissenschaftlich-technischen Fähigkeiten des die ganze Rasse repräsentierenden »jungen Adlers«, der ja nur die (beispielsweise in den »Teufelskanzeln« zu Stein gewordene) frühzeitliche indianische Wissenschaft neu belebt (ganz zu schweigen von den wissenschaftlichen »Reichtümer[n] und Herrlichkeiten« in Tatellah-Satahs Bibliothek), zum anderen die ›Rassenlehre‹, wie sie May im Vorfeld von *Winnetou IV* entwickelte. Bei genauerem Zusehen wird sehr schnell deutlich, daß Welten diese ›Rassenlehre‹ von den gleichnamigen zeitgenössischen Modellen, gar von den nationalsozialistischen Wahngebilden trennen und daß die ›Rassen‹, von denen May so beredt spricht, schließlich nichts anderes verkörpern als die Handlungsträger und Aktionsräume seines späten Werks und – in gewissem Sinne und mit Einschränkungen – seiner gesamten erzählerischen Produktion:

Diese Giganten sind 1.) die kaum erst aus dem Schlaf erwachte gelbe Rasse 2.) der noch im Schlafe liegende Islam 3.) der jetzt in der Entwickelung befindliche germanisch-indianische Amerikaner 4.) der im Völkerringen erfahrene, geübte Europäer.[32]

May selbst liefert in dem hier zitierten Brief an Prinzessin Wiltrud auch die Deutung seiner vier Exponenten, und sie lassen sich mühelos den Großromanen der Spätjahre zuordnen, wobei seine Auffassung, der Europäer werde einzig durch die Ich-Figur verkörpert, zumindest für *Und Friede auf Erden!*, die dezidiertest politische Parabel nach 1900, entschieden zu kurz greift angesichts der breiten Palette der Spezies ›Kolonialist‹, die dort vorgeführt wird. Deutlich wird die Unschärfe des Konzepts auch beim »germanisch-indianischen Amerikaner«, der weitaus eher ein literarisches Konstrukt als eine mit dem Begriff ›Rasse‹ zureichend bezeichnete Realität darstellt.

§ 9

Der Versuch, in *Winnetou IV* die Entwicklung der bisherigen im Wilden Westen spielenden Werkteile entscheidend zu ergänzen und grundlegend zu korrigieren, setzt bezeichnenderweise damit ein, daß die gewohnten Schreibrituale der Reiseerzählungen auf den Kopf gestellt werden. Den alt gewordenen Autor Old Shatterhand erreicht eine wahre Brieff lut seiner nicht nur schreibfähig, sondern geradezu schreibfreudig gewordenen indianischen Klientel, sowohl der Gegner wie der Freunde; neben den Hinweisen auf noch »mehrere Briefe« werden neun Schreiben im vollen Wortlaut mitgeteilt.[33] Dagegen erweisen sich die weißen Enters-Brüder, die vorgeblichen Verleger, als der Schrift nicht mächtig, da sie ihre »Verlagsofferte [...] nicht schriftlich, sondern mündlich« vortragen[34] und überdies schnell zeigen, daß sie nicht einmal die Grundregeln der Vervielfältigung von Geschriebenem beherrschen.

Bemerkenswert ist darüber hinaus, daß May schon gleich in den einleitenden Passagen des ersten Kapitels die Aussagen der *Einleitung* zu *Winnetou I* ausdrücklich zurücknimmt; wurde dort die rote Rasse als unausweichlich dem Tod geweiht geschildert, so erscheint es ihm jetzt als »Fehler«, »ebenso allgemein wie unbegreiflich«, »den seelischen Schlaf der Rasse mit ihrem körperlichen Tode« zu verwechseln.[35]

Damit ist das utopisch-humanistische Leitmotiv angeschlagen, »daß alle Stämme, Völker, Nationen und Rassen sich nach und nach zu vereinigen und zusammenzuschließen haben zur Bildung des einen, einzigen, großen, über alles Animalische hoch erhabenen Edelmenschen«[36], eine deutliche Gegenposition zu allen Herrenrassentheorien »der nationalen Selbstüberhebung« und »der politischen Rücksichtslosigkeit«[37], nach denen für die Indianer wie für alle kolonisierten Völker die Einschätzung gilt, sie seien »eine Bande elender, schmutziger, verlauster, diebischer, verlogener, mordender, hinterhältiger und glaubensloser [...] Stinktiere«, »für deren sofortige und endgültige Vernichtung Menschen beten sollten«.[38]

Entscheidendes Medium für die Aufwertung der Indianer ist in

Winnetou IV das leitmotivisch fungierende Thema der indianischen Wissenschaft, die sich im Begriff der ›Medizin‹ verkörpert und zugleich als ambivalent erweist: einerseits als »Hokuspokus, Quacksalberei und Windbeutelei«[39], andererseits als »Allerhöchstes und Allerheiligstes«, als Zeugnis der vollen Kulturfähigkeit der roten Rasse, wie sie die positiven Protagonisten verkörpern: Athabaska und Algongka, Sprachwissenschaftler, die ihre Notizbücher füllen »mit einer Geläufigkeit und Sicherheit, welche auf vollste Schreibübung schließen ließ«[40]; Wakon, der Indianerhistoriker[41], und vor allen der »Bewahrer der großen Medizin«, Tatellah-Satah, Sachwalter des indianischen Museumskomplexes am Mount Winnetou, in dem die museal bewahrten Räume des Apachenhäuptlings stellvertretend vielfältige Sammlungen repräsentieren, die in Gebäuden »alle[r] amerikanischen Bauarten und Baustile« angehäuft sind.[42]

Dabei sind die beiden Seiten des Begriffs ›Medizin‹ deutlich den Kontrahenten-Gruppen zugeordnet: die abergläubische Anwendung den Gegnern des Ich-Erzählers, den verblendeten alten Häuptlingen, der richtige wissenschaftliche Gebrauch dagegen der Sphäre Tatellah-Satahs, insbesondere dem »jungen Adler«, dem das gelungen ist, was Nscho-tschi durch die Kugel des (weißen) Verbrechers verwehrt worden war, nämlich »sich eine höhere [sprich: weiße] Bildung anzueignen«.[43]

Auch die Gegner selbst jedoch partizipieren nicht nur passiv an den Geheimnissen der verschütteten indianischen Wissenschaft, indem sie deren architektonische Relikte wie die »Teufelskanzeln« oder das »Haus des Todes« (wenn auch in Unkenntnis über deren verborgenen Sinn) für ihre Beratungen nutzen, sondern sogar sie erweisen sich schließlich in entscheidenden Punkten an die Schrift gebunden, etwa wenn Kiktahan Schonka ausdrücklich an die »alten Wampuns« mit Informationen über die »Kanzel des Teufels« erinnert[44] oder wenn die beiden Medizinmänner sich vor der großen Höhle mit Hilfe einer Landkarte, einer »ledernen Urkunde«, orientieren, die allerdings unrechtmäßig im Besitz der beiden ist und in Wahrheit aus der Bibliothek Tatellah-Satahs stammt.[45] Doch ist das Schreiben und Lesen nach wie vor nicht die stärkste Seite der ›roten Gentlemen‹, wie ihre »mit wahren Meisterstücken der indianischen Redekunst« ausgestatteten Beratungen zeigen.[46] Damit verkörpern sie das tradierte Indianerbild der Jugend- und Reiseerzählungen, während durch die Flüge des »jungen Adlers«

die Lehren aus Winnetous Testament in wissenschaftlich fundierte Aktion umgesetzt werden.

Während der auf enzyklopädische Vollständigkeit bedachte Figuren-Kosmos diesen als (vorläufigen) Abschluß gedachten Band gewissermaßen zur ›Register-Arie‹ des bisherigen Wildwest-Werks macht[47], erweist die Beschreibung das ›Testament des Apachen‹ als antizipierendes Dokument der ›germanisch-indianisch-amerikanischen‹ Rasse. In einem von deutschen und indianischen Wörtern durchsetzten Englisch abgefaßt, begleitet durch ein »vollständiges Inhaltsverzeichnis« und einen Brief, bereiten diese »viele, viele hunderte« Seiten die Verschmelzung des Autors Karl May mit seiner roten Ideal-Figur vor[48]: »Wir sind nicht Zwei, sondern Einer.«

Und so endet folgerichtig auch die Handlung des Romans mit der utopischen Hoffnung auf einen Ausgleich zwischen Weißen und Roten sowie auf eine neue, durch Schrift und Wissenschaft begründete Existenz der Indianer. Drei symbolische Akte verkörpern diese Ziele: die Projektion des Winnetou-Bildes auf den Schleierfall, der Flug des »jungen Adlers« und die Ansprache Old Shatterhands, in der er zunächst die Geschichte der Beziehungen zwischen den ›Bleichgesichtern‹ und den ›Roten‹ rekapituliert, um dann die historische Schuld der Weißen anzuerkennen und stellvertretend auf sich zu nehmen:

Dieses Bleichgesicht sei bereit, alle seine Irrtümer einzugestehen und wieder gut zu machen. Es fühle vor allen Dingen, daß es verpflichtet sei, sein Herz und sein Gewissen zu reinigen, indem es seine roten Brüder um Verzeihung bitte.[49]

Damit ist der erste Schritt zu einer besseren Zukunft getan: Der Autor hat Frieden mit und unter seinen Figuren als utopisches Vorbild für den Frieden der Völker gestiftet. »Wenn ich sterbe, soll Friede sein über meinem Grabe!«[50] erklärt »der allergrimmigste und unversöhnlichste« aller Feinde[51], der am Ende aber doch ausgesöhnte Häuptling Tangua. Und der Versöhnung folgt nicht nur die Rückgabe der Medizinen als Anerkennung indianischer Eigenexistenz, sondern auch der Beginn einer vertieften Erforschung der vorkolumbianischen Geschichte des amerikanischen Kontinents[52] und schließlich eine Zeitungsnotiz über ein geplantes Indianerdenkmal in New York. Diese Notiz, auf den ersten Blick scheinbar beziehungslos und willkürlich an den Schluß plaziert, greift tatsächlich die für die Sinnbild-Struktur des *Winnetou-IV*-Bandes entscheidenden Stichworte auf: das Denkmal eines Indianers als Symbol der »Schuld des Landes gegen die aussterbende Rasse der ›ersten Amerikaner‹« und als Zeichen künftiger Versöhnung.[53]

§ 10

»[...] und sofort erschien auf der grandiosen, herabstürzenden Wasserfläche unser zum Himmel emporstrebender Winnetou, mit wehendem Haar und zur Erde zurückkehrender Häuptlingsfeder. Infolge der abwärts gehenden Bewegung des Wassers hatte es den Anschein, als ob die Gestalt sich in Wirklichkeit nach oben bewege, was einen Eindruck hervorbrachte, der gar nicht zu beschreiben ist.«[54]

Der schreibenden Feder verweigert sich die Schilderung der fliegenden Feder, und so kehrt der Schmuck des schreibenden Indianers, dem nur die künstlich-kunstvolle Projektion flüchtige Dauer verlieh, über das stürzende Wasser zum Ursprung, zur Wildnis, zurück wie schon früher die Fetzen seines Testaments; und der »Berg der Königsgräber« bleibt unbestiegen, kein Denkmal kündet von den »der roten Rasse zugefügten Ungerechtigkeiten«[55], und das ›eigentliche Werk‹, *Erzählungen aus Urwald und Prairie, von Winnetou, dem Häuptling der Apatschen*, wird nie geschrieben und verweigert sich dem Papier und der fliegenden Feder.[56]

Anmerkungen

Die vorstehenden Überlegungen knüpfen in mehrfacher Weise an Gedankengänge an, die Gerhard Neumann in verschiedenen Aufsätzen entwikkelt hat, so daß eine ›Zueignung‹ in der ursprünglichen, eigentumsbestimmenden Bedeutung (»Aus dem Besitz von...«, wie sie Rilke den *Duineser Elegien* voranstellte) die einzig angemessene Weise ist, den Dank für vielfältige Anregung durch diese Arbeiten ihrem Verfasser abzustatten. – Die Berührungspunkte zu Gerhard Neumanns Beitrag im JbKMG 1988 (*Karl Mays ›Winnetou‹ – ein Bildungsroman?*) sind unübersehbar und nicht gesondert bezeichnet; von seinen anderen Essays sind außer der Arbeit *Das erschriebene Ich* über Karl Mays *»Weihnacht!«*-Roman (jetzt in: JbKMG 1987, S. 69-100) im vorliegenden Zusammenhang insbesondere bedeutsam:

Gerhard Neumann, *Schreibschrein und Strafapparat. Erwägungen zur Topographie des Schreibens*, in: *Bild und Gedanke*. Festschrift für Gerhart Baumann zum 60. Geburtstag, hg. v. Günter Schnitzler u. a., München 1980, S. 385-400; Gerhard Neumann, *Der verschleppte Prozeß. Literarisches Schaffen zwischen Schreibstrom und Werkidol*, in: Poetica 14 (1982), S. 92-112; Gerhard Neumann, *Schrift und Druck. Erwägungen zur Edition von Kafkas »Landarzt«-Band*, in: ZfdPh 101 (1982), Sonderheft: *Probleme neugermanistischer Edition*, S. 115-139.

1 *Deutsches Conversationsbuch* [...]. Von Ernst Winkelmann, Stuttgart 1844, S. 831.
2 XXXIII, S. 11.
3 Vgl. Martin Lowsky, *Alterswerk und Wilder Westen*, in: MKMG 36 (1978), S. 3-16.
4 Karl May, *Inn-nu-woh, der Indianerhäuptling. (Aus der Mappe eines Vielgereisten, Nr. 1)*, in: Deutsches Familienblatt, Dresden, 1 (1875), S. 8-11 (Reprint der KMG 1975); Karl May, *Winnetou. Eine Reiseerinnerung*, in: Omnibus. Illustrirtes Wochenblatt 17 (1878). Zit. nach dem Neudruck in: JbKMG 1980, S. 175-188 (Zitat S. 176).
5 Deutsches Familienblatt [wie Anm. 4], S. 10 – JbKMG 1980 [wie Anm. 4], S. 182 f. (Die Passage ist in der Zweitfassung nicht unwesentlich erweitert und präzisiert.)
6 Deutsches Familienblatt, S. 10 – JbKMG 1980, S. 184.
7 Deutsches Familienblatt, S. 9 – JbKMG 1980, S. 180.
8 Deutsches Familienblatt, S. 11 – JbKMG 1980, S. 188.
9 JbKMG 1980, S. 187. Der Ausdruck fehlt in der Erstfassung des ›Deutschen Familienblatts‹; in beiden Texten (S. 11 bzw. 186) findet sich dagegen eine weitere Kennzeichnung, die sich semantisch ebenso auf das »Thier« wie auf den Wilden beziehen läßt: »Die ruhigen und sicheren Bewegungen des schönen, kraftvollen Thieres«/Wilden.
10 VII, S. 463.
11 Ebd., S. 151.
12 Ebd., S. 123-131.
13 Ebd., S. 432.
14 Ebd., S. 497.
15 Roland Schmid, Nachwort zur Reprintausgabe von *Am Jenseits*, Bamberg 1984, S. N25-N36 (besonders N34).
16 XXVI, S. 88-93.
17 Ebd., S. 72: Die Comanchen wollen zum Makik-Natun reiten und dort den Kriegstanz aufführen sowie die Medizinen befragen, bevor sie zum Überfall auf die Weißen aufbrechen. Denkbar wäre hier ein ursprünglich intendierter Kontrast zwischen dem kriegerisch-mörderischen Verhalten der Comanchen und friedlichen Konfliktlösungen à la Old Shatterhand bzw. Winnetou.
18 IX, S. 511.

19 Ebd., S. 512.
20 Ebd., S. 622.
21 XXIV, S. 277-279 (= KMW IV. 21, S. 238f.).
22 XV, S. 3.
23 XXIV, S. 200ff. (= KMW IV. 21, S. 174ff.).
24 Ebd., S. 280ff. (= KMW IV. 21, S. 244ff.).
25 Geburtstagsdanksagung Mays 1903; zitiert nach Max Dittrich, *Karl May und seine Schriften*, Dresden ²1904, S. 73 (Reprint in: *Schriften zu Karl May*, Ubstadt 1975 [Materialien zur Karl-May-Forschung, Bd. 2]).
26 IX, Nachwort ab der 8. Auflage (41.-45. Tsd., 1904); zit. nach dem Reprint in: MKMG 18 (1973), S. 22.
27 Brief Mays an Prinzessin Wiltrud von Bayern, 29. 11. 1906, in: JbKMG 1983, S. 98.
28 Brief Mays an Prinzessin Wiltrud von Bayern, 7. 3. 1908, ebd., S. 110.
29 Zur ›Old-Shatterhand-Legende‹ vgl. Claus Roxin in: Gert Ueding (Hg.), *Karl-May-Handbuch*, Stuttgart 1987, S. 97ff.
30 Zum religiösen Aspekt der Winnetou-Figur vgl. Günter Scholdt, *Vom armen alten May*, in: JbKMG 1985, S. 102-151, sowie Roland Schmid, Nachwort zur Reprintausgabe von *Ardistan und Dschinnistan I*, Bamberg 1984, S. N23ff.
31 XXXIII, S. 579.
32 Brief Mays an Prinzessin Wiltrud von Bayern, 18. 4. 1909, in: JbKMG 1983, S. 114.
33 XXXIII, S. 3-16.
34 Ebd., S. 25.
35 Ebd., S. 3.
36 Ebd.
37 Ebd., S. 164.
38 Aus einer Zeitung aus Kansas um die Mitte des 19. Jahrhunderts. Zit. nach: William Arrowsmith, Michael Korth, *Meine Worte sind wie Sterne [...]. Reden der Indianerhäuptlinge*, München 1986, S. 8.
39 XXXIII, S. 19.
40 Ebd., S. 55.
41 Ebd., S. 152.
42 Ebd., S. 416.
43 Ebd., S. 22.
44 Ebd., S. 217.
45 Ebd., S. 462ff.
46 Ebd., S. 370.
47 Auffallend ist zum einen, daß es May kaum gelingt, diese Figurenfülle sinnvoll in die Handlung zu integrieren; auf der anderen Seite wäre die Frage einer gesonderten Untersuchung wert, welche Mitglieder des früheren Personals nicht mehr auftauchen. In Verlust geraten sind vor

allem die komischen Westmannsfiguren, für die Pappermann allein als ins Tragische gewendete Kontrafaktur einzustehen hat.
48 XXXIII, S. 262ff.
49 Ebd., S. 619f.
50 Ebd., S. 620.
51 Ebd., S. 552.
52 »Und übermorgen reiten sämtliche Häuptlinge und Unterhäuptlinge nach dem ›Berg der Königsgräber‹, um nach der Geschichte unserer Vergangenheit zu suchen. Howgh!« (Ebd., S. 621f.).
53 Ebd., S. 623.
54 Ebd., S. 614f.
55 Ebd., S. 623.
56 Mays Titelpläne und Textfragmente zum *Winnetou-IV*-Komplex finden sich gesammelt in: Karl May, *Winnetou Band IV*, hg. v. Dieter Sudhoff, Hamburg, Gelsenkirchen 1984 (KMG-Reprint), S. 298-305. Dort finden sich auch Informationen zu dem ›Denkmals-Artikel‹ sowie die auf *Winnetou IV* bezogenen Passagen aus der Korrespondenz des Autors mit seinem Verleger Fehsenfeld und mit der Druckerei Krais (S. 286ff.).

VI
Das Erbe der Aufklärung

Claus Roxin
»Winnetou« im Widerstreit von Ideologie und Ideologiekritik

I.

Winnetou gehört zu den seltenen Literaturwerken, die fast jeder kennt, der deutsche Bücher liest; und auch wer sich des Romans nur als Jugendlektüre erinnert, vergißt ihn nicht. Da ist es kein Wunder, daß auch Ideologiekritiker und Ideologen sich der Geschichte annehmen und ihre Botschaft im Sinne der eigenen Lehre rühmen und schmähen, ja selbst ›verbessernd‹ umgestalten.

Im Jahre 1974 veröffentlichte Klaus Lindemann eine Abhandlung[1], die sich anhand von *Schloß Dürande* und *Winnetou* mit der Stellung Eichendorffs und Karl Mays zum Problem der Revolution beschäftigt. Im *Winnetou* wird das Thema – jedenfalls explizit – nur am Rande behandelt; es spielt eine Rolle im Leben Klekih-petras, eines deutschen Studienrates und gescheiterten Revolutionärs von 1848, der nach Amerika geflohen und dort der Lehrer Winnetous geworden ist. Während Eichendorff bescheinigt wird[2], daß er »wenigstens das Vorhandensein objektiver Voraussetzungen für die Revolution nicht grundsätzlich geleugnet« und nur den »Verlust der Vernunft« als Ursache anarchistischer Aktionen mißbilligt habe, werde Klekih-petra bei May »in einer Wendung ohnegleichen ins Irrationale gerade wegen eines Übermaßes an Vernunft zum bösen Revolutionär«. Es folgen nun zwei Sätze aus der Selbstanklage Klekih-petras, wie sie sich seit 1948 in allen Nachkriegsausgaben des Karl-May-Verlages finden[3]: »In mir hatten die Ideen der Aufklärung Wurzel geschlagen. Meine Göttin hieß Vernunft«.[4] Vor allem aus diesem anti-aufklärerischen Credo – »die ›Vernunft‹ wurde vorweg verteufelt« – leitet dann Lindemann[5] sein Verdikt über den »korrumpierten Bürger« May her.

Die Pointe bei dieser Verurteilung Mays als eines Ideologen des romantisch-reaktionären Irrationalismus ist freilich die, daß Karl May die inkriminierten Schlüsselsätze nie geschrieben hat.[6] Sie sind Zusätze eines unbekannten Bearbeiters.[7] Welchem Geist sie verpflichtet sind, wird ersichtlich, wenn man in derselben Bearbeitung⁸ Old Shatterhand über den Plan einer Verbindung mit der schönen Nscho-tschi räsonieren hört: »Ich aber war nicht in den Wilden Westen gekommen, um eine Mischehe zu schließen«.⁹ Die hineinredigierte peinliche Mischehenstelle ist inzwischen längst wieder getilgt, die »Verteufelung der Vernunft« aber ist bis heute erhalten geblieben.¹⁰

Nach diesen Irrungen und Wirrungen greift man gespannt zur DDR-Ausgabe von *Winnetou I*, die 1982 im Verlag Neues Leben, Berlin-Ost, »unter Zugrundelegung der 1893 im Verlag [...] Fehsenfeld herausgegebenen Originalfassung Karl Mays« erschienen ist. Auch diese Edition ist bearbeitet, obwohl sie – wie die heutige Bamberger – jeden Hinweis darauf unterläßt. Natürlich macht sie Klekih-petra nicht zum Feind von Vernunft und Aufklärung. Aber der Umstand, daß Winnetous weißer Lehrer seine revolutionären Handlungen von einst bereut, erschien den Herausgebern der DDR-Ausgabe doch unpassend. So haben sie denn Klekih-petras politische Vergangenheit ganz gestrichen und sein Vorleben in ein Dunkel gehüllt, an dem der Leser vergeblich herumrätselt. Er sagt nun, anstatt gegen die Aufklärung zu polemisieren¹¹: »Ich habe viel erlebt, und ich glaube, ich habe viel falsch gemacht in meinem Leben. In meinem vormaligen Leben, drüben in Deutschland. Ich bin gegangen, ich mußte gehen.« Auch sonst enthält die DDR-Ausgabe viele ideologisch motivierte Änderungen.¹²

II.

Wenn man heutige *Winnetou*-Ausgaben liest, erhält man also interessante Aufschlüsse über die politisch-weltanschaulichen Vorstellungen anonymer Bearbeiter.¹³ Geht man aber einmal der Frage nach, wie Karl May selbst über die Themen dachte, die zu so massiven Eingriffen in seine Texte herausgefordert haben, dann ergibt sich ein anderes und wesentlich differenzierteres Bild, als es die verbreiteten Versionen nahelegen. Es gibt in den Werken Mays verschiedene Textstellen, die sich zur Problematik der Revolution unmittelbar äußern. In der *Liebe des Ulanen* wird die französische Revolution als »notwendige Folge der damaligen Zustände« bezeichnet und gerechtfertigt: »Es lagen Miasmen und Dünste über den Reichen; es mußte ein Sturm kommen«.¹⁴ In den *Geographischen Predigten*, die May auch im Alter noch als Programmschrift angesehen wissen wollte, wird die Revolution mit zurückhaltender und abwägender Skepsis beurteilt[15]: »Die Revolutionen mögen immerhin ihre Vertheidiger haben, welche sich Mühe geben, die Nothwendigkeit derselben zu begründen, es wird doch nie zu leugnen sein, daß die Gewalt eine gefährliche Maßregel sei und die, wenn auch langsamere aber friedliche Entwickelung der staatlichen Verhältnisse einer Ueberstürzung vorzuziehen ist, welche rücksichtslos über Glück und Leben zahlreicher Bürger schreitet und den wirthschaftlichen Wohlstand ebenso wie die öffentliche Ruhe und Sicherheit erschüttert. Man hat die segensreichen Folgen der französischen Revolution gepriesen; diese Folgen sind allerdings nicht wegzudemonstriren, aber man vergleiche sie mit den Opfern, welche sie gekostet haben, und sie werden bedeutend an Werth verlieren.«

Das ist die Sprache liberalen Bürgertums, die man mit ihrer sorglichen Saldierung von Schaden und Nutzen vielleicht etwas hausbacken finden mag, die aber einem vernunftwidrigen Irrationalismus gewiß nicht huldigt. May teilt dem Leser auch bildungsfreudig mit, woher er seine Weisheit hat: aus Schillers *Lied von der Glocke*[16]: »Weh, wenn sich in dem Schoß der Städte der Feuerzunder still gehäuft, das Volk, zerreißend seine Kette, zur Eigenhilfe schrecklich greift!« Er hätte sich mit seiner Bevorzugung der Evolution vor der Revolution, der Reform vor dem Umsturz mit demselben Recht auch auf Goethe berufen können. Wenn bei Eichendorff die Verwerfung der Revolution der Überwindung des »wilden Tiers in der Brust« dient, so ist dies jedenfalls bei May nicht anders, der die Revolution als einen Ausbruch elementarer Naturgewalt versteht, als »einen Blitzstoff, welcher sich nach zunehmender Schwüle über gewisse Kreise entladen und entweder Heil oder Unheil bringen kann«.[17] Wie man sieht, leugnet May gar nicht, daß die Revolution Mißstände beseitigen und »segensreiche Folgen« haben kann. Er fürchtet nur die Entfesselung irrationaler Kräfte, die durch die »Losung zur Gewalt« heraufgerufen werden. Nicht die Verteufelung der Vernunft, sondern die Angst vor dem Chaos prägt seine Stellungnahme, so daß die Interpolation der *Winnetou*-Bearbeiter genau das Gegenteil dessen nahelegt, was Mays wirkliche Ansicht war.

May hat sich über Vernunft und Aufklärung in einer seiner frühesten Arbeiten, deren Bedeutung für die ›weltanschaulichen‹ Grundlagen seiner schriftstellerischen Tätigkeit bisher völlig unbeachtet geblieben ist, ebenfalls programmatisch geäußert[18]: »Man mag sich in der Geschichte der Menschheit umsehen, wo man nur immer will, so findet man nirgends, daß die sittliche Weltordnung durch den *todten* Glauben gefördert worden ist, vielmehr bemerkt man, daß die Menschheit durch denselben immer mehr zerfällt, daß man Haß und Verachtung gegen Andersgläubige schon in die Herzen der unschuldigen Jugend pflanzt und daß, wenn nicht der Fanatismus der Massen, so doch deren Stumpfsinn befördert wird, der sie unfähig macht, sich selbst zu erkennen und für sich selbst zu sorgen. Aber nicht die Aufklärung und wahre Bildung ist zu fürchten, sondern die Dummheit der verwilderten Massen, die das Gebot der Vernunft nicht kennen, wie es so viele Erscheinungen der heutigen socialdemokratischen Bewegung, die ja unter den Augen und dem Einflusse der Orthodoxie herangewachsen und großgezogen worden ist, so klar und unwiderleglich beweisen.« Dazu wäre manches zu sagen. Aber klar ist jedenfalls, daß May Unheil von Dummheit und Fanatismus und alle Besserung der menschlichen Zustände von Vernunft und Aufklärung erwartet.

Wie aber, so wird man fragen, ist es damit zu vereinbaren, daß Klekih-petras ›Schuld‹ im Abfall von Gott erblickt wird? »Ich hatte Gott verloren«, so leitet Klekih-petra sein Bekenntnis ein[19], dessen Kernsatz lautet[20]: »Mein größter Stolz bestand darin, Freigeist zu sein, Gott abgesetzt zu haben, bis auf das Tüpfel nachweisen zu können, daß der Glaube an Gott ein Unsinn ist.« Es gibt ein populäres Klischee, demzufolge Vernunft und Glaube einander widerstreiten, derart, daß der Glaube in den Augen des Aufklärers zum Obskurantismus und die Aufklärung in den Augen des Gläubigen zum Atheismus führt. Folgt man diesem Gedanken, der immerhin geistesgeschichtlich nicht ohne Tradition ist, so liegt es in der Tat nahe, Klekih-petras Äußerungen im Sinne anti-aufklärerischer Polemik zu deuten, wie dies die Bearbeiter mit ihren eingeschobenen Sätzen expressis verbis tun. Und doch ist dies eine völlige Verkennung der Religiosität Mays. Denn für May ist Gott identisch mit der Liebe, zu deren wesentlichen Eigenschaften die Vernunft gehört. »Ja, Gott ist die Liebe, und wo Liebe ist, da ist sie nicht eine Eigenschaft Gottes oder irgend eines erschaffenen Wesens, sondern sie ist Gott selbst«, so heißt es schon in einer der frühesten bekannt gewordenen Veröffentlichungen Mays[21], und noch wenige Tage vor seinem Tode sagte er, daß das Wort »Liebe« seine »philosophische und künstlerische Weltanschauung« resümiere und daß Gott sich uns »nicht mehr in Donner und Blitz, sondern nur noch in *Liebe*« nahe.²² Der Zusammenhang zwischen den Ideen der Liebe, der Vernunft und des Weltfriedens wird bei May schon ganz am Anfang seiner schriftstellerischen Laufbahn in aller Deutlichkeit entwickelt²³: »[...] die Liebe ist er [Gott] selbst, und aus ihr entwachsen alle jene Attribute, welche der Glaube ihm beilegt. Sobald nun unser Geist mit Gottesbewußtsein erfüllt ist, werden wir selbst in der Lebens- und Geistesgemeinschaft mit Gott nur solche Handlungen vornehmen, welche in Uebereinstimmung mit den Vernunftgesetzen sind; der Wille des Menschen soll mit dem Weltwillen, der in der Vernunft seinen Ausgangspunkt hat, zusammenfallen, und wenn dies geschieht, so erfüllt sich jene Verheißung der himmlischen Heerscharen, welche in der geweihten Nacht verkündeten: ›und den Menschen ein Wohlgefallen.‹«

Es ist das Programm, das May einige Jahrzehnte später in *Friede auf Erden!* in großem Stile ausgeführt hat, das aber die treibende Kraft seines gesamten Werkes ist, von dem Hans Wollschläger so überzeugend dargetan hat, daß es »eine einzige Recherche nach der verlorenen Liebe war«.²⁴

Von hier aus nun eröffnet sich die richtige Deutung der Klekihpetra-Episode. Wenn dieser Mann, von dem der Ich-Erzähler sagt: »Einer niedrigen Gesinnung waren Sie nie fähig«, und der dem Autor von Anfang an als »ein bedeutender Charakter« erscheint, sich anklagt, »Gott verloren« und auch seine Schüler dem Glauben an Gott abwendig gemacht zu haben²⁵, so bezichtigt er sich damit nicht des Eintretens für Vernunft und Aufklärung, sondern der Verleugnung der Liebe. Klekih-petra hatte »das Reich Gottes« verlassen, »welches weder Confession noch Dogma, sondern nur das eine, große, allmächtige Gesetz der Liebe kennt«.²⁶ Er gehört damit in die Reihe der ›gebrochenen Charaktere‹, die für die Reiseerzählungen der 90er Jahre kennzeichnend sind²⁷ und von denen ich in anderem Zusammenhang²⁸ gesagt habe: »Sie alle haben den ›Glauben‹ verloren, was bei May immer nur ein und dasselbe bedeutet: nämlich die ›Liebe‹ verloren zu haben. Es handelt sich hier stets um Selbstbildnisse Mays, um Verkörperungen seiner inneren Not, aus der die ›Liebe‹ Rettung bringen soll.« Die psychologische Deutung dieser Grundproblematik im Leben und Werk Karl Mays darf hier vorausgesetzt werden.²⁹ Sie spiegelt sich bis ins Detail auch in der Klekih-petra-Episode, wo es heißt³⁰: »Keine liebende Seele weinte um mich; ich hatte weder Vater noch Mutter mehr, weder Bruder, Schwester noch sonstige Verwandte. Kein Auge weinte um mich [...]« Was hier geschildert wird, ist die absolute psychische Isolation und Erstarrung, die auch Mays Schicksal war, der von sich sagte: »Ich stand innerlich allein, allein, allein, wie stets und allezeit.«[31] Eine derartige Zerstörung der normalen Kontakt- und Liebesfähigkeit führt über die Frustration zu Aggression und Destruktion, sie bereitet den Boden für Gewalt und Terror. Das ist es, was May im Alter mit großer Klarheit erkannt hatte und was der Liebes- und Friedensbotschaft seines Spätwerks das psychologische Fundament gibt, was ihm aber auch bei Abfassung des *Winnetou* schon ahnungsweise vor Augen stand. So liegt es bei Klekih-petra in der Konsequenz seiner inneren Situation, daß er Gewalt und Aufruhr zu predigen beginnt, daß aus der Lehre die Tat und aus der Tat das Unheil für viele »brave Menschen« – Tod und Zuchthaus – folgt. Erst diese Wirkung traf ihn »wie ein Keulenschlag«. Er irrte »aus einem Staate in den andern, trieb bald dies bald jenes und fand nirgends Ruhe«. »Nach Jahren der Qual und der Reue« fand er schließlich den Weg zur Umkehr durch einen Pfarrer, der seinen »Seelenzustand erriet« und in ihn drang, sich ihm mitzuteilen.[32] Es kann kein Zweifel sein, daß sich hier Mays Zeit ›im Abgrund‹ und das Kochta-Erlebnis spiegeln, wie wir sie aus seinen späten autobiographischen Schilderungen kennen.

Am seelisch gewandelten Klekih-petra wird nun Mays Erziehungsideal demonstriert, so daß wir gleich die Probe auf das Exempel unserer Interpretation machen können: »Der Baum des Glaubens muß die Früchte der Werke tragen. Ich wollte wirken, womöglich grad entgegengesetzt meinem früheren Wirken.«[33]

Lehrt Klekih-petra daraufhin, wie der Leser der Bamberger Ausgabe es auf Grund der Einfügungen annehmen muß, einen vernunftfeindlichen Irrationalismus? Wird er vom Anwalt der »Unzufriedenen« zum Komplizen der Unterdrücker und Verfechter einer Herrenmoral? Nichts dergleichen! »Ich habe mich von den Weißen und ihrem Treiben zurückgezogen; ich mag nichts mehr von ihnen wissen«, sagt Klekih-petra. Er stellt sich auf die Seite der Unterdrückten und nennt die Dinge durchaus beim Namen: »Es geschieht ein großes, fortgesetztes Verbrechen an der roten Rasse.«[34] In zugleich vereinfachter und übersteigerter Form finden sich also in Mays Amerika-Szene die Verhältnisse der Heimat wieder, so daß Hohendahl in seiner *Winnetou*-Interpretation geradezu sagen kann[35]: »Es wird nicht unterstellt, daß May die Indianer mit den werktätigen Massen seiner Zeit gleichgesetzt hat, doch ist hier eine Gruppe mit Eigenschaftskomplexen gegeben, die auf die Massenauffassung des späten 19. Jahrhunderts verweist.« Und Hohendahl bescheinigt May auch »einerseits ein genuines Verständnis für die Armen, besonders für die verkrüppelnde und niederdrückende Gewalt von Entbehrung, auf der anderen Seite die Abneigung gegen die dunklen Kräfte, das Ungezügelte, Unkontrollierbare der Massen«. So läuft denn auch Klekih-petras Erziehungswerk keineswegs auf einen Kult des Dionysischen und Archaischen hinaus, sondern auf Zivilisierung, Aufklärung und Bildung. Intschu tschuna gebärdet sich bei May keineswegs wie ein vernunftloser ›Wilder‹. Im Gegenteil heißt es über ihn[36]: »Intschu tschuna sprach ein klares, fließendes Englisch; seine Logik war ebenso wie seine Ausdrucksweise diejenige eines gebildeten Mannes. Sollte er diese Vorzüge Klekih-petra, dem ›Schulmeister‹, zu verdanken haben?« Tatsächlich muß man, wenn man Intschu tschuna über das Schicksal der roten Rasse reden hört, den Eindruck gewinnen, daß die von den Bearbeitern des *Winnetou*-Bandes perhorreszierten »Ideen der Aufklärung« bei ihm »Wurzel geschlagen« haben.

Wenn Klekih-petra also bei den Apachen »grad entgegengesetzt« seinem früheren Wirken tätig wird, so soll das nicht im geringsten besagen, daß er sich nun zu einem anti-aufklärerischen und vernunftwidrigen Irrationalismus bekehrt habe. Es bedeutet allein, was noch die Botschaft des späten May war: daß nämlich die Lehre von Gewalt, Aggression und Terror durch die Predigt von Liebe, Vernunft und Frieden ersetzt wird. Klekih-petra sagt über den »roten Mann«[37]: »Ich sah die Mörder in seinem Leibe wühlen, und das Herz ging mir über von Zorn, von Mitleid und Erbarmen«. Er beschließt daraufhin, auf die »letzte Stunde« des sterbenden Volkes »den Glanz der Liebe, der Versöhnung fallen« zu lassen. Und auch der Gedanke des Friedens fehlt nicht, wenn er über Winnetou sagt: »Wäre er der Sohn eines europäischen Herrschers, so würde er ein großer Feldherr und ein noch größerer Friedensfürst werden. Als Erbe eines Indianerhäuptlings aber wird er untergehen, wie seine ganze Rasse untergeht.« Das hat jenen Zug resignativer Trauer, den man, wenn man hier »heimatliche Begebenheiten in exotischem Gewande« sehen wollte, durchaus auch politisch deuten könnte. Er findet sich schon in den *Geographischen Predigten* vorgebildet, wo May die gegenüber den Indianern betriebene »Politik der Ausrottung« anklagt und die schönen Worte spricht, die im Hinblick auf sein eigenes späteres Werk wie auf den historischen Ablauf prophetische Bedeutung bekommen haben[38]: »Eine riesige Industrie wird sich mit gewaltigem Flügelschlage auf den ›fernen Westen‹ herniedersenken [...]; aber um die verschwundenen Krieger der Savanne wird die Sage ihren goldenen Schimmer weben, und das Gedächtniß der an dem Bruder begangenen Todtsünde wird fortleben in dem Liede des Dichters.« Genau dieser Gedanke scheint in den Worten des von Klekih-petra belehrten Intschu tschuna wieder auf[39]: »Wie ist es nun mit den zwei Brüdern, dem roten und dem weißen Bruder? Seid ihr nicht der Kain, und wir sind der Abel, dessen Blut zum Himmel schreit?«

Die Klekih-petra-Episode weist aber nicht nur zurück zu den frühesten Hervorbringungen Mays, sie klingt auch nach und wirkt hinein bis in Mays letzten Roman, *Winnetou IV* (1910), wo der Satz vom Feldherrn und Friedensfürsten wieder aufgenommen und nunmehr durch die Einsicht ins Utopisch-Sieghafte gewendet wird, »daß für eine dem Untergang geweihte Nation das große Gesetz von Dschinnistan der einzige Weg ist, sich von diesem Untergange zu retten. Er [Winnetou] hätte sich gar wohl als Held, als Feldherr aufspielen können. Er verzichtete darauf, denn er erkannte, daß dies das Ende nur beschleunigt hätte. Er riet zum Frieden, und wohin er nur kam, da brachte und gab er nur Frieden. [...] Er war der Engel eines jeden Menschen, der ihm begegnete, ob Freund, ob Feind, ganz gleich!«[40] Und auch die »Umkehr vom Kriegsgedanken zum Friedensgedanken, vom Hasse zur Liebe, von der Rache zur Verzeihung«[41], die in der Klekih-petra-Episode nur in knappen Strichen gezeichnet wird, wird in diesem späten Werk reich instrumentiert bis in die politischen Konsequenzen hinein entfaltet. Selbst der durch das Ende Klekih-petras symbolisierte Gedanke, daß der Haß andere sterben läßt, die Liebe aber für andere stirbt, wird in *Winnetou IV* in psychologisch sehr vertiefter Form mit dem Opfertod der Enters-Brüder und der dadurch bewirkten Erlösung des ›Teufels‹ Santer auf jenen Höhepunkt getrieben[42], der schließlich den ganzen langen *Winnetou*-Roman in geradezu transzendenter Harmonie ausklingen läßt.

Lindemann irrt also, wenn er meint, daß die Klekih-petra-Episode nicht »tiefer mit der [...] Haupthandlung verknüpft würde«.[43] Es ist vielmehr geradezu erstaunlich, in welchem Maße diese vergleichsweise kleine Szene mit Mays frühesten und spätesten Arbeiten, mit seinem eigenen Schicksal und mit der späteren Entwicklung der Winnetou-Gestalt zusammenhängt. Überhaupt ist Mays Werk bei näherem Hinsehen von einer eminenten Geschlossenheit, so daß kein Detail zufällig ist und alles auf alles verweist. Auch *sein* Lied ist »drehend wie das Sterngewölbe, Anfang und Ende immerfort dasselbe, und was die Mitte bringt, ist offenbar, das was zu Ende bleibt und anfangs war«. Das sollte – unbeschadet aller Schwankungen in der Akzentuierung und in der literarischen Qualität – bei einer ästhetischen Würdigung des Gesamtwerks mehr als bisher berücksichtigt werden; der Beziehungsreichtum des Werkes macht für den Kenner einen wesentlichen Reiz der Lektüre aus.

Was aber die Klekih-petra-Episode betrifft, so läßt sich zusammenfassend sagen, daß sie kein Produkt eines vernunftfeindlichen Irrationalismus und nicht einmal ein Dokument besonders konservativer Gesinnung ist. Sie ist vielmehr, wie das Religiöse fast immer bei May, ein Stück verschlüsselter Psychologie und Zeugnis einer humanen, antiimperialistischen und im Ansatz progressiv pazifistischen Haltung. Vom Standpunkt politischer Kritik aus kann man May freilich mit Recht vorhalten, daß er die fortschrittlichen Ziele der ›Revolution‹ von 1848 in mißdeutbarer Weise unerwähnt läßt, wie er auch noch in seiner Selbstbiographie[44] darüber ohne rechtes Verständnis hinweggeht. May hatte sich im Grunde von der Zeitgeschichte »zurückgezogen« wie Klekih-petra »von den Weißen und ihrem Treiben«, von denen er »nichts mehr [...] wissen« wollte. Dabei dienen May die Ereignisse von 1848 nur als Auslöser von Handlungsmotiven, ohne in ihrem politischen Gehalt thematisiert zu werden; das Geschehen wird sogleich auf die psychische und individual ethische Problematik des Dichters verschoben. Allerdings ist auch dies ein Zug, der für Mays Werk durchweg charakteristisch ist: So, wie Klekih-petra nach Amerika flieht, echappiert May aus Zeit und Raum seiner Gegenwart in ein gegenweltliches Phantasiereich, in das die Realität nur noch mit verfremdeten Partikeln hineinreicht. Auch der Boxeraufstand etwa, der den zeitgeschichtlichen Anlaß für *Friede auf Erden!* lieferte, oder der Indianer-Kongreß von 1909, der für die Fabel von *Winnetou IV* zum handlungsauslösenden Anlaß wird, finden im Werk selbst nur noch einen ganz schwachen, allein dem Eingeweihten erkennbaren Nachhall. Andererseits entbehrt das Denken Mays, dem, wie vielen Dichtern, hauptsächlich die eigene ›Seele‹ Stoff und Motor seines Schreibens war, durchaus nicht der politischen Perspektiven; indem May im Laufe seiner literarischen Entwicklung sein ›Ich‹ zur Menschheitsfrage ausweitete, mußten ihm soziale und globale Probleme immer wichtiger werden. So ist denn auch die anthropologische Fundierung der Friedensidee, die hier nur streiflichtartig skizziert werden konnte, eine bedeutende Einsicht, die heute noch unverminderte Aktualität hat. Aber es ist klar, daß die Staats-, Volks- und Rassengrenzen überschreitende ›menschheitliche Dimension‹ solcher Ideen keinen rechten Zugang zur Tagespolitik bietet. Die Nationalgeschichte, für die May nie Interesse aufgebracht hat, wird da fast zur nebensächlichen Lokalhistorie.

Immerhin liegt hier ein begründeter Anlaß, Karl May ideologiekritische Vorhaltungen zu machen. Er fand tapfere Worte gegen eine Klassenjustiz, die zwischen »armen Teufeln« und »hohen Herrn« unterscheidet[45], er trat für die konstitutionelle Monarchie ein[46] und meinte: »Nicht die Geburt gibt dem Menschen seinen Werth, sondern der Mensch ist gerade so hoch oder so niedrig wie seine Gedanken [...], seine Gefühle [...], und seine Thaten [...]«[47] Aber diese Vorstellungen der liberalen Verfassungsbewegung sah er, wie das deutsche Bürgertum seiner Zeit durchweg, durch das Bismarck-Reich im wesentlichen verwirklicht, so daß er innenpolitisch weit weniger progressive Züge zeigt als auf dem Felde der ›Menschheitspolitik‹. Wenn er im *Winnetou* schreibt[48]: »Wer keinen Gott anerkennt, dem ist auch kein König, keine Obrigkeit heilig«, so hat er die Wertvorstellungen des wilhelminischen Staates etwas allzu eifrig internalisiert und verzerrt die historische Bedeutung der Revolution von 1848.

In diesem Umstand liegt wohl auch der Grund dafür, daß die ungenannten Bearbeiter der DDR-Ausgabe Klekih-petras Vergangenheit als Revolutionär und die Geschichte seiner inneren Umkehr schlechthin gestrichen haben. Ihre volkspädagogischen Ziele mögen sie entschuldigen: Aber billigen kann man eine solche Amputation genauso wenig wie die ideologisch irreführende Hinzufügung der Bamberger Ausgabe. Denn die Klekih-petra-Episode ist, wie meine kurze Interpretation gezeigt haben mag, ein literarisch, psychologisch, theologisch und politisch recht komplexes Stück Literatur, dessen Aussagekraft gerade darin liegt, daß es den Geist seiner Zeit zugleich spiegelt und transzendiert. In der DDR-Ausgabe bleibt von alledem nur die Geschichte eines Mannes übrig, der in Deutschland »viel falsch gemacht« hat und »gegangen« ist. Das ist eine Trivialisierung, die dem Text alle Substanz nimmt und ihn der zeitgeschichtlichen Authentizität beraubt, die er auch dort noch hat, wo er zum Widerspruch herausfordert.

III.

Die eigentliche ›Botschaft‹ des *Winnetou*-Romans liegt freilich nicht in der Klekih-petra-Geschichte, sondern in der Darstellung und kritischen Korrektur der Kulturbegegnung zwischen Weißen und Indianern. So versteht es sich, daß auch dieses ergiebige Thema die Ideologiekritik auf den Plan gerufen hat. Zuletzt hat im Jahre 1985 Hartmut Lutz[49] eine von ihm sog. »exemplarische Interpretation der Ideen und Wirkungsweisen des *Winnetou I*«[50] vorgelegt. Sie kommt – in der Nachfolge eines alten Artikels von Klaus Mann[51] – zu dem Ergebnis, der Erfolg des Buches erkläre sich aus dem, »was in Winnetou an rassistischen, sexistischen und deutschnationalen bis faschistoiden Gedanken vorgetragen wird«.[52] Old Shatterhand sei »ein rechter Herrenmensch, wie geschaffen, ein Kolonialreich zu verwalten«[53], während Winnetou, Intschu tschuna und Nscho-tschi als »Handlanger des Kolonialsystems«[54] bezeichnet werden.

Allerdings gehen die »exemplarischen Interpretationen«, auf die Lutz sich stützt, mit dem Text Karl Mays in befremdlicher Weise um. Wenn Winnetou und seine Schwester den gemeinsamen Wunsch einer Verheiratung Nscho-tschis mit Old Shatterhand besprechen und Winnetou zu bedenken gibt: »Du kennst das Frauenleben der roten Völker, aber nichts von dem, was eine weiße Squaw gelernt haben und wissen muß«[55], so bedient sich Winnetou nach Lutz[56] einer »rassistische[n] Argumentationsweise«, weil er »vordergründig und unkritisch« davon ausgehe, »daß Europäerinnen den Indianerinnen überlegen sind«. In Wirklichkeit weist Winnetou aber nur auf kulturelle Verschiedenheiten hin, die bei Heiraten zwischen den Angehörigen sehr unterschiedlicher Kulturkreise auch heute noch erwogen werden müssen.[57]

Ich will mich mit einem weiteren Beispiel begnügen.

Über die indianische Grablegung Klekih-petras schreibt Karl May[58]: »Das war meine erste Leichenfeier unter Wilden. Sie hatte mich tief ergriffen. Ich will nicht die Anschauungen kritisieren, welche Intschu tschuna dabei vorgebracht hatte. Es war viel Wahrheit mit viel Unklarheit vermengt gewesen; aber aus allem hatte ein Schrei nach Erlösung geklungen, nach einer Erlösung, welche er, wie einst das Volk Israel, sich äußerlich dachte, während sie doch nur eine innerliche, eine geistliche sein konnte.« Das ist der theologische Kommentar eines Christen, der zum ersten Mal an einer indianischen Totenzeremonie teilnimmt und sich über seine Ergriffenheit nach den Maßstäben seines Glaubens Rechenschaft abzulegen versucht. Nach Lutz[59] spricht daraus »die Arroganz christlicher Kolonialherren« und »ein preußischer Oberlehrer«. Außerdem verweise »der indirekt geäußerte Antisemitismus […] historisch bereits auf Ideologeme der nationalsozialistischen Zeit in Deutschland«.

Das alles geht an den Intentionen des Textes weit vorbei. Für May machte der Erlösungsgedanke (neben dem Liebesgebot) den Kern jeder echten Religion aus. Was er in seinem angeblich antisemitischen »Ideologem« äußerte, hat er ganz ähnlich noch wenige Tage vor seinem Tode in seinem Wiener Vortrag gesagt, und das ›Deutsche Volksblatt‹ (Wien) vom 23. 3. 1912 hat das so kommentiert: »Leider machte May dem Judentum, das sehr stark vertreten war, ein Kompliment, indem er darauf hinwies, daß dem Judentum die größte Sehnsucht nach Erlösung innewohnte.«[60] Diese Zeitungsbemerkung verrät gewiß eine antisemitische Tendenz. Aber ihr Verfasser hat erkannt, daß sie gerade nicht diejenige Mays war.

Das Beispiel zeigt zum wiederholten Male, wie willkürlich Autoren glauben, mit Texten verfahren zu dürfen, die sie – und dies auch noch irrtümlich[61] – für ›trivial‹ halten. Indem man blindlings am Text vorbeiinterpretiert, deutet man ihn nach vorgefaßten Meinungen um, nicht viel anders, als dies durch ideologisch motivierte Hinzufügungen oder Auslassungen geschieht.

IV.

Will man der Darstellung gerecht werden, die Karl May vom Verhältnis der Weißen zu den Indianern gibt, so muß man sie vor ihrem geistesgeschichtlichen Hintergrund würdigen. Karl May war nie in Amerika gewesen[62]; er hatte nie einen ›native American‹ gesehen, und die Kenntnisse, die er sich aus Büchern erworben hatte, waren lückenhaft und zum guten Teil aus der Abenteuerliteratur seiner Zeit entlehnt. Er hat einen ›wilden Westen‹ entworfen, der auf das Bewußtsein der deutschen Leserwelt stärker gewirkt hat als alle authentischen Reiseberichte. Aber die suggestive Eindringlichkeit seiner Schilderungen und ihre ›Glaubwürdigkeit‹ sind literarisch begründet; ihr empirischer Realitätsgehalt ist sehr begrenzt.

Doch die Begegnung der Weißen mit den exotischen Völkern war auch außerhalb der Reiseberichte im engeren Sinne seit langem ein großes Thema der europäischen Literatur.[63] In dieser Ahnenreihe steht der *Winnetou;* und wenn man den Roman als kulturkritische Schrift liest, ist er nicht nur ein aussagekräftiges Zeitdokument, sondern auch heute noch aktuell. Es wurde schon gezeigt, daß Karl Mays Denken (fast schon zeitwidrig am Ende des 19. Jahrhunderts) stark beeinflußt war von aufklärerischen Ideen, die er mit seinem (zeitweilig leicht katholisch überfärbten) Christentum zwanglos zu verbinden wußte.[64] Das wird auch in der Stellungnahme zur europäisch-indianischen Kulturbegegnung deutlich.

May ging aus von der Vorstellung, daß die Menschen aller Rassen gleich und Brüder seien und daß dem Indianer die Menschenrechte in derselben Weise zustehen wie einem Weißen. Programmatisch schrieb er schon 1882[65]: »Auch der Indianer ist Mensch und steht im Besitze seiner Menschenrechte; es ist eine schwere Sünde, ihm das Recht, zu existieren, abzusprechen und die Mittel der Existenz nach und nach zu entziehen.« Entsprechend vermittelt im *Winnetou* Klekih-petra den Apachen die Lehre, »daß die roten und die weißen Leute untereinander Brüder sein und sich lieben sollen«[66]; kein Volk dürfe denken, »daß es besser als ein anderes sei, weil dieses nicht dieselbe Farbe hat«.[67]

Von diesem Standpunkt aus wird Karl May nicht müde, die Landnahme der Weißen in Amerika immer wieder als »ein großes [...] Verbrechen an der roten Rasse«[68] zu geißeln. Der Ich-Erzähler, der sich als junger Mann an Landvermessungen beteiligt und auf diese Weise indirekt zur Vertreibung der Indianer von ihrem Boden beiträgt, muß sich deswegen von Intschu tschuna anschuldigen lassen und bekennt[69]: »Wenn ich ehrlich sein will, so muß ich sagen, daß ich keine Worte zu meiner Verteidigung hätte finden können [...]. Der Häuptling hatte recht [...]. Konnte ich etwa stolz auf meinen Beruf sein, ich streng moralischer, christlicher Landesvermesser?« Bald darauf wird Old Shatterhand von Intschu tschuna als »Länderdieb für Geld« beschimpft und angespuckt. Der sonst gerade im Ehrenpunkt (aus biographisch naheliegenden Gründen) sehr empfindliche Held nimmt das stillschweigend hin und kommentiert diese Demütigung mit den Worten: »Hatte ich als Eindringling in fremdes Eigentum diese Züchtigung vielleicht verdient?« Daß dies, wie Lutz behauptet, die Haltung eines rechten Herrenmenschen und Kolonialverwalters sei, ist eine schlechthin unvertretbare Interpretation, die den Sachverhalt auf den Kopf stellt.

V.

Freilich finden sich in der aufklärerischen Tradition auch Züge, die dem heutigen Verständnis weniger einleuchten als die Inanspruchnahme von Menschen- und Heimatrechten für die Indianer. Hierhin gehört das Bemühen Karl Mays, das Aussehen seiner indianischen Protagonisten europäischen Schönheitsvorstellungen anzuähneln. Intschu tschuna hat zwar »ein echt indianisches« Gesicht, »doch nicht so scharf und eckig, wie es bei den meisten Roten ist«.[70] Bei Nscho-tschi fehlen die »indianisch vorstehenden Backenknochen«; dafür hat sie eine griechische »feingeflügelte« Nase[71]; und Winnetous Gesichtsschnitt ist »fast römisch zu nennen«.[72]

Lutz prangert das – mit Bezug auf die Beschreibung Nschotschis – als »eurozentrisch-rassistische Sichtweise« an. Eurozentrisch mag man eine solche Annäherung an antike Vorbilder nennen, aber rassistisch ist sie nicht. Denn erstens haben zahlreiche frühe Reisende das Aussehen der nordamerikanischen Indianer mit demjenigen der Griechen und Römer verglichen[73], so daß May sich auf authentische Quellen berufen konnte; und zweitens wollte natürlich der Autor (wie schon seine Vorgänger) die indianische Rasse nicht ab-, sondern aufwerten, indem er ihre edelsten Vertreter einem für allgemeingültig gehaltenen klassischen ästhetischen Ideal entsprechen ließ, das die Weißen in der Schilderung Mays durchweg nicht erreichen. So hat May denn auch keine Bedenken, über Winnetou zu sagen[74]: »Er [...] war ein echter Typus der Rasse, welcher er entstammte«, und ein »treues Einzelbild« seines Volkes.

Der Aufklärung verpflichtet ist auch der Eifer, mit dem Karl May um die ›Bildung‹ seiner Indianer bemüht ist. Intschu tschuna hat, wie schon erwähnt, unter dem Einfluß Klekih-petras die Ausdrucksweise eines »gebildeten Mannes« angenommen.[75] Nscho-tschi drückt sich »in einem ziemlich geläufigen Englisch« aus.[76] Und Winnetou liest gar Longfellows *Hiawatha*[77]: »Dieser Indianer, dieser Sohn eines Volkes, welches man zu den ›Wilden‹ zählt, konnte also nicht nur lesen, sondern er besaß sogar Sinn und Geschmack für das Höhere.« Winnetou ist also zwar der Prototyp eines edlen Indianers, aber er ist kein ›edler Wilder‹ in der historisch überlieferten Bedeutung des Wortes[78], die den Menschen im Naturzustand dem kulturmüden Europäer als Vorbild entgegenhält.

Auch hier setzt Lutz mit vehementer Kritik an. Winnetou sei ein »apple-Indian« (»red outside, white inside«).[79] Er sei »seinen eigenen Leuten entfremdet« und orientiere sich »an der Kultur der Unterdrücker«.[80] Klekih-petra als Lehrer erfülle »die Funktion europäischer Kolonialisierungsschulen: Sie entfremden die Schülerinnen und Schüler ihrem eigenen Volk [...], nehmen ihnen den Stolz auf ihre Kultur« und machten sie so zu Handlangern ihres Kolonialsystems. Dem läßt sich vieles entgegenhalten: Klekih-petra unterrichtet zwar die Apachen, aber er hat sich von den Weißen ostentativ zurückgezogen und vertritt ausschließlich die Interessen der Indianer. Und Longfellows *Hiawatha* beschäftigt sich mit der Mythologie der nordamerikanischen Indianer und dem Problem ihres friedlichen Zusammenschlusses; die Lektüre dieses Buches durch einen Indianer ist also kein Indiz dafür, daß er der Kultur seines Volkes untreu wird.

Vor allem darf man nicht verkennen, daß die Aufklärung – historisch gesehen – auch in diesem Punkt einen Fortschritt gebracht hat, indem sie den Eingeborenen nicht mehr als halb tierischen Barbaren, sondern als prinzipiell gleich gearteten und gleichberechtigten Menschen beurteilte. »Seine Bildungsfähigkeit, ja seine freiwillige Bildungsbereitschaft wird von den aufgeklärten Gelehrten nicht mehr in Frage gestellt«, betont Bitterli[81], und er resümiert mit Recht: »Es ist offensichtlich, daß dieser Glaube an die Vernunftbegabtheit der menschlichen Gattung den Charakter der Beziehungen von Europäern zu überseeischen [...] Völkern um ein positives humanes Element bereicherte.«

VI.

Gleichwohl ist Lutz darin Recht zu geben, daß es bedenklich ist, überseeischen Völkern in noch so wohlmeinender Absicht die europäische Kultur- und Bildungstradition einseitig aufdrängen zu wollen; denn es bringt die Gefahr mit sich, daß diese Völker ihre eigene Geschichte und Kultur verlieren. Wir sehen das heute klarer als die Europäer früherer Zeiten, die sich im Besitze der einen, für alle Zeiten und Völker gültigen Wahrheit wähnten. Überaus bemerkenswert ist aber, daß auch Karl May, als er seinen *Winnetou* schuf, das Problem erkannt und zu bewältigen versucht hat. Er hat sich dabei der Grundgedanken des Historismus bedient, mit denen er vermutlich durch Herder[82] bekannt geworden war: der Vorstellung von der Entwicklungsbedingtheit aller kulturellen Erscheinungen und dem Wert ihrer individuellen Eigenart.[83] Mit Hilfe dieser Prinzipien der Entwicklung und der Individualität war es möglich, über das starre, eurozentrisch-naturrechtliche Menschen- und Kulturbild der Aufklärung hinauszukommen und fremden Kulturen einen von europäischen ›Vorbildern‹ unabhängigen Eigenwert zuzuerkennen.

So steht denn bei Karl May schon in der Einleitung zum *Winnetou* der Schlüsselsatz[84]: »Wenn es richtig ist, daß alles, was lebt, zum Leben berechtigt ist, und dies sich ebenso auf die Gesamtheit wie auf das Einzelwesen bezieht, so besitzt der Rote das Recht, zu existieren, nicht weniger als der Weiße und darf wohl Anspruch erheben auf die Befugnis, sich in sozialer, in staatlicher Beziehung nach seiner Individualität zu entwickeln.« Der Konditionalsatz zu Beginn verrät den indirekten Zitatcharakter der Passage. Und wenn ein moderner Autor[85] Herders Geschichtsphilosophie dahin zusammenfaßt, daß sie »vom eigenständigen Daseinsrecht jeder Epoche und jeder Kultur« ausgehe und »eine individualisierende Betrachtungsweise« vorschlage, »welche jeder zeitlichen Entwicklungsstufe innerhalb der Geschichte der Menschheit und jedem einzelnen ›Kulturwesen‹ ihren Eigenwert zurückerstatten soll«, so entspricht das dem thesenartigen Resümee Mays so weitgehend, daß man Herder auch im *Winnetou* als seinen Gewährsmann ansehen darf.

May variiert seinen Gedanken noch in der Einleitung[86]: »Was hätte diese Rasse leisten können, wenn man ihr Zeit und Raum gegönnt hätte, ihre inneren und äußeren Kräfte und Begabungen zu entwickeln? Welche eigenartigen Kulturformen werden der Menschheit durch den Untergang dieser Nation verloren gehen? Dieser Sterbende ließ sich nicht assimilieren, weil er ein Charakter war [...].« Das Thema durchzieht leitmotivartig den ganzen Roman und wird noch im Schlußsatz des dritten Bandes wieder aufgenommen, in dem Karl May »eine rechtlich denkende und fühlende Generation« der Zukunft die der roten Rasse genommenen Entwicklungsmöglichkeiten beklagen läßt.[87]

Karl May unternimmt bei der Ausfabulierung der von ihm geschilderten Kulturbegegnung den Versuch, die aufklärerisch-abendländischen und die historistischen Denkmuster, die sich im *Winnetou* überlagern, zu einer Synthese zu bringen. Das ist ein heute noch wichtiges Thema. Denn auch wenn wir inzwischen den Reichtum und Eigenwert fremder Kulturen besser erkennen als die Menschen vergangener Jahrhunderte, beharren wir doch gleichzeitig immer noch auf der universalen Geltung bestimmter aufklärerischer Errungenschaften (wie der Menschenrechte). Und auch wenn der Behauptungswille anderer Kulturen gewachsen ist und tieferes Verständnis findet als ehedem, ist der Welteinfluß der von den Weißen dominierten Zivilisation keineswegs geringer geworden.

Die Lösung des Problems, die der *Winnetou*-Roman vorschlägt, besteht darin, die Beziehung zwischen Weißen und Indianern nicht unter das Gesetz der ›Vernichtung‹, ›Vertreibung‹ und ›Versklavung‹ zu stellen, wie es der bisher überwiegenden Praxis entsprochen hatte, sondern eine ›Kulturverflechtung‹, ein wechselseitiges Geben und Nehmen, anzustreben, das jede der beiden Kulturen ihre Eigenständigkeit wahren und doch von der anderen lernen läßt.[88]

Das sieht dann so aus, daß Klekih-petra[89] einerseits den Indianern europäische Bildungselemente (Sprache, Literatur, Religion) vermittelt, andererseits aber selbst indianischen Habitus und indianische Sitten annimmt. Über seine erste Begegnung mit Klekih-petra schreibt der Autor[90]: »Man konnte nicht recht unterscheiden, ob er ein Weißer oder ein Indianer war.« Und Klekih-petra selbst erklärt[91]: »Ich ging zu den Apachen und lernte es, mein Wirken ihrer Individualität anzubequemen.« Auch die Kulturkritik ist wechselseitig. So nennt Old Shatterhand die indianische Sitte des Marterns »unmenschlich«[92] und ist damit auch vom Standpunkt heutigen europäischen Denkens aus im Recht. Aber Nscho-tschi antwortet ihm mit einer Gegenrede[93], bei der die europäische Zivilisation noch schlechter wegkommt; und der Autor tritt auf die Seite der Indianerin, wenn er rhetorisch fragt: »Durfte ich sie verurteilen? Hatte sie Unrecht?«

Exemplarisch wird das Ideal des brüderlichen Zusammenlebens von Weißen und Roten in der Freundschaft zwischen Old Shatterhand und Winnetou vorgeführt. Sie beruht durchaus nicht auf der einseitigen Übernahme fremden Kulturguts durch den Indianer. »Sprich nicht vom Glauben zu mir!«[94] fordert Winnetou ausdrücklich, weil er nicht möchte, daß der »Bund zerrissen werde«. Freilich lernt er gleichwohl von seinem weißen Bruder und stirbt als Christ. Diese Wirkung wird bei May jedoch mit Vorbedacht nicht als Ergebnis einer Indoktrinierung dargestellt.[95] »Aber muß man denn reden? [...] durch mein Leben, durch mein Thun bin ich der Lehrer Winnetous gewesen«. Andererseits sagt aber auch Old Shatterhand, er sei »mit Freude und Bewunderung« der Schüler Winnetous gewesen.[96]

Das bezieht sich zwar an der in Bezug genommenen Stelle ausschließlich auf die Fertigkeiten des indianischen Lebens, aber gerade sie sind es ja, in denen der Held sich zu bewähren hat. Im vierten Bande des *Winnetou*[97] muß sich dann der alte Shatterhand von seiner Frau sogar erklären lassen: »Winnetou war abgeklärter und größer als damals du, lieber Mann. Sein eigentlicher, sein unschätzbarster Wert lag nicht im Umgange mit dir, lag überhaupt nicht in deiner Nähe.« Bisweilen geht das Verständnis für die Lebensform exotischer Völker so weit, daß die europäischen Vorstellungen geradezu umgedreht werden. So heißt es in »*Weihnacht!*«, vier Jahre nach der Niederschrift des ersten *Winnetou*-Bandes[98]: »Ich habe überhaupt mehr sogenannte als wirkliche Wilde getroffen, ebenso, wie man sehr leicht dazukommen kann, mehr sogenannte als wirkliche Christen kennen zu lernen.«

Gewiß steht bei May die erzählerische Praxis nicht immer auf der Höhe seiner theoretischen Einsichten.[99] Aber das ist im Buch nicht anders als im Leben. Es ändert nichts daran, daß der *Winnetou* tendenziell kein kolonialistisches, obskurantistisches oder gar rassistisches, sondern ein humanes, der interkulturellen Verständigung dienliches Buch ist. Es kann auch vor dem Forum der Ideologiekritik in Ehren bestehen – besser als mancher vermeintlich klügere Bearbeiter und mancher kritische Verächter.

Anmerkungen

1 Klaus Lindemann, *Verdrängte Revolutionen? Eichendorffs »Schloß Dürande« und Karl Mays Klekih-petra-Episode im »Winnetou«-Roman,* in: Aurora, Jahrbuch der Eichendorff-Gesellschaft 34 (1974), S. 24-38.
2 Ebd., S. 33.
3 In der 74bändigen Bamberger Ausgabe der ›Gesammelten Werke‹, Bd. 7, S. 121.
4 Lindemann zitiert die beiden Sätze in umgekehrter Reihenfolge.
5 Lindemann, a.a.O., S. 36.
6 Das wurde schon im März 1976 von Hansotto Hatzig klargestellt; vgl. MKMG 27, S. 2.
7 Die erste Nachkriegsauflage, Bamberg 1948, 371.-380. Tausend, nennt freilich Dr. E. A. Schmid als Bearbeiter. Doch hat Schmid, der Leiter des Karl-May-Verlages, Mitarbeiter herangezogen und die Einfügung schwerlich gebilligt, wie der nachfolgende Text zeigt.
8 Ebd., S. 416.
9 Der Hintergrund für die in solchen Textänderungen sich ausdrückende Anpassung an die nationalsozialistische Ideologie ist wohl der, daß der Karl-May-Verlag in den letzten Kriegsjahren einem zunehmenden Druck der Partei ausgesetzt war. Es ist anzuerkennen, daß E. A. Schmid diesem Druck standgehalten hat. Denn die Bearbeitung, die er nach langem Zögern noch kurz vor Kriegsende veröffentlichte (361.-410. Tsd., 1944; diese Auflage wurde zum größten Teil durch Bomben zerstört), enthält diese Einfügungen *nicht!* Sie scheinen also aus einem vom Herausgeber verworfenen Entwurf der Kriegszeit ›aus Versehen‹ in die erste Nachkriegsausgabe gelangt zu sein.
10 Obwohl ich schon im Jahre 1976 (in: MKMG 28, S. 29) ihre sofortige Streichung gefordert habe. Daß dies nicht geschehen ist, bleibt schwer verständlich. Denn es mußte doch im Interesse des Verlages liegen, seinen Autor vor diskriminierenden Texteingriffen zu schützen.
11 DDR-Ausgabe, S. 106.
12 Sie werden geschildert und analysiert bei Ingmar Winter, *Der »Rote« Gentleman. Zur DDR-Ausgabe des Winnetou-Romans,* in: MKMG 66 (1985), S. 43 ff., MKMG 67 (1986), S. 34 ff.
13 Natürlich gibt es auch unbearbeitete Ausgaben; verdienstvoll ist vor allem der vom Karl-May-Verlag 1982-1984 vorgelegte Reprint der Fehsenfeld-Erstausgaben. Doch sind die Bearbeitungen absolut marktbeherrschend. Eine textkritische Edition der *Winnetou*-Bände wird vom Verlag Greno im Rahmen einer 99bändigen historisch-kritischen Ausgabe der Werke Mays (KMW) für 1990 angekündigt.
14 Deutscher Wanderer, 1883/84, Lieferung 107, S. 1698 (= Reprint der Ausgabe 1901/02, Hildesheim: Olms, 1972, Bd. 5, S. 2064). In der

Radebeuler und Bamberger Ausgabe ist die Passage gestrichen.
15 Der Urdruck der *Geographischen Predigten* findet sich im einzigen Jahrgang (1875/76) der von Karl May redigierten Zeitschrift ›Schacht und Hütte‹. Davon ist 1979 bei der Olms-Presse, Hildesheim, ein Reprint erschienen (Hg.: Klaus Hoffmann), in dem sich das Zitat auf S. 278 befindet. In der Bamberger Ausgabe (ab 1968) findet sich das Zitat in sprachlich modernisierter Form S. 433 f.
16 Ebd.
17 Ebd.
18 Das Zitat stammt aus dem teilweise von May verfaßten Lieferungswerk *Das Buch der Liebe* (III. Abt., S. 13 f.), das 1876 bei Münchmeyer in Dresden erschienen ist. Das Werk war lange verschollen und ist erst vor kurzem wiederentdeckt worden; die Karl-May-Gesellschaft hat Ende 1988 einen Reprint des Originals veröffentlicht. Die hier zitierte Stelle findet sich auch in dem einzigen zuvor bekannten und veröffentlichten Textfragment, das in der Bamberger Ausgabe, Bd. 72, S. 298-312 (308 f.) enthalten ist. Vgl. über das *Buch der Liebe* Dieter Sudhoff, in: Gert Ueding (Hg.), *Karl-May-Handbuch*, Stuttgart 1987, S. 571 ff.
19 VII, S. 127.
20 Ebd., S. 128.
21 *Das Buch der Liebe*, III. Abt., S. 16.
22 JbKMG 1970, S. 82 und 58.
23 *Das Buch der Liebe*, III. Abt., S. 14 f.
24 JbKMG 1972/73, S. 11-92 (84).
25 VII, S. 127 f.
26 *Geographische Predigten* [wie Anm. 15, Reprint], S. 118.
27 Erste Hinweise bei Hartmut Kühne, MKMG 5 (1970), S. 23 f.
28 JbKMG 1974, S. 56.
29 Bahnbrechend Hans Wollschläger, JbKMG 1972/73, S. 11 ff., JbKMG 1974, S. 153 ff. Zur Entwicklung der Problematik im Werk vgl. meinen Beitrag in JbKMG 1974, S. 15 ff.
30 VII, S. 128.
31 *Mein Leben und Streben*, Freiburg 1910, Reprint Hildesheim 1975, S. 244; vgl. auch die Nachweise in: JbKMG 1974, S. 38, S. 69, Anm. 105-110.
32 VII, S. 129 f.
33 Ebd., S. 130.
34 Ebd., S. 125.
35 Peter Uwe Hohendahl, *Von der Rothaut zum Edelmenschen*, in: Sigrid Bauschinger, Horst Denkler, Wilfried Malsch (Hg.): *Amerika in der deutschen Literatur*, Stuttgart 1975, S. 239.
36 VII, S. 123 f. In der Fehsenfeld-Ausgabe steht »Intschi tschuna«. Dieser Druckfehler hat sich noch bis in die blaue illustrierte Ausgabe (S. 104) fortgeschleppt.

37 Hier und in den beiden folgenden Zitaten: VII, S. 130.
38 *Geographische Predigten* [wie Anm. 15, Reprint], S. 158.
39 VII, S. 122.
40 XXXIII, S. 286.
41 Ebd., S. 565.
42 Ebd., S. 585f., 622.
43 Lindemann, a.a.O., S. 33.
44 *Mein Leben und Streben*. Reprint der Erstausgabe, Hildesheim 1975, S. 39ff., dazu Plaul, ebd., Anm. 44, 54, S. 347, 349.
45 *Die Juweleninsel*. Historisch-kritische Ausgabe, hg. v. Hermann Wiedenroth und Hans Wollschläger, Nördlingen 1987 (KMW II. 2), S. 632.
46 Die ›staatspolitische‹ Handlung des Romans *Scepter und Hammer* (KMW II. 1, S. 647) gipfelt in der Entfernung der »verhaßten Räthe und Minister« und der Vorbereitung einer »Konstitution«, zu deren Beratung das Volk seine »selbstgewählten Vertreter an den Hof schicken« soll.
47 *Die Juweleninsel*, S. 290.
48 VII, S. 128.
49 Hartmut Lutz, »*Indianer« und »Native Americans«. Zur sozial- und literarhistorischen Vermittlung eines Stereotyps,* Hildesheim, Zürich, New York 1985. Es handelt sich um eine vom »Fachbereich Sprache, Literatur, Medien der Universität Osnabrück« angenommene Habilitationsschrift. Doch bezeichnet sich der Verfasser als »Nicht-Germanist« (S. 304, Anm. 99).
50 Ebd., S. 319.
51 *Cowboy Mentor of the Führer,* in: The Living Age 359 (1940), S. 217ff.; auszugsweise Übersetzung bei Helmut Schmiedt (Hg.), *Karl May,* Frankfurt a. M. 1983, S. 32ff. Kritisch dazu: Wolf-Dieter Bach, *Hitlers Schatten zwischen Klaus Mann und Karl May,* in: MKMG 27 (1976), S. 14ff.; Günter Scholdt, *Hitler, Karl May und die Emigranten,* in: JbKMG 1984, S. 60-91.
52 Lutz, a.a.O., S. 354.
53 Ebd., S. 349.
54 Ebd., S. 350.
55 VII, S. 438.
56 Lutz, a.a.O., S. 352.
57 Auf diese Stelle weist schon Helmut Schmiedt in seiner Rezension des Buches von Lutz (JbKMG 1987, S. 299-306) hin. Er spricht von einem krassen »Mißverhältnis zwischen dem Text und seiner Deutung« (S. 304). Dagegen findet Willy Schroeter in dem von Thomas Ostwald herausgegebenen ›Magazin für Amerikanistik‹ (H. 3/87) es »herrlich«, daß Lutz feststellt, Old Shatterhand sei »ein Rassist, Sexist und der Prototyp des deutschen Kolonialisten, sprich Herrenmenschen«.
58 VII, S. 419.

59 Lutz, a.a.O., S. 345.
60 JbKMG 1970, S. 76.
61 So schreibt denn auch Lutz, a.a.O., S. 320, »die etablierte Literaturwissenschaft« ziehe Mays »literarische Beschränktheit« nicht »in Zweifel«. Vgl. demgegenüber den »etablierten Literaturwissenschaftler« Helmut Koopmann in der Frankfurter Allgemeinen Zeitung vom 5. 11. 1987 anläßlich der Besprechung neuer Sekundärliteratur zu Karl May: »Als Trivialautor gilt May schon lange nicht mehr.«
62 May hat sich erstmals von September bis November 1908 in Amerika aufgehalten und auch bei dieser Gelegenheit den ›wilden Westen‹ nicht kennengelernt; gleichwohl greift sein letzter Roman *Winnetou IV* (1909/10) zum Teil auf die realen Schauplätze dieser Reise zurück. Den ersten drei *Winnetou*-Bänden (1875-93) aber liegt keine Kenntnis des wirklichen Amerika zugrunde. Die früher oft (und noch heute in Bd. 34 der Bamberger Ausgabe, S. 333f.) in Betracht gezogene Hypothese früher Amerika-Reisen muß als widerlegt gelten; vgl. dazu meine May-Biographie, in: Gert Ueding (Hg.), *Karl-May-Handbuch*, Stuttgart 1987, S. 79f.
63 Zusammenfassend Urs Bitterli, *Die »Wilden« und die »Zivilisierten«. Die europäisch-überseeische Begegnung*, München 1976.
64 Vgl. vor allem Heinz Stolte, *Auf den Spuren Nathans des Weisen. Zur Rezeption der Toleranzidee Lessings bei Karl May*, in: JbKMG 1977, S. 17ff.
65 In der 1883 im ›Neuen Universum‹ erschienenen Erzählung *Ein Oelbrand;* faks. in: JbKMG 1970, S. 221ff. (223).
66 VII, S. 334.
67 Ebd., S. 408.
68 Ebd., S. 125.
69 Ebd., S. 113f.; folgendes Zitat S. 136.
70 Ebd., S. 109.
71 Ebd., S. 308f.
72 So noch nicht in *Winnetou I*, S. 109f., wohl aber in der ›klassischen‹ Beschreibung in »*Weihnacht!*« (XXIV, S. 277 [= KMW IV. 21, Nördlingen 1987, S. 238]).
73 Näher Bitterli, a.a.O., S. 359.
74 VII, S. 5f.
75 Ebd., S. 124.
76 Ebd., S. 309.
77 Ebd., S. 304.
78 Vgl. dazu Bitterli, a.a.O., S. 367ff.
79 Lutz, a.a.O., S. 354.
80 Ebd., S. 352; folgendes Zitat S. 350.
81 Bitterli, a.a.O., S. 321.
82 Vgl. über den Einfluß Herders auf Karl May Ekkehard Koch, »*Jedes*

irdische Geschöpf hat eine Berechtigung zu sein und zu leben«. Zum Verhältnis von Karl May und Johann Gottfried Herder, in: JbKMG 1981, S. 166ff.
83 Grundlegend Friedrich Meinecke, *Die Entstehung des Historismus*, München ⁴1965.
84 VII, S. 2.
85 Bitterli, a.a.O., S. 319.
86 VII, S. 4f.
87 IX, S. 627.
88 Vgl. zu den in Anführungszeichen gesetzten Begriffen die jeweiligen Abschnitte bei Bitterli, a.a.O., S. 130ff., 137ff., 146ff., 161ff.
89 Über historische Vorläufer Klekih-petras vgl. Ekkehard Koch, *Klekihpetra, der »deutsche Lehrer« Winnetous*, in: MKMG 31 (1977), S. 4ff.
90 VII, S. 105.
91 Ebd., S. 130.
92 Ebd., S. 385.
93 Ebd., S. 386ff. (389).
94 Ebd., S. 424.
95 Ebd., S. 425.
96 Ebd., S. 433.
97 XXXIII, S. 239.
98 XXIV, S. 383 (= KMW IV. 21, S. 326).
99 Vgl. dazu die abwägenden Ausführungen bei Helmut Schmiedt, *Balduin Möllhausen und Karl May: Reiseziel St. Louis*, in: text + kritik, Sonderband *Karl May*, hg. v. Heinz Ludwig Arnold, München 1987, S. 127ff. (135ff.).

Martin Lowsky
Roß und Reiter nennen
Karl Mays ›conte philosophique‹ von Winnetous Tod

1.

Eine Blütezeit des literarischen Exotismus, in dessen Gefilde wir uns mit der Erwähnung des Namens Karl May begeben, war bekanntlich das Jahrhundert der Aufklärung. Zu Beginn, ab 1704, legte Antoine Galland seine französische Fassung von *Tausendundeiner Nacht* vor und löste, unterstützt von den Neuauflagen der Reisememoiren eines Chardin und eines Tavernier aus dem vorangegangenen Jahrhundert, die Vorliebe für die orientalische und überhaupt außereuropäische Szenerie aus. Diese Vorliebe führte zu einer reichen Produktion von harmlos amüsierenden Romanen, doch hat sie bei allem Zögern der ›Philosophen‹ vor diesem Genre das Denken und Dichten der Aufklärung vielfältig geprägt. Dabei zeigt sich, will man diese Vielfalt schematisch resümieren, daß die Schriftsteller der Aufklärung in dreierlei Weise die reale oder erfundene Exotik für die Propagierung ihrer Ideen eingesetzt haben. Einmal haben sie, und das war die radikale Position von Rousseaus theoretischen Texten, in zivilisationsfeindlicher Absicht die angeblich paradiesische Lebensweise der Naturvölker, der ›edlen Wilden‹, ihren Zeitgenossen als Vorbild und verlorenes Glück dargestellt. Sodann haben sie im dichterischen und weniger radikalen Gedankenbild von exotischen Personen erzählt, um ihnen unbefangen tadelnde Äußerungen über das Abendland in den Mund zu legen; typische Beispiele sind Montesquieus *Lettres persanes* (1721), fiktive Briefe zweier Perser, die das für sie kuriose Paris erleben, und Voltaires Erzählung von dem *Ingénu* (1767), dem arglosen Wilden, den es von Amerika nach Frankreich verschlägt. Schließlich, und dies finden wir bei fast allen Autoren der Epoche, diente ein exotisches Kolorit zur Verkleidung von Alltagsrealitäten, von politischen, sozialen und psychologischen Erfahrungen, die in solcher satirischen Verfremdung erörtert und gebrandmarkt werden konnten; so etwa in dem England karikierenden Lilliput

Jonathan Swifts, in dem frankreichähnlichen Sultanat von Diderots *Bijoux indiscrets* oder in Lessings *Nathan der Weise,* wo man das sagt, was in Braunschweig nicht ausgesprochen werden darf.

Den Rückgriff auf die Exotik anläßlich politischer und anthropologischer Fragen, so charakteristisch er für die Epoche der Aufklärung ist, hat es natürlich, man denke nur an Rabelais, an Nietzsches *Zarathustra,* auch vorher und nachher gegeben, und gerade in der Tradition der Abenteuerliteratur mit ihrem Ausreisedrang ist es nicht immer nur um buntbewegte Handlung gegangen. Dies gilt auch für Karl Mays Werk, denn dort finden wir ansatzweise alle drei beschriebenen Vorgehensweisen wieder: der Rousseausche Mythos vom ›edlen Wilden‹ hat Mays Kreation der Figur Winnetou geleitet, die zivilisationskritische Optik der Exoten bestimmt (im 1. Band *Winnetou*) die Philippiken Sam Hawkens' und Nscho-tschis über Unsitten und Grausamkeiten (Vivisektion!) der Abendländer[1], und die Transposition heimischer Realität in die Maske der Exotik wird belegt durch die zahlreichen biographischen Spiegelungen, die eine gewichtige Forschungsrichtung um May untersucht hat, und zusätzlich durch die Erklärung des alten May, er erzähle »rein deutsche Begebenheiten im persischen Gewande«.[2]

Solche Annäherungen Mays an die Aufklärung bleiben noch im Allgemeinen, sind aber Grund genug, den Parallelen zwischen May und seinen Vorläufern aus dem 18. Jahrhundert weiter nachzugehen, selbst eingedenk der Tatsache, daß sein Werk, wie jeder weiß, auch andere Züge enthält. Es gibt da Deutschtümelei, wilhelminische Größensucht und Hang zu Vorurteilen – alles Ingredienzien, die, nach Ernst Bloch, an der Oberfläche der Texte bleiben und den offenbar zeitlosen Erfolg Mays nicht behindern, aber die doch dieses Werk zu einem ideologisch widersprüchlichen Gebilde machen. Es fällt leicht, diese Widersprüchlichkeit aus Mays Lebenserfahrungen zu erklären, aber vieles entschuldigt sich auch durch die literarischen Zwänge, durch die motivlichen und erzählökonomischen Notwendigkeiten, denen sich einer, der spannende Abenteuer berichten will, zu unterwerfen hat. Da ist nun einmal der starke Haupthelp eine servitude littéraire, und – um ein Beispiel von Erzählökonomie zu nennen – wenn May in seinen Nil-Geschichten bilderreich gegen die Unterdrückung der schwarzen Rasse aufruft, so hat doch in seinen Wildwesterzählungen der amerikanische Neger den Part der lustigen Person inne, da dort die Indianer bereits die Rolle der Unterdrückten besetzen. Noch wichtiger bei der ideologischen Bewertung Mays ist der Umstand, daß die Hinwendung zur Exotik schon in der Aufklärungszeit zu Widersprüchen führte. War doch der Philosoph, während er im Wilden den besseren oder zumindest den bewundernswerten Menschen sah, zugleich froh über den fortgeschrittenen Erkenntnisstand der zeitgenössischen Kultur. Selbst ein Rousseau bekundete diese Zerrissenheit, wenn er bei all seinem Preisen des Fernen und Früheren sich gern von den Damen der literarisch interessierten Noblesse umschwärmen ließ. Zu Recht wurde die Vorliebe für die Exotik als eine mögliche Keimzelle der vielberedeten Dialektik der Aufklärung bezeichnet, und tatsächlich stammt ein gut Teil der Widersprüche bei May und seinem Helden, der mit dem angelesenen Wissen des Europäers und mit bestkonstruierten Waffen in die exotische Natürlichkeit strebt, bereits aus dem aufklärerischen Erbe.

2.

An die Aufklärungstradition in Mays Werk gemahnt uns nicht nur der Blick auf die exotische Sphäre, sondern auch manches spezielle Motiv. Hier wird man sofort an das Sujet des Spurenlesens denken, das immer Klärung und Aufklärung beabsichtigt und das May in seinen Abenteuerhandlungen intensiv einsetzt. Sehen wir etwas weiter und beachten wir die gute Vertrautheit der Mayschen Helden mit Naturphänomenen, ihr Vermögen etwa, die Uhrzeit aus dem Stand der Sterne abzulesen oder in der Wüste durch brennende Kakteen den Regen herbeizuholen, so haben wir ein fein zusammengesetztes Abbild des Empirismus, der am Beginn der Aufklärung stand. Ging es ihr doch, zumal in Frankreich, dem Lande Descartes', und vor Kants abstraktem Wort von der Mündigkeit des Aufgeklärten, in erster Linie um die Überwindung überlieferter Denksysteme und damit um die unvoreingenommene Erfassung des Sichtbaren, für die die 28 Bände von Diderots großer *Encyclopédie* das leuchtende Symbol sind. Kenntnisse hatten der Erkenntnis vorauszugehen. In diesen Zusammenhang, was May betrifft, gehört auch, daß er den Wissensfundus seiner Akteure betont, die in naturwissenschaftlichen, ethnographischen und anderen Bereichen unerschöpflich Fakten parat haben, bis hin zu den aufklärerischem Kosmopolitismus entspringenden Sprachenkenntnissen, über die bei May auch allerletzte Kolportageschurken verfügen. Im *Schatz im Silbersee* finden wir die unvermittelte, seltsam mahnende Bemerkung, daß der Indianer Winnetou einen französischen Familiennamen korrekt zu lesen und auszusprechen weiß.³

Die längste Episode des Spurenlesens, die man von Karl May kennt, enthält die Erzählung *Im »wilden Westen« Nordamerika's*, die vermutlich um 1881 erschienen ist und das fünfte der über zwanzig Werke ist, die den Apachenhäuptling Winnetou auftreten lassen.⁴ Sie ist zugleich die Geschichte von Winnetous Tod, so daß May sie mit einigen Veränderungen in den Schlußband seiner *Winnetou*-Trilogie (1893) aufgenommen hat, wo sie das 5. bis 7. Kapitel bildet.⁵ Wer die Erzählung nur aus dem Zusammenhang der Trilogie mit ihrer mythisch-legendarischen Gesamtkomposition kennt, übersieht leicht, daß es sich um ein ursprünglich selbständiges Werk, selbständig in Form und Gehalt, handelt. Das augenfälligste Merkmal der Urfassung gegenüber der vielgelesenen Version innerhalb des *Winnetou*-Romans ist der Umstand, daß dort der Held eine Laufbahn als Westmann nicht im Sinne hat – obgleich er schon Old Shatterhand heißt – und daher eher ein schlichter Abenteurer als der allseits verehrte Supermann ist.

Den *»wilden Westen« Nordamerika's* eröffnet ein Zitat aus der amerikanischen Verordnung über die Einrichtung des Yellowstone-Nationalparks, dessen Landschaft anschließend geschildert wird. Sodann liest man, wie der Ich-Erzähler dank der Anregung und Hilfe eines reichen Freundes zu seiner dritten Amerikareise aufbricht, bis er, und hier beginnt nach dieser zweistufigen vorausdeutungsreichen Einleitung die eigentliche Geschichte, in Omaha die »Pacific-Bahn« besteigt, um »weiter nach Westen vorzudringen«.⁶ Der Halt des Zugs vor einer Unglücksstelle, an der eine Verbrechertruppe einen Versorgungszug entgleisen ließ und ausraubte, weckt den Forscherdrang des Ichs, wobei es zu unserer Szene des Spurenlesens kommt. Ein halbes Dutzend Buchseiten gestattet sich May für diesen Vorgang⁷, in dessen Mittelpunkt Shatterhands Ergebnisbericht steht, den sich der dicke Walker, eine Bekanntschaft aus dem Zugabteil, anhören muß. Sechsundzwanzig Pferde, so schließt Shatterhand allein aus den Spuren, seien hier gewesen, und von ihnen

»waren acht beschlagen und achtzehn unbeschlagen. Unter den Reitern befanden sich dreiundzwanzig Weiße und drei Indianer. Der Anführer der ganzen Truppe ist ein Weißer, welcher mit dem rechten Fuße hinkt; sein Pferd ist ein brauner Mustanghengst. Der Indianerhäuptling aber, der bei ihnen war, reitet einen Rapphengst, und ich glaube, daß er ein Sioux ist vom Stamme der Ogellallah.«[8]

Nehmen wir die virtuosen Beweisführungen hinzu, die Shatterhand seinem staunenden Gefährten dann noch liefert und die sich bis auf ausgeraufte Mähnenhaare, Eindrücke von Farbnäpfchen und Details über Kriegsbemalungssitten hinziehen, so drängt sich eine literarhistorische Einordnung auf, die in einigen Arbeiten über May bereits zur Sprache gekommen ist. Wir haben hier das Exempel einer Detektivarbeit vor uns, wie sie für den Kriminalroman typisch ist und wie sie von Edgar Allan Poe in seiner Erzählung *The Murders in the Rue Morgue* (1841) gattungsbestimmend entwickelt worden ist. Im Kriminalroman wie in Mays Passage ist die Entdeckung eines Verbrechens der Ausgangspunkt, woran sich nicht oder zunächst nicht Aktionen anschließen, sondern das Beobachten, das Kombinieren und das Argumentieren eines Detektivs. Stark an Poe und an seinen Nachfahren Conan Doyle erinnert insbesondere Mays Verfahren, im Dialog zwischen dem Detektiv und seinem Begleiter die aus den Spuren gezogenen Schlüsse zu explizieren (wobei allerdings bei Poe, anders als bei May, der Begleiter der Ich-Erzähler ist). Diesen hübschen erzähltechnischen Trick tadelte übrigens ausgerechnet Arno Schmidt, der Verehrer Poes; er monierte, daß der Partner »nur 40%« herausbringe und Shatterhand »herablassend seinen Senf« dazugebe.[9] Doch hat Schmidt, der von May nicht lassen konnte, diese Konstruktion in seinen literaturkundlichen Funkessays gern imitiert, wo ein souveräner Sprecher A, eine Art Nachfolger Shatterhands, seinen halbgebildeten Widerpart B ständig sanft korrigiert.

Typisch für manche Kriminalromane und speziell für Poes Detektivgeschichten ist auch der Eifer bei May, auf die intellektuelle Kriminalarbeit theoretisierend einzugehen. »Aus den Wolken jedenfalls nicht, sondern aus den Spuren, Sir«, habe der Held seine Ergebnisse gewonnen, der dann mahnt: »Seht selbst nach!«, und wieder: »Ich habe Euch gebeten, selbst nachzusehen!« Einige Seiten später heißt es auf die Frage, wie man am besten die Handlungen eines anderen erraten kann: indem »man sich recht lebhaft in die Lage versetzt, in welcher er sich befindet, und dabei seinen Charakter mit in Rechnung zieht«, also indem man das tut, was

Poe in seinem *Purloined Letter* so formuliert: »sich mit dem Intellekt seines Gegenspielers identifizier[en]«.[10] Die Belehrungen, die Shatterhand zwölf Jahre später im 1. Band *Winnetou* seinem Freund Hawkens erteilt (»Daher [gelang die Spurendeutung], daß ich logisch richtig gedacht und geschlossen habe«[11]), bekräftigen Mays Verwandtschaft mit Poe.

Etwas anderes ist es mit den langen Exkursen des Erzählers über Banditentum (über »die sittlichen Parias, welche die Wildniß aufsuchen müssen, weil sie mit den Gesetzen gebrochen haben«) und Indianerausrottung.[12] Hier zeigt Mays Erzählung die Tendenz des späteren Detektivromans, erstmals deutlich in Emile Gaboriaus *Affaire Lerouge* (1863-66), nicht einen isolierten Verbrecher zu suchen, sondern das Delikt als Ausdruck bestimmter sozialer Zustände zu sehen.

Bei all dem ist festzuhalten, daß May gewiß nicht vorhatte, eine Detektiverzählung, einen ›tale of ratiocination‹ (Poe) zu schreiben. Unsere Passage einer Detektiverzählung bleibt, auch wenn es im weiteren Verlauf der Erzählung wieder um das Nachspüren und Kombinieren geht, eine einzelne isolierte Episode, deren Ziel es ist – wir werden darauf eingehen –, den Leser mit der Welt des Wilden Westens allmählich vertraut zu machen.

Zurück zur Aufklärung: In ihrer Tradition stehen das Beobachten, das Kombinieren und das Faktenwissen, das der Spurenleser bezeugt. Doch darüber hinaus erinnert die Maysche Passage an einen speziellen Text der Aufklärung, an das Kapitel *Der Hund und das Pferd* in Voltaires Erzählung *Zadig* aus dem Jahre 1747. In diesem Kapitel, das verschiedentlich als der Ursprung des Krimi-Genres und überhaupt der Ausgangspunkt aller semiotischen Raffinesse bezeichnet wird (obwohl es seinerseits einen alten orientalischen Stoff repetiert, der Voltaire in mehreren Anthologien seiner Zeit zugänglich war), analysiert der Held Zadig, ein junger Orientale, ebenfalls die Spuren von entschwundenen Tieren und kommt unter anderem zu dem Resultat:

»Das ist doch das Pferd, das den besten Galopp läuft, es ist fünf Fuß hoch, hat sehr kleine Hufe und einen Schweif von dreieinhalb Fuß. Die Buckel seines Zaumzeugs sind aus dreiundzwanzigkarätigem Gold, die Hufeisen aus elflötigem Silber.«[13]

Die Ähnlichkeit mit Shatterhands Darlegungen ist offensichtlich. Zwar nimmt dieses Kapitel keinen ausgezeichneten Platz in *Zadig* ein, sondern illustriert nur eine Etappe in Zadigs geistiger Entwicklung, und außerdem fehlt der Dialog mit einem Gefährten (Zadig gibt seine scharfsinnigen Begründungen, die den Staub auf Laubblättern und Probiersteine heranziehen, erst später vor Gericht ab). Aber man möchte doch meinen, daß May hier, auf welchen literarischen Wegen oder Umwegen auch immer, von Voltaire beeinflußt wurde.

Es gibt weitere Übereinstimmungen zwischen Zadig und Shatterhand; sogar das Persönlichkeitskonzept in *Zadig* ist weitgehend in Mays »*wildem Westen*« *Nordamerika's* wiederzufinden. Denn sehen wir, wie May bei der Einführung seines Helden die Akzente setzt: Der Ich-Held, so seine entscheidenden Charakteristiken gemäß dem Anfangsteil der Erzählung, ist ein Mann, der sich spontan von der »Prairiekrankheit«, der Reisesehnsucht, ergreifen läßt und dabei über eine »gute Constitution« verfügt; er ist ferner einer, der einen reichen Freund besitzt, also, wenn auch wohl nicht selber zu den Vermögenden zählt, so doch in ihren Kreisen verkehrt; schließlich ist er, wie sich im Eisenbahnabteil herausstellt, von angenehmem Äußeren (»Alles an Euch so nett und sauber«), und er antwortet auf gute Ratschläge »im bescheidensten Tone«.[14] Lesen wir nun bei Voltaire, wo Zadig nach vielen Schicksalsschlägen wie Vertreibung, Versklavung und falschen Beschuldigungen letzten Endes auch in allen Dingen, selbst als Frauenliebling, selbst als Turnierrecke, brillieren darf, den einleitenden Teil. Der 2. Absatz des 1. Kapitels stellt resümeeartig fest: »Zadig besaß große Reichtümer und folglich auch viele Freunde, und da er gut aussah, gesund war, gerecht und maßvoll im Urteil, aufrichtig, lauter und edel, glaubte er, daß auch er glücklich sein könne.«[15] Wir beobachten also bei Voltaire fast genau die Persönlichkeitsmerkmale, geistige, körperliche und soziale, die May für seinen Helden verwendet.

An diesem Menschenbild, das Voltaire weniger an aufklärerischen Mustern als am ›honnête homme‹ der französischen Klassik ausrichtet, soll uns wichtig sein, daß darin das Glück des Reichtums betont wird. Wir sehen hier das in bestem Sinne bürgerliche Ideal, frei von eigener Not gute Werke vollbringen zu können, wie es Voltaires ganzes Œuvre durchzieht (»le superflu, chose nécessaire«, so die bekannte Formulierung in seinem *Mondain*) und wie Lessing es in der Figur des reichen und wohltätigen Juden Nathan darstellt. Auch Mays Werk bringt immer wieder den Gedanken vom Vorteil des Reichtums[16] – in unserer Erzählung, wie wir sehen werden, noch an einer zweiten Stelle –, bis May das Ideal von der universell segensreichen Wohltätigkeit der Reichen in seinem späten Weltfriedenskonzept von *Und Friede auf Erden!* (1901/04) zu einem tragenden Motivkomplex entfaltet.

Eher unauffällig ist in Mays »*wildem Westen*« Nordamerika's das Motiv von der schriftlichen Mitteilung, also von der Kulturtechnik des Schreibens. Der Held verfaßt einmal einen Benachrichtigungszettel für die verbündeten Verbrecherjäger. Die Überlegenheit des Kulturmenschen spielt hier mit hinein, und vage war sich May des Problems bewußt, wenn er die Gefahr ankündigt, Mißverständnisse könnten die schriftliche Nachricht zur Falschmeldung machen: »Uebrigens werde ich die Warnung so abfassen, daß sie geglaubt werden muß.«[17] Diese Angstvorstellung des Falschlesens, die eine Skepsis vor Kulturtechniken sichtbar macht, war für May so stark, daß er sie im Kapitel *Das Testament des Apachen*, das im Roman unsere Erzählung fortsetzt, wieder aufnimmt, indem er den Bösewicht Santer dadurch zu Tode kommen läßt, daß dieser Winnetous schriftliches Vermächtnis nicht korrekt zu lesen versteht. Wir denken wieder an *Zadig*; mehrmals wird dort geschrieben. Ein Vorbild für die Maysche Situation liefert die Episode *Der Neider*, in der Zadig beinahe hingerichtet wird, weil andere seine Huldigungsverse falsch zusammengesetzt und daraus ein Schmähgedicht gebildet haben. Dem Kulturfortschritt immanente Gefahren werden bei Voltaire und in weniger präziser Weise bei May zum Thema gemacht.

3.

Die aufklärerischen Elemente dürfen uns jedoch nicht davon ablenken, daß Mays Erzählung in ihrer zweiten Hälfte an andere Stoffe gerät, als es das Thema von Überfall und Verbrecherjagd ahnen läßt. Nachdem die weißen Schurken zur Strecke gebracht sind, steht im Mittelpunkt das Geschehen um die frommen Leute von Helldorf Settlement, die von Sioux entführt und dann von Shatterhand und seinen Gefährten, zu denen inzwischen Winnetou gehört, befreit werden. Dabei trifft Winnetou eine tödliche Kugel. Die Todesstunde Winnetous mag man, angeleitet von der bekannten Killyschen Anthologie[18], als ein Muster deutschen Kitsches ansehen, aber entscheidend ist, daß Winnetou sich dabei zum Glauben seines Freundes Shatterhand bekennt und so mitten in der Exotik die Einheit von Naturmensch und Kulturträger, von Exotik und Abendland entwickelt wird. Solche Vorstellungen sind der Aufklärung mit ihrer Dichotomie von Zivilisation und Ursprünglichkeit fremd. Vielmehr entspringen sie der romantischen Doktrin vom ›Zusammenhang aller Dinge‹; Winnetous Tod und seine Begleitumstände haben ausgesprochen romantische Züge. Die Glaubensunterschiede zwischen Shatterhand und Winnetou sind nur vorläufig und werden in der erhabenen Krisis der Todesstunde überwunden, so daß die Idee des Einsseins Überirdisches mit einbezieht. »Die Harmonie ist grenzenlos, umfaßt sie doch die Sphären des Diesseits und des Jenseits«, schrieb Martin Schenkel über Mays utopischen Pazifismus in dem bereits erwähnten *Und Friede auf Erden!*[19] – hier kann man sie vorgebildet sehen.

Dabei unternimmt May sogar eine Wendung ins Mittelalterliche. Denn die äußere Ansicht von dieser Sterbeszene, bei der Winnetou in Shatterhands Schoß ruht, ist, wie einmal bemerkt wurde, den mittelalterlichen Pietàs nachgeformt, den Andachtsbildern von der Beweinung Christi durch Maria.[20] Auch die anderen sakralen Elemente, wenn Winnetou andächtig von der »Königin des Himmels« spricht und verzückt dem Gesang des ›Ave Maria‹ lauscht[21], müssen wir weniger als katholische denn als mittelalterliche Reminiszenzen lesen. May zitiert durch den Gesang, durch die metaphorische Anrede Mariens und durch das ›lebende Andachtsbild‹ der Personengruppierung die Kunst des Mittelalters, um die mystische Union in dieser Erzählung durch die Bezüge auf eine vor-neuzeitliche geistige Einheit zu festigen. Dies ist natürlich ein Vorgehen, das May von den Romantikern gelernt hat, etwa von Novalis' Essay *Die Christenheit oder Europa* (1799/1826) mit seiner Beschwörung eines christlich-mittelalterlichen Verbundenseins aller Lebensbereiche. Noch der vierte *Winnetou*-Band des Alterswerks (1910) lebt in seinen realitätsfremden Ideen über eine indianisch-germanische Rasse aus diesem romantischen Willen zur universalen Einheit.

Wenn in der Episode um Winnetous Bekehrung Shatterhand der Belehrende ist, also die Rolle des Aktiven hat, so ist dies, wiederum im Geiste einer Harmonie, als Teil eines symmetrischen Aufbaus zu sehen. War doch Winnetou einstmals der »Lehrer« Shatterhands »im wildesten Wald- und Savannenleben«[22] gewesen! Er hat also seinen aktiven Part schon hinter sich, und so von der reziproken Schülerschaft aus gesehen, erscheint die religiöse Belehrung als die notwendige Ergänzung jeder Erziehung. Diese geradezu zwanghafte Betonung der religiösen Unterweisung kann man als Widerschein von Mays Ausbildung im Lehrerseminar sehen, wo die christliche Belehrung großen Raum, etwa ein Viertel der Stunden, einnahm. Doch verbergen sich hier auch Mays persönlichste Wünsche, denn ihm bedeutete, wie psychologische Untersuchungen festgestellt haben, Religion zugleich Liebe, und es ist interessant genug, daß unsere Erzählung eine Frau zum ersten Mal im Tale der frommen Siedler auftreten läßt, dort also, wo überdies Winnetous Marienverehrung beginnt.

Dieses zeitweilige Umschlagen der Erzählung vom Rationalistischen ins Romantische, dieser Weg gewissermaßen von der Physik in die Metaphysik läßt an eine bekannte These denken (von Richard Alewyn), wonach die Detektiverzählung mit ihren Geheimnissen und Heimlichkeiten mehr in der Tradition der Romantik und der Schauerromantik als in der Tradition der Aufklärung steht.[23] Der These wurde widersprochen, und zwar am treffendsten mit dem ideologischen Argument, daß Indizienbeweise und damit die Detektivarbeit erst eine Rolle spielen können, seit die Folter abgeschafft ist, also erst in der Nachfolge der Aufklärung. Doch spricht für die These, dies nun als poetisches Argument, daß der literarische Detektiv oft das Gebaren eines romantischen Helden hat, wie ja gerade Poes Detektiv Dupin ein kauziger Typ ist, der weltabgeschieden lebt und erst aus dieser Sonderexistenz heraus seinen Scharfsinn entwickelt.[24] Hat in diesem Sinne Mays Erzählung von vornherein romantische Züge?

Tatsächlich lernen wir gleich zu Beginn eine romantische Figur kennen, doch sie ist nicht der Held der Erzählung. Der romantische Typ ist vielmehr Walker, der schon im Namen das romantische Motiv des Wanderns trägt, der Mann, der mit seinen »kurzen, dicken Elephantenbeinen«, die »schmierige Pfeife«[25] am Hals, und mit störrischem Pferd, rostiger Waffe, beides für andere unbrauchbar, sich zu Shatterhand gesellt, der dagegen wohlausgerüstet und von angenehmem Äußeren ist. Shatterhand repräsentiert den Aufgeklärten à la Zadig, so daß May hier den Anhänger der Aufklärung gegen den Romantiker antreten läßt und sich durch die Wahl des erzählenden Ichs und durch dessen Tüchtigkeit für die Aufklärung und gegen die Romantik erklärt. Die Situation ist also anders als bei Poe mit seinem halb romantischen Haupthelden, Mays Erzählung beginnt mit dezidiert antiromantischer Tendenz. Wohl steht aber May darin auf der Seite Poes und vieler anderer Krimi-Autoren, daß bei ihm der Amateurdetektiv es weiter bringt als der beamtete Detektiv: Walker ist, wie er nur ungern zugibt, solch ein Beamter einer Detektei, und Shatterhand ist der Amateur.

In Mays späteren Erzählungen ist Shatterhands Auftreten auch romantisch geprägt, da er dort seine Detektivarbeit öfters auf irrationale Ahnungen stützt. Solcherart »Zusammenwirken von menschlichem Scharfsinn und göttlicher Lenkung« (Volker Neuhaus[26]), das für eine Heldenmystifizierung sorgt, haben wir hier noch nicht. Der frühe Shatterhand unserer Erzählung ist ganz der Welt verhaftet, und allenfalls Wendungen wie Walkers ehrfurchtsvoller Ausruf »By god, Ihr habt Recht!«[27] lassen sich als beginnende Mystifizierung deuten. In der Erzählung noch nicht enthalten ist der Abschnitt von Winnetous sicherer Todesahnung, der in der Romanfassung breiten Raum einnimmt; er ist, da er um absolut Rätselhaftes spielt, ein Stück echter Schauerromantik. May hat also im Rahmen der *Winnetou*-Trilogie die romantischen Züge der Erzählung erweitert (entsprechend seinem Bestreben, dem ganzen Roman ein legendarisches Muster unterzulegen[28]), hat aber auch in anderer Richtung die Register stärker gezogen. Denn Shatterhand debütiert im 1. Band als Landvermesser, ein Sinnbild geradezu des Empirikers und Aufklärers. In unserer Erzählung steht Winnetou eindeutig auf der Seite Shatterhands und seines Aufklärertums, worauf schon seine Lehrer-Rolle für den Freund und auch sein makelloses Äußeres (»nett und sauber«[29]) hinlenken.

Dabei lohnt noch ein genauer Blick auf Winnetous Bekehrung. Wohl bekennt sich Winnetou schließlich zum Christentum, doch findet keine Taufe statt, und vor allem ist bemerkenswert, daß Winnetous geistiger Aufbruch nicht von einem Religionswechsel, sondern vom Zugang zu einem neuen Gottesbegriff bestimmt wird. Denn ein Kernsatz in Shatterhands Unterweisung lautet: »Der gute Manitou ist der Vater über alle seine Kinder im Himmel und auf Erden«.[30] Winnetou, der an einen partikularen Indianergott glaubte und nur in diesem Sinne das Wort Manitou verwendete, wird von dieser Vorstellung gereinigt und davon überzeugt, daß es einen Gott für alle Menschen gibt. Dies ist der erste Teil der Bekehrung; er vertritt einen Gottesgedanken, der dem überkonfessionellen Gottesbegriff entspricht, den die Aufklärung propagiert hat. Man wird hier an Lessings Ringparabel, aber noch mehr an das Kapitel *Le Souper* (Das Abendessen) in Voltaires *Zadig* denken, wo sechs zerstrittene Glaubensfanatiker sich doch überzeugen lassen, daß sie alle an dasselbe Être supérieur glauben. Was May dann an christlicher und insbesondere an katholischer Lehre und an mittelalterlicher Weihe noch folgen läßt, verwischt etwas die aufklärerische Position, wenngleich man diese Ergänzung als reine Poesie, als poetische Auffüllung der zuvor ausgesprochenen abstrakten Ideen verstehen kann. Jedenfalls machen sich aufklärerische Standpunkte selbst in den romantischen Schlußbildern geltend.[31]

Dies gilt um so mehr, als die allerletzte Nachricht, die uns die Erzählung gibt, nicht Winnetous Bekehrung, Sterben und Begräbnis, sondern die »neue Ansiedelung«[32] betrifft, die die befreiten Settler anlegen. Diese irdische Vision von einem zukunftsgerichteten Siedlungsgründen, die mehrere Romanfinale bei May noch deutlicher ausmalen, verleiht der Erzählung einen offenen Schluß, der überdies durch das Wohnen in der Wildnis die Vorstellung von einer universalen Harmonie weiter festigt. Zugleich ist vom Golde die Rede, von »Goldstaub die Menge« gar, der sich im Tal der künftigen Ansiedlung findet und dessen Fundort der sterbende Winnetou den Settlern bezeichnet hat:

»Mein Bruder Schar-lih führe diese Männer in die Gros Ventre Berge. Am Metsur-Flüßchen liegt viel Gold. Sie haben es verdient!«

So wie Old Shatterhand das Abenteuergeschehen begonnen hat, als er die beim Spurenlesen ermittelten Verbrecher nannte, so schafft Winnetou für die Erzählung eine mögliche Fortsetzung, indem er das Tal des Goldes nennt. Winnetou, der schon früher den Siedlern als Dank für ihren christlichen Gesang Edelsteinlager angegeben hat, bedankt sich also schließlich für die Bekehrung, die er durch ihren Einfluß erfuhr, mit der Hinführung zum Gold. Der sterbende Christ Winnetou sorgt für den Wohlstand; damit wird metaphysische Seligkeit durch irdisches Glück aufgewogen. Die Rückkehr zu den Idealen der Aufklärung ist damit gelungen.

4.

Wir konnten einige Male auf Parallelstellen in Voltaires Erzählung *Zadig* verweisen, die neben *Candide* seine bekannteste ist. Voltaires Erzählungen werden allgemein und mit Zustimmung des alten Voltaire als ›contes philosophiques‹, also als ›philosophische Erzählungen‹ bezeichnet, ein Begriff, der eine Verlegenheitslösung ist und ursprünglich nur besagt, daß es sich um die Erzählungen eines Philosophen, d. h. im engeren Sinne der damaligen Zeit: eines Aufklärers, handelt. Voltaire selbst war weit davon entfernt, sie etwa als reine ›Lehrerzählungen‹ anzusehen (wie der Terminus zuweilen ins Deutsche übersetzt wird), da er, zu Recht oder nicht, glaubte, weltanschauliche Probleme viel klarer in seinen essayistischen Texten ausdrücken zu können. Erzählen bedeutete ihm ein spielerisches Befragen der Welt, und aus dieser offenen Haltung heraus gestattete er sich, in reicher Fülle auf überkommene Erzählsujets wie Reisen, Lieben und wundersame Zufälle zurückzugreifen. »Alle priesen Zadig, und Zadig pries den Himmel«[33] – so lautet der Schlußsatz der *Zadig*-Erzählung, den wir hier zitieren, um anklingen zu lassen, wie diese Erzählung von dem wechselvollen Schicksal des orientalischen Jünglings aus ihren magischen, ja metaphysischen Bildern lebt, die den aufklärerischen Gehalt poetisch umgeben. Dieser liegt bei der Erzählung, deren vollständiger Titel lautet: *Zadig ou La Destinée* (etwa: Zadig oder der Lauf des Schicksals), in dem Gedanken, daß der Mensch nicht vollkommen ist, daß ihm ständig Schaden erwächst aus der eigenen Beschränktheit, den defekten Lebensverhältnissen und der unberechenbaren Vorsehung (der ›Providence‹, ein Wort, das Voltaire einmal als Untertitel geplant hatte und das nach dem furchtbaren Erdbeben von Lissabon 1755 von den Aufklärern bitter diskutiert werden sollte), und daß ihm sein Bemühen um Vervollkommnung schließlich doch ein Glück bringen wird.

Mays Erzählung kündigt mit ihrem schwebenden Titel *Im »wilden Westen« Nordamerika's* auch so etwas wie den Lauf des Schicksals an, wenngleich der Titel die geographische Beschränkung fixiert; ihr entspricht, vergleichen wir mit Zadig und seinem Durchschreiten aller sozialen Ränge, die Beschränktheit des gesellschaftlichen Ausschnitts. Mays Erzählung wiederholt in ihrem Berichten von menschlichem Scharfsinn und menschlicher Bosheit, von gelingendem Befreien und tödlichen Schüssen, vom Glanz und Elend der Abenteuerwelt letztlich, wenn auch in blasser Form, die Voltairesche Grundposition. Bedenken wir dies, berücksichtigen wir ferner, daß May diesen Sujets romantisch-metaphysische Bilder an die Seite stellt und sie so poetisch ausfabuliert, und erinnern wir uns, daß May einzelne Motive, wie das der Spurenerklärung, direkt aus *Zadig* entnommen zu haben scheint, so können wir mit Fug und Recht die Maysche Erzählung der Voltaireschen an die Seite stellen. Mays Geschichte ist eine Reise-, eine Detektiv- und eine exotische Erzählung, und all dem samt ihren aufklärerischen Komponenten werden wir gerecht, wenn wir sie einen ›conte philosophique‹ nennen.

Eine große Einschränkung müssen wir freilich machen, wenn wir May in die Nachfolge Voltaires stellen. Sie betrifft die Haltung der Erzählerfiguren und der Autoren selbst gegenüber ihren eigenen Erzählstoffen. Für Voltaire waren die exotischen Erzählungen seiner Zeit mit ihren märchenhaften Abenteuern und ihrer gefühlsseligen Grundstimmung das Genre einer überwundenen Epoche: »Am Anfang war die Fabel [also fabula, der Mythos], am Ende wird die Vernunft kommen«[34], notierte er in seinem *Dictionnaire philosophique*. Als er sich, beeindruckt von der lesewütigen Beliebtheit der exotischen Erzählungen und angetrieben von seinen literarisch interessierten Freundinnen, doch zum Erzählen entschloß, griff er die gängigen Erzählelemente fast nur in verfremdender Form auf. So schrieb er trotz des Ernstes seines aufklärerischen Anliegens Erzählungen voll ironisierender Effekte. Die Lokalitäten in *Zadig* etwa sind wider die geographische und die historische Realität wild durcheinandergeworfen, und auch unsere Krimiszene des Spurenlesens, wo am Wegrand ein Probierstein bereitliegt und das dreiundzwanzigkarätige Gold nachweist, ist schon ironisch gebrochen. (Umberto Eco, der in einer Pferde-Szene seines Romans *Der Name der Rose* die Voltairesche Detektivarbeit zu parodieren versucht, übersieht offenbar Voltaires selbstparodistische Züge.) Sehen wir hier schon den Abstand des Erzählers zu seinem eigenen Berichten, so kommt als weiteres Element der Distanzierung hinzu, daß Voltaire ein Vorwort vorangestellt hat, in dem der Dichter Sadi die Geschichte als Übersetzung aus einer untergegangenen Sprache präsentiert. Diese Übersetzer- und Herausgeberfiktion, die so noch ein konventioneller Spaß ist, hat Voltaire in einem zusätzlichen Vor-Vorwort weitergeführt, das dieses angeblich aufgefundene Werk »abscheulich« nennt.[35]

Doch damit nicht genug! Schließlich hat Voltaire öffentliche Erklärungen abgegeben, in denen er bestritt – und zwar gewiß nicht aus Angst vor hoheitlichen Repressalien –, sich dem unwürdigen Tun des Geschichtenausspinnens überhaupt gewidmet zu haben. Jahrelang wollte er seine Erzählungen nicht einmal als seine Nebenwerke legitimieren.

Zu dieser innertextlich, außertextlich und forensisch bekundeten Abstandswahrung Voltaires gegenüber seinem erzählerischen Werk ist nun kein größerer Kontrast denkbar als die innere Verschmelzung, die May mit seinen Phantasieentwürfen einging. May will so glaubwürdig wie möglich erzählen, und so unwahrscheinlich bei May, recht besehen, die Zufälle zusammenspielen, so überdecken doch die seriös wirkenden (und in der Tat alles in allem korrekten) ethnographischen und geographischen Angaben die vielen Unwahrscheinlichkeiten. Obendrein verleiht das einleitende Zitat aus einer aktuellen amerikanischen Verordnung (»Der Senat und das Haus der Repräsentanten der Vereinigten Staaten beschließen«) der Erzählung fast ein beglaubigendes Dienstsiegel, und wenn der Ich-Erzähler sich einmal vor seinem Mitreisenden als »Writer«[36] vorstellt, so ist dieser vorsichtige Versuch, die Erzählerrolle zu thematisieren, letztlich ebenfalls eine Beschwörung von Authentizität: vor dem Leser wird nicht das Erzählte zur Fiktion, sondern umgekehrt die Schriftstellerei zur wahrhaftigen Berichterstattung deklariert. Wie sehr May emotional an seinem fabulierten Geschehen hing, in das er sich als Ich-Held einführte, ist jedem bekannt, der von Mays späteren Schwindelauftritten als angeblicher Globetrotter weiß. May wollte noch mehr als nur der Verfasser sein. Wichtig ist auch das schaffenspsychologische Faktum, daß sich, wie Bernhard Kosciuszko gezeigt hat, in den imposant-furchterregenden Felsformationen der Erzählung Mays Ängste vor erlebten Zuchthausmauern abbilden.[37]

Nun ist es nicht so, daß in Voltaires Erzählung die Bezüge zu seinen persönlichen Erfahrungen fehlen würden. Vielmehr haben an seinem erzählerischen Werk die »tiefsten Fasern [seines] Fühlens« (Jacques Van den Heuvel[38]) mitgewirkt, und *Zadig* spiegelt seine bitteren Erfahrungen am Versailler Hof und sein erzwungenes Exilieren nach England wider. Voltaire abstrahiert freilich, und dies ist der Unterschied zum Abenteuerschriftsteller May, seine individuellen Erlebnisse rückhaltlos und endgültig zur allgemeinen Problematik um menschliche Vollkommenheit und schicksalhaftes Walten. Auf diesen Weg begab sich May, von der langen Praxis seines Schreibens dafür sensibilisiert, erst im Alter, als er in furioser Aufdringlichkeit sein eigenes Geschick zur Beantwortung der ›Menschheitsfrage‹ ausersah. Der Entwurf in Mays *Ardistan und Dschinnistan* von der Aussendung des Haupthelden aus himmlischen Gefilden in ein irdisches Jammertal und speziell in eine Großstadt (Ard) findet sich schon in Voltaires Erzählung *Le Monde comme il va* (Der Lauf der Welt); in beiden Geschichten – die an den Propheten Jonas und seine Aussendung nach Ninive gemahnen – liegt die ausgewählte Gegend im persisch-indischen Raum.

Doch wieder zu unserer Erzählung von Winnetous Tod: Mays Erzählen, das so undistanziert ernst abläuft, bekundet Naivität und Verbissenheit, eine Verbindung, die einem höchst bewußt schaffenden Künstler wie Voltaire fernlag. Mays Erzählen ist das philosophische Erzählen Voltaires in seiner trivialen Variante.

Mays erzählerische Fähigkeiten sollen dabei nicht übersehen werden. Betrachten wir nochmals den Abschnitt um das Spurenlesen: Die Funktion dieser isolierten Szene für die Wildwesterzählung ergibt sich aus ihrer Position. Sie steht an der Stelle, wo der Erzähler den Fuß in den Wilden Westen setzt und dient somit dazu, diese fremde Welt dem Leser zu öffnen. Dabei breitet der Dialog mit Walker verlockende Einzelheiten über das Wildwestleben aus und hat dabei doch eine raffiniert hemmende Wirkung. Fühlte sich der Leser in der Einleitung mit ihren Erzählermonologen über Landschaften und Abenteuersehnsüchte direkt angesprochen, so wird er nun, wo es hautnah ans Abenteuer geht, auf Distanz gehalten. Nur in indirekter Weise werden ihm Roß und Reiter genannt, nur verspätet und nur als Zaungast des Dialoges darf er die Schlußfolgerungen des Helden erfahren. Die dem Leser versprochene Exotik ist nun greifbar nahe, aber sie empfängt ihn nicht bereitwillig, Fremdartigkeit des Raumes und Spannung des Lesers halten an, und erst nachträglich kann der Leser, wenn er merkt, daß Shatterhand seine Identität dem Gefährten Walker verschweigt, sich wieder im Bunde mit dem Erzähler fühlen.[39] Nur stockend vollzieht sich also für uns der Eintritt in die fremde Welt, und um so williger und faszinierter folgen wir dem Erzählten.

5.

Die Spurenlese-Szene bei Voltaire hat nicht die exponierte Stellung im Werk, daß wir an ihr die kompositorischen Raffinessen des Voltaireschen Erzählens sichtbar machen könnten. Dafür birgt sie, genauer: das ganze Kapitel *Der Hund und das Pferd* in seiner Geschlossenheit, eine deutliche Lehre. Die etablierten dummen Beamten können Zadigs scharfsinniges Schildern von niemals gesehenen Tieren nicht begreifen, beschuldigen ihn des Diebstahls und verurteilen ihn zur Knute und zur Verbannung nach Sibirien. Allein der Zufall, daß die entlaufenen Tiere allein zurückfinden, rettet Zadig: »Zadig erkannte, wie gefährlich mitunter allzu große Klugheit sein kann«.[40] Hier haben wir die pessimistische Moral von dem Unheil, das der Scharfsinnige, der Aufgeklärte in der Gesellschaft auf sich zieht. Die Moral finden wir in Mays Erzählung nicht.

Und doch ist dieser Gedanke bei May gegenwärtig. Blättern wir zum Schluß im 1. Band *Winnetou*, dem über ein Jahrzehnt später geschriebenen Werk, und betrachten wir die berühmte Passage, in der Old Shatterhand mit seinem indianischen Freund und dessen Schwester Nscho-tschi das Spurenlesen übt. Er entdeckt Fährte und Versteck des Geschwisterpaares und erweist sich so als scharfsinniger, als die beiden für möglich halten. Dabei erlauscht er das Herzensgeheimnis der Indianerin, die sich in ihn verliebt hat. Bis er sich glücklich entfernt hat, ist er voller Angst, seine indiskrete Anwesenheit würde bemerkt, denn: »in diesem Falle war ich gezwungen, meine roten Freunde heut noch zu verlassen«.[41] Also die Trennung für immer, die Verbannung! Alles wäre zu Ende, trotz des Blutsbrüderschwurs.

Man male sich dieses befürchtete Finale so ernsthaft aus – und Mays naive Verbissenheit zwingt förmlich dazu –, wie May den Satz geschrieben hat: Eine größere Katastrophe für den Mayschen Kosmos kann sich kein Leser vorstellen. Die Ursache für diese Katastrophe aber, hätte sie denn stattgefunden, wäre Old Shatterhands überlegener Scharfsinn gewesen! Auch Voltaires Pessimismus hat eine Maysche Variante.

Anmerkungen

1 VII, S. 385-391.
2 Karl May, *Mein Leben und Streben*, hg. v. Hainer Plaul, Hildesheim, New York 1975, S. 211.
3 Karl May, *Der Schatz im Silbersee*, Nördlingen 1987 (KMW III. 4), S. 276.
4 Im »wilden Westen« Nordamerika's ist 1883 in der Zeitschrift ›Feierstunden im häuslichen Kreise‹ (Köln) erschienen; Reprint in: Karl May, *Winnetou's Tod*, hg. v. Roland Schmid, Bamberg 1976, S. 49-100. Neudruck als: Karl May, *Im wilden Westen*, Husum 1986 (Hamburger Leseheft 169, Heftbearbeitung Bernhard Kosciuszko). Dem Druck in den ›Feierstunden‹ geht vermutlich eine Veröffentlichung der Erzählung um 1881 voraus; vgl. das *Vorwort des Herausgebers* in May, *Winnetou's Tod*, S. 4.
5 IX, S. 354-476. Über Mays Änderungen siehe das genannte Vorwort in May, *Winnetou's Tod*.
6 May, *Winnetou's Tod*, S. 55.
7 May, *Winnetou's Tod*, S. 60-62; entsprechend May, *Im wilden Westen*, S. 14-18, und IX, S. 369-375.
8 May, *Winnetou's Tod*, S. 60.
9 Arno Schmidt, *Sitara und der Weg dorthin. Eine Studie über Wesen, Werk & Wirkung Karl May's*, Karlsruhe 1963, S. 137. Differenzierter äußert sich Schmidt über das Poesche und Maysche Spurenlesen in seinem *Zettel's Traum*, Stuttgart 1970, S. 776; vgl. *Der Haide-Anzeiger* 24 (1988), S. 2-5. – Einen sachlichen Fehler in Mays Pferdebeschreibung führt an Karl Konrad Polheim, *In den Schluchten der Texte. Das Problem einer historisch-kritischen Karl-May-Ausgabe*, in: JbKMG 1988, S. 38.
10 May, *Winnetou's Tod*, S. 60f., 73; Edgar Allan Poe, *Das gesamte Werk in zehn Bänden*, Bd. 2, Herrsching 1979, S. 930.
11 VII, S. 172.
12 May, *Winnetou's Tod*, S. 70-72, speziell S. 72.
13 Voltaire, *Zadig oder Das Schicksal. Eine morgenländische Erzählung*, in: Voltaire, *Sämtliche Romane und Erzählungen*, München 1969, S. 5-87 (S. 13). – Vgl. Voltaire, *Zadig ou La Destinée. Histoire orientale*. Edition critique […] par Georges Ascoli, 2e tirage revu et complété par Jean Fabre, Paris 1962, Bd. 1, S. 14. Über die Vorbilder dieser Passage siehe den Kommentar ebd., Bd. 2, S. 31-36, vgl. Bd. 1, S. XXXVII. – Als erster hat Voltaire, Poe und May im Zusammenhang genannt Helmut Schmiedt, *Karl May. Studien zu Leben, Werk und Wirkung eines Erfolgsschriftstellers*, Frankfurt a. M. ²1987, S. 191.
14 May, *Winnetou's Tod*, S. 55, 58f.
15 Voltaire, *Zadig oder Das Schicksal*, S. 7f.

16 Heinz Stolte, *Auf den Spuren Nathans des Weisen. Zur Rezeption der Toleranzidee Lessings bei Karl May*, in: JbKMG 1977, S. 17-57 (bes. S. 42 ff.).
17 May, *Winnetou's Tod*, S. 79.
18 Walther Killy, *Deutscher Kitsch. Ein Versuch mit Beispielen*, Göttingen 1962 u. ö.
19 Martin Schenkel, *Ecce homo! Zum heilsgeschichtlichen Friedensmythos in Karl Mays Reiseerzählung »Und Friede auf Erden!«*, in: Heinz Ludwig Arnold (Hg.), *Karl May*, München 1987 (Sonderband text + kritik), S. 191-221 (S. 208).
20 Ingmar Winter, *»Er lag in meinem Schoße«. Gedanken zu Sterbeszenen im Winnetou-Roman*, in: MKMG 67 (1986), S. 38-40. – Winter bezieht sich auf die Version im *Winnetou*-Roman, in dem May das Pietà-Motiv weiter entfaltet hat, doch schon die frühe Fassung spielt deutlich auf die Pietàs an: »Mein Freund lege mich in seinen Schooß [...]!« (May, *Winnetou's Tod*, S. 99).
21 May, *Winnetou's Tod*, S. 99f.
22 May, *Winnetou's Tod*, S. 67.
23 Richard Alewyn, *Die Anfänge des Detektivromans*, in: Viktor Žmegač (Hg.), *Der wohltemperierte Mord. Zur Theorie und Geschichte des Detektivromans*, Frankfurt a. M. 1971, S. 185-202 (zuerst 1963). Kritisch hierzu z. B. Richard Gerber, *Verbrechensdichtung und Kriminalroman*, in: Jochen Vogt (Hg.), *Der Kriminalroman. Zur Theorie und Geschichte einer Gattung*, Bd. 2, München 1971, S. 404-420; Viktor Žmegač, *Aspekte des Detektivromans. Statt einer Einleitung*, in: Žmegač, a.a.O., S. 9-34.
24 Siehe Ulrich Schulz-Buschhaus, *Formen und Ideologien des Kriminalromans*, Frankfurt a. M. 1975 (Schwerpunkte Romanistik 14), S. 6-13.
25 May, *Winnetou's Tod*, S. 57.
26 Volker Neuhaus, *Old Shatterhand und Sherlock Holmes*, in: Arnold, a.a.O., S. 146-157 (S. 155).
27 May, *Winnetou's Tod*, S. 61.
28 Zu dieser Legendenstruktur des Romans siehe jetzt Ulrich Schmid, *Das Werk Karl Mays 1895-1905. Erzählstrukturen und editorischer Befund*, Ubstadt 1988 (Materialien zur Karl-May-Forschung 12), Abschnitt II/4.
29 May, *Winnetou's Tod*, S. 69.
30 May, *Winnetou's Tod*, S. 84.
31 Heinz Stolte (a.a.O., S. 26f., 40) kommt – von der Gesamtsicht auf den *Winnetou*-Roman her – zu einer anderen, aber ebenfalls in die Aufklärung weisenden Deutung von Winnetous christlichem Bekenntnis: dieses sei lediglich der äußerliche Schlußpunkt in seinem längst beschrittenen Weg zur Humanität. – Mays aufklärerisch-romantische Motivverquickungen lassen sich geradezu als kleine Bekräftigung für die These

von Werner Krauss lesen, daß zwischen französischer Aufklärung und deutscher Romantik samt Mittelalterbegeisterung kein wirklicher Bruch bestehe. Siehe Werner Krauss, *Französische Aufklärung und deutsche Romanik*, in: Krauss, *Perspektiven und Probleme. Zur französischen und deutschen Aufklärung und andere Aufsätze*, Neuwied, Berlin 1965, S. 266-284.

32 Dieses und die folgenden Zitate: May, *Winnetou's Tod*, S. 99 f.
33 Voltaire, *Zadig oder Das Schicksal*, S. 79. Im Original ist das Verb sogar ›bénir‹ (segnen), s. Voltaire, *Zadig ou La Destinée*, Bd. 1, S. 103.
34 Zit. nach Jacques Van den Heuvel, *Voltaire dans ses contes. De »Micromégas« à »L'Ingénu«*, Paris 1967, S. 8. Siehe auch Teil A in Klaus Dirscherl, *Der Roman der Philosophen. Diderot – Rousseau – Voltaire*, Tübingen 1985 (Romanica Monacensia 23).
35 Diese »Approbation« (Voltaire, *Zadig ou La Destinée*, Bd. I, S. 2) ist nicht in allen Ausgaben enthalten, auch nicht in der hier benutzten deutschen Übersetzung.
36 May, *Winnetou's Tod*, S. 58.
37 Bernhard Kosciuszko, »*Eine gefährliche Gegend*«. *Der Yellowstone Park bei Karl May*, in: JbKMG 1982, S. 196-210.
38 Van den Heuvel, a.a.O., S. 142.
39 Einmal wird Walker sogar barsch von Old Shatterhand zurückgewiesen (»Man redet nicht gern Ueberflüssiges«), als er das Ergebnis einer Belauschung erfahren möchte, über das der Leser bereits unterrichtet ist. May, *Winnetou's Tod*, S. 78.
40 Voltaire, *Zadig oder Das Schicksal*, S. 15.
41 VII, S. 439.

VII
Psychologische Annäherungen

Arno Schmidt
Sitara und der Weg dorthin
[Auszug]

§ 5

> »*Wie wohl ist mir, o Freund der Seelen,
> wenn ich in Deiner Liebe ruh'!*«
>
> (WOLFGANG DESSLER, um 1700)

Das ist »eines unsrer schönsten Kirchenlieder« beteuert OS (SUREHAND I, 413). Schon früher hatte er es im WALDRÖSCHEN I, 450f. getragen & vierstimmig blasen lassen, (in einem ›Forst-Haus‹ übrigens; was ja nur ein anderer Ausdruck für ›Wald-Heim‹ ist); und wie sehr er es geschätzt hat, geht daraus hervor, daß er sein ›AVE MARIA‹ nicht nur in genau dem gleichen Versmaß anfertigte und sogar schier identische Wendungen nicht verschmähte – »da muß die Nacht des Trauerns scheiden« (DESSLER) wird bei MAY etwa zu »es will das Licht des Tages scheiden« – sondern er läßt es auch ausdrücklich beim Tode W's, jenes mit Abstand besten seiner Freunde, absingen, selbstredend getragen & vierstimmig.

Schalten wir zunächst einmal die diversen Prä-Winnetous aus – den ›Innuwoh‹, oder die ›Starke Hand‹ der DEUTSCHEN HELDEN: diese Einführung des Begriffs der ›Prä-Typen‹ ist nicht nur statthaft & fruchtbar, sondern gleich genetisch wichtig; es gibt genauso ›Prä-Halefs‹, ›Prä-Marah Durimehs‹ usw. – und beschränken wir uns jetzt speziell auf diesen 1 ›roten Gentleman‹. Konzipiert wurde er im Gefängnis: »da wurde auch der Gedanke W geboren. Wohlverstanden, nur der Gedanke, nicht aber er selbst, den ich erst später fand« (BIO,* 136); und, zur Bestätigung, SUREHAND I, 321: »Mein Bruder W ist meiner Seele teuer, wie das Kind der Mutter, die es geboren hat.« (Wer dieser Ur-W, seine Heimat der Wald, in Wirklichkeit gewesen ist, wird sich wohl, wie ich fürchte, niemals mehr ermitteln lassen. Obwohl man das nie hundertprozentig weiß: ich habe schließlich die ›Undine‹ FOUQUE's auch noch nach-

---

* Karl May, *Mein Leben und Streben*, Freiburg i. Br. 1910.

weisen können.) Es war, ich zitierte es bereits, bei MAY angeblich so, daß er sich die Erde in 2 derbe Halbkugeln einteilte: »In Amerika sollte eine männliche und in Asien eine weibliche Gestalt das Ideal bilden, an dem meine Leser ihr ethisches Wollen emporzuranken hätten. Die eine ist mein W, die andere MD geworden.« (BIO 144). Und wenn es sich bei solcher Angabe auch um eine erst später zurechtgemachte Deutung handelt, so enthielt sie doch implicite die üblichen, unvermeidlichen Körnchen Wahrheit: *warum* für die ›dunklen & blutigen Gründe‹ W zuständig ist, wird sich im (unaufhaltsamen) Zuge dieser Analyse gleichsam von selbst ergeben. Bei Ventilierung der Frage, Wer W & Was seine Rolle sei, hat ELBOGEN trefflich vorgearbeitet; am einfachsten beginnt man bei der, unermüdlich wiederkehrenden, Beschreibung seiner Person.

: eine »fehlerlose männliche Schönheit«, in der alle Vollkommenheiten »eine köstliche Verkörperung« gefunden hatten (WEIHNACHT, 276). »Königliche Haltung«; »freier, ungezwungener, elastischer und doch so stolzer Gang« (W II, 59 werden seine »kleinen Füße« gerühmt); ein Angesicht, dessen »Backenknochen kaum merklich vorstanden« (WEIHNACHT, 277). »Herrliches blauschimmerndes Haar«, »um das ihn gewiß manche Dame beneidet hätte« (W I, 110), so lang übrigens, daß es, wenn er steht, bis zum Popo, wenn er sich bückt, bis zur Erde reicht, »welches er nie kürzen ließ und nie mit einem Hute bedeckte« (SATAN I, 254), das vielmehr »auf dem Kopf einen Helm bildete«. »Breite kräftige Schultern« nennt er ebenso sein eigen, wie eine »schmale elastische Taille«; und erst seine »Haut, ein mattes Hellbraun, mit einem leisen Bronzehauch übergossen«! Seine Augen, »diese dunklen, sammetartigen Augen, in denen, je nach der Veranlassung, eine ganze Welt der Liebe ... liegen konnte«; wenn er von seinem großen guten Manitou spricht, sind es »fromme Madonnen-, wenn er freundlich zusprach, liebevolle Frauen-Augen« (alles aus jener WEIHNACHT-Stelle, S. 276ff.). »Beredt auch waren die leicht beweglichen Flügel seiner sanftgebogenen, kräftigen ... Nase, denn in ihren Vibrationen sprach sich jede Bewegung seiner Seele aus«; (wenn MAY an anderer Stelle von Lesbierinnen redet, beurteilt er diese Nüsterngestik freilich unfreundlicher: »Zwischen perversen Weibern herrscht ganz unbedingt eine gewisse Art seelischer Freimaurerei. Sie erkennen einander an den stets erregten Nasenflügeln, und an dem geilen Lächeln, welches niemals schwindet«). Dann seiner Rede Zauberfluß, »der süßesten Schmeicheltöne ebenso wie der furchterweckendsten Donnerlaute« fähig: »seine Stimme besaß, wenn er freundlich sprach, einen unvergleichlich ansprechenden, *anlockenden gutturalen Timbre* ((›u : u‹!)), den ich bei keinem anderen Menschen gefunden habe, und welche nur mit dem *liebevollen, leisen, vor Zärtlichkeit vergehenden Glucksen einer Henne, die ihre Küchlein unter sich* versammelt hat, verglichen werden kann; im Zorhe hatte sie die Kraft eines« – na, was? – »eines *Hammers*«! (SUREHAND III, 126 kommt sie gar geschossen wie ein Strom, der »die auf ihn wartenden Kanäle füllt«.) Auf seinen Händedruck komme ich gleich noch zu sprechen; erst ›ach, sein Kuß!‹: »einen Bart trug er nicht; in dieser Beziehung war er ganz Indianer. Darum war der sanfte, liebreich milde und doch so energische Schwung seiner Lippen stets zu sehen, dieser *halbvollen, ich möchte sagen, küßlichen Lippen*.«: »Man nenne mir einen Schriftsteller, der seinen Lesern ein Ideal gegeben hat, wie diesen W!« (DL,* 13). –

What a man!

Aber ich will mir & dem Leser wohlfeile Ironie ersparen, und mich lediglich auf die Frage beschränken: wenn Ihnen ein Bekannter, oder Junge, von seinem ›Freunde‹ in Wendungen der obigen Art vorschwärmte, was würden Sie dann denken? – – : ! ? ! – – : Sehr richtig; einverstanden. –

Was Wunders, wenn die ›Alte Schütterhand‹ – ich, den großen MURET-SANDERS zur Halblinken, erlaube mir, das ›OLD SHATTERHAND‹ spasseshalber einmal *so* zu übersetzen – wenn OS also sich vor dem Wiedersehen umkleidet »wie ein Caballero, der gerade auf dem Wege ist, die *Dame seines Herzens* zu besuchen« (SATAN I, 242), und seinen Freund leidenschaftlich gern küßt? W »schnellt« sich ihm »in die ausgebreiteten Arme, um mich an sich zu drücken und wieder & wieder zu küssen. ...Als die Umarmungen vorüber waren, kamen wir aus dem Drücken & *Schütteln der Hände* nicht heraus.« (SATAN I, 255 u. ö.). »Der Apatsche schlief natürlich bei mir« (›Embrassez-moi pour l'amour du Grec‹ heißt das bei MOLIERE); bei dem Geschnäbel der beiden Inséparables – »Wo man W sieht, ist sicher auch OS zu finden« (SATAN I, 420) – handelt es sich übrigens grundsätzlich um durch Feinde leicht zu störende, selige Augenblicke. SUREHAND III, 81 weiß es denn auch: »Es ist eine ganz eigene Sache um Euch und W, Mr. Shatterhand«; und

---

* Karl May, ›*Der dankbare Leser*‹, Freiburg i. Br. 1902.

S. 24 vergleicht er die Beiden schlankweg mit »großen Vögeln«. Nach längerer Trennung wird meist ein mächtiger Solitärbaum fürs nächste Rendezvous verabredet, etwa »die Lebenseiche, unter welcher wir damals des Nachts lagerten« (SUREHAND I, 2), ein Pflanzentyp, der auffällig häufig in diesem Zusammenhang erscheint; so nimmt z. B. auch in SATAN I, 218 »unser Zug eine sehr gut bekannte Richtung, nämlich diejenige nach dem Walde der Lebenseiche«: ›Leben‹ plus ›Eichel‹ [...]. Und wieder ein Geflirte & Caressiren, das voll & ganz dem in solchen Fällen zu erwartenden Berührungszwang entspricht.

Zu den geringeren (?) ›besonderen Kennzeichen‹ gehören etwa der »köstlich gestickte Medizinbeutel«, samt der roten, mit Kolibrifedern geschmückten, »außerordentlich künstlich geschnittenen Friedenspfeife«, (W III, 396 unterläuft MAY einmal der Ausdruck »Medizin*säcke*«; to the wise 1 word is sufficient), der viel benützten, und, selbst wenn die Zeit drängt, fleißig zum Munde geführten: »dennoch zog er seine Friedenspfeife hervor, was auf die Zeremonie des Begrüßens deutete, welche stets eine umständliche ist und viel Zeit in Anspruch nimmt« (SATAN I, 265). Wie symptomatisch es ist, daß W ausgerechnet eine Silber-»*Büchse*« besitzt, wird, wie noch manch andres Lächerlich-Nachdenkliches mehr, bei Besprechung der Waffen deutlich werden; wie auch das ausgezeichnet gute Fernrohr, (›per Speck tief‹), das ausziehbare, das er stets bei sich führt. Geldsorgen kennt W nicht, und zahlt stets baar, ja in ›Nuggets‹; denn er weiß überall in den Bergen Goldene Adern und ›Finding Holes‹, die er nach Bedarf besucht und bloßlegt, (und der »völkerpsychologisch reichlich belegte Zusammenhang von Gold & Kot«, FREUD, ›Traumdeutung‹, 333, ist ja vielleicht auch MAY aus seiner Lektüre geläufig gewesen).

Die übliche Verblendung des Liebenden hinsichtlich Vollkommenheit & Leistungen seines S-Objektes, drückt sich denn auch in der enthusiastischen Beschreibung von W's Heldenthaten aus. Er ist Meister in allen Leibesübungen, unermüdlich im Ringen & Raufen: »So einen Sprung pflegt des Nachts nur W oder OS zu wagen!«, (SUREHAND III, 62); und darin, »*einem Roten die Kopfhaut abzuziehen*«, tut es ihm, sollte dies erforderlich werden, Niemand gleich, geschweige denn zuvor. Ein unglaublich ausdauernder Reiter – für seinen Busenfreund hat er stets das Roß »Hatatitla« (›Hat a Tittla‹?) zur Hand – und »Wäre ich ein Mann, ich würde stets nur mit ihm reiten!« ruft SATAN I, 401 eine feurige Kreolin aus. Er ist OS'ens Lehrer, nicht nur was Sprache und Umgangsformen der »Apachen« betrifft, (›Pariser Lude‹ stellt sich unaufgefordert ein; und obwohl mein Kaffeesächsisch nicht mehr das ist, was es früher war, dürfte darin ›ä Pascher‹ einen ›Schmuggler‹ bedeutet haben), nein, auch im Waffengebrauch auf Hieb & Stich, in allen Anschlagsarten, (und so ein »Knieschuß« muß natürlich 'ne dolle Sache gewesen sein! [...]).

Nicht minder signifikant werden, bei einmal darauf gerichteter Aufmerksamkeit, die Redensarten, die die Beiden so tauschen à la »Mein Bruder Shatterhand kommt wie der *Tau in den Kelch der dürstenden Blume*«, eine Wendung, die noch im größeren Zusammenhang sorgfältig gewürdigt werden wird; ([...]; zur Zeit sei nur auf den nächsten Fleischer verwiesen, der gern erklären wird, was er unter ›Blume‹ begreift). Oder: »Mein Bruder Scharlih kennt das große Loch?«, nämlich das des ›Alten Weibes‹, wo man sich demnächst wieder treffen will – aber das führt schon weit über den Rahmen dieses § hinaus.

§ 6

> »*Farben auch, den Leib zu malen,*
> *steckt ihm in die Hand,*
> *daß er rötlich möge strahlen*
> *in der Seelen Land.*«
>
> (SCHILLER, Nadowessiers Totenlied)

Bevor man zustimmt oder ablehnt, sei es erlaubt, dem Leitbild W noch 3 weitere Grüppchen von Verdachtsmomenten beizugesellen.

Die erste hat wiederum ELBOGEN bereits erfaßt; es ist die »Carpio«-Episode des, allmählich immer mehr aussagenden Bd. 24, WEIHNACHT; er, meines Wissens, in besonders hitzigem Schwunge, binnen Tagen, niedergeschrieben. Abgesehen davon, daß ›Weihnachten‹ von MAY notorisch als ›schwierige Zeit‹ empfunden worden ist (BIO, 102 u. ö.), hat er das leitmotivische Gedicht »verbrochen« (S. 3), was vermutlich heißen wird, daß er es als ›Verbrecher‹, sprich ›im Gefängnis‹, geschrieben hat, weswegen es wohl auch, verräterisch genug, schon im VERLORENEN SOHN I,

612 ff. erscheint. ELBOGEN hat darauf hingewiesen, wie MAY selbst seinen Schüler-Spitznamen mit »Sappho« angibt, ein Begriff, in dem ja sogleich ›Dame Dichtkunst Invertiertheit‹ gebündelt werden, und daß jener Freund Carpio ›sehr feminin gezeichnet‹ ist. Ich möchte noch ergänzen, daß MAY die Verabredung zu ihrer gemeinsamen Ferienwanderung als »Rendezvous« bezeichnet; Carpio einen »prächtigen Jungen« nennt, der »alles womöglich beim Schwanz anstatt beim Kopfe anfaßte« (31); und dann mit ihm gemeinsam in einer Stube schläft, deren Hauptreiz in folgendem besteht: »Noch entzückender war der Anblick des Himmels über uns. In diesen, nämlich in die hölzerne Zimmerdecke, waren zahlreiche Haken eingeschraubt, an denen Schinken, Räucherspeck, sonstiges Fleisch und alle möglichen Sorten von Würsten hingen. Diese Herrlichkeiten erfüllten die gute Stube mit einem kräftigen Dufte, dessen Wirkung sich nicht nur auf die Geruchs- sondern auch auf alle übrigen Nerven zu erstrecken schien, denn Carpio, der eben noch so hinfällige, richtete sich zu seiner vollen Länge empor, sog den Geruch mit Wohlbehagen ein« und spricht dann von »Elysium« und einem »Odem überirdischen Behagens« (72). Zuvor hat man noch tüchtig Cigarren geraucht, »wenn ich mich nicht irre, waren es Virginias, die man zuweilen auch mit dem hochpoetischen Namen ›Giftnudeln‹ zu bezeichnen pflegt. ...Leider aber ließ er seine ›Nudel‹ so oft ausgehen«, es wird ihm nämlich schlecht vom übertriebenen Rauchen: wenn es sich bei diesen Stumpen-Excessen, bei diesen ›duftenden Schinken & Würsten unter der Decke‹ um ein nur 1 Mal auftauchendes Motiv handelte, würde ich sehr wohl zu vermeiden wissen, es überzubewerten; da es jedoch immer wieder, in ähnlichen Situationen & genau dem gleichen Sinne, nachgewiesen werden wird [...], dürfte solch ›kapnophile Riechlust‹ zu den MAY'schen ›Liebesbedingungen‹ zu rechnen sein. –

Als zweite hier unerläßlich einzufügende Bestimmung muß ich wiederum ein Stück eines anderen § vorwegnehmen; es ist die Beschreibung des ›Parks von San Luis‹ aus dem letzten Kapitel des SUREHAND III, der in einem Lieblingseckchen der MAY'schen Muse liegt, auf der ›Grenze‹ (auch so ein Stichwort: er empfand es UBW sehr wohl, wenn er die ›Grenze‹ wieder mal überschritt) von Colorado und New Mexico, es dürfen aber auch vikariierend Arizona oder Sonora sein. Der spanische Name ›Luis‹ verstellt sich MAY von vornherein konstant zu einem ›Louis‹, (ein ihm sehr geläufiges Apachenwort, man vgl. LEBIUS,* S. 36); und bei der Schilderung der großen Wallebene wird Einem unwillkürlich leicht merdistanisch zu Sinn – zur Beschleunigung der Verständigung will ich nur gleich jetzt schon sagen, daß es sich um einen der ›Hintern II. Ordnung‹ handelt, (ich unterscheide deren im ganzen IV Klassen) –: »Er lag in seiner ganzen Ausdehnung und Schönheit vor unseren Augen, viele viele Meilen breit und von dementsprechender Länge. Für den Jäger konnte es keinen schöneren Anblick geben, als diesen rund von himmelhohen Bergkolossen eingeschlossenen Park« (510). Da springt eine »Foam-cascade«; und »fast in der Mitte… W wird ihn kennen« (506) befindet sich der diesmalige Treffpunkt der Helden, ein »Puibakeh« (Pfui Backe!), das aber heißt, Sie werden lachen, auf Deutsch ›*Der Wald des Herzens*‹! Diesmal besonders apart durch die Anwesenheit eines extra »ge*heim*nisvollen Roten«, des »Kolma Puschi« (das ist ›Dunkelauge‹); als OS den nämlich zusammen mit W zum ersten Male beschleicht, flüstern Beide mit Recht fast zu laut ihr ›Uff‹, denn da drüben sitzt –: »Winnetou, der Häuptling der Apatschen! Ja, gewiß, in etwas größerer Entfernung hätte man den Indianer da drin für W halten müssen. …… Alles in Allem war ich im ersten Augenblick erstaunt über die Ähnlichkeit mit W gewesen, und nun dies Erstaunen vorüber war, bemächtigte sich meiner ein Gefühl, welches ich nicht beschreiben kann. Ich befand mich vor etwas Rätselhaftem, vor einem verschleierten Bilde, dessen Schleier nicht zu sehen war. …… Hatte ich ihn schon gesehen? Entweder nirgends oder hundertmal! Er war mir ein Ge*heim*nis.« (180 f.) Diese nichtsnutzige, von MAY an den langen schwarzen Haaren mutwillig herbeigezerrte Ähnlichkeit – ›mutwillig‹ deshalb, weil weder durch die Handlung erfordert, noch im weiteren Verlauf irgendwie ausgewertet oder sonst motiviert – ist aber deshalb allbedeutend, weil Freund Puschi sich auf S. 519 *als Weib entpuppt*! Eine unerwartete Wendung; die nun wohl kaum noch eine andere Deutung zuläßt, als daß MAY eben tatsächlich so empfunden hat, und es ihm ein ›Herzensbedürfnis‹ war, sich seinen W gelegentlich als ›Dame‹ vorzustellen. […]

Die Naivität der bisherigen MAY- – ich sage nicht ›-Forschung‹ – drückt sich in dem von V. BÖHM (S. 124)** ehrerbietig mitgeteilten Zitat nach L. PATSCH, eines Nestors der L I Richtung, aus: der

---

* Rudolf Lebius, *Die Zeugen Karl May und Klara May*, Berlin-Charlottenburg 1910.
** Viktor Böhm, *Karl May und das Geheimnis seines Erfolges*, Wien 1955.

große Häuptling der Apatschen sei »die verkörperte Sehnsucht KARL MAY's nach einem leiblichen Bruder« – hätte er noch 1 Adjektiv der Temperatur zugegeben, wäre 's fast schon einer Teileinsicht nahe gekommen; in der angeführten Fassung ist es nur 1 Beleg mehr für die ebenso ehrsame wie steril-tabuistische Behandlung des wichtigen Stoffes seit diversen Menschengedenken. Mit der entsprechenden Besonnenheit darf man sich psychoanalytischer Techniken ohne weiteres bedienen, um zu probieren, ob – und falls ›ja‹, wie große – Teile des Werkes dadurch erschlossen werden. Seit FREUD's ›Lionardo‹ & seinen Studien über C. F. MEYER und JENSEN, seit G. COHEN's ›Mignon‹ (als Herm-Afrodit), oder THOMAS MANN's Nachweis, daß sich dem ›Zarathustra‹-Kapitel von den ›Töchtern der Wüste‹ zwanglos das Lesemodell einer Bordellszene zugrundelegen lasse, dürfte man wohl allgemein eingesehen haben, daß es sich bei solchem Verfahren um keinerlei Klatschsucht oder gar ›Beschimpfung‹ eines großen Mannes handelt; sondern um ein, in der Hand des gewissenhaften Forschers völlig legitimes, Mittel zu aufschlußreicher biografischer & Werksanalyse: mit geheuchelter Ratlosigkeit & akademischem ›g'schamig tun‹ wird man nie das überzeugend-volle Bild eines Künstlerdaseins liefern. Höchstens das eines Halb-Albino Halb-Kapauns! –

Der dritte, in diesem Zusammenhang kurz zu streifende Komplex sind die Ereignisse um W's Tod. MAY hatte nämlich seinen sollenen, kaum einmal leise lächelnden, meist ziemlich brutal-flapsigen roten Freund relativ früh abgeschossen werden lassen; sei es, daß schnell, auf Drängen seines Verlegers hin, noch ein Band zu füllen war – eine wichtige Parallele hierzu bildet ›Rihs Tod‹ in Bd. 6, SCHUT – sei es, daß er einmal probieren wollte, wie es ohne Hülfskonstruktion ginge, (unter diesem Aspekt könnte dann wichtig erscheinen, daß er den Tod W's in späteren Jahren, wohl UBW-weise, ziemlich genau an das Ende – richtiger das ›seelische Abklingen‹ – seiner Haftstrafen, in den Herbst 1874 zu projizieren pflegte). Es erwies sich ihm jedoch noch auf viele Jahre hinaus als unmöglich, ohne das Bild des schönen Freundes auszukommen, und er hat es immer wieder neu aufleben lassen, in stets längeren, stets liebevoller ausgemalten Döntjes, von SATAN & ISCHARIOT, OLD SUREHAND und den Stücken im ›Guten Kameraden‹.

In LG's ist dies Tändeln mit der Auferstehung, der Neu-Drapierung eines einmal zugelassen-Beteiligten, kein Anzeichen der Unsicherheit oder Willkür des ›Homo ludens‹, sondern vielmehr für ›Unentbehrlichkeit‹. Die Formel MAY's hierfür war das ›Wiederausgraben der Silberbüchse‹ (SUREHAND III, 328 f.): »Kostbarer aber noch als sie ((= die eigenen ›Waffen‹)) ist mir W's Silberbüchse, die ich, schon als er noch lebte, stets mit einer gewissen heiligen Scheu betrachtet oder in die Hand genommen habe. Als er erschossen worden war, haben wir ihn hoch zu Roß und mit allen seinen Waffen, also auch mit ihr, begraben«; (übrigens in den ›Gros Ventre‹-Bergen, den ›Hügeln des dicken Bauches‹; auch das könnte seine, sehr nachdenkliche, Bedeutung haben). Aber OS erfährt, daß böse Feinde das Grab öffnen und sich des schönen Stükkes bemächtigen wollen; deshalb »nahm ich die Silberbüchse heraus und sorgte dafür, daß dies überall bekannt wurde. ...... Jetzt hängt dieses herrliche Gewehr neben meinem Schreibtische; und während ich jetzt von ihm erzähle, habe ich es vor meinen Augen und gedenke in tiefer Wehmut Dessen, den es nicht ein einziges Mal im Stich gelassen hat und der mein bester, vielleicht mein einziger Freund gewesen ist, das Wort Freund in seiner wahrsten, edelsten und höchsten Bedeutung genommen!« MAY hat ihn also sehr bald wieder exhumiert, und ist dann noch viele Jahre lang mit dem Revenant zusammen herumgezogen; das letzte Mal im großen Stile 1897, im Bande WEIHNACHT. – Ich betone schon jetzt eines: eben diese Möglichkeit des ziemlich mühelosen Wiederaufleben-Lassens, diese etwas frivole ›Oder‹-Relation, ist aber nicht nur eines der Charakteristika der LG; sondern verleitet den Spieler bei nur einiger Denkschwäche grundsätzlich zur Wertung auch des reellen Sterbens als eines ›nur so‹-Vorganges; d. h. verführt ihn fast immer zu ›Religion‹ aller Arten. Was unsern Herrn MAY betrifft, zu einem ganz verwaschenen, hastig-fummeligen X-entum; dann, recht konsequent, zum Spiritismus und Seelenwanderungshypothesen; (vgl. etwa in A & D I, S. 372, die Inschriften auf der ›Insel der Heiden‹).

Daß MAY sich bei solch fürwitzigem Umbringen W's auch gar nicht behaglich gefühlt hat, ergibt sich dem Kenner von ›Fehlhandlungen‹ ganz deutlich: sobald er sich später mit dem Vorfall zu beschäftigen hat, wird er seltsam fahrig, und vergißt oder verwechselt alles mögliche. W I, 5 schreibt er, W sei »durch die Kugel eines Weißen« gefallen; W III, 470 f. u. 490 sind es einwandfrei Indianer gewesen; und SILBERLÖWE I, 1 bestätigt er wieder, Sioux hätten ihn erschossen, (ein Widerspruch auf den schon A. DROOP hingewie-

337

sen hat). In W I-III heißt der Mörder von W's Vater & Schwester ›Santer‹ mit ›t‹; im IV. Bande (WE) immer wieder ›Sander‹ und er läßt dessen 2 psychopathische Söhne, die angeblich Spezialisten für die 3 ersten Bände sind, »jahrelang nach dem verschollenen Vater« suchen (WE, 42) – während doch aus W III, 620 ff. klar hervorgeht, daß Jener tot ist, und zwar gründlich; sprengt er sich doch, noch ehe OS den Bärentöter so recht auf ihn richten kann, unversehens-eigenhändig in die Luft, (bzw. ins Wasser). Diese Örtlichkeit, wo W's Testament (den sparsamen Andeutungen nach hieß die Hauptklausel darin ungefähr ›Kindlein, liebet Euch, wenn möglich untereinander‹) und Gold deponiert sind, trägt, so kurz die Beschreibung auch ist, begreiflicherweise ebenfalls J'anus-Züge (W III, 620 ff.): »Da, wo wir uns jetzt befanden, *machte die Natur eine Ausnahme. Es war ein Tal*kessel, [...] welcher mehrere Quellen besaß, die seinen Grund gefüllt und einen See gebildet hatten, dessen Wasser nach Westen ablief, ((›Westen‹ = ›links‹ auf der Karte)), während wir uns jetzt an dem östlichen Ufer befanden. Die dichtbewaldeten Wände des Tales stiegen hoch, hoch em*por* und gaben dem unergründlich tiefen See jene düstere Farbe, die uns veranlaßt hatte, ihn ›Dunkles Wasser‹ zu nennen. ...... Die nördliche Talwand war die höchste. Aus ihr trat *in Pfeilergestalt ein nackter Felsen hervor, der waagerecht aus dem Wasser stieg. Hinter ihm sammelte sich die Feuchtigkeit der viel höheren und bewaldeten Kuppe und hatte sich durch sein Gestein einen Abfluß gebohrt, durch den es wie aus dem Schlauche einer Gießkanne* wohl 100 Fuß tief in den See stürzte. Das war das ›Fallende Wasser‹ ((›Wasser-Phall‹)) in W's Testament ((›Testikel‹)). Grad über diesem Wasserfalle ((da ist er schon!)) sah man eine Höhle im Gestein ((da ist sie schon)). ...... rechts von diesem Felsen und eng an ihn gelehnt, gab es einen zweiten, auf welchem wir damals einen Grizzly erlegt hatten« (›als er das Tier zu Phall gebracht‹ [...]). In jene Höhle gelangte man auf geheimen Wegen, ja, zum Schluß mußte man einen Baum hinaufklettern [...]: »Wir bemerkten eine ziemlich starke & hohe Fichte, welche nahe am Felsen stand, schief nach demselben zu gewachsen war, und sich oben an eine Kante desselben legte. Das mußte es sein!«. Leider ist mit W's Tod eben auch die, so große Reichtümer bergende, Höhle verschwunden [...].

In WE dann ist das Bild W's weitgehend aufgelöst: ein ganzer ›Clan Winnetou‹, mit jungen sowohl männ- als weiblichen Mit-

Gliedern, hat sich gebildet; was ja wohl zu bedeuten haben wird, daß die Geschlechtscharaktere sich, altersbedingt, zu verwischen begannen. Eine Annahme, die noch von anderer Seite her bestätigt wird; indem nämlich, vice versa, die bisher weibliche MD ein männliches Spiegelbild im ›Tatellah Satah‹ bekommen hat – die Bedeutung dieser, 1 Dutzend Jahre weiter hinaus liegenden Wandlung wird bei der Analyse des MAY'schen ›Orients‹ klar werden; einer Gegend, in der W sich nicht ansiedeln ließ: das 1 Mal, wo MAY es versucht hat, im II. Bande von SATAN & ISCHARIOT, wird W binnen kurzem schwer krank, und muß nur in allster Schnelle wieder nach seinem Wilden Westen überführt werden! –

Schon an diesem Punkte der Untersuchung läßt sich sagen, daß ELBOGEN mit seiner vorsichtigen Definition MAY's als eines ›unterschichtigen Homosexuellen‹ mindestens Recht haben dürfte: der lehmig-mulmige Klang und die ganz eigentümliche Starrheit der Personalbeschreibung W's sind so auffällig, daß sie an die übliche ausbaufähige Rigidität formelhaft gewordener Kinäden- bzw. allgemeiner Onanie-Fantasien erinnern. Ebenso wird es richtig sein, daß ›Nscho-Tschi‹, W's ihm sehr ähnliche Schwester, ein hochbeiniges missing-link, habe sterben *müssen,* damit die entscheidende ›Liebesüberschreibung‹ auf den Bruder ganz ›reinlich‹ stattfinden konnte. Ich ergänze: daß W nach 1897 auch schon deshalb wohl nicht mehr aufzutauchen brauchte, weil inzwischen eine weitere Rück-Überschreibung auf eine gewisse, ähnlich schwarzlanghaarige ›Schakara‹ (vgl. SILBERLÖWE III u. IV) stattgefunden hatte; wozu schon hier angemerkt sei

a) daß allmählich ›längstes Haar‹ einer weiteren Liebesbedingung gleichkommen dürfte, ob Mann ob Roß ob Woman; und
b) daß es sich auch bei Frau Klara-Schakara wieder nur um ein Interregnum gehandelt hat.

Wovon demnächst ein Mehreres.

Theoretisch bestünde die Möglichkeit, daß es sich bei jeglichem Vordrängen dieser ›im eigenen Herzen geborenen‹ Emanation um S-Wellentäler innerhalb von MAY's erster, jahrzehntelang-unglücklicher Ehe gehandelt haben könnte: nun rächte es sich, daß er sein Incubus-Idol gar so allround-befriedigend, so hautnah-nahtlos-vollkommen ausgestattet hatte; ›Wo bleibt vor solchem Traum die Wirklichkeit?‹ (RÜCKERT, ›Columbus‹ I, 2). Im Vergleich mit W, der »Lichtgestalt, die bei Tage & bei Nacht hinter MAY stand«, (DL 13: ›er hatte die Gestalt eines *Lichtes,* und *stand*

bei *Nacht hinter* MAY‹ – na, was hab' ich gesagt?!), mußte jedwede Begegnung in der Realität, ob Mann oder Frau, enttäuschen; mußte die Ehe selbst ein unzulänglicher Ersatz für die mit Jenem durchlebten Eu-Phorien bleiben; ja, mußten MAY's menschliche Beziehungen-allgemein darunter leiden. –
[…]

Dieter Ohlmeier
Karl May: Psychoanalytische Bemerkungen über kollektive Phantasietätigkeit*

Einleitung

Neben Jean Paul, Henry James, Beckett und Kafka wird in einem Symposion über *Dichtung und Psychoanalyse* Karl May gestellt; neben der literarischen Beletage scheint sich der Hinterhof aufzutun, und neben die Olympier tritt einer aus dem Reiche des literarischen Schattens. Ist es der erlösende, entspannende Reiz des Satyrspiels nach dem erhabenen, aber auch anstrengend-belastenden Genuß der Tragödien, wenn sich an solchem Ort Karl May, der »sehnsüchtige Spießbürger, der selbst ein Junge war«, der »Wildträume, gleichsam reißende Märchen« schrieb (E. Bloch, 1929), zu Wort meldet und uns mit der Frage nach den Mechanismen kollektiver Phantasietätigkeit, kollektiver Identifikationsprozesse konfrontiert?

Es erhebt sich die Frage: Brauchen wir den »Trivialliteraten«, auf daß er uns direkt an das Triebhafte, an längst vergessene, verdrängte oder verleugnete seelische Vorgänge führe, aber uns gleichzeitig in unserer Einigkeit bestärke darin, daß er eigentlich der erhabenen Dichternachbarschaft nicht würdig sei? Ist er der »Renommierproletarier«, der »arme, verwirrte Prolet« (E. Bloch) im Kreise der feinsinnigen Intellektuellen, der diesen ihren Elitestatus erst richtig genießbar macht? Und weiter: Der hier über ihn sprechen und schreiben soll, hat sich wohl zu fragen, ob er sich damit in die Gruppenposition des wissenschaftlichen Hofnarren, als eine Art »Old Shatterhand der Psychoanalyse«, bringen werde. Denn die Identifikationsbereitschaft mit diesem May-Stoffe ist groß, ebenso aber auch die projektive Abwehr latent persistierender, der gereiften Persönlichkeit jedoch unannehmbar gewordenen Identifikationen mit jenen zu Gestalten, zu phantasierten und phantasierbaren Objekten transformierten Triebkonflikten der Kindheit und der Pubertät, wie sie Karl May uns vorführt. Könnte

---

* Überarbeitete Fassung eines auf der Arbeitstagung *Literatur und Psychoanalyse*, Freiburg im Januar 1976, gehaltenen Vortrages.

es nicht naheliegen, den mit Karl May befaßten Wissenschaftler projektiv abzuwerten, aber gleichzeitig identifikatorisch mit ihm zu genießen, wenn er sich in trivialliterarische Kindheitsphantasien hinabzusteigen anschickt, wenn er uns jene Phantasiewelt in die »Sprache der Erwachsenen«, für die wir unsere wissenschaftliche und psychoanalytische Sprache ja halten, übersetzen soll?

Erinnern wir uns aber, daß Psychoanalytikern, die die Bedeutung von Träumen und Phantasien wissenschaftlich faßbar machen wollen, dieser Vorwurf traditionsgemäß gemacht wird. Der Versuch einer psychoanalytischen Textinterpretation am Werke eines »Trivialautors« stellt sich jedoch außerhalb der Schutzgrenzen des etablierten Kulturgutes. Bei Karl May befinden wir uns in unmittelbarer Nähe der Triebwelt und ihrer Konflikte, so wenig auch der oberflächliche Blick auf die manifesten Erzählinhalte Sexualität – im Gegensatz zu Aggressivität – bemerken kann. Aber mit unserer unbewußten und vorbewußten Wahrnehmung entgeht uns diese Triebnähe nicht, und schon gar nicht den Kindern der Latenzzeit und der Pubertät, deren Domäne auch heute noch die Karl-May-Lektüre ist. Heimlich, fast wie ein Beibehalten oder eine Wiederaufnahme kindlicher Sexualbefriedigungen, die man den Miterwachsenen verbergen muß, um nicht aus der »Schar der Männer ausgestoßen zu werden« – wie Karl May wohl formuliert hätte –, sollen aber auch viele Erwachsene am Karl-May-Lesen festhalten. Auf ein exponiertes Beispiel – Adolf Hitler – werden wir noch zu sprechen kommen.

Zwar sind in den letzten Jahren, stark angeregt auch durch Arno Schmidt (1963), mehrere seriöse Untersuchungen über Person und Werk Karl Mays erschienen[1], die psychoanalytische und psychosoziale Aspekte berücksichtigen, vor allem von H. Wollschläger (1965; 1973; 1976), W.-D. Bach (1971), C. Roxin (1971), G. Ueding (1973) und anderen. Aber es scheint doch eine Hemmung, ein Unbehagen zu bestehen, das die Karl-May-Forschung – die bemerkenswerterweise gerade von »fachpsychoanalytischer« Seite kaum beachtet wurde – bisher behinderte. Hierfür dürfte eine Abwehr regressiv gefärbter und deswegen verpönter infantiler Phantasien, insbesondere sexueller Natur, verantwortlich sein.

Was die literarische Darstellung und Verarbeitung sexueller Themen, insbesondere infantiler Sexualphantasien angeht, können wir – die unverhüllte, dem Zwecke direkter Stimulierung dienende

Pornographie außer acht lassend – folgende grobe Einteilung in zwei Gruppen vornehmen: Erstens die künstlerische Darstellung durch starken Einsatz der *Sublimierung,* bei der sexuelle Themen im literarischen Werk in einen literarischen Entwicklungsprozeß – analog der Entwicklung zur sexuellen und sozialen Identität der Persönlichkeit (E. H. Erikson, 1966) – eingefügt sind, der in Inhalt und Gestaltung Züge einer Persönlichkeitsreifung trägt und beim Leser Regressionen im Dienste des (reifen, funktionsfähigen) Ichs zuläßt und wachruft; als ein Beispiel kann James Joyces *Ulysses* dienen. Zweitens aber stoßen wir auf die literarische Darstellung unter vorzugsweisem Einsatz der *Reaktionsbildung,* bei der nicht so sehr Entwicklungsprozesse, sondern wie unter einem Wiederholungszwang immer die gleichen Trieb- und Konfliktkonstellationen auftreten und schließlich unaufgelöst, quasi »arretiert« in einen literarischen Leerlauf münden und sich auch so – als ein »Nichtreifen-Können« – dem Leser mitteilen. Dieser zweiten Kategorie, bei der übrigens auf manifester Leseebene offene Sexualinhalte scheinbar gar nicht vorkommen, sind die Werke Karl Mays vorzugsweise zuzuordnen.[2] Hieraus erklärt sich auch das – zumindest »offiziell« und auf Bewußtseinsebene – bei vielen Lesern an der Schwelle zum »Erwachsenwerden« stark abnehmende Interesse an der Karl-May-Lektüre, aber wohl auch die Unterschätzung, ja Geringschätzung dieses Autors als Forschungsobjekt.

Daß Karl May ein wichtiges Forschungsobjekt darstellt, kann heute nicht bezweifelt werden. Noch jetzt, rund hundert Jahre nach seinen ersten Veröffentlichungen, ist er einer der meistgelesenen deutschen Schriftsteller. Daß seine Sujets veraltet und seine geographisch-ethnologischen Schilderungen unzuverlässig sind – der »Wilde Westen« Karl Mays hatte und hat mit der Realität amerikanischer Verhältnisse wenig gemein –, daß seine literarische Gestaltungskraft in Handlungserfindung und Sprache begrenzt ist, konnte dieser Tatsache keinen Abbruch tun. Die interessante Frage ist vielmehr: Was bewegt Karl May eigentlich in seinen vielen Lesern, seiner »Lesergemeinde«, die sich offenbar wie ein imaginäres Kollektiv mit seinen Büchern und Gestalten identifiziert?

Die Fragestellung und Zielsetzung meines Beitrages bezieht sich also vor allem auf die *Leser,* auf die »kollektive Phantasietätigkeit«, die durch jene dem Primärvorgang und seinen Triebkomponenten nahen Bilder und Gestalten in ihnen ausgelöst wird. Wir vernachlässigen hier die Persönlichkeit des Schriftstellers und ihre eigene konfliktreiche Entwicklung, enthalten uns also »exopoetischer« (K. E. Eissler, 1971) Interpretationen. Vielmehr soll hier ein Versuch unternommen werden, im Ansatz die »dichterischen Figuren in ihrer Beziehung untereinander« sichtbar zu machen, wobei sich »seelische Konflikte und Vorgänge auf einer inneren Bühne oder Szene gestalthaft abbilden und einen Realitätsgrad erreichen, der sie – wie sonst nur im Traum – den Phänomenen der äußeren Welt ebenbürtig oder überlegen macht« (P. Dettmering, 1974), unter besonderer Berücksichtigung der unbewußten und vorbewußten Rezeptionsprozesse bei den Lesern.

Hierzu bedienen wir uns des Romans *Winnetou*, Band I (1893); zum einen, da es sich hier um den mit der bisherigen Auflage von 2 878 000 Exemplaren – fast drei Millionen! – meist verbreiteten Karl-May-Band handelt, andererseits wegen seiner einheitlichen Konzeption: Während Karl May seine Bücher vielfach aus Einzelveröffentlichungen in Zeitschriften »zusammensetzte«, handelt es sich bei diesem Buch um einen ganzheitlichen Entwurf, ein »längeres Gedankenspiel« (A. Schmidt, 1963) im vollen Sinne. Es ist jedoch die Frage berechtigt, ob überhaupt größere qualitative Unterschiede zwischen den einzelnen May-Bänden bestehen, ob es sich nicht insgesamt um Variationen eines Themas mit unterschiedlichen Kulissen und »Versatzstücken«, aber prinzipiell identischem Personal und gleichartigen Konflikten handelt.

Die Personen des Romans »Winnetou I«

Wir verzichten hier auf eine Handlungsangabe des Buches und konzentrieren uns auf die Charakterisierung der darin auftretenden Personen und Personengruppen. Die Berechtigung hierfür ergibt sich auch daraus, daß Karl May stets »personenzentriert« schreibt, während die Handlungsabläufe oft zur schematischen Staffage geraten. Die zunächst scheinbar übergroße Fülle der auftretenden Personen reduziert sich bei näherem Zusehen auf einige wenige Gestalten bzw. Gruppen: Wir können im wesentlichen sechs Gruppen unterscheiden. Es handelt sich (1) um den »Ich«-Erzähler, Old Shatterhand, (2) um den jungen Indianerhäuptling Winnetou, seinen Blutsbruder, (3) um die Reihe der »Väter«: Mr. Henry, den »Büchsenmacher«, Intschu-tschuna, den Vater Winnetous, Klekih-petra, den »weißen Vater« und väterlichen Lehrer Winnetous, (4) Sam Hawkens, den erfahrenen »Westmann« und Mentor Old Shatterhands, (5) die Reihe der »Schurken« und schließlich (6) Nscho-tschi, die Schwester Winnetous und Tochter Intschu-tschunas, die einzige weibliche Figur des Romans.

(1) Im Zentrum steht das *»Ich«*, zunächst ein junger und unerfahrener Mann, den »unerquickliche Verhältnisse in der Heimat [...] über den Ozean nach den Vereinigten Staaten getrieben« (S. 9)³ haben und den es dann »nach dem Westen treibt«. Er erlebt sich als ein »Greenhorn«, als »ein Mensch, welcher noch grün, also neu und unerfahren im Lande ist und seine Fühlhörner behutsam ausstrecken muß, wenn er sich nicht der Gefahr aussetzen will, ausgelacht zu werden« (S. 7). Er weiß nicht, was sich bei Damen schickt, »schiebt beim Laden des Gewehres die Patrone verkehrt in den Lauf« und »steckt das Messer so in den Gürtel, daß er sich beim Bücken die Klinge in den Schenkel sticht«. Es handelt sich also um eine Parzival-Gestalt, um einen »reinen Toren«, der aber gerade wegen seiner Unberührtheit von den Dingen des Lebens ein unerschöpfliches Reservoir von unentmutigter Kraft und seelischer Güte besitzt. Wie in dem deutschen Märchen von *Einem, der auszog, das Fürchten zu lernen,* wird er zunächst einer Reihe von »Prüfungen«, die seinen Mut und seine Mannbarkeit erweisen sollen, unterworfen (Reiten, Schießen, Jagen, Anschleichen), bevor er als Landvermesser – ein Vorläufer von Franz Kafkas K., der im *Schloß* auf der Suche nach seiner Identität ist – beim Eisenbahnbau eingesetzt wird. Als ein wahrer Musterschüler von unerbittlichem Fleiß, hoher Moral und christlicher Frömmigkeit avanciert er zum »Chef« der Bahnarbeiter und leitet aus seiner moralischen Integrität das Recht zu brutalen körperlichen Züchtigungen der korrupten und vor allem faulen Kollegen ab. Deswegen erhält er den Namen »Old Shatterhand«, die »alte Schmetterhand«, wie die offizielle Übersetzung durch den Autor selbst lautet. Die Brüchigkeit seiner Stärke und Moral mag aber schon in dieser Namensgebung verräterisch durchschimmern: die ohnehin im Englischen ungebräuchliche Formulierung »Shatterhand« läßt assoziativ anklingen »Schütterhand« (A. Schmidt, 1963), ferner »Zitterhand« sowie den im Norddeutschen gebräuchlichen Ausdruck »schetterig« (= beschädigt, aber auch anrüchig). So wird er auch von seinem Mentor Sam Hawkens bei jeder Gelegenheit, auch beim größten Heldenerfolg, auf seine Unsicherheit und Gefährdung hingewiesen. Mit

ängstlicher Scheu begegnet er schließlich Winnetou und dessen Vater, und vor der Begründung der Blutsbruderschaft steht ein erbitterter Kampf mit dem Messer auf Leben und Tod. »Er holte zum Stoße gegen meine Brust aus, zu einem Stoße, der mir die ganze Klinge in das Herz getrieben hätte. Ich brachte nur eine ganz geringe Körperwendung fertig; das Messer [...] glitt ab und drang mir oberhalb des Halses und innerhalb der Kinnlade in den Mund und durch die Zunge. [...] Die Todesangst verdoppelte die Kräfte; ich konnte nur eine Hand, einen Arm brauchen, und er lag von seitwärts her auf mir. [...] Nun zog ich die Knie an und schnellte mit aller Gewalt empor; er wurde abgeschleudert, so daß er mit dem Vorderleibe die Erde berührte. Im nächsten Augenblicke lag ich ihm so auf dem Rücken, wie er vorher auf dem meinigen gelegen hatte. [...] Ein Knie ihm quer über die beiden Oberschenkel und das andere auf den einen Arm setzend, nahm ich ihn mit der einen brauchbaren Hand beim Genick. [...] Nun gab es ein wahrhaft satanisches Ringen zwischen uns. [...] Jetzt hätte ich Zeit zum Sprechen gehabt; einige Worte hätten zur Aufklärung genügt; aber das Blut schoß mir in Strömen aus dem Munde, und als ich mit der durchstoßenen Zunge zu sprechen versuchte, brachte ich nur ein unverständliches Lallen hervor. Er wendete alle seine Kraft an, mich abzuwerfen, und ich lag auf ihm wie ein Alb, der nicht abzuschütteln ist. Er begann zu keuchen und keuchte immer stärker; ich preßte ihm mit den Fingerspitzen den Kehlkopf so fest nach innen, daß ihm der Atem ausging. [...] Ich gab also für einen Augenblick seinen Hals frei, worauf er sofort den Kopf hob; das brachte diesen für meine Absicht in die richtige Stellung – zwei, drei rasch aufeinanderfolgende Faustschläge, und Winnetou war betäubt; ich hatte ihn, den Unbesieglichen, besiegt« (S. 293-295).

In dieser Kampfszene vermögen wir unschwer Züge eines sadistisch gefärbten Geschlechtsverkehrs zu erkennen, der mit einer partiellen Kastration (Stich durch die Zunge, Verlust der Sprache und der verbalen Fähigkeit zur Aufklärung des Konflikts) einhergeht. Unübersehbar ist auch die homosexuelle Qualität des »Kampfes« der beiden jungen Männer, der im orgastischen Keuchen Winnetous endet, aber auch in der lebensgefährlichen Verwundung und Beschädigung Old Shatterhands.

Hierauf fällt das Ich in einen dreiwöchigen »Wundstarrkrampf«, der die Züge des Todes trägt. Während dieser Zeit hat das Ich folgenden Traum: »Ich war in das tiefe Mauerlager eines

Mühlrades gestürzt. Die Mühle ging nicht, weil sich das Rad nicht bewegen konnte, da ich zwischen ihm und der Mauer steckte. Das Wasser rauschte über mir herab, und die Kraft, mit welcher es auf das Rad wirkte, preßte mich fester und fester zusammen, daß ich glaubte, ich würde zermalmt.« (S. 295 f.) Wir deuten diesen Traum als eine Darstellung der Kastration: Der Träumer identifiziert sich mit seinem »eingeklemmten«, funktionsunfähigen Penis. Das Mühlen-Getriebe und das herabrauschende, pressende und treibende Wasser, das den Träumer einklemmt, symbolisiert die Mächtigkeit und Gefährlichkeit seiner Triebwünsche.

Das »Ich« vollzieht nach seinem Todesschlaf und vor seiner »Wiedergeburt« eine tiefe Regression auf das Säuglingsstadium. Wir finden hier charakteristische Merkmale des primären Narzißmus: »Ich schwamm monatelang über uferlose Meere [...] Zuweilen sah ich zwei dunkle, sammetne Augen vor mir, die Augen Winnetous; dann starb ich, wurde in den Sarg gelegt und begraben; [...] und lag dann eine ganze, ganze Ewigkeit, ohne mich bewegen zu können, in der Erde, bis auf einmal der Deckel meines Sarges geräuschlos nach oben schwebte und dann verschwand. Ich sah den hellen Himmel über mir; die vier Seiten des Grabes senkten sich. War dies denn wahr? Konnte dies geschehen?« (S. 300) »Ich schloß die Augen und lag nun wieder still, doch nicht im Grabe, sondern in einer seligen Müdigkeit, in einem wonnigen Frieden. Ich wünschte, ewig, ewig so liegen bleiben zu können.« (S. 302) Das »Ich« wird dann wie ein Säugling löffelweise mit einer milchigen Fleischbrühe von seinem hier ganz mütterlich-warm auftretenden Mentor Hawkens und von der Indianerin Nscho-tschi gefüttert. Erst nach langer Kräftigungszeit, in der es langsam wieder das Gehen, Sprechen und Denken lernt, wird es zu neuen Auseinandersetzungen und schließlich zur männlichen Besiegelung seiner Blutsfreundschaft mit Winnetou fähig. Erst jetzt trägt diese Freundschaft die Züge »männlicher Reife«; gefährlich-triebhafte Komponenten scheinen künftig weitgehend gebannt.

Die sexuelle, in der Beziehung zu Winnetou vorwiegend homosexuelle Annäherung ist also durch Kastration und Todesdrohung gesühnt; außerdem wird der verbotene sexuelle Triebwunsch durch eine tiefgreifende Regression auf das Stadium des primären Narzißmus abgewehrt. Die Brüchigkeit und Unsicherheit der sexuellen (und aggressiven) Omnipotenzwünsche, wie sie sich im Namen »Old Shatterhand« äußern, ist offenbar geworden. Die verbotenen Triebbedürfnisse werden in Zukunft weitgehend unterdrückt und weichen einer steril-schematischen »Freundschaft« zwischen dem »Ich« und Winnetou, die vor allem von Reaktionsbildung und Idealisierung beherrscht ist.

(2) Die Figur des *Winnetou* – »Ich habe ihn geliebt wie keinen zweiten Menschen und liebe noch heute die hinsterbende Nation, deren edelster Sohn er gewesen ist« (S. 5) – ist von der literarischen Gestaltung her eine ziemlich farblose Erscheinung. Macht das »Ich« Konflikte durch, steht unter bedrohlichem Triebdruck, so erscheint sein Freundes- und Liebesobjekt unberührbar und unveränderlich wie eine Marmorstele. »Der Jüngere war genauso gekleidet wie sein Vater, nur daß sein Anzug zierlicher gefertigt worden war. [...] Auch er trug den Kopf unbedeckt und hatte das Haar zu einem Schopfe aufgewunden, aber ohne es mit einer Feder zu schmücken. Es war so lang, daß es dann noch reich und schwer auf den Rücken niederfiel. Gewiß hätte ihn manche Dame um dieses herrliche, blauschimmernde schwarze Haar beneidet. Sein Gesicht war fast noch edler als dasjenige seines Vaters und die Farbe desselben ein mattes Hellbraun mit einem leisen Bronzehauch. Er stand, wie ich jetzt erriet und später dann erfuhr, mit mir im gleichen Alter und machte gleich heut, wo ich ihn zum ersten Mal erblickte, einen tiefen Eindruck auf mich. Ich fühlte, daß er ein guter Mensch sei und außerordentliche Begabung besitzen müsse. Wir betrachteten einander mit einem langen, forschenden Blicke, und dann glaubte ich, zu bemerken, daß in seinem ernsten, dunklen Auge, welches einen sammetartigen Glanz besaß, für einen kurzen Augenblick ein freundliches Licht aufglänzte, wie ein Gruß, den die Sonne durch eine Wolkenöffnung auf die Erde sendet« (S. 109 f.).

Aber dieses Marmorbild ist mit starker sexueller Attraktivität ausgestattet, und wenn man an anderer Stelle von dem »römischen Gesichtsschnitt« und dem »stoischen Ebenmaß« der Züge Winnetous liest, denkt man unwillkürlich an die Marmorbüsten, die der römische Kaiser Hadrian von dem von ihm geliebten Jüngling Antinoos aufstellen ließ. Die jünglingshafte Attraktivität wird jedoch von weiblichen Zügen noch übertroffen, und die oben zitierte erste Begegnung des Ichs mit Winnetou gleicht einer Liebe auf den ersten Blick. Spätere Begegnungen mit Winnetou sind zärtliche Rendezvous voll unruhiger Sexualerwartung: »Es hatte sich ein Zustand meiner bemächtigt, ähnlich demjenigen, welchen man im gewöhnlichen Leben Kanonenfieber zu nennen pflegt. Das war nicht etwa Angst, o nein, denn zur Angst hätte ich vielmehr Veranlassung gehabt, als ich die Büffel und dann den Bären erlegte. Heute handelte es sich um Menschen; das war es, was mich beunruhigte. [...] Ich hatte während der letzten Tage so viel an Winnetou gedacht, daß er mir innerlich immer näher getreten war; er war mir wert geworden, ohne daß es seiner Gegenwart oder gar seiner Freundschaft dazu bedurft hatte, gewiß ein eigenartiger seelischer Vorgang, wenn auch nicht gerade ein psychologisches Rätsel. Und sonderbar! Ich habe später von Winnetou erfahren, daß er damals ebenso oft an mich gedacht hat, wie ich an ihn!« (S. 223f.) Das »Ich« beschafft sich eine Locke des so bewunderten »damenhaften« Haares als fetischistisches Partialobjekt.

Überhaupt scheint diese Freundschaft oder Liebe von mannigfachen Konflikten belastet, ja gebrochen. Bevor der Freund im Schlußband der *Winnetou*-Trilogie sterben muß und als ein unsterbliches, von Konflikten nicht mehr berührbares Idealobjekt dem Zugriff der Triebwünsche entrückt wird, ist die Beziehung durch einerseits heterosexuelle Erlebnisweisen – Winnetou trägt weibliche Züge –, aber vor allem von dem Muster der homosexuellen Objektwahl geprägt. Auf die Rolle des Narzißmus in der psychoanalytischen Homosexualitätsforschung gehen wir hier nicht näher ein, sondern beschränken uns auf den Hinweis, daß in der Winnetou-Gestalt ein narzißtisches Idealobjekt dargestellt ist, in das sich das »Ich« wie in ein vollkommeneres Selbst verlieben kann. Diese narzißtische Objektbeziehung findet in der Verschmelzung der »Blutsbrüderschaft« ihre deutlichste Darstellung. Aber auch der Besitz eines dem narzißtisch geliebten Objekt entlehnten Fetischs (Haarlocke) garantiert den ständigen Besitz. Der offene Vollzug objektgerichteter sexueller Triebwünsche zieht hingegen, wie oben beschrieben, Kastrationsgefahr und, in einem weiteren Schritt, die Abwehrform der Regression auf die Stufe des primären Narzißmus nach sich. – Abschließend sei noch einmal betont, daß die Winnetou-Gestalt sowohl männliche als auch weibliche Sexualmerkmale trägt, daß das Freundes- und Liebesobjekt des »Ichs« transsexuellen Charakter hat.

(3) Die *Reihe der »Väter«* wird durch *Mr. Henry*, den »Büchsenmacher«, eingeleitet. Er ist vordergründig ein gutmütiger Menschenfreund, in Wahrheit aber durch die Entwicklung eines unentwegt schießenden Gewehres, des »Henry-Stutzens«, ein »Mörder« (S. 18). Die Schieß- und Reitproben, denen er das »Ich«

unterwirft, tragen offen sadistischen Charakter. Ähnlich verhält es sich mit *Intschu-tschuna*, dem Vater Winnetous: Seine Moral- und Strafpredigten an die Adresse des »Ichs«, seine Aufrufe zum Töten und zur Rache sind von sadistischer Strenge. Gleichwohl zollt ihm das »Ich« höchste Achtung und unterwirft sich den strengen moralischen Geboten. Eine Sonderstellung nimmt *Klekih-petra*, der »weiße Vater«, ein: Er ist klein, hager und bucklig; er hat seine Identität als ehemaliger »Weißer« verloren und ist Indianer geworden, er hat eine schwere Identitätskrise durchgemacht, aus der er geläutert hervorgegangen ist. »Ich merkte sehr bald, daß er ein bedeutender Charakter war, hütete mich aber, irgend eine, wenn auch noch so leise Frage nach seiner Vergangenheit zu tun. [...] Das Leben hatte tiefe Runen in sein Gesicht eingegraben, die langen Grundstriche des Grames, die durchquerenden Gedankenstriche des Zweifels, die Zickzacklinien der Not, der Sorge und Entbehrung. Wie oft mochte sein Auge düster, drohend, zornig, ängstlich, vielleicht auch verzweifelt geblickt haben, und nun war es klar und ruhig wie ein Waldsee, den kein Windstoß kräuselt, der aber so tief ist, daß man nicht sehen kann, was auf seinem Grunde ruht. [...] Er sagte: ›Sie stehen am Anfange der Kämpfe, an deren Ende ich angekommen bin; aber diese werden für Sie nur äußerliche, keine inneren sein. [...] Mein größter Stolz bestand darin, Freigeist zu sein, Gott abgesetzt zu haben. [...] Ich war ein guter Redner und riß meine Hörer hin. Das Unkraut, welches ich mit vollen Händen ausstreute, ging fröhlich auf, kein Körnchen ging verloren. Da war ich der Massendieb, der Massenräuber. [...] Dann kam die Zeit der Revolution. [...] Ich trat öffentlich als Führer der Unzufriedenen auf; sie tranken mir die Worte förmlich von den Lippen, das berauschende Gift, welches ich freilich für heilsame Arznei hielt. [...] Sie nannten meinen Namen als den des Verführers. Das war der Keulenschlag, welcher mich, nicht äußerlich, sondern innerlich traf. Gottes Mühle begann zu mahlen. Die Freiheit war mir geblieben, aber im Inneren litt ich Qualen, zu denen mich kein Richter hätte verurteilen können. Ich irrte hier aus einem Staate in den anderen, trieb bald dies bald jenes und fand nirgends Ruhe. Das Gewissen peinigte mich auf das entsetzlichste. [...] Um mich innerlich zu festigen, floh ich die Welt und die Menschen; ich ging in die Wildnis« (S. 127-130).

Der »weiße Vater« hat offenbar ähnliche Konflikte hinter sich wie das »Ich«, er stellt eine Identifikationsfigur dar und ist derjenige Teil des Vaters, mit dem das »Ich« sich im ödipalen Konflikt identifizieren kann. (Es sei angemerkt, daß die Lebensgeschichte Klekih-petras starke Parallelen zu der Biographie des Autors aufweist.) Aber die freundlich-geläuterte, eine Identifikation ermöglichende Seite des Vaters ist gleichzeitig von körperlicher Schwäche (Buckligkeit, Kleinwuchs) gekennzeichnet, während die feindselig-sadistischen Vaterfiguren als ungebrochene »Helden« und Erfinder auftreten. Das »Ich« ist in seinen Identifizierungsbedürfnissen zwischen der Unterwerfung unter die sadistisch-moralischen Grausamkeiten der »bösen« Väter und der Übernahme ihrer Kraft und Moralansprüche einerseits, der unmittelbaren identifikatorischen Zugänglichkeit des »guten« Vaters andererseits hin und her gerissen. Eine Verschmelzung beider Komponenten des Vaterbildes – der sadistisch-kastrationsdrohenden und der liebevollen, zur Identifikation einladenden – ist deswegen nicht möglich. Der liebevolle Vater wird deutlich abgewertet. Die Schwierigkeiten der Auseinandersetzung mit den verschiedenen, nebeneinander stehenden Facetten der Vatergestalt werden zusätzlich dadurch »bewältigt«, daß sowohl der grausame Vater Intschu-tschuna, als auch der gute Vater Klekih-petra unter blutigen Umständen ermordet werden. Eine Versöhnung mit dem Vaterbild und die Introjektion seiner verschiedenen, widersprüchlichen Anteile gelingt dem »Ich« nicht.

(4) Der alte »Westmann« und Mentor des »Ichs«, *Sam Hawkens*, nimmt eine eigentümliche Zwischenstellung, ja Zwitterstellung ein. Er hat eindeutig *»weibliche«* Attribute: eine dünne Fistelstimme, ein weibliches Reittier, eine Flinte mit dem weiblichen Namen »Liddy«, er trägt einen knielangen »Rock«, den er selbst flickt, »kann nicht logisch denken«, »ist nicht satisfaktionsfähig«. Er kocht für seinen Schützling Old Shatterhand, schickt ihn schlafen, weckt ihn, pflegt ihn mit dem Löffel gesund, sorgt sich um ihn, wenn er »unverantwortliche Wagnisse« unternimmt. Andererseits trägt er Züge eines kastrierten Mannes: schockierend zeigt sich unter seiner abnehmbaren Perücke eine blutig-rote Glatze. Sehen wir hierin einerseits das Merkmal der vollzogenen Kastration (»Skalpierung«), so besitzt Hawkens andererseits einen introjizierten Penis, der in Gestalt des blutig-roten Kopfes – unter der struppigen Perücke, die als weibliches Sexualsymbol zu werten ist – zum Vorschein kommt. Hierzu paßt auch die »Episode mit der Maus« (S. 173 und 214), wobei die Witzigkeit der Szene deutlich entschärfen-

den Abwehrcharakter hat, so daß der angsterregende Phantasieinhalt sich Zutritt zum Bewußtsein verschaffen kann. »›Dieser eine ist ein Kerl, auf den man sich verlassen kann; heißt nämlich Sam Hawkens, wenn ich mich nicht irre, und pflegt Feldmäuse zu fressen, hihihihi!‹ [...] ›Ihr heißt Hawkens. Das soll doch ›Falke‹ sein? So hört! Der Falke frißt Feldmäuse. Ist das richtig? Nun also ist der Schluß: der Falke frißt Feldmäuse; Ihr heißet Hawkens, folglich freßt Ihr Feldmäuse.‹« Auch die »gefressene Feldmaus« darf als Symbol eines inkorporierten Penis gelten.

In seinen männlichen Anteilen hat Hawkens passiv-feminine Züge; er ist kastriert und impotent. Gleichzeitig weist er aber weiblich-mütterliche Züge auf. Die Welt der sogenannten »Westmänner«, die er verkörpert und in die er das »Ich« einführt, ist eine idealisierte Männerwelt, aber trotzdem oder gerade deswegen lauert hier Gefahr: In dem scheinbaren Manne enthüllt sich die (kastrierte) Frau, die den Penis innen, versteckt in ihrem Körper, trägt – der Penis kommt zum Vorschein, wenn die Perücke abfällt, dann erweist sich die Frau als kastrierter Mann. Es besteht die ängstigende Phantasie, die mütterliche Frau habe in Wirklichkeit doch einen in ihrem Körper verborgenen, wenn auch schwächeren und impotenten Penis. Die Frau, die sich hinter der Karikatur des fürsorglichen Westmannes verbirgt, ist aus Gründen der Angstabwehr »nicht satisfaktionsfähig«, ist disqualifiziert. Höchstens als pflegende Mutterfigur, die das zum Säugling regredierte »Ich« aufpäppelt – »Wir haben über Euch gewacht, wie eine zärtliche Mutter über ihr kleinstes Baby oder eine Henne über die von ihr ausgebrütete junge Ente wacht« (S. 429) – ist sie akzeptabel, ja lebensnotwendig. Im übrigen gilt der mütterlichen Frau jedoch eine zwar humorvoll verbrämte, jedoch trotz aller ihrer Fürsorge unverhohlene Abwertung.

(5) Die *Reihe der »Schurken«* gewinnt in der literarischen Gestaltung kaum Profil, bleibt blaß und schematisch. Die Eisenbahnpioniere *Rattler* und *Bancroft* werden als faul, undiszipliniert und nicht pflichtbewußt, dumm und kenntnislos sowie ausnahmslos trunksüchtig gekennzeichnet. Sie tragen aber in ihrer Primitivität tierhaft-gefährliche Züge, »wie eine Mine, die im nächsten Augenblick platzt« (S. 119). In ihrer offenen Aggressivität, Habsucht und angemaßten Befehlsgewalt zeigen sie sich unverhüllt triebgesteuert, sind eigentlich Inkarnationen direkter sexueller und aggressiver Triebwünsche. Sie sind absolut böse und pauschal abzulehnen;

eine differenzierte Charakterzeichnung findet nicht statt. Mit offenkundiger sadistischer Freude werden sie im Verlaufe des Romans in den Tod gehetzt, geradezu abgeschlachtet, wobei nur der feindliche Indianerhäuptling *Tangua* insoweit eine Ausnahmestellung erhält, als ihm im Zweikampf von Old Shatterhand beide Knie zerschossen werden. »Tangua wird nie wieder ausreiten können, um sein Auge auf die Pferde anderer Stämme zu werfen« (S. 377) – dieses Zitat führt uns den Sinn der Kastration des »Schurken« (und bösen Vaters?) vor Augen, der keinen Geschlechtsverkehr (»ausreiten«) mehr haben kann und kein Auge mehr auf andere Frauen (»Pferde anderer Stämme«) werfen darf.

Das Böse wird durch seine pauschal-unprofilierte Darstellung und seine radikale Ausmerzung eliminiert, abgespalten; der Konflikt mit aggressiv-sadistischen Triebwünschen, die auch in den »Vätern« verkörpert sind, wird auf der manifesten Handlungsebene durch deren grausamen Tod, auf der Ebene der literarischen Gestaltung durch ihre Profillosigkeit abgewehrt.

(6) *Nscho-tschi*, die Schwester Winnetous, ist die einzige (manifest) weibliche Figur des Romans. Das »Ich« lernt sie nach seiner »Wiedergeburt«, nach dem Wiederauftauchen aus der tiefen Regression kennen, und zwar als ein holdes und jung-mädchenhaftes Wesen. Sie ist zu seiner »Pflege und zugleich zur Bewachung« (S. 308) eingesetzt: zugleich mütterlich und bedrohend. Sie befindet sich in Begleitung einer alten Indianerin, die nur an dieser Stelle des Buches auftritt und in der Handlung keine weitere Rolle spielt, so daß wir annehmen können, daß es sich um eine Abspaltung Nscho-tschis handelt: »Die Alte war häßlich, wie die meisten alten roten Squaws, was eine Folge der Überanstrengung ist, da die Frauen alle, selbst die schwersten Arbeiten verrichten müssen, während die Männer nur dem Krieg und der Jagd leben und die übrige Zeit untätig verbringen« (S. 308). Es handelt sich also um eine abgearbeitete, sexuell verbrauchte Mutterfigur und damit wiederum um eine Abwertung und gleichzeitig Abwehr der sexuellen Komponenten der Mutter, wie wir sie schon an der Gestalt des Sam Hawkens beobachtet haben. Aber »die Junge war schön, sogar sehr schön. Europäisch gekleidet, hätte sie gewiß in jedem Salon Bewunderung erregt. Sie trug ein langes, hellbraunes, hemdartiges Gewand, welches den Hals eng umschloß und an der Taille von einer Klapperschlangenhaut als Gürtel zusammengehalten wurde« (S. 308). Nscho-tschi ist also in ein negligé-artiges Gewand

gekleidet, trägt aber auch die Zeichen einer Klapperschlange, die bei Annäherung tödlich beißt: Der sexuelle Wunsch und seine aus Kastrationsangst hervorgerufene Abwehr treten gemeinsam auf. »Ihr einziger Schmuck bestand aus ihrem langen, herrlichen Haare, welches in zwei starken, bläulich schwarzen Zöpfen ihr weit über die Hüften hinabreichte. Dieses Haar erinnerte auch an dasjenige von Winnetou. Auch ihre Gesichtszüge waren den seinigen ähnlich. Sie hatte dieselbe Sammetschwärze der Augen, welche unter langen, schweren Wimpern halb verborgen lagen, wie Geheimnisse, welche nicht ergründet werden wollen« (S. 308). Sie trägt also nicht nur weibliche, sondern auch männliche, »brüderliche« Züge – ebenso wie ihr Bruder Winnetou hat sie bisexuelle Merkmale. In ihrer Gegenwart kann das »Ich« nicht sprechen, es fühlt sich machtlos und impotent, kann sich ihr nicht annähern und seine Wünsche nach ihr nicht artikulieren. Sie fordert ihn auf, »seine Wünsche zu sagen« (S. 309), aber er ist unfähig dazu. Er kann lediglich – auf manifester Leseebene wegen seiner Zungenverwundung – auf einem »kleinen Pfeifchen blasen«. Sie hält ihm vor, daß er Winnetou habe töten wollen, und verheißt ihm selbst den Tod am Marterpfahl, den sie sich mit Genuß ansehen will. Aber gleichzeitig füttert sie ihn wie einen Säugling und übt mütterliche Funktionen aus. »Sie kniete neben meinem Lager nieder und gab mir löffelweise zu essen, wie einem Kinde, welches noch nicht selbständig essen kann« (S. 315).

Später eröffnet sie dem »Ich« ihre Phantasien über Frauen und zeigt damit eine weibliche Identitätsstörung, wie sie S. O. Hoffmann (1974) für Kleists *Penthesilea* beschrieben hat: »Weißt du, was eure Squaws mit den Tieren tun, die sie kochen, braten und dann essen? Sie ziehen ihnen die Haut (bei den Aalen) bei lebendigem Leibe ab; sie ziehen ihnen auch, während sie noch leben (bei den Krebsen), den Darm heraus und werfen sie in das kochende Wasser. Und weißt du, was die Medizinmänner der Weißen tun? Sie werfen lebendige Hunde in das kochende Wasser, um zu erfahren, wielange sie dann noch leben, und ziehen ihnen die verbrühte Haut vom Leibe. Sie schneiden ihnen die Augen, die Zungen heraus; sie öffnen ihnen die Leiber […] Hören sie nicht das Schmerzgeheul der armen Tiere? Haben eure Squaws nicht Vögel in Käfigen in ihren Zimmern? Wissen sie nicht, welche Qual das für den Vogel ist? Sitzen eure Squaws nicht zu tausenden dabei, wenn bei Wettrennen Pferde zu Tode geritten werden? Sind nicht

Squaws dabei, wenn Boxer sich zerfleischen? [...] Und hier haben wir einen Verbrecher, einen Mörder. Er soll sterben, so wie er es verdient hat. Ich will dabei sein!« (S. 387f.) Und das »Ich« reflektiert erschreckt: »Ich hatte die schöne junge Indianerin als ein sanftes, stilles Wesen kennengelernt; jetzt stand sie vor mir mit blitzenden Augen und glühenden Wangen, das lebende Bild einer Rachegöttin, die kein Erbarmen kennt.« (S. 389) Und mit dem folgenden Zitat wird der Amazonen-, der Penthesilea-Charakter Nscho-tschis vollends klar: »Nscho-tschi saß rittlings, also nach Männerart, auf ihrem Pferde. [...] Sie war, wie ich schon wußte [...], eine ausgezeichnete und auch ausdauernde Reiterin. Ebensogut wußte sie ihre Waffen zu handhaben. Wer uns begegnet wäre, hätte sie für einen jüngeren Bruder Winnetous halten müssen [...] Sie war schön, wirklich schön, selbst trotz ihres männlichen Anzugs und ihrer männlichen Art, zu reiten, schön!« (S. 474)

Als sie »zur Frau erzogen werden« soll und mit Old Shatterhand verlobt werden soll, wird sie erschossen, geht gemeinsam mit ihrem Vater Intschu-tschuna in den Tod. Die Wendung zur weiblichen Identität darf ihr nicht gelingen. Anderseits ist die Versuchung, die die Begegnung mit weiblicher Sexualität für das »Ich« darstellt, damit gebannt, ist abgewertet. Die Kastrationsgefahr ist behoben.

Mit S. O. Hoffmann (1974) können wir, im Anschluß an seine Ausführungen über *Penthesilea*, sagen, daß es sich bei Nscho-tschi um einen Identitätskonflikt handelt: »Sie will Frau und muß Mann sein«. Das Introjekt ihres Vaters verhindert die Identifizierung mit ihrer weiblichen Rolle. Die sadistisch-kannibalischen Tötungs- und Verzehrungsphantasien, die sich auf den Tod des »Ichs« am Marterpfahl beziehen, wären als Erzwingung der Introjektion des männlichen Liebesobjekts zu verstehen.

So zeigt sich für das »Ich« anhand von Nscho-tschi eine dreifache Abwehr des gefürchteten weiblichen Objekts: erstens tritt sie als eine Schwesterfigur (die Schwester des »Blutsbruders« Winnetou) auf, und die Inzestschranke verbietet eine sexuelle Annäherung; zweitens verweigert sich Nscho-tschi bis zu ihrem Tode den Werbungen Old Shatterhands und kommt ihm als weibliches Objekt wegen der Abwehr ihrer eigenen weiblichen Identität nicht entgegen – sie ist ein »untaugliches« weibliches Objekt, das überdies gefährliche, sadistisch-kastrierende Eigenschaften hat; drittens wird sie in dem Augenblick erschossen, verschwindet aus der

Handlungsrealität des Buches und der psychischen Realität des »Ichs«, als sich bei ihr endlich doch eine weibliche Identifizierung anzubahnen droht und die Beziehung zu dem werbenden »Ich« enger wird. Es ist bezeichnend, daß sie in dem Augenblick stirbt, als sie eine gebildete und »gezähmte« Frau zu werden bereit ist und aufhört, eine »Penthesilea« zu sein. Dürfte das bubenhafte Mädchen zur Frau werden, müßte die Angst des »Ichs« unerträglich anwachsen; dieses gefährliche Phantasieobjekt muß beseitigt werden, der Schriftsteller muß sie sterben lassen, damit die Kastrationsdrohung gebannt bleibt.

Das Wiedererleben charakteristischer Adoleszenzkonflikte bei der Rezeption des »Winnetou«-Romans

Blicken wir auf den vorhergehenden Abschnitt zurück, so lassen sich die dort gewonnenen Beobachtungen und Schlußfolgerungen nicht leicht zu einer einheitlichen Struktur ordnen. Dies gilt besonders für den Aspekt der Rezeption des Romans bei den Lesern, also im Hinblick auf die starken Identifikationsangebote, die Karl May den Lesern in seinem Werk macht. Einfacher wäre es wohl, die zutage tretenden Konflikte des »Ichs« und seiner Beziehungspersonen in den Rahmen der persönlichen Entwicklung und Pathologie des Autors zu stellen. Aber die übergroße Verbreitung seiner Phantasieprodukte ist als solche schon als Beweis dafür zu werten, daß die Diskussion seiner persönlichen Psychopathologie dem Thema nicht gerecht würde. So betrachten wir ja auch die Ursache neurotischer Erkrankungen und devianten Verhaltens nicht lediglich unter dem Gesichtswinkel persönlicher, gleichsam privater Schicksale, sondern werten sie als – wenn auch individuell manifest gewordene – Resultate kulturell-gesellschaftlicher Notstände. Wenn Freud (1933) in seinem Vorwort zu M. Bonapartes Poe-Studie schrieb, wieviel von den Charakteren eines dichterischen Werkes durch die Eigenart ihres Schöpfers bedingt ist, so wies er auch darauf hin, »welcher Stoff ihm vom Schicksal aufgetragen wurde«. Dieses »Schicksal«, sowohl kulturell-gesellschaftlicher Art als auch in Gestalt der Entwicklungskrisen des menschlichen Seelenlebens, betrifft uns in unterschiedlicher Intensität alle, und wenn wir »die Gesetze des menschlichen Seelenlebens an hervorragenden Individuen studieren« (Freud, 1933), so beschäftigen wir uns demnach gleichzeitig mit uns selbst. Daß dies nicht nur in wissenschaftlicher, sondern auch oder vor allem in »naiver« – unbewußter oder vorbewußter – Weise geschehen kann, lehrt uns die Beschäftigung mit der Frage nach der unvermindert breiten Rezeption von Karl Mays Œuvre.

Wir stellen hier die Diskussion spezifischer *Adoleszenzkonflikte*, die beim Lesen des *Winnetou*-Romans – aber ebenso der anderen Bücher Karl Mays – reaktiviert und wiederbelebt werden, in den Vordergrund. Andere Gesichtspunkte, die sich aus der psychoanalytischen Entwicklungs- und Strukturtheorie ergeben, wollen wir in dem vorliegenden Beitrag zurückstellen.

Unter besonderem Bezug auf P. Blos (1962) diskutieren wir in erster Linie anhand des Materials, das in den Büchern Karl Mays zu finden ist, die Gruppenbezogenheit des Ichs in der Adoleszenz, sodann einige seiner charakteristischen Abwehrmechanismen, seine Neigung zu Idealbildungen, den Kampf um eine eindeutige Geschlechtsidentität und schließlich häufige adoleszente Krisen, die mit einer Objekt-Aufspaltung, mit der Beeinträchtigung der Realitätswahrnehmung sowie dem Rückzug auf narzißtische Objektbeziehungen einhergehen.

Die Analyse des *Winnetou* führt uns die *Gruppenbezogenheit* des adoleszenten Ichs vor Augen. Das wahrnehmende, handelnde, denkende Ich – in seinen »reifen« Anteilen – tritt in Gruppen auf: Hierfür steht die Gruppe der »Westmänner«, und auch die Identifikation mit der Minderheit der Indianerstämme. Aber auch die Abwehr der dem Ich unerträglichen sexuellen und aggressiven Triebimpulse wird Gruppen zugeordnet, vor allem den »Schurken« und den feindlichen Indianerstämmen. Hierin sehen wir den Grund der bei der May-Lektüre so auffallenden starken Verschmelzungen der einzelnen Charaktere, der literarisch farblosen Charakterisierungen, des Zusammenschrumpfens eines manifest reichhaltigen Personal-Inventars auf wenige typische Gruppen mit ineinander übergehenden Eigenschaften, Wahrnehmungsweisen. Die *Abwehr* unerträglicher Triebimpulse erfolgt vorzugsweise durch Projektion auf die »vertierten« Schurken, aber auch auf das starre, strafend-sadistische Über-Ich von »Vaterfiguren« (Intschutschuna, Mr. Henry, Tangua), ferner durch *Regression* auf sadistische und masochistische Vorgänge sowie auf das frühe Stadium des primären Narzißmus, gefolgt von oralen Befriedigungsformen (nach dem Scheitern in der ödipal-sexuellen Versuchungssituation wird das »Ich« wie ein Säugling gefüttert). Ebenfalls werden starre *Idealbildungen* (Christentum, Moral- und Pflichtbewußtsein) vorgenommen, in denen auch Regressionstendenzen auf die anale Stufe zu erkennen sind. Hier erkennen wir Beziehungen zum Mechanismus der faschistoiden Unterdrückung von »Freigeistern« (Klekih-petra), deren Motiv die Abwehr sexueller Triebwünsche ist. Ferner erkennen wir die Aufgabe bzw. das Nichtvollziehen einer eindeutigen Geschlechtsidentifizierung; es handelt sich um eine immer wieder zu beobachtende sexuelle Identitätsdiffusion, wenn wir bei Winnetou, bei Nscho-tschi, bei Sam Hawkens deutlich bisexuelle Züge entdecken. Auch die *Objekt-Aufspaltung* dient dazu, ödipale Konfliktängste abzuwehren, und somit wird vermieden, daß ambivalente Gefühlseinstellungen im Rahmen der ödipalen Beziehung zu Vater und Mutter bzw. zu männlichen (väterlichen) und weiblichen (mütterlichen) Objekten ertragen werden müssen. Auffällig ist auch eine Einschränkung der *Realitätswahrnehmung*, eine Ersetzung der Realität durch eine imaginäre Traumwelt: Psychische Vorgänge, phantasierte Handlungsimpulse werden in einen irrealen »wilden Westen«, in ein »fernes Land, unnahbar euren Schritten«, versetzt. Schließlich findet sich eine Bevorzugung *narzißtischer* Objektbeziehungen und eine narzißtische Überbesetzung des Selbst: Das »Ich«, Old Shatterhand, weiß alles, lenkt alles, berechnet alles, sieht alles voraus. Die narzißtische Idealgestalt Winnetou ist die Inkarnation narzißtischer Omnipotenz: Sie besitzt immerwährende Jugend, Kraft und Stärke, Klugheit, »Herzensbildung« – und das alles bei unnahbarstoischem Verhalten, wenigen lakonischen Worten; so wird die Idealgestalt »Winnetou« in der literarischen Gestaltung aufs höchste immobil, farblos, entwicklungslos – im Gegensatz zu den, wenn auch konflikthaft gebremsten, Entwicklungsschritten des »Ichs« oder auch der fürsorglich-witzigen Lebendigkeit der komischen Figuren, besonders des Sam Hawkens.

In erster Linie können wir an der »Ich«-Gestalt – und die Ich-Form der Erzählung lädt besonders zur unmittelbaren Identifikation ein – charakteristische Mechanismen von Triebkonflikten und Triebabwehr in der Adoleszenz erkennen. Das »Ich« fühlt sich ständig (»in den wilden Westen«) getrieben, aber es ist ein verletzliches, kastrationsgefährdetes, sexuell unerfahrenes und ungeschicktes »Greenhorn«, wobei die Gleichsetzung dieser Gestalt mit einem »Horn«, als einem Penissymbol, keine unzulässig übertriebene Interpretation sein dürfte. Die »Prüfungen«, das »Landvermessen« zum Zwecke der Funktionsfähigkeit des »Feuerrosses« (der Eisenbahn) müssen als eine »Vermessung«, ein prüfendes Kennenlernen der sexuellen Funktionsfähigkeit des eigenen Körpers, einschließlich der Onanie, gewertet werden. Die erste sexuelle Annäherung gilt – und wir müssen dabei an Thomas Manns Novelle *Tonio Kröger* denken – einem bisexuell-attraktiven, sich als narzißtisches Objekt anbietenden jungen Mann, aber sie endet in einer Katastrophe, nämlich mit Kastration und nachfolgender Impotenz, die als »Nicht-Sprechen-Können« und Handlungsunfähigkeit, die Reduzierung auf ein »kleines Pfeifchen« dargestellt wird. Zwischengeschaltet ist, einerseits zum Zwecke der Abwehr, zum anderen aber wohl als äußerste katastrophale Konsequenz zugelassener Triebimpulse, eine Regression auf das frühe Stadium des primären Narzißmus, aus dem das »Ich« erst unter Wiederholung früher Säuglingsstadien unter mütterlicher Pflege wiederauftauchen kann. Diese katastrophalen Krisen führen zu einer Verstärkung von Reaktionsbildungen und Idealisierungen im Dienste der Triebabwehr, aber auch zur Aufrichtung eines narzißtischen Idealobjektes (in Gestalt Winnetous), das wie ein vollkommenes Selbst erscheint.

Wenn wir die von May dramatisch gestalteten Konflikte und Abwehrformen als typischen Ausdruck von Adoleszenzkrisen auffassen, so vernachlässigen wir hier tiefergreifende psychopathologische Mechanismen, die mit der Genese von Borderline-Merkmalen in der Persönlichkeitsentwicklung zu tun haben. Hier ist in erster Linie an die Spaltung der Objektwelt zu denken, die für Karl Mays *Winnetou*-Roman so kennzeichnend ist. Es ist aber auch bekannt, daß in der Entwicklungskrise der Adoleszenz frühe Spaltungen in Gut und Böse, in »Schwarz« und »Weiß« wiederauftreten (M. S. Mahler, 1975). Es ist ein häufiges Kriterium von Adoleszenzkrisen in unserer Gesellschaft, daß das Erleben und Ertragen ambivalenter Objektbeziehungen schwer möglich ist und daß eine Neigung besteht, die Menschen in »absolut Gute« und »absolut Böse« auseinanderzudividieren.

E. Fromm (1932) hob diese Spaltung der Objekte als ein charakteristisches Merkmal des deutschen (Klein-)Bürgertums hervor, und er gibt uns damit indirekt einen weiteren Hinweis auf die Gründe der weitreichenden Verbreitung und begeisterten Rezeption der Karl-May-Romane besonders im deutschen Sprachraum.

Fromm hebt als eine »Eigenart der spezifisch kleinbürgerlich-revolutionären Einstellung« die für die hier vorherrschende anale Haltung charakteristische Mischung von Verehrung der väterlichen Autorität, der Sehnsucht nach Disziplin, in merkwürdiger Einheit mit Rebellionswünschen hervor. Die Rebellion richtet sich aber niemals gegen die Autorität des Vaters als solche; diese bleibt bei aller Trotzeinstellung grundsätzlich unangetastet. Die ambivalente Einstellung gegenüber dem Vater kann jedoch durch Spaltung der Objekte befriedigt werden: »Die Autoritätsimpulse werden am starken Führer ausgelassen, die Rebellion an besonderen anderen Vaterfiguren« (E. Fromm, 1932), bei Karl May wohl in erster Linie an den grausam-schurkischen »Vätern«, die entmachtet und getötet werden müssen. Im Grunde paßt sich aber Karl May und der mit ihm identifizierte Leserkreis »ganz unrevolutionär der bestechenden Sozialordnung an«, und »neben dem bewußten Aufgeben alter, offensichtlich zerstörter Ideale wird unbewußt an alten Identifikationen festgehalten« (A. und M. Mitscherlich, 1967).

Kommen wir auf unsere eingangs vorgeschlagene, wenn auch grob vereinfachende Unterteilung von literarischen Werken und ihrer Darstellung und Gestaltung von sexuellem (und aggressivem) Triebmaterial zurück, so ist mittlerweile noch deutlicher geworden, daß es sich bei Karl May nicht um »geglückte« Entwicklungsprozesse zur reifen Persönlichkeit, sondern um literarische Darstellungen unter vorzugsweisem Einsatz der Reaktionsbildung und anderer Abwehrmechanismen handelt. Dies tritt vor allem auch in der offensichtlichen Schwäche der literarischen Gestaltungskraft zutage, für die das Verdecktbleiben von Triebmaterial, seine Verweisung in latente Bewußtseinszustände – bei manifest ganz »unverdächtigen« Inhalten – charakteristisch ist. Die volle Höhe literarischer Kunst, wie wir sie im Gegensatz dazu etwa bei Joyce oder bei Boccaccio kennen, bleibt Karl May deswegen verwehrt. Aber andererseits schafft die schwache und unvollkommene literarische Form Mays dem Leser wenig Distanz, verhindert sogar sein Sublimierungspotential und bietet ihm statt dessen die direkte Identifikation mit den Abwehrprozessen des Autors an. Der Leser erliegt willig jenen Abwehroperationen, die die literarische Gestaltung bei Karl May so stark prägen, aber er vollzieht auch unterschwellig die Identifikation mit den – auf manifester Ebene nicht beim Namen genannten – Triebwünschen und Triebkonflikten. Hierbei entfällt weitgehend die »Lustprämie« hoher literarischer Gestaltung – aber die hohe Gestaltung kann auch nicht mit Hilfe der Sublimierung zur Entlastung des Ichs eingesetzt werden. Ein kreativer, der Persönlichkeitsreifung dienender Prozeß, der im Leser dem Entwicklungsprozeß eines literarischen Kunstwerkes parallel läuft und ihn »bereichert«, bleibt bei Karl May weitgehend aus. So wird die Rezeption Mays auf »naiver« Leseebene nicht nur lustbereitend – durch die Erfüllung von Triebwünschen –, sondern auch quälend, da die Konflikte durch starre und neue angsterzeugende Abwehrformationen arretiert bleiben.

Als Einschub sei hier der Hinweis auf ein extremes Persönlichkeitsbeispiel gestattet, nämlich Hitler, dem E. Fromm (1974) eine eingehende Analyse gewidmet hat. Die Adoleszenz Hitlers war durch einen weitgehenden Rückzug aus der realen Wirklichkeit gekennzeichnet. »Er interessierte sich im Grunde für niemand, weder für seine Mutter, noch für seinen Vater, noch für seine Geschwister [...]. Sein einziges, leidenschaftliches Interesse galt seinen Kriegsspielen mit anderen Jungen, wobei er der Führer und Organisator war. [...] (Die Spiele) gaben ihm das befriedigende Gefühl, Anführer zu sein, und bestätigten ihn in der Überzeugung, daß er die Überredungskraft besaß, andere dazu zu veranlassen, ihm zu folgen. Sie verstärkten seinen Narzißmus; vor allem aber verlegten sie den Mittelpunkt seines Lebens in die Phantasie. [...] Diese Neigung zur Welt der Phantasie kam auch in seinem leidenschaftlichen Interesse für die Romane von Karl May zum Ausdruck. In Deutschland und Österreich lasen fast alle Jungen die Geschichten von Karl May. Hitlers Begeisterung für sie war also für einen Jungen in den letzten Jahren der Volksschule völlig normal« (E. Fromm, 1974). B. F. Smith (1967) weist darüber hinaus darauf hin, daß Hitler die Karl-May-Lektüre auch in späteren Jahren nie aufgab, selbst als Reichskanzler immer noch von May fasziniert war und die ganze Serie über den amerikanischen Westen noch einmal las; er habe aus seiner begeisterten Bewunderung für Mays Bücher nie einen Hehl gemacht, hob sie in seinen »Tischgesprächen« (H. Picker, 1963) in den Himmel und sprach mit fast jedem über ihn – seinem Pressechef, seiner Sekretärin, seinem Kammerdiener und seinen alten Parteifreunden. E. Fromm möchte diese Einstellung Hitlers anders interpretieren als B. F. Smith: »Dieser ist der Ansicht, daß die Begeisterung Hitlers für die Romane von Karl May für ihn ein so beglückendes Erlebnis war, daß er sie ›in eine Periode hinübernahm, in der es ihm nicht gelang, mit der Pubertät fertig zu werden«. Dies könnte zwar bis zu einem gewissen Grade zutreffen, doch glaube ich, daß es den wichtigsten Punkt außer acht läßt. Man muß Mays Romane im Zusammenhang mit Hitlers Kriegsspielen und als Ausdrucksmöglichkeit für sein Phantasieleben sehen. Sie passen zwar gut in ein bestimmtes Alter, aber daß sie ihn auch weiterhin faszinierten, legt die Vermutung nahe, daß sie für ihn eine Flucht aus der Realität darstellten, eine Manifestation einer narzißtischen Haltung, in deren Mittelpunkt das Thema: Hitler, Führer, Kämpfer und Sieger, stand. [...] Wenn man Hitlers Benehmen in diesen Jugendjahren mit den Daten aus seinem späteren Leben in Beziehung bringt, dann ergibt sich ein bestimmtes Verhaltensmuster: das eines außergewöhnlich narzißtischen, introvertierten Menschen, dessen Phantasiewelt für ihn realer war als die Realität selbst.« (E. Fromm, 1974)

So hat es auch von anderer Seite nicht an Stimmen gefehlt, insbesondere nach dem zweiten Weltkrieg, daß die unter deutschen Kindern und Jugendlichen so verbreitete Karl-May-Lektüre einen unheilvollen, faschistisch-narzißtische Phantasien, Einstellungen und Handlungsweisen begünstigenden Einfluß ausgeübt habe. Damit wird die Frage berührt, ob die zu jener Zeit weitverbreiteten kollektiven Identifikationsprozesse der Deutschen mit Hitler und seiner Ideologie jenen Identifikationsprozessen vergleichbar sind, die der ungebrochenen Attraktivität eines der meistgelesenen deutschen Schriftsteller zugrunde liegen. Diese Frage kann hier nicht entschieden werden, und eine pauschal-undifferenzierte Gleichsetzung Mayscher Phantasien und Abwehrmechanismen mit faschistischer Ideologie erscheint auch ungerechtfertigt. Auf keinen Fall lassen sich in der Biographie des Schriftstellers hierfür Anhaltspunkte finden. Daß jedoch Beziehungen zwischen charakteristischen Adoleszenzkonflikten, die nicht bewältigt werden und die Persönlichkeit gleichsam auf dieser Entwicklungsstufe arretieren, zu den Mechanismen faschistischer Ideologien und Handlungsweisen bestehen, kann als wahrscheinlich gelten.

Sicher ist bei der Frage nach der weiten Verbreitung Karl Mays zu diskutieren, daß die Rezeption seiner Bücher eine narzißtische Erfüllung von durch innere Konflikte blockierten und durch die äußere Realität versagten Wünschen verheißt, mit der Tendenz, die äußere Realität, den Umgang mit anderen Menschen mit der Matrize narzißtischer Beziehungsmuster wahrzunehmen oder gar zu handhaben. Mit dieser Betrachtungsweise – der Aufdeckung spezifischer Phantasien und Konflikte in der Adoleszenz, wie sie bei Karl May dargestellt werden und nicht nur von Kindern und Jugendlichen, sondern auch von vielen Erwachsenen, einem breiten »Leserkollektiv« rezipiert werden – befinden wir uns auch in der Nachbarschaft der Forderung C. Pietzckers (1974), nämlich zu reflektieren, welches die Eigenarten der äußeren Realität, die ein literarisches Werk mitkonstituiert, als historisch-gesellschaftliche sind, und wie sich das Werk zu ihr verhält. Und wir bedenken – wenn auch in bescheidenen, in Einzelheiten angreifbaren und ergänzungsbedürftigen Ausmaßen – den historisch-gesellschaftlichen Ort bestimmter Literatur, besonders wenn sie wie im Falle Karl Mays eine so abundant verbreitete »Volksliteratur« der Deutschen ist. Die Deutschen hatten in ihrer Geschichte – unter anderen wiesen E. Fromm (1932) und A. und M. Mitscherlich (1967) nachdrücklich darauf hin – in besonderem Maße Schwierigkeiten mit der Bewältigung von Triebforderungen der Pubertät, mit der Akzeptation heterosexueller Genitalität und mit der Verarbeitung der ödipalen Ambivalenz, die nicht auf dem Wege einer Aufspaltung in »Gut« und »Böse« eine Scheinbewältigung erfahren kann. Gehen wir zu weit, wenn wir die besondere Lebendigkeit von Adoleszenzkonflikten als ein wichtiges Charakteristikum der Deutschen zur Diskussion stellen?

Deutsche Mythen und Märchen, von der Siegfriedsage bis zu *Einem, der auszog, das Fürchten zu lernen*, aber auch die breite Rezeption des deutschen »Volksschriftstellers« Karl May gelten uns hierfür als wichtige Hinweise.

Literatur

W.-D. Bach, *Fluchtlandschaften*, in: Jahrbuch der Karl-May-Gesellschaft 1971, Hamburg: Hansa 1971.
E. Bloch, *Die Silberbüchse Winnetous*, in: Literaturblatt der Frankfurter Zeitung, 31. 3. 1929; auch in: E. Bloch, *Erbschaft dieser Zeit*, Frankfurt a. M.: Suhrkamp 1973.
P. Blos, *On Adolescence. A Psychoanalytic Interpretation*, New York 1962; dt. Stuttgart: Klett 1973.
P. Dettmering, *Psychoanalyse als Instrument der Literaturwissenschaft*, in: J. Cremerius (Hg.), *Psychoanalytische Textinterpretation*, Hamburg:

Hoffmann und Campe 1974.

K. E. Eissler, *Discourse on Hamlet and Hamlet. A Psychoanalytic Inquiry*, New York 1971.

E. H. Erikson, *Identität und Lebenszyklus*, Frankfurt a. M.: Suhrkamp 1966.

S. Freud, *Vorwort* zu Marie Bonaparte, *Edgar Poe. Eine psychoanalytische Studie* (1933). G. W. XVI.

E. Fromm, *Die psychoanalytische Charakterologie und ihre Bedeutung für die Sozialpsychologie* (1932), in: E. Fromm, *Analytische Sozialpsychologie und Gesellschaftstheorie*, Frankfurt a. M.: Suhrkamp 1970.

–, *Anatomie der menschlichen Destruktivität*, Stuttgart: Deutsche Verlagsanstalt 1974.

S. O. Hoffmann, *Das Identitätsproblem in Heinrich von Kleists »Penthesilea«*, in: J. Cremerius (Hg.), *Psychoanalytische Textinterpretation*, Hamburg: Hoffmann und Campe 1974.

M. S. Mahler, *Die Bedeutung des Loslösungs- und Individuationsprozesses für die Beurteilung von Borderline-Phänomenen*, in: Psyche 29 (1975), S. 1078-1095.

A. und M. Mitscherlich, *Die Unfähigkeit zu trauern. Grundlagen kollektiven Verhaltens*, München: Piper 1967.

H. Picker, *Hitlers Tischgespräche im Führerhauptquartier*, hg. und mit einer Einleitung versehen v. P. E. Schramm, Stuttgart: Seewald 1963 (zit. nach E. Fromm, 1974).

C. Pietzcker, *Zum Verhältnis von Traum und literarischem Kunstwerk*, in: J. Cremerius (Hg.), *Psychoanalytische Textinterpretation*, Hamburg: Hoffmann und Campe 1974.

C. Roxin, *Vorläufige Bemerkungen über die Straftaten Karl Mays*, in: Jahrbuch der Karl-May-Gesellschaft 1971, Hamburg: Hansa 1971.

A. Schmidt, *Sitara und der Weg dorthin. Eine Studie über Wesen, Werk und Wirkung Karl Mays*, Karlsruhe: Stahlberg 1963.

B. F. Smith, *Adolf Hitler: His Family, Childhood and Youth*, Stanford 1967 (zit. nach E. Fromm, 1974).

G. Ueding, *Glanzvolles Elend. Versuch über Kitsch und Kolportage*, Frankfurt a. M.: Suhrkamp 1973.

H. Wollschläger, *Karl May in Selbstzeugnissen und Bilddokumenten*, Hamburg 1965. Neuauflage: *Karl May. Grundriß eines gebrochenen Lebens*, Zürich: Diogenes 1976.

–, *»Die sogenannte Spaltung des menschlichen Innern, ein Bild der Menschheitsspaltung überhaupt«* – Materialien zu einer Charakteranalyse Karl Mays, in: Jahrbuch der Karl-May-Gesellschaft 1972/73, Hamburg: Hansa 1973.

Anmerkungen

1 Die Karl-May-Gesellschaft e. V., Hamburg, bemüht sich seit 1969 intensiv um die biographische, literaturwissenschaftliche und psychologische Karl-May-Forschung.
2 Wir gehen hier nicht auf Karl Mays Spätwerk (etwa seit 1900) ein, das deutliche Züge einer Persönlichkeitsreifung im Sinne der eigenen Identitätsfindung des Autors trägt.
3 Alle Zitate erfolgen nach der Erstausgabe des Buches *Winnetou, der Rote Gentleman*, Bd. 1, Freiburg i. B.: F. E. Fehsenfeld 1893. Spätere Ausgaben enthalten einen bearbeiteten und z. T. stark entstellten Text. – Vom Verf. vorgenommene Textkürzungen sind durch Pünktchen [...] gekennzeichnet.

Wolfram Ellwanger / Bernhard Kosciuszko
Winnetou – eine Mutterimago

Daß die Winnetou-Figur für Karl May mehr oder weniger unbewußt vom Seelenbild seiner Mutter geprägt ist, wurde schon in anderen Arbeiten – allerdings mehr beiläufig – angesprochen[1]; hier soll nun diesem Phänomen einmal genauer nachgegangen werden.

Auffallend ist zunächst, daß der frühe Winnetou beim Leser keinen besonderen emotionalen Eindruck hinterläßt. Er ist ein besonders herausragender Wilder, etwa wie Coopers Chingachgook; aber eine Leseerinnerung wie die an den Letzten Mohikaner Uncas ruft er (noch) nicht hervor. Das hängt sicher damit zusammen, daß May selbst dieser Figur noch keine allzugroße innere Anteilnahme widmete. Die ergreifendste der frühen Winnetou-Szenen ist Winnetous Tod, doch gibt Old Shatterhand seine Stimmung nach dem Tod des Freundes außerordentlich knapp und kalt wieder: »Was soll ich weiter erzählen? Die wahre Trauer liebt die Worte nicht! Käme doch bald die Zeit, in der man solche blutige Geschichten nur noch als alte Sagen kennt!«[2] – Danach geht er sozusagen zur Tagesordnung über.

Zehn Jahre später fügt May die alte Geschichte in seine *Winnetou*-Trilogie ein. Die emotionale Beteiligung des deutschen Helden (und seines Schöpfers) ist nun erheblich intensiver, wie der eingefügte Text zeigt: »[...] als der beste, der treuste Freund, den ich je besessen habe, nun als Leiche vor mir lag, wollte mir das Herz brechen; ich befand mich in einem Seelenzustande, welcher sich nicht beschreiben läßt. Welch ein herrlicher Mensch war er gewesen! Und nun so plötzlich ›ausgelöscht, ausgelöscht!‹ [...] Ich wachte die ganze Nacht hindurch, wortlos, mit heißen, trockenen Augen. Er lag in meinem Schoße, grad so, wie er gestorben war. Was ich dachte, und was ich fühlte? Wer möchte das wohl fragen! Wäre es möglich gewesen, wie gern, o wie so gerne hätte ich die fernere Zeit meines Lebens mit ihm geteilt und nur die Hälfte derselben gelebt!«[3] »Winnetou tot! Diese beiden Worte sind genügend, um die Stimmung zu bezeichnen, in welcher ich mich damals befand. Es war, als ob ich mich von seinem Grabe gar nicht trennen könnte. Ich saß in den ersten Tagen schweigend bei demselben und sah dem regen Treiben der Menschen zu [...]. Ich sage, ich sah zu, aber eigentlich sah ich nichts. Ich hörte ihre Stimmen, und dennoch hörte ich nichts. Ich war geistesabwesend. Mein Geisteszustand glich demjenigen eines Mannes, der einen Hieb auf den Kopf erhalten hat und, nur halb betäubt, alles wie von weitem hört und alles wie durch eine mattgeschliffene Glasscheibe sieht.«[4]

Zwischen der ersten und der zweiten Fassung von Winnetous Tod liegt ein bedeutendes Ereignis in Mays Leben: Am 15. 4. 1885 verstarb Christiane Wilhelmine May (geb. Weise), Karl Mays Mutter. Wenn auch die frühkindlichen Erfahrungen Mays mit der Mutter gegensätzlich beschrieben werden[5], so ist sich die Forschung doch darüber einig, daß aufgrund der besonderen Umstände seiner Kindheit (Blindheit!) bei May eine besonders intensive Beziehung zur Mutter bestand, die zwar durch den Einfluß, den der Vater später ausübte, überdeckt wurde, die aber wichtiger Teil seiner seelischen Konstitution blieb. Der Tod der Mutter war für May ein schwerer Schock. Nicht nur wegen des Verlustes an sich, sondern auch wohl deswegen, weil May sich als tief in der Schuld der Mutter stehend sah. In seinem Roman *Im Reiche des silbernen Löwen* beschreibt May diese Haltung im Hinblick auf seinen Vater, er äußert tiefes Bedauern darüber, daß er an seinem Vater nicht mehr hatte gutmachen können, was er in seiner Jugend durch seine Straffälligkeiten dem Vater an Kummer bereitet hatte.[6] Das darf so auch für das Verhältnis zur Mutter angenommen werden.

May hat wohl den Tod der Mutter direkt persönlich miterlebt. Seine zweite Frau Klara berichtet in einer Notiz aus dem Jahre 1932: »Als seine Mutter in seinen Armen starb, hielt er sie vom Abend bis zum Morgen als Leiche in seinen Armen. Handelt so ein uns normal erscheinender Mensch? Das Grab der Mutter wurde doppelt tief gemacht. Er wollte bei ihr begraben werden.«[7] Man kann davon ausgehen, daß Klara May diese Information von May selber hatte. Die Übereinstimmung mit dem Verhalten Old Shatterhands nach Winnetous Tod ist auffällig: May hat den Tod seines roten Helden mit dem Tod der Mutter in Verbindung gebracht. Es ist allerdings zu bedenken, daß Klara diese Auskunft nur zu einer Zeit erhalten haben kann, die der Altersphase Mays zuzurechnen ist, in der die vaterorientierte Heldendarstellung durch eine mehr mutterbildgeprägte Weltsicht ersetzt wird. Eine Untersuchung des Werkes soll nun zeigen, ob sich Anhaltspunkte dafür finden, daß sich nicht nur im Alter Erinnerungen an die Mutter mit der Figur des Apachen vermischen.

Die letzte Winnetou-Erzählung vor 1885 ist *Im »wilden Westen« Nordamerika's*. Ein Vergleich der dortigen Winnetou-Beschreibung mit der ersten nach 1885 (*Der Sohn des Bärenjägers*, 1887) ergibt keinen Anhaltspunkt für eine Feminisierung, wohl aber für eine Veredelung der Figur: Winnetou wird nun ohne all die vorher seinen Habitus bestimmenden Attribute und das Gehabe eines wilden Kriegers gezeichnet. Sein Gesicht beschreibt May als ernst und männlich schön (die Europäisierung des Gesichts – Wangenknochen stehen nicht hervor, römische Nase, hohe Stirn – ist nicht neu). Erst in der Folgeerzählung *Der Geist der Llano estakata* (1888) erhält Winnetou verstärkt frauliche Züge: »[...] indianisch sein Gesicht, welches keine Spur von Bart zeigte. Dafür aber hing ihm eine Fülle langen, schwarzen Haares weit über den Rücken herab«.[8]

Bedeutsam erscheint hier auch die Inszenierung des Auftritts Winnetous: es herrscht tiefe Dunkelheit, St. Elmsfeuer leuchtet auf den umstehenden Kakteen: »Jeder dieser Pflanzenkandelaber [...] jeder Leuchterarm schien ein [...] Flämmchen auf seiner Spitze zu haben. Es war eine wunderbare, fast geisterhafte Erscheinung.«[9] In diese Begräbnisatmosphäre hinein tritt Winnetou aus dem Dunkel der Nacht zu den Lagernden. Ungewöhnlich ist auch die Begrüßung Winnetous, als er zum Haupttrupp der Helden stößt: Während die Begrüßung durch Old Shatterhand außerordentlich kühl ausfällt[10], freut sich der Hobble-Frank (ein May-Selbstporträt unterhalb des Shatterhand-Niveaus) überschwenglich: »Winnetou? Da sei Victoria getrommelt und gepfiffen; denn wo der Apache is, da muß ooch der Bärenjäger und sein kleener Martin sein! [...] Nee, so eene Weihnachten!«[11] Da der Bärenjäger auf der autobiographisch-psychologischen Ebene des Romans sicher eine Vaterprojektion Mays ist und Martin ebenso wahrscheinlich auf dieser Ebene den ›kleenen‹ May darstellt, darf der seltsame Ausruf, daß Winnetou dort sein muß (!), wo diese beiden sind, so gedeutet werden, daß hier die Familie May gemeint ist.

An diesen Beispielen wird deutlich, daß sich vor das Bild des roten Bruders ganz allmählich das Bild der Mutter zu schieben beginnt. Auch ist von Bedeutung, daß nur wenige Seiten vor Hobble-Franks Ausruf ein eindringliches Porträt einer Mutter gezeichnet wird (Sanna), die sich nach ihrem Kind sehnt, das ihr als Kleinkind entrissen wurde, und daß einige Seiten nach Winnetous Eintreffen Mutter und Sohn (Bob) sich wiederfinden. Beachtet man darüber hinaus die Topographie des Geschehens, Bloody Fox' Oase, die als Nest bezeichnet wird, das man nur durch einen schmalen Eingang betritt oder verläßt, und das eine lebenswichtige Beziehung zu Wasser hat, also Abbild eines Mutterschoßes ist, dann wird klar, was für ein Prozeß in den wenigen Romankapiteln abläuft, in denen Winnetou auftritt: Regression auf eine frühe Entwicklungsstufe, auf der die Mutter besondere Repräsentanz besitzt.

In *Der Scout* (ab Okt. 1888) tritt Winnetou schon ganz zu Anfang auf: »Er trug ein weißgegerbtes und mit rother, indianischer Stickerei verziertes Jagdhemde. Die Laggins waren aus demselben Stoffe gefertigt und an den Nähten mit dicken Fransen von Scalphaaren besetzt. Kein Fleck, keine noch so geringe Unsauberkeit war an Hemd und Hose zu bemerken. Seine kleinen Füße steckten in mit Perlen gestickten Moccassins [...]. [...] die Lippen [...] waren voll und doch fein geschwungen [...].«[12] Die Feminisierung geht also weiter. Mehr noch, J. Bossinade deutet: »Weiß, unbefleckt und rein: die jungfräuliche Braut präsentiert sich.«[13] Ein zusätzlicher Prozeß setzte ein: der Prozeß der Idolisierung, der bei der farblosen, überstilisierten Beschreibung der Mutter als »Heilige«, als »Märtyrerin« in der Selbstbiographie endet.[14]

In diesem Roman taucht dann erstmals ein Motiv in Zusammenhang mit der Winnetou-Figur auf, das durch die Notiz Klara Mays konkret als poetische Verarbeitung biographisch-seelischer Ereignisse erwiesen ist: Winnetou tritt zu Old Death und Old Shatterhand und erzählt ihnen von seinem weißen Lehrer und dessen Grab: »Als er starb, wurde ihm ein Grabstein errichtet, wie ihn gleich prächtig kein Häuptling jemals empfing, und mit Lebenseichen und schneeweiß blühenden Magnolien umpflanzt. Er ist hinüber gegangen in die ewig grünenden Savannenländer [...]. Dort wird Winnetou ihn wiedersehen und allen Haß vergessen, den er hier auf Erden schaut.«[15] Noch ist das Motiv nicht in der endgültigen Ausformung da, aber die Todessehnsucht und die Grabthematik, verbunden mit der besonderen Figurenkonstellation Vater (Old Death), Sohn (Old Shatterhand als Greenhorn), Winnetou, enthalten den Motivkern. Wie im *Geist* ist auch hier eine regressive Haltung auszumachen.

Der nächste Winnetou-Auftritt erfolgt in *Der Schatz im Silbersee* (1890). Die auffallendste Winnetou-Stelle – Winnetou springt nach einer Beleidigung einen alten Utah-Häuptling so an, daß er ihm Hirnschale und Brustkorb eintritt – endet mit der Ankündigung des »Großen Wolfes«, Winnetou unter unsäglichen Martern mit Old Shatterhand und Old Firehand lebendig zu begraben. Hier haben wir das Motiv ›Begrabenwerden mit den Eltern‹ dann in der gesuchten Form.[16]

Die *Satan und Ischariot*-Trilogie, die von 1893-96 im ›Deutschen Hausschatz‹ erschien, ist 1891-92 niedergeschrieben worden.[17] Auffälligkeiten der Winnetou-Figur, die hinsichtlich der Mutter-Hypothese gedeutet werden können, sind: die Wiedersehensszene zwischen Old Shatterhand und Winnetou, die, nachdem männliche Züge des Apachen besonders betont wurden (Kolbenhaltung), so gänzlich unindianisch abläuft: Winnetou schnellt sich, ohne anzuhalten, vom Pferd in Shatterhands ausgebreitete Arme und drückt ihn an sich, um ihn »wieder und wieder zu küssen«.[18] Wohl nicht in Zusammenhang mit Muttererinnerungen ist die seltsame Episode ›Winnetou in Dresden‹ zu sehen[19], aber im weiteren Verlauf des Romans taucht zweimal das Grabmotiv auf: Das erste Mal werden Old Shatterhand, Emery Bothwell und Winnetou von einem hinterlistigen Beduinen in ein Felsloch gelockt. Die drei versuchen, sich unter dem das Loch verschließenden, schweren Stein ans Tageslicht zu graben. Dabei wird Winnetou verschüttet, nach seiner Bergung und der Ablösung durch Old Shatterhand wird auch dieser unter Sandmassen begraben, kann sich aber selbst retten. Wichtig ist auch, daß 200 Seiten vorher ein Wüstendrama mit einer bis an den Kopf in den Sand eingegrabenen Mutter und ihrem einjährigen Kind geschildert wird.[20] Das zweite Mal will der »Große Pfeil« Bothwell, Shatterhand und Winnetou lebendig in das Grab seines von Old Shatterhand getöteten Vaters »Starke Hand« einmauern. Die drei können sich befreien, begeben sich dann aber freiwillig in das Grab des alten Häuptlings, um sich dort vor den Verfolgern zu verbergen.[21]

Bemerkenswert an der Behandlung des Motivs in der *Satan*-Trilogie ist, daß erstens das Motiv real in die Handlung eingebaut ist, also nicht nur als Erzählung oder Drohung auftaucht, und – das ist wohl noch bedeutender – daß ihm der bedrohliche Aspekt genommen wird: Man kann sich aus dem Grab selbst befreien, wobei der Befreiungsakt Shatterhands einem Geburtsvorgang gleich geschildert wird; in der 2. Episode begeben sich die Helden sogar freiwillig in das Grab, um die bösen Mächte zu besiegen.

Bisher wurde anhand von Übereinstimmungen zwischen Erzählmotiven und Überlieferungen zur Lebensgeschichte des Autors gezeigt, daß zwischen der Winnetou-Gestalt und Mays Mutterbild eine enge Beziehung besteht. Nun soll ein anderer Deutungsweg beschritten werden. Die Figur Winnetou wird aus der Symbolik des Werkes selbst, d. h. als Symbol in Beziehung zu anderen Symbolfiguren und -handlungen, die im Werk, aber auch darüber hinaus in der Kultur- und Literaturgeschichte der Völker vorkommen, untersucht werden. Thematisiert wird dabei nicht das ›persönliche Unbewußte‹, sondern sein Anteil an einem ›kollektiven Unbewußten‹ im Sinne von C. G. Jung. Dieser Anteil macht vielleicht auch die nachhaltige Wirkung des Autors May aus.

Es bietet sich an, das bisher Dargestellte unter dem neuen Aspekt zu betrachten, bevor in der Werk- und Figur-Chronologie weitergegangen wird. Das Hinabsteigen in die Erde symbolisiert eine Regressionstendenz, ein Zurückkriechen in die ›Mutter Erde‹. Grab, Gruft und Höhle sind Stätten des Sichbergens, Schützens, aber auch des Verschüttetwerdens, aus denen der Held sich befreien kann, aus denen er neugeboren hervorgeht. Die Terminologie zeigt es schon an: Das Grab gehört zu den Symbolen des Mütterlichen. Drei wesentliche Aspekte schreibt Jung der Mutter zu: »ihre hegende und nährende Güte, ihre orgiastische Emotionalität und ihre unterweltliche Dunkelheit«[22]; zwei dieser Aspekte finden wir auch als Eigenschaften des Grabes.

Die Literaturgeschichte kennt den Topos ›Fahrt in den Abgrund‹: Odysseus muß zur ›schrecklichen Mutter Persephoneia‹ in die Unterwelt, Faust ins ›Reich der Mütter‹, Christus in die Vorhölle. Bei dieser Unterweltsfahrt handelt es sich um eine wichtige Station auf der Lebensfahrt des Helden; sie ist Bestandteil seiner Initiation.[23] Um Initiation eines Helden geht es auch in Mays 1892 geschriebenem Roman *Winnetou, der Rote Gentleman I*, um die Initiation des Helden Old Shatterhand, der bis dahin zwar schon als Held auftrat und handelte, aber in seinem Werden noch nicht dargestellt wurde. Zu untersuchen ist, welche Rolle Winnetou in diesem Prozeß spielt, denn Winnetou ist nicht der Held des Romans, der sein ›Denkmal‹ sein soll; der Held ist Old Shatterhand.

Der ›Held‹ ist keine Erfindung Karl Mays, sondern eine in der Kulturgeschichte der Völker überall auftauchende Gestalt. Old Shatterhand und Winnetou sind Verkörperungen eines ›Archetypus‹ und befinden sich in archetypischen Handlungsfolgen und Situationen. Karl Mays Reiseerzählungen sind ›Berichte‹ über die persönliche Entwicklung eines ›Helden‹. Old Shatterhands Name weist auf seine Funktion. Die Hand hat die Bedeutung des Tätigen, des Handelnden, aber auch die »Bedeutung des Zeugenden und Schöpferischen«[24] (vgl. auch Michelangelo: Erschaffung Adams). Sein Leben ist das »Leben eines Heros, jenes größeren Menschen halbgöttlicher Natur [...]. Hier gibt es gefährliche Abenteuer und Bewährungsproben, wie sie in Initiationen vorkommen. Es gibt Drachen, hilfreiche Tiere, Dämonen. Wir begegnen dem alten Weisen, dem Tiermenschen, dem verborgenen Schatz, dem Brunnen, der Höhle, dem ummauerten Garten, den Wandlungsprozessen und Substanzen der Alchemie usw. [...] Der Grund hierfür ist, daß es sich um die Verwirklichung eines Persönlichkeitsteils handelt, der noch nicht war, sondern erst im Begriff ist, zu werden.«[25]

Zu den Merkmalen des ›Helden‹ gehört häufig seine zweifache Geburt und die zweifache Mutter.[26] »Die eine Mutter ist die wirkliche, menschliche; die andere aber die symbolische, sie ist als göttlich, übernatürlich oder sonstwie als außerordentlich gekennzeichnet.«[27] Dieses Bild der ›außerordentlichen‹ Mutter finden wir bei Karl May in Marah Durimeh, in der das Mutterbild auch seine »fortschreitende Einhüllung in rationale Formen«[28] aufweist. Eine hingegen noch verhüllte, nicht rationale Figur und deren (notwendige) Überwindung stellt der Grizzly dar, den Old Shatterhand besiegt[29]: »Alle Tiere gehören zur Großen Mutter, und in jedem Jagdtier, das erlegt wird, hat ein Übergriff auf die Mutter stattgefunden. [...] Wem es gelingt, das ›magische Tier‹, den symbolischen Vertreter der Tiermutter zu erlegen, der erlangt etwas von deren Riesenkraft. Das wird dadurch ausgedrückt, daß sich der Held in die Tierhaut kleidet und damit dem ›magischen‹ Tiere eine Art von Auferstehung ermöglicht.«[30] Im Erweis der Schmetterhand und der Überwindung des Bären wird Old Shatterhand zum Helden.[31]

Nach dem Kampf mit dem Bären begegnet Old Shatterhand dem ›dunklen Bruder‹ Winnetou, der Verkörperung der animalischen Seite seines eigenen Wesens, kenntlich an seinem langen, dunklen und zugleich gebändigten Haar. »Die Haare sind [...] als Kopf- und Körperhaare ein Zeugnis unserer Verbundenheit mit der tierischen Natur, oft einfach unsere animalische Natur. Fülle oder Dürftigkeit, die Frage, ob die Haare gepflegt oder in Unordnung sind, äußern sich über diese Natur und die Pflege, die wir ihr angedeihen lassen.«[32] »Eine Unmasse von Zeugnissen aus alter und neuer Zeit zeigt uns, daß das Haar als Sitz des Lebens, der Seele, der Kraft [...] betrachtet wird.«[33]

In vielen Märchen der Völker begegnet der Held einer helfenden oder feindlichen Figur, die ihm als ›dunkler Bruder‹, manchmal auch als Tier oder Geliebte entgegentritt. Häufig muß der Held diesen ›dunklen Bruder‹ erlösen[34]; dadurch gewinnt er dessen magische, animalische Kraft, die er zugleich in die eigene Persönlichkeit integriert und veredelt: Old Shatterhand ›erlöst‹ Winnetou vom Baum, an den ihn die Kiowas gebunden hatten, und nimmt ihm eine Locke ab, die als Indiz der Befreiung zur Blutsbrüderschaft führt.

In der Blutsbrüderschaft dann vereinigt der Held die helle, bewußte Seite der Persönlichkeit mit der animalischen Seite und erfährt dadurch einen hohen Zuwachs an Kraft. Zugleich weist die Zeremonie aber auf gewisse Hochzeitsbräuche und die Verbindung des männlichen und weiblichen Lebensprinzips: In Posen ist es Sitte, daß sich die Brautleute vor der Trauung gegenseitig einige Haare abschneiden, dann ritzen sie sich in den Arm, die Haare werden in das hervorquellende Blut getaucht und zwischen Braut und Bräutigam gewechselt; das soll ein Zeichen der unzertrennlichen Ehe sein.[35]

In Nscho-tschi, der Schwester Winnetous, findet Old Shatterhand die weibliche Entsprechung des ›dunklen Bruders‹. Nach der Schließung der Blutsbrüderschaft sind die männlichen und die weiblichen Seelenteile vereint: Beim Aufbruch Nscho-tschis in die ›Zivilisation‹ steht Old Shatterhand zwischen Winnetou und seiner Schwester. Alle drei sind fast gleich in Anzüge aus weißgegerbtem Leder gekleidet. Nscho-tschi ist bewaffnet und trägt ihr Haar wie Winnetou. Mit ihrem Tod gehen ihr Bild und die weiblichen Seelenanteile auf Winnetou über. Das zeigt sich bis in sprachliche Wendungen hinein. Im auf *Winnetou I* folgenden Roman *Old Surehand I*[36] begrüßt Winnetou Old Shatterhand nach einer Zeit langer Trennung mit den Worten: »Mein Bruder Shatterhand kommt wie der Tau in den Kelch der dürstenden Blume und wie der Adler, der mit mächtigen Fängen das Nest seiner Jungen beschützt.«[37] Hier sieht sich Winnetou selbst als empfangende Blume und als beschützendes Nest. Beides sind mütterlich-weibliche Symbole. Old Shatterhand antwortet: »Mein Bruder Winnetou ist meinem Herzen ersehnt wie der Sonnenstrahl dem Kranken, und meiner Seele teuer wie das Kind der Mutter, die es geboren hat.« Interessant in diesem Zusammenhang ist, daß diese Wiedersehensszene sich im Llano estakado abspielt, genau dort – nämlich in der Oase von Bloody Fox –, wo schon in *Der Geist der Llano estakata* sich Mutter-Reminiszenzen häuften. Auch hier spielt sich eine ›reale‹ Mutter-Handlung unmittelbar nebenher ab: Wieder bringt Old Shatterhand den Neger Bob zu seiner Mutter, was zu einer unbändigen Wiedersehensszene führt, an die sich die geschilderte Wiedersehensszene Winnetou–Old Shatterhand direkt anschließt.[38]

In der Entwicklung der Winnetou-Gestalt findet die weiblich-mütterliche Seite seines Wesens ihr deutlichstes Bild in der Doppelgängerschaft Winnetous mit Kolma Puschi in *Old Surehand III*. In der Schlüsselszene wird die ›zunehmende Rationalisierung‹ in der Entwicklung des Mutterbildes in Übereinstimmung mit den weiblich-mütterlichen Symbolen des Umfeldes ganz deutlich: »[...] und kamen [...] in ein breites, sanft ansteigendes Thal, aus dessen Mitte uns ein stiller Weiher entgegenglänzte, in dessen Abflusse zahllose kleine, silberhelle Fischchen spielten. Schattige Bäume standen [...] rings umher, und hinter dem Teiche sahen wir Steinanhäufungen, welche von weitem wie die Ruinen eines früher bewohnten Ortes erschienen. [...] Es konnte kaum einen Ort geben, der sich besser zum sichern Lager eignete [...]. Die Steine bildeten eine von Bäumen beschattete und mit einigen Büschen besetzte Umwallung von vielleicht vierzig Meter Durchmesser, deren Boden von hohem fettem Grase bewachsen war. Am Rande dieser Umwallung [...] saß – Winnetou [...]!«[39] Es ist aber nicht Winnetou, der dort sitzt, sondern es ist Kolma Puschi, die Mutter von Old Surehand und Apanatschka, die ihre beiden, als Kleinkinder in den Westen verschleppten Kinder seit vielen Jahren sucht und sie am Ende des Romans auch wiederfindet.

In dieser Szene stimmen die Bilder überein: Die umfriedete Stelle weist auf eine weitere Beziehung zwischen Grab und Mutterbild: »Der viereckige Platz im Garten mutet [...] wie eine Grabstelle an. Eine Mauer bedeutet im Traum mitunter die Friedhofsmauer, der Garten den Friedhof. Und so sehr auch diese Vorstellung mit der vom lebengebenden Mutterleib kontrastieren mag, gehört sie doch eng mit ihr zusammen«[40]; ferner der stille Weiher[41], die Steine[42], die wie eine Ruine anmuten, das hohe Gras (wenn man will, auch die magische Zahl 40) und dann Kolma Puschi selbst als Doppelgängerin Winnetous; Held und Mutter in einer Person: »War das nicht alles fast genau so wie bei Winnetou? [...] Seine Gesichtszüge waren ernst und streng, hatten aber doch etwas an sich, was mir frauenhaft weich vorkam. Alles in allem war ich im ersten Augenblicke erstaunt über die Aehnlichkeit mit Winnetou gewesen, und nun dieses Erstaunen vorüber war, bemächtigte sich meiner ein Gefühl, welches ich nicht beschreiben kann. Ich befand mich vor etwas Rätselhaftem, vor einem verschleierten Bilde, dessen Schleier nicht zu sehen war. [...] Wie war der harte, unerbittliche Zug, der seine vollen Lippen umlagerte, mit dem wunderbaren, milden Glanze seiner Augen in Harmonie zu bringen, der Augen, von denen ich behaupten möchte, daß sie gewiß und wahrhaftig schwarz gewesen seien, während es sonst niemals wirklich schwarze Augen giebt? Dieser Rote war nicht das, was er schien, und schien nicht das, was er war. Hatte ich ihn schon gesehen? Entweder nirgends oder hundertmal! [...] Seine Person galt den Indianern und den Weißen als [...] unverletzlich; ihn feindlich zu behandeln, hätte nichts anderes geheißen, als den großen Manitou in Zorn zu versetzen [...]. Gab es doch Indianer, welche behaupteten, dieser rote Mann sei kein Mensch mehr, sondern der Geist eines berühmten Häuptlings, den Manitou aus den ewigen Jagdgefilden zurückgeschickt habe, um nachzuforschen, wie es seinen roten Kindern ergehe.«[43]

Das Bild Winnetous entwickelt sich im Verlauf von Karl Mays Reiseerzählungen vom ›rohen Wilden‹ in zunehmender Verfeinerung und Differenzierung zur mythischen männlich-mütterlichen Heldengestalt. Aber Winnetou bleibt dabei noch dem dunklen animalischen Teil seiner Persönlichkeit verhaftet. Zeichen seiner Verhaftung im Irdischen ist sein trotz der drei Kreuze heidnisches Grab. Die Überwindung ›dunkler Seelenteile‹[44] und ihre Einbeziehung in die Gesamtpersönlichkeit muß nach der Assimilierung des ›dunklen Bruders‹ in der Weise weiter erfolgen, daß der männliche Held die Auseinandersetzung mit dem ›Weiblichen‹, also mit seinem Mutter- und Frauenbild, auf einer bewußten, reflektierten Ebene angeht. Der Punkt, diese neue Seelenarbeit zu beginnen, war mit der Figur Kolma Puschi für May erreicht.

May hat diese Schwelle zwar überschritten, aber nicht zu jener Zeit und nicht in Verbindung mit der Winnetou-Figur. Das zeigt die auf *Old Surehand III* folgende Erzählung *Mutterliebe*, in der eine indianische Mutter die Heldin ist, die sich für ihre Söhne opfert. Die Symbolik (Höhle [Grab], in die Mutter und Kinder gesteckt werden) zeigt das Vorherrschen regressiver Tendenzen. An der Beschreibung Winnetous im Roman »*Weihnacht!*« ist ebenfalls deutlich zu erkennen, daß in Winnetou noch dunkle, unbewältigte Kräfte stecken: »Wenn er von Gott sprach, [...] waren seine Augen fromme Madonnen-, wenn er freundlich zusprach, liebevolle Frauen-, wenn er aber zürnte, drohende Odins-Augen.«[45]

Der Autor May, dem wir uns nun wieder als Person zuwenden, erinnert sich – genau zu dem Zeitpunkt, an dem er *Old Surehand III* schrieb – einer Figur, die er 15 Jahre zuvor schuf: der Geistmutter und Königin Marah Durimeh. May stellt am 6. 10. 1896 seinem Verleger Fehsenfeld einen geplanten (aber dann doch nicht durchgeführten) Roman mit dem Titel *Marah Durimeh* vor: »3 Bände, mein Hauptwerk, welches meine ganze Lebens- und Sterbensphilosophie enthalten wird«.[46] Die Seelenarbeit, die damit verbunden ist, wird jedoch noch nicht in Angriff genommen. Erst in den Bänden III und IV seines Romans *Im Reiche des silbernen Löwen*[47] und dann in seinem Drama *Babel und Bibel* beginnt die Auseinandersetzung mit der Figur Marah Durimeh, die in dem Roman *Ardistan und Dschinnistan* einen Höhepunkt erreicht. Im darauffolgenden letzten Roman Mays, *Winnetou IV*, wendet er sich wieder der Winnetou-Figur zu und versucht, sie in gleicher Weise zu überhöhen, zu vergeistigen.

Zusammenfassend kann man sagen, daß die Untersuchung der Figur Winnetou eine zweifache Entwicklung des mütterlichen Prinzips im Werk Karl Mays zeigt:

1. die zunehmende Differenzierung des Winnetoubildes mit zunehmend weiblich-mütterlichen Komponenten,

2. über das Winnetou-Bild hinausgehend, übergreifend, eine zunehmende geistige Differenzierung und Rationalisierung der Idee des Mütterlichen überhaupt, wobei das Mutterbild mehr und mehr personale archetypische Züge annimmt und schließlich (ähnlich der Jungfrau Maria als höchste christliche personale Rationalisierung des Mütterlichen) in Marah Durimeh eine abgeschlossene Form findet.

Zum Schluß sei bemerkt, daß hier auf dem knappen zur Verfügung stehenden Raum die Argumentation notwendigerweise nur verkürzt dargestellt werden konnte und daß mit dieser Untersuchung nur ein Aspekt der Figur beleuchtet wurde; andere Deutungen sind schon allein deshalb möglich, weil jeder symbolische

Gegenstand stets mehrfach determiniert ist. Hinzu kommt, daß sich das dichterische Kunstwerk per se nur teilweise einem exakten Zugriff öffnen läßt. Auch die Entwicklung des mütterlichen Prinzips im Werk Mays wurde – selektiv – nur an einer Figur gezeigt und kann sich an anderen Figuren, in anderen Werkzusammenhängen auch anders darstellen.

Anmerkungen

1 Vgl. Peter Krauskopf, *»Mutter« Winnetou*, in: MKMG 32 (1977), S. 28f.; Ingrid Bröning, *Die Reiseerzählungen Karl Mays als literaturpädagogisches Problem*, Ratingen u. a. 1973, S. 154ff.; Johanna Bossinade, *Das andere Geschlecht des Roten*, in: JbKMG 1986, S. 254f.
2 Karl May, *Im »wilden Westen« Nordamerika's*, in: Feierstunden im häuslichen Kreise, Köln 1883, S. 237 (Reprint in: *Winnetou's Tod*, Bamberg 1976; Neudruck: *Im wilden Westen*, Hamburger Lesehefte Nr. 169).
3 IX, S. 474f.
4 Ebd., S. 477.
5 Hans Wollschläger (in: JbKMG 1972/73, 1974) nimmt Liebesversagung durch die Mutter als entscheidendes Kindheitserlebnis an, Hainer Plaul (JbKMG 1979) dagegen allzu große Zuwendung durch Mutter und Großmutter.
6 XXVIII, S. 625.
7 Zit. nach Hans Wollschläger: *»Die sogenannte Spaltung des menschlichen Innern, ein Bild der Menschheitsspaltung überhaupt«. Materialien zu einer Charakteranalyse Karl Mays*, in: JbKMG 1972/73, S. 50.
8 Karl May, *Der Geist der Llano estakata*, in: Der Gute Kamerad 2 (1887/88), S. 714 (KMG-Reprint, Regensburg 1983; Buchausgabe: *Die Helden des Westens*, Stuttgart 1890, S. 104; Neudruck: *Der Geist des Llano estakado*, Stuttgart 1984 [Reclams Universal-Bibliothek, Nr. 8235], S. 236).
9 Ebd.
10 Ebd., S. 818 (442/292).
11 Ebd., S. 812 (441/291f.).
12 Karl May, *Der Scout*, in: Deutscher Hausschatz 15 (1888/89) (KMG-Reprint, Regensburg 1977, S. 22).
13 Bossinade [wie Anm. 1], S. 252.
14 Vgl. Karl May, *Mein Leben und Streben*, Freiburg o. J. (1910), S. 9

(Reprint: Hildesheim, New York 1975); dieser Prozeß steht auch in Zusammenhang mit der Entwicklung der Figur Marah Durimeh (s. u.).
15 May, *Der Scout* [wie Anm. 12], S. 23.
16 Der Vater wird hier durch Old Firehand repräsentiert.
17 Roland Schmid, Nachwort zur Reprint-Ausgabe von *Satan und Ischariot III*, Bamberg 1983, S. N4.
18 XX, S. 255.
19 Vgl. dazu: Walther Ilmer, *Winnetou im Gesangverein*, SoKMG 35 (1982), S. 6f.
20 Aufeinander bezogen sind beide Episoden, da die Helden aus Rache für die Bestrafung des Verbrechens an der Mutter gefangengenommen wurden. Vgl. XXI, S. 331 u. ö., S. 502 u. bes. S. 518ff.
21 XXII, S. 95 u. 126.
22 Carl Gustav Jung, *Die psychologischen Aspekte des Mutterarchetypus*, in: *Gesammelte Werke*, Bd. 9/1, Freiburg, Olten ³1978, S. 97.
23 Vgl. Bernd Steinbrink, *Abenteuerliteratur des 19. Jahrhunderts in Deutschland*, Tübingen 1983, S. 28-36.
24 Carl Gustav Jung, *Symbole der Wandlung*, in: *Gesammelte Werke*, Bd. 5, Freiburg, Olten ²1977, S. 232.
25 Carl Gustav Jung, *Analytische Psychologie und Weltanschauung*, in: *Gesammelte Werke*, Bd. 8, Freiburg, Olten 1971; welche Tiere der Held überwindet, ist dabei sekundär, »das fundamentale Motiv bleibt dasselbe, und das ist das Gemeingut der Menschheit« (ebd., S. 424).
26 Das Motiv von den zwei Müttern ist in Mythologie und Religion vielfach anzutreffen: Herakles, der, von Hera unwissentlich adoptiert, Unsterblichkeit erlangt; die zweite, göttliche Empfängnis und Geburt des Pharao, wie sie an den Wänden der ägyptischen Tempel dargestellt ist; die zweifache Geburt Christi in Bethlehem und bei der Taufe im Jordan. Folgerichtig wird in der katholischen Liturgie das Taufbecken als ›uterus ecclesiae‹ bezeichnet. Aufgrund solcher Motive bekommen die Kinder heute Taufpaten, die im Alemannischen ›Götti‹ und ›Gotte‹, im Englischen ›godfather‹ und ›godmother‹ heißen. Vgl. Carl Gustav Jung, *Der Begriff des kollektiven Unbewußten*, in: *Gesammelte Werke*, Bd. 9/1, S. 57f.
27 Jung, *Symbole* [wie Anm. 24], S. 411.
28 Jung, *Analytische Psychologie* [wie Anm. 25], S. 158.
29 VII, S. 99-102.
30 Jung, *Symbole* [wie Anm. 24], S. 418.
31 Statt des Bärenfells tragen Old Shatterhand und Winnetou in symbolischer Verkürzung – pars pro toto – die Krallen und Zähne des Bären in dreifacher Kette um den Hals.
32 Ernst Aeppli, *Der Traum und seine Deutung*, Erlenbach, Zürich ²1943, S. 224f.

33 Hans Bächtold-Stäubli (Hg.), *Handwörterbuch des deutschen Aberglaubens*, Bd. 3, Berlin, New York 1987, S. 1258.
34 Hedwig von Beit, *Das Märchen*, Bern, München 1965, S. 16.
35 Bächtold-Stäubli, *Handwörterbuch* [wie Anm. 33], S. 1267.
36 Die Romane *Winnetou II/III* bleiben hier außer Betracht, da sie weitgehend Zusammenstellungen aus früheren Werken Mays sind.
37 XIV, S. 321.
38 Ebd., S. 319f.
39 XIX, S. 179f.
40 Herbert Silberer, *Probleme der Mystik und ihrer Symbolik*, Wien 1914, S. 63. Der umfriedete Platz oder Garten, der ›hortus conclusus‹, in manchen Darstellungen als ›Rosenhag‹, ist in der christlichen Kunst ein Symbol der Mutter Maria.
41 »Die mütterliche Bedeutung des Wassers gehört zu den klarsten Symboldeutungen im Gebiete der Mythologie.« (Jung, *Symbole* [wie Anm. 24], S. 276).
42 Mithras wird aus einem Felsen geboren, auch der Sachsenkönig Aschanes, der aus dem Harzfelsen herauswächst (vgl. Jung, *Symbole* [wie Anm. 24], S. 315).
43 XIX, S. 181f.
44 ›Dunkel‹ ist hier nicht moralisch zu deuten; gemeint sind die verdrängten, unbewußten Seelenteile.
45 XXIV, S. 279.
46 Roland Schmid, Ekke Günther, *Karl May und sein Verleger,* im Anhang zur Reprint-Ausgabe von *Satan und Ischariot I,* Bamberg 1983, S. A17.
47 Die Erzählung *Ein Rätsel*, aufgenommen in den 2. Band der Tetralogie *Im Reiche des silbernen Löwen*, ist nur ein mißlungener Versuch, sich mit der Figur Marah Durimeh auseinanderzusetzen.

Walther Ilmer
Befremdlicher Winnetou

Die Lichtgestalt im Schatten ihres Autors

I

Mit dem edelsten seiner Helden hat Karl May es sich nicht leicht gemacht. Winnetou hat viele Verformungen erfahren.[1] Der Ich-Erzähler, noch nicht Old Shatterhand geheißen, hat Winnetou kennengelernt, als dieser »eben im Begriffe stand, sich gegen eine Anzahl von Athabaska's zu vertheidigen, die ihn überfallen hatten. Der Beistand, welchen ich ihm dabei leistete, machte ihn mir zum Freunde; ich blieb einige Wochen lang an seiner Seite und [...] hatte in ihm einen ausgezeichneten Lehrmeister besessen«[2] – – Dieser Winnetou der Erzählungen ab 1875 ist ein angejahrter, harter Mann mit romantischer, von tragischen Liebesabenteuern überschatteter Vergangenheit, ein stets zu wildem Tun und zur Vergeltung bereiter Skalpjäger, ein Draufgänger und Zigarrenraucher – mit Furcht vor Lokomotiven. Im Jahre 1883 – wenn nicht gar schon 1881 – läßt May seinen Winnetou dann ganz überraschend christliche Gesinnung annehmen – und prompt gleich darauf sterben[3], so daß dem Häuptling gar keine Zeit bleibt für edles Verhalten. Anzeichen solchen Edelsinns, gepaart mit Vornehmheit und geistiger Überlegenheit, zeigt der – auch im äußeren Erscheinungsbild veränderte – Indianer, gerade wie sein Pendant Old Shatterhand, durchgehend ab 1887 in den Erzählungen *Der Sohn des Bärenjägers* (1887), *Der Geist des Llano estakado* (1888), *Der Schatz im Silbersee* (1890/91), *Die Felsenburg* (1891 entstanden; Erstabdruck 1893) und den späteren Werken – also bereits viele Jahre vor seinem jähen Tode, den Karl May erzählchronologisch vorwegnahm. Nun sind diese Inkonsequenzen in Mays schriftstellerischer – und menschlicher – Entwicklung begründet und haben die breite Leserwelt stets wenig gestört. Der Autor hätte natürlich, um jeden Bruch in der Präsentation des großen Häuptlings zu vermeiden, dem veredelten Freund des Ich-Erzählers einfach einen anderen Namen beilegen können; aber Karl May schöpfte und schuf nun einmal nicht aus der Vernunft. Für ihn war ›Winnetou‹

ein vom Affekt her besetzter Name und Begriff; die Figur mußte sich dem Namen anpassen. Seine schier hemmungslose Phantasie trieb dabei so seltsame Blüten, daß er noch in der Veredelungs-Phase nicht weniger als drei neue, verschiedene Versionen des ersten Zusammentreffens der nachmaligen Blutsbrüder Winnetou und Old Shatterhand serviert: 1887 in *Der Sohn des Bärenjägers* gerät der weiße Mann bei einem unvermuteten Überfall in einen Zweikampf mit dem ihm unbekannten Winnetou und schont das Leben des Apachen (ohne dies dem Leser zu begründen); 1888 in *Der Scout* begegnet der als Detektiv umherreisende Ich-Erzähler dem heimliche Zwecke verfolgenden Apachen in einem Bierlokal in Matagorda am Golf von Mexiko; 1893 in *Winnetou I* sehen die beiden sich als Repräsentanten der jeweiligen jungen Generation zweier einander feindlicher Gruppen und mögen einander auf den ersten Blick. Die Zeitschriften-Version von 1887 wurde von May für die Buchausgabe getilgt, die von 1888 von ihm für den Band *Winnetou II* mühselig umgearbeitet: Auch Karl May konnte sich der Einsicht nicht verschließen, er werde als Buchautor einen größeren, breiteren Leserkreis erreichen als lediglich die Abonnenten einer Knabenzeitschrift (›Der Gute Kamerad‹) bzw. einer katholischen Familien-Wochenzeitschrift (›Deutscher Hausschatz‹), und das erforderte kräftige Retuschen. So unter anderem auch das Fortlassen jener Szene in *Der Scout*, in der Winnetou dem Ich-Erzähler trotz bekundeter Freundschaft ein nicht zugerittenes Pferd unterschiebt – »Ein«, so May, »ächter Indianerstreich«.[4]

Mochte nun der Winnetou der bis 1892 vorliegenden diversen Erzählungen sich unterschiedlich verhalten haben und unterschiedlich jung bzw. alt gewesen sein, so hatte er immerhin seinen angestammten Kontinent nicht verlassen. Wir wollen ihm zugestehen, daß seine Lebensjahre ausgereicht hatten, Nordamerika von der Sonora bis hinauf nach Montana zu durchreiten und Abstecher zum Mississippi hinüber und zum Golf von Mexiko zu unternehmen. Aber mit der 1891-92 entstandenen Trilogie *Die Felsenburg/ Krüger Bei/Die Jagd auf den Millionendieb*[5], die in der Buchausgabe 1896/97 den Gesamttitel *Satan und Ischariot* erhielt, wurde sogar das anders: Winnetou reist nach Dresden und nach Nordafrika – und Karl May betreibt Demontage.

II

Das spricht nicht gegen die Erzählung an sich. Sie ist innerhalb des Werkkanons an Handlungs- und Spannungsreichtum kaum zu übertreffen und birgt außerdem die einmalige Pikanterie, daß der Ich-Erzähler in Personalunion als Doktor Karl May, als Old Shatterhand und als Kara Ben Nemsi auftritt und damit die gegenseitige Identifikation expressis verbis bekräftigt. Es geht darin – nach der Vereitelung eines schurkischen Planes, deutsche Auswanderer als sklavenartige Arbeiter in einem Quecksilberbergwerk zu halten – um die Vernichtung der drei Verbrecher Melton und die Sicherstellung eines Millionenvermögens zugunsten des mit dem Ich-Erzähler bekannten Geschwisterpaares Franz und Martha Vogel sowie um eine von Wehmut überschattete Romanze des ›Dr. Karl May‹ mit dieser Martha[6] und nicht minder um die zwiespältigen Empfindungen desselben Ich-Erzählers für die ebenso gefallsüchtige wie gewissenlose schöne Judith. Winnetou und Old Shatterhand/Kara Ben Nemsi erstreiten unter tausend Gefahren selbstlos das Recht des Geschwisterpaares – ganz wie der Leser es von ihnen erwartet. Und da der Leser außerdem gewohnt ist, überragende Heldentaten vor allem als das Prärogativ des erzählenden Ich anzusehen und auf die äußere Handlung zu achten, kann ihm die befremdliche Weise, in der der Autor mit Winnetou umgeht, leicht entgehen.

Zunächst ist alles eitel Harmonie. »Ja, wir waren Freunde, Freunde in des Wortes vollkommenster und bester Bedeutung, und waren doch einst Todfeinde gewesen!«[7] »Sein Leben gehörte mir und das meinige ihm; damit ist alles gesagt.« (XX, S. 255) »Meinem Bruder Winnetou kann nichts entgehen« (XXI, S. 114), gesteht Old Shatterhand und versichert: »Ich habe Glück, Glück gehabt, und das Wenige, das ich mir selbst zuschreiben darf, kommt auf die Rechnung Winnetous, der mein Lehrmeister gewesen ist.« (XXI, S. 117) Winnetou steht nicht zurück: »Old Shatterhand […] ist mehr als hundert, als zweihundert bewaffnete Männer! […] Der Meister würde das nicht fertig bringen, was der Lehrling fertig gebracht hat.« (Ebd.) Charley ist eben der Größte – bei aller zur Schau gestellten Bescheidenheit. Karl May aber hatte Winnetou gar nicht erst Gelegenheit gegeben, bei der Befreiung der deutschen Auswanderer aus der Gefangenschaft im Bergwerk ein Meisterstück zu liefern – denn er läßt Old Shatterhand von vornherein aufbrechen, um »allein und ohne die Hilfe Winnetous und unserer Begleitung« (XXI, S. 20) das große Werk auszuführen. Winnetou darf auf dem Lagerplatz die Aufsicht führen.

Kurz darauf läßt der Autor Winnetou eine von allen Zuhörern mit Ehrfurcht aufgenommene Laudatio auf Old Shatterhand halten, die für diesen ganz selbstverständlich ist (»Da nahm, was ich auch gar nicht anders erwartet hatte, Winnetou sich meiner an« – XXI, S. 173 f.), und scheut anschließend nicht davor zurück, daß der soeben Hochgerühmte seinen ›vollkommensten Freund‹ desavouiert: Winnetou, als Schiedsrichter bei einem Duell auf Leben und Tod, übersieht die Ungleichheit der Kampfbedingungen. Old Shatterhand steht, bewaffnet mit fünf Lanzen, gegen zwei Indianer, die auch über jeweils fünf Lanzen verfügen und gleichzeitig gegen ihn antreten. Dieser ist also zehn Lanzen ausgesetzt und kann selber nur zweieinhalb Lanzen gegen jeden der beiden Gegner einsetzen. Er nimmt dies aber (hochmütig) hin – und konfrontiert Winnetou mit seinen Vorwürfen erst zu einem Zeitpunkt, als niemand mehr zurück kann, noch dazu vor versammelter Mannschaft (XXI, S. 179 f.). Diese Brüskierung sucht ihresgleichen. Wenn schon, um des Handlungseffektes willen, Old Shatterhand nur fünf Lanzen gegen zehn der Gegner haben soll, hätte er gleich beim ersten Erwähnen der Kampfbedingungen laut verkünden müssen, er bestehe auf diesen ungleichen Bedingungen, weil er sich nicht fürchte. May hätte Winnetou jeder Verantwortung entheben müssen.

III

Eine nach außen hin ganz spezielle Aufwertung erfährt Winnetou, indem er – als selbstloser Anwalt der Betrogenen – unvermutet in Dresden seinen Freund Sharlieh aufsucht und damit beweist, daß er um einer gerechten Sache willen keine Mühen, Kosten und Opfer scheut. Gleichwohl aber gerät diese vom Leser bestaunte Großtat des Apachen simultan zur Abwertung: Erstens läßt der Autor »den besten, treuesten und edelsten meiner Freunde« (XXI, S. 251) ohne Not in lächerlicher Aufmachung erscheinen (XXI, S. 249); zweitens würdigt er ihn zum Gegenstand lästiger Neugier aller Mitglieder eines Gesangvereins herab (ebd.); drittens büßt Winnetou innerhalb der Erzählung weiter dadurch an Glanz ein, daß er zwar als Geldgeber bei dem anschließenden Reiseunternehmen fungiert, alle notwendigen Überlegungen, Planungen, Aktionen aber von Sharlieh erwartet – wodurch also der Autor wieder sein eigenes Ich ins Rampenlicht rückt – und Winnetou außerdem wegen unleugbarer Sprachschwierigkeiten Zurückhaltung üben muß; und viertens wird ausgerechnet Winnetou zum Spielball einer groben Dummheit des Autors: Eben der ›Geniestreich‹, die Leser durch einen Dresden-Aufenthalt des Apachen machtvoll zu beeindrucken, sie von der Bedeutung des Herrn Doktor Karl May zu überzeugen und die Authentizität des Erzählten zu unterstreichen, barg die Gefahr der Entlarvung in sich. Angesichts so vieler Zeugen wäre ein Auftauchen Winnetous in Dresden eine von der Presse groß herausgestellte Sensation gewesen, die auch 1894 und 1897, als die Erzählung zunächst in der Zeitschrift ›Deutscher Hausschatz‹ und dann im Buch zu lesen war, im Bewußtsein vieler Menschen gelebt hätte. Statt dessen gab es in Wahrheit keinen einzigen Zeugen – und das wußte auch Karl May, der sich von seiner Phantasie forttragen und zugleich von seiner heimlichen Furcht, des Schwindels bezichtigt zu werden, plagen ließ. Mit einem Zusammenbruch der Glaubwürdigkeit des eben zum Ruhm gelangten Karl May hätte auch Winnetou als reines Phantasieprodukt dagestanden und sofort an Faszination verloren.

Dafür nun hält Karl May den edlen Wilden dadurch schadlos (XXI, S. 262), daß es bei den Abenteuern in Tunesien Winnetou ist, der Ruhm auf sich häuft (XXI, S. 292-299, 388-392) und des Lesers wie Kara Ben Nemsis Staunen hervorruft (XXI, S. 354, 411, 492), der unter ihm völlig fremden topographischen Verhältnissen mit sechstem Sinn die Gefahren wittert und dank seines Gespürs das Unternehmen zum guten Ende geführt hätte, wäre Kara Ben Nemsi nicht entgegen Winnetous Warnungen in eine plumpe Falle gegangen (XXI, S. 496f.), die Gefangenschaft und Zeitverlust bedeutet und auch durch ein letztes Bravourstück Winnetous (XXI, S. 531) nicht ausgeglichen werden kann.

Der Abstecher nach Dresden gerät zur Farce, der nach Afrika zum Triumph. Aber dann führt beides unerwartet zu einer längeren Erkrankung des Apachen (XXII, S. 1), von der auch nach der völligen körperlichen Wiederherstellung eine wenngleich uneingestandene Beeinträchtigung des Gemütslebens zurückbleibt: fortan begeht Winnetou, zurück im heimischen Amerika, eine Unklugheit nach der anderen: Er wählt den falschen Weg (XXII, S. 74f.), verpatzt die Ergreifung der beiden Brüder Melton (XXII, S. 159f.), schätzt Feinde falsch ein (XXII, S. 175, 203f.), und gefällt sich in Kritik an Old Shatterhand (XXII, S. 268, 499, 519). Abgesehen von dem kleinlauten Bekenntnis des Apachen, »Winnetou ist ein Thor gewesen« – (XXII, S. 75), dringt freilich dank Karl Mays meisterhafter Erzählkunst und der sich überstürzenden Ereignisse kaum etwas von all dem in des Lesers Bewußtsein, zumal der Autor zwischendurch immer wieder Lobesworte auf Winnetou ertönen läßt (XXII, S. 186, 233, 242, 458 u. ö.), und das Freundespaar nach außen hin, vor Freund und Feind, eine unverbrüchliche Einheit und Reinheit repräsentiert. Die entscheidenden Heldentaten aber – höchst beachtliche Leistungen allzumal – fallen neuerlich Old Shatterhand zu; Winnetou wird unmerklich auf den zweiten Platz verwiesen.

Winnetou ins Ausland zu versetzen und ihn dort kontrapunktartig zunächst wie einen Landstreicher und dann als kühn-überlegenen Supermann auftreten zu lassen, ihn durch Krankheit an den Rand des Todes zu führen und ihm dann allerlei Fehler, Versäumnisse und Kritteleien anzukreiden, zeigt Karl May als einen Autor, der plötzlich mit Formen, Formeln und Erfolgsrezepten experimentiert und dabei sehr hart an Grenzen des Möglichen stößt[8] – Grenzen, an denen Old Shatterhand sich zuschanden reiten könnte und Winnetou zugrunde gehen müßte, blieben sie nicht für den unbefangenen Leser praktisch unsichtbar und wäre Karl May nicht bei den auf die Trilogie *Satan und Ischariot* folgenden Erzählungen schnell wieder auf das Terrain bewährter Muster zurückgekehrt.

IV

Die Erklärung für Karl Mays befremdlichen Umgang mit Winnetou findet sich leicht, wenn wir uns vor Augen halten, daß dieser neurotische und zeitlebens von Spaltungserscheinungen heimgesuchte Mann in *Satan und Ischariot*, blendend verfremdet, die tumultuöse Geschichte seiner (von ihm so gesehenen) lastvollen vorehelichen und ehelichen Beziehung zu Emma Pollmer sowie das unerfreuliche Werben des Verlegers Heinrich Münchmeyer um Emma abgebildet und, unter Auflösung der Geschlechtsidentifikation, Teilfunktionen Emmas seinem Winnetou zugewiesen hat.⁹ ›Winnetou‹ ist für den Autor nicht Sexualobjekt, sondern stets ›nur‹ das Objekt der Sehnsucht nach dem idealen Gefährten; Karl May, spaltungserfahren, wußte zwischen beidem sehr genau zu unterscheiden. Als ideale Lebensgefährtin, die er in ihr gefunden zu haben glaubte, enttäuschte ihn Emma; als Sexualpartnerin nicht. Mit den defizitären Werten setzte er sich literarisch auseinander. Keineswegs aber ist Winnetou, wo immer er im Werke Karl Mays erscheint, etwa ausschließlich mit Emma gleichzusetzen. Diese hat lediglich ab 1879 immer wieder auf Winnetou ›abgefärbt‹.

Dieses Jahr 1879 ist gekennzeichnet durch das erste ernste Zerwürfnis zwischen Karl und Emma im Gefolge der ›Stollberg-Affäre‹. Karl May hatte auf drängendes Ansuchen von Emmas Großvater Christian Pollmer im April 1878 versucht, durch private Nachforschungen im Dorfe Niederwürschnitz zu klären, ob dort Christians Sohn Emil, ein zum Vagabunden herabgesunkener früherer Barbier, im Januar 1878 wirklich durch einen Unfall zu Tode gekommen oder einem Mord zum Opfer gefallen war. Die Behörden warfen Karl May Amtsanmaßung vor, und das Amtsgericht Stollberg verurteilte ihn schließlich zu drei Wochen Haft, die er im September 1879 in Hohenstein verbüßte.¹⁰ Die gerichtlichen Scherereien waren Emma unangenehm; sie zog sich – nachdem Karls ›Detektiv spielen‹ ihr wahrscheinlich zunächst sehr imponiert hatte – von May zurück. Seine Bitterkeit darüber hat Karl May seinerzeit unverhüllt gespiegelt in seinem Roman *Scepter und Hammer*, worin eine leichtfertige und kaltherzige Emma Vollmer Schindluder treibt mit dem lauteren Schriftsteller Karl Goldschmidt.¹¹ Während der Trennungszeit arbeitete Karl May außerdem seine 1875 erschienene Erzählung *Old Firehand* um, wobei er die Romanze des Ich-Erzählers mit Old Firehands Tochter Ellen samt Happy End eliminierte und diese Tochter, sehr unzulänglich, in einen Sohn Harry umwandelte. Bewerkstelligt haben mag dies die Enttäuschung über Emma – die er zwar 1875 noch nicht gekannt, die aber sein Herz vom Frühjahr 1877 an gefangen hatte: May beschreibt 1875 jene Ellen als eine sehr schöne junge Frau von eigenartigem Reiz – gerade wie er später Emma beschrieb – und den Ich-Erzähler als einen sonst Frauen gegenüber zurückhaltenden Mann, der sich aber bei Ellens Anblick sogleich pfauenartig in Szene setzt, ganz ähnlich Mays eigener Reaktion gegenüber Emma beim Kennenlernen. Man könnte meinen, er habe bereits ein Jahr vor dem ersten Zusammentreffen alles vorausgesehen.[12] Im Ausgleich zur Streichung Ellens taucht, anders als in der Urfassung von 1875, in der 1879 gestalteten Fassung der Erzählung eine Erklärung über das erste Zusammentreffen mit Winnetou auf: Der Ich-Erzähler steht dem Indianer bei gegen »eine Anzahl von Athabaska's«.

Im Jahre 1883 dann, als das allzu enge Verhältnis Emmas zu Heinrich Münchmeyer wie auch zu dessen Frau Pauline bedenkliche Formen annahm, erschien Karl Mays Erzählung über Winnetous eigenartige Hinwendung zum christlichen Glauben und seinen alsbaldigen Tod: das überromantisierte vorzeitige Ende einer – nach den voraufgegangenen Winnetou-Erzählungen – überraschend überidealisierten Figur. Hier entlud sich Karl Mays seelischer Schmerz: Er nahm Abschied von einer Idealvorstellung, die sich als nicht lebensfähig erwiesen hatte. Von Karls *Geographischen Predigten*[13] war Emma angetan gewesen, danach aber der Lektüre seiner Werke ausgewichen; was immer Karl an geistiger Saat in sie einpflanzen wollte – so später seine Darstellung –, ging nicht auf. Der Indianer Winnetou wurde zur Folie: Er zeigt sich bereit, den ›predigenden Worten‹ Old Shatterhands inmitten Gottes freier Natur, einer imposanten Geographie, zu lauschen; aber dann ist es auch schon zu Ende. Winnetou wird das Opfer feindlicher Umtriebe – wie Emma. Winnetou freilich ist frei von Schuld – während Emma sich bereitwillig den Münchmeyers ausliefert.[14]

Nach dem Bruch Mays mit Münchmeyer und dem Rückgang von Paulines Einfluß auf Emma lebt Winnetou machtvoll wieder auf: In den drei Jugenderzählungen vom *Sohn des Bärenjägers*, vom *Geist des Llano estakado* und vom *Schatz im Silbersee* sowie in der Ich-Erzählung *Der Scout* spielt er eine wichtige Rolle. Dabei bringt May 1887 die zweite und 1888 die dritte Version über das Kennenlernen und die Entwicklung der Beziehungen Winnetous zu seinem nachmals Old Shatterhand geheißenen Freund zu Papier; und in merkwürdiger Weise enthalten die unterschiedlichen Darstellungen in derselben Reihenfolge charakteristische Merkmale der voneinander abweichenden Schilderungen Mays über die Frühzeit seiner Bekanntschaft mit Emma in seinen viel späteren autobiographischen Schriften. Allen gemeinsam sind die Ausführungen über den anfänglichen Widerstand Christian Pollmers gegen diese Verbindung, also der vor die Wunscherfüllung gestellte Kampf gegen äußere Widerstände. Doch daneben gibt es Nuancen: In *Frau Pollmer, eine psychologische Studie*[15] (1907) beschreibt May unter anderem, wie er zu seiner Genugtuung Sieger blieb über zahlreiche Rivalen – sprich, »eine Anzahl von Athabaska's«, lies: andere Sachsen, gegen die Sharlieh einst Winnetou beistand. In *Mein Leben und Streben*[16] (1910) läßt er erkennen, daß Emmas geheimnisvolle Art ihn gefangennahm und sie ihn seine geistige Überlegenheit merken ließ; und da haben wir die im Zeitschriftenerstabdruck von *Der Sohn des Bärenjägers* rekapitulierte Szene, in der Winnetou sich unterwirft und Old Shatterhand entgegen aller Vernunft Winnetou Herz und Hand bietet, statt ihn niederzuschlagen und seiner Wege zu gehen.[17] In *An die 4. Strafkammer des Königl. Landgerichtes III in Berlin*[18] (erweiterte Fassung von 1911) hebt May, noch detaillierter als in *Mein Leben und Streben*, hervor, wie Emma Vertrauensbruch beging und ihn arglistig täuschte, unter anderem mit untergeschobenen Briefen, und nennt dies ausdrücklich – »ein echter Emma Pollmerstreich«. Die Parallele findet sich in dem von Winnetou in *Der Scout* untergeschobenen ›falschen‹ Pferd: »Ein ächter Indianerstreich«. Nicht gegeben freilich hatte es die in *Satan und Ischariot I* (= *Die Felsenburg*), S. 255, erwähnte einstige Todfeindschaft – wenn auch Winnetou und sein weißer Kontrahent unabsichtlich als Gegner aufeinander getroffen waren und unter dem Zwang der Verhältnisse miteinander hatten kämpfen müssen. Die ›Todfeindschaft‹ in der Handschrift von 1891 ist die trübe Erinnerung an das Zerwürfnis von 1879, zur Stollberg-Zeit, und an die böse Ehekrise 1883/84 zur Münchmeyer-Zeit.

V

Aus Gründen der Selbstachtung, um seines menschlichen wie schriftstellerischen Aufstiegs willen und zur Rettung seiner Ehe führte Karl May 1887 den Bruch mit Münchmeyer herbei. Aber immer wieder plagten ihn berechtigte Zweifel, ob der Verleger ehrlich gehandelt habe hinsichtlich der zugesicherten Honorare und Gratifikationen für die fünf umfangreichen Lieferungsromane (*Waldröschen*, *Der verlorene Sohn*, u. a.). Während Emma der Freundin Pauline Münchmeyer nachtrauerte und Karl überlegte, wie er Rechnungslegung von dem Verleger erlangen könne, schrieb er sich allen jahrelang aufgestauten Groll von der Seele, indem er Heinrich Münchmeyer zum Schurken Harry Melton und zu dessen Verbündeten, dem Yuma-Häuptling Großer Mund, und Emma zur bösen Judith Silberstein machte und alles ihm, Karl May, entgangene Liebesglück in Martha Vogel (in der die schwärmerisch überhöhte Emma ebenso steckt wie andere unerfüllt gebliebene Träume) idealisierte. Judith ist durchweg negativ gezeichnet – und das Interesse des Ich-Erzählers an ihr rein sexuell (was der Autor natürlich kaschiert); und Martha ist durchweg positiv gezeichnet (wenn auch in ihrer Hinwendung zu dem Ölprinzen Konrad Werner fehlgeleitet) – und das Interesse des Ich-Erzählers an ihr eine Mischung aus Altruismus und geschmeichelter Selbstüberschätzung (die einen argen Stoß erleidet, als Martha den Ölprinzen heiratet). Die Distanz in der Haltung des Ich-Erzählers beiden Frauen gegenüber bringt es mit sich, daß ein Großteil der autobiographischen Bezüge der Handlung in der Beziehung Old Shatterhand/Winnetou abgebildet wird, weil eben diese Beziehung für den Leser unverdächtig und für den Autor unerschütterlich ist. Wie die – bei aller Zwiespältigkeit – unverbrüchliche Beziehung Karls zu Emma.

So kommt es zu dem Lanzenduell, dessen ungleiche, für den Häuptling Großer Mund und die Seinen günstige Bedingungen Winnetou in seiner Lobrede auf Old Shatterhand festgelegt hat, und zu Old Shatterhands herrischem Verhalten. Das ist Karl Mays exotisch zugeschnittene Version seiner auch später in ähnlicher Verbrämung verbreiteten Darstellung, Emma habe ihn damals in höchst geschickter Weise genötigt, auf Münchmeyers Ansinnen, Romane für ihn zu schreiben, einzugehen, habe ihn überredet, des Verlegers Waffen gegen ihn selber zu kehren, und habe dann Münchmeyer alle möglichen persönlichen Freiheiten eingeräumt, dieweil May selbst von beiden unter Druck gesetzt wurde. Karl May aber tat mit ›fünf Lanzen‹, von denen er eine zunächst noch als Probewaffe einsetzte, den ›großen Wurf‹: Er schrieb für Münchmeyer fünf dicke Lieferungsromane – *Waldröschen* als ›Probeschuß‹ voran und die anderen, von denen je zwei sich zeitlich überlappten wie die geworfenen Lanzen, in raschester Folge hinterher. Münchmeyer und die Seinen hatten mit den ›zugesicherten Gegenleistungen‹, den zehn Lanzen, sprich: Honorare plus Gratifikation, den Mund zu voll genommen: sie wollten May betrügen – was Emma angeblich nicht erkannte. Die Erzählhandlung erfordert Old Shatterhands überlegenen Sieg; die Wirklichkeit blieb Karl May, noch bei Niederschrift der Szene, die volle und ehrliche Abrechnung über Honorare und Gratifikationen schuldig. Ungeachtet dessen hatte er sich tatkräftig von Münchmeyer gelöst und sich damit auch – sicherlich unter Inkaufnahme etlicher ehelicher Szenen – gegen Emma durchgesetzt[19]: »allein und ohne die Hilfe Winnetous« vollzog Charley das Befreiungswerk.

Im Zuge der Vergangenheitsbewältigung im Schreibprozeß kommt es dann auch zu Winnetous vagabundenartigem Auftreten im Gasthaus, zu seinen Heldenstückchen in Afrika und zu seiner eindringlichen Warnung vor der für Kara Ben Nemsi nahezu tödlichen Falle, in die dieser dann doch hineingerät und die ihn von Winnetou trennt. In der Quintessenz sind dies (1) das von Emma, wie von ihrem Großvater, damals heraufbeschworene Image des Vagabunden Emil Pollmer, dessen Schicksal (Mord, wie in der Erzählung, oder Unfall – realiter so) Karl May aufklären sollte[20], (2) Emmas anfängliche begeisterte Unterstützung der Planungen des ›Detektivs‹ Karl, (3) Emmas Erkenntnis, Karl laufe Gefahr, neuerlich vor Gericht gestellt und eingesperrt zu werden; für ihn als Vorbestraften hätte das das Verhängnis sein können. Und während der Niederschrift führt die Reminiszenz an seine damalige mutwillige Bereitschaft zum Risiko in Sachen Emil Pollmer den Autor sozusagen zwanghaft in das mutwillig eingegangene Risiko hinein, sich als Erfinder eines Winnetou-Auftritts in Dresden der Entlarvung als Schwindler preiszugeben.

Und so kommt es dann noch zu Winnetous Erkrankung – der Entfremdung Emmas von Karl 1879 und erneut 1883. Und es kommt zu all den Mißhelligkeiten im Verhältnis Winnetous zu Old Shatterhand im Rahmen der Erzählung: Ausdruck der tiefen Verstimmung zwischen Emma und Karl im Schatten Heinrich und Pauline Münchmeyers. Es sei dahingestellt, ob Emma bei irgendeiner Gelegenheit zugab, die von ihr so befürwortete Tätigkeit Karls als Kolportageautor sei der falsche Weg zum richtigen Ziel gewesen (»Winnetou ist ein Thor gewesen«) – sie ließ es jedenfalls nicht zum offenen Bruch der Ehe kommen. Nach außen hin blieb allezeit die Fassade erhalten – wie das für den unbefangenen Leser scheinbar ungetrübte Verhältnis Old Shatterhand/Winnetou. Karl May beschrieb die Grenzsituation der Gefährdung seiner Beziehung zu Emma – und dem wurde die Erzählform in subtiler Weise gerecht.

VI

Karl May wußte, wie zu seiner Straftäterzeit, so auch am Schreibtisch in jede ihm gemäß erscheinende Rolle hineinzuschlüpfen, und wußte die betreffende Gemütsstimmung im Bedarfsfalle konsequent beizubehalten – eine direkte Folge seiner Befähigung zur Seelenspaltung. Verdeutlichen wir uns, daß er es verstand, Produkte unterschiedlichsten Niveaus und größten geistigen Abstands in unmittelbarer zeitlicher Nähe zueinander oder gar parallel zueinander zu fertigen (krasseste Beispiele: 1905 *Ein Schundverlag*, mit der Verteufelung der Familie Münchmeyer, und daneben das in philosophische Höhen entrückte Erlösungsdrama *Babel und Bibel*; 1907 die um Mitleid für Karl May flehende Schmähschrift *Frau Pollmer, eine psychologische Studie* und dicht dabei das wunderbare *Ardistan und Dschinnistan*), so erhaschen wir etwas von der Abnormität des Mayschen Potentials, das sich großenteils aus Regelwidrigkeiten nährte und eben diese zur Norm erhob. So wie er aus den Abgründen seiner Seele die Vielfältigkeit des Ich umgestaltete in handlungsbewegte Assoziationen und assoziative Motorik, in ›Reise-Bilder‹ und kathartischen Schreibstrom, so erkor er sich jeweils das als wahr und richtungsweisend, was er still für sich insgeheim gedanklich-seelisch aufgebaut hatte, je nach der psychischen Grundstimmung, die ihn beherrschte – oder in die er sich hineinversetzte. Den Perser Dschafar zum Beispiel, der ihm im Herbst 1893 bei der Niederschrift der Einleitung zu *Im Reiche des silbernen Löwen* (XXVI, Kap. 1-2) keineswegs innerlich nahestand, beförderte er in seiner Gedankenwelt im Sommer 1902 zu »meinem Freunde Dschafar« (*Im Reiche des silbernen Löwen III*; XXVIII, S. 589), ohne daß ein weiteres Zusammentreffen dieses Mannes mit Kara Ben Nemsi stattgefunden hatte. Mays innerer Blickpunkt war entscheidend. Und Ähnliches sehen wir bei Winnetou: Karl Mays enthusiastische Äußerungen in seinen Briefen vom 12. 3. 1892 und 10. 10. 1892 an Fehsenfeld[21] (»Dieser Winnetou ist eine so prächtige Gestalt und hat so viel Sympathie gefunden« – bzw. »Diese vornehme Gestalt mit ihren außerordentlichen Erlebnissen« –) passen allenfalls zu dem von den jugendlichen Lesern der Zeitschrift ›Der Gute Kamerad‹ begeistert aufgenommenen Indianer, mit dem Fehsenfeld nichts zu tun hatte, aber nicht zu jenem Winnetou, der dem Leser in *Deadly Dust* und *Der Scout* entgegengetreten war und den Fehsenfeld kannte, und nur bedingt zu dem Winnetou, über den der Autor gerade 1892 in Verbindung mit Martha Vogel geschrieben hatte – eine für Fehsenfeld noch ganz unbekannte (und noch gar nicht veröffentlichte) Erzählung. Gleichwohl rumorten Winnetous ›außerordentliche Erlebnisse‹ – Dresden und Afrika – dabei in Mays Kopf, so daß er sie im Brief erwähnte. Vor allem aber wirkte sich der Vertragsabschluß mit Fehsenfeld förderlich auf das gute Verhältnis zwischen den Ehegatten Karl und Emma aus: Endlich eröffneten sich Aussichten auf Wohlstand und auf reichlich fließende Einkünfte, und dies begünstigte Emmas Anlehnung an Karl. Flugs baute dieser jetzt in seiner Seele ein neues, glanzvolles Winnetou-Bild auf, das er bedenkenlos auf das früher beschriebene übertrug – und das er dann in *Winnetou I* (1893) in jenem für alle Zeiten unsterblichen edlen indianischen Ritter lebendig werden ließ.

Die erste Reaktion Winnetous auf den Anblick Old Shatterhands (VII, S. 110) paßt wieder eigenartig zu der entsprechenden Schilderung der Reaktion Emmas beim Anblick Karls, wie May sie in *Mein Leben und Streben*, S. 189f., gibt; und Winnetous von einer Träne begleiteten Worte, nach dem Tode des Vaters und der Schwester (»Du weißt, wen ich verloren habe. Sei du mir Vater, und sei du mir Schwester zugleich; ich bitte dich darum«; VII, S. 545), entsprechen der Beschreibung in *An die 4. Strafkammer*, S. 59, von Emmas Verhalten gegenüber Karl bei Christian Pollmers Tod.

Das Mädchen Nscho-tschi, das verjüngte Ebenbild Winnetous, Spiegelung des Backfischs Emma Pollmer, dem Karl Mays Phantasie in der ersten Verliebtheit mehr Wesenszüge andichtete, als wirklich vorhanden waren, wird der Erkenntnis geopfert, daß das ursprünglich erträumte ideale Liebesglück nicht zustande kam; an dessen Stelle trat eine Verbindung, die auf (uneingestandener?) Anerkennung der jeweiligen Vorzüge des anderen beruhte und die allen Gefahren und trennenden Einflüssen Trotz bot.

VII

Diese Ehe glich nicht nur der Strindbergschen Hölle, zu der Karl May sie später degradierte. Weder war Emma lediglich eine putzsüchtige, geldgierige, zu geistiger Weiterbildung nicht willige Megäre, noch war Karl der von seiner eigenen Güte geknechtete

Nur-Dulder. Niemand und nichts hatte beide zwingen können, einander nach dem Auseinandergehen von 1879 doch noch zu heiraten; nichts konnte Emma nötigen, bei dem viele Jahre lang von recht mäßigen Honoraren lebenden Manne auszuharren; niemand konnte beiden auferlegen, während der ungeheuren Belastungsprobe, der Heinrich und Pauline Münchmeyer diese Ehe aussetzten, beieinander zu bleiben, sich nicht scheiden zu lassen; das Band hielt trotz allem. Und dazu gehörte von beiden Seiten mehr als etwa nur stille Resignation oder ständige innere Auflehnung. Beide waren in sich naive und doch auch schwierige Charaktere mit naturgegebenem Hang zur Zwiespältigkeit, was Reibungen unausweichlich machte. Karl Mays Pathologie ist hinreichend bekannt. Emmas Myom-Leiden und das Heraufziehen der bösartigen Gemütsstörungen, an denen sie schließlich, erst 51 Jahre alt, zugrunde ging und deren Anfänge vermutlich – in ihrer Art und Bedeutung unerkannt – in den achtziger Jahren auftauchten, haben zweifellos über Jahre hinweg während ihrer Ehe mit Karl ihr Verhalten beeinflußt. Aber angesichts des Gesamtbildes dieser Verbindung bis 1899 sind Zweifel erlaubt, ob sie je von Menschenhand getrennt worden wäre, wenn nicht jene Frau sich in den Vordergrund geschoben hätte, deren Willen und Waffen weder Emma noch Karl auf die Dauer gewachsen waren, die ihre Netze wob – und die Winnetou zerstörte.

Old Shatterhand war immer wieder zu Winnetou zurückgekehrt, weil innerhalb der Winnetou-Gestalt sich das ständige Auf und Ab, Hin und Her der Gefühle des Autors in seiner Beziehung zu Emma spiegeln. Das homogene Winnetou-Bild in *Old Surehand* (1894-96) bestätigt Mays Entschluß während jener Jahre, an Emma festzuhalten und seine Ehe nicht durch die bereits nach betörendem Einfluß strebende Klara zu gefährden.[22] Und das geradezu von Verehrung geprägte Winnetou-Bild in »*Weihnacht!*« (1897) spiegelt getreulich das neuerlich gefestigte eheliche Verhältnis, dem die lang ausgedehnte Reise im Frühling und Sommer gewiß zugute gekommen war. Noch in *Am Jenseits*, vor der Orientreise, ist die überraschende Erwähnung Winnetous als eines an mächtige Geister Glaubenden (XXV, S. 340) nichts als Karl Mays wohlwollende Duldung der Beschäftigung Emmas mit dem Spiritismus.

Nach »*Weihnacht!*«, nach der Orientreise Karl Mays, gibt es keine Winnetou-Erzählung mehr. Klara hatte Karl (und Emma) besiegt.

Es gibt nur noch den toten edlen Winnetou in *Winnetou IV*, zu dessen Gedenken Old Shatterhands Freunde ein Denkmal errichten wollen. Ein nicht passendes Denkmal, wie sich zeigt. Und der Sturz dieses unpassenden Denkmals ist – von allen ideologischen Bezügen und völkerübergreifenden Phantasien und ins Metaphysische vorstoßenden Gedanken in diesem Buch abgesehen – auch darin begründet, daß Karl May tief in seinem Inneren Ende 1909 das von ihm gezüchtete ›Feindbild‹ Emmas insgeheim korrigiert hatte und ihr im stillen Abbitte tat: Emma hatte sich Karl gegenüber versöhnlich gezeigt und dessen Erzfeind Lebius, der sie in seine Machenschaften verstricken wollte, eine Absage erteilt.[23] Das falsche Emma-Bild mußte fallen; der Ex-Gattin gebührte ein besseres Andenken als das in *Frau Pollmer, eine psychologische Studie* verzerrt dargebotene.[24] Und so revidiert Old Shatterhand das Winnetou-Bild. Und weist Klara, ohne daß diese es merkt, in ihre Schranken, indem er gerade sie in der Erzählung sagen läßt: »Winnetou war abgeklärter und größer als damals du, lieber Mann.« (XXXIII, S. 239)

Dreißig Jahre lang Winnetou – Inkarnation des Wandels im Licht- und Schattenspiel in der Seele des Autors. Dreißig Jahre lang Inkohärenz, Widersprüchlichkeit, Traumkraft. Kein bißchen befremdlich.

Anmerkungen

1 Siehe den in diesem Sammelband abgedruckten Aufsatz *Der werdende Winnetou* von Franz Kandolf.
2 Karl May, *Im fernen Westen*, Stuttgart o. J. (1879). Hier zitiert nach der Reprintausgabe Hamburg 1974, S. 5.
3 Karl May, *Im »wilden Westen« Nordamerika's*, in: Feierstunden im häuslichen Kreise 9, Köln 1883. – Reprintausgabe, zusammen mit Mays Erzählung *Ein Oelbrand*, unter dem Obertitel *Winnetou's Tod*, Bamberg 1976. Zur Datierung siehe das Vorwort des Herausgebers Roland Schmid.
4 Karl May, *Der Scout*, in: Deutscher Hausschatz 15/43 (1888/89), S. 680. KMG-Reprint 1977.
5 Erstabdruck in: Deutscher Hausschatz 20-22 (1893-96). Reprint der

KMG (2 Bde.) 1980; jeweils mit Einführung und Nachwort von Walther Ilmer. Die darin enthaltenen Angaben zur Entstehungszeit der Einzelteile der Erzählung entsprachen dem Erkenntnisstand von 1980 und sind aufgrund der von Roland Schmid im Nachwort zum Reprintband XXII erbrachten Nachweise zu berichtigen.
6 Siehe den von Franz Kandolf nach Karl Mays Handschrift gestalteten Text *Wenn sich zwei Herzen scheiden*, in: Karl May, *Professor Vitzliputzli*, Bamberg 1955. Der Urtext dieser vom Redakteur der Zeitschrift ›Deutscher Hausschatz‹, Heinrich Keiter, beim Zeitschriftenabdruck 1894 weggelassenen ›Heimatepisode‹ liegt bisher nicht veröffentlicht vor. Vgl. hierzu Walther Ilmer, *Der Professor, Martha Vogel, Heinrich Keiter – und Mays Ich*, in: MKMG 47 u. 48 (1982). Diese ›Heimatepisode‹, die Karl May bedauerlicherweise nicht in die Buchausgabe einbezog, ist das eigentliche Kernstück der Gesamterzählung, sowohl unter dem Gesichtspunkt autobiographischer Spiegelungen als auch in bezug auf das äußere Handlungsgeschehen; sie erweist, wie höchst geschickt Karl May Handlungsknoten zu schlingen und weit voneinander entfernte Schauplätze zu verknüpfen wußte.
7 Die ›Todfeindschaft‹ wird durch keine der voraufgegangenen Schilderungen des Kennenlernens der beiden belegt. Bei der Niederschrift dieser Zeilen (1891) trug Karl May sich anscheinend schon wieder mit neuen Überlegungen hinsichtlich des Zustandekommens der Bekanntschaft.
8 Hans Wollschlägers Urteil, daß diese Trilogie »viele Formen des Scheiterns abbildet«, zielt genau darauf ab. Siehe: *Rückblick auf Karl May. Hans Wollschläger im Gespräch mit Harald Eggebrecht*, in: *Karl May - der sächsische Phantast. Studien zu Leben und Werk*, Frankfurt a. M. 1987, S. 131-152 (S. 138). – Im persönlichen Gespräch Hans Wollschlägers mit Walther Ilmer in Wien am 18. 11. 1987 bestätigt.
9 Ausführliche Darstellung in den bei Anm. 5 genannten Nachworten sowie in: *Winnetou beim Gesangverein*, SoKMG 35 (1982). Vgl. auch Johanna Bossinade, *Das zweite Geschlecht des Roten. Zur Inszenierung von Androgynität in der ›Winnetou‹-Trilogie Karl Mays*, in: JbKMG 1986, S. 241-267.
10 Dokumentation bei Fritz Maschke, *Karl May und Emma Pollmer. Die Geschichte einer Ehe*, Bamberg 1973. – Aufgrund der Mitteilungen von Roland Schmid (»*Leckerbissen*«. *Karl Mays Atzung im September 1879 – von ihm selbst überliefert*, in: JbKMG 1987, S. 11-19) erscheint ein Besuch Emmas bei May während der Inhaftierung möglich, doch gibt es keinen Anhalt dafür, daß damit die Belastung des inneren Verhältnisses beseitigt wurde.
11 Erstabdruck in: Für alle Welt! 4/1-52 (1879/80). Reprint der KMG 1978. – Im Neusatz zugänglich innerhalb der Reihe *Karl Mays Werke*.

Historisch-kritische Ausgabe, hg. v. Hermann Wiedenroth und Hans Wollschläger, Nördlingen 1987.
12 Im Gesamtwerk Karl Mays finden sich mancherlei Anhalte dafür, er habe spätere Ereignisse seines Lebens präkognitiv erschaut. Dies ist wertfrei und unvoreingenommen gesagt.
13 Karl May, *Geographische Predigten*, in: Schacht und Hütte 1 (1875/76). Reprint des gesamten Zeitschriftenjahrgangs, 52 Nrn., Hildesheim, New York 1979.
14 Ich habe Winnetous Fragen nach Christus und seine drängende ›Gralssuche‹ stets als unpassend und unmotiviert innerhalb der Entstehungs-Chronologie der Erzählungen angesehen. Als Endpunkt einer vieljährigen innerlich befruchtenden Blutsbrüderschaft mit Old Shatterhand – die dem Leser durch eine Reihe von Erzählungen bewußt gemacht wurde – ist sie am Platze, nicht aber zu einem so frühen Zeitpunkt! Eine Erklärung für Mays ›Fehlgriff‹ habe ich immer nur aus seiner Vita herleiten können. Das Grundmuster wiederholt sich 1893 im Verhältnis Old Shatterhand/Nscho-tschi.
15 Karl May, *Frau Pollmer, eine psychologische Studie*. Erstveröffentlichung aus dem Nachlaß. Prozeßschriften, Band 1, hg. von Roland Schmid, Bamberg 1982, S. 810.
16 Karl May, *Mein Leben und Streben*, Freiburg 1910. Reprintausgabe, hg. u. komm. v. Hainer Plaul, Hildesheim, New York 1975.
17 In *Frau Pollmer, eine psychologische Studie* [wie Anm. 15] läßt May keinen Zweifel daran, daß es schon im Frühstadium der Bekanntschaft zu intimem Beisammensein kam. Insoweit ist der in *Der Sohn des Bärenjägers*, Erstabdruck in: Der Gute Kamerad 1 (1887), S. 554, enthaltene Satz verräterisch: »Der Apache riß sein Jagdhemd auf und bot dem Feinde die nackte Brust.«
18 Karl May, *An die 4. Strafkammer des Königl. Landgerichtes III in Berlin*. Erstveröffentlichung aus dem Nachlaß. Prozeßschriften, Band 3, hg. v. Roland Schmid, Bamberg 1982, S. 61.
19 May schildert die Vorgänge, aus einem bewußt engen Blickwinkel, in der in Anm. 18 genannten Schrift (S. 62 f.) sowie, noch ausführlicher, in *Ein Schundverlag* (1905). Siehe Karl May, *Ein Schundverlag. Ein Schundverlag und seine Helfershelfer*. Erstveröffentlichung aus dem Nachlaß. Prozeßschriften, Band 2, hg. v. Roland Schmid, Bamberg 1982, S. 330-332. Die Veröffentlichung der ›Prozeßschriften‹ ermöglicht die im vorliegenden Beitrag dargebotene logische Ergänzung meiner früheren Ausführungen über das Lanzenduell (1980, in den bei Anm. 5 genannten Nachworten).
20 Weitere Einzelheiten in dem bei Anm. 9 genannten Sonderheft der KMG, *Winnetou beim Gesangverein*.
21 Abgedruckt im Nachwort zur Reprint-Ausgabe von *Winnetou I*, Bamberg 1982.

22 May weicht hinsichtlich negativer Züge Emmas auf Tokbela aus (deren Ehemann sich zwanzig Jahre lang nicht von diesem lästigen Anhängsel trennt!) und macht aus Klara Plöhn, also Kolma Puschi, die in Männerkleidung auftritt, eine ›bisexuelle‹ Gestalt, der gegenüber er immer noch Distanz wahren kann; seine heimlichen Sympathien für Klara kanalisiert er in die – für seine Anschauung unverdächtige – freundschaftliche Beziehung Old Shatterhand/Apanatschka (den ›Ableger‹ Kolma Puschis).
23 Vgl. Fritz Maschke, a.a.O., S. 114.
24 In den autobiographischen Schriften zeigt Karl May sich noch mehrmals als außerordentlicher Seelenwandler. Die überpointierten Haßtiraden gegen Emma in *Frau Pollmer, eine psychologische Studie* weichen in der für die Öffentlichkeit bestimmten Selbstbiographie *Mein Leben und Streben* einer beträchtlich gemilderten Darstellung und schwanken in der unter Klaras Einfluß entstandenen, nur zu Prozeßzwecken verfaßten Eingabe *An die 4. Strafkammer* zwischen rhetorischer Bosheit und prägnanter Kühle. Das Phänomen, daß offen zur Schau gestellter Haß im Grunde tief schwelende Zuneigung verdeckt, ist in der Psychologie bekannt. Unzweifelhaft fand Karl May bei Klara eine umfassendere Versorgung seiner wunden Seele als bei Emma; gleichwohl dürfte er bis zu seinem Tode innerlich nie völlig von Emma losgekommen sein.

VIII
Didaktische Aspekte

Joachim Biermann
Der rote Schulmeister
Die literaturpädagogische Bedeutung der Winnetou-Gestalt in Karl Mays Jugenderzählungen

I.

Er, der beste, treueste und opferwilligste aller meiner Freunde, war ein echter Typus der Rasse, welcher er entstammte, und ganz so, wie sie untergeht, ist auch er untergegangen, ausgelöscht aus dem Leben durch die mörderische Kugel eines Weißen. Ich habe ihn geliebt wie keinen zweiten Menschen und liebe noch heut die hinsterbende Nation, deren edelster Sohn er gewesen ist. Ich hätte mein Leben dahingegeben, um ihm das seinige zu erhalten, so wie er dieses hundertmal für mich wagte. Dies war mir nicht vergönnt; er ist dahingegangen, indem er, wie immer, ein Retter seiner Freunde war; aber er soll nur körperlich gestorben sein und hier in diesen Blättern fortleben, wie er in meiner Seele lebt, er, *Winnetou, der große Häuptling der Apachen*. Ihm will ich hier das wohlverdiente Denkmal setzen, und wenn der Leser, welcher es mit seinem geistigen Auge schaut, dann ein gerechtes Urteil fällt über das Volk, dessen treues Einzelbild der Häuptling war, so bin ich reich belohnt.[1]

Als Karl May 1893 diese Worte im Vorwort zu *Winnetou I* niederschrieb, war die Titelgestalt dieses Romans, der diese beinahe hymnische Liebeserklärung galt, als literarische Figur bereits weitgehend entwickelt. Anfangs nur als Prototyp eines edlen Wilden entworfen, der würdig neben seinen berühmten Pendants wie Chingachgook oder Rayon-Brûlant bestehen konnte, war Winnetou zu jener »idealisierten Indianergestalt«[2] geworden, als die er populär und unsterblich wurde.

Sein soeben zitiertes literaturpädagogisches Ziel hat Karl May also erreicht. Zumindest im deutschen Sprachraum kann Winnetou als ein Synonym für den Indianer schlechthin gelten, ist er doch eine literarische Figur, »in der die besten Züge der ganzen roten Rasse vereint sind und ihre Tragödie sich spiegelt«.[3] Wohl niemand hat den Deutschen die Indianer gefühls- und wissensmäßig so nahegebracht wie Karl May.[4] Er ist somit tatsächlich zum »Lehrer seiner Leser« geworden.[5]

Das Bild Winnetous, wie es May im Vorwort zu *Winnetou I* zeichnet, hat er im wesentlichen in den Jahren vor dessen Veröf-

fentlichung geformt, und zwar vor allem in seinen eigens für die
Jugend geschriebenen Amerikaerzählungen. Diesen ging lediglich
eine nicht für den genannten Leserkreis geschriebene Erzählung
voraus, in der das neue Winnetoubild bereits grundgelegt wurde,
die 1883 veröffentlichte Erzählung *Im »wilden Westen« Nordamerika's*, die bereits bis in den Wortlaut hinein Anklänge an das oben
zitierte Vorwort aufweist.[6]

Dieser Erzählung folgte zunächst eine mehrjährige Pause, die
vor allem mit der Abfassung der letzten vier von Mays fünf umfänglichen Kolportageromanen ausgefüllt war. Erst dann wandte
sich May wieder seinem Winnetou zu, und zwar in den bereits erwähnten Jugenderzählungen. Es handelt sich dabei um folgende
Werke: *Der Sohn des Bärenjägers* (1887), *Der Geist der Llano estakata* (1888), *Der Schatz im Silbersee* (1890) und, im Jahr der Veröffentlichung von *Winnetou I*, *Der Oelprinz* (1893).

In diesen Jugenderzählungen bekam die Gestalt Winnetous ihr
eigentliches und bleibendes Gepräge, hier entwickelte May diese
Figur so, wie sie sich dann die Herzen nicht nur der jugendlichen
Leser eroberte. Erst 1896, zur Zeit der späten Reiseerzählungen[7]
und bereits mit vielen Eigentümlichkeiten dieser Werkgruppe versehen, erschien Mays letzte für die Jugend bestimmte Erzählung,
Der Schwarze Mustang.

2.

Es ist sicherlich kein Zufall, daß die Winnetou-Figur in ihrer klassischen Gestalt gerade in diesen Jugenderzählungen entwickelt
wurde. Denn hier hat May sich erstmals um eine bewußte, von didaktischem Eifer geprägte Gestaltung seiner Phantasieprodukte
bemüht. Nach der übermäßigen Schreibbelastung für die Kolportage, die ihm kaum Zeit zum Aufatmen, geschweige denn zur bewußten Ausformung seiner Romane ließ, und angesichts der
neuen Herausforderung für den ehemaligen Lehrer Karl May, für
ein jugendliches Publikum in einer angesehenen Knabenzeitschrift
zu schreiben, hat er sich dieser Aufgabe mit großer Energie und
sichtlichem Vergnügen gewidmet. Das Ergebnis ist durchaus beeindruckend, so beeindruckend, daß Heinz Stolte, der als erster die
literaturdidaktische Struktur einer Mayschen Jugenderzählung
umfassend untersucht hat, zu dem wohlbegründeten Schluß

kommt, May sei ein »begnadeter Didaktiker« gewesen.[8]

May versteht es in seinen Jugenderzählungen, seine zwölf- bis fünfzehnjährigen Leser genau in der Lebenssituation anzusprechen, in der sie sich gerade befinden, dem sogenannten Abenteueralter. Es ist ein Alter, in dem der Jugendliche, am Beginn der Pubertät stehend, über seine Alltagswelt hinausstrebt, sich von als hinderlich empfundenen gesellschaftlichen Zwängen befreien will und sich aufmacht, Neues in jeder Beziehung zu entdecken. Er hat mit den Ängsten und Unsicherheiten, die sich in diesem Lebensabschnitt einstellen, zu kämpfen. Mit eigener Kraft und Geschicklichkeit will er neue Herausforderungen meistern, seine Grenzen erproben und schließlich neue Orientierung im Leben finden.[9]

Mays Romane, besonders seine Jugendromane, bieten dem jungen Leser eine fiktive Realität an, in die er sich einbezogen fühlt. Hier kann er der ernüchternden Wirklichkeit, wie sie ihn umgibt, entfliehen.[10] May bietet ihm Abenteuer und immer wieder Abenteuer an, in denen er sich lesend ausleben kann, ohne realen Gefahren ausgesetzt zu sein. Und die ansonsten eher gescholtene Schwarz-Weiß-Zeichnung der Mayschen Figuren verstärkt in diesem Fall diese positive Wirkung noch. Mit den klar und groß gezeichneten Helden kann der jugendliche Leser sich identifizieren, und deren Einstellungen und Werthaltungen zeigen ihm neue Orientierungen auf. Mays Erzählungen bieten dem Jugendlichen in seiner seelisch labilen Situation Halt und tragen so zu seiner Sozialisation bei.[11]

Da May wußte, wie suggestiv die Wirkung seiner Helden gerade für den jugendlichen Leser im Abenteueralter ist, hat er dieser Wirkung gerade in seinen Jugenderzählungen bewußt eine Grenze gesetzt. Er benutzt in diesen Werken nicht, wie in seinen übrigen Romanen, die Ich-Erzählform, sondern wählt bewußt die distanziertere Erzählperspektive in der dritten Person.[12] Diese ermöglicht ihm darüber hinaus auch erzähltechnisch neue Möglichkeiten, die er auch, wie unten zu zeigen sein wird, seinen didaktischen Absichten nutzbar macht.

3.

»Mag nicht gern Blut vergießen; man kann seiner Feinde Herr werden, auch ohne sie umzubringen und auszulöschen. Habe da meine Vorbilder.«

»Weiß genau, wer diese Vorbilder sind.«
»Du weißt es wirklich? Nun, wer?«
»Old Shatterhand, Old Firehand und Winnetou, der berühmte Häuptling der Apachen. Diese drei vergießen nie einen Tropfen Blutes, außer wenn es unumgänglich notwendig ist.«
»Well, ist richtig, und doch sind sie bekannt und berühmt als die drei größten Helden des Westens. Will es auch so machen, will ihrem Beispiele folgen.«
»Und wohl auch ein Held werden, alter Sam?« fragte Will Parker in scherzhaft ironischem Tone.
»Schweig, Greenhorn! Sam Hawkens weiß genau, was er ist und was er leisten kann.«[13]

In den Jugenderzählungen hat Karl May der Zusammensetzung seines Personals besondere Aufmerksamkeit gewidmet. So sind es vor allem die komischen Figuren wie Sam Hawkens, Dick Stone und Will Parker – das berühmte ›Kleeblatt‹ – und besonders auch der Hobble-Frank, die nicht nur für eine gehörige Prise Humor sorgen, sondern den jungen Lesern fein verpackt und kaum merklich ein gerüttelt Maß an Bildungsgut vermitteln.

May hat in seine Jugenderzählungen neben den auch in anderen Romanen bewährten Heldenfiguren immer auch jugendliche Helden eingeführt, die mit seinem mutmaßlichen Publikum gleichaltrig oder nur wenig älter als dieses sind. Solche jugendlichen Figuren, wie wir sie etwa in Martin Baumann, dem ›Sohn des Bärenjägers‹, und seinem indianischen Freund Wokadeh finden, nehmen die Perspektive der Leser vermittelnd auf und laden besonders zur Identifikation ein. Sie müssen sich an den großen Vorbildern, den Helden, messen lassen und eifern diesen nach.[14]

Schließlich sind es diese großen Vorbilder, die eigentlichen *Helden des Westens*[15], denen May seine didaktische Aufmerksamkeit widmet. Sie sind mit all jenen positiven Eigenschaften versehen, die er auch seinen Lesern vermitteln will. Indem die übrigen positiv gezeichneten Figuren sich an ihnen orientieren, verweisen sie zugleich auch die Leser auf diese Helden.

Wenn in dem eingangs zitierten Textbeispiel Sam Hawkens Old Shatterhand, Old Firehand und Winnetou als seine Vorbilder nennt, so bleibt dieser Modellcharakter der drei nicht abstrakt. Sam Hawkens bezeichnet auch gleich die Orientierungspunkte mit. Es ist die Achtung vor dem menschlichen, vor jedem menschlichen Leben. Nur im Notfall soll Blut vergossen werden; dem Vorbild der Helden gemäß will man es zunächst mit Schläue und

List versuchen. Und dem Gespräch des ›Kleeblatts‹ folgt auch sogleich die Demonstration, die Anwendung dieser Lebensregel. In der Auseinandersetzung mit den Finders, einer Gruppe von Banditen, erringt Sam Hawkens tatsächlich einen kampflosen Sieg. Als vermeintliches Greenhorn läßt er sich von ihnen ausnutzen, überlistet sie aber im entscheidenden Augenblick und gewinnt ihnen nicht nur in einer Schießwette ihr Geld ab, sondern kann in der Folge auch noch ihre verbrecherischen Pläne durchkreuzen.[16] Die ganze Szene ist dazu noch in einen lustigen, fast skurrilen Rahmen gesetzt, wodurch ihre Wirksamkeit nicht nur auf den jugendlichen Leser noch verstärkt wird.

Mit dem Verweis auf die Vorbildfunktion der großen Helden wird allerdings ebenfalls eine Warnung verbunden. Natürlich ist jedermann aufgefordert, es den Helden in puncto Humanität gleichzutun, jedoch muß der ›Normalsterbliche‹ auch auf die Gefahren hingewiesen werden, die eine Imitation der Helden mit sich bringt. Sam Hawkens betont daher, er wisse »genau, was er ist und was er leisten kann«[17], und somit wird auch der Leser aufgefordert, seine Grenzen zu erkennen.

Die Helden sind der Sphäre der ›Normalsterblichen‹ enthoben, und sie werden über ihren Vorbildcharakter hinaus zu Idealgestalten, denen die Verehrung der übrigen gilt. Schon den Worten Sam Hawkens' ist eine gewisse Hochachtung vor seinen Vorbildern anzumerken, besonders deutlich wird diese Funktion der Helden aber wenig später, wenn Tante Droll und Hobble-Frank auftreten und ihren großen Idealen Winnetou und Old Shatterhand nicht nur in Taten, sondern sogar im Aussehen ähnlich sein wollen: »Ihre Verehrung für Old Shatterhand und Winnetou war so groß, daß sie sich wie diese beiden gekleidet hatten, was ihnen freilich ein ganz ungewohntes Aussehen gab.«[18] Angesichts einer solch extremen Form der Heldenverehrung erscheint es May jedoch angebracht, darauf hinzuweisen, daß »diese beiden ganz und gar nicht Personen [waren], über welche zu lachen man Ursache gehabt hätte. [...] sie waren Ehrenmänner, Gentlemen durch und durch, und hatten mancher großen und seltenen Gefahr tapfer und unerschrocken in das Auge geschaut«.[19]

Dem Leser wird so angedeutet, daß der Autor sein jugendliches Indianerspiel durchaus ernst nimmt, daß eine solche Art der Imitation der Helden sogar anderen Westmännern gut ansteht, wenn sie mit der entsprechenden Gesinnung verbunden ist. Bewunderung für die Helden und Bemühen um Nachahmung, das ist die angemessene Art der Identifikation mit den Helden, so signalisiert May seinen Lesern. Dies wird besonders deutlich, wenn es um jugendliche Helden in Mays Erzählungen geht. Wokadeh, ein junger Indianer, ist bei der Ankunft Winnetous und Old Shatterhands »bis an die Bäume zurückgetreten. Er stand an einem derselben gelehnt und ließ die Augen mit bewunderndem Ausdrucke auf den beiden Ankömmlingen ruhen«; ähnlich reagiert sein junger weißer Freund: »Martin Baumann betrachtete sich eben so die beiden Männer, von denen er bereits so viele Heldenthaten hatte erzählen hören, sehr genau, freilich nicht aus solcher Entfernung wie der junge Indianer. Er stand da zwei Vorbildern gegenüber, welchen nachzueifern sein heißes Bestreben war, obgleich er nicht hoffen konnte, sie jemals im Leben zu erreichen.«[20]

Immer wieder also verweisen die übrigen Helden der Mayschen Jugenderzählungen auf die großen Idealgestalten. Diese werden so ins rechte Licht gerückt und als Identifikationsfiguren vorgestellt. Jedoch gibt es auch bei den positiv dargestellten großen Helden Rangunterschiede. Bezüglich des Vorbildcharakters wird deutlich, daß hier Winnetou eindeutig Präferenz genießt. So steht der Name Winnetous in der eingangs zitierten Passage aus dem *Oelprinzen* nicht nur an betonter dritter Stelle, sondern wird auch noch mit einem eindringlichen Zusatz versehen; er ist »der berühmte Häuptling der Apachen«. Winnetou versetzt gelegentlich »selbst Old Shatterhand in hohes Staunen«.[21]

4.

Wenn Winnetou in den Jugenderzählungen Mays mehr als im übrigen Werk in den Mittelpunkt rückt, so haben wir dies zunächst einmal der Erzählperspektive zu verdanken. Old Shatterhand tritt, da er als omnipräsenter Ich-Erzähler hier nicht benötigt wird, sozusagen ins Glied der anderen Heldengestalten zurück. Demgegenüber gewinnt die Gestalt Winnetous an Selbständigkeit. Dies macht eine präzisere Zeichnung dieser Figur für den Autor notwendig, was wiederum Mays Absicht der Idealisierung der Indianer in der Person Winnetous entgegenkommt, vielleicht sogar ursächlich damit zusammenhängt.

Zur Rezeption des Ich-Erzählers in Mays Erzählungen durch

jugendliche Leser gibt es bereits eine Vielzahl von Untersuchungen. Sie weisen alle die große Anziehungskraft dieser Gestalt auf jugendliche Leser nach, meist allerdings unter dem Aspekt der eher undifferenzierten Betrachtung aller Mayschen Reiseerzählungen als Jugendlektüre.²² Dies mag angesichts des jugendlichen Leseverhaltens seine Berechtigung haben, Mays Absicht kommt es allerdings nicht nahe. Er stellt in seinen speziell für die Jugend konzipierten Werken die Gestalt des Apachenhäuptlings mehr in den Mittelpunkt als diejenige Old Shatterhands; daß er damit Erfolg hat, belegt eine Reihe von Wirkungszeugnissen.

Viktor Böhm, der eine Untersuchung zum Thema *Karl May und das Geheimnis seines Erfolges* vorgelegt hat, spricht von der »zwingenden Macht«, »die der edle Häuptling der Apatschen auch heute noch auf das Leserpublikum ausübt«.²³ Diese besondere Ausstrahlung Winnetous wird auch deutlich, wenn vom Indianerspiel einer Gruppe von zwölfjährigen Pfadfindern berichtet wird: »Bei der Namensgebung wurde der Name ›Winnetou‹ vermieden; der galt allen als ein Heiligtum und keiner wagte, sich nach diesem großen Vorbild zu nennen.«²⁴ Das letztgenannte Wirkungszeugnis zeigt besonders deutlich, wie genau die Rezeption Mays oben aufgezeigter Absicht entsprechen kann. Die Wirkung Winnetous ist »in einer bestimmten Epoche des Lebens unwiderstehlich«.²⁵

Worin liegt nun diese Wirkung der Winnetou-Gestalt? Winnetou ist ein Indianer. Schon immer hat deren unabhängiges, freies Leben fernab der Zivilisation und in Harmonie mit der Natur und sich selbst fasziniert, galt es als Inbegriff abenteuerlichen Lebens und war damit Ziel vieler Abenteuerträume.²⁶ Gilt dies bereits für die Indianer schlechthin, so gilt es erst recht für Winnetou, in dem diese Lebensform ihre Höchstform in konzentrierter Weise erreicht. Er streift scheinbar ohne Ziel im Westen umher, ist unabhängig in jeder Beziehung und kann im geeigneten Augenblick auf Abenteuersituationen stoßen, die zu meistern ihm nicht schwerfällt. Seine Unabhängigkeit von Geld und Reichtum wird noch übertroffen durch seine Unabhängigkeit von fast jeder Bindung an andere Menschen. Meist tritt er – obwohl ein Häuptling – als Einzelgänger auf, der sich nur zeitweise einer Gruppe anschließt. Nur die Gemeinschaft mit seinem Blutsbruder Old Shatterhand macht hier eine gewisse Ausnahme, entrückt beide aber gleichfalls der üblichen Geselligkeit. Das Leben Winnetous, so fiktiv und unrealistisch es auch sein mag, entspricht ziemlich genau dem Abenteuertraum des zivilisationsmüden Jugendlichen; so stellt er sich ein Abenteuerleben vor.

Um allerdings ein solches Leben zu bestehen, muß man mit einem Höchstmaß an Heldentum in jeder Beziehung ausgestattet sein. Genau dies trifft für Winnetou zu. Er ist mit den exzellentesten Sinnesorganen ausgestattet. Gesichtssinn, Gehör und selbst der Geruchssinn Winnetous sind unübertroffen. »Sein Geruchsinn war so fein, daß er sogar den Körperteil des Tieres, von welchem das Fleisch geschnitten war, bestimmen konnte.«[27] Seine Ortskenntnis ist phänomenal[28], und seine Kühnheit und Geistesgegenwart sind berühmt. Selbst die für ein Überleben im Wilden Westen notwendigen ärztlichen Kenntnisse stehen ihm zur Verfügung.[29]

Winnetou ist also zum Anführer prädestiniert. Dies beweisen nicht nur seine Taten, man sieht es ihm auch sofort an, denn seine Autorität ist charismatischer Natur: »Wer nur einen Blick auf ihn richtete, der hatte sofort die Ueberzeugung, einen bedeutenden Mann vor sich zu haben.«[30] Und an anderer Stelle heißt es ähnlich: »Keine Adlerfeder, kein andres Unterscheidungszeichen schmückte diese [Winnetous] Frisur, und doch sagte man sich gleich beim ersten Blicke, daß dieser rote Krieger ein Häuptling, und zwar kein gewöhnlicher, sein müsse.«[31]

Doch nicht genug damit. Winnetou wird überdies noch weiter aus der Gruppe der übrigen, ähnlich omnipotenten Helden wie etwa Old Shatterhand herausgehoben und in eine Sphäre der Unberührbarkeit entrückt.[32] Gegenüber dem recht mitteilsamen Old Shatterhand zeichnet er sich durch seine Schweigsamkeit aus: »Winnetou war bereits schweigend vorangeritten, nachdem er nur einen kurzen Blick auf die Linde geworfen hatte. Das war so seine Art und Weise; er pflegte zu handeln, ohne viel zu sagen.«[33] Mit seinem Blutsbruder Old Shatterhand versteht er sich meist auch ohne Worte, von anderen Menschen sondert er sich ab: »Winnetou nahm nicht teil an dieser Unterhaltung. Er hatte sich an den Felsen gelehnt und schloß die Augen.«[34]

Spricht Winnetou aber einmal, so äußert er stets Worte von Bedeutung, denn »Winnetou spricht stets nur solche Worte, welche er vorher genau überlegt hat. Er hat noch nie ein Wort bereut«[35] Verstärkend tritt zu seinen seltenen Äußerungen noch die Sprachebene hinzu, der sie angehören. Fast in jedem Satz, den er spricht, wird seine abwägende, vorsichtige, ja abgeklärte Ausdrucksweise deutlich, die trotzdem einer romantisch-verklärenden Bildhaftigkeit nicht entbehrt, wie dieses Beispiel zeigt: »Mein weißer Bruder mag mein Tier nehmen [...]. Es hat einen sanften Gang, gleich und eben wie ein Kanoe im Wasser.«[36]

Dieser Charakter seiner Sprache gewinnt dann besonders Kontur, wenn May sie mit der gewöhnlichen Umgangssprache anderer kontrastiert. In einer Szene im *Oelprinz* hat Hobble-Frank einen Warnschuß abgefeuert. Old Shatterhand, der für kurze Zeit abwesend war, kehrt zurück und fragt: »Was gibt es? Wer hat geschossen?«[37] Kurz darauf kehrt auch Winnetou zurück, der den Schuß ebenfalls gehört hat. Er stellt inhaltlich exakt die gleiche Frage, aber mit deutlich erkennbarem Unterschied in der Formulierung: »Ich hörte einen Schuß. Aus wessen Gewehr ist er gefallen?«[38]

Die Gestalt Winnetous wird von May also auf allen Ebenen der Charakterisierung als Ideal konzipiert; er ist in seinem Verhalten vorbildlich und modellhaft. Sein Erscheinungsbild als ein allem Gewöhnlichen enthobener Held, der sich frei und ungebunden in einem abenteuerlich-traumhaften Raum bewegt, übt eine fast magische Faszination auf den Leser im Abenteueralter aus.

5.

Das war Winnetou, der Apachenhäuptling, der herrlichste der Indianer. Sein Name lebte in jeder Blockhütte und an jedem Lagerfeuer. Gerecht, klug, treu, tapfer bis zur Verwegenheit, ohne Falsch, ein Freund und Beschützer aller Hilfsbedürftigen, gleichviel ob sie rot oder weiß von Farbe waren, so war er bekannt über die ganze Länge und Breite der Vereinigten Staaten und deren Grenzen hinaus.[39]

Mit der Schaffung des Mythos Winnetou hat Karl May sich den Zugang zu den Herzen der jugendlichen Leser geöffnet. Als verantwortungsbewußter Didaktiker nutzt er diesen Zugang nun aus, um seine pädagogische Wirkung zu entfalten. Winnetou wird zum Vermittler all der positiven Werte, die May für die sittliche Bildung des Heranwachsenden für notwendig und erstrebenswert erachtete. Gerade dies ist sein »großes Verdienst«[40], und er geht dabei so geschickt vor, daß der erhobene Zeigefinger, wie er in so manchen didaktisch konzipierten Jugenderzählungen zu finden ist, für ihn überhaupt nicht notwendig wird. Ganz unauffällig, ja natürlich, verbinden sich die Wertvorstellungen, die May vermitteln will, mit der Winnetou-Gestalt, und der Jugendliche nimmt sie um so bereitwilliger auf, als diese Werte nicht reine Theorie bleiben, sondern vielmehr und hauptsächlich Winnetous Handeln bestimmen, ja zu seiner Einzigartigkeit noch beitragen.

Das eingangs dieses Kapitels angeführte Zitat, mit dem der erste Auftritt des Apachenhäuptlings in der ersten Mayschen Jugenderzählung *Der Sohn des Bärenjägers* kommentiert wird, faßt die mit Winnetou verbundenen Wertvorstellungen knapp und präzise zusammen. Winnetou vertritt eine Grundhaltung, die man als christlich-humanistisch kennzeichnen kann. Eine christliche Tendenz vertritt May bekanntermaßen auch in seinen übrigen Reiseerzählungen, und wenn diese Einstellung gelegentlich als aufgesetzt und übertrieben empfunden wird, so mag dieser Vorwurf zum Teil berechtigt sein. Für die Jugenderzählungen und besonders für die Winnetou-Gestalt trifft er jedoch sicherlich nicht zu. Christlich-humanistisches Programm und Handeln der Figuren stimmen in überzeugender Weise überein, und dies empfindet auch der Leser so. Die christliche Botschaft ist »mit naivem Atem eingeflüstert in die Motive und Handlungen«. Das natürliche Mißtrauen des Jugendlichen muß sich nirgendwo »gegen Erziehungsabsichten mit Ideologie rumschlagen, alles ist ernstgemeint«.[41]

Als Indianer ist Winnetou natürlich kein Christ. Aus seinem Munde wirken daher Zeugnisse einer humanen und letztlich vom Autor auch christlich gemeinten Gesinnung in der Tat unverfänglich und ehrlich. Als Tokvi-tey, der Häuptling der Schoschonen, Old Shatterhand und Winnetou auffordert, die getöteten Feinde zu skalpieren, lehnt Old Shatterhand dies unter Hinweis auf sein Christentum ab. Auch Winnetou weist die Aufforderung zurück, doch wirken seine Worte weit überzeugender: »Der Häuptling bedarf nicht des Skalpes dieses Knaben, um seinen Namen berühmt zu machen. Diese Toten sind unglücklich genug, da sie ohne ihr Heiligtum nach den ewigen Jagdgründen gegangen sind. Man soll nicht auch noch ihre Seele töten, indem man ihnen die Skalplocke nimmt. Sie mögen ruhen unter Steinen, mit ihren Gewehren, denn sie sind als Krieger gestorben, welche den Mut gehabt haben, sich an das Lager ihres Feindes zu wagen.«[42]

Für Winnetou besteht Feindschaft nicht über den Tod hinaus, er will dem Gegner, dessen Leistung er anerkennt, sogar noch ein ehrendes Begräbnis bereiten. Eine wahrhaft christliche Einstellung! Und wo immer es möglich ist, geht Winnetou sogar noch weiter. Er versucht, bestehende Gräben zwischen Feinden zuzuschütten und Frieden und Versöhnung zu bringen. Als eines seiner Prinzipien nennt er selbst: »es ist besser, Gutes thun anstatt Böses«[43], und kennzeichnet so sein Handeln treffend.

Als sich in der Erzählung *Der Oelprinz* die Stämme der Navajos und Nijoras feindlich gegenüberstehen, droht ein großes Blutvergießen. Um der friedlichen Versöhnung willen bricht Winnetou sein gewohntes Schweigen und »wendete sich, ganz gegen seine sonstige Gewohnheit, selbst an den Häuptling Mokaschi«.[44] Er macht ihm klar, daß sowohl Navajos als auch Nijoras zu den Apachen gehören und fährt dann fort:

»Wenn aber diese ebenso wie jene zu dem großen Volke der Apachen gehören, so sind sie Brüder. Hat ein Vater mehrere Kinder, so sollen sie sich lieben und einander beistehen in jeder Sorge, Not und Gefahr, aber sich nicht zanken oder gar bekämpfen. [...] Die Nijoras und Navajos nennen mich einen Häuptling der Apachen; sie sind auch Apachen; darum sollten ihre Ohren auf die Worte meines Mundes hören. [...] Ich bin euer aller Bruder.«[45]

Winnetou geht sogar noch weiter. Auf den Einwand Mokaschis, er sympathisiere mehr mit den Weißen als mit den Roten, antwortet er: »Ich liebe alle Menschen, gleichviel ob sie eine rote oder eine bleiche Farbe haben, wenn sie das Gute thun. Und ich bin der Feind aller bösen Menschen, ohne zu fragen, ob sie Indianer oder Weiße sind.«[46] Als Mokaschi auch jetzt noch nicht einlenken will, gibt Winnetou seinen Versuch, im Gespräch zu versöhnen, auf: »Winnetou aber pflegt nicht unnütz zu reden; ich will also schweigen.«[47] Damit gibt er allerdings die Friedensabsichten selbst längst noch nicht auf. Im Vertrauen auf seine und Old Shatterhands Klugheit und Tapferkeit setzt er nun alles daran, durch Taten einen unblutigen Ausgang der Auseinandersetzung herbeizuführen.

Das Scheitern des Dialogs zwischen Winnetou und Mokaschi zeigt eines deutlich auf. Winnetou ist hier durchaus nicht mehr als ein Typus des edlen Wilden zu betrachten; dem entspricht vielmehr eher der Nijorahäuptling. Er wird von May hier vielmehr in durchaus didaktischer Absicht zur Verkörperung des Prinzips sittlicher Vervollkommnung, tritt gegen Krieg und Gewalt ein[48] und erteilt jeder rassistischen Tendenz eine Absage; als Bruder aller guten Menschen jedweder Hautfarbe wird er zum aktiven Vertreter des Toleranzgedankens.[49]

Daneben wird in der angeführten Szene noch ein Weiteres deutlich. Sowohl Diktion wie auch Bildlichkeit der Friedensrede Winnetous weisen biblische Dimensionen auf. Wenn er sich hier als »Bruder« aller Apachen, als jemand, der alle Menschen, die Gutes tun, liebt, bezeichnet, so nimmt er damit eine Christus ähnliche Rolle ein. Recht eindeutig weist May ihm diese Funktion zu, und stilisiert die Idealgestalt Winnetou damit endgültig zu einem christlichen Mythos. Stellt Ekkehard Koch zur Rolle Winnetous in *Winnetou IV* fest: »Winnetou ist kein großer Krieger und Held mehr, sondern ein ›Engel der Seinen‹, der, wohin er auch kam, ein Bote der Liebe war«[50], so ist dem entgegenzuhalten, daß – zumindest in den Jugenderzählungen – dieses Winnetoubild bereits früher grundgelegt wird.

Die christusähnliche Rolle Winnetous begegnet uns in den Jugenderzählungen immer wieder. Dabei erweist sich Winnetou nicht nur als »ein Häuptling des Friedens«[51], sondern auch als »Freund und Beschützer aller Hilfsbedürftigen«. So nimmt er sich (zusammen mit Old Shatterhand) der deutschen Auswanderer an, die den feindlichen Indianern ansonsten hilflos ausgeliefert wären.[52] Auch dem gerissenen Yankee Hartley, der uns im *Schatz im Silbersee* begegnet und der soeben seinen ahnungslosen Begleiter einigen Tramps geopfert hat, um sein eigenes Leben zu retten, hilft der zufällig hinzukommende Winnetou: »Ich bin Winnetou, der Häuptling der Apachen. Meine Hand richtet sich gegen die bösen Menschen, und mein Arm schützt jeden, der ein gutes Gewissen hat. Ich werde nach deiner Wunde sehen«.[53] Auch hier sorgt Winnetou für ein würdiges Begräbnis des toten Begleiters Hartleys, und der Kontrast zu diesem, dessen Handeln ihn als bloßen Namenschristen charakterisiert, macht die Rolle Winnetous als Vertreter eines wahren, gewissermaßen natürlichen Christentums, wie es sich in seiner humanen Gesinnung zeigt, besonders deutlich. Nach dem Begräbnis »nahm der Yankee den Hut ab und faltete die Hände. Ob er dabei wirklich betete, war zu bezweifeln. Der Apache blickte ernst in die untergehende Sonne. Es war, als ob sein Auge jenseits des Westens die ewigen Jagdgründe suche. Er war ein Heide, aber er betete ganz gewiß.«[54]

6.

Im Kreise der Rafters, der Holzfäller, erzählt der alte Missouri-Blenter die Geschichte seines Lebens. Mit seiner Familie hatte er sich im Westen niedergelassen, ein Blockhaus gebaut und sich eine bescheidene Existenz aufgebaut. Da kommt es zur Auseinandersetzung mit einer Gruppe von Rafters, die sich an seinem Eigentum vergreifen. Sie überwältigen Blenter und seine Familie; Frau und Söhne werden grausam zu Tode geprügelt. Dann soll Blenter dasselbe Schicksal erleiden. Doch plötzlich fällt ein Schuß, und die Rafters fliehen.

»Dann muß der Ankömmling ein hochberühmter und gefürchteter Westmann gewesen sein.«
»Westmann? Pshaw! Ein Indianer war's. Ja, Leute, ich sage euch, daß ein Roter mich rettete!«
»Ein Roter? Der so gefürchtet war, daß sechs Rafters vor ihm davonliefen? Unmöglich!«
»Zweifle nicht! Auch du würdest, wenn du ein böses Gewissen hättest, alles im Stiche lassen, um vor ihm zu entkommen, denn es war kein andrer als Winnetou.«
»Winnetou, der Apache? Good lack! Ja, dann ist's freilich zu glauben! Aber war der denn schon damals so bekannt?«
»Er stand freilich erst im Anbeginne seines Ruhmes; aber der eine Rafter, welcher den Namen rief und dann ausriß, hatte ihn wohl schon auf eine Weise kennen gelernt, die ihm ein zweites Zusammentreffen nicht erwünscht sein ließ. Ueberdies, wer Winnetou nur ein einziges Mal gesehen hat, der weiß, welchen Eindruck sein bloßes Erscheinen macht.«
»Aber er hat die Kerls entwischen lassen?«
»Einstweilen, ja. Oder hättest du es etwa anders gemacht? Aus ihrer eiligen Flucht erkannte er zwar, daß sie ein böses Gewissen hatten, aber die eigentlichen Umstände wußte er doch nicht. Dann sah er mich hängen und die losgebundenen Leichen, die er vorher nicht hatte bemerken können, am Boden liegen. Nun wußte er freilich, daß ein Verbrechen geschehen war; aber er konnte den Fliehenden nicht nach, weil er sich vor allen Dingen meiner anzunehmen hatte. Dabei war auch gar nichts versäumt, denn ein Winnetou weiß seine Leute auch später mit Sicherheit zu finden. Als ich erwachte, kniete er neben mir, gerade wie der Samariter in der heiligen Schrift. Er hatte mich von den Fesseln und von dem Knebel befreit, verbot mir aber, zu sprechen, eine Untersagung, auf welche ich nicht achtete. Ich fühlte wahrhaftig keine Schmerzen und wollte auf und fort, um mich zu rächen. Er gab das nicht zu, schaffte mich und die Leichen in das Haus [...] und ritt dann zum nächsten Nachbar, um eine pflegende und helfende

Hand zu holen. Ich sage euch, daß dieser Nachbar über dreißig Meilen von mir wohnte und daß Winnetou noch nie in dieser Gegend gewesen war. Er fand ihn doch, obgleich er erst des Abends dort ankam, und brachte ihn und den Knecht gegen Morgen zu mir. Dann verließ er mich, um die Spuren der Mörder zu verfolgen.«[55]

In dieser Erzählung Blenters finden sich in konzentrierter Form alle diejenigen Elemente, mit denen Karl May seine Winnetou-Gestalt ausgestattet hat. Winnetou erscheint als die charismatische Persönlichkeit, die man auf den ersten Blick erkennt. Er tritt allein auf, sein Herkommen bleibt im Dunkeln, und er handelt umsichtig und klug. Dieses Auftreten betont seine Rolle als geheimnisvoller Einzelgänger und den ihn umgebenden Mythos. Allein schon die Nennung seines Namens und das Erkennen seiner Person schlägt die Feinde in die Flucht. Geradezu intuitiv ergreift er die Partei des Guten, denn als er eingreift und seinen Warnschuß abfeuert, sind ihm die Umstände des Geschehens noch gar nicht bekannt.[56] Allein der Anblick der grausamen Züchtigung eines Menschen läßt ihn helfend eingreifen; sein Sinn für Gerechtigkeit und Humanität ist unbestechlich.

Blenter selbst vergleicht Winnetou mit dem Barmherzigen Samariter. Die Parallelität zum entsprechenden Gleichnis der Bibel ist aber auch sonst in dieser Szene leicht erkennbar. So wird Winnetous christlich-humane Grundhaltung hier besonders deutlich, wiederum erscheint er als Retter in großer Not, als christusähnliche Gestalt. Und wiederum betont Blenter, und mit ihm der Autor, daß es eben nicht ein Weißer, ein Christ ist, der so handelt, sondern ein Indianer, auf den die weißen Zuhörer ebenso herablassend hinunterschauen wie die Juden auf die verachteten Samariter. Toleranz und christliches Handeln ergänzen sich im Tun Winnetous.

Mit der Präsentation dieser Szene und des soeben dargelegten Toleranzgedankens verbindet May hier wiederum sein Plädoyer für die von den Weißen verachteten und benachteiligten Indianer. Die zu Anfang des Gesprächs zwischen Blenter und den Rafters von dem ersteren geäußerten Gedanken zur Indianerproblematik nehmen bereits Teile des später verfaßten Vorworts zu *Winnetou I* vorweg.[57] Und indem er Blenters verbalem Eintreten für die Indianer dessen Erlebnis mit Winnetou unmittelbar folgen läßt, präsentiert May hier ein gelungenes Beispiel seines Einsatzes für das indianische Volk, dessen Wirkung am Leser sicherlich nicht vorübergeht.

Noch ein Weiteres verdeutlicht die Erzählung Blenters. Der Auftritt Winnetous wird von May systematisch und sehr effektiv vorbereitet. Die Erzählung steht ziemlich zu Beginn des *Schatz im Silbersee*. Winnetou tritt (noch) nicht selbst auf, sondern eine seiner Heldentaten wird berichtet. Blenters Erzählung ist somit eine Art Präludium. Sein Bericht über den jungen Winnetou macht deutlich, daß diesem bereits damals all seine wesentlichen Charakteristika eigen waren. Winnetou ist ein Typus, keine Figur, die sich im Laufe einer Erzählung erst entwickelt und entfaltet. So erfüllt die Erzählung Blenters die erzählerische Funktion der Vorausdeutung auf den späteren Auftritt Winnetous in der bereits erwähnten Szene mit dem Yankee Hartley. Dort erweist sich Winnetou dann in der Tat als der Retter in der Not, als der rettende Samariter, als der er dem Leser bereits bekannt ist. May hat die Verbindungslinie zwischen vorausdeutender Erzählung und späterem Auftritt Winnetous besonders klar herausgearbeitet: In beiden Fällen ist der Anführer der bösen Partei ein und derselbe Mann, der Rote Cornel.

Auch in den übrigen Jugenderzählungen, die in Nordamerika spielen, bereitet May den Auftritt der großen Helden und besonders Winnetous in ähnlicher Weise vor. In keiner der Erzählungen, mit Ausnahme des später verfaßten *Schwarzen Mustang*, treten Winnetou oder Old Shatterhand bereits zu Beginn auf. Ihr Auftritt wird vielmehr hinausgezögert und dann zu einem Höhepunkt der jeweiligen Erzählung gemacht.

Im *Oelprinz* erfüllt die bereits vorgestellte Szene, in der Sam Hawkens Winnetou, Old Shatterhand und Old Firehand als seine Vorbilder nennt, die Funktion der vorausdeutenden Ankündigung. In dieser Erzählung folgt sogar noch ein zweites Vorspiel, in dem der Vorbildcharakter der Helden auf eine weitere Weise erhellt wird, nämlich die ›Verkleidungsszene‹ mit den beiden Westmännern Tante Droll und Hobble-Frank. Sie sind auch die Boten, die das tatsächliche Auftreten der so eingeführten Vorbilder ankündigen.[58] Wenn die beiden Helden Winnetou und Old Shatterhand dann endlich selbst erscheinen, handeln sie genau dem Bild gemäß, das der Leser nun bereits von ihnen gewonnen hat. Sie können alle in Not geratenen Menschen, die deutschen Aussiedler, den Bankier Rollins und seinen Begleiter retten und Nijoras und Navajos versöhnen, ohne daß es zu einem Blutvergießen kommt. Wort und Tat kommen zur Übereinstimmung; die Helden erweisen sich ihrem Ruf gewachsen.

7.

Den literaturdidaktischen Absichten Karl Mays können wir eine große Wirksamkeit bescheinigen. Das Abenteuer-Szenarium, das er entwirft, spricht seine heranwachsenden jungen Leser an, es schlägt sie in seinen Bann. Dabei dürfen wir natürlich nicht vergessen, daß dieser Einklang des Mayschen Erzählens mit der Abenteuergesinnung seiner Leser auch dadurch zustande kommt, daß es sich um Mays ureigene Disposition handelt, die er hier literarisch umsetzt.[59] In seinen Jugenderzählungen gelingt es May jedoch, seine Abenteuerwelt didaktischen Überlegungen zugänglich zu machen und sie verantwortungsvoll zu gestalten.

Insbesondere gilt dies für Winnetou. Mit ihm präsentiert May seinen Lesern eine charismatische Heldenfigur, ja einen Heldenmythos, von dem positive Wirkungen ausgehen können und der Identifikation auf seiten des Lesers evoziert. May gestaltet diese Rolle Winnetous durch Charakterisierung und Handlungsaufbau. Für den kritischen Leser mag diese Figur vielleicht eher als ein etwas blasser und flacher Charakter erscheinen; der jugendliche Leser aber, der nicht mit dem Verstand, sondern mit dem Herzen liest, sieht Winnetou anders. Zu einem Ideal wie ihm kann man aufblicken, er kann so tatsächlich zum Vorbild werden.

Vor allem aber setzt May diese Gestalt in pädagogisch verantwortungsvoller Weise als Träger und Vermittler einer humanistisch-christlichen Werthaltung ein. Winnetou steht in Wort und Tat auf der Seite des Guten, der Menschlichkeit, der Toleranz und der Friedfertigkeit. Dabei gestaltet May die Winnetou-Gestalt in dieser Hinsicht so überzeugend und einleuchtend, daß kein didaktischer Nachgeschmack bleibt. Der junge Leser rezipiert das so geschaffene Vorbild bereitwillig.[60] Und Winnetou bleibt kein Einzelfall. Die über ihn vermittelten Werte sind vielmehr für Mays didaktische Wirkungsabsichten in allen seinen Jugenderzählungen charakteristisch; vielfach variiert und immer geschickt in die Handlung verwoben, kann man sie immer wieder aufspüren.[61]

Die Stilisierung Winnetous zu einem christusähnlichen Mythos mag die Frage aufwerfen, ob May damit nicht sein zweites großes Ziel, in der Gestalt des Apachenhäuptlings den Indianern ein Denkmal zu setzen, verfehlt hat bzw. verfehlen mußte. Häufig wird die zu große Entfernung der Winnetou-Gestalt von der indianischen Realität beklagt und gerügt. Dem stehen zwar auch positivere Urteile gegenüber⁶², doch scheint diese Kritik grundsätzlich gerechtfertigt. Aber ihr ist zu entgegnen, daß May sicherlich nicht im Auge hatte, die indianische Geschichte in irgendeiner Weise dokumentarisch aufzuarbeiten. Das Denkmal, das er den Indianern setzen wollte, sollte ja vielmehr idealisiert sein. Genau dort setzt er mit dem Mythos Winnetou an. Denn sind es nicht die Mythen, die überleben, selbst wenn die reale Geschichte schon längst der Vergessenheit anheimgefallen ist? Und so erreicht May dann doch sein Ziel. Winnetou wird weiterleben, und mit ihm die zugestandenermaßen verklärte Erinnerung an das indianische Volk.

Weiterleben wird auch das Vorbild an humaner Gesinnung, das Winnetou gibt. Dies ist zumindest zu hoffen und zu wünschen. Denn mit der Winnetou-Gestalt hat ihr Autor den richtigen, den direkten Weg zu den Herzen seiner Leser gefunden. Was alle Erziehung und Schulmeisterei nicht vermag, das kann vielleicht ihm gelingen, nämlich die Ideale von Humanität und Toleranz, von Güte und Friedfertigkeit in diese Herzen einzupflanzen. Und was benötigt unsere unfriedliche und inhumane moderne Welt mehr?

Anmerkungen

1 VII, S. 5f.
2 So definiert der *Duden*, Bd. 1, Mannheim ¹⁷1973, den Eintrag ›Winnetou‹. Die Aufnahme Winnetous in den *Duden* ist gleichzeitig ein Beleg für die große Popularität dieser Gestalt.
3 Horst Müller, *Helden zum Rapport*, Düsseldorf 1970, S. 82.
4 Zur Frage der historischen Authentizität des Mayschen Indianerbildes vgl. Berndt Banach, *Die Rasse, die nicht gross werden durfte. Karl May und die Indianer*, SoKMG 19 (1979), hier bes. S. 24.
5 VII, S. 153.
6 Karl May, *Im »wilden Westen« Nordamerika's*, in: Feierstunden im häuslichen Kreise 9 (1883), bes. S. 64 und S. 101f. Ein Reprint dieser Erzählung findet sich in: Karl May, *Winnetou's Tod*, Bamberg 1976.
7 Vgl. Claus Roxin, »*Dr. Karl May, genannt Old Shatterhand*«. *Zum Bild Karl Mays in der Epoche seiner späten Reiseerzählungen*, in: JbKMG 1974, S. 15-73.
8 Heinz Stolte, *Ein Literaturpädagoge. Untersuchungen zur didakti-*

schen Struktur in Karl Mays Jugendbuch ›*Die Sklavenkarawane*‹, T. 3, in: JbKMG 1975, S. 99-126, hier S. 111.
9 Vgl. dazu u. a. Ingrid Bröning, *Die Reiseerzählungen Karl Mays als literaturpädagogisches Problem*, Ratingen 1973, S. 64ff.; Heinz Stolte, *Ein Literaturpädagoge*, T. 1, in: JbKMG 1972/73, S. 171-194; Helmut Schmiedt, *Karl May. Studien zu Leben, Werk und Wirkung eines Erfolgsschriftstellers*, Königstein/Ts. 1979 (Diskurs 2), S. 235 ff.
10 Vgl. Stolte, *Ein Literaturpädagoge*, T.1, S. 177 und S. 187.
11 Vgl. Stolte, *Ein Literaturpädagoge*, T. 2, in: JbKMG 1974, S. 172-194, hier bes. S. 174.
12 Vgl. Stolte, *Ein Literaturpädagoge*, T. 1, S. 184.
13 Karl May, *Der Oelprinz*, Stuttgart, Berlin, Leipzig o. J. (Reprint Bamberg, Braunschweig 1974), S. 14f.
14 Vgl. dazu Stolte, *Ein Literaturpädagoge*, T. 2, S. 183f., der auch auf die vom Toleranzgedanken gegenüber anderen Völkern geprägte Auswahl der jungen Helden hinweist.
15 So lautet der Titel der Buchausgabe, in der die beiden Erzählungen *Der Sohn des Bärenjägers* und *Der Geist der Llano estakata* zusammengefaßt sind.
16 *Der Oelprinz*, S. 14ff.
17 Ebd.
18 Ebd., S. 147.
19 Ebd.
20 Karl May, *Der Sohn des Bärenjägers*, in: Der Gute Kamerad 1 (1887), S. 138 (KMG-Reprint Hamburg, Regensburg 1983).
21 Karl May, *Der Schwarze Mustang*, Stuttgart, Berlin, Leipzig o. J. (1899), S. 142.
22 Vgl. Gertrud Oel-Willenborg, *Von deutschen Helden. Eine Inhaltsanalyse der Karl-May-Romane*, Weinheim, Basel 1973; Friedhelm Munzel, Udo Kittler, *Karl May. Abenteuer ohne Ende*, SoKMG 28 (1980), bes. S. 13-19.
23 Viktor Böhm, *Karl May und das Geheimnis seines Erfolges*, Gütersloh ²1979, S. 140.
24 Rainer Gagelmann, *Soll die Jugend Karl May lesen?*, hg. v. Roland Schmid, Bamberg 1967, S. 6.
25 Müller, a.a.O., S. 82.
26 Vgl. Munzel, Kittler, a.a.O., S. 7.
27 *Der Sohn des Bärenjägers*, S. 173.
28 Vgl. Karl May, *Der Schatz im Silbersee*, Stuttgart, Berlin, Leipzig o. J. (1894) (Reprint Bamberg, Braunschweig 1973), S. 466.
29 Vgl. ebd., S. 215; *Der Schwarze Mustang*, S. 121.
30 *Der Sohn des Bärenjägers*, S. 122; vgl. dazu auch Rainer Jeglin, »*Das Vermächtnis des Inka*« *und* »*Der Ölprinz*«. *Eine ideologiekritische Studie*, T. 2, in: MKMG 10 (1971), S. 3-12, hier S. 10f.

31 *Der Oelprinz*, S. 242.
32 Bröning, a.a.O., S. 85, spricht sogar von einer »götterähnlichen Distanz«.
33 *Der Sohn des Bärenjägers*, S. 247.
34 *Der Schatz im Silbersee*, S. 268.
35 Karl May, *Der Geist der Llano estakata*, in: Der Gute Kamerad 2 (1888), S. 746 (KMG-Reprint Hamburg, Regensburg 1983).
36 *Der Schatz im Silbersee*, S. 216.
37 *Der Oelprinz*, S. 281.
38 Ebd., S. 283.
39 *Der Sohn des Bärenjägers*, S. 122 f.
40 Anneliese Hölder, *Das Abenteuerbuch im Spiegel der männlichen Reifezeit*, Ratingen 1967, S. 135.
41 Barbara Sichtermann, *Die Mayschen Reiseerzählungen als Jugendlektüre. Überlegungen aus feministischer Sicht*, in: Harald Eggebrecht (Hg.), *Karl May – der sächsische Phantast. Studien zu Leben und Werk*, Frankfurt a. M. 1987, S. 63-72, hier S. 71.
42 *Der Geist der Llano estakata*, S. 393.
43 *Der Schatz im Silbersee*, S. 37.
44 *Der Oelprinz*, S. 409.
45 Ebd., S. 410.
46 Ebd., S. 411.
47 Ebd.
48 Vgl. auch Jeglin, a.a.O., S. 11.
49 Vgl. Stolte, *Ein Literaturpädagoge*, T. 2, S. 183.
50 Ekkehard Koch, *Winnetou Band IV. Versuch einer Deutung und Wertung*, T. 1, in: JbKMG 1970, S. 134-148, hier S. 136.
51 *Der Geist der Llano estakata*, S. 764.
52 Vgl. *Der Oelprinz*, S. 350.
53 *Der Schatz im Silbersee*, S. 213.
54 Ebd., S. 216. In dieser Szene wird auch deutlich, daß May gelegentlich leider auch Vorurteile unreflektiert verarbeitet und damit weitergibt, so wie im Fall der in Hartley negativ gezeichneten Yankees.
55 Ebd., S. 67 f.
56 Vgl. ebd., S. 67.
57 Ebd., S. 62 f.
58 *Der Oelprinz*, S. 153.
59 Vgl. Ernst Blochs Diktum vom »Traum der unterdrückten Kreatur, die großes Leben haben will« (in: *Erbschaft dieser Zeit*, Frankfurt a. M. 1962, S. 110).
60 Bei Mays Arbeitsweise konnte es nicht ausbleiben, daß er die humane Einstellung Winnetous nicht ständig durchhielt. Ein besonders bedauerlicher, ja bestürzender Mißgriff findet sich im *Schatz im Silbersee* (S. 422), wo Winnetou den Utah-Häuptling Nanap neav gera-

dezu zu Tode trampelt. Helmut Schmiedt hat diese Episode einer ausführlichen Würdigung unterzogen: *Rationalität und Gewalt. Eine Episode aus dem »Schatz im Silbersee«*, in: MKMG 56 (1983), S. 16-18.

61 Noch einmal sei in diesem Zusammenhang auf Heinz Stoltes Untersuchung *Ein Literaturpädagoge* verwiesen.

62 Vgl. Banach, a.a.O., S. 24.

IX
Die Popularität:
Winnetou auf der Bühne
und im Film

Hansotto Hatzig
Winnetou macht sich selbständig
Beispiele der Interpretation durch Schauspieler:
Hans Otto – Will Quadflieg – Pierre Brice

Wenn ›vintu‹ in der Sprache der Digger-Indianer soviel wie ›Indianer‹ bedeutet, wie die Sprachforscher festgestellt haben[1], entspricht das letztlich doch dem Willen Karl Mays, der im Vorwort des ersten *Winnetou*-Bandes sagte:

Ihm [Winnetou] will ich hier das wohlverdiente Denkmal setzen, und wenn der Leser, welcher es mit seinem geistigen Auge schaut, dann ein gerechtes Urteil fällt über das Volk, dessen treues Einzelbild der Häuptling war, so bin ich reich belohnt.

Man beobachte beispielsweise, wie für Kinder, die des Lesens noch nicht kundig sind und die von Karl May noch nie etwas gehört haben, sofern ihnen schon ein Begriff vom Indianer zueigen ist, Winnetou und der Indianer ein und dasselbe bedeuten.

Und das nicht nur bei leseunkundigen Kindern. Als vor Jahren der bis dahin völlig unbekannte Schauspieler Pierre Brice aufgrund seiner Winnetou-Darstellung in mehreren Karl-May-Filmen über Jahre hinaus etliche Beliebtheitstrophäen, wie den ›Bambi‹ und den ›Otto‹, gewann, so waren das keinesfalls alles Karl-May-Leser, denen er diese Preise zu verdanken hatte. (So viele Karl-May-Leser gibt es gar nicht, ist man versucht zu sagen!)

Pierre Brice hatte einen Winnetou verkörpert, der gegenüber dem gesamten sonstigen Personal (mögen die Schauspieler auch bekannt, beliebt und erfahren in ihrem Fach gewesen sein), am genauesten den Vorstellungen Mays entsprochen haben dürfte. War das sein Erfolg? Es dürfte so gewesen sein; denn Pierre Brice entsprach der überlieferten Winnetou-Vorstellung, die selbst bei *den* Jugendlichen vorhanden ist, die Karl May niemals gelesen haben.

Pierre Brice hat seinen Erfolg nicht ohne Grund errungen. Er wußte, was er zu gestalten hatte. Wenn man den Interviews glauben darf (ich zitiere nach dem ›Spiegel‹ 48, 1965), betrachtete er den Winnetou als die »Aufgabe seines Lebens« und las alles, was er von Karl May bekommen konnte. Bei Winnetous Tod: »ich gestehe es

Ihnen, habe ich geweint – in meinem Alter!« Er kritisierte übrigens auch scharf – und selbstverständlich ohne Erfolg – die Drehbücher. Die Deutschen, sagte er, haben »Angst vor Gefühlen«. »Warum wehrt man sich in Deutschland gegen Sentimentalität?«

Das Material über Pierre Brice und die Karl-May-Filme der 60er Jahre ist immerhin noch zugänglich.[2] Ähnliche Erscheinungen, die man bei künftigen soziologischen Untersuchungen mit berücksichtigen möge, gab es aber auch früher schon, doch wurden sie fast vergessen.

Darum sei an dieser Stelle an einen der ersten Winnetou-Darsteller – 1929 in Berlin – erinnert, einen Schauspieler von hohem Rang, der, hätte man ihm nicht das Leben genommen, heute ein Begriff wäre wie Josef Kainz oder Fritz Kortner.

Der Schauspieler Hans Otto wurde am 10. 8. 1900 in Dresden geboren, kam über Frankfurt a. M. und Hamburg nach Berlin, zuerst zu Viktor Barnowsky, dann zu Leopold Jessner ans Staatstheater. Er spielte u. a. den Prinzen von Homburg, den Fiesko, den Prinzen in Lessings *Emilia Galotti*, den Don Alvaro im *Richter von Zalamea* (mit Heinrich George), den Max Piccolomini (mit Werner Krauss als Wallenstein) und den Egmont, alternierend mit Rudolf Forster.

»Er war einer der talentvollsten Künstler des Berliner Staatstheaters [...], ein wahrhaft liebenswürdiger Mensch, warmherzig und hilfsbereit, bezwingend in seiner Kunst« (Hugo Gau-Hamm). Sein Winnetou »war wirklich schön und edel [...] er hatte das Geheimnisvolle, Adlige, Beschattete, worauf es am meisten ankommt« (Carl Zuckmayer).

Hans Otto spielte den Winnetou 1929 in Viktor Barnowskys Theater an der Königgrätzer Straße (*Winnetou, der rote Gentleman* von Hermann Dimmler und Ludwig Körner, Regie: L. Körner). Seine Partner waren Ludwig Körner (Old Shatterhand), Felix Bressart und Julius E. Herrmann (Sam Hawkens und Dick Stone), Hans Behal (Santer), Hugo Schuster (Intschu tschuna), El Dura (Nscho-tschi), Franz Klebusch (Tangua), Fanny Schreck (Tante Emma = Frau Ebersbach); nur der Darsteller des Klekih-petra ist nicht übermittelt.[3]

Trotz der Widersprüche, die es für Hans Otto im bürgerlichen Theater gab, erlangte er in Berlin sofort bedeutende künstlerische Erfolge. Nur wenige Rollen, die er bei Barnowsky spielte, sind allerdings bekannt: Er spielte den

Winnetou (vorwiegend in Vorstellungen für den Theaterverband für höhere Schulen) und neben Elisabeth Bergner als Rosalinde wieder den Orlando in Shakespeares *Wie es euch gefällt*. In der Spielzeit 1930/31, als Hans Otto bereits am Staatstheater engagiert war, holte ihn Barnowsky noch einmal als Gast für den Amphitryon in *Amphitryon 38* von Giraudoux. (Lenk/Wardetzky, S. 275)

In diesem Stück spielte er wiederum mit Elisabeth Bergner; beide verband eine tiefe Freundschaft; ohne Ottos Warnung hätte die Bergner möglicherweise Deutschland nicht mehr rechtzeitig verlassen:

Den Winnetou spielte Hans Otto mit »junger, spielerischer Freude« und »mit ernsthaftem künstlerischem Einsatz«. »Diese Haltung«, schrieb Armin-Gerd Kuckhoff, »dieses Für-Vollnehmen, das so oft den von Berufsschauspielern für die Jugend veranstalteten Aufführungen fehlt, die, ach so oft, geschludert, ja dilettantisch hingeworfen werden, dieses Ernstnehmen spürte auch die Jugend unten im Zuschauerraum, wenn er für sie, ja nur für sie spielte.« So wurde der Winnetou für das jugendliche Publikum zur Verkörperung echten Heldentums. Stapel von begeisterten Briefen und Autogrammbitten erreichten Hans Otto [...]
Der Glanz, mit dem Hans Otto dieses Berliner Debüt bestand, wurde von vielen Kritikern bestätigt. »Ohne Tamtam, ohne daß die sonst so laute Reklametrommel auch nur leise gerührt wurde [...]«, schrieb der Schauspieler Paul Bildt, stand neben »der gefeierten Starschauspielerin⁴ [...]« mit lächelnder Selbstverständlichkeit ein Jüngling – ein Mann auf der Bühne und zog Frauen und Männer, ohne verstimmende Bemühung, ohne verletzendes Werben, nur durch die Auswirkung seines lauteren Seins und die verantwortliche Gestaltung seiner Rolle in seinen Bann« [...] (Lenk/Wardetzky, S. 275)

Mit welcher Liebe Hans Otto seine Rollen durchdachte und erarbeitete, dafür möge als Beispiel seine Rollengestaltung in dem Stück *Die endlose Straße* stehen:

Hans Otto spielte in dem Stück den Musketier Schmidt, einen Feigling und Drückeberger vor dem Fronteinsatz, wie es die Autoren (Graff/Hinze) wollten. Hans Otto funktionierte, wie Zuschauer berichteten, dieses charakterliche Negativum in ein politisches Positivum um: er versuchte einen Menschen zu spielen, der nicht als menschlicher Schwächling, sondern als politischer Deserteur vor dem Krieg flieht. Als Schmidt und sein Kamerad einem »Etappenhengst« von der Frontlage berichteten, von den Hunderten von Toten, dem Trommelfeuer, den zerstörten Gräben – da lag in Schmidts Worten mehr Anklage als Prahlsucht, wie es die Rolle verlangte [...] (Lenk/Wardetzky, S. 282 f.)

Eine solche Methode – wie auch die begeisterten Worte Zuckmayers über Hans Ottos Winnetou-Darstellung – lassen etwa erahnen, wie Otto sich auch diese Karl-May-Figur erarbeitet haben mag: sicherlich war er von der Menschlichkeit dieser Figur, dem edlen Sohn eines der Ausrottung preisgegebenen Volkes, bis ins Innere überzeugt.[5]

Hans Otto war, was bei Schauspielern selten ist, ein politisch denkender Mensch, darüber hinaus gehörte er der kommunistischen Partei an. Als im März 1933 alle politisch ›falsch engagierten‹ und mit jüdischer Abstammung behafteten Schauspieler aus dem Staatstheater entlassen wurden, glaubte Hans Otto, die spontanen Angebote aus Prag, Wien und Zürich ablehnen zu müssen. So nahm das Verhängnis seinen Lauf. Am 13. November 1933 wurde er von SA-Leuten verhaftet, fast zu Tode geprügelt und aus einem Fenster auf die Straße geworfen. An den Folgen eines mehrfachen Schädelbruches verstarb er am 24. November 1933 in einem Berliner Krankenhaus.

Als im Jahre 1938 das staatliche Schiller-Theater mit dem *Richter von Zalamea* in Prag gastierte, jener Vorstellung, in der Hans Otto einst aufgetreten war, da fielen während des Spiels Hunderte von Blättern von den Rängen ins Parkett, – Flugblätter mit der Frage: »Heinrich George, wo ist Ihr Kollege Hans Otto?« Radio Moskau brachte einen »Offenen Brief« von Bert Brecht mit derselben Frage. (Lenk/Wardetzky, S. 326)

Es wäre nicht angängig gewesen, von der Tatsache, daß Hans Otto einmal einen großartigen Winnetou gespielt hat, allein zu sprechen. Es war vielmehr notwendig, auch die Zusammenhänge zu sehen. Deshalb wurde – über den einen Berührungspunkt mit Winnetou hinaus – die ganze Lebensgeschichte Hans Ottos skizziert.

Nicht nur, daß Hans Otto ermordet wurde. Die Wende von 1933 hielt auch für andere Darsteller des Winnetou-Ensembles Schicksale bereit: der bis dahin parteilose Ludwig Körner avancierte zum Präsidenten der Reichstheaterkammer, geriet jedoch schon bald in das Feuer der Kritik, man warf ihm u. a. vor, Mitarbeiter von Juden (Barnowsky!) gewesen zu sein; der beliebte Komiker Felix Bressart emigrierte in die USA, erhielt dort mehrere gute Rollen und war einer der köstlichen Partner von Greta Garbo in *Ninotschka*.

Auf den deutschen Bühnen gab es keine Helden mehr, sie mußten erst wieder heranwachsen. Die bedeutendsten waren Will Quadflieg und Horst Caspar, der das Dritte Reich nur überlebte, weil Gustaf Gründgens seine Hand über ihn hielt; denn er war nicht ›reinrassig‹. Bei einer verspäteten Trauerfeier für Hans Otto, 1947, rezitierte Caspar Hans Ottos und inzwischen auch seinen Lieblingsmonolog aus dem *Prinzen von Homburg*: »Nun, o Unsterblichkeit, bist du ganz mein.«

Nach dem letzten Auftreten von Hans Otto dauerte es fast zehn Jahre, bis Winnetou wieder auf der Bühne, diesmal der Berliner Volksbühne, erschien. Wieder unter der Regie von Ludwig Körner war diesmal Will Quadflieg der Winnetou, Ernst Wilhelm Borchert der Old Shatterhand. Eine Thüringer Zeitung (1938) nannte in einem Zweispalter keine Namen, erlaubte sich aber die hämische Bemerkung, daß man im Ensemble »manche bewährte Kräfte des Abends« habe sehen können. Wie schon Hans Otto, spielte Will Quadflieg zur gleichen Zeit auch den Romeo. Über seine Winnetou-Darstellung ist nichts überliefert, aber er selbst erinnert sich daran. Übrigens sprach Quadflieg auch die Rolle des Winnetou in dem damals entstandenen Hörspiel von Günter Eich: *Fährten in die Prärie*. In einer Sendung des WDR, am 28. 11. 84, berichtete Quadflieg in einem von Walther Ilmer arrangierten Interview über seine Berliner Aufführung folgendes:

[...]das war damals ein so durchschlagender merkwürdiger Riesenerfolg, daß alle Mädchen und Jungs sich mit diesem jungen Winnetou identifizieren wollten, der im Grunde der Mensch der Gewaltlosigkeit ist, wenn Sie wollen, in diesem Zusammenhang einfach, im Karl-Mayschen Zusammenhang ein Friedenskämpfer, einer, der diese Gewalttaten in der ganzen Welt und dieses dauernde Schießen, alles, was wir heute so in den amerikanischen Wildwest-Filmen sehen, daß er der genaue Gegentyp war. Und alles, die ganzen Verzerrungen, mit denen wir heute diese amerikanischen Wildwest-Filme sehen [...], und vor allem das Feindbild, das die Indianer darstellen, das also künstlich aufgebaut worden ist. Indianer sind doch eigentlich nur deshalb aufsässig geworden, weil [...] die Weißen [...] andauernd die Abmachungen gebrochen haben, weil sie von einem Reservat in das andere getrieben wurden [...]
Es war eine wunderschöne Rolle von einem sehr vernünftigen und klardenkenden, menschlich denkenden jungen Indianer, und das hat mir natürlich große Freude gemacht [...]. Zur gleichen Zeit, wie ich den Romeo spielte, spielte ich dieses als Weihnachtsmärchen [...]
Er hatte die ganzen Zivilisationsentartungserscheinungen schon hinter sich

gebracht, dieser junge, sehr edle Indianermensch, den ich da unter dem Namen Winnetou verkörpert habe [...], hatte also den Einklang mit der Natur, mit Wasser, Luft, Wolken, Meer und Tieren und Büffeln und Pferden [...]. Und wissen Sie, es ist eine ganz merkwürdige Sache, wenn man bestimmte Verse von Hölderlin mit den Elegien über den Abfall des Menschen aus den heiligen Zusammenhängen mit der Natur, wenn man die heute liest, sind sie genau aus demselben, aus der seelischen Grundlage entstanden, mit der eigentlich dieses edle Wildenbild geprägt worden ist.

Nach dieser Aussage möchte ich meine Abhandlung über die drei wohl bedeutendsten Winnetou-Darsteller eines halben Jahrhunderts mit einem Satz von Heinrich Böll schließen, der in *Billard um halb zehn* zu finden ist: »Ich hatte Hölderlin gelesen: Mitleidend bleibt das ewige Herz doch fest, und Ferdi nur Karl May, der den gleichen Edelmut zu predigen schien [...]«

Anmerkungen

1 Hans Plischke in: MKMG 4 (1970), S. 11.
2 Z.B. *Karl May im Film*, siehe Literaturverzeichnis unter Unucka, Christian. – In diesem Zusammenhang sei erwähnt, daß Pierre Brice späterhin den Winnetou in einer französischen Fernsehserie spielte. Darüber erschien 1980 bei Flammarion ein ausgezeichneter Text- und Bildband: *Le roman télévisé du célèbre héros de Karl May* »Winnetou le mescalero«.
3 Die Vervollständigung des Darstellerverzeichnisses verdanke ich Hartmut Schmidt, Berlin.
4 Gemeint ist wiederum Elisabeth Bergner, in Berlin eine seiner häufigsten Partnerinnen.
5 Von dem Berliner Bühnenerfolg scheinen andere Bühnen kaum Notiz genommen zu haben. Lediglich für 1931 ist eine Aufführung am Albert-Theater in Dresden nachweisbar, wobei aber nicht mehr zu ermitteln ist, ob die Berliner Textfassung gespielt wurde oder das Textbuch von Dimmler oder von Körner ausschließlich verwendet wurde. Als Kuriosum sei vermerkt, daß 1932 in Hohenstein-Ernstthal im Gasthaus ›Drei Schwanen‹ eine bearbeitete Fassung der Dimmler-Version aufgeführt wurde. Als Winnetou und Regisseur einer Laienspielgruppe wirkte der damals 20jährige Werner Legère, heute in der DDR ein bekannter und gern gelesener Schriftsteller (*Ich war in Timbuktu, Der gefürchtete Gaismair* u. a.). Bericht zum 75. Geburtstag im ›Sächsischen Tageblatt‹ vom 29. 5. 87.

Literatur

Elisabeth Bergner, *Bewundert viel und viel gescholten*, Gütersloh 1978.
Paul Bildt, zit. bei Lenk/Wardetzky.
Heinrich Böll, *Billard um halb zehn*, Frankfurt a. M. 1961, S. 69.
Bert Brecht, *Offener Brief an Heinrich George*, in: Gesammelte Werke Bd. 15, *Schriften zum Theater 1*, S. 229-234, Frankfurt a. M. 1967.
Hugo Gau-Hamm, in: *Das Gewissen entscheidet*, hg. v. Annedore Leber, Frankfurt a. M. 1962.
Armin-Gerd Kuckhoff, in: *Hans Otto. Gedenkbuch für einen Schauspieler und Kämpfer*, Berlin 1948.
Margrit Lenk, Jutta Wardetzky, in: *Schriften zur Theaterwissenschaft*, hg. v. Rolf Rohmer, Bd. 4, Berlin 1966.
Will Quadflieg, *Wir spielen immer*, Frankfurt a. M. 1976.
Curt Trepte, Jutta Wardetzky, *Hans Otto. Schauspieler und Revolutionär*, Berlin 1970.
Christian Unucka (Hg.), *Karl May im Film*, Dachau 1980.
Joseph Wulf, *Theater und Film im 3. Reich*, Gütersloh 1964 (betr. Ludwig Körner).
Carl Zuckmayer, in: Vossische Zeitung vom 6. 12. 1929, Morgenausgabe. Nachgedruckt in: KMJb 1931, Radebeul (*Winnetou auf der Bühne*).

Peter Krauskopf
»Pferde, Action, Explosionen«
Winnetou auf der Bühne

1. Die ›Ware‹ Winnetou – der ›wahre‹ Winnetou?

Im Sauerland, in einem Seitental der Lenne, liegt gar nicht einsam, gar nicht tief versteckt, das Städtchen Elspe. Hier ging im Sommer 1986 ein Kapitel in der Geschichte der deutschen populären Kunst zu Ende. Jochen Bludau, Old-Shatterhand-Darsteller und Leiter der Elsper Karl-May-Festspiele, entließ nach zehn Jahren erfolgreicher Zusammenarbeit den Winnetou-Darsteller Pierre Brice. Obwohl der französische Schauspieler gern noch weiter in Elspe über die Freilichtbühne geritten wäre, wollte Bludau vorsorgen. Mit damals 57 Jahren hatte Pierre Brice das Rentenalter fast erreicht; aus dem einstmaligen ›Elsper Dilettantenverein‹ war ein blühender Fremdenverkehrszweig der Gemeinde geworden, der nicht mehr einzig auf den Schultern eines alternden Stars ruhen konnte. Solang das Unternehmen noch finanziell gut gepolstert war, wollte Bludau versuchen, auch ohne Brice auszukommen.

Publikumsattraktionen gab und gibt es um die Elsper Karl-May-Festspiele nämlich genug. Es scheint, als sei eine Vision Karl Mays wahr geworden, die er in seiner letzten Reiseerzählung *Winnetou IV* so treffend beschrieben hatte. Damals, im Jahre 1909, sah May nämlich genau, wie der ›wahre‹ Winnetou der ›Ware‹ Winnetou in all ihren kommerziellen Auswüchsen zum Opfer gefallen war. Smarte Geschäftemacher, so erzählt May in *Winnetou IV*, lassen ein riesiges Winnetou-Denkmal erbauen, und die Fans strömen aus dem ganzen Wilden Westen herbei, um das aggressive Götzenbild ihres Idols zu bestaunen. Gerad' wie vor der Bühne in Elspe hat sich zu Füßen des Denkmals eine Western-Stadt etabliert, in deren Saloon der böse ›Nigger‹[1] seine Intrigen spinnt.

Im Elsper Saloon hingegen geht es friedlicher zu. Hier kann der Freilichtbühnen-Besucher vortrefflich speisen. Da gibt es ›Rinderlende, wie Old Shatterhand sie aß‹, Hirschbraten ›nach Art der Apatschen‹ und ein Gericht mit dem Namen ›Sam Hawkens‹, das aber keineswegs aus wurmstichigen Bärentatzen[2] besteht, sondern aus Schweinebraten, Salzkartoffeln und Mischgemüse. Da findet man Winnetou-Devotionalien-Shops, wo es von Pierre-Brice-Autogramm-Karten über indianische Stirnbänder bis hin zu ledernen Fransenjacken alles gibt. Bereits drei Stunden vor Vorstellungsbeginn, so verspricht der Elsper Prospekt, gibt es Shows, Spannung und Vergnügen.

So skeptisch der alte Karl May bei der Niederschrift von *Winnetou IV* diesem ganzen Zirkus um seine wohl populärste Gestalt gegenüberstand, zehn Jahre zuvor, im Zenit seines Ruhmes, hätte der Bestseller-Autor den Rummel wahrscheinlich von Herzen genossen. Mitte der neunziger Jahre ließ er sich selbst in den abenteuerlichen Kostümen von Old Shatterhand und Kara Ben Nemsi ablichten und verschickte die Fotos zu Werbezwecken. Auch äußerte er sich hin und wieder, ein Winnetou-Drama[3] schreiben zu wollen, tat es aber nicht. Einen dramatisierten *Winnetou* konnte er sich wohl nur als Parodie einer Wagner-Oper vorstellen, wie er es in seiner Jugenderzählung *Der Oelprinz* so witzig beschreibt. Daß May es schließlich doch noch schaffte, eine Art Volks-Wagner zu werden, erlebte er nicht mehr. Zwar hatte der sächsische Hakawati bei seinem Tod genauso wie der sächsische Dichterkomponist ein »Hohes Haus« mit einer treusorgenden Witwe hinterlassen (von der ›Villa Shatterhand‹ in Radebeul zum ›Haus Wahnfried‹ in Bayreuth sind es nur ein paar Sprossen auf der Leiter der bürgerlichen Kultur), aber bis es eigene Karl-May-Festspiele gab, dauerte es noch bis in die dreißiger Jahre.

2. Rathen, Segeberg, Elspe – Die deutschen Jagdgründe

Schon vor den Karl-May-Spielen im sächsischen Rathen von 1938 bis 1940 hatte es einige Theater-Inszenierungen von *Winnetou* gegeben, darunter die durch die liebevolle Würdigung von Carl Zuckmayer in der ›Vossischen Zeitung‹ und die denkwürdige Winnetou-Darstellung von Hans Otto legendär gewordene Berliner Aufführung von 1929.[4] Die Naturkulisse der Felsenbühne Rathen sollte aber jede Pappkulisse eines festen Hauses in den Schatten stellen. Bis heute denkt man bei dem Thema ›Winnetou auf der Bühne‹ hauptsächlich an die Freilichtaufführungen.

Obwohl die Rathener Karl-May-Spiele unter der Schirmherrschaft von Reichsstatthalter und Gauleiter Martin Mutschmann[5] stattfanden, ließ sich zu Beginn noch keine direkte nationalsozialistische Ausrichtung ausmachen. Zwar findet man in den zu den Spielen herausgebrachten Bildbänden[6] auf den Publikumsfotos hinreichend Jungen in HJ-Uniformen, doch entspricht die Zuschauer-Ansprache im Programmheft von 1938 weniger der Nazi-Propaganda als dem Duktus der wilhelminischen Jugendzeitschrift ›Der Gute Kamerad‹, in der Karl May seine Jugenderzählungen erstveröffentlichte. »Einst fesselte Dich nur die spannende, romantische Erzählung und Du spürtest gar nicht, wie sie Dich zu einer Handlung leitete, die Dir keine Belehrung, keine Erziehung geben konnte. Du kamst von selbst dazu, zwischen Gut und Böse zu unterscheiden, Du lerntest begreifen, was männliche Eigenschaften sind.«[7]

Dieser eher deutsche als nationalsozialistische Machismo wich in den Kriegsjahren der antibritischen Propaganda. Im Bildband der 1940er Inszenierung von *Der Schatz im Silbersee* ist dem Stück ein Prolog vorangestellt, der in geschickter Kombination mit einem Porträt-Foto von Karl May den Winnetou-Schöpfer für die Ziele des Nazi-Regimes vereinnahmt. Da tritt »ein indianischer Greis in Häuptlingstracht« vor und beklagt den Völkermord an der indianischen Rasse:

> Ich klage an! –
> Nicht euch, die ihr aus deutschem Blut entsprossen,
> ein Hort der Freiheit und der Treue seid.
> Nein! – Jenes Inselvolk, das meerumflossen,
> dem Drachen gleich, nur Trug und Lüge speit.
> Dich, England, klag ich an.[8]

Nicht nur, daß der Untergang der roten Rasse ausschließlich den Engländern untergeschoben wird, mehr noch: durch die polemische Metaphorik wird den Engländern das antisemitische Judenbild der Nazis übergestülpt. Und das in einem Gedicht, das ein Jahr vor dem Beginn der ›Endlösung der Judenfrage‹ den Genozid an einem Volk anklagt. Eine propagandistische Perversion des Denkens:

> Ihr [die Engländer] habt mit schnödem Gelde
> uns gedungen
> […] um lächelnd jedem Blutbad zuzuschauen.
> Als eure Feinde dann besiegt am Boden lagen
> habt ihr Manitou selbst ans Kreuz geschlagen.[9]

Dann machte jedoch der 2. Weltkrieg dem Indianerspiel ein Ende, und erst 1952, nachdem hie und da eine *Winnetou*-Aufführung in festen Theatern stattgefunden hatte, wurde die Rathener Tradition im schleswig-holsteinischen Bad Segeberg fortgesetzt. Selbstverständlich distanzierte man sich von jeglichem propagandistischem Mißbrauch Winnetous. »Jeder von uns«, so der Landes-Innen- und Kulturminister Dr. Pagel im Programmheft 1952[10], »fühlt täglich und ununterbrochen die Spannung, in der wir bei den weltweiten politischen Gegensätzen leben müssen. Sie ist verständlich, weil es sich noch immer um die Daseinsfrage unseres Volkes handelt. [...] Da erscheinen uns die Winnetou-Festspiele in Bad Segeberg wie eine notwendige und höchst willkommene Pause.«

Im Vorspruch des Stückes, das man auf die Bühne brachte, sagte man es direkter. Man zitierte einfach Carl Zuckmayers Bekenntnis zu Karl May aus dem ›Karl-May-Jahrbuch 1930‹: »Es ist entschieden gescheiter, Boys, wenn Ihr Karl May lest, als daß Ihr Euch zu früh mit Politik beschäftigt. Ihr [...] werdet später eine bessere Politik machen, auf der richtigen Seite stehen, wenn Ihr Old Shatterhands brennendes Rechtsgefühl, seine Vaterlandsliebe und seine Liebe zur ganzen Menschheit in Euch aufgenommen habt. Howgh!«[11]

Dank der alljährlichen Fernsehübertragungen der Segeberger Karl-May-Festspiele wurden die Aufführungen am Fuße des bizarren Kalkberges bald zu einem Begriff. Man spielte entweder *Winnetou, Der Schatz im Silbersee* oder eine Dramatisierung der Orientbände und gewann zunehmend an Popularität. Selbst die Anfang der sechziger Jahre aufkommende Winnetou-Filmwelle konnte der Beliebtheit der Festspiele nichts anhaben. Erst Mitte der siebziger Jahre war eine ernstzunehmende Konkurrenz entstanden.

Seit 1958 spielte nämlich die Naturbühne Elspe Karl May, und zwar mit wachsendem Erfolg. Der Elsper Bürger Franz Kaiser berichtet: »Gespielt haben wir auch [...] ein Stück um den Alten Dessauer, 1956. Das Stück war prima, wertvoll, aber es kam keiner. [...] Dann wurde Karl May gespielt, mit großem Erfolg kam *Winnetou* auf die Bühne. [...] dann [...] mußten wir [...] wieder *Wilhelm Tell* spielen, *Dreizehnlinden*, *Michael Kohlhaas* und dann sanken die Zahlen wieder und dann kam Karl May endgültig durch. [...] da kamen auch andere Vereine und wollten Karl May spielen. Da haben wir mit dem Bamberger Verlag verhandelt: ›Wir kommen wieder, sperren Sie für andere Vereine die Stücke.‹«[12]

1976 kam schließlich der ganz große Durchbruch. Elspe-Chef Jochen Bludau engagierte den Film-Winnetou Pierre Brice, der auf dieses Image festgelegt war und im Filmgeschäft nicht mehr Fuß fassen konnte. Mit Pierre Brice übertrug Bludau das Konzept der Filme auf die Freilichtbühne, das betuliche Laienspiel wich einer professionellen Action-Show mit gewaltigem Aufwand an Artistik und Material. Das zirzensische Spektakel zog bis zu 360000 Zuschauer pro Saison nach Elspe.

Doch so harmonisch wie das Verhältnis der Blutsbrüder Winnetou und Old Shatterhand auf der Bühne war die Zusammenarbeit zwischen Brice und Bludau nicht. 1980 kam es zum ersten Bruch, so daß Pierre Brice eine eigene Winnetou-Show in der Wiener Stadthalle aufzog. *Winnetou, der Apache*, so der Titel des Spektakels, war jedoch eher im Sinne seiner TV-Serie als im Geiste Karl Mays, machte aber Kasse. So kam der Münchner Produzent Peter Stenzel auf die Idee, mit Pierre Brice eine monumentale Wild-West-Show aufzuziehen, die den Winnetou-Musicals in der Berliner Deutschlandhalle von 1966 und 1968[13] ähnelte. Peter Bruno schrieb den Text, der bekannte Schlagerkomponist Ralph Siegel die Musik. Im Zweitzelt des Zirkus Busch-Roland sollte eine Tournee durch die Bundesrepublik und den Rest der Welt gehen. Nach der Uraufführung am 4. Februar 1982 in der Dortmunder Westfalenhalle kam man aber nur noch bis Wuppertal. Die Zuschauer blieben aus, die Rezensenten beklagten den »Substanzverlust«[14] im Wilden Westen, das Sieben-Millionen-Mark-Spektakel war pleite. Stenzels Projekt ging als erster Winnetou-Flop in die Theater-Geschichte ein.

Pierre Brice rauchte schleunigst mit Jochen Bludau die Friedenspfeife und kehrte noch 1982 in den heimischen Wigwam nach Elspe zurück, um vier Jahre später endgültig das Sauerland zu verlassen.

Übrigens: Auch in Rathen reitet Winnetou neuerdings wieder. Als Anfang der achtziger Jahre Karl May in der DDR rehabilitiert wurde, erweckte man auch die Rathener Tradition wieder zum Leben. 1985 inszenierte man *Der Schatz im Silbersee* und 1987 *Winnetou* in der Fassung von Uwe Wolf. Die Art der Inszenierung nahm sich ein Beispiel an den Elsper Erfolgen: »Mit Pyrotechnik und vor allem Platzpatronen wurde nicht gespart.«[15]

3. Die Winnetou-Stücke

a) *Winnetou* von Hermann Dimmler

Die Rathener Inszenierung von 1938 war keineswegs der Beginn von Winnetous Bühnenkarriere. Bereits 1919 brachte das Deutsche Theater München nach einem Buch von Hermann Dimmler *Winnetou* heraus.[16] Die Aufführung gelangte, so zitiert Hansotto Hatzig eine zeitgenössische Rezension, »immerhin über die Klippen der blutigen Skalpgeschichten hinaus«.[17] Untersucht man den Text von Dimmler genauer, so entdeckt man, daß Regisseur Alfred Lommatzsch gar nichts anderes übrig blieb. Im Gegensatz zu den action-betonten Inszenierungen von heute läßt Dimmler immer dann, wenn es brenzlig wird, gnädig den Vorhang sinken. »Der Vorhang fällt, bevor der Kampf, in dem Old Shatterhand, Sam Hawkens und Stone gefangen werden, sich entwickelt hat«[18], instruiert er den Regisseur oder bietet sogar alternative Dialoge an, »um den Kampf zu vermeiden«.[19]

Ob Dimmler, der bei der Niederschrift seines Textes auch an die Produktionsmöglichkeiten kleinerer Bühnen[20] gedacht hatte, den Schauspielern keine artistischen Leistungen abverlangen wollte oder einfach nur seine Helden nicht mit körperlichen Aktionen beschmutzen wollte, sei dahingestellt. Typisch für die deutsche Unterhaltungskunst bis weit in die sechziger Jahre hinein ist die Negation des Physischen allemal. Hier steht der deutsche Idealismus im starken Kontrast zum amerikanischen Pragmatismus, der seit eh und je die Produktionen des US-Entertainments auszeichnet. Dabei fällt Dimmler weit hinter Karl May selbst zurück, der, geprägt vom wilhelminischen Fortschrittsglauben, in seinen Büchern mit seinen Ich-Idealen Old Shatterhand und Kara Ben Nemsi den Gegensatz von Intellekt und Kinnhaken schon gar nicht so unamerikanisch versöhnt hatte.

Bei allen Dramatisierungen von *Winnetou* ging der Charakter der Reiseerzählung verloren. Die Einheit des Bühnenraumes läßt auch in dieser Hinsicht die Dynamik der Bewegung nicht zu, und gerade der Dimmlersche Text wirkt in dieser Hinsicht besonders statisch. Dazu kommt, daß der Text nicht für eine Naturkulisse konzipiert ist, so daß die bei May so wichtige Landschaft zu einer Handvoll Pappmaché-Versatzstücken reduziert wird. Das Stück bietet also nur wenig von jener Sinnlichkeit, die man bei der May-Lektüre verspürt. Das, was Dimmlers Text spannend macht, ist, wie er die Handlungsfülle der Vorlage zusammenstreicht.

In dieser Hinsicht ist Dimmlers Text wegweisend. Im großen und ganzen zieht er die Handlung von *Winnetou I* und die der Kapitel aus *Winnetou III* zusammen, die die Geschichte von Winnetous Tod erzählen. Der Schurke Rattler, der im Buch Winnetous weißen Erzieher Klekih-petra erschießt, wird durch Santer ersetzt, den Mörder von Winnetous Schwester Nscho-tschi und Vater Intschu tschuna. Bei Dimmler bringt er allerdings nur Nscho-tschi um. Die Ogellallahs und ihre Häuptlinge, die in *Winnetou III* für Winnetous Tod verantwortlich sind, werden durch Tangua und seine Kiowas ersetzt.

In der *Winnetou-I*-Hälfte des Stückes fällt besonders die Figur von Winnetous Schwester Nscho-tschi auf. Anders als im Buch tritt sie bereits vor der ersten Begegnung von Old Shatterhand und Winnetou auf. Sie verfolgt als tapfere Jägerin einen Bären, den sie mit ihrer Flinte jedoch verfehlt. Old Shatterhand kann sie retten, indem er – selbstverständlich hinter der Bühne, damit es im Zuschauerraum keiner sieht – den Bären erlegt. Damit ist die Liebesgeschichte von Nscho-tschi und Old Shatterhand weiter in den Vordergrund gerückt als im Buch. Mit Nscho-tschis Tod beginnt in Dimmlers Stück schon das Ende der Freundschaft zwischen Old Shatterhand und Winnetou, während im Buch damit die Beziehung der beiden Helden für die ganze Reihe der folgenden Wild-West-Bände erst motiviert wird.

Auf den ersten Blick evozieren die Worte Intschu tschunas bei der Bärenjagd, er habe »die Flinte meiner Tochter sprechen hören«[21], einige frivole Gedanken in der Art von Arno Schmidt beim Leser des Textes. Doch die Charakterisierung Nscho-tschis als ein »Weib, das mit der Flinte auf den Grislybären losgeht«[22], ist durchaus im Sinne Karl Mays. Solch ›brunhildenhafte‹ Amazonen gibt es des öfteren in seinen Werken. Bereits Old Firehands Tochter Ellen in einer der frühesten Winnetou-Erzählungen überhaupt hat nichts dagegen, Indianer zu skalpieren.[23] Amscha, die Mutter von Hadschi Halef Omars Frau Hanneh, reitet wohlbewaffnet *Durch die Wüste*, und Kolma Puschi, die Mutter Old Surehands, gilt als Mann, der auch noch wie Winnetou aussieht.[24]

b) *Winnetou, der rote Gentleman* von Ludwig Körner

Eine zweite Adaption des Winnetou-Stoffes von Ludwig Körner[25] war die Grundlage für die Berliner Inszenierung von 1929. Körners Fassung ist ein prächtiges Stück deutsches Entertainment, das den Einfluß des amerikanischen Western kaum verleugnen kann. So tritt im 5. Bild ›Von der Elbe zum Arkansas‹ ein »Cow-Girl« auf – ein solch »frisches, junges Mädel« gibt es in keinem Buch von Karl May, bei dem auch der Begriff ›Cowboy‹ nur selten auftaucht.[26]

Der amerikanische Western-Film wird von Cineasten in verschiedene Kategorien eingeteilt. Die wichtigsten davon sind der ›boy-hero-western‹ und der ›adult-western‹.[27] Beide Kategorien lassen sich auch problemlos auf die Wild-West-Erzählungen Karl Mays anwenden. *Der Schatz im Silbersee* und die anderen direkt für die Jugend geschriebenen Erzählungen sind ›boy-hero-westerns‹; *Old Surehand III* und »*Weihnacht!*« lassen sich eher als ›adult-westerns‹ definieren. *Winnetou I* steht irgendwo dazwischen. Da versuchte Karl May, den in den Jugenderzählungen erstmals klassisch umrissenen Winnetou auch seinen erwachsenen Lesern schmackhaft zu machen.[28]

Die konsequente Werbung und die Bearbeitung von Mays Werk durch den Karl-May-Verlag begradigte das Winnetou-Bild jedoch völlig zum ›boy-hero‹, zumal der edle Apatsche auch schon zu Karl Mays Zeiten sein jugendliches Publikum begeisterte. Je aufwendiger die Bühneninszenierungen wurden, desto mehr hoben sie auf dieses ›boy-hero‹-Image ab. Es ist das Verdienst von Ludwig Körners *Winnetou*-Adaption, die in verschiedenen Varianten bis in die jüngste Zeit die wichtigste Textgrundlage fast aller *Winnetou*-Inszenierungen blieb, den Weg dorthin recht einfühlsam geebnet zu haben.

Körner übernimmt den Plot von Dimmlers Stück, d. h. die Zusammenfassung von *Winnetou I* und ›Winnetous Tod‹, allerdings ohne Nscho-tschis Bärenjagd. Im Gegensatz zu Dimmlers Text, der sich sprachlich nicht unbedingt an Karl Mays Eigenheiten und Humor hält und eher den KMV-Bearbeitungen der Münchmeyer-Romane ähnelt, empfindet Körner in seiner *Winnetou*-Adaption die Sprache Mays einfühlsam nach. Besonders die Gestalt von Sam Hawkens gewinnt dadurch an Profil. Er wird in Körners Text zur Summe verschiedener burlesker Gestalten bei Karl May.[29] In einer Szene kompiliert Körner Dialogpassagen aus allen drei *Winnetou*-Bänden. Hawkens spricht mit den Worten von Old Death aus *Winnetou II* und des dicken Walker aus Band III.

Wie Dimmler hat auch Körner das Personal reduziert. Santer,

mit dem Vornamen Fred versehen, ist ebenfalls mit Rattler gleichgesetzt; Tangua und seine Kiowas sind ebenfalls für Winnetous Tod verantwortlich. Das Kleeblatt Hawkens/Stone/Parker des Buches ist wie bei Dimmler zum Paar Hawkens/Stone geschrumpft, aber sprachlich liebevoller charakterisiert. Die beiden werfen sich die Dialoge zu wie Pitt Holbers und Dick Hammerdull in *Old Surehand III*.

Die bedeutendste Neuerung in Körners Adaption ist die Erweiterung der Helldorf-Settlement-Episode, die letztlich zu Winnetous Tod führt, durch Motive aus *Der Oelprinz* und »*Weihnacht!*«. Die Jugenderzählung *Der Oelprinz* bot sich an, weil sich das Motiv des Auswanderertrecks hervorragend mit den Helldorf-Ansiedlern verbinden läßt. So konnte Körner Mays biedere Schilderung dieser Deutschen im Wilden Westen durch die deftige Frau Ebersbach erweitern. Frau Ebersbach, die nicht mit ihrem Vornamen Rosalie, sondern als »Tante Emma« eingeführt wird, bringt garantierte Lacher auf die Bühne.

Diese Einfügung von Motiven, die nicht aus der *Winnetou*-Trilogie stammen, zeigt, wie sehr Körner bemüht war, die Emotionalität und Sinnlichkeit der epischen Erzählungen Mays durch bühnenwirksame Montage auf das Theater zu übertragen. Die Weihnachts-Szene im Stück, die dem May-Puristen die Haare zu Berge treibt, erfüllt auf der Bühne ihren sentimentalen Zweck. Körner geht aber auch über den Band »*Weihnacht!*« hinaus; er benutzt für die Sterbeszene Winnetous weder Mays *Ave Maria* noch sein Weihnachtsgedicht *Ich verkünde große Freude*, sondern den deutschen Weltschlager *Stille Nacht, heilige Nacht*. Das Publikum wird es ihm gedankt haben.

c) *Winnetou* von Ludwig Körner und Roland Schmid

Im Jahr 1950 überarbeitete Ludwig Körner zusammen mit Roland Schmid, einem der Erben des Karl-May-Verlages, seine *Winnetou*-Adaption noch einmal. Diese Fassung sollte 1952 die Karl-May-Festspiele in Bad Segeberg eröffnen. Das Textbuch mußte 1958 sogar in einer zweiten Auflage herausgebracht werden.

Körner und Schmid haben die Handlung der Erstfassung gestrafft, die Klekih-petra-Episode eliminiert und beginnen gleich mit Old Shatterhands Aufenthalt im Pueblo der Apatschen. Das hat zur Folge, daß der erste Auftritt publikumswirksam von Winnetou und Nscho-tschi bestritten werden kann. Das Kleeblatt um

Sam Hawkens wurde gemäß der Vorlage wieder um Will Parker auf drei Personen erweitert, und dem Schurken Santer wurden seine Kumpane Clay, Gates und Summer zugesellt.

Die Handlung ist wie in der Körner-Fassung von 1929 aus *Winnetou I*, *Der Oelprinz* und *Winnetou III* kompiliert. Allerdings ist »Tante Emma« der Buchvorlage entsprechend in Rosalie zurückbenannt und das Absingen von *Stille Nacht* wieder durch Mays *Ave Maria* ersetzt worden. Damit nähern sich Körner und Schmid einerseits der Mayschen Vorlage, andererseits paßt das auch besser in die Saison der Freilichtbühnen, die hauptsächlich zur Zeit der Sommerferien spielen, um ihr jugendliches Publikum zu erreichen.

Bis weit in die siebziger Jahre hinein war diese Fassung Grundlage für alle Freilicht-Inszenierungen des Winnetou-Stoffes. Selbst als man in Elspe den Stoff in seine drei Teile zerlegte[30], hielt man sich im großen und ganzen an den Plot. Die Elsper Fassung von *Winnetou III* enthielt immer noch die *Oelprinz*-Episoden. Erst Klaus-Hagen Latwesen brachte 1987 einen ganz neuen *Winnetou* in Bad Segeberg heraus.[31]

4. Winnetou an sich – Die Figur

Bereits Hansotto Hatzig hat in seinem Beitrag *Winnetou macht sich selbständig* darauf hingewiesen, daß die Popularität des Winnetou-Darstellers Pierre Brice daher rührt, daß er am genauesten den Vorstellungen Mays entsprochen haben dürfte. Als er 1962 das erste Mal für den Karl-May-Film *Der Schatz im Silbersee* in das schmucke Kostüm des Apatschenhäuptlings schlüpfte, setzte er jedoch lediglich die Tradition seiner Vorläufer auf der Bühne fort. Betrachtet man die Fotos der Schauspieler, die Winnetou verkorpert haben, so entdeckt man nur minimale Unterschiede. Es gibt eine Art ›Winnetou an sich‹, den man in jedem Interpreten sofort entdecken kann.

Das liegt zweifellos am Kostüm, das die klassische Winnetou-Beschreibung Mays, die sich seit 1887 wie ein Refrain durch alle Erzählungen zieht, in denen Winnetou auftritt, so klar umreißt.[32] Für die Bühne wurden die Stickereien, die sein Jagdhemd schmücken, mit ornamentalen, indianischer Folklore nachempfundenen Borten visualisiert. Mit dem berühmten ›helmartigen Schopf‹ konnte sich jedoch kein Kostümbildner anfreunden.[33] Winnetou auf der Bühne (und im Film) trägt die Haare einfach glatt mit einem Stirnband, hinter das man gelegentlich entgegen Mays ausdrücklicher Beschreibung eine Feder klemmte.[34]

Herbert Dirmoser, der Rathener Winnetou von 1938 und 1939, war wie seine frühen Segeberger Nachfolger ein hochgewachsener, leptosomer Typ. Der 1953er Winnetou in Bad Segeberg, der durch die Fernsehübertragungen aus dem Münchner Komödienstadel später recht bekannt gewordene Gerhart Lippert, wirkte mit seinem langen Hals und den hochgezogenen Schultern eher als eine Idealbesetzung für den Langen Davy aus *Unter Geiern*, wie man in einem 3-D-Fotoband über die Inszenierung[35] recht plastisch sehen kann.

Anfang der sechziger Jahre hatte man in Bad Segeberg endlich einen idealen Winnetou-Darsteller gefunden. Der Schauspieler Heinz-Ingo Hilgers spielte den Apatschenhäuptling bis 1970. Hilgers gab seiner Figur eine dunkle, sehr männliche Note, die an den Sex-Appeal des ersten James-Bond-Darstellers Sean Connery erinnert. Seine Darstellung war so ideal, daß die Produzenten des Films *Der Schatz im Silbersee* in Erwägung gezogen hatten, ihn für die Rolle zu engagieren. In Bad Segeberg mochte man den Star aber nicht freigeben; man verbummelte einfach den Brief, der Hilgers zum Vorsprechen bei der Filmproduktion einlud. Aus Angst, daß Hilgers in der Fernsehübertragung der Festspiele im Jahr 1962 dem Film-Winnetou die Schau stehlen würde, veranlaßte man die Veranstalter am Kalkberg, eine winnetou-freie Fernsehfassung von *Unter Geiern* herzustellen. Hilgers spielte darin den Wohkadeh.

Neben Heinz-Ingo Hilgers waren der spanische Schauspieler Gustavo Rojo[36] und der deutsche Filmstar Horst Buchholz[37] Rivalen für Pierre Brice bei der Besetzung des Film-Winnetous. Schließlich entschied man sich doch für den damals dreiunddreißigjährigen Franzosen. Seine gar nicht so hohe, athletische und doch elegante Figur erinnerte an Hilgers, sein schönes, zeitloses Gesicht, das schwarze Haar und die blauen (!) Augen verliehen ihm die notwendigen Star-Qualitäten.

Die Karl-May-Verfilmungen hatten einen derartigen Erfolg, daß Pierre Brice als der definitive Winnetou-Darsteller in die Geschichte der deutschen Pop-Kultur eingegangen ist. Da in den Filmen seine weißen Co-Helden[38] wechselten, wurde er zu der Figur, die alle Wild-West-Filme nach Karl May zu einer Serie von Winnetou-Filmen machte. Er verschmolz mit der Figur wie seinerzeit die

Hollywood-Schauspieler Johnny Weissmüller mit Tarzan, Bela Lugosi mit Dracula und Boris Karloff mit Frankenstein.

Als Jochen Bludau Pierre Brice schließlich für die Karl-May-Festspiele in Elspe engagierte, konnte Pierre Brice allen anfänglichen Zweifeln zum Trotz seine Filmerfolge auf die Bühne übertragen. Einerseits brachte er die Breitwand-Action-Konzeption mit auf die Bühne, andererseits konnte er mit seinem physischen Filmschauspieler-Charisma die riesige Elsper Freilichtbühne ausfüllen. Ganz egal, wo er in der weitläufigen Kulisse stand, er zog sofort, fast magisch, die Blicke der Zuschauer auf sich. Zugute kam ihm auch sein französischer Akzent, der entgegen vielen Befürchtungen dem Publikum sehr gut gefiel. Brachte er doch eine weitere, sinnliche Portion Exotik in die Winnetou-Darstellung.

Pierre Brice war es auch, der sich die Winnetou-Figur von allen Darstellern am meisten aneignete und veränderte. »Winnetou ist wie Pierre Brice in den letzten zwanzig Jahren älter und reifer geworden«, umschreibt Brice sein Winnetou-Konzept. »Er ist ein Mensch, der viel mehr nachdenkt als früher. Ich habe seinem Charakter hinzugefügt, daß er mehr Verantwortung für sein Volk trägt.«[39]

In der Tat geht diese Dimension weniger auf Karl May zurück, in dessen Büchern Winnetou nur ganz selten in seiner Eigenschaft als Stammespolitiker auftritt, sondern auf jene Winnetou-Filme, die sich nicht mehr an die Plots der May-Erzählungen hielten: *Old Shatterhand* (1963; Regie: Hugo Fregonese), *Winnetou II* (1964; Regie: Harald Reinl) und *Winnetou III* (1965; Regie: Harald Reinl; beide *Winnetou*-Teile haben mit der literarischen Vorlage nur den Titel gemein). In seiner TV-Serie *Mein Freund Winnetou* formulierte Pierre Brice seine Winnetou-Interpretation aus. Wie in dem Film *Old Shatterhand* kämpft er mit einem Adoptivsohn versehen für die Rechte seines Volkes. Aus der Großen-Bruder-Figur von einst wurde ein weiser Vater.

Vom Aussehen her veränderte Brice seinen Winnetou von Karl Mays Indianer-Ideal zu einem echten Apachen. Die Klapperschlangenhaut als Stirnband wurde durch ein rotes Tuch ersetzt, wie man es auf historischen Aufnahmen von echten Apachen-Kriegern sehen kann. Die mit Stachelschweinsborsten geschmückten Mokassins wichen den historisch verbürgten Apachen-Stiefeln. Dieses neue Winnetou-Outfit trug Pierre Brice auch auf der Elsper Freilichtbühne. Trotzdem wurde er als Winnetou sofort angenommen. Der ›Winnetou an sich‹ wurde nicht mehr durch Karl May bestimmt, sondern durch Pierre Brice.

Der Aufschwung, den die Elsper Festspiele mit Pierre Brice nahmen, veranlaßte die Veranstalter in Bad Segeberg, in ihren Aufführungen zu experimentieren. Man versuchte es auch mit Stars, aber in den falschen Rollen. So spielte Claus Wilcke[40] einmal den Bösewicht und Raimund Harmstorf[41] den Old Firehand. Doch das Ergebnis war mäßig. Die TV-bekannten Mimen brachten kaum neues Publikum, sondern stahlen nur den eigentlichen Helden Winnetou und Old Shatterhand die Schau.

Dabei hatte man in Bad Segeberg Anfang der achtziger Jahre mit Thomas Schüler einen überzeugenden Winnetou. Schüler erinnerte an den jungen Pierre Brice, wirkte aber nicht so showbusinessmäßig gelackt, und war eine gelungene Alternative zu dem Senior in Elspe. Fürs Fernsehen und bei gutem Wetter entblößte er sogar seinen muskulösen Oberkörper, was bei Karl Mays klassischem Winnetou eine schiere Freveltat gewesen wäre.[42] Immerhin sah Schüler dann aus wie die Winnetou-Puppe, die der amerikanische Spielzeugkonzern Mattel auf den Markt gebracht hatte. Schülers Nachfolger Klaus-Hagen Latwesen entsprach dann wieder mehr den reiferen Vorbildern Hilgers und Brice.

Eine neue Variante der Winnetou-Figur bahnt sich auch in Elspe an. Nachdem man 1986 Pierre Brice entlassen hatte und sein Nachfolger, der einunddreißigjährige Münchner Schauspieler Michael Renz, 1987 als Interims-Winnetou nur mäßigen Erfolg hatte, spielt 1988 das bewährte Ensemble-Mitglied Meinolf Pape den Winnetou. Pape hat in den letzten Jahren als temperamentvoller indianischer Gegenspieler des edlen Häuptlings die Gunst des Publikums gewonnen. Er wird das von Karl May ›römisch‹ genannte Profil Winnetous neu formen: durch eine eingedetschte Jack-Palance-Nase.

5. Nachwort

Das ist der vorläufige Schluß der Geschichte von ›Winnetou auf der Bühne‹. Während ich sie jetzt, Ostern 1988, beende, betrachte ich den Prospekt der Bad Segeberger Karl-May-Spiele '88. *Winnetou, der Apache* mit Pierre Brice wird da angekündigt[43]: »Spannende Abenteuer im Wilden Westen. Pferde, Action, Explosionen.

Indianer auf dem Kriegspfad. Mutige Cowboys im Pulverdampf.«

Endlich hat Pierre Brice, nachdem man ihn in Elspe nicht mehr will, den Weg ins traditionsreiche Bad Segeberg gefunden. Daß dabei sein Vorgänger Klaus-Hagen Latwesen auf der Strecke bleiben mußte, scheint angesichts der zu erwartenden Zuschauermassen keinen zu interessieren. Latwesen verließ verärgert den Posten des Intendanten der Karl-May-Spiele, als er auf Weisung der Kalkberg GmbH den Winnetou nicht mehr spielen durfte. Damit reitet Pierre Brice als Winnetou in sein sechzigstes Lebensjahr und benimmt sich fast wie der Comanche, von dem John Wayne in dem klassischen Western-Film *The Searchers* (1956; Regie: John Ford) erzählt: »Ein Mensch reitet ein Pferd, bis es zusammenbricht. Dann geht er zu Fuß weiter. Dann kommt ein Comanche vorbei. Er nimmt das Pferd und reitet es noch zwanzig Meilen, dann frißt er es auf.«[44]

Ich frage: Ist das nicht interessant?

Anmerkungen

Der Autor bedankt sich bei Hansotto Hatzig, Oftersheim, Ekkehard Bartsch, Bad Segeberg, und Thomas Borowski, Bochum, für ihre Unterstützung.

1 Vgl. XXXIII, Kap. *Am Mount Winnetou*.
2 Vgl. VII, S. 138.
3 Karl May, *Freuden und Leiden eines Vielgelesenen*, in: Deutscher Hausschatz 23 (1896/97), S. 21.
4 Eine umfassende Auflistung aller Karl-May-Dramatisierungen findet sich in: Gert Ueding (Hg.), *Karl-May Handbuch*, Stuttgart 1987, S. 651ff.
5 Programmheft *Karl-May-Spiele*, Rathen 1938.
6 Richard Thalheim, *Winnetou lebt! Eine Bilderfolge aus den Karl-May-Spielen*. Mit einleitenden Worten von Dr. E. A. Schmid und Georg Görner, Radebeul 1939; Richard Thalheim, *Das Vermächtnis des alten Indianers*, Rathen 1940.
7 Programmheft Rathen, a.a.O.
8 Thalheim, *Vermächtnis*.
9 Ebd.
10 Hermann Ross (Hg.), *Karl May's unsterblicher Winnetou. Eine Festschrift mit Programm in memoriam Karl May*, Bad Segeberg 1952.

11 Ludwig Körner, Roland Schmid, *Winnetou. Schauspiel aus dem Indianerleben nach Karl May's Reiseerzählungen bearbeitet für Freilichtbühnen*, Bamberg 1959, S. VIII.
12 Heinz Griese, Petra Schmitz u. a., *Elspe. Bilder, Erzählungen und Geschichte aus einem Dorf im Sauerland*, Fredeburg 1983, S. 170.
13 Mit dem Schlagersänger Bruce Low als Old Shatterhand und dem Spanier Gustavo Rojo als Winnetou.
14 Westdeutsche Allgemeine Zeitung, 6.2.1982.
15 Sächsische Zeitung, 18.6.1987.
16 Dr. H. Dimmler, *Winnetou. Reiseerzählung von Karl May, für die Bühne gestaltet*, Radebeul 1928.
17 In: Ueding, a.a.O., S. 651.
18 Dimmler, a.a.O., S. 36.
19 Ebd., S. 55.
20 Ebd., S. 9.
21 Ebd., S. 10.
22 Ebd., S. 9.
23 Karl May, *Old Firehand*, in: Deutsches Familienblatt 1 (1875/76), S. 206.
24 Vgl. Peter Krauskopf, »Mutter« Winnetou, in: MKMG 32 (1977), S. 28.
25 Ludwig Körner, *Winnetou, der rote Gentleman. Schauspiel aus dem Indianerleben in 6 Bildern nach Karl Mays Reiseerzählung*, Berlin 1930.
26 Das Wort ›Cowboy‹ taucht bei Karl May nur selten auf: in *Winnetou I* bei der Beschreibung von Santer und seinen Kumpanen, in der *Old-Surehand*-Trilogie bei der Beschreibung Old Wabbles, in *Der Schatz im Silbersee* bei der Beschreibung der Tramps Knox und Hilton, und in »*Weihnacht!*« bei der Erklärung des Indianernamens Yakonpi-Topa; fast immer hat das Wort einen negativen Beigeschmack.
27 Vgl. Georg Seeßlen, Claudius Weil, *Western Kino. Geschichte und Mythologie des Western-Films*, Reinbek 1979.
28 Selbst für eine dritte Western-Kategorie, den sog. ›Spätwestern‹, findet sich bei Karl May ein Beispiel: *Winnetou IV*. Wie z. B. in Robert Altmans Spätwestern *Buffalo Bill and the Indians* (1976) geht es um die Kommerzialisierung eines Western-Mythos; wie das Auto in Sam Peckinpahs *The Ballad of Cable Hogue* (1970) symbolisiert das Flugzeug in *Winnetou IV* die Wende zu einer neuen Zeit.
29 Körner, a.a.O., S. 59 ff.
30 1978, 79, 80 und 84, 85, 86. *Winnetou II* wurde bereits 1966 für Bad Segeberg von Wulf Leisner dramatisiert.
31 Klaus-Hagen Latwesen, *Winnetou I – Blutsbrüder. Frei nach Karl May*, Bad Segeberg 1987. Die wohl ambitionierteste *Winnetou*-Adaption verwirklichte der DDR-Autor Helmut Baierl mit seinem Stück *Ihr seid ein Greenhorn, Sir*, das 1984 im Ostberliner ›Theater der Freundschaft‹ uraufgeführt wurde. Baierl nahm sich des *Winnetou I*-Stoffes »mit

Witz und Ironie des Marxisten« an, wie Regisseur Frieder Kranz bemerkt. Näheres dazu: Hartmut Schmidt, *Winnetou auf der Bühne des »Theaters der Freundschaft«*, in: MKMG 60 (1984), S. 37.

32 Vgl. z. B. Karl May, *Der Scout*, KMG-Reprint, Hamburg, Regensburg 1977, S. 251.

33 Ausnahme: Jürgen Hause als Winnetou in Rathen 1985.

34 Etwa 1939 in Rathen, 1940 in Berlin, 1966 in Berlin.

35 *Karl May's Indianerwelt in 3-dimensionalen Bildern »Auf Leben und Tod«*, aus Karl May »Winnetou« Band I, Kiel o. J.

36 Gustavo Rojo spielte den Winnetou in den Berliner Aufführungen von 1966 und 1968, den Leutnant Potoca in den *Waldröschen*-Verfilmungen *Der Schatz der Azteken* und *Die Pyramide des Sonnengottes* (1965; Regie: Robert Siodmak) und den Ahmed el Corda, d. i. Amad el Ghandur, in *Durchs wilde Kurdistan* und *Im Reiche des silbernen Löwen* (1965; Regie: Franz Josef Gottlieb).

37 Mitteilung von Pierre Brice an den Autor. Buchholz spielte aber lieber in dem klassischen Hollywood-Western *Die glorreichen Sieben* (1960; Regie: John Sturges).

38 Lex Barker als Old Shatterhand, Stewart Granger als Old Surehand und Rod Cameron als Old Firehand. Lex Barker veränderte die Bühnenfigur des Old Shatterhand gewaltig. Die Old-Shatterhand-Darsteller Hans Kettler (Rathen 1939) und Herbert A. E. Böhme (Berlin 1940) porträtierten Karl Mays Ich-Ideal als kernigen Naturburschen mit Luis-Trenker-Pathos und Hans-Albers-Fernweh-Blick. Noch Harry Walther, der Segeberger Partner von Heinz-Ingo Hilgers, setzte diese Tradition fort. Im Film, der schließlich den internationalen Markt erobern sollte, konnte man sich siebzehn Jahre nach dem 2. Weltkrieg immer noch keinen neuen deutschen Helden erlauben. Den durfte erst der TV-Kommissar Schimanski alias Götz George, auch ein Karl-May-Film-Veteran, zwanzig Jahre später verkörpern. Deshalb engagierte man für *Der Schatz im Silbersee* den Amerikaner Lex Barker, der schon als Serien-Held Tarzan Erfahrung hatte. Seit den siebziger Jahren imitieren die Bühnen-Old-Shatterhands nur noch sein Auftreten. Rüdiger Bahr (Dortmund 1982), Jochen Bludau (Elspe) und Charles Elkins (Bad Segeberg 1977) können seinem markigen Aussehen aber kaum das Wasser reichen, zumal Lex Barker auch nur wie ein Abziehbild von Hollywood-Star Gary Cooper wirkt.

39 Mitteilung von Pierre Brice an den Autor.

40 *Im Tal des Todes*, 1980. Wilcke wurde als ›Percy Stuart‹ in der gleichnamigen TV-Serie bekannt.

41 Raimund Harmstorf wurde als kartoffelquetschender ›Seewolf‹ in der gleichnamigen TV-Serie nach Jack London von Wolfgang Staudte bekannt.

42 In ganz frühen Winnetou-Erzählungen wie *Deadly Dust* tritt Winne-

tou so auf. In den klassischen Reiseerzählungen schildert Karl May Winnetou nur einmal mit nacktem Oberkörper, als Old Shatterhand ihn in *Old Surehand I* in der Oase von Bloody Fox beim Bade beobachtet.

43 Wiederaufnahme der Wiener Inszenierung von 1980.
44 Joe Hembus, *Western-Lexikon*, München 1978, S. 710.

Michael Petzel
Ein Mythos wird besichtigt
Winnetou und der deutsche Film

I

»Seine Mokassins waren mit Stachelschweinsborsten und die Nähte seiner Leggins und des Jagdrockes mit feinen, roten Nähten geschmückt.«[1] Der Satz hat für Karl-May-Leser die Qualität eines klassischen Zitats. Bedeutungslos die holprige Sprache, unwesentlich, daß sich die geistige Substanz in einer schlichten Beschreibung erschöpft. Klassisch wird der Satz durch seine Signalwirkung. Wenige Worte evozieren beim kundigen Leser ein Universum der Imagination. Der, dessen pittoresk-exotischer Habitus da beschrieben wird, ist Winnetou, Häuptling der Apatschen und edelster aller Indianer.

Mit wenigen Strichen, aber doch fotografischem Blick fürs Detail, zeichnet der Erzähler eine Figur, die – es ist die erste Begegnung des Mayschen Alter ego mit dem späteren Blutsbruder – allein durch ihr äußeres Erscheinungsbild Bedeutsamkeit ausstrahlt. Winnetou trägt den Kopf unbedeckt, ohne den Schmuck einer Feder: Dies ist kein gewöhnlicher Indianer. Das Haar zu einem helmartigen Schopf aufgebunden: »Gewiß hätte ihn manche Dame um dieses herrliche, blauschimmernde schwarze Haar beneidet.«[2] Das Gesicht edel mit einem »leisen Bronzehauch«, die Augen ernst, dunkel, »sammetartig«. Dieser Mensch muß gar nicht erst handeln, nicht einmal reden, um sein Gegenüber zu beeindrucken: Dazu reicht allein seine physische Präsenz.

Doch trotz der ums Detail bemühten Schilderung körperlicher Attribute bleibt die Gestalt des Winnetou bei Karl May merkwürdig blaß. Ihm fehlen die Charakterzüge, die beim Leser das Gefühl von Nähe und Gemeinsamkeit bewirken könnten. Dies ist kein Mensch, der mit normalen Maßstäben zu messen wäre; er ist in körperlicher und geistiger Hinsicht außer-ordentlich, steht jenseits aller gewohnten Ordnungen, ist herausgehoben aus den fest umrissenen Kategorien menschlichen Daseins. Seine physischen und geistigen Qualitäten erheben ihn geradezu in eine metaphysische Dimension: Über alles Stofflich-Materielle ist er erhaben, er beherrscht Affekte und Triebregungen, gegen Schmerz zeigt er sich unempfindlich, rein gar nichts erfährt man über Bedürfnisse und Beschwernisse des Leibes.

Nicht Anteilnahme erweckt dieser Winnetou, sondern Bewunderung. Nichts hat er mit dem Leser gemein, für den er das ferne Ziel seiner Sehnsüchte ist, obwohl er weiß, daß er es nie erreichen wird. So wie Winnetou unantastbar für seine Feinde ist, so entzieht er sich dem Leser.

Winnetou, der Phantasiegeborene, ist, so mag es scheinen, kein Geschöpf, das in der Realität Bestand haben könnte. Von ätherischer Konsistenz, verflüchtigt er sich just in dem Augenblick, wo man versucht, seiner habhaft zu werden, indem man ihn konkret, greifbar, anschaulich macht. Er hat das Wesen einer Traumfigur, die dem Träumenden zwingend wirklich erscheint und von der beim wachen Hinsehen doch nur glanzlose Bruchstücke zurückbleiben. Mays »reißende Träume« (Bloch) kann man nicht visualisieren, ohne daß sie ihr Eigenleben aufgeben. Der Traum verträgt keine Konkretion.

II

Ist es überhaupt möglich, Karl May zu verfilmen? – Die Frage hat alle Versuche, Mays Werke auf die Kinoleinwand zu bringen, begleitet. Zwar kommt das exotische Ambiente der Romane dem Bedürfnis des Kinos nach grell-bunten Sujets auf ideale Weise entgegen, doch erfordert das emotionale Engagement der Leser, die ihren May kennen, eine ganz spezielle Form der Werktreue, die Kritikern gemeinhin erst bei hochrangiger Literatur zum Problem wird. Mehr oder weniger läßt sich bei allen Karl-May-Verfilmungen beobachten, daß die auf der Leinwand geschaffene Realität die individuellen Imaginationen der Phantasie nicht erreichen kann. Bereits 1920, acht Jahre nach Mays Tod, entstanden die Stummfilme *Auf den Trümmern des Paradieses*, *Die Teufelsanbeter* und *Die Todeskarawane*. Das Geschäft an der Kinokasse war so schlecht, daß die Produzenten anschließend Konkurs anmelden mußten. Weiteren Versuchen, dem 1936 gedrehten Tonfilm *Durch die Wüste* und den 1958/59 ebenfalls nach Orient-Vorlagen produzierten Farbfilmen *Die Sklavenkarawane* und *Der Löwe von Ba-*

bylon, war allenfalls relativer Erfolg beschieden. Gemessen an der Intensität, mit der der Leser die Mayschen Phantasiewelten durchlebte, blieb das Kino nur schales Surrogat.

1962 lief in den bundesdeutschen Lichtspieltheatern ein Karl-May-Film an, dessen Handlung erstmals im Wilden Westen Nordamerikas spielt. Er war mit großem Aufwand ›in Cinemascope und Eastmancolor‹ produziert und zielstrebig auf Kassenerfolg getrimmt. Trotzdem hatte die Branche nach den früheren May-Verfilmungen nur begrenztes Zutrauen in seine Anziehungskraft auf das Publikum. Der Titel des Streifens: *Der Schatz im Silbersee*. Der Film wurde ein überragender Erfolg und, wenn man der zu permanenter Rekordsucht neigenden Buchhaltung der Filmwirtschaft glauben darf, der größte Kassenschlager des deutschen Kinos seit Ende des Zweiten Weltkriegs. In nur zwei Monaten hatte der erste deutsche Western der Nachkriegszeit seine Herstellungskosten eingespielt, rund sieben Millionen Besucher sahen ihn innerhalb eines Jahres.

Der Schatz im Silbersee ist simpel im Inhalt, aber immerhin nicht dümmlich: Ein qualitativer Zuschnitt, der ihm den Zuspruch eines breiten Publikums sicherte und auch verhaltenes Wohlwollen der Kritiker. Nicht ungeschickt imitiert der Film die Topoi des klassischen Hollywood-Western (und zwar die ›B-Pictures‹, nicht den psychologisch-überhöhten Edelwestern à la *High Noon*). Das Ergebnis jedoch ist ein Wildwestmärchen sui generis, eine typisch deutsche Geschichte, worüber auch die internationales Flair vorspiegelnde Darstellerriege nicht hinwegtäuschen kann. Daß der Regisseur Harald Reinl (1908-1986), ehemals Assistent von Leni Riefenstahl und ein von Tiefsinn unangefochtener Handwerker, zuvor im deutschen Berg- und Heimatfilm reüssiert hat, ist in diesem Zusammenhang nicht ohne innere Logik.

Der Erfolg machte die Serie, die die Produzenten von vornherein anvisiert hatten, unvermeidlich. In den sieben Jahren zwischen 1962 und 1968 wurden insgesamt 17 Filme nach Romanen oder zumindest, wie es euphemistisch (oder entschuldigend?) hieß, ›nach Motiven‹ von Karl May hergestellt. Sie spielen im Orient, in Mittel- und Südamerika, vor allem aber im Wilden Westen. Dies erwies sich als die erfolgreichste Kategorie, denn in ihnen erscheint Winnetou. Folgerichtig firmierten diese Streifen nicht nur als ›Karl-May-Filme‹, sondern auch als ›Winnetou-Filme‹. Außer dem *Schatz im Silbersee* gehören hierhin:

Winnetou 1. Teil,
Old Shatterhand,
Winnetou 2. Teil,
Unter Geiern,
Der Ölprinz,
Winnetou 3. Teil,
Old Surehand 1. Teil,
Winnetou und das Halbblut Apanatschi,
Winnetou und sein Freund Old Firehand und
Winnetou und Shatterhand im Tal der Toten.

Im Gefolge der Karl-May-Filme kam es in der Bundesrepublik zu einer wahren Welle von Western, die zumeist in Coproduktion mit Jugoslawien, Italien oder Spanien gedreht wurden. Aber auch England, Frankreich und die ČSSR beteiligten sich mit eigenen Produktionen an dem Boom, und die DDR kreierte die spezielle Form des sozialistischen Wildwest-Films. Schließlich kulminierte die paneuropäische Westernproduktion in den Italo-Western von Sergio Corbucci (*Django*) und Sergio Leone (*Spiel mir das Lied vom Tod*), die das Genre um eine vollkommen neue Spielart bereicherten. Zu den Karl-May-Filmen gab es weder inhaltlich noch stilistisch eine Beziehung, und dennoch wäre es ohne sie nie zu den Spitzenleistungen des Italo-Western gekommen (so auch die treffende Einschätzung von Christopher Frayling: »The Karl May films created a commercial context which made the Italian Westerns possible«[3]). Dies ist, wenn man so will, ihre filmhistorische Bedeutung: Künstlerisch belanglos, aber kommerziell höchst erfolgreich, bildeten sie den fruchtbaren Urgrund für eine Form des Western, der sich radikal von Hollywood abwandte und nicht mehr den Mythos des Westen pflegte, sondern ihn gerade destruierte.

III

»Nun sehen wir sie endlich von Angesicht zu Angesicht: Die schon fast legendären Blutsbrüder Old Shatterhand und Winnetou.« Das Bild blendet auf, schwellende Musik, die beiden Protagonisten reiten über die Leinwand, ein Sprecher im Off. »Mit ihnen durchqueren wir die Höhen und Tiefen des gewaltigen Felsengebirges, mit ihnen reiten wir über die endlosen Weiten der amerikanischen Prärien. Mit ihnen erleben wir das große Abenteuer eines gnadenlosen Kampfes um den Besitz märchenhafter Reichtümer.« Der kurze Prolog am Anfang des *Schatz im Silbersee* suggeriert dem Publikum: Ein Ereignis steht bevor, auf das wir, die Karl-May-Gemeinde, schon lange gewartet haben. Vorhang auf: Hier sind die Gestalten, die uns als Leser so konkret erschienen. Doch: Werden wir sie wiedererkennen?

Der Filmanfang, der die Helden so prononciert einführt, ist ein Indiz dafür, daß Autor und Regisseur sehr wohl um das Risiko des Unternehmens wußten. Das mythische Personal Karl Mays wird aus der Welt der reinen Phantasie in den Zustand visueller Erfahrbarkeit überführt. Der Erfolg beim Publikum würde wesentlich davon abhängen, inwieweit die im Lichtbild real gewordenen Figuren den imaginierten entsprächen, ihnen zumindest nicht widersprächen.

Der Film selbst ist die rudimentäre Wiedergabe einer – im Vergleich zu anderen Werken Mays – schwachen Romanvorlage. Immerhin versammelt er die wichtigsten Handlungsingredienzien: Die große Männerfreundschaft, Kampf der Guten gegen die Bösen, Überfall und Kriegslist, Anschleichen und Spurensuche, Gottesgericht und Schatzmotiv. Und er wahrt – was kaum einer späteren Filmadaption gelingen wird – die Maysche Traumkulisse: Das große Gefühl, Pathos, Romantik. Sein größter Aktivposten jedoch sind die geschickt ausgewählten Hauptdarsteller: Lex Barker (1919-1973), der den Old Shatterhand spielt, ein ehemaliger Hollywood-Akteur, dessen größte Begabung ist, deutscher auszusehen als jeder Deutsche, und Pierre Brice in der Rolle des ›Bon savage‹ Winnetou, ein Schauspieler, von dem bis dato kaum jemand gehört hatte.

Vor allem auf diesen Winnetou richteten sich die Augen des Publikums, vornehmlich des weiblichen, wie die Film- und Klatschpresse sensibel notierte. Ein schöner Mann und unbestreitbar sexy. Die Halberotik Winnetous ist hier gut aufgehoben. Klare, offene Gesichtszüge, ein Anflug von Schwermut. Dunkle Augen, die forschend beobachten. Er wirkt distanziert, zeigt kaum Emotionen. Keine Erregung, kein Zorn, kein Lachen, allenfalls ein flüchtiges Lächeln. Er macht nicht viel Worte. Ein kurzer Blick, ein Wink mit der Hand: »Mein Bruder Scharlieh wird nach Tulsa reiten – Winnetou verfolgt die Tramps.« Dieser Mann weiß, was er will, Diskussion überflüssig.

Mit wehendem Haar reitet er an der Seite des Blutsbruders. Er liest Spuren (»Eins der Pferde hat doppelte Last getragen«), pirscht durchs Gebüsch, belauscht die weißen Bösewichte. Er führt feindliche Utahs in die Falle und kommt mit freundlichen Osagen der bedrängten Butler-Farm zu Hilfe. Dies übrigens sein liebster Auftritt: Der Deus ex machina, der in höchster Not und im letzten Moment Hilfe bringt.

Elegant-geschmeidig seine Bewegungen. Behend springt er aufs Pferd – und geradezu artistisch steigt er in späteren Filmen, nachdem er reiten gelernt hat, wieder herunter: Indem er das Bein nicht über den Rücken, sondern über den Hals des Rapphengstes schwingt. Gesten, die Wiedererkennungswert haben. Vor allem die mit beiden Händen vor die Brust gehaltene Silberbüchse gehört dazu, Schutzschild und Markenzeichen zugleich.

Dieser Winnetou, wie er im *Schatz im Silbersee* erscheint, ist von Anbeginn an perfekt. Perfekt, weil er vom Zuschauer als wahr akzeptiert wird. Ein Glücksfall, wie ihn Produzenten und Regisseure nur erträumen können. Die Besetzung ist ideal, die Darstellung so überzeugend, daß der dargestellte Winnetou alle Vorstellungen der Phantasie dominiert, der Zuschauer sein Bild widerstandslos korrigiert.

Dies mag erstaunlich sein, denn ganz offensichtlich ist der Film-Winnetou anders als sein literarisches Vorbild. Es fehlt zum Beispiel der ›helmartige‹ Haarschopf, das Kalumet um den Hals, auch die ominösen Stachelschweinsborsten. Das Lederwams mit Applikationen von Perlenstickerei ist von geradezu karnevalistischer Buntheit und wäre jedem Apatschenkrieger vermutlich als höchst befremdliches Kleidungsstück erschienen. Dieser Winnetou ist so wenig echt wie sein Vorbild. Doch Echtheit im Sinne historischer Authentizität ist kein notwendiges Kriterium für einen Märchenfilm, wichtig ist allein die Glaubwürdigkeit. Und Glaubwürdigkeit ist wichtiger als detailgenaue Übereinstimmung mit der Vorlage: Dies erklärt das Verfahren, Winnetou zu modernisieren und ihn von allen Attributen zu befreien, die ihn möglicherweise der Lächerlichkeit aussetzen könnten.

Andererseits war den Filmherstellern offensichtlich durchaus bewußt, daß Veränderungen der tragenden Charaktere nur sehr behutsam vorgenommen werden konnten. An einer Stelle im *Schatz im Silbersee* wird die Veränderung einer Hauptfigur vorgeführt und begründet: Old Shatterhand, der am Anfang des Films noch analog zum Buch einen Bart trägt, rasiert ihn sich, für alle sichtbar, ab. Die Hauptfigur jetzt ohne Bart – eine ironische Marginalie, wie man sie in späteren May-Filmen vergebens sucht.

IV

Der Darsteller des Winnetou hieß Pierre Brice und war so unbekannt, daß Kinobesucher und Rundfunkreporter sich seinerzeit erst über die Aussprache des Namens einig werden mußten. Pierre Brice *spielte* den Winnetou nicht nur, er *war* Winnetou. Mochte Karl May die Figur in äußeren Details wie auch in Zügen ihres Charakters anders gezeichnet haben, so stand doch für die Zuschauer fest: Dies war wirklich Winnetou. Pierre Brice gelang, was eigentlich unmöglich schien: Dem Traum Gestalt zu geben.

Die Wirkung des Schauspielers Brice beruhte nicht nur auf seiner bewußt gestalteten Darstellung, seinem schauspielerischen ›Können‹. Er war in der Rolle nicht zuletzt deshalb so erfolgreich, weil er den Charakter des Winnetou nicht spielen mußte, sondern ihn zumindest partiell selbst verkörperte. Die Identität zwischen Rolle und Schauspieler, die Hollywood dem gläubigen Publikum immer wieder zu suggerieren suchte (die Reihe läßt sich von Chaplin über die Monroe bis zu Charles Bronson beliebig fortsetzen) – sie ist im Falle Winnetou-Brice tatsächlich vorhanden.

Der Schauspieler wurde 1929 unter dem Namen Pierre Louis de Bris in Brest an der französischen Atlantikküste geboren. Der Vater war Beamter in der Eisenbahnverwaltung. Mit 16 riß der Sohn von zu Hause aus, ging als Freiwilliger zur Armee, war Froschmann und Fallschirmspringer, erst in Algier, später, mit 19, in Saigon. Nach der Entlassung in Paris Schreibmaschinenvertreter, Fotomodell, Tänzer, schließlich Schauspieler. Rollen in unbedeutenden Filmen aus französischer und italienischer Produktion. Spielte vorwiegend Gangster, Lebemänner oder kostümierte Helden. 1962 entdeckte ihn der Produzent Horst Wendlandt (*1922) während der Berliner Filmfestspiele für die Rolle des Winnetou.

Dies war die eigentliche Geburtsstunde des Schauspielers Pierre Brice und ein Datum, das sein Leben verändern sollte. Aus dem Nichts rückte er ins Bewußtsein der Kinogänger. Auch das verband ihn mit seiner Rolle: So wie Winnetou geschichtslos ist, so war es auch dieser Schauspieler.

Was von ihm gefordert wurde, war ungewöhnlich: Brice mußte den Winnetou nicht spielen – es reichte, daß er sich sehen ließ. Er beherrschte die Szene durch seine pure Anwesenheit. Nicht Bewegung wurde von ihm verlangt, sondern häufig gerade Bewegungslosigkeit. Das Statuarische des Mayschen Winnetou, wie es der Maler Carl Lindeberg auf dem Deckelbild der Bamberger Ausgabe von *Winnetou II* treffend dargestellt hat – genau das ist die originäre schauspielerische Leistung des Pierre Brice. Er agierte mit einem Minimum an mimischem Aufwand. Wäre er ein ambitionierter Schauspieler gewesen – möglicherweise hätte er die Rolle nicht so überzeugend ausgefüllt, wie er es tat.

Der Regisseur Harald Reinl hat in einem Interview einmal berichtet[4], Brice habe sich bei ihm beklagt, daß er in seiner Rolle nichts zu tun habe, sondern immer nur herumstehen müsse. Reinl habe erwidert, eben das mache er wundervoll – er solle bloß nicht mehr tun. Der Schauspieler, der sich unterfordert fühlte, hat das schnell begriffen. Seine Darstellung lebte aus dem Understatement. Kleinste mimische Andeutungen wurden bedeutungstragend: Das Senken des Kopfes, das Heben der Augenbraue, der forschende Blick unter den Augenlidern hervor. Darstellerische Details, die immer wieder auftauchten und gerade dadurch zu großen Gesten wurden.

Nicht nur durch sein äußeres Erscheinungsbild war Brice prädestiniert für die Rolle des Winnetou: Seine überzeugende Darstellung, seine Glaubwürdigkeit resultiert nicht zuletzt aus Ähnlichkeiten in der Persönlichkeitsstruktur von dargestellter Figur und Schauspieler. Der Bretone Brice ist zurückhaltend und distanziert, freundlich, aber nicht herzlich, schüchtern fast und fern jeder lärmenden Fröhlichkeit. Wie Winnetou war er unbeweibt, und dankbar registrierte die Unterhaltungspresse die Identität von Traum und Realität: »Zuverlässig, ehrlich, treu – das ist Pierre Brice auch im privaten Leben.«[5] Der Schauspieler trug selbst dazu bei, die Fiktion einer Verwandtschaft im Geiste zu wahren. Noch 1978 schreibt er in einem Fan-Magazin an seine »lieben Winnetou-Freunde«: »Winnetou, wer ist das? Eine positive Heldenfigur, denn er hält viel von Ehre, zeigt Mut, Treue und Redlichkeit, setzt sich unermüdlich für die Schwachen und Unterdrückten ein. Alles Tugenden und Ziele, die ich über alles schätze und die auch Euch, die Ihr so zahlreich Winnetou verehrt, etwas bedeuten, denn Ihr strebt seinem Vorbild nach und nicht dem eines wertlosen Menschen oder Gangstertypen.«[6]

Der naive Glaube an das Gute, ebenso sympathisch wie unreflektiert, der Dualismus von Hell und Dunkel als Erklärungsmuster einer als undurchschaubar empfundenen Realität, das Hohelied auf individuelle Tugendhaftigkeit, formuliert im Vokabular des Biedermeier – dieses rückwärtsgewandte Weltbild ist auch das Karl Mays. Hier finden sich viele seiner Leser wieder, und diese Botschaft transportiert ungebrochen auch der Film und sein Held: Winnetou – Pierre Brice.

V

Zusammen mit Lex Barker war Pierre Brice der letzte Star des bundesdeutschen Kinos. Den ›Star‹ charakterisiert zweierlei: Er ist für den Zuschauer über die erzählte Geschichte hinaus als Mensch interessant, und er ist der Wirklichkeit so weit entrückt, daß der Betrachter gerade aus dieser Distanz Genuß schöpft. Der Star ist überlebensgroß und gerade deshalb Zielpunkt der Identifikation. Der Star erscheint in der Regel als herausragendes Individuum oder mit einem andersgeschlechtlichen Partner als ›Traumpaar‹. Zwei Männer als Helden sind in der Typologie des Films meist komisch. Die Dioskuren Barker und Brice bilden als Protagonisten einer edlen Männerfreundschaft eine in der Filmgeschichte höchst seltene Konstellation.

Die beiden traten in Bundesdeutschland die Nachfolge von O. W. Fischer und Ruth Leuwerik an, und mit ihrem Verschwinden von der Leinwand endet auch das – im Vergleich zu Hollywood ohnehin nur bescheidene – Starsystem des deutschen Kinos. Es war in der ersten Hälfte der sechziger Jahre bereits ein Indiz für Ungleichzeitigkeit der Verhältnisse: Stars waren ein Anachronismus in einer Gesellschaft, die sich als offen, klassenlos und emanzipiert verstehen wollte. Den Regisseuren des Jungen Deutschen Films war denn auch die erzählte Geschichte wichtiger als die Namen der Schauspieler, und das Kino der Väter hielt sich fortan mit Stoffen über Wasser, die, ob nun Klamauk oder Sex, ihrem Wesen nach nicht mehr starfähig waren.

Barker und Brice waren nicht Stars qua Person, sondern qua Rolle. Ihre Starexistenz beruhte allein auf den Karl-May-Filmen. Mit keinem anderen Lichtspiel erreichten sie eine vergleichbare

Popularität. Zum Star machte sie das märchenhafte Sujet der Filme, Geschichten, die erkennbar nicht aus der trivialen Erlebniswelt der Zuschauer stammten, außerdem die simple Tatsache, daß sie Ausländer waren, was sowohl einen Imagevorteil bedeutete (zumindest in der Welt des Films), als auch die nötige Distanz zum Publikum schuf.

Die Stars Barker und Brice markieren die letzte Blüte einer im Kern schon moribunden Kinokultur. Das Kino in Deutschland erlebte einen sich auf diese Weise nicht mehr wiederholenden Aufschwung. Der Kult um die Helden Karl Mays manifestierte sich in Massenaufläufen vor den Premierenkinos, im epidemischen Entstehen von Starclubs, in kontinuierlicher Hofberichterstattung der Illustriertenpresse, die alle Bereiche des Privatlebens auszuleuchten bemüht war. Eine umfangreiche Sekundärwirtschaft profitierte vom Boom der Winnetou-Filme: Winnetou gab es auf Postkarte und Sammelbild, als Spielfigur und Laubsägearbeit, er sang auf Schallplatten und zierte Würfel- und Quartettspiele. Mit der Vermarktung der Winnetou-Figur begann in Deutschland die multimediale Verwertung von Filmsujets, wie sie in den USA bereits Tradition hatte (zu denken ist vor allem an Walt Disneys Bambi-Figur).

Winnetous Tod wurde durch professionelle Public-Relations-Attacken von Produzent und Verleih zum nationalen Ereignis hochstilisiert. Im Vorfeld des Films *Winnetou 3. Teil* gab es 1965 massenhafte Leserbriefproteste, nachdem die Teenager-Postille ›Bravo‹ zum Widerstand aufgerufen hatte. (»Verzweifelte ›Bravo‹-Leser baten: Laßt Winnetou nicht sterben!«) Die Wirkung war wohlkalkuliert: Der letzte Teil der *Winnetou*-Trilogie wurde noch einmal ein geschäftlicher Höhepunkt der Serie.

Die Kinos wurden zu Orten gemeinsamer Trauerarbeit. Im Nachlaß von Kläre Iwowski (1894-1982), die seinerzeit zu den aktivsten Karl-May-Fans gehörte und in ihrer Heimatstadt Berlin als ›Karl-May-Oma‹ bekannt war, findet sich folgende, ebenso eindrucksvolle wie rührend-komische Notiz vom März 1966: »Eine feine, zarte alte Dame jammert auf dem Hof des Kinos zu mir: ›Nun ist er tot! Ach Gott, nun ist er tot!‹ Sie hielt sich weinend an mir fest. Ich tröstete sie, brachte sie zum Bus, und wir besprachen alles sehr eindringlich und innig.«

VI

Die Kinohelden Winnetou und Old Shatterhand sind Leitbilder der frühen sechziger Jahre. Ihre Anziehungskraft auf einen großen Teil der bundesrepublikanischen Jugend war die wichtigste Ursache für den Erfolg der Karl-May-Filme. Diese Helden von gestern erwiesen sich, gerade in ihrer märchenhaften Distanz zum Betrachter, als ideale Objekte der Identifikation. Winnetou und Old Shatterhand sind jeder Situation gewachsen, sie beherrschen ihre Emotionen und sind mit sich im reinen (sie sind ›cool‹, um einen modernen Wertbegriff zu gebrauchen). Auf sie zielen latente Wünsche und unterschwellige Sehnsüchte, sie geben dem Jugendlichen Antwort auf die Frage ›Wie möchte ich sein?‹ und verschaffen ihm in der Phantasie ein neues Selbstgefühl. Selbst das individuelle Scheitern erfährt in Winnetou eine idealisierte Überhöhung: Er, der so unendlich Überlegene, fällt durch Hinterlist und Verrat.

Mit dem Aufbegehren der Jugend in der Mitte der sechziger Jahre verlieren die Mayschen Idole jedoch ihre Glaubwürdigkeit. Neue Leitbilder, fast zeitgleich mit den Karl-May-Helden auf der Bildfläche aufgetaucht, rücken jetzt in den Vordergrund. Auf der Leinwand ist es James Bond als Inkarnation zynisch-gewalttätiger Konfliktlösungen, in der Popkultur die Beatles und Rolling Stones, deren Musik radikal mit allen Konventionen bricht. Winnetou als Ausdruck einer Lebensform wirkt dagegen hoffnungslos veraltet, die in ihm verkörperten Wertvorstellungen – Mut, Aufrichtigkeit, Treue – scheinen anachronistisch, konservativ, überholt. Der letzte Winnetou-Film, 1968 nach zweijähriger Produktionspause gedreht (*Winnetou und Shatterhand im Tal der Toten*), wird zum geschäftlichen Mißerfolg. Die Winnetou-Ära des deutschen Films ist vorbei.

Das bedeutet nicht, daß die in den Winnetou-Filmen zum Ausdruck kommenden Sehnsüchte des Publikums nicht mehr vorhanden gewesen wären. Sie waren vielmehr durch die gesellschaftliche Avantgarde in den Hintergrund gedrängt worden, waren der Kritik ausgesetzt und galten als Indiz von unaufgeklärtem Bewußtsein. In der öffentlichen Meinung wurde Winnetou zum Helden allenfalls der Kinder, ansonsten der geistig Anspruchslosen herabgestuft.

Karl May dominierte nicht mehr den Filmmarkt, aber lange Zeit gehörten die Filme noch zum eisernen Bestand der Jugendvorstellungen. Mit vergleichsweise beträchtlichem Erfolg liefen sie in Wiederaufführungen und gehören noch heute zum festen Repertoire der deutschen Fernsehsender. In regelmäßigen Abständen wurde über eine Wiederaufnahme der kommerziell so überaus erfolgreichen Serie spekuliert. Der Tod von Lex Barker im Jahr 1973 machte diesen Überlegungen endgültig ein Ende.

Pierre Brice aber blieb weiterhin Winnetou. Er hatte die Rolle so nachhaltig geprägt, daß die Figur im Bewußtsein des Publikums inzwischen seine Züge angenommen hatte. Eine andere Verkörperung war schlechthin nicht vorstellbar. Buchillustrationen und Comics zeigten Winnetou plötzlich in Gestalt von Pierre Brice. Der Schauspieler Klaus-Hagen Latwesen (*1946), viele Jahre Winnetou-Darsteller bei den Karl-May-Spielen in Bad Segeberg, orientierte sich in seinen Gesten ganz offenkundig an seinem französischen Kollegen. Selbst wo gar kein Bezug zu Karl May vorhanden war, sahen edle Indianer im Film, auf der Bühne oder in der Werbung aus wie Winnetou-Pierre Brice. Wenn es in der Bundesrepublik so etwas wie ein verbindliches Indianerbild der Unterhaltungsindustrie gibt, dann ist das der prägenden Kraft seiner Darstellung zuzuschreiben.

Die Kehrseite des Erfolgs: Es ist dem Schauspieler Pierre Brice nie mehr gelungen, dem Image des Winnetou zu entkommen. Er hat es in mehreren Anläufen versucht, aber das Publikum erkannte ihn durch jede Maske hindurch als den ›wahren Winnetou‹. Heute mag er sich damit abgefunden haben, daß sein Name auf Dauer mit dem Epitheton ›Winnetou‹ verbunden sein wird. Man wird jedoch vermuten können, daß der Schauspieler in Brice unbefriedigt geblieben ist, weil ihm eine künstlerische Entwicklung versagt blieb.

So verkörpert Pierre Brice nur noch seinen eigenen Mythos. Er tut das, was sein immer noch vorhandenes Publikum von ihm erwartet. 1976 trat er erstmals als Winnetou bei den Karl-May-Festspielen im sauerländischen Elspe auf. Bis dato hatten sich dort ausschließlich Amateure an Karl-May-Dramatisierungen versucht. Mit Brice als Provinz-Superstar entwickelte sich die Bühne binnen kurzem zum größten Freilichttheater Europas mit rund 400000 Besuchern im Jahr. Brice blieb bis 1986 in Elspe und trat in insgesamt zehn Inszenierungen auf. 1980 erschien er in der deutsch-französischen Fernsehserie *Mein Freund Winnetou*, die allerdings keinen inhaltlichen Bezug zu Karl May hatte, sondern den Versuch unternahm, Leben und Denken der Indianer realitätsgetreu darzustellen. 1988 wurde er von den traditionsreichen Karl-May-Festspielen in Bad Segeberg verpflichtet, wo man sich von ihm einen ähnlichen Zuschauerzuwachs wie in Elspe erhofft.

In dem Film *Winnetou 1. Teil* (1963) reiten die Helden am Schluß in die untergehende Sonne: Optische Chiffre dafür, daß neue Abenteuer bevorstehen. So führte der Weg Winnetous von Film zu Film, immer dem Bösen auf der Spur, der Gerechtigkeit zum Siege verhelfend. Keine äußere Notwendigkeit trieb ihn, sondern allein die fiktive Berufung, für die Erlösung der Welt zu sorgen. In diesem Bedürfnis erkennt sich der deutsche Leser: Die Gestalt des Winnetou ist eine ins Unendliche verlagerte Projektion seiner selbst. Es ist nicht ohne Ironie, daß der Franzose Pierre zur idealtypischen Inkarnation dieser nationalen Sehnsüchte wurde. Die Zuneigung des deutschen Zuschauers ist ihm gewiß – eine Zuneigung, der er nie mehr wird entkommen können.

Anhang

Die Karl-May-Filme:

Auf den Trümmern des Paradieses
Deutschland 1920
Produktion: Ustad-Film Dr. Droop
Regie: Joseph Stein
Darsteller: Carl de Vogt, Meinhart Maur
Verleih: Bruckmann

Die Teufelsanbeter (auch: *Bei den Teufelsanbetern*)
Deutschland 1920
Produktion: Ustad-Film Dr. Droop
Regie: Joseph Stein
Darsteller: Carl de Vogt, Meinhart Maur
Verleih: Bruckmann

Die Todeskarawane
Deutschland 1920
Produktion: Ustad-Film Dr. Droop
Regie: Joseph Stein
Darsteller: Carl de Vogt, Meinhart Maur
Verleih: Bruckmann

Durch die Wüste
Deutschland 1936
Produktion: Lothar Stark
Regie: J. A. Hübler-Kahla
Darsteller: Fred Raupach, Heinz Evelt
Verleih: Syndikat (Tobis-Gruppe)

Die Sklavenkarawane
Deutschland/Spanien 1958
Produktion: DCF/Saiz
Regie: Georg Marischka, Ramón Torrado
Darsteller: Viktor Staal, Georg Thomalla
Verleih: Bavaria

Der Löwe von Babylon
Deutschland/Spanien 1959
Produktion: DCF/Saiz
Regie: Ramón Torrado, Johannes Kai
Darsteller: Helmuth Schneider, Georg Thomalla
Verleih: Bavaria

Der Schatz im Silbersee
Deutschland/Jugoslawien 1962
Produktion: Rialto/Jadran
Regie: Harald Reinl
Darsteller: Lex Barker, Pierre Brice
Verleih: Constantin

Winnetou 1. Teil
Deutschland/Frankreich/Jugoslawien 1963
Produktion: Rialto/SNC/Jadran
Regie: Harald Reinl
Darsteller: Lex Barker, Pierre Brice
Verleih: Constantin

Old Shatterhand
Deutschland/Frankreich/Italien/Jugoslawien 1964
Produktion: CCC/Criterion/Serena/Avala
Regie: Hugo Fregonese
Darsteller: Lex Barker, Pierre Brice
Verleih: Constantin

Der Schut
Deutschland/Frankreich/Italien/Jugoslawien 1964
Produktion: CCC/Criterion/Serena/Avala
Regie: Robert Siodmak

Darsteller: Lex Barker, Marie Versini
Verleih: Gloria

Winnetou 2. Teil
Deutschland/Frankreich/Italien/Jugoslawien 1964
Produktion: Rialto/SNC/Atlantis/Jadran
Regie: Harald Reinl
Darsteller: Lex Barker, Pierre Brice
Verleih: Constantin

Unter Geiern
Deutschland/Frankreich/Italien/Jugoslawien 1964
Produktion: Rialto/SNC/Atlantis/Jadran
Regie: Alfred Vohrer
Darsteller: Stewart Granger, Pierre Brice
Verleih: Constantin

Der Schatz der Azteken
Deutschland/Frankreich/Italien/Jugoslawien 1965
Produktion: CCC/Franco London/Serena/Avala
Regie: Robert Siodmak
Darsteller: Lex Barker, Gérard Barray
Verleih: Gloria

Die Pyramide des Sonnengottes
Deutschland/Frankreich/Italien/Jugoslawien 1965
Produktion: CCC/Franco London/Serena/Avala
Regie: Robert Siodmak
Darsteller: Lex Barker, Gérard Barray
Verleih: Gloria

Der Ölprinz
Deutschland/Jugoslawien 1965
Produktion: Rialto/Jadran
Regie: Harald Philipp
Darsteller: Stewart Granger, Pierre Brice
Verleih: Constantin

Durchs wilde Kurdistan
Deutschland/Spanien 1965
Produktion: CCC/Balcazar
Regie: Franz Joseph Gottlieb
Darsteller: Lex Barker, Marie Versini
Verleih: Gloria

Winnetou 3. Teil
Deutschland/Jugoslawien 1965
Produktion: Rialto/Jadran

Regie: Harald Reinl
Darsteller: Lex Barker, Pierre Brice
Verleih: Constantin

Old Surehand 1. Teil
Deutschland/Jugoslawien 1965
Produktion: Rialto/Jadran
Regie: Alfred Vohrer
Darsteller: Stewart Granger, Pierre Brice
Verleih: Constantin

Im Reiche des silbernen Löwen
Deutschland/Spanien 1965
Produktion: CCC/Balcazar
Regie: Franz Joseph Gottlieb
Darsteller: Lex Barker, Marie Versini
Verleih: Nora

Das Vermächtnis des Inka
Deutschland/Italien/Spanien 1966
Produktion: Franz Marischka/PEA/Orbita
Regie: Georg Marischka
Darsteller: Guy Madison, William Rothlein
Verleih: Nora

Winnetou und das Halbblut Apanatschi
Deutschland/Jugoslawien 1966
Produktion: Rialto/Jadran
Regie: Harald Philipp
Darsteller: Lex Barker, Pierre Brice
Verleih: Constantin

Winnetou und sein Freund Old Firehand
Deutschland/Jugoslawien 1966
Produktion: Rialto/Jadran
Regie: Alfred Vohrer
Darsteller: Rod Cameron, Pierre Brice
Verleih: Columbia-Bavaria

Winnetou und Shatterhand im Tal der Toten
Deutschland/Jugoslawien/Italien 1968
Produktion: CCC/Jadran/Super International Pictures
Regie: Harald Reinl
Darsteller: Pierre Brice, Lex Barker
Verleih: Constantin

Pierre Brice bei den Karl-May-Festspielen Elspe:

1976: *Der Ölprinz*
1977: *Der Schatz im Silbersee*
1978: *Winnetou 1*
1979: *Winnetou 2*
1980: *Winnetou 3*
1982: *Der Schatz im Silbersee*
1983: *Der Ölprinz*
1984: *Winnetou 1*
1985: *Winnetou 2*
1986: *Winnetou 3*

Pierre Brice in der Fernsehserie »Mein Freund Winnetou«:

Folge 1: *Blutspuren* (WDR 2.5.1980)
Folge 2: *Ein junger Komantsche* (WDR 2.5.1980)
Folge 3: *Der Zweikampf* (WDR 9.5.1980)
Folge 4: *Tashunko* (WDR 9.5.1980)
Folge 5: *Im Fort der Weißen* (WDR 16.5.1980)
Folge 6: *Sam Hawkins City* (WDR 16.5.1980)
Folge 7: *Das Feuerroß* (WDR 23.5.1980)
Folge 8: *Die Flöte* (WDR 23.5.1980)
Folge 9: *Der große Kriegsrat* (WDR 30.5.1980)
Folge 10: *Gequältes Volk* (WDR 30.5.1980)
Folge 11: *Die Rache der Cheyennes* (WDR 6.6.1980)
Folge 12: *Aufbruch* (WDR 6.6.1980)
Folge 13: *Der Prozeß* (WDR 13.6.1980)
Folge 14: *Alter Bär* (WDR 13.6.1980)
Frankreich/Deutschland/Schweiz 1980
Produktion: Intertel für Antenne 2/Westdeutsches Werbefernsehen/SRG
Regie: Marcel Camus
Darsteller: Pierre Brice, Eric Do Hieu, Siegfried Rauch

Anmerkungen

1 VII, S. 109.
2 Ebd., S. 110.
3 Christopher Frayling, *Spaghetti Westerns*, London 1981, S. 115.
4 In dem Fernsehfilm von Michael Feick und Gabriele Wengler, *Harald Reinl – Kino ohne Probleme*, Ulrich-Edel-Film (für Bayerischer Rundfunk) 1985.
5 Bravo, Nr. 3, Januar 1968.
6 Pierre Brice – Winnetou – Club-Magazin (Beilage zum Programmheft der Karl-May-Festspiele Elspe 1978 *Winnetou 1*).

Literatur

Christopher Frayling, *Spaghetti Westerns. Cowboys and Europeans from Karl May to Sergio Leone*, London 1981.
Dietmar Grieser, *Irdische Götter. Idole und ihre Kultstätten*, München, Wien 1980.
Claus Peter Müller-Thurau, *Deutsche Idole. Jugendleitbilder von Hermann dem Cherusker bis Otto*, Düsseldorf, Wien, New York 1987.
Christian Unucka (Hg.), *Karl May im Film. Eine Bilddokumentation*, Dachau 1980.
Winnetou le Mescalero, Adaption de Jean-Claude Deret, Paris 1980.

X
Winnetou in der DDR

Regina Hartmann
Karl May: »Winnetou«, Band I
Zum Phänomen der zeitgenössischen und aktuellen Massenwirksamkeit

Seit dem Erscheinen der ersten Erzählungen Karl Mays dauert der Streit um Wert oder Unwert seiner Bücher an. Kernpunkt war und ist ihre außerordentliche Massenwirkung. Die Vehemenz der Auseinandersetzungen, die nicht etwa nur in ›Fachkreisen‹ geführt wurden, hat weniger sachliche Urteile erbracht, als vielmehr die Beteiligten in May-Gegner und May-Anhänger geteilt. Auf der Seite der letzteren sind Namen wie Karl Liebknecht, Albert Einstein, Leonhard Frank, Albert Schweitzer oder Egon Erwin Kisch zu finden – ein Umstand, der zu denken geben muß angesichts absolut formulierter Verdikte.[1] Fragt man nach dem Beitrag der Literaturwissenschaft zur Klärung des ›Phänomens‹ Karl May, so muß ein 1970 formuliertes Urteil betroffen machen, das lautet: Die Verfasser heutiger [bürgerlicher – R. H.] Literaturgeschichten halten »Karl May nicht einmal einer exakten Untersuchung für würdig« und verweigern ihm und seinem Werk »sachliche Prüfung«.[2] Was hier für Literaturgeschichten gelten mag, trifft für die gesamte bürgerliche May-Forschung allerdings nicht zu, denn seit den 60er Jahren sind im Rahmen der Untersuchungen zur Trivialliteratur zahlreiche Einzelarbeiten zu diesem Thema erschienen.[3] Hervorzuheben sind z. B. die Beiträge von Gertrud Oel-Willenborg (1973)[4], Peter Uwe Hohendahl (1975)[5] oder Jochen Schulte-Sasse (1976)[6], die die Romane Mays auch unter dem Aspekt der Reaktion des Autors auf gesellschaftliche Gegebenheiten seiner Zeit zu erklären versuchen und von daher ihre zeitgenössische Massenwirksamkeit begründen. Dies scheint ein interessanter Ansatz, denn er fußt offensichtlich auf der Überlegung, daß literarische Werke Prozeßmomente sind, die sich in der literarischen Kommunikation konstituieren. Für die marxistische Forschung ist allerdings die Feststellung von der weitgehenden Abstinenz gegenüber dem Autor May in Literaturgeschichten zutreffend, denn über pauschale Urteile kommt man selten hinaus. So ist von einer »fragwürdigen Mischung von naiv-humanitärer christlicher Religiosität und heroischer Schablonisierung des Abenteurertums« 1975 im Band 8.2 der Volk-u.-Wissen-Literaturgeschichte die Rede[7], eine Wertung, die die *Kurze Geschichte der deutschen Literatur* 1981 fast wörtlich übernimmt.[8] Verglichen damit fallen die Urteile in dem Band *Literatur für Kinder und Jugendliche in der DDR* genauer und differenzierter aus[9], wobei allerdings der Auffassung des Helden im Sinne eines Nietzscheschen Übermenschen widersprochen werden müßte. Einigkeit herrscht in der Beurteilung Karl Mays als Trivialautor. Diese negative Bewertung ist auch der Tatsache geschuldet, daß der Autor in der DDR fast 40 Jahre lang als ideologisch suspekt galt und nicht verlegt wurde. Ursache dafür war die Fälschung seiner Bücher im Sinne der nazistischen Rassentheorie, die arisches Elitebewußtsein propagieren wollte. Die Absage an Karl May nach 1945 ist als – historisch berechtigte – kulturpolitische Entscheidung zu verstehen. Eine solche Behandlung erfuhr aus ähnlichem Grunde auch das *Nibelungenlied*, bei dem es etwa 20 Jahre dauerte, bis das ursprüngliche Epos unter der Schicht faschistischer Verfälschung freigelegt wurde. Die Erklärung dafür, daß May-Romane jetzt bei uns erscheinen, ist vor allem darin zu sehen, daß wir heute auch jenen Teil der Literatur und Kultur im allgemeinen auf seine Erbewürdigkeit hin prüfen – von der deutschen Romantik bis zu den ›Preußen‹ –, der zunächst im ›Abseits‹ unseres kulturpolitischen Interesses lag. Hinzu kommt, daß die Literaturverhältnisse vergangener Zeiten und mit ihnen die massenwirksame Literatur in publizistischer und literaturgeschichtlicher Sicht stärker ins Blickfeld rücken. Das hat mit dem wachsenden Interesse am kulturellen Alltag des Volkes zu tun, dessen Aufarbeitung begonnen worden ist. In dieses Umfeld gehört die Erkenntnis, daß die Orientierung auf literarische Massenwirksamkeit auch progressive ideologische Momente einschließen kann.

Ein Ausdruck dieses neuen Zugangs zum Werk Mays findet sich bei Gerhard Henniger, dem Herausgeber der *Winnetou*-Trilogie in unserem Land, der z. B. die märchenhaften Züge in Mays Werk verteidigt, weil er sie an ein humanistisches Anliegen gebunden sieht[10], und es nicht schlankweg als »unrealistisch«[11] und »beim jungen Leser falsches Bewußtsein« erzeugend[12] abstempelt. Darüber hinaus gibt es bei Henniger zumindest im Ansatz das Bestreben, die Spezifik der Mayschen Abenteuergeschichten und ihre Popularität in Beziehung zu setzen zum Leser der Entstehungszeit und seinen konkret historischen Bedürfnissen. Als Fazit darf wohl die 1970 von Hainer Plaul getroffene Feststellung gelten, daß die »Forderung [...] nach exemplarischer Durchforschung des Gesamtwerkes eines exponierten [...] Trivialschriftstellers« heute »von Fachwissenschaftlern [...] fast allgemein anerkannt«[13] ist, auf das Schaffen Karl Mays bezogen aber noch viel zu tun bleibt, »Biographie, literaturhistorische Einordnung und Wirkungsgeschichte« sind die drei großen Komplexe, deren Bearbeitung aussteht. »Damit sind freilich Fernziele abgesteckt.«[14]

Dieser Beitrag hat sich die Aufgabe gestellt, der Frage nach der Ursache der Massenwirksamkeit zur Entstehungszeit dieser Bücher wie heute, unter sozialistischen Verhältnissen, nachzugehen. Um spekulativem Vorgehen wenig Raum zu geben, werden Erzählstrukturen des ersten Bandes der *Winnetou*-Trilogie mit der Absicht untersucht, exemplarisch den Zusammenhang zwischen wirkungsästhetischen Strategien des literarischen Werkes und möglichen Rezeptionsweisen (damals wie heute) zu erhellen. Die Wahl fiel aus verschiedenen Gründen auf diesen ersten Teil: Zum einen ist er 1893 eigens als Band I für ›Karl May's Gesammelte Reiseromane‹ geschrieben worden, während die Bände II und III aus schon vorher veröffentlichten Erzählungen zusammengestellt worden sind. Lediglich das Schlußkapitel im dritten Band ist neu entstanden, um nachträglich die Anlage als Trilogie zu unterstreichen. Man kann daher für den ersten Band davon ausgehen, daß er allein unter dem Gesichtspunkt der künstlerischen Absicht entstanden ist, so daß Zufälligkeiten der Struktur entfallen. Zum anderen handelt es sich bei dem ersten *Winnetou*-Band um »ein Werk, um das sich die Interpreten bislang kaum bemüht haben, uneingedenk der Tatsache, daß sie über das neben der Luther-Bibel meistgedruckte, vor allem aber meistgelesene Buch deutscher Zunge zu befinden« gehabt hätten.[15] Um das zu unterstreichen, sei daran erinnert, daß nicht alle Teile der Reiseromane bzw. -erzählungen gleichermaßen beliebt sind. Nimmt man die Gesamtauflagenhöhe der einzelnen Bände zum Maßstab ihrer Beliebtheit, so halten die drei *Winnetou*-, die zwei *Surehand*-Bände sowie *Der Schatz im Silbersee* die Spitze.[16] Nicht in Rechnung gestellt sind bei dieser Auflistung die Übersetzungen Mayscher Bücher; 1968 wies der ›Index Translationum‹ der UNESCO 114 Übersetzungen aus, und das bedeutete den Platz Nummer fünf für Karl Mays Werk im Weltmaßstab![17]

Welche Momente dieser Abenteurererzählung sind es nun, die die Leser der Entstehungszeit so angesprochen haben mögen, daß es zu solch einer Popularität kam? Im ›Wilden Westen‹ wird ein gesellschaftlicher Zustand geschildert, in dem es keine durchgesetzten, für alle Mitglieder verbindlichen Rechtsnormen gibt. Dadurch entstehen zahlreiche Konflikte, so daß das menschliche Zusammenleben von Kampf und Krieg geprägt ist. In diese Welt ist Old Shatterhand gestellt: Sein Heldentum besteht im wesentlichen darin, bestimmte humanistische Werte als Normen durchzusetzen. Daß ihm dies gelingt, darin liegen nun eigentlich die märchenhaften Züge der Amerika-Romane Mays. Von daher ist auch das der Shatterhand-Figur zugrunde liegende Menschenbild zu verstehen. Wie muß ein Held aussehen, der gegen eine Welt von Schurken in einem Handlungsraum auftritt, in dem allein das Recht des Stärkeren gilt? Ihm selbst muß Stärke eigen sein, und zwar in einer Qualität, die einerseits das Ausmaß des ›Normalen‹ deutlich übersteigt, aber andererseits innerhalb der Figurenkonstellation nur so weit geht, daß für ihn Schurken noch ernstzunehmende Gegner bleiben. Diese Konstellation weist auf das wohl entscheidendste strukturbildende Merkmal hin: die Helden sind ununterbrochen damit beschäftigt, Täter eines Verbrechens zu fangen bzw. Verbrechen zu verhindern. Im *Winnetou I* ist es der brutale Mord an dem Apachenhäuptling Intschu-tschuna und der Häuptlingstochter Nschotschi, der Old Shatterhand und Winnetou in Aktion setzt. Es ist aufschlußreich zu untersuchen, worin die Stärke Old Shatterhands liegt, wie seine Überlegenheit begründet wird. Zunächst erhält er, noch ehe er in den Wilden Westen zieht, den Bärentöter, später den Henrystutzen und ein überragendes Pferd. Zu Beginn lernt er aber auch drei Westmänner kennen, Sam Hawkens, Dick Stone und Will Parker, die schnell bereit sind, Old Shatterhands Partei in den Auseinandersetzungen mit dem Landvermesserteam und den Kiowas zu ergreifen. So existiert eine Gruppe von ›Westmännern‹, zu denen später noch Winnetou stößt, als eine Art kollektiver positiver Held. Die Bezeichnung ›Westmann‹ ist nicht etwa wertfrei, sondern weist auf besondere Qualitäten in bezug auf physische, intellektuelle und moralische Eigenschaften hin. Dazu gehören außergewöhnliche sportliche Fähigkeiten ebenso wie eine gewisse Pfiffigkeit und praktische Klugheit. Dadurch sind sie optimal angepaßt an die Lebensbedingungen des Westens; charakteristisch für sie ist auch, daß nur die wenigsten von ihnen – so z. B. Old Shatterhand – lesen und schreiben können. Ihre moralischen Eigenschaften sind es, die für unsere Untersuchung von speziellem Interesse sind. Von Gewichtigkeit wäre Menschlichkeit, die sich vor allem in der Achtung vor dem Leben, in Freundestreue und Hilfe für Bedrängte äußert, aber auch in dem Grundsatz, Gerechtigkeit gegenüber Freund und Feind walten zu lassen. Nun ist die Gruppe der Westmänner nicht etwa homogen. Es gibt eine deutliche Struktur: An der Spitze steht Old Shatterhand, der Hawkens, Parker und Stone sehr schnell nicht nur an Wildwest-Eigenschaften, sondern sowohl an Klugheit als auch an Bildung und humanistischen Moralnormen übertrifft. Im Gegensatz zur Auffassung Hawkens', daß ein »guter« Westmann auch an der Zahl der von ihm getöteten Feinde erkennbar ist[18], verurteilt Old Shatterhand nicht nur das Töten von gefangenen Apachen als »Massenmord«[19], sondern hat selbst Mühe, seine Bedenken zu überwinden, in einem fairen Zweikampf zu töten. Hawkens muß erst argumentieren: »Und wie ist es denn, Sir, mit Eurer Humanität? Ich weiß, Ihr habt ein gutes Herz und schlagt nicht gern einen Menschen tot. Ihr hegt doch nicht etwa die heimliche Absicht, den Kerl zu schonen, mit dem Ihr kämpfen müßt?«[20] Schließlich überzeugt Old Shatterhand die Überlegung, daß er »dadurch so viele Menschenleben«[21] rettet, daß er diesen einen Gegner tötet. Bezeichnenderweise wird die Reminiszenz eingefügt: »Drüben im alten Land gehen die angesehensten Kavaliere wegen einer Kleinigkeit gegeneinander los«.[22] Wie leicht zu belegen ist, hat das humanistische Credo Shatterhands eine christliche Grundlage. Ein Indiz hierfür ist die Friedensbotschaft, die er anderen Völkern, den Indianern, bringt[23], seine Verteidigung des Lebensrechtes der Indianer[24] und die Hochschätzung ihrer Kultur[25]. Dazu gehört ein Gerechtigkeitsgefühl, das darauf gerichtet ist, den Schuldanteil des einzelnen genau zu wägen und danach das ›Strafmaß‹ festzulegen. Am stärksten findet dieses Rechtsgefühl Old Shatterhands in der Auseinandersetzung mit Winnetou Ausdruck: Winnetou fordert zunächst in bezug auf die Kiowas: »Sie haben sich des Mörders angenommen und werden alle sterben müssen – alle!«[26] Doch Old Shatterhand hält ihm entgegen: »Aber sie sind nicht an dem schuld, was hier geschehen ist, und es wäre ungerecht, sie die Strafe dafür mittragen zu lassen«[27] und »wie gefangene tolle Hunde niederzuschießen.« Mit dem Hinweis auf die Brüderschaft aller Roten und ihren gemeinsamen Feind – die weißen Einwanderer – gelingt es Shatterhand, Winnetou umzustimmen. Er steht mit seinen Moralnormen also über denen des sonst ebenbürtigen Freundes. Wie der Schluß der Trilogie zeigt[28], kommt es zu einer grundsätzlichen Annäherung Winnetous an Positionen Old Shatterhands. Dieser Held, von dem Freunde wie Feinde nur in höchster Anerkennung reden können, erscheint allwissend und mächtig, ja schlechthin als die Verkörperung einer über allem stehenden rechtenden und ordnenden Instanz. »Er ist als Kämpfer unbesiegbar wie Siegfried [...], er ist listenreich wie Reineke Fuchs, er ist Befreier und Rächer in ungezählten Situationen und ein Wohltäter wie Rinaldo Rinaldini und Al Capone.«[29] Nur eins ist er nicht – ein »wahrhaft Nietzschescher Übermensch«[30]; dieses Urteil Emmrichs läßt unberücksichtigt, daß unabdingbarer Bestandteil einer solchen Heldenkonzeption ein elitäres Denken und Handeln der Figur im Sinne der Verachtung der Massen wäre – eine Haltung, die Old Shatterhand aber nicht besitzt. Seine Aktionen zielen auf eine menschlichere Welt und nicht auf ein ›Umwerten aller Werte‹ im Sinne Nietzsches. Damit wird klar, warum der Autor ihm Überlegenheit, gepaart mit humanistischem Anliegen und Gerechtigkeitsgefühl, verliehen hat. In *Winnetou II* äußert Shatterhand: Die Strafe »ist eine notwendige Folge der Untat und eng verbunden mit dem Begriff der Gerechtigkeit«.[31] Im Handlungsraum Wilder Westen scheint eine Heldenfigur wie Old Shatterhand die einzige Möglichkeit eines rechtenden und richtenden Eingriffs. Daß es wegen dieser Funktion zur starken Idealisierung der Figur kommen muß, liegt auf der Hand. Sicher ist dies eine idealistische Wegvorstellung, nur, deshalb die ganze Trilogie als »unrealistische« Literatur[32] abzuwerten, geht nicht an. Dann müßte man die gesamte Literatur des bürgerlichen Realismus im 19. Jahrhundert so werten, denn für sie gilt ebenso, daß zwar von humanistischen Vorstellungen her Gesellschaftskritik geübt wird, aber die Wegvorstellungen stark idealistische Züge tragen (provinzielle Ausgliederung, Inselwelten, humanes Wirken einzelner bei Storm und Raabe z. B.). Zudem ist es ein Fehler anzunehmen, daß Mays Amerika-Romane nichts mit deutscher Realität zu tun hätten; das Gegenteil muß der Fall sein, sonst wäre die Massenwirksamkeit bei den Zeitgenossen nicht erklärbar.

Was hat den Büchern die Faszination verliehen? Sicher ist die Antwort sehr differenziert zu geben; aber von der Prämisse ausgehend, daß sich literarische Werke im gesellschaftlichen Kommunikationsprozeß konstituieren, ist es möglich, auf nachweisbare gesellschaftliche Rezeptionsweisen zu achten.[33] Dies ist auch in der Sekundärliteratur im Ansatz schon mehrfach getan worden, indem vor allem Rezeptionshaltungen bewertet wurden. So heißt es in einer bürgerlichen Arbeit: »Literatur wird zum Vehikel nationaler Sehnsüchte und Traumata, Lektüre zur kompensatorischen Therapie« der »zwischen spießbürgerlicher Enge und dem berüchtigten ›Griff nach der Weltmacht‹ schwankenden deutschen Mentalität in der wilhelminischen Ära [...]«.[34] Emmrich charakterisiert die Rezeptionshaltung als »Sucht eines unmündigen Lesers nach [...] Ersatzbefriedigung«.[35] In beiden Urteilen – und sie mögen exemplarisch für viele ähnliche stehen – wird der kompensatorische Gebrauch der Abenteurererzählungen mit ausschließlich pejorativem Akzent benannt. Das ist eine Bewertung, deren Fragwürdigkeit im Zuge der Beschäftigung der marxistischen Forschung mit Trivialliteratur immer deutlicher wird. Außer Frage steht, daß triviale Literatur einen beträchtlichen kultur- und geistesgeschichtlichen Informationswert haben kann.[36] Statt sie zu verketzern, sollte man dieses Phänomen als eine Möglichkeit verstehen, die Literatur im Sinne der Lebenshilfe bieten kann, und versuchen, es aus den gesellschaftlichen Gegebenheiten zu erklären. In letzteren sieht auch Henniger einen »Schlüssel zu vielen Werken Mays«, »eben in dem Begreifen der Zeit, in der er lebte«[37], ohne allerdings diesen Ansatz weiter auszuführen. Ohne Zweifel ist an diesen Beobachtungen richtig, daß die Massenwirksamkeit z. B. der *Winnetou*-Bände nur so zu erklären ist, daß May damit ein Bedürfnis breiter zeitgenössischer Leserschichten bedient hat. Hermann Hesse rechtfertigt die Anlage der Mayschen Bücher und ihre Aufnahme bei den Lesern: May ist »der glänzendste Vertreter eines Typs Dichtung, der zu den ganz ursprünglichen gehört und den man ›Dichtung als Wunscherfüllung‹ nennen könnte«.[38] Dem folgend, wäre zu fragen, welchen überindividuellen Wunschträumen der Zeitgenossen May Ausdruck verliehen hat. Am augenfälligsten ist wohl die Heldenkonzeption einer Figur wie Old Shatterhand, denn sie wirkt als eigentliches Medium des Ideengehaltes zusammen mit Winnetou und Westmännern wie Old Firehand und Old Surehand. Die deutsche Wirklichkeit war Ende des 19. Jahrhunderts gekennzeichnet durch die imperialistische Entwicklungsphase des Kapitalismus, durch aggressive Außenpolitik und verschärfte Widersprüche in der Sozialstruktur auf Grund zunehmender Ausbeutung. Davon war nicht nur das Proletariat betroffen, sondern das galt auch für bürgerliche Schichten.[39] Beeinflußt durch das massenhafte Erlebnis der wirtschaftlichen Unsicherheit des einzelnen, kam es zu einem Lebensgefühl des Ausgeliefertseins an die übermächtigen ›Zustände‹, und es wuchs der Wunsch nach einer menschlicheren Welt. Ganz ähnlich geht es auch in der fiktionalen Welt des Wilden Westens zu. Der entscheidende Unterschied besteht nun aber darin, daß, entgegen der millionenfachen Wirklichkeitserfahrung der deutschen Leser, die Fiktion eine Lösung bietet. In der Figur Shatterhands ist der uralte Menschheitstraum – der Grundgedanke aller Messiaden – gestaltet, daß es eine Instanz gibt, die, von humanistischen Werten ausgehend, absolute Maßstäbe für Recht und Unrecht setzen kann und gerechte Urteile fällt. Diese Figur verkörpert eine mit endgültiger Autorität versehene Entscheidungsinstanz, deren Machtausübung zugleich Rechtsausübung im humanistischen Sinne ist. Hierin liegt die ›Wunscherfüllung‹ der Dichtung. Auch hier gibt es zwar wie in der Realität eine hierarchische Ordnung der Figuren, aber das Ordnungsprinzip ist ein anderes: Nicht Besitz ist ausschlaggebend, sondern allein humanistische moralische Werte wie die oben bei der Charakteristik Old Shatterhands angeführten. Karl May läßt ihn sagen: »Hier [im Wilden Westen – R. H.] gilt nur der Mann«, und meint eigentlich, hier gilt nur der ›Westmann‹.[40] »Wenn ein Millionär, ein Bankier, ein Offizier, ein Advokat, meinetwegen auch der Präsident der Vereinigten Staaten selbst nach dem Westen geht« und sich dort nicht wie ein Westmann verhält, »so wird dieser hohe und vornehme Herr [...] eben zum ›Rabble‹, zum Gesindel, gerechnet.«[41] An die Stelle des bürgerlichen Status ist ein moralischer getreten, der in den als Statussymbolen funktionierenden Westmann-Namen (Shatterhand, Firehand, Surehand u. a.) Ausdruck findet.[42] Hier spielt ein weiteres Moment des ›Wunschtraums‹ deutscher Leser hinein: Die Lebenserfahrung der (im weitesten Sinne) kapitalistischen Entfremdung vom Produkt der Tätigkeit sowie der einzelnen voneinander, die ein Selbstverständnis im Sinne eines völlig unbedeutenden, leicht ersetzbaren und austauschbaren Rädchens im großen Getriebe erzeugt, wird hier mit einer Welt konfrontiert, in der »der Mann ›noch etwas wert‹ ist«.[43] Die Westmänner finden Selbstverwirklichung darin, daß sie – im Gegensatz zu den Möglichkeiten der zeitgenössischen Leser – ihre Welt aktiv gestalten. Die Figurenbeziehungen der Westmänner untereinander sind von einem kameradschaftlichen Zusammengehörigkeitsgefühl geprägt, und die Freundschaft zwischen Partnern wie Old Shatterhand und Winnetou erhält eine so hohe moralische Wertigkeit, daß sie oft mit dem Einsatz des eigenen Lebens für den anderen verbunden ist. In der Blutsbrüderschaft findet sie ihren höchsten Ausdruck. Ihre ›Seelenverwandtschaft‹ äußert sich z. B. darin, daß Old Shatterhand eine Frage an Winnetou nicht durch Worte, sondern durch den Blick, den er »auf ihn richtet«[44], ausspricht, daß beide in bezug auf einen Plan »denselben Gedanken«[45] haben, so daß Winnetou sagt: »Mein Bruder handelt stets so wie ich [...] an seiner Stelle.«[46] Shatterhand kommentiert den Abschied von Winnetou am Schluß des ersten Teiles: »Ich blickte meinem Winnetou nach [...]. Es war mir, als wäre ein Teil meines eigenen Ich von mir gegangen.«[47] Winnetou äußert die Überzeugung, daß »die Liebe«[48] beide wieder zusammenführen wird, und nimmt Old Shatterhand das Versprechen ab, schnell wieder zurückzukehren aus den »Städten des Ostens« mit dem Hinweis: »Du weißt, wen du mir zu ersetzen hast.«[49] Die Männerfreundschaft ersetzt Familienbindung. Bezeichnenderweise werden in den Amerika-Romanen die Westmänner immer als ungebunden und als unempfänglich für weibliche Reize geschildert. Eine Ausnahme ist die Begegnung Old Shatterhands mit Winnetous Schwester. Diese Liebe findet aber durch den frühen Tod Nschotschis keine Verwirklichung. Fragt man nun mit dem Blick auf den zeitgenössischen Leser nach der Funktion des Verzichts auf eine Liebesbindung, so ergibt sich folgendes: Der Weg in exotisch-fremdartige Fernen führt in einen vorkapitalistischen Handlungsraum. Er ist Bedingung dafür, daß die Jagdbeute an die Stelle der Lohntüte tritt, daß es weder Arbeitslosigkeit noch finanzielle Sorgen gibt, ja daß es ›Arbeit‹ und ›Sorge‹ im herkömmlichen Verständnis überhaupt nicht gibt. Statt Arbeit finden die als ›Große‹, ›Einsame‹ angelegten Helden Abenteuer, statt des täglichen Einerleis stets neue Aufgaben und an Stelle eines trauten Heims Lagerfeuer und wilde Wälder. In dieser Seite der Heldenkonzeption wird der Charakter der Fiktion als poetische Gegenwelt zur zeitgenössischen Realität deutlich. Er ist es, der einen großen Teil der Anziehungskraft der Abenteuergeschichten ausgemacht haben mag. Wenn nun aber die Wild-West-Helden als Ehegatten und Familienväter angelegt worden wären, so hätte die ›Sorge‹ um den Lebensunterhalt der Familie wieder gestaltet werden müssen – besonders, wenn man die hohen moralischen Normen der Westmänner bedenkt – und damit genau die Probleme des deutschen Alltags, denen der Leser entfliehen wollte. Damit wäre die Abenteuerromantik entscheidend beschädigt worden. Das hätte sich auch auf die Struktur der Amerika-Romane ausgewirkt: Denn Voraussetzung für die spezifische Anlage der Abenteuer ist die hohe Mobilität der Helden. Es entstehen Strukturen einer Aventiuren-Kette, deren Abenteuer eigentlich nie richtig anfangen und nie richtig aufhören.[50] Diese Episodenstruktur bedeutet für die Heldenkonzeption, daß das Leben der Westmänner dazwischen nicht interessiert, so daß sie sich in jeweils neuer Gruppenzusammensetzung finden. So wurde es May möglich, eine Abenteuererzählung in lockerer Folge an die andere zu reihen, was auch der Publikationsform als Serie in Zeitschriften entgegenkam. Diese strukturelle Anlage ist es auch, die mit Notwendigkeit eine ›flache‹ Charakterzeichnung der einzelnen Figuren bedingt, so daß es etwa 20 Typen von Westmännern in den Amerika-Romanen gibt.[51] Auf diese Weise wird das flach gezeichnete ›Innenleben‹ der einzelnen Figur kompensiert, und der etwa 20 Jahre umfassende Zeitraum der Romane[52] gibt den einzelnen ›Varianten‹ genügend Möglichkeiten, sich in der Aktion vorzustellen. So ist es auch zu erklären, daß es eine Anzahl äußerlich ›komischer‹ Westmänner gibt, die durch irgendeinen ›Tick‹ auffallen; so z. B. Sam Hawkens in *Winnetou I*, der an jeden zweiten Satz »wenn ich mich nicht irre« anhängt und selbst in brisanten Situationen sein kicherndes »Hi, hi, hi« hören läßt.[53] Vor diesen typisierten Figuren agieren Winnetou und Old Shatterhand, beide differenzierter geschildert und als Identifikationsmöglichkeit angeboten. Von ihren Aktionen leben die Abenteuererzählungen. Aufschlußreich ist es, nach der Art dieser Abenteuer zu fragen; dabei fällt das Motiv der Schatzsuche auf: »[...] es ist erstaunlich, wie viele wertvolle Gegenstände, Geldbeträge, Wertpapiere in Mays Romanen gefunden oder erworben, gestohlen oder verfolgt werden«[54], urteilt Schulte-Sasse und stellt eine geradezu »strukturbildende Dominanz dieses Motivs [...] besonders in der Winnetou-Trilogie«[55] fest, denn wegen des Schatzes der Apachen werden Intschu-tschuna und Nschotschi ermordet, und als Folge begeben sich Winnetou und Shatterhand auf die Suche nach dem Mörder. Schulte-Sasse stellt in diesem Motiv einen interessanten Zeitbezug fest, der darin besteht, »daß May [...] seinen Lesern [...] das materielle Happy-End versagt. Der Schatz geht in der Regel durch ein

Naturereignis verloren⁵⁶ – auch den positiven Helden«.⁵⁷ So wird das »Streben nach Reichtum« mit einem »Fluch [...] belegt«⁵⁸, dessen historisch-konkrete Hintergründe Schulte-Sasse in der ökonomischen und ideologischen Verunsicherung breiter bürgerlicher, besonders auch intellektueller Schichten sieht. Dafür spricht auch die negative Charakteristik der Yankees (in *Winnetou I* beim Eisenbahnbau) als Figuren, die möglichst mühelos zu möglichst viel Geld kommen wollen, sowie die positive Absetzung der indianischen Uninteressiertheit an materiellem Reichtum gegenüber dem Mammongeist der Weißen.⁵⁹ Schulte-Sasse sieht den Bezug zum zeitgenössischen Leser darin, daß dieser die »großbürgerliche Geldmentalität für seine soziale Unsicherheit verantwortlich«⁶⁰ machte. Dies ist sicher zutreffend; ein Indiz dafür wäre, daß Fontane sich zu gleicher Zeit – ganz exponiert in seiner *Frau Jenny Treibel* von 1892 – gegen die ›Geldsackgesinnung‹ des Großbürgertums wendet. Hier wird von beiden Autoren Kapitalismuskritik formuliert. Auf einen solchen Hintergrund ist die ›Wunscherfüllung‹, die May mit seiner Dichtung anbietet, zu projizieren. Die Sehnsucht nach einer menschlichen Welt findet darin Ausdruck, nach einer moralisch ›heilen‹ Welt, in der der einzelne eine ihm gemäße Möglichkeit zur Selbstverwirklichung erhält und in der ungestörte zwischenmenschliche Beziehungen möglich sind. May gestaltet ein Hohelied auf die Schöpfer einer solchen Inselwelt. Er muß diese Gesellschaftsutopie in exotische Fernen verlegen, damit die als authentischer Reisebericht angelegten Erzählungen glaubwürdig werden. Damit steht er mit seinem Werk einerseits in der Traditionslinie naturwissenschaftlicher Reiseschriftsteller (Humboldt, Livingstone, Stanley) und andererseits in der der Robinsonaden. Man sollte hinsichtlich der Berechtigung solcher ›Wunscherfüllung‹ mittels Dichtung vorsichtiger mit seinen Urteilen sein, als das z. B. bei den o. a. – bürgerlichen wie marxistischen – Literaturwissenschaftlern der Fall ist. Damit soll May nicht etwa zum ›revolutionären‹ Schriftsteller aufgewertet werden. Sicher ist es richtig, wenn Hohendahl urteilt, daß »hinterrücks [...] der Pakt mit der schlechten Gegenwart«, die May ablehnt, »erneut geschlossen« wird, denn der »antikapitalistische Affekt« ist verbunden mit einer Wegvorstellung im Sinne einer »Lösung von oben«.⁶¹ Dennoch ist das humanistische Credo dieser ›Wunschvorstellung‹ unbestreitbar, und insofern ist einer solchen Gesellschaftsutopie auch ein progressives Moment eigen. Das betrifft die Zielvorstellung Mays, seine Wegvorstellung allerdings ist konservativ, d. h. zu diesem Zeitpunkt angesichts der Formierung des Proletariats zur revolutionären Klasse historisch überlebt. Erst wenn man sich dies deutlich macht, wird verständlich, wie groß die Lesartenbreite sein kann, so daß der Inhalt der ›Wunscherfüllung‹ auch stark differieren muß. Mit anderen Worten: Brecht las May sicher anders als der zeitgenössische Regierungsrat[62], Bibliothekar[63], Schuldirektor[64] oder Pfarrer[65].

Mit diesem Phänomen hat man es auch zu tun bei der Suche nach den Ursachen für die Wirkung von Mays Abenteuererzählungen heute. Was wirkt weiter, was wirkt bei unseren Lesern heute besonders? Dabei wird die Antwort vom Wirklichkeitsbezug dieser Literatur her für sozialistische Verhältnisse gegeben, und nicht etwa wie z. T. bei der zeitgenössischen Wirkung auf Grund belegter Leseraussagen. Repräsentative Umfragen zu den bei uns verlegten Büchern Mays gibt es nicht, allerdings sind die von Sommer und Mitarbeitern vorgelegten soziologischen Untersuchungen zur Funktion und Wirkung von Literatur[66] geeignet, einen Hinweis auf die Ursache der großen Resonanz zu geben. Die Tabellen weisen eine deutliche Bevorzugung von Reiseschilderungen, Kriminalliteratur und Abenteuerromanen durch unsere Leser aus. Besonders augenfällig ist dies bei Arbeitern und Angestellten in der Produktion[67], bei denen die angeführte Literatur in dieser Reihenfolge eine Spitzenstellung einnimmt, und bei in der Landwirtschaft Beschäftigten[68], bei denen sie auf Platz drei, vier und fünf zu finden ist. Nach Altersgruppen geordnet, wird diese Literatur besonders von 25- bis 30jährigen gelesen[69] (Platz eins bis drei), und nach Geschlechtsgruppen besonders von Männern[70] (Platz eins, drei, vier). Schließlich weisen die nach Schulbildung aufgestellten Tabellen eine Vorrangstellung solcher Werke besonders bei Befragten mit Zehnklassenabschluß auf[71] (Platz eins, drei, vier).

Elemente der Reise-, Kriminal- und Abenteuerliteratur sind es auch, die die Spezifik z. B. der *Winnetou*-Trilogie ausmachen. Bekannt ist auch das Interesse der heute 40- bis 55jährigen an Mays Büchern, das vermutlich damit zu erklären ist, daß diese Leser eine bisher bei uns nicht zu befriedigende Neugier stillen wollen, die einen Autor betrifft, den sie in der Regel nur vom Hörensagen kennen können. Deshalb sollen hier am Beispiel von *Winnetou I* noch einmal die diesen Genres geschuldeten Handlungselemente näher betrachtet werden. Eine große Bedeutung hat das häufig verwendete Handlungsmuster Fährtenlesen, Anschleichen, Belauschen der Gegner[72] und Erraten ihrer Absichten auf Grund von Kombinieren und Schlußfolgern. Als Shatterhand noch als Greenhorn gilt, gelingt ihm erstmals ein Anschleichen: Er befreit Winnetou und Intschu-tschuna aus dem Kreise von etwa 200 Kiowa-Kriegern. Wenig später ist er in der Lage, eine Fährte der Entflohenen zu finden und daraus nicht nur auf die Reiter[73], sondern auch auf ihre Absicht zu schließen[74]. Dieses Schlußfolgern erklärt Old Shatterhand gegenüber Sam Hawkens und beschreibt damit das Muster, nach dem es von nun an bei vielen Gelegenheiten angewendet wird: »Nun, ich habe folgenden Schluß gezogen: Wenn Indianer hintereinanderreiten, wollen sie ihre Spur verdecken; die beiden Apachen sind hintereinandergeritten, folglich wollten sie ihre Spur verdecken [...]. Durch diesen richtigen Schluß bin ich zu der richtigen Entdeckung gekommen. Der richtige Westmann muß vor allem richtig denken können.«[75] Dieses Moment weist in der Betonung der Intelligenzleistung deutliche Spuren seiner Herkunft auf: Es erinnert an Sherlock Holmes' ›messerscharfes‹ Schlüsseziehen; hinzu kommt, daß ebenso wie Conan Doyles Held auch Winnetou und Shatterhand mit einer glänzenden Beobachtungsgabe ausgerüstet sind. Im Verlaufe der Verbrecherjagd kommt es zwischen Shatterhand und Santer geradezu zu einem Duell im gegenseitigen Anschleichen, Belauschen und Kombinieren in Hinblick auf die Aktionen des anderen: Old Shatterhand belauscht als Gipfelpunkt Santers Aussagen über ihn und Winnetou, die Santer wiederum beim Belauschen der beiden Freunde gewonnen hat.[76] Santer ist also ein ebenbürtiger Gegner.[77] Es bedarf ernster Anstrengungen, die hier wie so oft mit blitzschnellem Handeln verbunden sind[78], um im Kampf gegen das Verbrechen Sieger zu bleiben – ein unverzichtbares Spannungsmoment der Abenteuer. Es hat außerdem zur Folge, daß die Überlegenheit der beiden Helden relativiert wird, so daß ihre Erlebnisse für den zeitgenössischen Leser mehr Glaubwürdigkeit erhielten. Betont wird dies noch dadurch, daß sie sich bei ihrem Berechnen des Gegners durchaus irren können: So stellt sich ihre Annahme, die Kiowas hätten sie in ihr Dorf locken wollen, als falsch heraus.[79] Für den strukturellen Aufbau der *Winnetou*-Trilogie hat ein Gegenspieler wie Santer auch die Funktion, durch wiederholtes Entkommen gewissermaßen als retardierendes Moment zu wirken, so daß die Jagd nach ihm noch in Band II und III weitergeführt werden kann. Daß Karl Mays Bücher auf Grund solcher Handlungsstrukturen heute noch auf eine große Resonanz stoßen, ist angesichts der Erhebungen von Sommer also nicht verwunderlich.

Weit überraschender muß es anmuten, daß sich unsere Leser offensichtlich nicht am Heldenbild stoßen. Es scheint sie nicht zu stören, daß es Old Shatterhand in der Manier eines ›Superhelden‹ gelingt, bei der Befreiung Sam Hawkens' als einzelner einen ganzen Trupp Indianer in Schach zu halten – immerhin 40 Mann und vier Vorposten[80], oder daß er ebenso wie Winnetou in bezug auf Menschenkenntnis mit geradezu seherischen Fähigkeiten begabt ist, die ihn in die Lage versetzen, einen Bösewicht auf Anhieb zu erkennen.[81] Statt dessen folgt der Leser unseres Landes bereitwillig dem Identifikationsangebot, das ihm May mit der Figur Shatterhands macht. Die Ausstrahlungskraft dieser Gestalt, die heute wie ehedem sowohl auf ihren körperlichen und geistigen Eigenschaften als auch auf ihren humanistischen Wertvorstellungen beruht, ist offensichtlich für viele Leser ungebrochen. Die Identifikation wird nicht nur durch die Ichform der Erzählung unterstützt, sondern auch dadurch, daß der allwissende und allmächtige Held – hier der Autor selbst, was durch eingestreute Kommentare dem Leser ins Bewußtsein gerückt wird[82] – quasi zum Leser niedersteigt und sich mit ihm auf du und du stellt, um ihn an seinen Abenteuern teilhaben zu lassen. Diese bei den zeitgenössischen Lesern auf dem Authentizitätsanspruch Mays beruhende Wirkung funktioniert auch heute noch, obwohl es unter unseren Lesern wohl niemanden mehr gibt, der nicht um den fiktionalen Charakter der Abenteuer weiß. Dieses erstaunliche Phänomen kann eigentlich nur darin seine Erklärung finden, daß die Bereitschaft heutiger Leser, sich auf eine völlig fremdartige Welt einzulassen, sehr groß ist. Nur so ist es zu erklären, daß die großenteils erwachsenen Leser sich von den märchenhaften Zügen – in der Heldenkonzeption z. B. Old Shatterhands als Rächer an den ›Bösen‹ und Erretter der ›Guten‹ – nicht stören lassen. Dies ist auch eine Voraussetzung für den Zugang zu Mays Abenteuerbüchern. Wer sich mit kritischer Distanz an die Lektüre begibt, dem wird vieles an den Helden und ihren Aktionen unglaubwürdig und komisch erscheinen. Strukturen der von unseren Lesern bevorzugten Reise- und Expeditionsschilderungen finden sich in der *Winnetou*-Trilogie allenthalben, da die Helden eigentlich ständig ›auf Reisen‹ sind. Eine große Rolle spielen in diesem Zusammenhang Schilderungen der Natur, vor allem der Landschaft als Handlungsraum der Akteure. Man könnte sagen, daß die Landschaft quasi ›mitspielt‹ bei Handlungsmomenten wie Fährtenlesen – Anschleichen – Belauschen.[83] So spielt die enge Schlucht als Falle für Santer in *Winnetou I* eine große Rolle.[84] Zu den Westmanneigenschaften gehört nicht zuletzt das Vermögen, landschaftliche Gegebenheiten für ihre Zwecke optimal auszunutzen. Neben Landschaftsschilderungen sind es Beschreibungen von Sitten und Gebräuchen der indianischen Völker[85], die dem Genre der Reiseliteratur entnommen sind. Die Anziehungskraft dieser Literatur für unsere Leser ist sicher in Zusammenhang zu bringen mit dem Interesse an fremden Ländern und der Kultur und Geschichte ihrer Bewohner. In Hinsicht auf dieses spezielle Interesse ist ein in bestimmtem Grade unkritisches Lesen gegenüber der Darstellung ethnischer Details charakteristisch, einfach weil der Leser normalerweise nicht einschätzen kann, ob z. B. die hohe Wertschätzung der Apachen durch May, ihre Überlegenheit gegenüber anderen Indianerstämmen, die er beschreibt[86], historisch gerechtfertigt ist. Dieses Problem würde sich bei Indianerliteratur von sozialistischen Autoren wie Liselotte Welskopf-Henrich nicht stellen. Im Gegensatz zur Rezeptionshaltung der Zeitgenossen kann die Lektüre seiner Abenteuer bei DDR-Lesern also in der Regel nicht primär als »kompensatorische Therapie«[87] im Sinne einer Flucht aus der Realität verstanden werden. Neben solchen Erklärungen spielen vielleicht auch Rezeptionsgewohnheiten der Leser unseres Landes eine Rolle. Es wäre zu überlegen, ob die Episodenstruktur – der *Winnetou*-Trilogie beispielsweise – nicht unseren ›medienerzogenen‹, an Reihen- oder Seriencharakter von Fernsehfilmen gewöhnten Lesern entgegenkommt.

Auf die Frage, was auf Leser von heute besonders wirkt, ist eine klare Antwort möglich: Die Aktualität der bei uns verlegten Karl-May-Bände ist in ihrem humanistischen Credo begründet. Die Gleichheit aller Rassen und das Recht eines jeden Volkes auf Selbstverwirklichung, auf eine freie Entwicklung seiner Kultur in nationaler Unabhängigkeit sowie das Plädoyer Karl Mays für ein friedliches Miteinander der Völker[88] – solche Grundpositionen machen den objektiven Wert dieser Bücher für uns Heutige aus[89]. Deshalb gehören sie zum aktiven Erbe unter den Werken der Abenteuerliteratur. Gerade dieser Zugang zum Werk Karl Mays, der beeinflußt ist vom Internationalismus als Haltung der Leser gegenüber unterdrückten Völkern, macht deutlich, wie groß der Spielraum der ›Wunscherfüllung‹ durch Mays Romane im Sinne der Lesartenbreite sein kann. Der Autor als Hakawati – als Märchenerzähler[90] –, der mit seinen Werken dem zeitgenössischen Adressaten eine Möglichkeit der Flucht aus der miserablen gesellschaftlichen Realität geboten hat, muß heute auf Grund der Aktualität seiner Friedensbotschaft durchaus nicht als ›Fluchtliteratur‹ gelesen werden, und die Mehrheit der Leser in der DDR wird auch kaum so herangehen. Literarische Werke sind Prozeßmomente, die sich in der literarischen Kommunikation verwirklichen, wobei die Lesartenbreite vom Text als Rezeptionsvorgabe abhängig ist.

Anmerkungen

1 Vgl. beispielsweise Heinrich Wolgast, *Das Elend unserer Jugendliteratur*, Worms 70. J., S. 186f.
2 Ekkehard Koch, *Winnetou Band IV. Versuch einer Deutung und Wertung*, 1. Teil, in: Jahrbuch der Karl-May-Gesellschaft, Hamburg 1970, S. 135 (im folgenden nur »Jahrbuch«).
3 Hierher gehören z. B.: Hans Wollschläger, *Karl May in Selbstzeugnissen und Bilddokumenten*, Reinbek b. Hamburg 1965; dies ist eine auf intensiver Dokumentenforschung beruhende Biographie. Otto Forst-Battaglia, *Karl May. Traum eines Lebens – Leben eines Träumers* (Beiträge zur Karl-May-Forschung, Bd. 1), Bamberg 1966. Der Autor geht besonders auf die historischen und sozialen Gegebenheiten der Zeit Mays ein. Gustav Sichelschmidt, *Liebe, Mord und Abenteuer. Eine Geschichte der deutschen Unterhaltungsliteratur*, Berlin o. J. (1969). Der Autor versucht in seiner Besprechung Mays (S. 204-207), dessen Erfolg zu begründen. Ekkehard Hieronimus, *Karl May. Bemerkungen zur Stellung seines Werkes*, in: Die Horen 19, Heft 3, Hannover 1974, S. 58-62. Hier wird ebenfalls versucht, die Wirkung Mays zu erklären, und zwar aus dem Zeitbezug: K. May »gestaltete [...] literarisch« »den Traum aller Schichten des Bürgertums« (S. 60).
4 Gertrud Oel-Willenborg, *Von deutschen Helden. Eine Inhaltsanalyse der Karl-May-Romane*, Weinheim 1973.
5 Peter Uwe Hohendahl, *Von der Rothaut zum Edelmenschen. Karl Mays Amerikaromane*, in: *Amerika in der deutschen Literatur. Neue Welt – Nordamerika – USA*, hg. v. S. Bauschinger, H. Denkler u. W. Malsch, Stuttgart 1975, S. 229-245.

6 Jochen Schulte-Sasse, *Karl Mays Amerika-Exotik und deutsche Wirklichkeit. Zur sozialpsychologischen Funktion von Trivialliteratur im wilhelminischen Deutschland*, in: *Literatur für viele*, Bd. 2: *Studien zur Trivialliteratur u. Massenkommunikation im 19. u. 20. Jahrhundert*, hg. v. Helmut Kreuzer, Göttingen 1976, S. 123-145.
7 *Geschichte der deutschen Literatur* (VWV), Bd. 8.2, Berlin 1975, S. 792.
8 *Kurze Geschichte der deutschen Literatur*, Berlin 1981, S. 415.
9 *Literatur für Kinder und Jugendliche in der DDR*, hg. v. Christian Emmrich, Berlin 1981, S. 34f.
10 Vgl. *Nachwort* zu: Karl May, *Winnetou*, Bd. I, Berlin 1982.
11 *Literatur für Kinder und Jugendliche in der DDR*, S. 35.
12 Ebd., S. 34.
13 Hainer Plaul, Klaus Hoffmann, *Stand und Aufgaben der K.-May-Forschung. Dargelegt auf der Grundlage zweier Privatarchive*, in: Jahrbuch 1970, S. 182.
14 Ebd., S. 196.
15 Gunter G. Sehm, *Der Erwählte. Die Erzählstrukturen in Karl Mays ›Winnetou‹-Trilogie*, in: Jahrbuch 1976, S. 10.
16 Vgl. die Angaben zur Auflagenhöhe bei: Gertrud Willenborg, *Von deutschen Helden. Eine Inhaltsanalyse der Karl-May-Romane*, Diss. Köln 1967, S. 10.
17 Vgl. die Angaben bei Ekkehard Koch, a.a.O., S. 135.
18 Karl May, *Winnetou*, Bd. I, Berlin 1982, S. 226.
19 Ebd., S. 213. Vgl. auch S. 430: O. Shatterhand vermeidet das Töten der gegnerischen Indianer; seine Bedenken gegenüber der Verbreitung des Henry-Stutzens unter den Weißen (S. 18).
20 Ebd., S. 226.
21 Ebd., S. 227.
22 Ebd.
23 Ebd., S. 444; sein Selbstverständnis als Christ äußert Old Shatterhand wiederholt, z. B. S. 325, 341, 342.
24 Dies wird auch mehrfach dem Apachenhäuptling in den Mund gelegt (vgl. S. 102f. u. S. 271f.).
25 Vgl. ebd., S. 309. Das Lebensrecht der Indianer verteidigt der Autor auch expressis verbis in der Einleitung zu *Winnetou I* (vgl. S. 5ff.).
26 Ebd., S. 442.
27 Ebd., S. 443f.
28 Winnetou bekennt sich zu christlichem Vergeben gegenüber seinen Feinden. Hohendahl kommentiert: »Winnetou muß sich heimlich zum Christen wandeln, damit er zu Old Shatterhands Gefährten werden kann [...]« (Peter Uwe Hohendahl, a.a.O., S. 237).
29 Gertrud Willenborg, a.a.O., S. 29.
30 *Literatur für Kinder und Jugendliche in der DDR*, S. 35.

31 Karl May, *Winnetou*, Bd. II, Berlin 1983, S. 417.
32 *Literatur für Kinder und Jugendliche in der DDR*, S. 35.
33 Als Quellenmaterial dienen hier z. B. Leserbriefe, Äußerungen der Literaturkritiker, Reaktionen der Leser bei Mays öffentlichem Auftreten u. ä.
34 Gunter G. Sehm, a.a.O., S. 26. Ernst Bloch spricht von dem »sehnsüchtigen Spießbürger« Karl May (Ernst Bloch, *Erbschaft dieser Zeit*, Frankfurt a. M. 1962, S. 169).
35 *Literatur für Kinder und Jugendliche in der DDR*, S. 35.
36 Eine Auffassung, die sich auch in der neueren bürgerlichen May-Forschung findet. Vgl. Friedhelm Munzel, *Karl Mays Frühwerk »Das Waldröschen«. Eine didaktische Untersuchung als Beitrag zur Trivialliteratur der wilhelminischen Zeit*, Diss. Dortmund 1977, S. 5.
37 Gerhard Henniger, *Nachwort* zu: Karl May, *Winnetou*, Bd. I, Berlin 1982, S. 512.
38 Hermann Hesse, *Eine Literaturgeschichte in Rezensionen und Aufsätzen*, Frankfurt a. M. 1970, S. 355.
39 Vgl. Jürgen Kuczynski, *Geschichte des Alltags des deutschen Volkes. 1871-1918*, Bd. 4, Berlin 1982.
40 Damit wird ein Bezug zu Schillers *Reiterlied* aus *Wallensteins Lager* hergestellt, in dem der Gedanke artikuliert wird, daß soziale Gerechtigkeit nur in einer nicht etablierten Gesellschaft möglich ist.
41 Karl May, *Der Ölprinz*, sog. Bamberger Ausgabe, Bamberg 1945 ff., Bd. 37, S. 22.
42 Vgl. Karl May, *Winnetou*, Bd. I, S. 148, S. 161.
43 Ebd., *Nachwort*, S. 510.
44 Ebd., S. 445; auch S. 494: »Ich warf Winnetou einen fragenden Blick zu; er verstand ihn und antwortete leise [...]«.
45 Ebd., S. 444.
46 Ebd., S. 470.
47 Ebd., S. 499.
48 Ebd., S. 498.
49 Ebd.
50 Eine solche Struktur erinnert an die mittelalterlichen Epen.
51 Vgl. Gertrud Willenborg, a.a.O., S. 40.
52 Ebd., S. 56.
53 Solche komischen Westmänner sind z. B. auch Hobble Frank, Tante Droll oder paarweise auftretende wie Dick Stone und Will Parker, der Lange Davy und der Dicke Jemmy, Has und Kas u. a.
54 Jochen Schulte-Sasse, a.a.O., S. 126.
55 Ebd., S. 129.
56 Santer stürzt sich zu Tode, als er den Fundort des Schatzes entdeckt hat.
57 Jochen Schulte-Sasse, a.a.O., S. 126.
58 Ebd.

59 Vgl. beispielsweise das Gespräch zwischen dem Apachenhäuptling und Old Shatterhand in *Winnetou I*, S. 366f.
60 Jochen Schulte-Sasse, a.a.O., S. 135.
61 Peter Uwe Hohendahl, a.a.O., S. 242.
62 *Karl May als Erzieher und Die Wahrheit über Karl May oder Die Gegner Karl Mays in ihrem eigenen Lichte von einem dankbaren May-Leser*, Freiburg i. Br. 1902, S. 71.
63 Ebd.
64 Ebd., S. 77.
65 Ebd., S. 74.
66 *Funktion und Wirkung. Soziologische Untersuchungen zu Literatur und Kunst*, hg. v. Dietrich Sommer u. a., Berlin u. Weimar 1978.
67 Vgl. ebd., S. 540.
68 Vgl. ebd., S. 544.
69 Vgl. ebd., S. 548.
70 Vgl. ebd., S. 547.
71 Vgl. ebd., S. 552.
72 Die Deutung Arno Schmidts, solche Handlungsabläufe stünden für sexuelles Geschehen – er beruft sich auf Freud –, und seine ›Schlußfolgerung‹, May sei ein Homosexueller und Erotiker gewesen, ist abwegig und nicht haltbar. Vgl. Arno Schmidt, *Sitara und der Weg dorthin. Eine Studie über Wesen, Werk & Wirkung Karl Mays*, Karlsruhe 1963, z. B. S. 210, 254, 268 u. a. Vgl. auch die Polemik gegen Schmidt bei: Wolf-Dieter Bach, *Fluchtlandschaften*, in: Jahrbuch 1971, S. 39-71. Maximilian Jacta (d. i. Erich Schwinge), *Zu Tode gehetzt. Der Fall Karl May*, in: *Berühmte Strafprozesse. – Deutschland III*, München 1972, S. 43-47. Ingrid Bröning, *Die Reiseerzählungen Karl Mays als literaturpädagogisches Problem*, Ratingen 1973, bes. S. 121-125.
73 Karl May, *Winnetou*, Bd. I, S. 139.
74 Ebd., S. 144.
75 Ebd., S. 140f.
76 Ebd., S. 456ff.
77 Ebd., S. 460.
78 Ebd., S. 468.
79 Ebd., S. 447 (Annahme); S. 457 (Richtigstellung).
80 Ebd., S. 427, S. 430.
81 So erkennt Winnetou in Santer sofort den Bösewicht; seine »Augen […] waren keine guten Augen«. (Ebd., S. 388).
82 Ebd., S. 124, 128, 143, 258.
83 Volker Klotz sieht in den Landschaften eine räumliche Entsprechung zu den Ereignissen mit vielfach ethischer Bedeutung (z. B. Todessturz in die Schlucht, Aufstreben zur Höhe) – eine Deutung, der wir nicht folgen können. Vgl. Volker Klotz, *Durch die Wüste und so weiter. Über Karl May*, in: *Trivialliteratur. Aufsätze*, hg. v. G. Schmidt-Hen-

kel u. a., Berlin 1964, S. 33-53.
84 Karl May, *Winnetou*, Bd. I, S. 444ff.
85 Z. B. Rauchen der Friedenspfeife (ebd., S. 149f.), Bestattung der Toten (ebd., S. 333f.), Weissagung über den Ausgang einer Reise (ebd., S. 374ff.).
86 Z. B. in einer Hawkens in den Mund gelegten Äußerung (ebd., S. 185).
87 Gunter G. Sehm, a.a.O., S. 26.
88 Vgl. Karl May, *Einleitung* zu: *Winnetou I* von 1893, in: Karl May, *Winnetou*, Bd. I, S. 5ff.
89 Diese Auffassung vertritt auch Henniger (vgl. ebd., S. 513 u. 516).
90 Ebd., S. 515.

Bibliographie

A. Karl Mays Winnetou-Erzählungen

Aufgenommen wurden alle Erzählungen, in denen Winnetou persönlich auftritt, darüber hinaus die Vorstufe *Inn-nu-woh* sowie die Texte *Die Both Shatters, Unter der Windhose, Im Reiche des silbernen Löwen* und *Winnetou IV*, in denen der Apache mittelbar thematisiert wird. Chronologisch nachgewiesen sind die Erstabdrucke (bei Veröffentlichungen in Zeitschriften oder Zeitungen) und/oder die Erstausgaben (bei selbständigen Buchtiteln), dazu die jeweiligen modernen Reprint-Drucke; jüngere Neudrucke wurden nur in den wenigen Fällen berücksichtigt, wo sie philologischen Ansprüchen ohne Einschränkung genügen. Auf Vor- oder Neufassungen wird mit Titel und Jahresdatum verwiesen; orientierend ist in Klammern die bibliographische Nummer angegeben.

Abkürzungen:
R   Reprint
ND   Neudruck
VF   Vorfassung
NF   Neufassung
BA   Buchausgabe
KMV   Karl-May-Verlag
KMG   Karl-May-Gesellschaft

1. Inn-nu-woh, der Indianerhäuptling (Aus der Mappe eines Vielgereisten, Nr. 1).
Deutsches Familienblatt, Dresden, 1 (1875/76), Nr. 1.
R-KMG: Erstdrucke Karl Mays in Faksimile-Ausgaben, Serie III, Hamburg 1975.
NF: Winnetou. Eine Reiseerinnerung, 1878 (4).
BA: Humoresken und Erzählungen. Dresden-Niedersedlitz 1902, Kap. 6.

2. Old Firehand (Aus der Mappe eines Vielgereisten, Nr. 2).
Deutsches Familienblatt, Dresden, 1 (1875/76), Nr. 7-17.
R-KMG: Erstdrucke Karl Mays in Faksimile-Ausgaben, Serie III, Hamburg 1975.
NF: Im fernen Westen, 1879 (5).
BA: Humoresken und Erzählungen. Dresden-Niedersedlitz 1902, Kap. 5.

3. Auf der See gefangen. Criminalroman.
Frohe Stunden, Dresden, Leipzig, 2 (1877/78), Nr. 21-52.
R-KMG: Erstdrucke Karl Mays in Faksimile-Ausgaben, Serie VI, Hamburg 1971.
NF: Old Surehand II (XV), Kap. 1.3, 1895 (25).

4. Winnetou. Eine Reiseerinnerung.
Omnibus. Illustrirtes Wochenblatt, Hamburg, 17 (1878), Nr. 40-41.
ND: JbKMG 1980, S. 175-188.
R-KMG: Der Krumir. Seltene Originaltexte 1. Hamburg, Gelsenkirchen 1985, S. 182-188.
VF: Inn-nu-woh, der Indianerhäuptling, 1875 (1).
NF: Der Schatz im Silbersee, in Kap. 1 (16).

5. Im fernen Westen.
Im fernen Westen. Zwei Erzählungen aus dem Indianerleben für die Jugend von Carl May und Fr. C. von Wickede. Stuttgart 1879 (ab 3. Aufl. Reutlingen 1889: Jenseits der Felsengebirge).
R-KMG: Hamburg 1974.
R-KMV: Bamberg 1975.
VF: Old Firehand, 1875/76 (2).
NF: Winnetou II (VIII), Kap. 5.6, 1893 (18).

6. Deadly Dust. Ein Abenteuer aus dem nordamerikanischen Westen.
Deutscher Hausschatz, Regensburg, 6 (1879/80), Nr. 28-42.
R-KMG: Hamburg, Regensburg 1977 (Der Scout/Deadly Dust).
NF: Winnetou III (IX), Kap. 1-4, 1893 (19).

7. »Ave Maria«. Reiseerlebnisse aus dem »wilden Westen« Nordamerikas.
Fuldaer Zeitung, Fulda, 25.9.-30.10.1890 (frühester bekannter Abdruck, Erstdruck um 1881).
NF: Im »wilden Westen« Nordamerika's, 1883 (10).
NF: Winnetou III (IX), Kap. 5-7, 1893 (19).

8. Die Both Shatters. Ein Abenteuer aus dem »wilden Westen«.
Für alle Welt!, Stuttgart, 5 (1881), Nr. 53-54.
R-KMG: Für alle Welt!. Hamburg, Gelsenkirchen 1977, S. 45-51.

9. Ein Oelbrand. Erzählung aus dem fernen Westen.
Das Neue Universum, Stuttgart, 4 (1883), S. 1-17, 161-180.
R-KMG: JbKMG 1970, S. 221-257.
R-KMV: Winnetou's Tod. Bamberg 1976, S. 13-48.

10. Im »wilden Westen« Nordamerika's. Reiseerlebnisse.
Feierstunden im häuslichen Kreise, Köln, 9 (1883), Nr. 1-7.
R-KMV: Winnetou's Tod. Bamberg 1976, S. 49-100.
ND: Im wilden Westen. Reiseerlebnisse. Husum 1986 (Hamburger Lesehefte 169).
VF: »Ave Maria«, um 1881 (7).

11. Unter der Windhose. Ein Erlebnis aus dem fernen Westen.
Das Buch der Jugend, Bd. 1. Stuttgart 1886, S. 64-67, 85-99.
R-KMG: Der Krumir. Seltene Originaltexte 1. Hamburg, Gelsenkirchen

1985, S. 157-179.
NF: Old Surehand II (XV), in Kap. 2, 1895 (25).

12. Der Sohn des Bärenjägers.
Der Gute Kamerad, Stuttgart, 1 (1887), Nr. 1-39.
R-KMG: Hamburg, Regensburg 1983 (Der Sohn des Bärenjägers/Der Geist der Llano estakata).
BA: Die Helden des Westens, Teil 1, 1890 (15).

13. Der Geist der Llano estakata.
Der Gute Kamerad, Stuttgart, 2 (1887/88), Nr. 19-52.
R-KMG: Hamburg, Regensburg 1983 (Der Sohn des Bärenjägers/Der Geist der Llano estakata).
BA: Die Helden des Westens, Teil 2, 1890 (15).

14. Der Scout. Reiseerlebniß in Mexiko.
Deutscher Hausschatz, Regensburg, 15 (1888/89), Nr. 11-46.
R-KMG: Hamburg, Regensburg 1977 (Der Scout/Deadly Dust).
NF: Winnetou I (VII), in Kap. 1, 1893 (17); Winnetou II (VIII), Kap. 1-4, 1893 (18).

15. Die Helden des Westens. 1. Der Sohn des Bärenjägers, 2. Der Geist des Llano estakado.
Stuttgart, Berlin, Leipzig 1890.
ND (Geist): Der Geist des Llano estakado. Stuttgart 1984 (Reclams Universal-Bibliothek 8235).
VF: Der Sohn des Bärenjägers, 1887 (12); Der Geist der Llano estakata, 1888 (13).

16. Der Schatz im Silbersee.
Der Gute Kamerad, Stuttgart, 5 (1890/91), Nr. 1-52.
R-KMG: Hamburg, Regensburg 1987.
ND: Nördlingen 1987 (Karl Mays Werke = KMW III.4).
VF: Winnetou. Eine Reiseerinnerung, 1878 (4), in Kap. 1.
BA: 1894 (22).

17. Winnetou, der Rote Gentleman (seit 1904: Winnetou). 1. Band.
Freiburg i. Br. 1893 (VII).
R-KMV: Bamberg 1982.
VF: Der Scout, 1888/89 (14), in Kap. 1.

18. Winnetou, der Rote Gentleman (seit 1904: Winnetou). 2. Band.
Freiburg i. Br. 1893 (VIII).
R-KMV: Bamberg 1982.
VF: Der Scout, 1888/89 (14), Kap. 1-4; Im fernen Westen, 1879 (5), Kap. 5-6; neu: Kap. 7.

19. Winnetou, der Rote Gentleman (seit 1904: Winnetou). 3. Band.
Freiburg i. Br. 1893 (IX).

R-KMV: Bamberg 1982.
VF: Deadly Dust, 1880 (6), Kap. 1-4; »Ave Maria«, um 1881 (7), Kap. 5-7; neu: Kap. 8.

20. Die Felsenburg. Reiseerzählung.
Deutscher Hausschatz, Regensburg, 20 (1893/94), Nr. 1-52.
R-KMG: Hamburg, Regensburg 1980.
BA: Satan und Ischariot I (XX), 1897 (31); Satan und Ischariot II (XXI), Kap. 1-2, 1897 (32).

21. Der Oelprinz.
Der Gute Kamerad, Stuttgart, 8 (1893/94), Nr. 1-52.
BA: 1897 (34).

22. Der Schatz im Silbersee.
Stuttgart, Berlin, Leipzig 1894.
R-KMV: Bamberg, Braunschweig 1973.

23. Old Surehand. 1. Band. Reiseerlebnisse.
Freiburg i. Br. 1894 (XIV).
R-KMV: Bamberg 1983.
VF: Der erste Elk, 1893, in Kap. 1; Im Mistake-Cannon, 1889, in Kap. 1.

24. Krüger-Bei. Reiseroman.
Deutscher Hausschatz, Regensburg, 21 (1894/95), Nr. 1-33.
R-KMG: Hamburg, Regensburg 1980 (Krüger Bei/Die Jagd auf den Millionendieb).
BA: Satan und Ischariot II (XXI), Kap. 3-6, 1897 (32).

25. Old Surehand. 2. Band. Reiseerlebnisse.
Freiburg i. Br. 1895 (XV).
R-KMV: Bamberg 1983.
VF: Three carde monte, 1879, in Kap. 1; Vom Tode erstanden, 1878, in Kap. 1; Auf der See gefangen, 1878 (3), in Kap. 1.3; Unter der Windhose, 1886 (11), in Kap. 2; Der Königsschatz (Das Waldröschen, Nr. 16-21, Dresden 1882-84), in Kap. 2; neu: Rahmenhandlung, Kap. 4.

26. Die Jagd auf den Millionendieb. Reiseerzählung.
Deutscher Hausschatz, Regensburg, 22 (1895/96), Nr. 1-46.
R-KMG: Hamburg, Regensburg 1980 (Krüger Bei/Die Jagd auf den Millionendieb).
BA: Satan und Ischariot III (XXII), 1897 (33).

27. Old Surehand. 3. Band. Reiseerlebnisse.
Freiburg i. Br. 1896 (IXX).
R-KMV: Bamberg 1983.

28. Old Cursing-Dry. Reiseerinnerung.
Regensburger Marien-Kalender, 32 (1897), Regensburg 1896, Sp. 171-200.

R-KMG: Christus oder Muhammed. Marienkalender-Geschichten. Hamburg, Gelsenkirchen 1979, S. 90-104.
BA: Auf fremden Pfaden. Freiburg i. Br. 1897 (XXIII), Kap. 8 (Gott läßt sich nicht spotten).

29. Ein amerikanisches Doppelduell. Reiseerinnerung.
Einsiedler Marien-Kalender 1897, Einsiedeln 1896, o. S.
R-KMG: Christus oder Muhammed. Marienkalender-Geschichten. Hamburg, Gelsenkirchen 1979, S. 222-229.
BA: Auf fremden Pfaden. Freiburg i. Br. 1897 (XXIII), Kap. 9 (Ein Blizzard).

30. Der schwarze Mustang.
Der Gute Kamerad, Stuttgart, 11 (1896/97), Nr. 1-28.
BA: 1899 (38).

31. Satan und Ischariot. I. Band. Reiseerlebnisse.
Freiburg i. Br. 1897 (XX).
R-KMV: Bamberg 1983.
VF: Die Felsenburg, 1893/94 (20).

32. Satan und Ischariot. II. Band. Reiseerlebnisse.
Freiburg i. Br. 1897 (XXI).
R-KMV: Bamberg 1983.
VF: Die Felsenburg, 1893/94 (20), Kap. 1-2; Krüger-Bei, 1894/95 (24), Kap. 3-6.

33. Satan und Ischariot. III. Band. Reiseerlebnisse.
Freiburg i. Br. 1897 (XXII).
R-KMV: Bamberg 1983.
VF: Die Jagd auf den Millionendieb, 1895/96 (26).

34. Der Oelprinz.
Stuttgart, Berlin, Leipzig 1897.
R-KMV: Bamberg, Braunschweig 1974.

35. Im Reiche des silbernen Löwen. Reiseerzählung; Erste Abtheilung. Die Rose von Schiras. Einleitung.
Deutscher Hausschatz, Regensburg, 23 (1896/97), Nr. 22-40.
R-KMG: Hamburg, Gelsenkirchen 1981, S. 13-83.
BA: Im Reiche des silbernen Löwen. 1. Band. Reiseerlebnisse. Freiburg i. Br. 1898 (XXVI), Kap. 1-2.

36. »Weihnacht!«. Reiseerzählung.
Freiburg i. Br. 1897 (XXIV).
R-KMG: Bamberg 1984.
ND: Nördlingen 1987 (Karl Mays Werke = KMW IV. 21).

37. Mutterliebe. Reiseerinnerung.
Einsiedler Marien-Kalender 1898, 1899, Einsiedeln 1897, 1898, o. S.
R-KMG: Christus oder Muhammed. Marienkalender-Geschichten. Hamburg, Gelsenkirchen 1979, S. 230-242.

38. Der schwarze Mustang.
Stuttgart, Berlin, Leipzig 1899 (Kamerad-Bibliothek 1).

39. Winnetou, Band IV. Reise-Erzählung.
Augsburger Postzeitung, Beilage »Lueginsland«, Nr. 88 (1909)-36(1910).
R-KMG: Hamburg, Gelsenkirchen 1984.
BA: Winnetou. 4. Band, 1910 (40).

40. Winnetou. 4. Band.
Freiburg i. Br. 1910 (XXXIII).
R-KMV: Bamberg 1984.

B. Sekundärliteratur

Aufgenommen sind Publikationen, die monographisch oder themenübergreifend die Winnetou-Figur bzw. die -Romane behandeln. Die mit * gekennzeichneten Titel sind – ganz oder im Auszug – in diesem Band abgedruckt; mit (*) sind Texte bezeichnet, die hier in einer Neufassung veröffentlicht werden.

Asbach, Gert: *Die Medizin in Karl Mays Amerika-Bänden.* Düsseldorf 1972.
Augustin, Siegfried/Beissel, Rudolf: *Quellen und Vorbilder Mays. Vorstudien zu einer Monographie.* In: Siegfried Augustin/Axel Mittelstaedt (Hg.): *Vom Lederstrumpf zum Winnetou. Autoren und Werke der Volksliteratur.* München 1981, S. 59-80.
Bach, Wolf-Dieter: *Sich einen Namen machen.* In: JbKMG 1975, S. 34-72.
Banach, Berndt: *Die Rasse, die nicht gross werden durfte. Karl May und die Indianer.* SoKMG 19 (1979).
Bartsch, Ekkehard: *»Ich begann sofort mit ›Winnetou‹....« Zur Neuentdeckung eines unbekannten frühen Karl-May-Textes.* In: JbKMG 1980, S. 189-192.
Becker, Sibylle: *Karl Mays Philosophie im Spätwerk.* Ubstadt 1977.
Beissel, Rudolf: *Der Indianerroman und seine wichtigsten Vertreter. Eine literarische Abhandlung.* In: KMJb 1918, S. 219-253.
Ders.: *Von Atala bis Winnetou. Die »Väter des Western-Romans«.* Bamberg, Braunschweig 1978.

Berlin, Volker: *Der »Feldherr« Winnetou.* In: MKMG 28 (1976), S. 33-35.

Biedermann, Alfred: *Klekih-petra.* In: KMJb 1924, S. 105-115.

Ders.: *Fenimore Cooper und Karl May.* In: KMJb 1929, S. 428-436.

*Biermann, Joachim: *Der rote Schulmeister. Die literaturpädagogische Bedeutung der Winnetou-Gestalt in Karl Mays Jugenderzählungen.*

Bloch, Ernst: *Über Märchen, Kolportage und Sage.* In: Ernst Bloch: *Erbschaft dieser Zeit.* Frankfurt a. M. 1962 (Gesamtausgabe, Bd. 4), S. 168-186.

Böhm, Viktor: *Karl May und das Geheimnis seines Erfolges. Ein Beitrag zur Leserpsychologie.* Wien 1955, Gütersloh ²1979.

Ders.: *Berechnung und Überraschung. Erzähl- und Handlungsalgorithmen im Werk Karl Mays.* In: JbKMG 1988, S. 99-116.

Böhme, Klaus: *Winnetoon und Winnetou. ...doch ganz so einfach ist es nicht.* In: MKMG 73 (1987), Inform S. 4-6.

Bomans, Godfried: *Winnetou hat immer recht.* In: Badische Neueste Nachrichten, 12.7.1969.

Bossinade, Johanna: *Das zweite Geschlecht des Roten. Zur Inszenierung von Androgynität in der ›Winnetou‹-Trilogie Karl Mays.* In: JbKMG 1986, S. 241-267.

Brettschneider, Edmund: *Winnetou.* In: Randolph Braumann (Hg.): *Auf den Spuren von Karl May. Reisen zu den Stätten seiner Bücher.* Frankfurt a. M. 1978, S. 71-87.

Bröning, Ingrid: *Die Reiseerzählungen Karl Mays als literaturpädagogisches Problem.* Ratingen, Kastellaun, Düsseldorf 1973.

Clauß, Wolfgang: *Winnetou.* In: Kindlers Literatur-Lexikon, Bd. VII. Zürich 1972, Sp. 1158-1159.

Deeken, Annette: *»Seine Majestät, das Ich«. Zum Abenteuertourismus Karl Mays.* Bonn 1983.

(Deret, Jean-Claude): *Winnetou le Mescalero. Adaption de Jean-Claude Deret.* Paris 1980.

Dörner, Jürgen und Wolfgang: *Zur Deutung des Namens Winnetou.* In: MKMG 24 (1975), S. 37.

Droop, A.: *Karl May. Eine Analyse seiner Reise-Erzählungen.* Cöln-Weiden 1909.

Durzak, Manfred: *Winnetous Brüder. Der Indianer in der deutschen Literatur.* Vierteilige Sendung im Deutschlandfunk, März 1974. Funkskript.

Ders.: *Winnetous christliche Himmelfahrt. Karl May und die literarischen Rothäute.* In: Die Welt, 6.4.1974.

*Ders.: *Winnetou und Tecumseh. Literarische Ikone und historisches Bild.*

Eggebrecht, Harald: *Sinnlichkeit und Abenteuer. Die Entstehung des*

Abenteuerromans im 19. Jahrhundert. Berlin, Marburg 1985.
Eggers, Klaus: *Einige Überlegungen, drei Sätze betreffend, die Karl May aus ›Deadly Dust‹ nicht in ›Winnetou III‹ übernommen hat.* In: MKMG 51 (1982), S. 26-29.
Ders.: *Ein Abenteuer aus Californien.* In: MKMG 54 (1982), S. 3-10.
Eicke, Otto: *Des Baues Krönung.* In: KMJb 1932, S. 384-439.
Ders.: *Des Baues Kuppel.* In: KMJb 1933, S. 205-261.
*Ellwanger, Wolfram/Kosciuszko, Bernhard: *Winnetou – eine Mutterimago.*
Forst-Battaglia, Otto: *Karl May. Traum eines Lebens – Leben eines Träumers.* Bamberg 1966.
Frayling, Christopher: *Spaghetti Westerns. Cowboys and Europeans from Karl May to Sergio Leone.* London 1981.
Frigge, Reinhold: *Das erwartbare Abenteuer. Massenrezeption und literarisches Interesse am Beispiel der Reiseerzählungen von Karl May.* Bonn 1984.
Graf, Andreas: *Winnetou im ›Criminalroman‹. Aspekte zeitgenössischer Aktualität in Karl Mays frühem Roman »Auf der See gefangen«.* In: Heinz Ludwig Arnold (Hg.): *Karl May.* Sonderband text + kritik. München 1987, S. 39-59.
Grieser, Dietmar: *Irdische Götter. Idole und ihre Kultstätten.* München, Wien 1980.
Guntermann, Karl: *Winnetou stirbt nicht im »Deutschen Hausschatz« (Bibliographische Notizen I).* In: MKMG 18 (1973), S. 21-24.
Haider, Anton: *Vom »Deutschen Hausschatz« zur Buchausgabe. Vergleichslesungen.* SoKMG 50 (1984).
Hammerbeck, Elisabeth: *Karl Mays Winnetou-Bild.* SoKMG 14 (1979).
Harbou, Thea von: *Meine erste Liebe.* In: KMJb 1927, S. 494-496.
*Hartmann, Regina: *Karl May: »Winnetou«, Band I. Zum Phänomen der zeitgenössischen und aktuellen Massenwirksamkeit.* In: Beiträge zur Kinder- und Jugendliteratur, Berlin (Ost), 82 (1987), S. 28-42.
Hatzig, Hansotto: *Winetoo, le Peau-Rouge Gentleman.* In: MKMG 5 (1970), S. 9-11.
(*)Ders.: *Winnetou macht sich selbständig.* In: MKMG 6 (1970), S. 8-11.
Ders.: *Nino Cochise.* In: MKMG 14 (1972), S. 27.
Ders.: *Karl-May Register: Winnetou I-IV.* SoKMG 15 (1979).
Heinke, Horst (Hg.): *Winnetou, Old Shatterhand, Kara Ben Nemsi, Hadschi Halef Omar. Erzählungen und Wirklichkeit* [In Lieferungen]. Wiesbaden 1973ff.
Henniger, Gerhard: *Karl May.* In: Karl May, *Winnetou*, Bd. 1, Berlin (Ost) 1982, S. 509-519.
*Höck, Joseph: *Zum Aufbau des Romans »Winnetou«.* In: KMJb 1926, S. 423-437.
*Ders.: *Stufen auf den Mount Winnetou.* In: KMJb 1929, S. 86-108.

Hoffmann, Klaus: *Silberbüchse – Bärentöter – Henrystutzen, »das sind die berühmtesten Gewehre der Welt«. Herkunft, Wirkung und Legende.* In: JbKMG 1974, S. 74-108.

*Hohendahl, Peter Uwe: *Von der Rothaut zum Edelmenschen. Karl Mays Amerikaromane.* In: Sigrid Bauschinger/Horst Denkler/ Wilfried Malsch (Hg.): *Amerika in der deutschen Literatur. Neue Welt – Nordamerika – USA.* Stuttgart 1975, S. 229-245.

Ilmer, Walther: *Winnetou im Gesangverein. Ein Traum des Gefangenen.* SoKMG 35 (1982).

*Ders.: *Befremdlicher Winnetou. Die Lichtgestalt im Schatten ihres Autors.*

Kainz, Emanuel: *Das Problem der Massenwirkung Karl Mays.* Wien 1949.

*Kandolf, Franz: *Der werdende Winnetou.* In: KMJb 1921, S. 336-360.

Ders.: *Winnetous Tod.* In: KMJb 1925, S. 69-74.

Ders.: *Winnetou und Rayon Brûlant.* In KMJb 1932, S. 484-493.

Ders.: *Karl May und Gabriel Ferry.* In: KMJb 1933, S. 191-198.

Ders.: *Der werdende Winnetou* (Bearbeitung Roland Schmid). Im Anhang zur Reprint-Ausgabe v. *Old Surehand III.* Bamberg 1983, S. A9-A63.

Klauber, Fritz: *Die Wörter der Apache-Sprache im Reiseroman »Winnetou«.* In: KMJb 1921, S. 267-278.

Klose, Werner: *Karl May – vom Lesen zur Spielparodie: »Winnetou in Hollywood«.* In: Praxis Deutsch 20 (1976), S. 47-50.

Klußmeier, Gerhard: *Karl May; Schriftsteller – kein Psychopath.* In: Siegfried Augustin/Walter Henle (Hg.): *Vom Old Shatterhand zum Sherlock Holmes. Ein Abenteuer-Almanach.* München 1986, S. 71-112.

Ders./Plaul, Hainer: *Karl May. Biographie in Dokumenten und Bildern.* Hildesheim, New York 1978.

Koch, Ekkehard: *Karl May und die indianische Religion.* In: MKMG 6 (1970), S. 3-8.

Ders.: *Winnetou Band IV. Versuch einer Deutung und Wertung.* T. 1 in: JbKMG 1970, S. 134-148; T. 2 in: JbKMG 1971, S. 269-289.

Ders.: *Die biographischen Ebenen in ›Winnetou IV‹.* T.1 in: MKMG 13 (1972), S. 6-9; T.2 in: MKMG 14 (1972), S. 8-11.

Ders.: *Klekih-petra, der »deutsche Lehrer« Winnetous.* In: MKMG 31 (1977), S. 4-8.

Ders.: *Karl Mays Väter. Die Deutschen im Wilden Westen.* Husum 1982.

Ders.: *Winnetou. Eine Reiseerinnerung.* In: Karl May, *Der Krumir. Seltene Originaltexte*, Bd. 1 (KMG-Reprint). Hamburg, Gelsenkirchen 1985, S. 180-181.

*Ders.: *»Winnetou war geboren 1840 und wurde erschossen am 2. 9. 1874.« Zum historischen Hintergrund der Winnetou-Gestalt.*

Krauskopf, Peter: »*Mutter*« *Winnetou*. In: MKMG 32 (1977), S. 28-29.
Ders.: *Die frühe Novelle ›Old Firehand‹. Versuch einer psychoanalytischen Untersuchung* (T.2: *Versuch einer ideologiekritischen Interpretation*). T. 1 in: MKMG 39 (1979), S. 16-19; T.2 in: MKMG 40 (1979), S. 36-38.
*Ders.: »*Pferde, Action, Explosionen*«. *Winnetou auf der Bühne*.
Kühne, Hartmut: *Karl Mays* »*Ölbrand*«. In: JbKMG 1970, S. 258-262.
Kunicki, Wojciech/Honsza, Norbert: *Unterhaltungsliteratur im europäischen Realismus. Karl May und ›Winnetou IV‹*. In: JbKMG 1986, S. 225-240.
Lindemann, Claus: *Verdrängte Revolutionen? Eichendorffs* »*Schloß Dürande*« *und Karl Mays Klekih-petra-Episode im* »*Winnetou*«-*Roman*. In: Aurora. Jahrbuch der Eichendorff-Gesellschaft 34 (1974), S. 24-38.
*Lorenz, Christoph F.: *Auf der Suche nach dem verlorenen Ich. Namens-, Orts- und Persönlichkeitsmythen in Karl Mays* »*Winnetou IV*«.
Lowsky, Martin: *Alterswerk und* »*Wilder Westen*«. *Überlegungen zum Bruch in Mays Werk*. In: MKMG 36 (1978), S. 3-16.
Ders.: »*Aus dem Phantasie-Brunnen*«. *Die Flucht nach Amerika in Theodor Fontanes ›Quitt‹ und Karl Mays ›Scout‹*. In: JbKMG 1982, S. 77-96.
Ders.: *Karl May*. Stuttgart 1987.
*Ders.: *Roß und Reiter nennen. Karl Mays ›conte philosophique‹ von Winnetous Tod*.
Lutz, Hartmut: »*Indianer*« *und* »*Native Americans*«. *Zur sozial- und literarhistorischen Vermittlung eines Stereotyps*. Hildesheim, Zürich, New York 1985.
Maschke, Fritz: *Die Handlungszeit des* »*Winnetou*«. In: KMJb 1933, S. 151-190.
May, Klara: *Winnetous Testament*. In: KMJb 1920, S. 89-93.
Dies.: *Mit Karl May durch Amerika*. Radebeul bei Dresden 1931.
*Müller, Horst: *Winnetou. Vom Skalpjäger zum roten Heiland*. In: Horst Müller: *Helden zum Rapport*. Düsseldorf 1970, S. 79-99.
Müller-Thurau, Claus Peter: *Deutsche Idole. Jugendleitbilder von Hermann dem Cherusker bis Otto*. Düsseldorf, Wien, New York 1987.
Neuhaus, Volker: *Old Shatterhand und Sherlock Holmes*. In: Heinz Ludwig Arnold (Hg.): *Karl May*. Sonderband text + kritik. München 1987, S. 146-157.
Neumann, Gerhard: *Karl Mays ›Winnetou‹ – ein Bildungsroman?* In: JbKMG 1988, S. 10-37.
Oel-Willenborg, Gertrud: *Von deutschen Helden. Eine Inhaltsanalyse der Karl-May-Romane*. Weinheim, Basel 1973.

*Ohlmeier, Dieter: *Karl May: Psychoanalytische Bemerkungen über kollektive Phantasietätigkeit*. In: Materialien zur Psychoanalyse und analytisch orientierten Psychotherapie, Göttingen, Bd. IV, 4 (1978), S. 337-360.

Ostwald, Thomas: *Die Entwicklung der Indianergeschichten bei Karl May*. In: Graff-Anzeiger 5 (1975), S. 12-16 [fortges. bis Graff-Anzeiger 8 (1975)].

*Petzel, Michael: *Ein Mythos wird besichtigt. Winnetou und der deutsche Film.*

Plaul, Hainer (Hg.): *Karl May, Mein Leben und Streben*. Hildesheim, New York 1975.

Plischke, Hans: *Von Cooper bis Karl May. Eine Geschichte des völkerkundlichen Reise- und Abenteuerromans*. Düsseldorf 1951.

Ders.: *Noch einmal: Winnetou*. In: MKMG 4 (1970), S. 10-11.

Poppe, Werner: *Karl May und George Catlin*. In: MKMG 12 (1972), S. 22-25.

(*)Ders.: *»Winnetou«. Ein Name und seine Quellen*. In: JbKMG 1972/73, S. 248-253.

Ders.: *Rätsel um den Namen Winnetou*. In: Kalumet 1 (1973).

Ders.: *Die Fred-Sommer-Story. Untersuchungen über eine angebliche Frühreise Karl Mays in die USA*. SoKMG 2 (1975).

Ders.: *Das Dörfchen »Winnetoon« und die »Rose vom Quicourt«*. In: KMJb 1978, S. 172ff.

Ders.: *Karl May und die nordamerikanischen Indianersprachen*. In: KMJb 1979, S. 96-142.

Rebhuhn, Wilhelm: *Karl May lebt. Unsterbliche Gestalten, spannende Abenteuer. Eine Bilderfolge aus den Karl-May-Spielen in Bad Segeberg*. Bamberg 1962.

Riedemann, Kai: *Aspekte zur Deutung der Winnetou-IV-Symbolik*. SoKMG 17 (1979).

Rosenthal, Helmut: *Winnetou...* In: Vossische Zeitung, Berlin, 4. 12. 1929.

Ross, Hermann (Hg.): *Karl May's unsterblicher Winnetou. Eine Festschrift mit Programm in memoriam Karl May*. Bad Segeberg 1952.

Roxin, Claus: *»Dr. Karl May, genannt Old Shatterhand«. Zum Bild Karl Mays in der Epoche seiner späten Reiseerzählungen*. In: JbKMG 1974, S. 15-73.

(*)Ders.: *Vernunft und Aufklärung bei Karl May. Zur Deutung der Klekih-petra-Episode im »Winnetou«*. In: MKMG 28 (1976), S. 25-30.

Ders.: *Einführung* in: Karl May, *Der Scout / Deadly Dust* (Hausschatz-Reprint). Hamburg, Regensburg 1977, S. 2-5.

*Ders.: *»Winnetou« im Widerstreit von Ideologie und Ideologiekritik.*

Schmid, E. A.: *Henrystutzen und Silberbüchse*. In: KMJb 1923, S. 216-227.

Ders. (und Roland Schmid): *Gestalt und Idee.* In: »Ich«. Bamberg ²⁹1975 (-³⁷1985), S. 353-408.

Schmid, Roland: *Vorwort des Herausgebers.* In: Karl May, *Winnetou's Tod.* Bamberg 1976, S. 3-6.

Ders.: *Nachwort* zur Reprint-Ausgabe v. *Winnetou I.* Bamberg 1982, o. S.

Ders.: *Anhang* zur Reprint-Ausgabe v. *Winnetou II.* Bamberg 1982, o. S.

Ders.: *Anhang* zur Reprint-Ausgabe v. *Winnetou III.* Bamberg 1982, o. S.

Ders.: *Anhang* zur Reprint-Ausgabe v. *Old Surehand III.* Bamberg 1983, S. A1-A74.

Ders.: *Nachwort* zur Reprint-Ausgabe v. *Ardistan und Dschinnistan I.* Bamberg 1984, S. N1-N29.

*Schmid, Ulrich: *Winnetous fliegende Feder. Abbreviaturen zum ›Testament des Apachen‹.*

Ders.: *Das Werk Karl Mays 1895-1905. Erzählstrukturen und editorischer Befund.* Ubstadt 1988.

Schmidt, Arno: *Winnetous Erben. Karl May und die Frage der Texte.* In: Die andere Zeitung, 8. u. 15.7.1959.

*Ders.: *Sitara und der Weg dorthin. Eine Studie über Wesen, Werk & Wirkung Karl May's.* Karlsruhe 1963 [Auszug: S. 33-46].

Schmidt, Hartmut: *Winnetou auf der Bühne des »Theaters der Freundschaft«.* In: MKMG 60 (1984), S. 37-39.

Schmiedt, Helmut: *Karl May. Studien zu Leben, Werk und Wirkung eines Erfolgsschriftstellers.* Königstein/Ts. 1979; überarb. u. erg. Ausgabe: Frankfurt a. M. 1987.

*Ders.: *»Einer der besten deutschen Erzähler...«? Karl Mays ›Winnetou‹-Roman unter dem Aspekt der Form.* In: JbKMG 1986, S. 33-49.

Ders.: *Balduin Möllhausen und Karl May: Reiseziel St. Louis.* In: Heinz Ludwig Arnold (Hg.): *Karl May.* Sonderband text + kritik. München 1987, S. 127-145.

Scholdt, Günter: *Vom armen alten May. Bemerkungen zu ›Winnetou IV‹ und der psychischen Verfassung seines Autors.* In: JbKMG 1985, S. 102-151.

Schulte-Sasse, Jochen: *Karl Mays Amerika-Exotik und deutsche Wirklichkeit. Zur sozialpsychologischen Funktion von Trivialliteratur im wilhelminischen Deutschland.* In: Helmut Kreuzer (Hg.): *Literatur für viele 2. Studien zur Trivialliteratur und Massenkommunikation im 19. und 20. Jahrhundert.* Beihefte 2 der LiLi. Göttingen 1976, S. 123-145; auch in: Helmut Schmiedt (Hg.): *Karl May.* Frankfurt a. M. 1983, S. 101-129.

Sehm, Gunter G.: *Der Erwählte. Die Erzählstrukturen in Karl Mays*

›Winnetou‹-Trilogie. In: JbKMG 1976, S. 9-28.
Seifert, Walter: *Rätsel und Kriminalschema. Karl Mays ›Winnetou‹ als Unterrichtsgegenstand (7./8. Jahrgangsstufe)*. In: Der Deutschunterricht 34/2 (1982), S. 53-62.
Steinbrink, Bernd: *Abenteuerliteratur des 19. Jahrhunderts in Deutschland. Studien zu einer vernachlässigten Gattung*. Tübingen 1983.
*Stolte, Heinz: *Der Volksschriftsteller Karl May. Beitrag zur literarischen Volkskunde*. Radebeul 1936, Bamberg ²1979 [Auszug: S. 83-99].
Stütz, Adalbert: *Die Bedeutung des Wortes »Winnetou«*. In: KMJb 1922, S. 255-263.
Sudhoff, Dieter: *Karl Mays »Winnetou IV«. Studien zur Thematik und Struktur*. Ubstadt 1981.
Ders.: *Einführung* und *Anhang* in: Karl May, Winnetou Band IV. Reiseerzählung von Karl May. Hamburg, Gelsenkirchen 1984, S. 3-9, 271-305.
Ders.: *Der beflügelte Mensch. Traumflug, Aviatik und Höhenflug bei Karl May*. In: JbKMG 1986, S. 110-154.
Thalheim, Richard: *Winnetou lebt! Eine Bilderfolge aus den Karl-May-Spielen*. Radebeul 1939.
Ueding, Gert: *Der Traum des Gefangenen. Geschichte und Geschichten im Werk Karl Mays*. In: JbKMG 1978, S. 60-86; auch in: Helmut Schmiedt (Hg.): *Karl May*. Frankfurt a. M. 1983, S. 160-187.
Ders.: *Die Rückkehr des Fremden. Spuren der anderen Welt in Karl Mays Werk*. In: JbKMG 1982, S. 15-39.
Ders. (Hg.): *Karl-May-Handbuch*. Stuttgart 1987.
Unucka, Christian (Hg.): *Karl May im Film. Eine Bilddokumentation*. Dachau 1980.
Wandollek, Benno: *Die Feuerwaffen des Romans »Winnetou«*. In: KMJb 1923, S. 228-237.
Wiegmann, Hermann: *Rüdiger von Bechelaren, Max Piccolomini und Winnetou. Beobachtungen zum Topos vom Untergang des Schuldlosen*. In: JbKMG 1982, S. 185-195.
Winkler, Lisa: *Die Gestalten des Buches »Winnetou«*. In: KMJb 1919, S. 366-383.
Dies.: *Das Drama des sterbenden Volkes*. In: KMJb 1924, S. 338-343.
Winter, Ingmar: *De exemplo oratoris Intschu tschuna*. In: MKMG 65 (1985), S. 8-17.
Ders.: *Der »Rote« Gentleman. Zur DDR-Ausgabe des Winnetou-Romans*. In: MKMG 66 (1985), S. 43-47 (T.1); T.2 in: MKMG 67 (1986), S. 34-38.
Ders.: *»Er lag in meinem Schoße«. Gedanken zu Sterbeszenen im Winnetou-Roman*. In: MKMG 67 (1986), S. 38-40.
Wolff, Gabriele: *George Catlin: Die Indianer Nord-Amerikas. Das Material zum Traum*. In: JbKMG 1985, S. 348-363.

Wollschläger, Hans: *Karl May in Selbstzeugnissen und Bilddokumenten*. Reinbek bei Hamburg 1965; Neufassung: *Karl May. Grundriß eines gebrochenen Lebens*. Zürich 1976.

Zuckmayer, Carl: *Winnetou auf der Bühne*. In: Vossische Zeitung, Berlin, 6.12.1929; auch in: KMJb 1931, S. 300-306.

Autorenverzeichnis

Joachim Biermann, geboren 1954 in Münster. Studium der Geschichte und Anglistik in Münster. Seit 1981 im Schuldienst, Studienrat. Veröffentlichungen: mehrere Arbeiten zu Karl May.

Manfred Durzak, geboren 1938. Professor für Neuere deutsche Literaturwissenschaft. Studium der Literaturwissenschaft und Philosophie in Bonn und Berlin. Promotion über ein Thema der modernen Lyrik, Habilitation (über ein Thema der Erzählprosa) in Germanistik und vergleichender Literaturwissenschaft. Lehrtätigkeit an verschiedenen Universitäten der Bundesrepublik und der USA, gegenwärtig an der Universität Paderborn. Publikationen u. a.: *Dürrenmatt, Frisch, Weiss. Deutsches Drama der Gegenwart*, Stuttgart ²1973; *Hermann Broch. Dichtung und Erkenntnis*, Stuttgart 1978; *Das Amerika-Bild in der deutschen Gegenwartsliteratur. Historische Voraussetzungen und aktuelle Beispiele*, Stuttgart 1979; *Der deutsche Roman der Gegenwart. Entwicklungsvoraussetzungen und Tendenzen*, Stuttgart ³1979; *Die deutsche Kurzgeschichte der Gegenwart*, Stuttgart 1980; Editionen und zahlreiche Aufsätze zur deutschen Literatur des 18., 19. und 20. Jahrhunderts und zur vergleichenden Literaturwissenschaft.

Wolfram Ellwanger, geboren 1928. Diplompsychologe, Professor für Psychologie an der Pädagogischen Hochschule Karlsruhe. Veröffentlichungen: *Seelische Entwicklung des Schulkindes*, Freiburg 1979; *Die Zauberwelt unserer Kinder*, Freiburg 1980; *Märchen – Erziehungshilfe oder Gefahr* (Mitautor: Arnold Grömminger), Freiburg 1977; *Handpuppenspiel in Kindergarten und Grundschule* (Mitautor: Arnold Grömminger), Freiburg 1978; Aufsätze, Fernsehsendungen.

Regina Hartmann. 1965-1969 Studium der Germanistik und Anglistik an der Pädagogischen Hochschule Potsdam, Fachlehrerin in Berlin. 1979 und 1984 Promotionen A und B in Potsdam zu literarhistorischen Themen des 18. und 19. Jahrhunderts. Seit 1979 an der Pädagogischen Hochschule Potsdam auf dem Lehrgebiet »Deutsche Literatur von 1830 bis 1945« tätig.

Hansotto Hatzig, geboren 1919 in Badersleben. Schauspieler, Korrektor, Redakteur. Stellvertretender Vorsitzender der KMG, Redakteur der ›Mitteilungen der Karl-May-Gesellschaft‹. Veröffentlichungen: *Das russische Jahr. Gedichte*, Mannheim 1955; *Karl May und Sascha Schneider*, Bamberg 1967; Herausgeber: *Mond, meiner Seele Liebling*, Gedichte von Elisabeth

Kulmann, Heidelberg 1981; Erzählungen, Feuilletons, Beiträge zur Karl-May-Forschung.

Joseph Höck, geboren 1900 in Schwoich (Tirol), gestorben 1981 in Itter (Tirol). 1924 Priesterweihe in Salzburg. Kaplan in verschiedenen Tiroler Gemeinden (u. a. Thiersee), 1940 Pfarrer. Von 1941 bis 1977 Pfarrer in Itter. Freund Franz Kandolfs, mit dem er 1929 eine Balkan-Reise auf Karl Mays Spuren unternahm. 9 Beiträge für die ›Karl-May-Jahrbücher‹ 1922 bis 1931.

Peter Uwe Hohendahl, geboren 1936 in Hamburg. Studium der Germanistik, Geschichte und Philosophie in Bern, Göttingen und Hamburg. Promotion 1964. Assistant Professor Pennsylvania State University 1965, Associate Prof. Washington University 1968, Full Prof. 1970, Direktor des Germanistischen Instituts in Washington 1972-77, Prof. of German and Comparative Literature Cornell University 1977, Direktor des germanistischen Instituts Cornell University 1981-86. Veröffentlichungen u. a.: *Literaturkritik und Öffentlichkeit*, München 1974; *Der europäische Roman der Empfindsamkeit*, Wiesbaden 1977; *Literarische Kultur im Zeitalter des Liberalismus 1830-1870*, München 1985; Herausgeber u. a.: *Gottfried Benn – Wirkung wider Willen*, Frankfurt a. M. 1971; zahlreiche Aufsätze in deutschen und amerikanischen literaturwissenschaftlichen Zeitschriften.

Walther Ilmer, geboren 1926 in Köln. Staatlich geprüfter Dolmetscher, Oberregierungsrat, Wissenschaftlicher Referent für Fremdsprachliche Ausbildung, Schriftsteller (Ps. Claude Morris, Ralph M. Walters). Vorstandsmitglied der KMG. Veröffentlichungen: 36 Kriminalromane; zahlreiche Beiträge zu Karl May in den Publikationen der KMG.

Franz Kandolf, geboren 1886 in München, gestorben 1949 in München-Haidhausen. 1911 Priesterweihe in Freising. Kaplan in München-Haidhausen. Seit 1931 Kurat in einem Altersheim. Mehrere Reisen auf den Spuren Karl Mays (u.a. Nordamerika, Balkan). Mitarbeiter E. A. Schmids bei der Bearbeitung vieler Bände der Radebeuler Reihe der ›Gesammelten Werke‹ Karl Mays (u. a. *Winnetous Erben*), für die er einen Abschlußband zu *Am Jenseits* schrieb: *In Mekka*. Radebeul bei Dresden 1923 (Bd. 50). 16 Aufsätze für die ›Karl-May-Jahrbücher‹ 1921 bis 1933.

Eckehard Koch, geboren 1948 in München. Studium der Geophysik in München. Promotion. Tätig im Umweltschutz an einer Sachverständigeneinrichtung des Landes Nordrhein-Westfalen. Veröffentlichungen zu den Themen Umweltschutz, Dritte Welt, Geschichte, Verantwortung in der Wissenschaft, Karl May (u. a. *Karl Mays Väter. Die Deutschen im Wilden Westen*, Husum 1982).

Bernhard Kosciuszko, geboren 1950. Studium der Germanistik und Philosophie an der Universität Köln. Verwaltungsangestellter. Zahlreiche Veröffentlichungen zu Karl May, u. a. *Im Zentrum der May-Hetze. Die Kölnische Volkszeitung*, Ubstadt 1985; Herausgeber von *Der Geist des Llano estakado* (Stuttgart 1984) und *Im wilden Westen* (Husum 1986).

Peter Krauskopf, geboren 1955 in Essen. Studium der Publizistik und Germanistik. Stellvertretender Chefredakteur und Filmredakteur der Zeitschrift ›Marabo. Magazin fürs Ruhrgebiet‹. Veröffentlichungen: zahlreiche Filmkritiken, Reportagen, Porträts und Interviews, bes. zu populären Filmgenres; mehrere Beiträge zu Karl May in Publikationen der KMG; Theaterstück: *Karl May oder Die Jagdgründe der Phantasie*.

Christoph F. Lorenz, geboren 1957 in Duisburg. Studium Germanistik, Musikwissenschaft und Mittellatein in Köln. Promotion 1980 über *Karl Mays zeitgeschichtliche Kolportageromane*, Habilitation 1986 über den Romantiker Friedrich de la Motte Fouqué. Professor an der Musikhochschule Rheinland. Zahlreiche Aufsätze zur deutschen Literatur des 17.-20. Jahrhunderts; Texteditionen.

Martin Lowsky, geboren 1945 in Sundhausen (Thüringen). Studium der Mathematik und Romanistik in Tübingen und Heidelberg. Promotion 1975. Unterrichtet an einem Kieler Gymnasium. Veröffentlichungen: *Karl May*, Stuttgart 1987; mehrere Beiträge über Arno Schmidt, Karl May, Theodor Fontane u. a. in Zeitschriften und Sammelbänden.

Horst Wolf Müller, geboren 1935 in Langenbielau (Schlesien). Studium der Germanistik und Anglistik in München, Münster, Kansas (USA). Heute in einer Nachrichtenredaktion tätig. Publikationen: *Moderne Dramaturgie*, 1967; *Helden zum Rapport*, 1970; Sketche und Theaterstücke, Satiren, Radioessays.

Dieter Ohlmeier, geboren 1936 in Hamburg. Dr. med., Diplompsychologe. Seit 1976 Professor für Psychotherapie und Gruppenpsychotherapie an der Universität Kassel, 1980-85 Direktor des Wissenschaftlichen Zentrums für Psychoanalyse und Psychotherapie Universität Kassel, seit 1985 Direktor des Sigmund-Freud-Instituts Frankfurt a. M. 1976-82 Vorsitzender des Deutschen Arbeitskreises Gruppenpsychotherapie und Gruppendynamik, 1982 Präsident der Deutschen Psychoanalytischen Vereinigung. Theoretische und klinische Arbeiten über psychoanalytische Gruppentherapie, psychosomatische Herzinfarktforschung und psychoanalytische Literaturforschung.

Michael Petzel, geboren 1956 in Göttingen. Studium der Germanistik, Theologie und alten Sprachen in Heidelberg und Göttingen. Studienrat, Rundfunkjournalist. Lebt in Göttingen. Veröffentlichungen: mehrere Arbeiten zu Karl May.

Werner Poppe, geboren 1906 in Braunschweig. Studium der Rechte und verschiedener Sprachen in Leipzig, Genf, München, Berlin. Referendarexamen 1929, Promotion 1932. 1933 Gerichtsassessor, 1938 Amtsgerichtsrat, 1952 Oberlandesgerichtsrat und 1962 Senatspräsident. Mehrere, vor allem quellenkundliche und sprachwissenschaftliche Aufsätze zu Karl May.

Claus Roxin, geboren 1931 in Hamburg. Professor für Strafrecht, Strafprozeßrecht und Allgemeine Rechtstheorie in Göttingen (ab 1963) und München (seit 1971). Verfasser zahlreicher Bücher und Abhandlungen aus dem Bereich der gesamten Strafrechtswissenschaft. Mitverfasser der Alternativ-Entwürfe zum StGB. und zur StPo. 1984 Dr. LL. h. c. Hanyang Univ. Korea. Seit 1971 Vorsitzender der KMG, Mitherausgeber der ›Jahrbücher der Karl-May-Gesellschaft‹. Beiträge zu Karl May.

Ulrich Schmid, geboren 1947. Studienrat. Studium der Germanistik, Geschichte, Sozialkunde und Musikwissenschaft in München. 1987 Promotion über *Das Werk Karl Mays 1895-1905. Erzählstrukturen und editorischer Befund* (Ubstadt 1988). Aufsätze, Presseartikel, Musikeditionen.

Arno Schmidt, geboren 1914 in Hamburg, gestorben 1979 in Celle. Autor eigenwillig-experimenteller Prosa. Zahlreiche literarische Essays und Übersetzungen; mehrere Publikationen zu Karl May, die Studie *Sitara und der Weg dorthin* (Karlsruhe 1963) sowie verschiedene Aufsätze (u. a. *Abu Kital. Vom neuen Großmystiker*, 1958); vielfache May-Anspielungen im literarischen Werk.

Helmut Schmiedt, geboren 1950. Privatdozent für Neuere deutsche Literaturwissenschaft an der Universität Bonn. Promotion 1977, Habilitation 1984. Vorstandsmitglied der KMG. Zwei Buchveröffentlichungen über Karl May (*Karl May. Studien zu Leben, Werk und Wirkung eines Erfolgsschriftstellers*. Frankfurt a. M.²1987; Hg.: *Karl May*. Frankfurt a. M. 1983), eine zur Literaturpsychologie (*Regression als Utopie. Psychoanalytische Untersuchungen zur Form des Dramas*, Würzburg 1987); Aufsätze und Rezensionen zur deutschen Literatur seit dem 18. Jahrhundert.

Heinz Stolte, geboren 1914 in Duisburg-Huckingen. Promotion mit der ersten Dissertation über Karl May. Nach dem Weltkrieg Universitätsprofessor für Germanistik und Didaktik an den Universitäten Jena, Berlin (Humboldt) und Hamburg. Langjähriges Vorstandsmitglied und Ehrenmitglied der KMG, Mitherausgeber der ›Jahrbücher der Karl-May-Gesellschaft‹, Verfasser zahlreicher Essays über Karl May. 1962-82 Vorsitzender bzw. Präsident der Hebbel-Gesellschaft, 1975-82 Hauptherausgeber der Hebbel-Jahrbücher, seit 1975 Vorsitzender der Constantin-Brunner-Stiftung Hamburg, Vorstandsmitglied der Dänisch-Deutschen Akademie Hamburg und wissenschaftlicher Berater der Axel-Andersson-Akademie Hamburg. Wichtigste Buchpublikationen: *Der Volksschriftsteller Karl*

May, 1936; *Eilhart und Gottfried*, 1941; *Drei Dichter von 1848*, 1948; *Kurze deutsche Grammatik*, 1949; *Kleines Lehrbuch der deutschen Literaturgeschichte*, 1959, 12. Aufl. 1986; *Friedrich Hebbel*, 1965; *Vom Feuer der Wahrheit: Der Philosoph Constantin Brunner*, 1968; *Das Phänomen Karl May*, 1969; *Hermann Hesse*, 1971; *Detlev von Liliencron*, 1980; *Matthias Claudius*, 1988; ferner zahlreiche Editionen und wissenschaftliche Aufsätze.

Dieter Sudhoff, geboren 1955 in Büren. Studium der Sprach- und Literaturwissenschaften und der Biologie in Paderborn. Erste Staatsprüfung 1980, M. A. 1981, Zweites Staatsexamen 1985, Promotion 1988 mit einer Monographie über den Prager Dichter Hermann Ungar. Veröffentlichungen: *Karl Mays »Winnetou IV«. Studien zur Thematik und Struktur*, Ubstadt 1981; *Hermann Ungar. Leben – Werk – Wirkung* (in Vorbereitung); Herausgeber des Erstdruck-Reprints von *Winnetou Band IV.*, Augsburger Postzeitung 1909/10 (Hamburg, Gelsenkirchen 1984); Editionen von Hermann Ungar (*Der Kalif*, Siegen 1986; *Die Verstümmelten*, Frankfurt a. M. 1987), Paul Leppin (*Der Gefangene*, Siegen 1988) u. a.; Aufsätze zu Karl May und zur literarischen Moderne.

Hartmut Vollmer, geboren 1957 in Büren. Studium der Germanistik und Geschichte in Paderborn. M. A. 1984, Promotion 1987 mit einer Arbeit über den expressionistischen Dichter Alfred Lichtenstein. Veröffentlichungen: *Karl Mays »Am Jenseits«. Exemplarische Untersuchung zum »Bruch« im Werk*, Ubstadt 1983; *Alfred Lichtenstein – Zerrissenes Ich und verfremdete Welt*, Aachen 1988; Herausgeber der Dichtungen von Hans Ehrenbaum-Degele (Siegen 1986), Henriette Hardenberg (Zürich 1988) und Richard Oehring (Siegen 1988); mehrere Beiträge zur deutschen Literatur des 19. und 20. Jahrhunderts in Sammelbänden, Jahrbüchern, Zeitschriften und Zeitungen, u. a. über Karl May, Franz Hessel und Arno Schmidt.

Rechte-Vermerk

Wir danken für die Genehmigung zum Wiederabdruck der folgenden Beiträge den Verlagen:
- für Peter Uwe Hohendahl, *Von der Rothaut zum Edelmenschen* (Bibl. S. 495), dem Reclam Verlag, Stuttgart
- für Arno Schmidt, *Sitara und der Weg dorthin* (Auszug; Bibl. S. 498), dem S. Fischer Verlag, © 1963 Stahlberg Verlag GmbH, Frankfurt/Main
- für die Beiträge von Joseph Höck (Bibl. S. 494), Franz Kandolf (*Der werdende Winnetou;* Bibl. S. 495) und Heinz Stolte (Bibl. S. 499) dem Karl-May-Verlag, Bamberg.

suhrkamp taschenbücher materialien

Herbert Achternbusch. Herausgegeben von Jörg Drews. stm. st 2015

Apokalypse. Weltuntergangsvisionen in der Literatur des 20. Jahrhunderts. Herausgegeben von Gunter E. Grimm, Werner Faulstich und Peter Kuon. stm. st 2067

Baudelaires ›Blumen des Bösen‹. Herausgegeben von Hartmut Engelhardt und Dieter Mettler. stm. st 2070

Samuel Beckett. Herausgegeben von Hartmut Engelhardt. stm. st 2044

Thomas Bernhard. Werkgeschichte. Herausgegeben von Jens Dittmar. stm. st 2002

Arbeitsbuch Thomas Brasch. Herausgegeben von Margarete Häßel und Richard Weber. stm. st 2076

Brasilianische Literatur. Herausgegeben von Michi Strausfeld. stm. st 2024

Brechts ›Antigone‹. Herausgegeben von Werner Hecht. stm. st 2075

Brechts ›Aufhaltsamer Aufstieg des Arturo Ui‹. Herausgegeben von Raimund Gerz. stm. st 2029

Brechts ›Dreigroschenoper‹. Herausgegeben von Werner Hecht. stm. st 2056

Brechts ›Gewehre der Frau Carrar‹. Herausgegeben von Klaus Bohnen. stm. st 2017

Brechts ›Guter Mensch von Sezuan‹. Herausgegeben von Jan Knopf. stm. st 2021

Brechts ›Heilige Johanna der Schlachthöfe‹. Herausgegeben von Jan Knopf. stm. st 2049

Brechts ›Herr Puntila und sein Knecht Matti‹. Herausgegeben von Hans Peter Neureuter. stm. st 2064

Brechts ›Kaukasischer Kreidekreis‹. Herausgegeben von Werner Hecht. stm. st 2054

Brechts ›Leben des Galilei‹. Herausgegeben von Werner Hecht. stm. st 2001

Brechts ›Mann ist Mann‹. Herausgegeben von Carl Wege. stm. st 2023

Brechts ›Mutter Courage und ihre Kinder‹. Herausgegeben von Klaus-Detlef Müller. stm. st 2016

Brechts Romane. Herausgegeben von Wolfgang Jeske. stm. st 2042

Brechts ›Tage der Commune‹. Herausgegeben von Wolf Siegert. stm. st 2031

Brechts Theaterarbeit. Seine Inszenierung des ›Kaukasischen Kreidekreises‹ 1954. Herausgegeben von Werner Hecht. stm. st 2062

Brechts Theorie des Theaters. Herausgegeben von Werner Hecht. stm. st 2074

suhrkamp taschenbücher materialien

Hermann Broch. Herausgegeben von Paul Michael Lützeler. stm. st 2065

Brochs theoretisches Werk. Herausgegeben von Paul Michael Lützeler und Michael Kessler. stm. st 2090

Brochs ›Tod des Vergil‹. Herausgegeben von Paul Michael Lützeler. stm. st 2095

Brochs ›Verzauberung‹. Herausgegeben von Paul Michael Lützeler. stm. st 2039

Paul Celan. Herausgegeben von Werner Hamacher und Winfried Menninghaus. stm. st 2083

Die deutsche Kalendergeschichte. Ein Arbeitsbuch von Jan Knopf. stm. st 2030

Deutsche Lyrik nach 1945. Herausgegeben von Dieter Breuer. stm. st 2088

Diskurstheorien und Literaturwissenschaft. Herausgegeben von Jürgen Fohrmann und Harro Müller. stm. st 2091

Dramatik der DDR. Herausgegeben von Ulrich Profitlich. stm. st 2072

Marguerite Duras. Herausgegeben von Ilma Rakusa. stm. st 2096

Hans Magnus Enzensberger. Herausgegeben von Reinhold Grimm. stm. st 2040

Max Frisch. Herausgegeben von Walter Schmitz. stm. st 2059

Frischs ›Andorra‹. Herausgegeben von Walter Schmitz und Ernst Wendt. stm. st 2053

Frischs ›Don Juan oder die Liebe zur Geometrie‹. Herausgegeben von Walter Schmitz. stm. st 2046

Frischs ›Homo faber‹. Herausgegeben von Walter Schmitz. stm. st 2028

Geschichte als Schauspiel. Deutsche Geschichtsdramen. Interpretationen. Herausgegeben von Walter Hinck. stm. st 2006

Geschichte der deutschen Lyrik von Goethe bis zur Gegenwart. Band 1: Von Goethe bis Heine. Von Gerhard Kaiser. stm. st 2087

Peter Handke. Herausgegeben von Raimund Fellinger. stm. st 2004

Friedrich Hölderlin. Studien von Wolfgang Binder. Herausgegeben von Elisabeth Binder und Klaus Weimar. stm. st 2082

Ludwig Hohl. Herausgegeben von Johannes Beringer. stm. st 2007

Ödön von Horváth. Herausgegeben von Traugott Krischke. stm. st 2005

Horváth-Chronik. Von Traugott Krischke. stm. st 2089

Horváths Stücke. Herausgegeben von Traugott Krischke. stm. st 2092

Horváths Prosa. Herausgegeben von Traugott Krischke. stm. st 2094

suhrkamp taschenbücher materialien

Horváths ›Geschichten aus dem Wiener Wald‹. Herausgegeben von Traugott Krischke. stm. st 2019

Horváths ›Jugend ohne Gott‹. Herausgegeben von Traugott Krischke. stm. st 2027

Horváths ›Lehrerin von Regensburg. Der Fall Elly Maldaque‹. Dargestellt und dokumentiert von Jürgen Schröder. stm. st 2014

Peter Huchel. Herausgegeben von Axel Vieregg. stm. st 2048

Johnsons ›Jahrestage‹. Herausgegeben von Michael Bengel. stm. st 2057

Uwe Johnson. Herausgegeben von Rainer Gerlach und Matthias Richter. stm. st 2061

Joyces ›Dubliner‹. Herausgegeben von Klaus Reichert, Fritz Senn und Dieter E. Zimmer. stm. st 2052

Juden in der deutschen Literatur. Ein deutsch-israelisches Symposion. Herausgegeben von Stéphane Moses und Albrecht Schöne. stm. st 2063

Der junge Kafka. Herausgegeben von Gerhard Kurz. stm. st 2035

Kafka. Der Schaffensprozeß. Von Hartmut Binder. stm. st 2026

Marie Luise Kaschnitz. Herausgegeben von Uwe Schweikert. stm. st 2047

Alexander Kluge. Herausgegeben von Thomas Böhm-Christl. stm. st 2033

Wolfgang Koeppen. Herausgegeben von Eckart Oehlenschläger. stm. st 2079

Franz Xaver Kroetz. Herausgegeben von Otto Riewoldt. stm. st 2034

Landschaft. Herausgegeben von Manfred Smuda. stm. st 2069

Lateinamerikanische Literatur. Herausgegeben von Michi Strausfeld. stm. st 2041

Einladung, Hermann Lenz zu lesen. Herausgegeben von Rainer Moritz. stm. st 2099

Literarische Klassik. Herausgegeben von Hans-Joachim Simm. stm. st 2084

Literarische Utopie-Entwürfe. Herausgegeben von Hiltrud Gnüg. stm. st 2012

Literaturverfilmungen. Herausgegeben von Volker Roloff und Franz-Josef Albersmeier. stm. st 2093

Karl May. Herausgegeben von Helmut Schmiedt. stm. st 2025

Friederike Mayröcker. Herausgegeben von Siegfried J. Schmidt. stm. st 2043

E. Y. Meyer. Herausgegeben von Beatrice von Matt. stm. st 2022

suhrkamp taschenbücher materialien

Moderne chinesische Literatur. Herausgegeben von Wolfgang Kubin. stm. st 2045

Adolf Muschg. Herausgegeben von Manfred Dierks. stm. st 2086

Paul Nizon. Herausgegeben von Martin Kilchmann. stm. st 2058

Die Parabel. Parabolische Formen in der deutschen Dichtung des 20. Jahrhunderts. Herausgegeben von Theo Elm und Hans H. Hiebel. stm. st 2060

Plenzdorfs ›Neue Leiden des jungen W.‹. Herausgegeben von Peter J. Brenner. stm. st 2013

Rilkes ›Duineser Elegien‹. Band 1: Selbstzeugnisse. Herausgegeben von Ulrich Fülleborn und Manfred Engel. stm. st 2009

Rilkes ›Duineser Elegien‹. Band 2: Forschungsgeschichte. Herausgegeben von Ulrich Fülleborn und Manfred Engel. stm. st 2010

Rilkes ›Duineser Elegien‹. Band 3: Rezeptionsgeschichte. Herausgegeben von Ulrich Fülleborn und Manfred Engel. stm. st 2011

Rilkes ›Duineser Elegien‹. Drei Bände in Kassette. Herausgegeben von Ulrich Fülleborn und Manfred Engel. stm. st 2009-2011

Die Strindberg-Fehde. Herausgegeben von Klaus von See. stm. st 2008

Karin Struck. Herausgegeben von Hans Adler und Hans Joachim Schrimpf. stm. st 2038

Superman. Eine Comic-Serie und ihr Ethos. Von Thomas Hausmanninger. stm. st 2100

Über das Klassische. Herausgegeben von Rudolf Bockholdt. stm. st 2077

Martin Walser. Herausgegeben von Klaus Siblewski. stm. st 2003

Weimars Ende. Prognosen und Diagnosen in der deutschen Literatur und politischen Publizistik 1930-1933. Herausgegeben von Thomas Koebner. stm. st 2018

Ernst Weiß. Herausgegeben von Peter Engel. stm. st 2020

Peter Weiss. Herausgegeben von Rainer Gerlach. stm. st 2036

Peter Weiss' ›Die Ästhetik des Widerstands‹. Herausgegeben von Alexander Stephan. stm. st 2032